Klinische Entwicklungspsychologie der Familie

Klinische Entwicklungspsychologie der Familie

herausgegeben von
Brigitte Rollett
und Harald Werneck

 Hogrefe · Verlag für Psychologie
Göttingen · Bern · Toronto · Seattle

o. Prof. Dr. Brigitte Rollett, Studium der Psychologie und Psychotherapieausbildung an der Universität Graz, Habilitation 1964, Professuren an der PH Osnabrück, der Universität-GH Kassel und der Ruhr-Universität-Bochum, seit 1980 Vorstand der Abteilung für Entwicklungspsychologie und Pädagogische Psychologie und des Zentrums für kinder-, jugend- und familienpsychologische Intervention des Instituts für Psychologie der Universität Wien, Präsidentin der Gesellschaft für Lerntherapie.

Ass.-Prof. Mag. Dr. Harald Werneck, geb. 1966. Studium der Psychologie in Wien. 1996 Promotion. Seit 2001 Assistenzprofessor an der Abteilung für Entwicklungspsychologie und Pädagogische Psychologie am Institut für Psychologie der Universität Wien. Seit 2000 im Vorstand der Österreichischen Gesellschaft für Interdisziplinäre Familienforschung (ÖGIF); seit 2002 im Vorstand der International Academy of Family Psychology (IAFP).

Die Deutsche Bibliothek - CIP - Einheitsaufnahme

Ein Titeldatensatz für diese Publikation ist bei
Der Deutschen Bibliothek erhältlich.

© by Hogrefe-Verlag, Göttingen • Bern • Toronto • Seattle 2002
  Rohnsweg 25, D-37085 Göttingen

http://www.hogrefe.de
Aktuelle Informationen • Weitere Titel zum Thema • Ergänzende Materialien

Das Werk einschließlich aller seiner Teile ist urheberrechtlich geschützt. Jede Verwertung außerhalb der engen Grenzen des Urheberrechtsgesetzes ist ohne Zustimmung des Verlages unzulässig und strafbar. Das gilt insbesondere für Vervielfältigungen, Übersetzungen, Mikroverfilmungen und die Einspeicherung und Verarbeitung in elektronischen Systemen.

Umschlagbild: © Superbild, Berlin
Gesamtherstellung: Druckerei Kaestner GmbH & Co. KG, 37124 Göttingen
Printed in Germany
Auf säurefreiem Papier gedruckt

ISBN 3-8017-1668-6

Vorwort

In seiner Einleitung zu dem mittlerweile gut eingeführten Lehrbuch „Klinische Entwicklungspsychologie" wies Rolf Oerter (1999, S. 1) programmatisch darauf hin, dass die Entwicklungspsychologie bzw. -pathologie zwar über eine Fülle von Erkenntnissen über Entstehungsbedingungen gestörter Entwicklungen, psychischer Erkrankungen und die resultierenden Fehlverhaltensweisen verfügt, diese aber zu wenig in Behandlungskonzepte einbringt, während in der Klinischen Psychologie ein umfassendes Interventionswissen bereitsteht, aber die in dem Nachbarfach vorhandene Wissensbasis über normale bzw. optimale Entwicklungsverläufe und die sie steuernden Entwicklungsbedingungen einerseits, die Genese pathologischer Erscheinungen andererseits zu wenig berücksichtigt werden. Er schloss daraus, dass eine systematische Zusammenführung der beiden Fachgebiete angezeigt sei.

In dem vorliegenden Buch soll dieses Konzept einer Integration unterschiedlicher, aber auf einen ähnlichen Anwendungsbereich bezogener Wissensbasen auf die Familie und ihre Genese erweitert und für den Interventionskontext nutzbar gemacht werden. Zu den bereits angesprochenen Fachgebieten treten hier in diesem Problemfeld zumindest noch die Familienpsychologie bzw. -therapie als zu integrierende Fachrichtungen hinzu. Entsprechend differenziert sind die in diesem Band vorgestellten Beiträge, die unterschiedliche Module der Klinischen Entwicklungspsychologie der Familie als ein neues, interventionsbezogenes Forschungsgebiet repräsentieren.

Wir möchten an dieser Stelle den Mitarbeiterinnen und Mitarbeitern des Zentrums für kinder-, jugend- und familienpsychologische Intervention des Instituts für Psychologie der Universität Wien für ihre konzeptuelle Unterstützung danken. Ein besonderer Dank gilt den Autorinnen und Autoren dieses Bandes und nicht zuletzt Herrn Vogtmeier vom Hogrefe-Verlag für die angenehme Zusammenarbeit.

Wien, Juni 2002   Brigitte Rollett und Harald Werneck

Inhaltsverzeichnis

1. **Kapitel: Klinische Entwicklungspsychologie der Familie. Aufgaben und Perspektiven**
   Brigitte Rollett und Harald Werneck 1
   1.1 Einleitung 1
   1.2 Die Familie als komplexes System: Theoretische Grundlagen und Konsequenzen für die klinische Entwicklungspsychologie der Familie als Praxisfeld 7
   1.3 Familiäre Entwicklungsaufgaben im Kontext der Familienentwicklung 10
   1.3.1 Stadien der Familienentwicklung und zugeordnete Entwicklungsaufgaben .. 12

2. **Kapitel: Definition der Familie aus psychologischer Sicht**
   Matthias Petzold 22

3. **Kapitel: Zur Bedeutung der Transitionskompetenz in Familien für das Vermeiden oder das Entstehen von Pathologien im Verlauf der individuellen Entwicklung**
   Kurt Kreppner 32
   3.1 Einleitung 32
   3.2 Ursprüngliche Überlegungen zur Developmental Psychopathology 33
   3.3 Entwicklungsprozesse im Beziehungskontext 35
   3.4 Konzept der Familienentwicklung 41
   3.5 Perspektive für zukünftige Forschungsschwerpunkte im Bereich der klinischen Entwicklungspsychologie 42

4. **Kapitel: Biopsychosoziale Perspektiven der Entwicklungspsychopathologie**
   Ulrike Petermann und Franz Petermann 46
   4.1 Einführung 46
   4.2 Biopsychosoziale Modelle 47
   4.3 Risiko- und Schutzfaktoren 51
   4.4 Psychische und psychosoziale Befindlichkeiten der Eltern 55
   4.5 Zur Entwicklungspsychopathologie aggressiven Verhaltens 58
   4.5.1 Suche nach frühen Entwicklungsrisiken 58
   4.5.2 Suche nach wichtigen Kind-Umwelt-Transaktionen 58
   4.5.3 Suche nach familiären Risiken 59
   4.5.4 Suche nach Schutzfaktoren 60
   4.6 Aggressive Kinder: Erziehung und Intervention 60
   4.6.1 Praxisbeispiel: Wie erzieht man aggressive Kinder? 61

4.6.2	Praxisbeispiel: Familienintervention mit dem „Positive Parenting Program"	62
4.6.3	Praxisbeispiel: Video-Interaktionstraining für Risikofamilien	63
4.7	Schlussbemerkungen	63

5. Kapitel: Frühkindliche Risiko- und Schutzbedingungen: Der familiäre Kontext aus entwicklungspsychopathologischer Sicht
Herbert Scheithauer, Franz Petermann und Kay Niebank 69

5.1	Einleitung	69
5.2	Frühkindliche risikoerhöhende Bedingungen	70
5.2.1	Die Wirkungsweise risikoerhöhender Bedingungen	71
5.2.2	Interaktion biologischer und familiärer Bedingungen	73
5.2.2.1	Fallbeispiel zur Entwicklungsprognose anhand perinataler Risikobedingungen	75
5.3	Risikomildernde Bedingungen	77
5.3.1	Das Konzept der Resilienz	77
5.3.2	Der Erwerb von altersangemessenen Kompetenzen	78
5.3.2.1	Fallbeispiel zur Bedeutung von Schutzbedingungen in der Kinderverhaltenstherapie	79
5.4	Wechselwirkung risikoerhöhender und -mildernder Faktoren	82
5.5	Risiko- und Schutzbedingungen im gesamtfamiliären Kontext	83
5.5.1	Komplexität familiärer Risiko- und Schutzbedingungen	83
5.5.2	Familiensystemische Ansätze	85
5.6	Interventionen und Ausblick	88

6. Kapitel: Die Rolle der kindlichen Temperamententwicklung für die Familienentwicklung nach dem Übergang zur Elternschaft
Harald Werneck und Brigitte Rollett 98

6.1	Einleitung: Der Übergang zur Elternschaft als kritische Periode	98
6.2	Temperament in der frühen Kindheit	99
6.2.1	Das Passungs-Modell („Goodness of fit-model")	101
6.2.2	Interaktionseffekte zwischen kindlichem Temperament und elterlichem Verhalten	103
6.3	Befunde zur Temperamententwicklung aus dem Wiener Projekt „Familienentwicklung im Lebenslauf (FIL)"	104
6.4	Diskussion und Schlussfolgerungen	111
6.5	Fallbeispiel	112

7. Kapitel: Der Beitrag der Bindungsforschung zur klinischen Entwicklungspsychologie der Familie
Gabriele Gloger-Tippelt 118

7.1	Einleitung	118
7.2	Grundlagen der Bindungsforschung im Kontext der Familienpsychologie	119
7.2.1	Grundlagen und Annahmen der Bindungstheorie	119

7.2.2	Kennzeichen von sicheren und verschiedenen unsicheren Bindungsqualitäten	120
7.2.3	Diagnostische Zugänge zur Bindung über die Lebensspanne	122
7.2.4	Empirische Befunde über Zusammenhänge zwischen Bindungsgruppen und Persönlichkeitsentwicklung	123
7.2.4.1	Häufigkeiten der Bindungsgruppen	123
7.2.4.2	Forschungsfragen und Einschränkungen	124
7.2.4.3	Kleinkindalter	124
7.2.4.4	Mittlere Kindheit	125
7.2.4.5	Jugendalter	126
7.2.4.6	Erwachsenenalter	127
7.3	Familienbezogene Interventionen auf der Basis der Bindungsforschung	127
7.3.1	Ansatzpunkte für Interventionen	128
7.3.1.1	Ein heuristisches Modell	128
7.3.1.2	Dimension I: Adressaten der Intervention	129
7.3.1.3	Dimension II: Präventionsebenen	129
7.3.1.4	Dimension III: Methoden oder theoriebezogene Ebenen der Intervention	130
7.3.1.5	Gestaltung von Übergängen im Familienzyklus	130
7.3.2	Beispiele für Interventionen auf der Basis der Bindungsforschung	131
7.3.2.1	Eltern-Säuglings-Therapien mit Videofeedback und Gesprächen über Bindungserfahrungen	131
7.3.2.2	Gestaltung von normativen und nicht-normativen Übergängen im Familienzyklus mit Trennungen nach der Bindungstheorie	133
7.3.2.3	Bindung und Psychotherapie bei Erwachsenen	135
7.4	Ausblick	137

8. Kapitel: Münchner Modell der systemischen Familienrekonstruktion. Persönliche Autorität im Familiensystem
Martin Schmidt und Ursula Schmid 142

8.1	Einleitung	142
8.2	Grundlagen und Systemverständnis des Münchner Modells	143
8.2.1	Erzählte Geschichten als Grundlage der Familienrekonstruktion	143
8.2.2	Kontexte von Bedeutung und Handlung in der Durchführung der Familienrekonstruktion	145
8.2.2.1	Personale Kultur	145
8.2.2.2	Mehrgenerationales Familiensystem	145
8.2.2.3	Selbst und Andere	146
8.2.2.4	Episoden	148
8.2.2.5	Äußerung, Stimme, Sprachfigur	149
8.2.3	Therapeutische Zielvorstellungen, Haltungen und Techniken	149
8.2.3.1	Ziele von Familienrekonstruktion	150
8.2.3.2	Therapeutische Haltung	151
8.2.3.3	Techniken der Familienrekonstruktion	151
8.3	Durchführung der Familienrekonstruktion in der Gruppe	152
8.3.1	Überblick und Modell	152

8.3.2	Informationsphase und Kontrakt	154
8.3.3	Vorbereitungsphase	155
8.3.4	Durchführungsphase	155
8.3.5	Falldarstellung	156
8.3.6	Evaluation	161
8.3.6.1	Prämessung	162
8.3.6.2	Postmessung	163
8.3.6.3	Katamnese	163

9. Kapitel: Here it works – there it doesn't. Argumente für die differentielle Betrachtung familiärer Interaktionsmuster
Christiane Spiel, Alexander von Eye, Georg Spiel, Gabriele Resch und Barbara Sampl 167

9.1	Einleitung	167
9.2	Beispiele zur Illustration der differentiellen Perspektive	170
9.2.1	Auszug aus dem Elternhaus und Unabhängigkeitsbestrebungen Postadoleszenter	170
9.2.1.1	Literaturabriss	170
9.2.1.2	Empirische Studie	171
9.2.2	Einfluss der mütterlichen Berufstätigkeit auf die Bindung in der Adoleszenz	172
9.2.2.1	Literaturabriss	172
9.2.2.2	Empirische Studie	174
9.2.3	Leistungen von Jugendlichen und Leistungsorientierung der Eltern – Zusammenhänge mit biologischer und sozialer Risikobelastung	175
9.2.3.1	Literaturabriss	175
9.2.3.2	Empirische Studie	176
9.3	Ausblick	179

10. Kapitel: Familientabus und Ablösung
Eva Dreher und Michael Dreher 185

10.1	Zwei Konstrukte – Gemeinsamkeiten und Unterschiede	185
10.2	Tabu, Mythos und Geheimnis	186
10.2.1	Familientabus	186
10.2.2	Familienmythen	187
10.2.3	Familiengeheimnisse	188
10.3	Konzepte der „Ablösung"	190
10.3.1	„Ablösung" als lebenslanger Prozess	190
10.3.2	„Ablösung" im Jugendalter	191
10.3.3	„Ablösung" als Entwicklungsaufgabe	192
10.4	Erwachsenwerden im Familiensystem	193
10.4.1	Entwicklungspsychologische Perspektive	193
10.4.1.1	Erwachsenwerden aus der Sicht von Jugendlichen	193
10.4.1.2	Erwachsenwerden aus der Retrospektive	196

10.4.2 Familientherapeutische Perspektiven 198
10.4.2.1 Beziehungsqualitäten und Ablösungsmodi 198
10.4.2.2 Beziehungsmythen und Ablösungstabus 199
10.4.3 Zum Umgang mit Tabus, Mythen und Geheimnissen 203
10.4.3.1 Konsequenzen im therapeutischen Kontext 203
10.4.3.2 Konsequenzen im Kontext von Entwicklungsförderung 203

11. Kapitel: Familialer Wandel in der Auszugsphase: Hintergründe der verzögerten Ablösung
Christiane Papastefanou 206

11.1 Einleitung 206
11.2 Veränderungen auf Familienebene 207
11.3 Wandel der Eltern-Kind-Beziehung 208
11.3.1 Die Perspektive der jungen Erwachsenen 210
11.3.2 Das Ende der „aktiven Elternschaft" 211
11.3.3 Fallbeispiel 214
11.4 Zusammenfassung und Ausblick 215

12. Kapitel: Mütterliche Depression und ihre Auswirkung auf die Entwicklung des Kindes
Dieter Wolke und Sophie Kurstjens 220

12.1 Depression und Symptomatik 220
12.1.1 Definition und Prävalenz 220
12.1.2 Postnatale Depression und mütterliche Depression zu späteren
Zeitpunkten 221
12.1.2.1 Prävalenz 222
12.1.2.2 Postnatale Depression: eine besondere Ätiologie? 222
12.2 Mütterliche Depression und die Entwicklung des Kindes 224
12.2.1 Wirkungsmechanismen 224
12.2.1.1 Modell 1 224
12.2.1.2 Modell 2 225
12.2.1.3 Modell 3 225
12.2.2 Depression und Mutter-Kind Interaktion 225
12.2.3 Auswirkungen mütterlicher Depression und Psychopathologie bei
Kindern im Jugendalter 227
12.2.4 Mütterliche Depression und Verhaltensprobleme bei Kindern 228
12.2.5 Mütterliche Depression und kognitive Entwicklung 232
12.2.5.1 Theoretische Annahmen und Modelle 232
12.2.5.2 Empirische Befunde 233
12.2.5.3 Kritische Beurteilung 235
12.2.5.4 Eine Längsschnittstudie im deutschsprachigen Raum 235
12.3 Die wichtigsten Befunde auf einen Blick 236
12.4 Praktische Implikationen 237

13. Kapitel: Die Bedeutung von Stress für die Familienentwicklung
Guy Bodenmann 243

13.1 Einleitung 243
13.2 Eine stressorientierte Perspektive der Familienentwicklung 244
13.3 Definition von Stress 245
13.4 Eine neue stresstheoretische Sicht der Familienentwicklung: Stress als kausaler Faktor für ungünstige Familienentwicklungen 248
13.4.1 Relevante familienexterne Stressoren 248
13.4.1.1 Berufliche Belastungen als relevante Stressquelle für Familien 248
13.4.1.2 Finanzielle Belastungen als relevante Stressquelle für Familien 249
13.4.1.3 Mangel an familienexterner Kinderbetreuung als relevante Stressquelle für Familien 250
13.4.2 Die Bedeutung von familienexternen Stressoren für die Familienentwicklung 251
13.5 Relevante familieninterne Stressoren 253
13.5.1 Familieninterne Stressoren für die Eltern 253
13.5.2 Familieninterne Stressoren für die Kinder 254
13.5.3 Die Bedeutung von familieninternem Stress für eine ungünstige Familienentwicklung 255
13.6 Diskussion und Implikationen für die Praxis 260

14. Kapitel: Scheidungsforschung im Rahmen einer Klinischen Entwicklungspsychologie der Familie
Elisabeth Sander 266

14.1 Die entwicklungspsychologische Perspektive in der Scheidungsforschung ... 266
14.2 Ehescheidung als ein Bewältigungsprozess 268
14.2.1 Phasenmodelle der Ehescheidung 268
14.2.2 Folgerungen für Beratung und Forschung 271
14.3 Die Bewältigung der Ehescheidung in Abhängigkeit vom sozioökologischen Kontext 272
14.3.1 Psychische Auswirkungen von Ehescheidung auf Eltern und Kinder 272
14.3.2 Förderliche und hemmende Faktoren der Bewältigung von Ehescheidung durch die Eltern 276
14.3.3 Förderliche und hemmende Faktoren der Bewältigung von Ehescheidung durch Kinder 280
14.3.3.1 Persönlichkeitsfaktoren 280
14.3.3.2 Kontextuelle Faktoren 282
14.3.4 Folgerungen für Beratung und Forschung 286

15. Kapitel: Entwicklungsorientierte Spieltherapie und Spielintervention unter familienpsychologischer Perspektive
Rolf Oerter 297

15.1 Einleitung 297
15.2 Merkmale des Spiels 297

15.3   Klassifikation und Entwicklung des Spiels 298
15.3.1 Sensumotorisches Spiel 298
15.3.2 Symbolspiel (Als-ob-Spiel) 299
15.3.3 Rollenspiel 299
15.3.4 Regelspiel 300
15.3.5 Exploration und Konstruktionsspiel 300
15.4   Drei Ebenen der Spielhandlung 302
15.5   Der gemeinsame Gegenstandsbezug: Das Kernstück familiärer Interaktion.. 305
15.5.1 Arten von Gegenständen im Spiel 305
15.5.2 Der gemeinsame Gegenstandsbezug 306
15.5.3 Valenzen des Gegenstandes 307
15.5.4 Der übergeordnete Gegenstand als gemeinsamer Bezug 307
15.6   Die Zone nächster Entwicklung 308
15.7   Schritte der Diagnose und Intervention 309
15.7.1 Diagnose als Analyse des Gegenstandsbezuges 311
15.7.2 Intervention auf der Zone nächster Entwicklung (ZNE) 311
15.7.2.1 Sonderfall Autismus 311
15.7.2.2 Interventionsschritte auf der ZNE 312
15.7.3 Nutzung verfügbare Kompetenzen bei der Spieltherapie 315
15.8   Spieltherapien im Überblick 316
15.9   Familienbezogene Spieltherapien 318
15.9.1 Filiale Therapie 318
15.9.2 Theraplay (therapeutisches Spiel) 318
15.9.3 Dynamische Familien-Spieltherapie 318
15.9.4 Strategische Familien-Spieltherapie (SFT) 319
15.9.5 Ökosystemische Spieltherapie 319
15.10 Schlussbemerkung 321

16. Kapitel: Kommunikationskompetenz in Partnerschaft und Familie
Joachim Engl und Franz Thurmaier 326

16.1   Einführung 326
16.2   Problembereiche und Prädiktoren familiärer Zufriedenheit 326
16.3   Unterschiedliche Kommunikationsformen 329
16.3.1 Eheliche Unzufriedenheit und Streiteskalation 329
16.3.2 Belohnung und Bestrafung 329
16.3.3 Die Bedeutung verbaler und nonverbaler Signale 331
16.4   Paarkommunikation im Übergang zur Elternschaft 331
16.5   Kommunikationstraining für Paare – Prinzipien der Programme 333
16.6   EPL – Ein Partnerschaftliches Lernprogramm 335
16.6.1 Wesentliche Ergebnisse der EPL-Studie 336
16.6.1.1 Entwicklung der Ehequalität 336
16.6.1.2 Entwicklung der Kommunikationsqualität 336
16.6.1.3 Ausfall-, Trennungs- und Scheidungsraten 337
16.7   KEK „Konstruktive Ehe und Kommunikation" 337
16.7.1 Bisherige Ergebnisse der KEK- Studie 338

16.7.1.1 Entwicklung der Ehequalität 339
16.7.1.2 Entwicklung der Kommunikationsqualität 339
16.7.1.3 Entwicklung der physischen und psychischen Befindlichkeit 339
16.7.1.4 Wirksamkeit bei belasteten Paaren 339
16.8 KOMKOM „Kommunikationskompetenz – Training in der Paarberatung".. 340
16.8.1 Ablauf des KOMKOM 340
16.8.2 Kursinhalte 340
16.8.3 Die Wirkvariablen des KOMKOM 341
16.8.4 Wissenschaftliche Begleitung 341
16.9 Gesprächsregeln und deren Umsetzung 342
16.9.1 Fertigkeiten der Sprecherrolle 342
16.9.2 Fertigkeiten der Zuhörerrolle 343
16.9.3 Beispiel eines „Problemlösegespräches" 344
16.10 Abschließende Betrachtungen 345

17. Kapitel: Entwicklungsberatung für Familien in Übergangsphasen
Barbara Reichle 351

17.1 Übergänge im Familienentwicklungsprozess und kritische
     Lebensereignisse 351
17.2 Bewältigung von Übergängen 354
17.3 Entwicklungsberatung zur Bewältigung von Übergängen 357
17.4 Realisierte Praxis 361
17.5 Zusammenfassung und Ausblick 362

Sachverzeichnis 365

Angaben zu den Autorinnen und Autoren 370

1. Kapitel:
Klinische Entwicklungspsychologie der Familie.
Aufgaben und Perspektiven

Brigitte Rollett und Harald Werneck

1.1 Einleitung

Der Fortschritt der interventionsbezogenen familienpsychologischen Forschung hängt wesentlich davon ab, dass unterschiedliche Forschungsgebiete zusammengeführt werden, die sich zwar auf dasselbe Praxisfeld beziehen, aber ihre eigenständigen Theorien, Zielsetzungen und Methoden entwickelt haben: Dies gilt besonders für das Forschungsfeld Familie, für das so unterschiedlich definierte Fächer wie die Klinische Psychologie, die (systemische) Familientherapie und die (klinische) Entwicklungspsychologie bzw. -psychopathologie Beiträge geleistet haben. Die aus diesen verschiedenen Forschungs- und Praxiskontexten stammenden interventionsbezogenen Ansätze haben sich in der Vergangenheit zum Teil erheblich auseinanderentwickelt. Dies hat sowohl für die Theorienbildung als auch für die therapeutische Praxis ungünstige Auswirkungen: Einerseits kommt es zu Parallelentwicklungen, andererseits werden wichtige Forschungsergebnisse in den Nachbargebieten nicht zur Kenntnis genommen. Weiterentwicklungen der therapiebezogenen Grundlagen- und Anwendungsforschung sind daher vor allem von integrativen Ansätzen zu erwarten, wie Oerter, (1999) ausführte.

In diesem Band sollen die Grundlagen und Rahmenbedingungen einer klinischen Entwicklungspsychologie der Familie als einem neuen therapiebezogenen Forschungsgebiet dargestellt und die Fruchtbarkeit dieses Ansatzes im Interventionskontext untersucht werden. Sie bringt als wesentlichen neuen Zugang zur Familientherapie die Dimension der Familienentwicklung mit ein. Es ist symptomatisch, dass – mit Ausnahme der psychoanalytischen Schulen und ihrer Einbeziehung der psychosexuellen Entwicklung – die Entwicklungsdimension in die familientherapeutischen Konzeptionen kaum Eingang gefunden hat (s. dazu z. B. Kriz, 2001).

Im folgenden Abschnitt soll daher der jeweilige Beitrag, der in diesem Buch vorgestellten entwicklungspsychologischen Forschungsrichtung zur Klinischen Entwicklungspsychologie der Familie diskutiert werden.

Zu den weitgehend ungeklärten Problemen der Familienforschung allgemein zählt paradoxerweise die Definition des Begriffs „Familie", wenn man sich nicht auf die Wittgensteinsche Gebrauchsdefinition der Bedeutung (Wittgenstein, 1953) zurückziehen möchte, die davon ausgeht, dass sie sich aus der konkreten Verwendung eines Terminus in einer Sprachgemeinschaft ableiten lässt. Petzold setzt sich daher in seinem Beitrag in diesem Band intensiv und grundlegend mit dem Definitions- und Abgrenzungsproblemen des Konstrukts „Familie" auseinander. Aufgrund der zunehmenden Pluralität der gelebten Familienformen und einer dadurch immer schwieriger werdenden Definition über eindeutige, „objektive" Kriterien, wie etwa Blutsverwandtschaft oder gemeinsamer Haushalt, plädiert Petzold für eine Orientierung am *subjektiven* Familienbegriff der einzelnen Betroffenen. Eine vor allem in der Familienpsychologie und -soziologie geführte Diskussion bezieht sich dabei auf die Frage, ob sich Familie auf Intimität zwischen zwei Personen beschränken kann oder intergenerationelle Beziehungen einschließen muss. Zur Systematisierung der vielfältigen Familienformen schlägt er ein deskriptives Definitionsraster in Anlehnung an das ökopsychologische Modell von Uri Bronfenbrenner (z. B. 1986) vor, wobei er vier Bereiche unterscheidet: Partnerschaftsbeziehung (Mikrosystem), Kinder (Mesosystem), soziale Verpflichtungen (Exosystem) und gesellschaftliche Rahmenbedingungen (Makrosystem). Insgesamt differenziert Petzold in diesem heuristischen Modell 12 Merkmale primärer Lebensformen (z. B. Single versus in Partnerschaft lebend, mit versus ohne Kinder, eheliche versus nicht eheliche Beziehung usw.), durch deren Kombination sich sämtliche Familientypen abbilden lassen. Aus der Vielzahl an möglichen Merkmalskombinationen wird danach auf sieben „primäre Lebensformen" näher eingegangen.

Kreppner geht in seiner Analyse der Familienentwicklung von einem Konzept aus, das gestörte Entwicklungsverläufe in Familien unter Einbeziehung der Entwicklungspsychopathologie nachzeichnet. Von Bedeutung sind vor allem kritische Übergangsphasen der Kinder, in deren Rahmen neue familiäre Beziehungsformen verhandelt und gestaltet werden (müssen), die sich in den alltäglichen Kommunikationsformen spiegeln. Im Zuge des Entwicklungsfortschritts des Kindes gilt es für die ganze Familie, sich gemeinsam zu lösenden entwicklungsspezifischen Aufgaben zu stellen, die sich durch die resultierenden veränderten Anforderungen an alle Familienmitglieder ergeben. Kreppner betont dabei den zunehmenden Perspektivenwandel in der Familienentwicklungstheorie – von einer phasenspezifischen hin zu einer übergangs- und prozessorientierten Betrachtungsweise, wobei er sich auf das Konzept der Transitionskompetenz von Cowan (1991) bezieht. Als methodischer Schwerpunkt für zukünftiges Forschen im Bereich der Klinischen Entwicklungspsychologie mit dem Ziel einer Schaffung von Grundlagen für umfassende Präventionsmaßnahmen wird abschließend methodisch vor allem auf die Bedeutung von Videobeobachtungen und intensiven Verhaltensanalysen für weiterführende Forschungen hingewiesen.

Auch U. Petermann und F. Petermann stellen den Bezug zur klinischen Entwicklungspsychologie der Familie vom Ansatz der Entwicklungspsychopathologie ausgehend her, welcher unter Einschluss eines biopsychosozialen Transaktionsmodells die (abweichende) Entwicklung eines Kindes unter anderem als Ergebnis von Wechselwirkungen zwischen dem Kind und seinen Bezugspersonen erklärt. Eine wichtige Funktion haben Risiko- und Schutzfaktoren in diesem Konzept. Sie können sich auf das Kind selbst oder auf seine – vor allem familiäre – Umgebung beziehen. Insbesondere wird dabei auf den Einfluss der psychischen und psychosozialen Befindlichkeit der Mutter (etwa ihrer Neigung zu Depressionen) auf die kindliche Entwicklung eingegangen. Als weiteres Beispiel dysfunktionaler familiärer Funktionszusammenhänge wird ausführlich auf die Entwicklungspsychopathologie aggressiven Verhaltens bei Kindern sowie dementsprechende Interventionsansätze eingegangen, die bei den Eltern der Kinder bzw. den familiären Interaktionen ansetzen. Hingewiesen wird dabei auf die Schwierigkeit, aber auch Notwendigkeit, komplexe biopsychosoziale Entwicklungsmodelle empirisch zu testen, um fundierte Präventions- und Interventionsstrategien entwickeln und in die Praxis umsetzen zu können.

In unmittelbarem Anschluss an den Beitrag von U. Petermann und F. Petermann gehen Scheithauer, F. Petermann und Niebank speziell auf die Bedeutung des familiären Kontextes für die Entwicklungspsychopathologie ein. Sie setzen sich dabei mit risikoerhöhenden (z. B. elterliche Scheidung) und risikomildernden (z. B. stabile positive Beziehung zu einer erwachsenen Bezugsperson) Bedingungen für die frühkindliche Entwicklung bzw. den Wechselwirkungen zwischen diesen auseinander. Wichtig scheint in diesem Zusammenhang vor allem die Analyse möglicher Schutzbedingungen mit dem Ziel einer optimalen Nutzung vorhandener Ressourcen, um Kinder möglichst *resilient* gegen aversive Umweltbedingungen zu machen. Ausführliche Überlegungen stellen die Autoren zu dem Nutzen des familiensystemischen Ansatzes in diesem Zusammenhang an, dessen stärkere Berücksichtigung sie für künftige Forschungsarbeiten (z. B. im Bereich der Familiendiagnostik) und auch für die Konzeption künftiger Präventionsprogramme anregen.

In dem Artikel von Werneck und Rollett geht es um die Analyse der Familienentwicklung vor dem Hintergrund der notwendigen Anpassungsleistungen beim Übergang zur Elternschaft allgemein und den Einfluss eines schwierigen Temperaments des Neugeborenen auf das Familiensystem im besonderen. Ein schwieriges Temperament stellt für die Erziehungspersonen eine wesentliche Belastung dar, die das familiäre Zusammenleben und damit die Entwicklung der Familie in einschneidender Weise beeinträchtigen kann, wenn es dem System nicht gelingt, entsprechend gegenzusteuern. Sowohl nach der einschlägigen Literatur als auch nach den Ergebnissen der in dem Artikel berichteten Längsschnittstudie „Familienentwicklung im Lebenslauf" (Rollett & Werneck, 1993, 2001a, 2001b; Werneck, Nickel, Rollett & Quaiser-Pohl, 2001), muss ein schwieriges kindliches Temperament, längsschnittlich gesehen, nicht unbedingt zu Destabilisierungen des Systems bzw. einer negativen Entwicklung des Kindes führen. Gelingt es den Eltern, erzieherisch in entsprechender Weise auf das Baby einzuwirken, so zeigen Kinder, die im Säuglingsalter durch die mit diesem Temperamentstypus verbundenen charakteristischen Regulationsstörungen (s. dazu Papoušek, 1999) auffielen, im Kleinkind- und Schulalter eher ein zurückgezogenes Temperament (z. B. Lanthier & Bates, 1995; Kagan, Snidman & Arcus, 1998), während ehemals passive, „langsam auftauende" Säuglinge ein dominantes Verhalten entwickeln können. Diese „longitudinale Umkehr" des Aktivitätsniveaus von Neugeborenen kann als direkte Auswirkung kompensatorischer Erziehungsbemühungen der Eltern aufgefasst werden, die im ersteren Fall eine Stabilisierung des Familiensystems zur Folge haben, im letzteren zu längerfristig auftretenden familiären Problemen führen können. Offenbar gibt es Gruppen von zunächst als schwierig klassifizierter Kinder, die als Reaktion auf ihr Verhalten einen restriktiveren Erziehungsstil erfahren. Bei der Temperamentsgruppe der „langsam auftauenden" Kinder kann es vorkommen, dass die Eltern sie zunächst eher sich selbst überlassen, da die Babys von sich aus wenig Kontakt einfordern. Bleibt es bei diesem Laissez-faire-Erziehungsverhalten, liegt es nahe, dass das Kind ein vorwiegend selbstgesteuertes, dominantes Verhalten entwickelt. In dem Artikel wird daher zur Beschreibung der Auswirkungen des kindlichen Temperaments im Rahmen des familiären Gesamtsystems auf ein differenziertes Passungsmodell zurückgegriffen, das die Interaktionen und ihre langfristigen Konsequenzen modelliert.

Mit der Bindungstheorie als einem Ansatz, der die Genese von Familienbeziehungen bzw. Entwicklungsstörungen in der Familie grundlegend zu beschreiben versucht, befasst sich die Analyse von Gloger-Tippelt. Da die Bindungsforschung, die in den letzten Jahren auch im deutschsprachigen Raum eine deutlich zunehmende Resonanz in der Forschungspraxis findet, auch die Entwicklung von Maßnahmen zur Optimierung der menschlichen Entwicklung bzw. die Evaluation dieser Maßnahmen zum Ziel hat, ist ihre Bedeutung im Kontext einer klinischen Entwicklungspsychologie der Familie evident und unübersehbar. Gloger-Tippelt stellt zunächst prägnant den „state of the art" hinsichtlich der diagnostischen Zugänge zur Erfassung der Bindung über die Lebensspanne hinweg dar und gibt eine Übersicht über empirische Befunde zu Zusammenhängen zwischen Bindungstypen und Persönlichkeitsentwicklung. In weiterer Folge wird näher auf praktische Anwendungsmöglichkeiten der Bindungstheorie, vor allem im Rahmen von familiären Interventionen, eingegangen. Zur Systematisierung verschiedener Interventionsansätze auf der Basis der Bindungstheorie entwickelt Gloger-Tippelt ein heuristisches Modell, das drei Dimensionen umfasst: Adressaten, Präventionsebenen und Methoden der Intervention. Danach werden mehrere Beispiele für Interventionen an- und ausgeführt, ehe ein Ausblick über mögliche bzw. wünschenswerte zukünftige Konsequenzen der Bindungsforschung für die Analyse der Familienentwicklung sowie ihre verstärkte Nutzbarmachung im Kontext der Therapieforschung das Kapitel abrundet.

Schmidt und Schmid stellen das von Schneewind und seinen Mitarbeitern entwickelte Münchner Modell der systemischen Familienrekonstruktion vor, einer auf der Theorie des Konstruktivismus bzw. der systemischen Familientherapie basierenden und vielfach evaluierten Methode zur Selbsterfahrung und Selbstgestaltung mit dem Ziel einer Lösung spezieller intrafamiliärer Konflikte zwischen den Generationen. Ansatzpunkt ist die Rekonstruktion von Lebensgeschichten bzw. Beziehungsschemata, Paar- und Familiengeschichten und deren Organisation und Dynamik. Diese Rekonstruktionen finden unter Anwendung systemischer Fragetechniken und der Arbeit mit Skulpturen unter Anleitung von Rekonstrukteurinnen bzw. Rekonstrukteuren in Gruppen von 12 bis 16 Teilnehmenden mit wöchentlichen Sitzungen über 3 bis 5 Monate statt. Im Münchener Modell konnte durch diese Interventionsform (bei 74 Teilnehmenden) vor allem ein Zuwachs an persönlicher Autorität im Familiensystem und längerfristig eine Weiterentwicklung der Position im Herkunftsfamiliensystem im Sinne eines erweiterten Spielraums der Kommunikations- und Beziehungsmöglichkeiten nachgewiesen werden.

C. Spiel, von Eye, G. Spiel, Resch und Sampl unterstreichen in ihrem Beitrag am Beispiel von drei ausgewählten Studien über Familien mit adoleszenten Kindern die Relevanz des differentiellen Ansatzes – zwischen und innerhalb von Familien – für die klinische Entwicklungspsychologie. In der ersten Studie an 104 Jugendlichen zwischen 18 und 24 Jahren wurde die emotionale, konfliktmäßige, einstellungsmäßige und funktionale Unabhängigkeit sowie die Depressionsneigung bei noch zu Hause lebenden, im Vergleich zu schon länger aus dem Elternhaus ausgezogenen Jugendlichen erfasst. Differentielle Effekte ergaben sich etwa hinsichtlich der einstellungsmäßigen Abhängigkeit vom Vater, die interessanterweise bei den ausgezogenen Jugendlichen stärker ausgeprägt war. Geschlechtsspezifische Effekte zeigten sich beispielsweise in einer höheren emotionalen Abhängigkeit der weiblichen Jugendlichen von ihren Eltern. In der zweiten beschriebenen Studie an 253 Jugendlichen und 144 Müttern wurde der Einfluss mütterlicher Berufstätigkeit auf die Bindung der Jugendlichen zu ihren Müttern analysiert, wobei sich hier vor allem die *Zufriedenheit* der Mütter mit ihrem jeweiligen Berufsstatus positiv auf die Bindungssicherheit ihrer jugendlichen Kinder auswirkte. Das dritte Beispiel bezieht sich auf zwei Wiener Entwicklungsstudien zu langfristigen (bis zum 12. Lebensjahr) Effekten biologischer und sozialer Risiken, untersucht einerseits bei Risikokindern, die eine Teilstichprobe aus einer unselegierten großen Längsschnittuntersuchung darstellten, andererseits bei einer Längsschnittstudie von Kindern mit leichten biologischen Risiken. Den Eltern der ersten Studie war es im Gegensatz zu jenen der zweiten nicht bewusst, dass sie an einer Risikokinderstudie teilgenommen hatten. Dabei zeigten die als „Risikokinder" deklarierten Kinder der zweiten Studie als Folge des besonderen Fördereinsatzes ihrer Eltern im Unterschied zu jenen aus der ersten Studie im Alter von 12 Jahren keine Leistungsdefizite mehr. Differentielle Effekte ergaben sich weiters in der Weise, dass die Eltern aus der deklarierten Risikostudie – und nur diese – bei Kindern mit biologischen Risiken einen höheren Leistungsdruck ausübten.

E. Dreher und M. Dreher beschreiben in ihrem Beitrag die Rolle von zwei Konstrukten unterschiedlicher Qualität, die allerdings beide bei der Regulation von familiären Beziehungen eine bedeutsame Rolle spielen. Es handelt sich einerseits um die Familientabus und ihren Stellenwert bei der Stabilisierung familiärer Interaktionsformen und andererseits um deren Reorganisation im Rahmen der Ablösung. Im Folgenden gehen die Autoren ausführlich auf die verschiedenen Funktionen von Tabus, Mythen und Geheimnissen im familiären Kontext und auf die Ablösung im Jugendalter (als diskontinuierlichem Transformationsprozess) ein. Zur Veranschaulichung werden empirische Ergebnisse aus einer Fragebogenerhebung zum Thema „Erwachsenwerden" bei 463 Schülerinnen und Schülern berichtet. Eine ausführliche Analyse der Implikationen für den Umgang mit Tabus, Mythen und Geheimnissen sowie ihres Beitrags zu familientherapeutischen Interventionen runden den Beitrag ab.

Ebenfalls auf die Ablösung vom Elternhaus, allerdings auf die in der Regel etwas später auftretende Auszugsphase aus der Herkunftsfamilie bzw. auf dabei auftretenden Probleme (ein seitens der Psychologie erst seit wenigen Jahren intensiver beforschtes Thema) geht Papastefanou genauer ein. Die Kernannahme dabei ist, dass die Wurzeln vieler psychischer Störungsprozesse (sowohl bei den Eltern als auch bei deren erwachsenen Kindern) in einer gestörten Balance zwischen Verbundenheit und Ablösung in der Eltern-Kind-Beziehung zu suchen sind. Papastefanou erörtert dazu sowohl den theoretischen Bezugsrahmen der Familienentwicklung (v. a. unter Berücksichtigung der neueren Ergebnisse der Bindungsforschung) als auch die empirische Befundlage, die sich sehr differenziert darstellt, was sich etwa darin äußert, dass – in Folge der zunehmend längeren durchschnittlichen Verweildauer erwachsener Kinder im Elternhaus – nun nicht mehr nur ein „Empty Nest"-, sondern ebenso ein „Full Nest"-Syndrom diskutiert wird. Klar scheint jedenfalls, dass eine Analyse individueller Entwicklungen bzw. Fehlentwicklungen (bei den betroffenen Eltern wie auch bei den erwachsenen Kindern) ohne Berücksichtigung der gesamten familialen Ebene auch und gerade in dieser familialen Transitionsphase zu kurz greift.

Wolke und Kuerstjens befassen sich in ihrem Beitrag mit einer die familiäre Entwicklung ebenso wie die individuelle Entwicklung des Kindes nachhaltig beeinflussenden Faktor, nämlich der mütterlichen Depression. Sie gehen dabei zuerst speziell auf postnatale Depressionen ein, deren Auftretenswahrscheinlichkeit zwar etwas höher eingeschätzt wird als jene von später auftretenden Depressionen, die diesen aber von den Bedingungsfaktoren, der Erscheinungsform und dem Verlauf her sehr ähnlich sind. Die besondere Bedeutung mütterlicher Depressionen während des ersten Lebensjahres des Kindes ist vor allem darin zu sehen, dass eine Depression der Mutter zu dieser Zeit besonders nachteilige und langfristig wirksame negative Folgen hat. Die Autoren geben einen ausführlichen Überblick über die (zum Teil heterogene) aktuelle Befundlage und berichten über eine eigene großangelegte Longitudinalstudie (die „Bayerische Längsschnittstudie"). Als wichtige Konsequenz ihrer Untersuchungsergebnisse plädieren sie für die Bereitstellung möglichst frühzeitig einsetzender und umfassender Hilfestellungen für die betroffenen Mütter, um individuelle, dyadische und familiale Probleme auffangen zu können.

Bodenmann stellt einen stressorientierten Ansatz der Familienentwicklung vor, wobei vor allem Alltagsstress als zentraler Faktor der Entwicklung und Aufrechterhaltung von internalisierenden und externalisierenden Störungen sowohl bei Kinder und Jugendlichen als auch bei deren Eltern identifiziert wird. Als wichtigen Stressbereich führt Bodenmann beruflichen Stress an, der sich im Falle einer Berufstätigkeit beider Partner besonders negativ auswirken kann und zwar nicht nur auf die Quantität, sondern auch auf die Qualität der gemeinsam verbrachten Zeit. Diese Stressoren beeinflussen nicht nur das familiäre Klima in negativer Weise, sondern erhöhen auch die Wahrscheinlichkeit für ungünstige Entwicklungen der Kinder bzw. eine gestörte Familienentwicklung. Familienexterne Stressoren sind z. B. finanzielle Belastungen oder der Mangel an Kinderbetreuungsmöglichkeiten. Zu den familieninternen Stressoren zählen unterschiedliche Bedürfnisse der Partner, Rollenunsicherheit oder ein dysfunktionales Erziehungsverhalten der Eltern. Diese Belastungsfaktoren führen zu einer stärkeren Individualisierung der Partner in der Freizeit auf Kosten der Paarbeziehung bzw. der Familie, zu einer Reduktion der Positivität in der Familie und zu einer Zunahme negativen Interaktionsverhaltens (hostiles Verhalten bzw. Rückzug). Mögliche Reaktionen der Kinder sind Verhaltensauffälligkeiten oder emotionale Probleme. Als Konsequenz schlägt Bodenmann die Forcierung entsprechender Stresspräventionsprogramme auf verschiedenen Ebenen vor, die in erster Linie der Stärkung der Partnerschafts- und Erziehungskompetenzen der Eltern dienen können.

Sander analysiert die Rolle einer elterlichen Scheidung bzw. Trennung für mögliche gestörte Entwicklungen der Familie. Dazu liefert sie einen informativen und kompakten Überblick über den aktuellen Stand der empirischen Scheidungsforschung, wobei ausführlich und differenziert auf förderliche und hemmende Faktoren der Scheidungsbewältigung durch die Eltern bzw. durch die Kinder eingegangen wird. Sie plädiert für eine Verbesserung entsprechender Interventionsansätze, die spezifischer auf die jeweiligen Personen und Kontexte eingehen sollten, um im Zuge der Reorganisation der Familie nach der elterlichen Trennung (noch) vorhandene Ressourcen zu nützen und Störungen möglichst gering zu halten bzw. zu vermeiden.

Der Beitrag von Oerter greift die Bedeutung des Spiels als eines kindlichen Verhaltens auf, welches in der frühen Kindheit und im Vorschulalter zu einem hohen Anteil die familiären Interaktionen mitreguliert. Es eignet sich daher als Ansatzpunkt für familienentwicklungsbezogene Diagnosen und Interventionen bzw. Therapien. Oerter analysiert auf dieser Grundlage die Merkmale des Spiels, die Spielformen und ihre Entwicklung, die Spielhandlung selbst (vor dem Hintergrund der Handlungstheorie) und ausgewählte familienbezogene Spieltherapieformen.

Ausgehend von dem zentralen Stellenwert der elterlichen Partnerschaftsqualität für die familiäre Entwicklung befassen sich Engl und Thurmaier mit wichtigen Prädiktoren für die Zufriedenheit in der Partnerschaft, nämlich mit dem für die Familienentwicklung besonders zentralen Bereich der Kommunikations- und Problemlöseverhalten der Partner. Dabei werden unterschiedliche Formen der Kommunikation insbesondere im Kontext des Übergangs zur Elternschaft analysiert. Im Anschluss daran stellen Engl und Thurmaier einige von ihnen (mit-)entwickelte bzw. evaluierte Kommunikationstrainingsprogramme für Paare vor. Die Konzeption und Evaluation derartiger Interventionsprogramme zur Vermeidung bzw. Beeinflussung negativer Entwicklungen in Partnerschaften entspricht einer heute in der Familienforschung und in der Praxis häufig geäußerten Forderung. Dies stellt eine der Schnittstellen zwischen Grundlagenforschung und Anwendung im Bereich der klinischen Entwicklungspsychologie der Familie dar.

Der Beitrag von Reichle befasst sich mit der Entwicklungsberatung für Familien in Übergangsphasen. Dabei wird zunächst allgemein auf Transitionen, deren Merkmale und Bedeutung im Familienentwicklungsprozess eingegangen. Im Anschluss daran wird der Bewältigungsprozess von Übergängen analysiert und es werden die ihn erleichternden bzw. erschwerenden Faktoren detailliert beschrieben. Schließlich stellt Reichle theoretische Überlegungen und Konzepte zur Entwicklungsberatung im Kontext von familiären Übergangsphasen dar, geht auf das bestehende Angebot an übergangszentrierten Interventionen ein und plädiert für eine weitere Verbreitung derartiger Programme.

Wie dieser Überblick zeigt, hat sich die familienbezogene klinische Entwicklungspsychologie längst zu einem eigenen Forschungszweig entwickelt, wobei mehrere entwicklungspsychologische, klinisch-psychologische, psychopathologische, familienpsychologische und familientherapeutische Konzepte Berücksichtigung finden.

1.2 Die Familie als komplexes System: Theoretische Grundlagen und Konsequenzen für die klinische Entwicklungspsychologie der Familie als Praxisfeld

Dass sich so unterschiedliche Forschungsrichtungen mit der Familie beschäftigen, ist einerseits dadurch begründet, dass die Familie (bzw. ihre Varianten) eine Basiskategorie menschlichen Zusammenlebens darstellt, andererseits aber durch die hohe

Komplexität der sie bestimmenden Einfluss- und Zusammenhangsmuster, die eine breite Palette von Erklärungsansätzen möglich machen und erfordern. Nicht nur die einzelnen Mitglieder einer Familie, sondern das Familiensystem insgesamt ist charakteristischen Entwicklungsprozessen unterzogen, die sowohl durch die lebenslaufbezogenen Veränderungen der einzelnen Familienmitglieder in ihrer Interaktion mit dem familiären System als auch durch die kulturspezifischen Vorgaben für die Gestaltung des familiären Zusammenlebens bedingt sind. Letztere konstituieren in entscheidender Weise den umfassenden gesellschaftlichen Rahmen, in dem sich positive und negative Entwicklungen der Familienmitglieder und der Familie als Gesamtsystem vollziehen. Demgegenüber stellen die individuellen biologischen und psychischen Entwicklungen der Familienmitglieder Faktoren dar, die systemtheoretisch gesehen, für die „Eigendynamik" des Systems verantwortlich sind. Entsprechend finden Destabilisierungen des Familiensystems, wie oben dargestellt wurde, vor allem im Zuge von charakteristischen Übergängen statt: Beispiele sind der Übergang zur Elternschaft, Schuleintritt der Kinder, die Ablösungsphase der Jugendlichen usw.

Je komplexer ein System konstituiert ist, desto schwieriger wird es, seine Veränderungsparameter in einem einheitlichen Modell zu erfassen. Einfache mechanistische Modelle, wie sie in den Anfängen der Familienforschung z. B. von Parsons und Bales (1955) vertreten wurden, müssen demgegenüber versagen. Das alte mechanistische Weltbild ging von der prinzipiellen Berechenbarkeit der Zustandsentwicklung von Systemen aus, wobei vorausgesetzt wurde, dass die Einflussfaktoren sowohl in retrospektiver als auch prospektiver Hinsicht sämtlich bekannt und damit erfassbar sind. Eine weitere Bedingung einer vollständigen Berechenbarkeit ist, dass das untersuchte System zumindest näherungsweise deterministisch funktioniert, d. h. eindeutige Abhängigkeiten aufweist. Allerdings machte bereits Poincaré darauf aufmerksam, dass selbst in einem deterministischen System der Anfangszustand nur näherungsweise bestimmbar ist, wenn das System selbst einen hohen Grad an Komplexität aufweist. Da aber kleine Unterschiede in den Anfangsbedingungen große Veränderungen in den daraus folgenden Zuständen bedingen können, sind der Vorhersagbarkeit komplexer Systeme schon aus diesem Grund gewisse Grenzen gesetzt, selbst wenn es sich im Prinzip um deterministische Abhängigkeiten handeln sollte. Dies gilt um so mehr, wenn die Systembedingungen in einem probabilistischen Verhältnis zueinander stehen, wie dies bei komplexen dynamischen Systemen in der Regel der Fall ist, zu denen unter anderen auch die Familie als ein sich entwickelndes, in vielfältigen Abhängigkeiten stehendes System zählt. In klinischen Settings kommt daher der entwicklungsbegleitenden Prozessdiagnose der Familie ein besonderer Stellenwert zu.

Die Gesetze, die komplexe dynamische Systeme bestimmen, werden unter anderem von der Chaostheorie beschrieben, die eigentlich eine Theorie der Ordnungsprinzipien im Rahmen ungeordneter „chaotischer" Systeme darstellt, wie Kanitscheider (1994) schreibt:

> Davor sei nochmals betont, dass Chaos im modernen Sinne der Theorie dynamischer Systeme nicht Gesetzlosigkeit bedeutet, die uns zur völligen Sprachlosigkeit verurteilt, sondern dass sich im chaotischen Bereich neue formale Strukturen zeigen, die eine hohe Anwendungsrelevanz für die Analyse komplexer Systeme besitzen. (S. 13; s. dazu auch Kriz, 2001)

Auf die Familie als komplexes System angewendet bedeutet dies, dass eine vordringliche Aufgabe der therapiebezogenen Familienforschung darin besteht, diese formalen Strukturen zu identifizieren und in ihre Eigengesetzlichkeit und Dynamik zu untersuchen (Jones, 1995; Reiter, Brunner & Reiter-Theil, 1997; Schiepek, 1999; Schwartz, 1997).

Anstelle der Linearität von Entwicklungsverläufen treten in komplexen Systemen andere steuernde Prinzipien auf. Ein Beispiel stellt die fortlaufende Neukonstitution des Systems nach identen Vorgaben dar (Prinzip der Selbstähnlichkeit). In familiären Systemen manifestiert es sich in der Weitergabe bestimmter typischer Interaktionsmuster von Generation zu Generation. Neben derartigen Prozessverläufen, die in Richtung einer Stabilisierung vorhandener Strukturen wirken, existieren Effekte, die ein System schlagartig ändern können. Der Meteorologe Edward Lorenz prägte bekanntlich den Terminus „Schmetterlingseffekt" für den Fall, dass selbst geringfügige Einflüsse an einer Stelle massive Auswirkungen auf ein damit in Beziehung stehendes komplexes System mit niedriger Stabilität haben können. Wenn im Rahmen einer Familientherapie neue, der Familienentwicklung förderliche und damit potentiell langfristig systembestimmende Einstellungen und Verhaltensweisen erarbeitet werden, sind diese zunächst noch äußerst störungsanfällig. Kleinste Außeneinflüsse können daher den Erfolg zunichte machen. Um die Entwicklung eines komplexen empirischen Systems in einem solchen Fall in die erwünschte Richtung zu steuern, ist es daher oft notwendig, es von der Umgebung und ihren Einflüssen bis zu einem gewissen Grad abzuschirmen: Die zumindest teilweise „Seperabilität" des Systems stellt in vielen Fällen eine Bedingung für den Erfolg therapeutischer Interventionen in Familien dar. Dazu ein Praxisbeispiel:

> Im Rahmen einer familientherapeutischen Sitzung, an der Vater, Mutter und die einzige, 14-jährige Tochter teilnahmen, ging es darum, die ständigen Spannungen aufgrund der Autonomiebedürfnisse der Tochter zu lösen. Die Familie befand sich im Übergangsstadium von der Schulkindfamilie zur Jugendlichenfamilie. Im Laufe der therapeutischen Gespräche gelang es, einen für alle Beteiligten akzeptabler Plan zu entwickeln: Der Tochter wurde zugestanden, z. B. jeweils am Samstag abend bis 11 Uhr auszugehen, es wurde vereinbart, dass sie nicht mehr am sonntäglichen Familienspaziergang teilnehmen musste, sondern Freundinnen besuchen durfte usw. Am nächsten Tag rief die Mutter an und berichtete, dass diese Vereinbarungen nicht eingehalten werden könnten, da sich ihre (nicht mit der Familie zusammen lebende) Schwiegermutter dagegen ausgesprochen hätte. Die Kernfamilie als System wies in diesem Fall offenbar eine ungenügende Separation vom System der väterlichen Herkunftsfamilie auf. Ziel der weiteren Interventionen musste es daher unter anderem sein, die wechselseitigen Ansprüche und Abhängigkeiten der beiden Systeme zu bearbeiten, um nun die Kernfamilie so weit zu „separieren", dass eigenständige Entscheidungen möglich und durchhaltbar wurden, um die Voraussetzungen für eine adäquate Weiterentwicklung der Kernfamilie zu schaffen.

Der einfachste Fall, in dem eine Einzelursache zu umfassenden Auswirkungen auf das Gesamtsystem führen kann, sind Weichenstellungen. In diesem Fall muss es sich um einen Prozess handeln, der eine hohe „Eigendynamik" aufweist, d. h., aufgrund seiner Prozesseigenschaften weitgehend unempfindlich gegenüber korrigierenden Eingriffen ist. Beispiele wären die Übersiedlung in eine andere Wohnlage oder die langfristige Arbeitslosigkeit des Hauptverdieners der Familie und die damit verbundene Senkung des Lebensstandards. In beiden Fällen handelt es sich systemtheoretisch gesehen um „Versklavungen" des Familiensystems durch übergreifende Rahmenbedingungen.

Neue makroskopische Ordnungszustände von Systemen können aber auch auf der Grundlage von stochastischen Fluktuationen entstehen, die einander verstärken, was dazu führt, dass das dynamische System neue Konfigurationen oder „Moden" einnimmt. Kanitscheider (1994, S. 23) wendet dieses Prinzip ausdrücklich auch auf Sozietäten an: „Gesellschaften lassen sich als spontane Ordnungen deuten. Die komplexen, nichtlinearen Wechselwirkungen zwischen ihre Elementen bestehen in der Kooperation und in den Konflikten bei dem Versuch der Individuen, ihre Ziele in der Gruppe durchzusetzen. Lokale Schwankungen im Verhalten der Gruppe, eine Erfindung, eine Idee, ein neuer Glaube, können entweder durch die Gesellschaft weggedämpft, d. h. unterdrückt werden, oder dieser neue Modus wird durch die Umgebung so verstärkt, dass die ganze Gemeinschaft davon erfasst und entsprechend umgestaltet wird." Im Interventionskontext geht es darum, diese für komplexe dynamische Systeme geltenden Entwicklungsprinzipien gezielt so zu beeinflussen, dass wünschenswerte Veränderungen möglich werden, unerwünschte dagegen geschwächt und schließlich ausgemerzt werden können.

1.3 Familiäre Entwicklungsaufgaben im Kontext der Familienentwicklung

Kreppner (1998) definiert die Familienentwicklung als einen „Prozess der Anpassung an unterschiedliche Bedingungen ..., die im Zuge des normativen Verlaufs des Zusammenlebens während der Lebensspanne von Paaren sowie von Eltern mit ihren Kindern auftreten" (S. 16). Diese Begriffsbestimmung geht von der Kernfamilie aus. Stehen die Familienmitglieder mit Teilen der Herkunftsfamilien in einer engeren Austauschbeziehung, so sind diese in die Betrachtung der Familienentwicklung mit einzubeziehen. Ähnliches gilt für bedeutende, d. h. die Entwicklung der Familie in signifikanter Weise beeinflussende Personen des sozialen Netzwerks.

Die wichtigste Gruppe von Ordnungsparametern, die die Entwicklung eines Familiensystems in einer definierten sozialen Umwelt kennzeichnen, sind die weitgehend kulturell geprägten familiären Entwicklungsaufgaben. Ihre kompetente Bewältigung ist einerseits für das Überleben der Familie, andererseits für ihre spezifische Entwicklung von entscheidender Bedeutung. Beispiele sind die Sorge für den materiellen Unterhalt der Familie, die Übernahme der tägliche anfallenden Familienarbeiten, die Betreuung von Kindern oder in der Familie lebenden hilfsbedürftigen Personen, aber auch die familiäre Beziehungsarbeit (Arbeit an der Partnerschaft, an der Beziehung zu den Kindern und weiteren anderen im Haushalt lebenden Personen, Pflege des sozialen Netzwerks usw.). Defizite in der Wahrnehmung dieser Aufgaben (desorganisierte Haushaltsführung, Vernachlässigung der Kinder usw.) haben mittelbar oder unmittelbar negative Auswirkungen auf die Entwicklung der Gesamtfamilie und ihrer Mitglieder.

In der Kinder- und Jugendforschung wurden diese Prozessverläufe bisher vor allem aus der Sicht der Heranwachsenden analysiert. Die analoge Sichtweise der durch die familiären Interaktionen mit dem Kind und die von der Sozietät vorgegebenen (normativen) Entwicklungsaufgaben und den gewählten Problemlösungen beeinflussten Entwicklungsprozesse auf Seiten der Eltern, der Geschwister, bzw., wenn man nicht nur die Kernfamilie betrachtet, der übrigen relevanten Familienmitglieder wurden in der Entwicklungspsychologie bisher kaum diskutiert. Auf der anderen Seite wird selbst in systemisch orientierten familientherapeutischen Aufarbeitungen familiärer Problematiken die lebenslaufbezogene Perspektive oft nur ungenügend berücksichtigt (siehe dazu Kriz, 2001). Im Anwendungskontext der klinischen Entwicklungspsychologie der Familie kommt es wesentlich auf die Integration der beiden Zugangsweisen an.

Therapeutische Interventionen, die sich auf ein einzelnes Familienmitglied beschränken, können kontraproduktiv sein, wenn hierdurch das familiäre Gleichgewicht und damit die auf den Klienten einwirkende unmittelbare soziale Umwelt gestört wird. Ein klassisches Beispiel stellt die Therapie eines sehr zurückgezogenen, ängstlichen Kindes dar, das im Zuge einer erfolgreichen Intervention eine Periode durchlaufen muss, die von den Eltern als enthemmtes, „schlimmes" Verhalten erlebt wird, da erst nach der Entdeckung der eigenen Aktivität ihre Sozialisierung beginnen kann. Leisten die Eltern in dieser Phase massiven Widerstand, so ist die Therapie zum Scheitern verurteilt. Aufgrund der systemischen Betrachtungsweise ist eine solche Reaktion zu erwarten und macht eine entsprechende systemorientierte Intervention als begleitende Maßnahme erforderlich. Um die Eltern in einem derartigen Fall aber zur Mitarbeit zu motivieren, ist andererseits das Erarbeiten einer zukunftsbezogenen familienentwicklungspsychologischen Sichtweise unerlässlich, da erst die Betrachtung der langfristigen positiven Auswirkungen einer erfolgreichen Therapie nicht nur für das Kind, sondern auch für die Familie als Ganzes das Verständnis für den gemeinsamen Entwicklungsprozess eröffnet und so die Unterstützung durch die Familienmitglieder sichert.

Unter Berücksichtigung der jeweiligen kulturellen Rahmenbedingungen ergeben sich im Laufe der Lebensspanne wechselnde familientypische Entwicklungsaufgaben, deren Bewältigung mit darüber entscheidet, ob sich die Entwicklung der einzelnen Familienmitglieder und des Familiensystems selbst in dysfunktionaler Weise vollzieht oder nicht.

Im Folgenden soll daher eine Taxonomie von familiären Entwicklungsstadien und zugeordneten Familienentwicklungsaufgaben vorgestellt werden. Sie ergeben sich aus den lebenslaufbezogenen Entwicklungszielen der einzelnen Familienmitglieder und der Familie als Gesamtsystem. Wie Kreppner in seinem grundlegenden Artikel in diesem Band festhält, vollzieht sich die familiäre Entwicklung im Rahmen eines Kommunikations- und Interaktionsprozesses, in dem Beziehungen entsprechend den notwendigen Anpassungen einen Übergang von einem Stadium in das nächste ständig neu verhandelt werden müssen und von den Beteiligten eine erhebliche Problemlösekompetenz verlangen.

In einem von Schaffmann (2001) durchgeführten Interview beschrieb N. Schultze, Elternberater im Rahmen eines von der Bundeskonferenz für Erziehungsberatung initiierten Online-Beratungsprojektes, dass Anfragen vor allem zu Phasen häufig waren, in denen Familien „Brüche", wie er es nannte, erlebten: Laufenlernen des Kindes, Einsetzen des Trotzalters, Schulanfang, Sorgen und Unsicherheiten bezüglich der Sprachentwicklung des Kindes, Geschwisterprobleme, schulische Probleme, z. B. durch Lese-, Rechtschreib- und Rechenschwierigkeiten oder Pubertätsprobleme. Wie aus dieser Aufzählung deutlich wird, handelt es sich jeweils um notwendige Neuanpassungen des Familiensystems, die durch entwicklungsbedingte Veränderungen des kindlichen Verhaltens oder durch neue Ansprüche der Umgebung an das Kind und seine Familie bedingt sind.

Für jedes der unten beschriebenen Stadien der Familienentwicklung gilt, dass die im jeweils früheren Stadium benannten Familienentwicklungsaufgaben in einer dem folgenden Stadium angepassten Form weiter erfüllt werden müssen, um eine günstige Prognose für die Familie als Ganzes und ihre einzelnen Mitglieder wahrscheinlich zu machen.

1.3.1 Stadien der Familienentwicklung und zugeordnete Entwicklungsaufgaben

1) Vorstadium: Paarbeziehung ohne gemeinsame Wohnung

Die erste Gruppe von Entwicklungsaufgaben betrifft die Erarbeitung eines die jeweiligen persönlichen Bedürfnisse abdeckenden tragfähigen Konsens über die gemeinsam verbrachte Zeit, die gemeinsamen Aktivitäten und ihre Ausgestaltung, sowie die Arbeit an Aspekten der verschiedenen Partnerschaftsbeziehungen mit dem Ziel der Entwicklung eines beide befriedigenden Umgangs miteinander.

2) Paarbeziehung bei gemeinsamer Wohnung bzw. verheiratetes Paar

Zu der oben dargestellten Kategorie von paarbezogenen Entwicklungsaufgaben kommen als neue Aufgaben die Entwicklung eines Konsens über die Regelung der familiären Arbeit, die Aufteilung der Kosten für die Lebenshaltung und eventuell die Erarbeitung einer Übereinkunft über die individuelle Vermögensregelung hinzu, sowie die Arbeit an einer befriedigenden (Neu-) Gestaltung des Alltags und der Freizeit und die Einigung über individuelle Freiräume. Eine wichtige weitere Aufgabe stellt die Integration der beiderseitigen sozialen Netzwerke dar.

3) Vorbereitung auf die Elternschaft

Bei geplantem Kind: Sicherung der materiellen Voraussetzungen, Entwicklung einer von beiden Partnern als befriedigend erachteten Form der Unterstützung der werdenden Mutter und die Entwicklung eines Konsens über die Gestaltung des Familienall-

tags nach der Geburt des Kindes sind zentrale Entwicklungsaufgaben des Vorbereitungsstadiums.
Bei ungeplantem Kind: Zu den oben genannten Entwicklungsaufgaben tritt die Umorganisation der individuellen und familiären Lebensplanung hinzu.

4) Übergang zur Elternschaft beim ersten Kind

Für die erfolgreiche Bewältigung des Übergangs zur Elternschaft sind folgende Familienentwicklungsaufgaben zu lösen: Bewältigung der Geburt des Kindes, Umorganisation des Familienalltags und der individuellen Zeiteinteilung, Bewältigung der neuen Aufgaben im Zusammenhang mit der Säuglingspflege, Entwicklung eines befriedigenden Modells der familiären Arbeitsaufteilung, wobei die eigenen Erholungs- und Freizeitbedürfnisse nicht zu kurz kommen dürfen. Eine wichtige Rolle spielt die Arbeit an der weiteren positiven Entwicklung der Partnerschaft und der Neuorganisation der Kontakte zu Verwandten und Freunden bei vermindertem Zeitbudget. Dieselben Entwicklungsaufgaben gelten, wenn auch in abgeschwächter Form, für die Integration jedes weiteren Kindes in das Familiensystem.

5) Die Babyfamilie

Neue Aufgaben sind die erfolgreiche Auseinandersetzung mit den sich wandelnden Pflege- und Beschäftigungsbedürfnissen des Kindes. Arbeit an der „Passung" zwischen den kindlichen und elterlichen Charakteristika, die gemeinsame Bewältigung der mit der Förderung des Säuglings verbundenen familiären Aufgaben (Kommunikation, Spielanregungen usw.). Die entwicklungsangemessene Förderung des Kindes bleibt auch in späteren Stadien der Familienentwicklung eine besonders zentrale Entwicklungsaufgabe.

6) Die Kleinstkind- („Toddler"-) familie

Wegen der zunehmenden Bedeutung der Familienentwicklungsaufgabe „Erziehung des Kindes" ist die Entwicklung eines Konsens über Erziehungsziele und -maßnahmen und ihre Durchführung wesentlich, aber auch die Bereitschaft zum flexiblen Eingehen auf die zunehmende Mobilität und Kompetenz des Kindes bzw. zur Übernahme der damit notwendig gewordenen Erziehungs-, Förderungs- und Betreuungsmaßnahmen. Im einzelnen handelt es sich um die Unterstützung der Sprachentwicklung des Kindes, Förderung seiner Selbständigkeit durch die Anleitung zur Übernahme lebenspraktischer Aufgaben (selbständig Trinken, Essen, erste Anfänge des An- und Ausziehens, Bewältigung der Sauberkeitserziehung usw.), Förderung des selbständigen Spiels und der ersten Spielpartnerschaften sowie der Erarbeitung eines sachkundigen Umgehens mit Trotzanfällen, ohne dass es zu Beziehungsstörungen kommt. Bei Fremdbetreuung ist außerdem die Unterstützung des Kindes bei der emotionalen Bewältigung der Trennung von den primären Bezugspersonen notwendig (weitere damit zusammenhängende Aufgaben siehe unten).

7) Die Kleinkindfamilie

Bei Aufnahme des Kindes in den Kindergarten ist die kompetente Unterstützung des Kindes bei der Bewältigung des Übergangs (bzw. der Trennung, falls vorher Fremdbetreuung nicht regelmäßig stattfand) und die Lösung der damit zusammenhängenden Organisationsaufgaben notwendig (wer bringt das Kind in den Kindergarten, wer holt es ab usw.). Andere, die Familienentwicklung langfristig positiv beeinflussende Aufgaben sind die Unterstützung der Freundschaften des Kindes durch Einladungen von Kindergartenfreunden und -freundinnen und die Öffnung der Familie für neue Kontakte mit deren Eltern. Da Schulschwierigkeiten zu den die Familie besonders belastenden Einflüssen zählen, stellt die Förderung der Kompetenzen, die der Vorbereitung auf die Schule dienen, eine wichtige, gemeinsam zu lösende Familienentwicklungsaufgabe dar.

8) Die Schulkindfamilie

Primarstufe: Die Bewältigung des Übergangs zur Schule und die Lösung der damit verbundenen Organisationsaufgaben (Schulwegbewältigung, Organisation des häuslichen Arbeitsplatzes des Kindes, der Hausaufgabendurchführung etc.) stehen im Zentrum, aber auch die Öffnung der Familie für neue Kontakte (zu Eltern, Lehrern etc.) und die Bewältigung des Leistungsvergleichs, d. h., die Akzeptanz der Leistung des eigenen Kindes im Kontext der Schulklasse und Anpassung des Freizeitverhaltens der Familie an die durch die Schule bedingten Einschränkungen. Eventuell entsteht als neue familiäre Entwicklungsaufgabe die Bewältigung von Schulschwierigkeiten durch entsprechend gezielte Unterstützung des Kindes.

Übergang zur Sekundarstufe: Die Bewältigung des Übergangs zur gewählten Schulform und die Unterstützung des Kindes bei der Anpassung an die veränderten sozialen und schulbezogenen Anforderungen stellt eine neue Aufgabe dar.

9) Die Pubertierendenfamilie

Die familiäre Bewältigung mit den körperlichen und emotionellen Veränderungen des Heranwachsenden und vor allem eventuell mit dem damit verbundenen Verhaltensproblemen steht nun im Zentrum. Dazu gehört die Unterstützung der beginnenden Ablösung des Kindes von der Familie (z. B. Akzeptanz einer von der Familie unabhängigen Freizeitgestaltung am Wochenende, beginnende Übertragung von Verantwortung für bestimmte Lebensbereiche auf den Sohn/die Tochter usw.), aber auch die Förderung der neuen Kontakte des Heranwachsenden. Eine zentrale Familienentwicklungsaufgabe stellt die Arbeit an der Neugestaltung der elterlichen Rollen dar.

10) Die Jugendlichenfamilie

Die taktvolle Unterstützung bei den Problemen, die sich mit den neuen Beziehungen zum anderen Geschlecht ergeben, ist nun von besonderer Wichtigkeit, außerdem die Förderung der Identitätsbildung des jungen Menschen durch das schrittweise Ersetzen von Erziehung durch Selbsterziehung. Bei Eintritt des Jugendlichen in den Beruf nach Abschluss der Pflichtschule ist die Unterstützung bei der Berufswahl und die Hilfe bei der Anpassung an die Anforderungen der Arbeitsstelle und der Berufsschule eine wichtige Aufgabe, bei Absolventen höherer Bildungseinrichtungen die Vorbereitung auf die Wahl eines Studienfaches oder eines Berufes.

Nach wie vor spielt die Unterstützung beim Aufbau altersgemäßer Kontakte der Jugendlichen untereinander eine große Rolle (Besuche, Einladungen, Feten, Tanzschule, Urlaub etc.). Auf Seiten der Eltern ist die Bereitschaft zum „Loslassen" des Kindes und die Akzeptanz des neuen Status eines „Ehepaares in mittleren Jahren mit erwachsenwerdenden Kindern" zu entwickeln. Dazu gehört der Aufbau einer von den Kindern unabhängigen Freizeit- und Feriengestaltung. Bei nicht berufstätigen Frauen, deren Hauptlebensinhalt die Kinderbetreuung darstellte, ist der Aufbau neuer Interessens- und Tätigkeitsschwerpunkte von besonderer Bedeutung sowohl für ihre eigene als auch die Entwicklung der Familie.

11) Die Familie mit erwachsenen Kindern

Die wichtigste Familienentwicklungsaufgabe betrifft die Neuregelung der Beziehung zu dem Sohn/der Tochter im Sinn einer partnerschaftlichen Gestaltung „auf gleicher Augenhöhe". Dazu kommt die Bewältigung des Auszugs des jungen Menschen aus der Familienwohnung und die Entwicklung eines für alle Beteiligten befriedigenden Modells der Kontakte miteinander und die Neukonstruktion des verbleibenden familiären Systems.

12) Die feste Partnerschaft/Heirat des Sohnes/der Tochter

Eine zentrale Gruppe der Familienentwicklungsaufgaben aus Sicht der Herkunftsfamilie stellt die Einbeziehung des Partners/der Partnerin (und seiner/ihrer Angehörigen) des Sohnes bzw. der Tochter in das eigene soziale Netzwerk dar, sowie die Modifizierung elterlicher Ansprüche sowohl an den eigenen Sohn/die eigene Tochter als auch deren Partner/Partnerin. Ziel ist die Erarbeitung einer für alle Beteiligten befriedigenden Lösung des Umgangs miteinander.

13) Ankunft eines Enkelkindes

Auf Seiten der Eltern bedeutet die Bewältigung des Übergangs zu den neuen Rollen als Großvater/Großmutter, unter Umständen auch die Akzeptanz des damit verbundenen „Altseins" eine wesentliche Entwicklungsaufgabe, die zu einer Neudefinition der Familie führt.

14) Die Großelternfamilie

Die Entwicklung eines Konsens über die Gestaltung der Kontakte und über die wechselseitigen Unterstützungserwartungen zwischen Großeltern und der jungen Familie steht nun im Zentrum. Auf Seiten der Großeltern geht es in diesem Zusammenhang unter anderem um die Akzeptanz der Tatsache, dass die jungen Eltern und nicht sie als Großeltern für das Enkelkind und seine Erziehung verantwortlich sind.

15) Die Familie mit alten (Groß-) Eltern

Auf Seiten der Großeltern geht es in diesem Stadium vor allem um die Entwicklung eines neuen Lebenskonzeptes, das die Anpassung an die altersbedingten Veränderungen (Pensionierung, Krankheiten) mit einschließt. Auf Seiten der erwachsenen

Söhne/Töchter kann die Übernahme von notwendigen Hilfs- und Pflegemaßnahmen für die alternden Eltern als neue Familienentwicklungsaufgabe hinzukommen.

Entscheidende Modifikationen dieses prototypischen Familienlebenslaufs ergeben sich im Fall von Scheidungsfamilien bzw. bei neuen Partnerschaften (siehe dazu den Artikel von Sander in diesem Band). Weitere Varianten entstehen durch schwere Krankheiten oder vorzeitiges Ausscheiden eines Familienmitglieds aus dem unmittelbaren Familienverband durch Wegzug oder Tod. Die Trauerarbeit stellt im letzteren Fall eine wichtige Entwicklungsaufgabe nicht nur jedes einzelnen Mitglieds, sondern der Familie als Ganzes dar.

Die systemische Familientherapie geht von der Voraussetzung aus, dass die Familie ein dynamisches System darstellt, dessen Tendenz es ist, einen Gleichgewichtszustand aufrecht zu erhalten, unabhängig davon, wie fehlangepasst es sein mag (Kaplan & Sadock, 2000, S. 380). Entwicklungsbedingte und andere Störungen einzelner Familienmitglieder haben in diesem Kontext ihre jeweils spezifische, das System erhaltende Funktion. Nicht selten werden Fehlanpassungen durch gezielte Aktionen der anderen Familienmitglieder aufrecht erhalten, um das Gesamtsystem gegen Änderungen zu schützen. Die therapeutische Intervention muss daher die dynamische Struktur der Familie ändern, um den Weg für individuelle Wachstumsprozesse der einzelnen Familienmitglieder und der Familie als Gesamtsystem frei zu machen. Es genügt allerdings nicht, nur auf einen neuen, den aktuellen Bedürfnissen der Familie besser angepassten Gleichgewichtszustand hinzuarbeiten: Wird bei der Intervention nicht beachtet, dass nicht nur die einzelnen Familienmitglieder, sondern die Familie als Gesamtsystem charakteristischen, lebenslaufbezogenen Entwicklungen unterzogen ist, die ihrerseits auf die teilnehmenden Personen im Rahmen komplexer Wechselwirkungen rückwirken, kann der therapeutische Prozess, langfristig gesehen, nicht in einer für alle Beteiligten fruchtbaren Weise ablaufen. Auch die notwendigen, zukunftsbezogenen Weiterentwicklungen der Familie müssen daher in den Behandlungsplan mit einbezogen werden. Die klinische Entwicklungspsychologie der Familie hat hier ihre zentrale Funktion, wie das folgende Fallbeispiel zeigt:

> Familie X kommt zur Familienberatung, da sich die Konflikte mit ihren drei Töchtern in der letzten Zeit gehäuft hatten. Sie sind 12, 16 und 18 Jahre alt und besuchen alle das Gymnasium. Der Vater ist in einem akademischen Beruf tätig und verdient ein gutes Gehalt. Die Familie lebt nach ihren Angaben sehr zurückgezogen. Es fällt auf, dass die Mädchen in Jeans und T-Shirts gekleidet sind, die schon bessere Zeiten gesehen haben und jedenfalls nicht dem gegenwärtigen Modetrend in der Gleichaltrigengruppe entsprechen. Die beiden älteren Mädchen sind recht unglücklich, da sie in ihrer Peergroup nicht „ankommen". Sie würden schon seit längerem nicht mehr zu Partys eingeladen, „weil sie keine Gegeneinladungen machen könnten". Die Mutter erklärt sofort dazu, dass „die Wohnung dafür nicht geeignet sei". Auf Befragung stellt sich folgendes heraus: Jede Tochter hat ihr eigenes Zimmer, so dass kleinere Einladungen durchaus möglich wären. Die nicht berufstätige Mutter hatte sich aber

nie sehr für Haushalt und Kinderpflege interessiert, so dass der Familienalltag ziemlich chaotisch verläuft. Der Vater und die Töchter beklagen sich, dass die Wohnung selten aufgeräumt sei; oft fehlten angeblich Lebensmittel, da niemand eingekauft hat, die gewaschene Wäsche läge tagelang nass herum usw. Die Mutter sagt dazu, dass eine Fünfpersonenfamilie eben sehr viel Arbeit mache, die „Kinder" aber noch „zu jung" seien, um ihr entsprechend kompetent bei der Hausarbeit zu helfen: „Dann mache ich es lieber selber". Die Töchter hätten im übrigen auch keine Lust dazu, was diese bestätigen. Im weiteren Gespräch äußert die Mutter, dass die Freunde und Freundinnen ihre Töchter „jederzeit besuchen" könnten (was die Töchter als nicht zutreffend bezeichnen), sie aber keine Zeit für die Organisation von „Feten" habe. Auf die Rückfrage, ob es nicht ohnehin richtiger sei, dass die Töchter den Hauptteil der Arbeit für die Vorbereitung einer größeren Einladung und die anschließenden Aufräumarbeiten selbst übernähmen, meint sie, dass sie im übrigen der Ansicht sei, dass es für Partys noch viel zu früh sei, da ihre Töchter noch zu jung wären. Es ist charakteristisch, dass der Mutter die Widersprüchlichkeit dieser Aussagen nicht auffällt. Der Vater bestätigt jedoch die Ansicht der Mutter und führt außerdem aus, dass er prinzipiell gegen zu frühe Kontakte seiner Töchter mit „jungen Männern" sei. Auf der anderen Seite äußern die Eltern, dass sie selbstverständlich erwarten, dass ihre Töchter „später einmal" aufgrund der „gesellschaftlichen Stellung" der Familie „sehr reich" heiraten würden, was auch ihnen als Eltern zugute käme, da sie sich ja viele Jahre für die Kinder aufgeopfert hätten (was bei den Töchtern zu lautstarken Protesten führt). Dies alles läge aber angesichts des jugendlichen Alters ihrer „Kinder" noch in weiter Ferne. Das weitere Gespräch zeigt, dass beide Elternteile an der „Kinderfamilie" festhalten wollen und die Entwicklung der Töchter in Richtung einer eigenständigen Lebensführung zu unterbinden versuchen, da sie sich selbst dann „alt" fühlen müssten.

Wie das Beispiel zeigt, hat diese Familie eine wichtige Familienentwicklungsaufgabe, nämlich den Übergang von der Kinderfamilie zur Jugendlichenfamilie, nicht gelöst. Die Eltern orientieren sich aus sehr persönlichen Gründen bei der Gestaltung des Familienlebens am Alter der jüngsten und nicht der ältesten Tochter. Der Schwerpunkt der Zielsetzung der familientherapeutischen Intervention bestand daher in diesem Fall in der Weiterentwicklung der Familie und ihrer Mitglieder in Richtung einer Jugendlichenfamilie. Es musste eine neues Gleichgewicht der Bedürfnislagen der einzelnen Mitglieder des Familiensystems entwickelt werden, um die Voraussetzungen für die Förderung der notwendigen Veränderungsprozesse aller Beteiligten und des Systems als Ganzem zu schaffen. Häufig ist dazu die Integration konkreter, lösungsorientierter Maßnahmen in den Behandlungsplan notwendig, wenn der Familie die entsprechende Problemlösekompetenz fehlt. Dazu ein weiteres Fallbeispiel:

Eine 23-jährige Frau sucht wegen einer Bulimie eine therapeutische Behandlung auf. Sie hat mit guten Noten das Gymnasium und eine Berufsausbildung abgeschlossen, ist glücklich verheiratet und beruflich erfolgreich. Es stellt sich heraus, dass weder ihr selbst noch ihren Eltern eine wichtige Familienentwicklungsaufgabe, nämlich die Ablösung gelungen ist: Sie besucht ihre Eltern häufig sowohl allein als auch mit ihrem Ehemann. Die Besuche verlaufen jedesmal äußerst stressreich, da beide Eltern die Kontakte benützen, um der Tochter wegen verschiedenster Dinge Vorwürfe zu machen: Ihre Haare wären zu kurz, sie wäre „eingebildet", was sie durch einen „bestimmten Blick" erkennen ließe usw. Entgegnungen der Tochter, dass ihr Mann diese Frisur besonders schätze, führen zu immer gleich ablaufenden Diskussionen: Die Eltern erklären, dass die Erziehung der Tochter schließlich ihre Sache sei und der Ehemann sich hier nicht einzumischen hätte. Beteuerungen der Frau, dass es ihr fern läge, sich selbst besonders hoch zu schätzen, führen zu Entgegnungen, dass dies wieder nur ein „Beweis" für ihre Neigung zur Arroganz sei, da sie sich nichts sagen lasse. Die Klientin berichtet zunächst, dass sie sich schon daran gewöhnt hätte. Tatsächlich stellt es sich im Laufe der Behandlung heraus, dass diese Konflikte und die resultierenden psychischen Belastungen eine wesentliche Ursache ihrer psychischen Erkrankung waren. Die Eltern wurden daher zu einer gemeinsamen Therapiestunde mit der Tochter eingeladen. Es zeigte sich, dass sowohl der Vater als auch die Mutter mit ihrem Leben höchst unzufrieden waren: Nach längerer Arbeitslosigkeit hatte der Vater eine, gemessen an seiner Ausbildung, einfachere Arbeit angenommen. Die Mutter erklärte, dass sie immer schon darunter gelitten habe, dass sie „nur" Hausfrau und Mutter sei. Sie hätte gerne eine höhere Schulbildung absolviert und eine entsprechende Arbeit angenommen. So lange die sehr hübsche und intelligente Tochter noch im Klein- und Schulkindalter war, bedeutete sie für die Eltern eine Möglichkeit, zu renommieren. Dies änderte sich, als sie ins Jugendalter kam: Die Familie wurde mit den neuen Familienentwicklungsaufgaben nicht fertig. Die Mutter betrachtete die Tochter wegen ihrer Attraktivität, der Vater wegen ihrer schulischen und später wegen ihrer erfolgreichen beruflichen Entwicklung als Konkurrentin. Durch die ständige Kritik an ihrer Tochter versuchten beide, den neuen Status ihrer Tochter „ungeschehen" zu machen und emotionell mit diesen als Kränkung erlebten Tatsachen fertig zu werden. Da die Tochter ihre Eltern sehr liebte, schloss sie die Augen vor dem aggressiven Inhalt dieser Botschaften, obwohl diese so widersprüchlich waren, dass sie niemals hoffen konnte, es ihnen recht zu machen. Einerseits kritisierte ihr Vater an ihr, dass sie im Beruf doch nicht so viel Geld verdiene, wie er es sich vorstellte, andererseits war jeder berufliche Erfolg, über den sie berichtete, Anlass für eine Verstärkung seiner kritischen Haltung. Die Klientin erklärte sich die Vorwürfe ihrer Eltern und die Kritik ihrer Mutter an ihrem Aussehen als gerechtfertigte „Erziehungsbemühungen" und war überzeugt, dass es die Eltern ja nur gut mit ihr meinten. Erst durch den Hinweis, dass Erziehung zwar bei Kindern notwendig und berechtigt sei, im Jugend- und Erwachsenenalter aber zunehmend der Selbsterziehung weichen müsse, wurde ihr bewusst, dass sie sich eigentlich noch immer als

> Kind fühlte. Die täglichen Brechanfälle verschafften ihr die psychische Entlastung, die sie brauchte, um mit den emotionalen Spannungen fertig zu werden.

Ohne auf die hier nur angedeuteten familiären Verstrickungen im einzelnen einzugehen, wird aufgrund dieser Schilderungen deutlich, dass es der Herkunftsfamilie der jungen Frau nicht gelungen war, die Entwicklungsschritte von der „Schulkindfamilie" zur „Jugendlichenfamilie" und zur „Familie mit einer verheirateten Tochter" vorzunehmen. In gemeinsamen Therapiestunden mit den Eltern und der Tochter wurde daher ein Verhaltenskontrakt ausgehandelt, der eine Weiterentwicklung der gesamten Familie ermöglichte. Da beide Eltern angaben, dass ihnen die Gesundheit der Tochter sehr wichtig sei und sie an ihrer Heilung mitarbeiten wollten, konnte mit ihnen das Commitment erarbeitet werden, sich in den nächsten Monaten mit äußerster Konsequenz jeglicher kritischer Äußerungen ihrer Tochter gegenüber zu enthalten, um ihr auf diese Weise die Chance zu geben, die verantwortliche Erwachsenenrolle zu übernehmen. Die Formulierung, die als steuernder Leitsatz diente, lautete: „Keine Vorwürfe, keine Kritik, keine Ratschläge". Tatsächlich hielten sich die Eltern weitgehend an diese Vereinbarung. Durch diese Entlastung war nicht nur der Weg für eine standardmäßig durchgeführte verhaltenstherapeutische Intervention zum Abbau der Essstörung der jungen Frau frei, sondern auch für eine Rücknahme der nicht mehr familienentwicklungsgemäßen Ansprüche der Eltern. Der Tochter gelang es, ihre emotionelle Ablösung von den Eltern voranzutreiben und ihre Erwachsenenrolle zu entdecken. Für die Eltern bedeutete dies, dass auch sie sich den Übergang zum Familientyp der Familie mit einer selbständig lebenden, erwachsenen und für sich selbst verantwortlichen Tochter erarbeiten konnten.

Nicht immer sind Eltern in ähnlich gelagerten Fällen so kooperativ. Meist ist eine längere Begleitung des Familienentwicklungsprozesses notwendig ist. Die Erarbeitung des Verständnisses dafür, dass es sich dabei um gesellschaftlich vorgegebene, normative Entwicklungen handelt, von deren kompetenter Bewältigung jeder Einzelne und die Familie als Ganzes nur profitieren kann, eröffnet aber auch in solchen Fällen den Weg zur Lösung, wobei je nach Problematik neben den entwicklungsbezogenen Zugängen das ganze Repertoire familientherapeutischer Methoden zum Einsatz kommen kann, wie z. B. die Aufdeckung der dynamischen Prozesse zwischen den Familienmitgliedern, Entwicklung einer Balance zwischen Individuation und Kohäsion, die Veränderung der in der Familie befolgten expliziten oder impliziten dysfunktionalen Verhaltensregeln, die Unterstützung der direkten Kommunikation zwischen den Familienangehörigen, der Abbau von kontraproduktiven Expressed-Emotion-Verhaltensweisen und von Schuldzuweisungen, vor allem aber familienentwicklungsbezogene produktive Uminterpretationen, die dem komplexen System Familie eine neue, fruchtbare Entwicklungsrichtung vorgeben können.

Literatur

Bronfenbrenner, U. (1986). Ecology of the Familie as a context for human development: research perspectives. *Developmental Psychology, 22*, 723-742.

Cowan, P. A. (1991). Individual and family life transitions: A proposal for a new definition. In P. A. Cowan & M. Hetherington, (Eds.), *Family transitions* (pp. 3-30). Hillsdale, NJ: Lawrence Erlbaum.

Jones, E. (1995). *Systemische Familientherapie*. Dortmund: Modernes Lernen.

Kagan, J., Snidman, N. & Arcus, D. (1998). Childhood derivatives of high and low reactivity in infancy. *Child Development, 69*, 1483-1493.

Kanitscheider, B. (1994). Philosophische Reflexionen über Chaos und Ordnung. In H-O. Peitgen, H. Jürgens & D. Saupe (Hrsg.), *Chaos – Bausteine der Ordnung* (S. 1-33). New York: Springer.

Kaplan, H. & Sadock, B. (2000). *Klinische Psychiatrie*. Göttingen: Hogrefe.

Kreppner, K. (1998). Was kann das Konzept der Familienentwicklung für die Klinische Psychologie leisten? In A. Schölmerich, M. von Salisch & U. Lindenberger (Hrsg.), *Newsletter Entwicklungspsychologie der Fachgruppe Entwicklungspsychologie in der Deutschen Gesellschaft für Psychologie, 2* (S. 15-18). Berlin: Max-Planck-Institut für Bildungsforschung.

Kriz, J. (2001). *Grundkonzepte der Psychotherapie* (5. Aufl.). Weinheim: Beltz.

Lanthier, R. P. & Bates, J. E. (1995). *Infancy era predictors of the big five personality dimensions in adolescence*. Paper presented at the 1995 Meetings of the Midwestern Psychological association, Chicago, IL.

Oerter, R. (1999). Klinische Entwicklungspsychologie: zur notwendigen Integration zweier Fächer. In R. Oerter, C. von Hagen, G. Röper & G. Noam (Hrsg.), *Klinische Entwicklungspsychologie* (S. 1-10). Weinheim: Beltz.

Papoušek, M. (1999). Regulationsstörungen der frühen Kindheit: Entstehungsbedingungen im Kontext der Eltern-Kind-Beziehungen. In R. Oerter, C. von Hagen, G. Röper & G. Noam (Hrsg.), *Klinische Entwicklungspsychologie* (S. 148-169). Weinheim: Psychologie Verlags Union.

Parsons, T. R. & Bales, E. A. (Eds.). (1955). *Family, socialization and interaction process*. Chicago: The Free Press.

Reiter, L., Brunner, E. & Reiter-Theil, S. (Hrsg.). (1997). *Von der Familientherapie zur systemischen Perspektive* (2. Aufl.). Berlin: Springer.

Rollett, B. & Werneck, H. (1993). *Die Bedeutung von Rollenauffassungen junger Eltern für den Übergang zur Elternschaft*. Wien: Universität, Institut für Psychologie, Abteilung für Entwicklungspsychologie und Pädagogische Psychologie.

Rollett, B. & Werneck, H. (2001a). Difficult temperament at 3 months of age and temperament at 3 years. Results of a longitudinal study. In K. W. Kallus, N. Posthumus & P. Jiménez (Eds.), *Current psychological research in Austria. Proceedings of the 4th scientific conference of the Austrian Psychological Society (ÖGP)* (pp. 99-201). Graz: Akademische Druck- und Verlagsanstalt.

Rollett, B. & Werneck, H. (2001b). *Familienentwicklung im Lebenslauf (FIL): Familienentwicklung im Schulalter des Kindes*. Wien: Universität, Institut für Psychologie, Abteilung für Entwicklungspsychologie und Pädagogische Psychologie.

Schaffmann, C. (2001). Hilfe aus dem Internet. *Report Psychologie, 26*, 515-517.

Schiepek, G. (1999). *Die Grundlagen der systemischen Therapie*. Göttingen: Vandenhoeck & Ruprecht.

Schwartz, R. (1997). *Systemische Therapie mit der inneren Familie*. München: Pfeiffer.

Werneck, H., Nickel, H., Rollett, B. & Quaiser-Pohl, C. (2001). Wert von Kindern und Belastung durch Kinder im Erleben junger Eltern in Deutschland, Österreich und in Südkorea. In H. Nickel & C. Quaiser-Pohl (Hrsg.), *Junge Eltern im kulturellen Wandel – Untersuchungen zur Familiengründung im internationalen Vergleich*. Weinheim: Juventa.

Wittgenstein, L. (1953). *Philosophische Untersuchungen*. Oxford: Blackwell.

2. Kapitel:
Definition der Familie aus psychologischer Sicht

Matthias Petzold

In der praktischen psychologischen Arbeit mit ganzen Familien oder einzelnen Familienmitgliedern ist die Tatsache, dass Familien in ganz verschiedenen Formen auftreten können, eine a-priori-Erkenntnis, die so klar ist, dass kaum jemand meint, dies hinterfragen zu müssen. Einer der häufigsten Anlässe für den Beginn einer Psychotherapie ist die Veränderung in der familiären Struktur, die ein einzelnes Familienmitglied nicht einfach selbst bewältigen kann. Menschen suchen Hilfe, wenn sie sich selbst in den sich verändernden Settings ihrer Familie nicht mehr handlungsfähig fühlen. Erwachsene und Kinder reagieren dann häufig auch mit psychosomatischen Beschwerden. Erfolgreiche therapeutische Arbeit kann sich aber nicht nur auf dieses Individuum allein beziehen, sondern muss sich auch mit den familiären Rollen und Strukturen auseinandersetzen. Für eine solche Orientierung braucht auch der Praktiker eine wissenschaftliche Begrifflichkeit, die von einer Neudefinition der Familie ausgehen sollte.

Die Familie gilt als die Basisinstitution der Gesellschaft, aber die Auffassungen, welche Merkmale denn nun eine Familie kennzeichnen, gehen weit auseinander. Häufig wird dabei Familie und Ehe gleichgesetzt, obwohl es sich um zwei verschiedenen Institutionen handelt. Verschiedene in der Öffentlichkeit wie auch in unterschiedlichen Wissenschaftsdisziplinen vertretenen Definitionen des Begriffs Familie werden in diesem Beitrag aus psychologischer Perspektive diskutiert. Familien gibt es heute nicht mehr nur als Vater-Mutter-Kind-Familien, sondern auch als Ein-Eltern-Familien und Fortsetzungsfamilien, oder auch in neuen Formen des Zusammenlebens in gleichgeschlechtlichen Lebensgemeinschaften oder Lebensabschnittspartnerschaften, die auf Zeit geschlossen werden. Schließlich wird der vom Autor benutzte psychologische Familienbegriff begründet, der von einer ökopsychologischen Sichtweise ausgeht.

Zunächst sollte daran erinnert werden, dass sich die Familie in den vergangenen Jahrhunderten grundlegend verändert hat. Im Rahmen der industriellen Revolution und der Entstehung der Städte sind mehr und mehr Familien vom Land in die Stadt gezogen. Dies hatte weit reichende Konsequenzen für die Struktur der Familie, die sich aus verschiedenen Formen der Großfamilie zur heute als Norm angesehenen Vater-Mutter-Kind-Familie gewandelt hat. Diese uns vertraute Norm ist aber inzwischen selbst schon ein Stück Geschichte geworden, denn die klassische vollständige Kernfamilie ist heute nicht mehr die dominierende Familienform (vgl. Petzold, 1999).

Aus psychologischer Sicht ist es unzureichend, diese Trends nur in Zahlen auszudrücken. Es ist interessanter, die Qualität des Familienlebens in den sich entwickelnden neuen Familienformen zu erkennen. Viele dieser primären Lebensformen sind nicht postmoderne Erfindungen, sondern stammen aus früherer Zeit und sind heute sogar mehr oder weniger unbekannt. Einen Überblick über diese Formen gibt die folgende Liste:
- Adoptivfamilie
- Ehe
- Ehe ohne Trauschein
- eheähnliche Beziehungen
- Ein-Elter-Familie
- erweiterte Familie
- Familien aus heterologer Insemination (künstliche Befruchtung)
- Fortsetzungsfamilie
- freie Ehe
- Großfamilie
- homosexuelle Paare
- Josephsehe
- Kernfamilie
- kinderlose Ehe
- Kleinfamilie
- Kommune
- Lebensabschnittspartnerschaften
- Living-apart-together
- Mehrgenerationenfamilie
- nichteheliche Lebensgemeinschaften
- Onkelehe
- Paarbeziehung
- papierlose Ehe
- Patchwork-Familie
- Pflegefamilie
- serielle Monogamie
- Single
- SOS-Kinderdorf-Familie
- Stieffamilie
- sukzessive Polygamie
- unvollständige Familie
- vollständige Familie
- wilde Ehe
- Wohngemeinschaft
- Zweierbeziehung
- Zweitfamilie
- Zwei-Kern-Familien.

Nur wenige dieser unterschiedlichen Begriffe sind heute im Alltag gebräuchlich. Die im heutigen öffentlichen Sprachgebrauch benutzten Definitionen der Familie kommen aus unterschiedlichen Richtungen:
- im Volksmund wird „Familie" und „Verwandtschaft" häufig synonym gebraucht,
- im Sinne eines genealogischen Ansatzes umfasst Familie verschiedene Dimensionen verwandtschaftlicher Beziehungen,
- im bürgerlichen Recht werden Ehe und Familie verbunden bzw. sogar gleichgesetzt,
- im heutigen Sozialrecht wird Familie dagegen nicht nur nach Verwandtschaft, sondern auch nach dem gemeinsamen Lebensvollzug bestimmt.

Weit verbreitet ist die Gleichsetzung von Familie mit der vollständigen Vater-Mutter-Kind-Gemeinschaft. Diese Reduktion der Familie auf die Ehegemeinschaft mit Kindern entspricht der konservativen Rechtsauffassung, wie sie z. B. von dem Kölner Familienrechtler Wolfgang Rüfner (1989) formuliert wurde:

> Familie im Sinne des Grundgesetzes ist nicht jede beliebige Gruppe, die sich zu einer familienähnlichen Gemeinschaft zusammentut, sondern die Gemeinschaft von Eltern und Kindern, also die Kleinfamilie moderner Prägung... Das Grundgesetz sieht dabei die Ehe als alleinige Grundlage einer vollständigen Familiengemeinschaft an. (S. 63)

Der Familienpsychologe Klaus A. Schneewind (1999) weist in der Kritik dieser Auffassung darauf hin, dass in der öffentlichen Diskussion mit Bezug auf das Grundgesetz zu dieser Definition häufig noch weitere Implikationen hinzukommen, nämlich die lebenslange Permanenz der Ehe, Heterosexualität (und zwar exklusiv!) sowie die Dominanz des Mannes als primärer Ernährer.

Häufig wird bei der Definition der Familie auf die Blutsverwandtschaft hingewiesen. Dies stellt insbesondere in der Sozialpolitik die Grundlage für viele Entscheidungen dar (vgl. Süssmuth, 1981). So wird Kindergeld im Prinzip nur für leibliche Kinder gezahlt, unabhängig davon, wo sie tatsächlich leben. Im gleichen Sinne bezieht das Bundessozialhilfegesetz weitere Verwandte in die Berechnung mit ein und zwar Verwandte ersten Grades auch dann, wenn sie nicht im selben Haushalt leben. Das gemeinsame Zusammenleben in einem Haushalt ist in dieser Definition also sekundär.

Dagegen basiert die Statistik des Statistischen Bundesamtes auf einer dreifachen Unterscheidung aller Haushalte der Gesellschaft in (1) öffentliche Haushalte, (2) Privathaushalte im Allgemeinen und (3) solche mit Kindern. Privathaushalte umfassen „Personengemeinschaften, die gemeinsam wohnen und wirtschaften, auch Einzelpersonen, die alleine wohnen und wirtschaften (nicht aber Anstalten)" (Statistisches Bundesamt, 1995). Familien unterscheiden sich dann nur noch dahingehend, dass ledige Kinder in diesem Haushalt leben müssen: „Elternpaare bzw. alleinstehende Elternteile zusammen mit ihren im gleichen Haushalt lebenden ledigen Kindern gelten im Folgenden als „Familie" (Statistisches Bundesamt, 1995). Ob diese Menschen juristisch gesehen verheiratet sind oder nicht, oder ob sie intime Beziehungen haben, interessiert die amtliche Statistik nicht, wenn Aussagen über die Familie getroffen werden sollen.

In der Familiensoziologie und der Familienpsychologie wurde in den letzten Jahren über eine Neudefinition des Begriffs „Familie" nachgedacht. Nyer, Bien, Marbach und Templeton (1991) haben dazu vorgeschlagen, von „wahrgenommenen Familien" auszugehen und die subjektive Wahrnehmung der Betroffenen von dem, was sie als Familie empfinden, in ein wissenschaftliches Verständnis von Familie mit aufzunehmen. Der Familiensoziologe Hans Bertram (1991) hebt dazu hervor:

> Familienmitglieder sind meist Verwandte, müssen es aber nicht sein. Aus der Sicht der Befragten sind jedoch nicht alle, die zur Familie gehören könnten, auch tatsächlich Mitglieder ihrer Familie. Andererseits werden Personen zur eigenen Familie gerechnet, die nach dem allgemeinen Verständnis nicht dazu gehören. (S. 43)

Diese Berücksichtigung der subjektiven Sicht der Betroffenen sollte sich auch die Psychologie als Wissenschaft des individuellen Erlebens und Verhaltens in der Diskussion des Begriffs Familie zu Eigen machen. Die Familienpsychologie steht also vor der Aufgabe, von der Wahrnehmung der Menschen selbst ausgehend einen psychologisch brauchbaren Begriff „Familie" zu entwickeln.

Auf der Suche nach psychologischen Zugangsweisen bietet sich zunächst an, von der intimen Paarbeziehung auszugehen, wobei aus psychologischer Sicht unerheblich ist, ob es sich juristisch um eine Ehe oder um eine nicht-eheliche Zweierbeziehung handelt. In diesem Sinne versteht Voss (1989) die Familie als eine Sonderform einer sozialen Beziehung zweier Menschen, die sich durch eine spezifische Bindungsqualität von anderen Beziehungen unterscheidet. Die „Beziehungskiste" der intimen Bindung wäre dann das, was psychologisch die Familie ausmacht. Für diese besondere Bindung in der Paarbeziehung kann man auch den psychologischen Begriff der Intimität benutzen und nach Schneewind (1987, 1999) die Familie als eine „intime Lebensgemeinschaft" definieren. Eine solche Definition auf psychologischer Grundlage ist ein guter Ausgangspunkt, kann aber aus meiner Sicht für ein tieferes Verständnis von Familie nicht als hinreichend angesehen werden. Dabei beziehe ich mich auf bereits verbreitete Konzeptualisierungen anderer Familienpsychologen und Familiensoziologen. In dieser wissenschaftlichen Diskussion zum Begriff der Familie wurde betont, dass Familie auf keinen Fall nur auf diese Basis der Intimität zweier Menschen beschränkt werden kann, sondern die Sorge um die nächste Generation mit einschließt. Auf dem Hintergrund der gesellschaftlichen Verantwortung im Rahmen des Generationenvertrags wurde in diesem Sinne z. B. von der früheren Familienministerin Süssmuth (1981) postuliert, dass ohne Kinder eine Zweierbeziehung keine Familie ausmachen könne. Die Familiensoziologin Rosemarie Nave-Herz (1989) nennt als eine solche Bedingung die „intergenerationellen Beziehungen,,. Mit dieser Aussage wird im Sinne des Modells der „biologisch-sozialen Elternschaft,, als Basis der Familie betont, dass eine Familie im Wandel der Gesellschaft selbst durch das Aufeinandertreffen verschiedener Generationen geprägt wird.

Aus entwicklungspsychologischer Sicht haben Petzold und Nickel (1989) hervorgehoben, dass nicht allein die Existenz von Kindern im familiären Leben, sondern generell das psychische Spannungsfeld zwischen den Generationen zur Familie dazugehört. Diese Beziehungen zwischen den Generationen sind nicht nur solche zwischen den Eltern und ihren Kindern, sondern auch die der Eltern zu ihren eigenen

Eltern. Leben Menschen aus verschiedenen Generationen in einer Gemeinschaft zuesammen, dann macht dies den Kern einer Familie aus. Damit wird die genealogische Definition erweitert, ohne auf die juristische Form der Ehe Bezug zu nehmen.

Familie kann also aus psychologischer Sicht als eine soziale Beziehungseinheit gekennzeichnet werden, die sich besonders durch Intimität und intergenerationelle Beziehungen auszeichnet (vgl. Petzold, 1999).

Innerhalb einer solchen psychologischen Definition der Familie ist eine große Vielfalt von Familienformen möglich. Diese vielfachen Möglichkeiten sollen nun systematisch auf der Grundlage des psychologischen Familienbegriffs eingeordnet werden. Dabei zählt nicht die statistische Häufigkeit, vielmehr geht es darum, den verschiedensten Alternativen familiären und familienähnlichen Lebens Raum zu gewähren. Eine zukunftsorientierte familienpsychologische Forschung sollte gerade diese Pluralität in ihrer ganzen Spannweite begreifen.

Ein Blick in die öffentliche Bevölkerungsstatistik belegt, dass die traditionelle Kleinfamilie zwar noch die dominierende, aber nicht mehr die häufigste primäre Lebensform ist. In Deutschland besteht nur ein Drittel der Haushalte aus einer traditionellen Kernfamilie – in über der Hälfte der Haushalte haben sich die Menschen zu anderen Lebensformen entschlossen. Immer mehr Menschen ziehen es vor, als alleinstehende Erwachsene einen eigenen Haushalt zu führen. Wenn man einen Blick auf die Struktur der Haushalte wirft, dann ergibt sich: Nur in einem Drittel der Haushalte leben Paare mit Kindern, ein weiteres Drittel sind Single-Haushalte ohne Kinder (vgl. Tabelle 1).

Tabelle 1: Vier Formen des privaten Lebensstils (Anzahl der Haushalte in Millionen nach Daten des Statistischen Bundesamts, 1995)

	Paare	*%*	*Singles*	*%*	*sonstige*	*%*
ohne Kind	8.4	23.5	12.0	33.6	1.7	4.4
mit Kind(ern)	11.4	31.9	1.9	5.3	0.3	0.9

Diese neueren Zahlen verdeutlichen, dass auch in Deutschland die klassische Form der Vater-Mutter-Kind-Familie nicht als dominante Lebensform bezeichnet werden kann. Dies ist vielmehr heute der Single-Haushalt (in manchen Fällen auch mit Kindern), der insbesondere in den Metropolen (in Deutschland genauso wie in anderen westlichen Ländern) zur häufigsten Haushaltsform geworden ist. Damit einher geht auch die Tendenz, dass in den städtischen Kerngebieten das Leben mit Kindern zur Ausnahme wird. So leben z. B. in den Innenstadtbezirken Münchens nur in jedem siebten Haushalt Kinder. Bei dieser Entwicklung ist zwar noch kein Trend zu einer allgemeinen Alternative zur Familie zu erkennen, aber es gibt vielmehr eine große Vielfalt von anderen primären Lebensformen. Aus psychologischer Sicht ist es auch sehr wichtig zu beachten, dass diese Lebensformen nicht immer objektiv unterscheidbar sind. So mag manch einer als Single wohnen, sich aber als Mitglied einer Familie fühlen, die an zwei Orten zu Hause ist usw. Die Charakteristik einer Familienform sollte deshalb nicht nur an objektiven Merkmalen, sondern auch an der subjektiven Sicht der Betroffenen festgemacht werden.

Anknüpfend an diesem Modell kann man die Definition der Familie weiterführen. Ich stütze mich dabei auf das ökopsychologische Modell von Urie Bronfenbrenner (1981, 1986). Diese systemisch-ökopsychologische Sichtweise ist seit Ende der 70er-Jahre begründet und weiterentwickelt und auch in der deutschen Psychologie mit großem Interesse aufgenommen worden. Bronfenbrenners Modell übernimmt zunächst die in der Soziologie schon lange übliche Unterscheidung einer Mikro- und Makro-Ebene, fächert aber diese beiden Ebenen noch weiter auf, da das einzelne Individuum in einer mehrschichtigen Umwelt lebt. Ihrer Beschreibung dienen Bronfenbrenner fünf Ebenen, die im Sinne der Systemtheorie als die Subsysteme (Makro-, Exo-, Meso-, Mikro- und Chronosystem) bezeichnet werden können.

Als Mikrosystem sieht Bronfenbrenner nur das eingeschränkte konkrete Umfeld einer Person an. Dieses umfasst nur primäre Lebensformen der Familie im engeren Sinne (bzw. in all ihren möglichen Variationen). Zwischen dieser und dem Makrosystem Gesellschaft findet das Individuum verschiedene vermittelnde Subsysteme. Diese soziale Bezogenheit des einzelnen ist von Bronfenbrenner selbst auch für die Familie konkretisiert worden, wobei mit einem weiteren System, dem Chronosystem, die Entwicklungsdynamik im Sinne von Veränderungsprozessen über die Zeit hinweg in dieses Modell integriert wurde (vgl. Bronfenbrenner, 1986).

Unter Berücksichtigung der für die Familie relevanten Aspekte kann das ökopsychologische Modell wie folgt skizziert werden:

1) Das *Mikrosystem* ist das unmittelbare System, in dem eine Person lebt. Die heutige Kleinfamilie mit ihren dyadischen bzw. triadischen Strukturen gilt als ein solches typisches Mikrosystem. Die Ökopsychologie berücksichtigt jedoch nicht nur die personellen Beziehungen, sondern auch physische und materielle Bedingungen, z. B. die Wohnverhältnisse.

2) Das *Mesosystem* stellt die nächsthöhere Ebene dar und beinhaltet die Bezüge zwischen zwei oder mehr Mikrosystemen. Dabei stehen die Wechselbeziehungen im Vordergrund. Im Hinblick auf die Familie umfasst das Mesosystem z. B. Beziehungen zwischen der eigenen Kernfamilie und der Familie der Eltern, zwischen der Kernfamilie und dem System der Tagesbetreuung des Kindes oder zwischen der Kernfamilie und der Schule des Kindes.

3) Das *Exosystem* besteht aus einem oder mehreren Mikro- bzw. Mesosystemen, denen das Individuum nicht als handelnde Person angehört, die aber indirekt mit dem Individuum in Wechselwirkung stehen. Dies ist z. B. für das Vorschulkind die von den älteren Geschwistern besuchte Schule oder für die Hausfrau die berufliche Welt ihres Mannes.

4) Das *Makrosystem* bezieht sich als höchstes System auf gesamtgesellschaftliche Zusammenhänge, wie z. B. die Rahmenbedingungen für die Erziehung von Kindern, Möglichkeiten zu familienergänzenden Betreuungsformen oder die allgemeinen Festlegungen für berufliche Arbeit (Ganztagsarbeit als Norm, Achtstundentag usw.). Darüber hinaus gehören auch allgemein gesellschaftlich geteilte Rollenerwartungsmuster (Väter als „Brötchenverdiener", Mütter als „Hausfrauen") zum Makrosystem.

5) Mit dem *Chronosystem*, wie es von Bronfenbrenner (1986) ergänzend eingeführt wurde, wird zusätzlich die Zeitdimension einbezogen, da sie für das Verständnis von Entwicklungsprozessen unabdingbar ist. Mit Hilfe dieser Dimension wird nun auch die Entwicklung familiärer Zusammenhänge in Abhängigkeit vom Alter beschreibbar.

Auf einer solchen Grundlage beinhaltet die folgende ökopsychologische Systematik zwölf Merkmale primärer Lebensformen, die sich auf vier verschiedene Bereiche beziehen. Im Unterschied zu den offiziellen Definitionen können mit diesen Merkmalen und den verschiedenen Kombinationen alle möglichen und realisierten Familientypen tatsächlich beschrieben werden.

Dieses Definitionsraster für heutige Familienformen ermöglicht ein Verständnis für eine große Vielfalt alternativer Familienformen, indem zahlreiche Merkmale miteinander kombiniert werden können. Allerdings gibt es auch einige wenige sich einander ausschließende Charakteristika. Solche sind z. B. die Kinderzahl, nicht aber der Status des Kindes. So können in einer Familie sowohl eigene Kinder als auch Adoptivkinder oder auch Kinder aus früheren Partnerschaften zusammenleben. Es mag auch Familien geben, die formal auf der Basis der Heterosexualität aufgebaut sind, bei denen aber im realen Leben zumindest der Eine der beiden Partner auch oder ausschließlich gleichgeschlechtlich orientiert ist. Selbst die von der Bundesstatistik benutzte Gleichsetzung von Familien mit Haushalten ist nicht stimmig. Ganz abgesehen von der expliziten Form des Living-apart-together gibt es Familien, in denen z. B. der Mann auswärts arbeitet und dann die Woche über in einem zweiten Haushalt real getrennt lebt (vgl. Tabelle 2).

Tabelle 2: Ökopsychologische Merkmale der Familie

A: gesellschaftliche Rahmenbedingungen (Makrosystem)
1. ehelich oder nichteheliche Beziehung
2. gemeinsame oder getrennte wirtschaftliche Verhältnisse
3. Zusammenleben oder getrennte Wohnungen

B: soziale Verpflichtungen (Exosystem)
4. Verpflichtungen durch Verwandtschaft oder Ehe
5. Selbstständigkeit oder Abhängigkeit des Anderen
6. kulturell/religiös gleich oder unterschiedlich ausgerichtet

C: Kinder (Mesosystem)
7. mit oder ohne Kind(er)
8. leibliche(s) oder adoptierte(s) Kind(er)
9. leibliche oder stiefelterliche Kindbeziehung

D: Partnerschaftsbeziehung (Mikrosystem)
10. Lebensstil als Single oder in Partnerschaft
11. hetero- oder homosexuelle Beziehung
12. Dominanz des einen oder Gleichberechtigung

Wenn man alle möglichen Variationen dieser Merkmale durchspielt, kommt man auf weit über hundert verschiedene Familientypen. Um eine brauchbare Ordnung zur Klassifikation der im realen Familienleben vorfindbaren unterschiedlichen Formen zu gewinnen, wäre es wünschenswert, Gruppierungsvariablen herauszufiltern, die sich auf unterschiedliche Merkmale des real beobachtbaren Zusammenlebens beziehen.

Als Perspektive zur Gruppierung dieser ökopsychologischen Merkmale bietet es sich an, auf die subjektive Sicht der Familienmitglieder selbst Bezug zu nehmen. Es soll deshalb versucht werden, die individuelle subjektive Sichtweise der Betroffenen in diese ökopsychologische Sicht zu integrieren. Dies kann im Folgenden noch nicht empirisch gestützt erfolgen, sondern zunächst nur im Sinne eines heuristischen Modells, das von möglichen Dimensionen subjektiver Wahrnehmung der Familie ausgeht.

In Familie zu leben, kann aus der subjektiven Wahrnehmung heraus unterschiedlichste Orientierungen im Rahmen der gesamtgesellschaftlichen Normen- und Wertvorstellungen zur Grundlage haben. Die Analyse der verschiedenen subjektiven Sichtweisen familiären Lebens kann besser erfasst werden, wenn man systemtheoretische Überlegungen zu Grunde legt. Dabei gehe ich zunächst davon aus, dass der Sichtweise eines jeden Familienmitglieds normative Regeln und ein gewisses normatives Ideal zu Grunde liegen. Weiterhin herrscht in der öffentlichen Meinung das Gebot, Familie sei durch Eheschließung zu begründen. Schließlich wird der Familie gesellschaftlich die Aufgabe angetragen, durch Elternschaft die nächste Generation zu produzieren. Die Familie könnte also durch drei systemische Dimensionen gekennzeichnet werden. Im Rahmen dieser Orientierung wären dann drei Reinformen von Lebensentwürfen zu unterscheiden:

1) Normorientierung an einer idealen Vater-Mutter-Kind-Familie,
2) Familienleben mit Ehe und Partnerschaft als Basis,
3) Familienleben als Realisierung von Elternschaft.

Diese drei systemischen Dimension beinhalten – je nachdem, wie sie zusammenwirken – verschiedene Auswirkungen auf die Art des je nach subjektiver Sichtweise unterschiedlichen familialen Lebensentwurfs. Wenn man mit Hilfe dieser drei subjektiven Dimensionen die oben skizzierten ökopsychologischen Merkmale gruppiert, kann man aus der großen Zahl individueller Lebensentwürfe die folgenden sieben primären Lebensformen herauskristallisieren (vgl. Tabelle 3).

Diese sieben primären Lebensformen führen uns so zu einem klareren Verständnis der anfangs skizzierten Pluralität der Familienformen. Dieser reale Vielfalt primärer Lebensformen hat eine große Bedeutung für die psychologische Arbeit mit einzelnen Familienmitgliedern oder ganzen Familien. Die Konsequenzen für die praktische Arbeit können nicht dahingehend gezogen werden, dass je nach Familienform ein unterschiedlicher therapeutischer Ansatz nötig wäre, es ist vielmehr wichtig, die Dimension unterschiedlicher Strukturen von Familien in jeder Diagnostik und Therapie mit zu berücksichtigen.

Tabelle 3: Sieben primäre Lebensformen

	Familienform	Beispiel
A	normale Kernfamilie	traditionelle Vater-Mutter-Kind-Beziehung
B	Familie als normatives Ideal	Alleinstehende mit Orientierung an einem normativen Familienideal
C	kinderlose Paarbeziehung	unfreiwillig oder auf Grund eigener Entscheidung kinderlose Paare
D	nichteheliche Beziehung mit Kindern aber mit normativem Familienideal	moderne Doppelverdiener-Familie mit Kind(ern)
E	postmoderne Ehebeziehung ohne Kinder (aber mit Normorientierung)	auf Berufskarriere und intime Partnerschaft bezogene Ehe ohne Kinder
F	nichteheliche Elternschaft ohne Orientierung an einer Idealnorm	Wohngemeinschaften mit Kindern, Ein-Elter-Familien
G	verheiratete Paare mit Kindern aber ohne normatives Ideal	alternativ orientierte Eltern, die dennoch verheiratet sind

Literatur

Beck-Gernsheim, E. (1998). *Was kommt nach der Familie?* München: Beck.
Bertram, H. (1991). *Die Familie in Westdeutschland.* Opladen: Westdeutscher Verlag.
Boh, K., Bak, M., Clason, C. & Pankratova, M. (Eds.). (1989). *Changing patterns of European Family Life*. London: Routledge.
Bronfenbrenner, U. (1981). *Die Ökologie der menschlichen Entwicklung.* Stuttgart: Klett-Cotta.
Bronfenbrenner, U. (1986). Ecology of the Familie as a context for human development: research perspectives. *Developmental Psychology, 22*, 723-742.
Nave-Herz, R. (1989). Gegenstandsbereich und historische Entwicklung der Familienfoschung. In R. Nave-Herz & M. Markefka (Hrsg.), *Handbuch der Familien- und Jugendforschung* (Band 1: Familienforschung, S. 325-344). Neuwied: Luchterhand.
Nyer, G., Bien, W., Marbach, J. & Templeton, R. (1991). Obtaining reliable data about family life. A methodological examination of egocentered networks in survey research. *Connections, 14*, 14-26.
Petzold, M. (1999). *Entwicklung und Erziehung in der Familie.* Baltmannsweiler: Schneider Hohengehren.
Petzold, M. & Nickel, H. (1989). Grundlagen und Konzept einer entwicklungspsychologischen Familienforschung. *Psychologie in Erziehung und Unterricht, 36*, 241-257.
Peukert, R. (1998). *Familienformen im sozialen Wandel.* Opladen: Leske & Budrich.
Rüfner, W. (1989). Familie heute und alternative Lebensformen. In M. Wingen (Hrsg.), *Familie im Wandel - Situation, Bewertung, Schlußfolgerungen* (S. 58-91). Bad Honnef: Verlag des Katholisch-Sozialen Instituts.

Schneewind, K. A. (1987). Familienpsychologie: Argumente für eine neue psychologische Disziplin. *Zeitschrift für Pädagogische Psychologie, 1,* 79-90.
Schneewind, K. A. (1999). *Familienpsychologie.* Stuttgart: Kohlhammer.
Statistisches Bundesamt. (Hrsg.). (1995). *Im Blickpunkt: Familien heute.* Stuttgart. Metzler-Poeschel.
Süssmuth, R. (1981). Familie. In H. Schiefele & A. Krapp (Hrsg.), *Handlexikon zur Pädagogischen Psychologie* (S. 124-129). München: Ehrenwirth.
Voss, H. G. (1989). Entwicklungspsychologische Familienforschung und Generationenfolge. In H. Keller (Hrsg.), *Handbuch der Kleinkindforschung* (S. 207-228). Neuwied: Luchterhand.

3. Kapitel:
Zur Bedeutung der Transitionskompetenz in Familien für das Vermeiden oder das Entstehen von Pathologien im Verlauf der individuellen Entwicklung

Kurt Kreppner

3.1 Einleitung

Bei der Konstitution der Familie werden die Modalitäten im kommunikativen Austausch und der Bereich der Inhalte, über den kommuniziert wird, zwischen den Partnern in einem Prozess der gegenseitigen Anpassung etabliert. Im weiteren Verlauf der Entwicklung der Familie, die hauptsächlich an die Phasen der individuellen Entwicklung der Kinder gebunden wird, erscheint die Regulation des Zusammenlebens in der Familie und damit der Anpassung an die sich verändernden Bedürfnisse der sich entwickelnden Kinder von diesem Rahmen der elterlichen Kommunikations- und Interaktionsmöglichkeiten maßgeblich geprägt.

Das Verhandeln der Beziehungen zwischen allen Familienmitgliedern wird auf der einen Seite als ein kontinuierlicher Prozess gesehen, da beim Austausch im alltäglichen Zusammensein die Beziehungen in einer für die Familie typischen Balance zu halten gesucht werden. Auf der anderen Seite aber lassen sich Gestaltung und Verhandlung der Beziehungen in der Familie besonders deutlich in Zeiten kritischer Entwicklungsübergänge der Kinder beobachten, in denen bisherige Formen der Beziehung aufgegeben und neue verhandelt und gestaltet werden müssen. Dabei sind es vor allem die alltäglichen verbalen und nichtverbalen Kommunikationsformen, in denen sich die familienspezifische Auseinandersetzung mit Entwicklungsveränderungen spiegelt.

Die Veränderung der Sichtweise im Konzept der Familienentwicklung von einer Beschreibung einzelner Phasen hin zu einer Betonung der Übergänge zwischen den Phasen hat das Fenster für eine differentielle Sicht von Familienentwicklungsverläufen geöffnet und damit auch für die gezielte Beobachtung von gelingenden und misslingenden Entwicklungsverläufen im Kontext der Kommunikationskultur in Familien. Das Anpassen an die sich verändernden Kompetenzen und Bedürfnisse der Kinder erfordert von den Familien die Fähigkeit, einerseits eingespielte Beziehungsmuster aufzugeben, andererseits aber auch, eine gemeinsame Identität der Familie zu erhalten. Beides sind Aufgaben, die den Umgang mit Veränderungen zum Inhalt haben und verschieden gelöst werden können. Entwicklungsveränderungen als

Bereicherung oder Bedrohung zu erleben, mit Beziehungen zwischen den Generationen flexibel oder rigide umzugehen sind zwei Beispiele für Differenzierungen von Familien nach ihrer Transitionskompetenz. Misslingende Entwicklungsverläufe, manifest im Auftreten von Pathologien im Kindes- und Jugendalter, können mit differentiellen Mustern der familialen Beziehungs- und Kommunikationsgestaltung in kritischen Übergangsphasen in Verbindung gebracht werden.

Die eigentliche Innovation des differentiellen Konzepts von Familienentwicklung besteht darin, dass neben einer einmaligen, zeitlosen Typik familialer Strategien und Dynamiken die *zeitliche Dimension* mit möglicher Brisanz bestimmter Problemstellungen ins Licht gerückt wurde. Zwar verwischen oft die in Familien gleichbleibenden, sich wiederholenden Interaktions- und Kommunikationsmuster Besonderheiten verschiedener Phasen der Entwicklung, es besteht aber ebenso die Gefahr, dass bei Nichtbeachtung der phasenspezifischen Aufgabenstellungen in Familien auftretende Probleme und deren Lösungsmodalitäten zu sehr auf idiosynkratische Beziehungsformen reduziert werden und die mögliche Transitionsproblematik im Zuge der Familienentwicklung verkannt wird.

3.2 Ursprüngliche Überlegungen zur Developmental Psychopathology

Zunächst sei auf zwei Definitionen verwiesen, die für das Konzept der Entwicklungspsychopathologie grundlegend sind. Die erste stammt von Cicchetti (1984):

> All pathology is, strictly speaking, a process. As a process, it is extended through time, and so must be understood in its temporal aspect. Since all pathology may also be conceived of as a disturbance, distortion, or degeneration of normal functioning, it thus follows that, if one would better understand pathology, one must better understand normal functioning, against which pathology is defined. (p. 2)

Diese Definition lässt sich in drei Punkte zusammenfassen:

1) Jegliche Pathologie ist, genau genommen, ein Prozess.
2) Als Prozess besitzt er eine zeitliche Ausdehnung und ist daher unter einer zeitlichen Perspektive Aspekt zu verstehen.
3) Da jegliche Pathologie auch als Störung, Verzerrung, oder Degenerierung des normalen Funktionierens definiert ist, bedarf es besserer Kenntnis des normalen Funktionierens, gegen das Pathologie bestimmt wird.

Die zweite Definition geht auf Sroufe & Rutter (1984) zurück. Danach liegen einer Entwicklungsperspektive in der Psychopathologie folgende Annahmen zugrunde:

1) *Ganzheitlicher Ansatz:* Die Bedeutung von Verhalten lässt sich nur innerhalb des gesamten psychologischen Kontexts bestimmen.
2) *Aktivität:* Das Individuum beeinflusst aktiv seine eigene Entwicklung und seine Umwelt.

3) *Orthogenetisches Prinzip:* nach Heinz Werner. Jeder Entwicklungsverlauf strebt von einer eher diffusen, einfachen und ungegliederten Struktur hin zu einer differenzierten, spezifizierten und hierarchisch organisierten Form.
4) *Flexibilität:* Je nach Anforderung können Funktionen dem Entwicklungsstand entsprechend flexibel eingesetzt werden. In Stress-Situationen werden Verhaltensweisen benutzt, die auf einer früheren und nicht der aktuellen Entwicklungsstufe beruhen.
5) *Integration von Kontinuität und Wandel:* Das Individuum funktioniert kohärent über verschiedene Phasen des diskontinuierlichen Wachstums hinweg.
6) *Zeitliche Verknüpfung:* Es existieren Verbindungen zwischen frühen Anpassungsformen und später auftretenden Formen pathologischen Verhaltens.

Hierbei lassen sich direkte und indirekte Einflüsse unterscheiden:

Direkte Einflüsse:
a) Zur aktuellen Entwicklungszeit führen Erfahrungen zu Fehlverhalten, das dann andauert.
b) Erfahrungen führen zu körperlichen Beeinträchtigungen, die spätere Funktionen beeinflussen.
c) Veränderte Verhaltensmuster treten zu einer bestimmten Entwicklungszeit als akzeptierte passagere Sonderformen auf, die erst später die Form einer Pathologie annehmen.

Indirekte Einflüsse:
d) Frühe Ereignisse können die Lebensumstände in der Familie verändern, die dann später Pathologien erzeugen
e) Sensibilitäten gegenüber Stress oder Umgangsformen mit Stress verändern sich, was später zu pathologischem Verhalten „prädisponiert".
f) Erfahrungen verändern das Selbst-Konzept des Kindes, das dann veränderte Reaktionen auf später auftretende Situationen zeigt.
g) Erfahrungen beeinflussen das Verhalten durch eine spezifische Wahl der Umwelt oder durch unterschiedliches Wahrnehmen von Entwicklungschancen.

Im Laufe der vergangenen 15 Jahre hat sich die hier angeführte Grundlegung für eine Entwicklungspsychopathologie durch neuere Forschungen in der Entwicklungspsychologie um einige Aspekte erweitert, die von Cichetti (1999, S. 15-22) in drei Punkten zusammengefasst wird:

1) *Gesamte Lebensspanne:* Inzwischen ist die *gesamte Lebensspanne* in die Thematik der Entwicklungspsychologie mit einbezogen worden.
2) *Mehrgenerationenperspektive:* Gene und Kultur. Eltern übertragen ihre Gene, und sie liefern den Entwicklungskontext. Die Frage, wieweit die Vermittlung von Persönlichkeitseigenschaften durch Gene oder durch von den Eltern vorgegebene Umweltbedingungen erfolgt, ist durch Studien vor allem in der Verhaltensgenetik untersucht worden.
3) *Untersuchung der kulturellen Vielfalt von normalen Entwicklungskontexten:* Entwicklungspsychologinnen und Entwicklungspsychologen untersuchen inzwischen die Vielfalt der realen Kontexte, in denen Menschen aufwachsen, und würdigen

die unterschiedlichen Muster individueller und familialer psychologischer Entwicklungen, die in *allen Kulturen* und Settings existieren.

Auch in der attachment Forschung und in der attachment-unabhängigen Erforschung der frühkindlichen Sensitivität für Beziehungen, insbesondere für die Qualität der Beziehung zwischen den Eltern, gab es beeindruckende Ergebnisse. Außerdem hat sich bei der Erforschung der sozialen und emotionalen Entwicklungsprozesse in den letzten 15 Jahren die Blickweise verändert. Nach Susan Harter (1998, p. 553) sind es im wesentlichen zwei Punkte, die eine neue Perspektive bei der Betrachtung frühkindlicher Entwicklung verursacht haben:

1) eine ganzheitliche Sicht auf das Kind, nicht mehr nur auf einzelne Funktionen;
2) Bedeutung der Beziehungsqualität zwischen Eltern und Kind und zwischen den Eltern.

3.3 Entwicklungsprozesse im Beziehungskontext

Gelingende oder misslingende Anpassungsprozesse lassen sich immer nur vor dem konkreten Hintergrund der unmittelbaren Verhältnisse, in dem das Kind aufwächst, darstellen. Die Bedürfnisse für gelingende Entwicklungsprozesse sind dabei extrem von den aktuell zu durchlaufenden Entwicklungsstadien abhängig. Seit Clarke-Stewart (1978) und Belsky (1981) ist in der Entwicklungspsychologie die Relevanz der gesamten Familien mit all ihren Beziehungen für den Entwicklungsverlauf betont worden. Allerdings hat es lange gedauert, bis einigermaßen detaillierte und relevante Untersuchungen über konkretes Interaktions- und Kommunikationsverhalten auch der Eltern untereinander und mögliche Auswirkungen auf die Persönlichkeitsentwicklung der Kinder unternommen wurden. Erst seit Ende der 80er-Jahre und in den 90er-Jahren wurden für verschiedene Entwicklungsphasen Studien durchgeführt, die versuchen, die Qualität der Beziehung zwischen allen Familienmitgliedern zu erfassen und bei der Interpretation zu berücksichtigen. Da es sich bei der Berücksichtigung früher Entwicklungsstadien um Beobachtungsstudien handeln muss, da eine Befragung der Kinder nicht möglich ist, haben eine Reihe von Schwierigkeiten bei der Erfassung der Daten die Zahl solcher Untersuchungen eher klein gehalten.

In zahlreichen Studien konnten Zusammenhänge zwischen Kommunikationsformen der Eltern untereinander und Pathologien der Kinder gefunden werden, wie etwa für Essstörungen, Depressivität im Jugendalter (Conger & Chao, 1996; Ratti, Humphrey & Lyons, 1996) oder Aggressivität beim Umgang mit Gleichaltrigen im Schulalter (Boyum & Parke, 1995). Darüber hinaus hat sich die Regulation von Emotionen und das allgemeine harmonische oder disharmonische Klima in der Elternbeziehung als außerordentlich wichtige Größe für das Wohlbefinden von Kleinkindern erwiesen (Belsky et al. 1995; McHale & Cowan, 1996), in neuen Längsschnittuntersuchungen auch als Prädiktor, gemessen im ersten Lebensjahr der Kinder, für Aggressionsverhalten und Ängstlichkeit dieser Kinder in ihrem vierten Lebensjahr (Belsky, Hsieh, & Crnic, 1998; McHale & Rasmussen, 1998). Während des Übergangs von der Kindheit zur Jugend ist die Erfahrung über die Regulation von Distanz in der Beziehung mit den Eltern, die besondere Qualität einer intergenerativen Beziehung für das Verhandeln von Veränderungen und das Austragen von Konflikten in dieser Beziehung wichtig. In ihr müssen vom Kind Autonomiegewährung und Gleichbehandlung erkämpft werden ohne dass dabei die Beziehung selbst infrage gestellt werden muss. Wieweit die funktionierende Beziehung die Regulation von Affekt auch im Jugendalter beeinflusst, ist in Studien deutlich herausgearbeitet worden, die Besonderheiten in der Kommunikation zwischen Eltern und Kindern thematisierten (Grotevant & Cooper, 1985; Hauser et al., 1991). Gerade das Bearbeiten von negativen Emotionen in einer sicheren Beziehung erlaubt den Austausch und das gegenseitige Abarbeiten von kontroversen Ideen und Weltsichten, wie sie zwischen der Kinder- und der Elterngeneration in dieser Zeit der Suche nach einer neuen Identität notwendig erscheinen. Lebt das Kind nur mit einem Elternteil zusammen, wird die intergenerationale Beziehung oftmals von dem verbleibenden Elternteil in Richtung auf eine möglichst harmonisch zu gestaltende Partnerschaftsbeziehung neu definiert und das Kind läuft Gefahr, dass es einerseits das intergenerationelle Abarbeiten kontroverser Vorstellungen nicht ausleben kann und andererseits in einer pseudopartnerschaftlichen Beziehung erheblich überfordert wird (Kreppner & Ullrich, 1999; Smetana, Yau, Restrepo & Braeges, 1991; Sroufe & Fleeson, 1988).

In dieser allgemeinen Beschreibung von *normativen Phasen* und ihrer Bewältigung soll aber nicht vernachlässigt werden, dass bei der Betrachtung einer *einzelnen Familie* die *Bewältigungsstrategien zur Erfüllung der Entwicklungsaufgaben* immer auch in ihrer Einbettung in die jeweils familientypischen Lösungshorizonte zu sehen sind. Bei allen normativen Veränderungen in der Familie bleibt die Besonderheit ihrer Dynamik mit ihren wiederkehrenden Mustern der Kommunikation ebenso erhalten wie die generelle Tendenz einer Familie, entweder flexibel auf Abweichungen zu reagieren oder aber sich nur schwer von einmal eingependelten Verhaltensformen zu lösen. Unter einem entwicklungsspezifischen Blickwinkel erscheint es nach Cowan (1991) sinnvoll, Familien danach zu differenzieren, wieweit sie die Fähigkeit besitzen, mit derartigen Veränderungen umzugehen: „As a first step in any planning of preventive interventions, we must begin to identify individuals, couples, and families, who are more likely than others to have difficulty in coping with transitional change" (p. 19).

Wie man in mikroanalytischen Analysen tatsächlich kritische Situationen zwischen Mutter und Kind im frühesten Alter feststellen kann, zeigt der folgende Ausschnitt einer Interaktionsszene, in der eine Mutter mit ihren zwei kleinen Kindern (3½ Monate und 2 Jahre und 3 Monate) gleichzeitig kommunizieren will. Bei dieser Aktivität realisiert sie nicht, dass sie mit ihren fortwährenden Unterbrechungen der Interaktion mit dem 3½ jährigen zweiten Kind die Unlustreaktionen dieses Kindes hervorruft. Stattdessen geht sie intensiv auf die Anforderungen des älteren Kindes ein und interpretiert schließlich das Quengeln des jüngeren Kindes als dessen Ausdruck von Hunger.

Zur Bedeutung der Transitionskompetenz in Familien

Transkription einer Szene:

Mutter mit beiden Kindern, K2 (Ute, 3½ Monate), K1 (Eva, 2 Jahre, 3 Monate)
Gesamtdauer der Szene: 2 Minuten, 9 Sekunden
Timecode auf Band: 22:32:09 - 24:40:21

22:32:09
K2 liegt in einem Liege-Klappstühlchen, M darüber gebeugt,
K1 (geht von den beiden weg): *Ute auch?*
M zu K2: *Lachst du? Lachst du? Gucken*
K1 zu M: *Mami, kannst du das mal einpacken?*
M zu K1: *Was?*
K1 zu M: *Das da.*

22:42:01
M, weiter K2 zugewendet, zu K1: *Willst du nicht mal einpacken? Zeig mir mal, ob du das jetzt kannst, einpacken.*
M zu K2: *Dickback. Wenn du noch nicht meckerst, kriegst du auch noch nichts zu essen. Das ist gut so. Das ist gut so, wenn du noch nicht meckerst.*
K2 reagiert mit Lächeln zur Mutter

22:59:03
K1 (dazwischen), zu M: (unverständlich) ... *ich will ...... dann.*
M, von K2 abgewandt, zu K1: *Jetzt rede ich mal kurz mit der Ute.* (wendet sich wieder K2 zu) *Und dann komme ich wieder zu dir, ja?*
K1: *Ne.*
M: *Doch.*
M zu K2: *Hallo!*
K2 zeigt ein etwas angespanntes Gesicht

23:08:07
K1 zu M. *So machen? So?*
M wendet sich von K2 ab, zu K1: *Jaa, prima.*
M wendet sich wieder K2 zu.

23:11:18
K1 zu M: *Da, noch Klebe aufmachen!*
M wendet sich wieder von K2 ab, zu K1: *Hast du schon eingepackt?*
M lehnt sich ganz von K2 zurück, zu K1: *Willst du mal Klebe draufmachen?* (reicht die Flasche mit Kleber).
M, K1 zugewandt, zu K1: *Ich glaube, das kannst du doch. Da kommt nicht so viel raus. Musst du manchmal oben drücken, oben feste drücken ja?*
M wendet sich wieder K2 zu, ergreift seine linke Hand.
K2 blickt zur Mutter, leichtes Lächeln

23:24:00
K1 zu M: *Geht noch nicht*
M, noch über K2 gebeugt, blickt zu K1: *Na, musst ein bisschen drücken.*
K2 zeigt erstarrende Mimik, wendet den Kopf von M ab.

23:26:12
K1 zu M: *Mami!*
M zu K1:   *Gleich* (wendet sich wieder K2 ganz zu)
K1 zu M: *Mami, kannst du mal das festhalten? Nicht, nicht, festhalten! Fest ...*

23:34:01
M (wendet sich wieder von K2 ab) zu K1: *Festhalten?* (M beugt sich zu K1, K2 bleibt allein zurück) *Ja, festhalten kann ich das. So.*
M ergreift wieder die linke Hand von K2 und beugt sich über es.
M zu K2:   *Hallo, hallo. Lässt die Eva wieder nicht zu, dass ich mal mit dir rede? Na? Die alte Runkelrübe?*
K2 wendet den Kopf hin und her.

23:46:05
M wendet sich von K2 ab, zu K1: *Hast du raufgemacht?*
K1:   *Hm* (ja)
K2 gibt Unmutslaute von sich, M wendet sich wieder K2 zu: *Hast du ...? Hälst du dich fest?*

23:54:09
M wendet sich von K2 ab und nun ganz K1 zu.
M zu K1:   *Dann musst du, Eva, pass mal auf. So. So weit, dann wieder, musst du es so rum machen. Immer da, wo die Klebe ist, das muss nach unten. Huch.*
K2 zeigt deutlichere Anzeichen von Unlust in der Mimik, gibt Quengellaute von sich. M wendet sich wieder K2 zu, ergreift wieder seine linke Hand.
M zu K2:   *Was denn?*
K1: (leise, zu sich) *Noch mehr Klebe draufmachen.*
M zu K2:   *Hast du ...*

24:12:03
K1 zu M: *Noch mehr Klebe draufmachen?*
M (wendet sich wieder von K2 ab) zu K1: *Kannst noch mehr Klebe draufmachen.*
K2 gibt mehr Quengellaute von sich.
M wendet sich wieder K2 zu: *Wollen wir jetzt* (die Flasche haben)? *Ja?*
M stupst mit dem Zeigefinger leicht die Brust von K2
M (leise) zu K2: *Ich hol dein Fläschchen.*
M klappert mit dem Holzmobile über K2.

24:27:14
K1:   *Nicht, Nicht.*

> M zu K2: *Musst jetzt nicht weinen, ich hol' deine Flasche.*
> K1 zu M: *Ne, du musst mal zumachen!*
> M zu K2: *Ich hol' deine Flasche*
> M wendet sich K1 zu, K2 quengelt lauter. M steht auf (laut): *Ute, ich hol' deine Flasche! Hallo!*
> 24:36:09
> K1 zu M: *Zumachen! Festhalten! Zumachen!*
> M (im Weggehen) zu K1: *Eva ja, ich komme sofort.*
> 24:40:21
> M geht ab in die Küche.

Die Regulierung von Nähe und Distanz mit den Eltern, das Zugestehen von Freiraum für eigene Erfahrungen, die Zuschreibung von Sinn bei der alltäglichen Kommunikation und die Technik des Aufklärens von Missverständnissen sind Erfahrungen in den ersten beiden Lebensjahren und maßgeblich für den Erwerb grundlegender kommunikativer und sozialer Eigenschaften. Treten hier, im Zusammenhang mit der emotionalen Qualität der Beziehung zwischen Eltern und Kind, sowie in der Erfahrung des Kindes auch in der Qualität der Beziehung zwischen den Eltern, desintegrierende und dem Entwicklungsstand des Kindes unangemessene Verhaltensmuster bei den Eltern auf, so zeigten sich Zusammenhänge zwischen der Qualität der Beziehung und später auftretenden besonderen Symptomen beim Kind. Im Laufe der Familienentwicklung werden Strategien zur Krisenbewältigung angewandt, die auf den Erhalt bisheriger Kommunikationsformen in der Familie abgestimmt erscheinen, sich aber bei bestimmten normativen Krisen dadurch auch verändern können, dass der Anpassungsprozess bidirektional verläuft, das heißt, dass das sich entwickelnde Kind mit seinen neuen Kompetenzen nicht nur bisherige Formen des familialen Zusammenlebens infrage stellen, sondern auch zu neuen Formen des Zusammenlebens aktiv beitragen kann.

Allerdings finden sich in den ersten beiden Lebensjahren des Kindes besonders zahlreiche normative Entwicklungszeitpunkte, an denen die Beziehung zwischen Eltern und Kind neu gestaltet werden muss und an denen das Kind selbst in seiner frühen Entwicklung in seinen Eigenaktivitäten noch eingeschränkt erscheint. Der Einfluss der Eltern in diesem Zeitraum und deren Sensitivität, auf die wachsenden relationalen Bedürfnisse des Kindes einzugehen, ist in dieser frühkindlichen Entwicklungsperiode sehr groß. Kritische Entwicklungspunkte in den ersten zwei Lebensjahren sind:

- 4/5 Monate (primäre Intersubjektivität, Aktivität, Expressivität, Gegenseitigkeit in der Beziehung)
- 8/9 Monate (sekundäre Intersubjektivität, Initiative bei der Gestaltung der Beziehung, Testen bestehender Beziehungen),
- 14/16 Monate (Exploration, Spracherwerb, lokomotorische Expansion),
- 18-21 Monate (Selbstständigkeit, Trennung, Me-self)

Spätere markante Entwicklungsübergänge finden sich bei:
- Einschulung
- Pubertät
- Auszug aus dem Elternhaus

An all diesen Punkten sind die Eltern gefordert, auf die neuen Fähigkeiten des Kindes adäquat einzugehen, ihre bisherigen Formen im Umgang mit dem Kind zu verändern und neue Formate des Zusammenseins auszuprobieren. Dies bedeutet, dass es besonders kritische Zeitpunkte schon in früher Kindheit gibt, die unter dem Gesichtspunkt der „Übergangsmeisterung" als Familienaufgabe genau untersucht und spezifische Formen unter dem Gesichtspunkt der gelingenden oder misslingenden Entwicklungsförderung klassifiziert werden können.

Ein Beispiel für diese frühe Umstellung elterlichen Verhaltens nach dem kritischen Entwicklungszeitpunkt von 8/9 Monaten zeigt etwa folgende Grafik (Abbildung 1), die das Verhalten der „Regelvermittlung" von Mutter und Vater gegenüber dem zweiten Kind im Verlauf der ersten beiden Lebensjahre dieses Kindes darstellt (Kreppner, 2001).

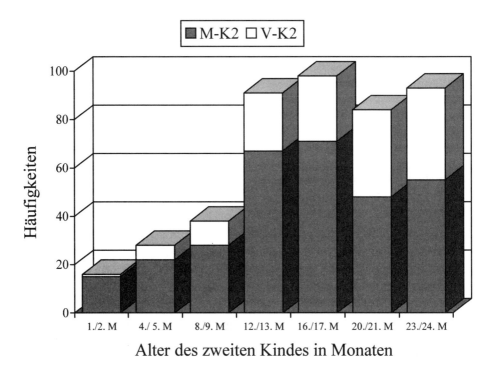

Abbildung 1: Regelvermittlung von Mutter und Vater gegenüber dem zweiten Kind.

Nach dem achten Monat steigt die Frequenz der Regelvermittlungen dramatisch an. Die Eltern realisieren, dass das Kind eine neue Phase seiner Entwicklung erreicht hat, in der es eine neue Dimension der Sozialisierung erfährt, den verbalen Verweis auf Gebote und Verbote.

3.4 Konzept der Familienentwicklung

Warum wird nun noch zusätzlich auch Kenntnis über das Konzept der „Familienentwicklung" für ein besseres Erkennen und Behandeln von Entwicklungsstörungen gefordert?

Dass Entwicklung nicht im luftleeren Raum sondern in einem Netzwerk von Beziehungen verläuft, ist seit den intensiven Studien zur Bedeutung der Mutter-Kind und der Vater-Kind Beziehung in den 70er-Jahren bekannt. Schließlich hat Belsky (1981) die Relevanz der gesamten Familie mit ihren Beziehungen für die Entwicklung des Kindes hervorgehoben. Diese Beziehungen zwischen den Eltern und zwischen Eltern und Kind sind jedoch nicht etwas, das einmal eingerichtet wird und dann in seiner statischen Gestalt den Entwicklungsverlauf des Kindes mit seinen kritischen Übergängen beeinflusst. Vielmehr ist es die Dynamik zwischen *allen* Familienmitgliedern, die in bestimmten Entwicklungsphasen der Kinder spezifische Formen der Kommunikation erzeugt. Diese lassen für das Kind mehr oder weniger Raum, neue Kompetenzen auszutesten und Autonomieerfahrungen zu sammeln. In der fortwährenden Entwicklung geschehen innerhalb der Familie beständig Anpassungsmanöver, die zwischen Beibehaltung etablierter Formen des Zusammenlebens und deren Veränderung hin- und herschwanken.

Duvall und Hill (1945) haben in Anlehnung an das Konzept der Entwicklungsaufgaben von Havighurst, Prescott und Redl (1942) die Vorstellung entwickelt, dass es im Verlaufe der Existenz einer Familie verschiedene „Familienentwicklungsaufgaben" gibt, die – zumeist bezogen auf die Entwicklung des Kindes – von den Mitgliedern einer Familie gelöst werden müssen, damit die Familie sich an die sich wandelnden Bedürfnisse ihrer Mitglieder anpassen kann und so ein Zusammenleben zur Zufriedenheit aller über die Zeit gewährleistet bleibt.

Unter Familienentwicklung wurde der Prozess der Anpassung an unterschiedliche Bedingungen verstanden, die im Zuge des *normativen* Verlaufs des Zusammenlebens während der Lebensspanne von Paaren sowie von Eltern mit ihren Kindern auftreten. Die Konstitution einer Familie und das Bewältigen der fortlaufenden Aufgaben während der Entwicklung des Kindes in der Familie bedeuten nicht nur, dass die Eltern adäquat auf die sich verändernden Fähigkeiten und Bedürfnisse eingehen müssen, sondern und vor allem auch ein kontinuierliches Aufgeben, Suchen und Finden von Beziehungsformen, die allen in der Familie gerecht werden können (Carter & McGoldrick, 1989; Duvall, 1977; Olson & McCubbin, 1983). In den Einteilungen familialer Entwicklung werden in der Regel sechs bis acht Stufen als Phasen hervorgehoben und Aufgaben formuliert, die ein erfolgreiches Durchlaufen der jeweiligen Zeitspanne gewährleisten.

Das Wissen um zwei ineinander verflochtene Entwicklungsverläufe mit ihren kritischen normativen Schnittstellen könnte daher helfen, genauer Details von gelingenden und misslingenden Entwicklungsverläufen zu untersuchen.

Innerhalb der verschiedenen Überlegungen zu einer Theorie der Familienentwicklung wandelte sich die stufen- oder phasenspezifische Betrachtung zu einer mehr übergangs- und prozessbetonten Perspektive. Das *Meistern des Übergangs* von einer Phase zur nächsten rückte in den Mittelpunkt des Interesses. Außerdem erfuhr die Liste der normativen Familienaufgaben im Lebenszyklus eine wesentliche Erweiterung durch die Aufnahme des Übergangs von der nichtgeschiedenen zur geschiedenen Familie (McGoldrick & Carter, 1982).

3.5 Perspektive für zukünftige Forschungsschwerpunkte im Bereich der klinischen Entwicklungspsychologie

Was können wir tun? – Genau hinsehen, wie Interaktionen und Kommunikationen im Alltag gestaltet werden. Dabei gibt es zwei verschiedene Zugänge:

Zum einen kann man erforschen, wie Veränderungen bei Wahrung einer konstanten Beziehung bewerkstelligt werden, und zwar in gelingenden Entwicklungsprozessen in verschiedenen kritischen Entwicklungsperioden, zum anderen kann man bei konkreter Symptombildung die Interaktionsform betrachten, in der das Symptom auftritt. Entwicklungsbedingte Veränderungen im Verhalten des Kindes können gezielt in normativen Entwicklungsperioden beobachtet und die elterlichen Reaktionen auf das veränderte Verhalten genau registriert werden (etwa ignorieren, negativ verstärken etc.). In beiden Fällen ist es notwendig, normative Entwicklungsveränderungen und die idiosynkratische Form der Familie, mit Veränderungen umzugehen, bei der Beobachtung von Interaktionen zwischen Eltern und Kindern in derartigen kritischen Zeiträumen für die Interpretation von beobachtetem Verhalten zu berücksichtigen. Es bildet sich ein theoretischer Rahmen über eine Verknüpfung von Individual- und Familienentwicklungsprozessen, der helfen kann, das Beobachtete zu ordnen und zu verstehen.

Samuel Messick (1983) spricht von einem „Child's garden of variables" (S. 492) und betont, wie schwierig es ist, die Relevanz verschiedener Variablen und ihre Interdependenzen abzuschätzen.

Diese Argumentation verdeutlicht die besondere Schwierigkeit, der sich der beobachtende Entwicklungspsychologe bzw. die beobachtende Entwicklungspsychologin gegenübersieht, denn anders als etwa beim Beobachten anderer Erwachsener, kann der Beobachter nicht auf einen eigenen Erfahrungsschatz zurückgreifen. Noch größer ist die Gefahr, dass ein falscher Entwicklungsstand angenommen wird, der das Kind und seine Fähigkeiten, Handlungen auszuführen, entweder unter- oder überschätzt. Wahrgenommene kindliche Handlungen werden danach im Rahmen von falschen Entwicklungsvorstellungen registriert und interpretiert.

Stern formulierte schon 1927 drei Prinzipien, wie man beim Beobachten kindlichen Verhaltens die angegebenen Fehler vermeiden kann.

1) Bei jeder Beobachtung, die man am kleinen Kinde macht, scheide man streng zwischen dem wirklich wahrgenommenen äußeren Tatbestand und den daran geknüpften Deutungen.
2) Die Deutung sei möglichst kindgemäß; man ziehe also die beiden Eigenschaften in Rechnung, durch die sich kindliches Seelenleben von dem der Erwachsenen unterscheidet: größere Einfachheit und größere Diffusität.
3) Man stelle keine allgemeinen psychologischen Behauptungen, Deutungen, Erklärungen auf, für die nicht tatsächliche Beobachtungen als zureichende Belege beigebracht werden können. (S. 14-15)

Hier stehen sich also die Tendenz, in das Beobachtete nicht zuviel hineinzuinterpretieren und der Vorschlag, nur vor dem Hintergrund einer genauen theoretischen Erwartung zu beobachten, gegenüber. Der Vorschlag, bei der Beobachtung von differentiellen und auch devianten Entwicklungsprozesse zum einen die Familie als ganzes mit ihrem relationalen Netzwerk in die Beobachtungen einzubeziehen, zum anderen aber auch bei der Interpretation den Entwicklungsstand des Kindes angemessen zu berücksichtigen und den „children's garden of variables" (Messick) zu beachten, schafft ein Spannungsfeld, in dem sich die Forderungen nach der Ausschöpfung der relationalen Komplexität der Familie einerseits und nach der Reduktion der Interpretation auf den entsprechenden Entwicklungsstand des Kindes andererseits oft noch ziemlich unversöhnlich gegenüberstehen. Schon Arnold Gesell (1928) hat allerdings auf die großen Möglichkeiten zur Beobachtung auch komplexer Entwicklungsprozesse hingewiesen, wenn statt des menschlichen Beobachters die Technik der filmischen Beobachtung eingesetzt wird. Die im Film festgehaltenen Verhaltensweisen können nach Belieben unverzerrt, in ihrer ursprünglichen Form wiederholt und im Detail analysiert werden. Auf diese Weise können systematische Vergleiche von Entwicklungsveränderungen durchgeführt werden:

The camera records. It does not in any sense displace observation. Indeed, it makes new demands upon the observer who can not escape the task of reviewing what the eye of the camera has mechanically received for his critical study. The analysis of systematic photographic data constitutes a particular field of observation with its own peculiar problems and technique. .... The human mind is so limited in its operation that it can perceive and judge the brief instant but not the long sequence. Memory does its best to make amends, but with dismaying distortion and deterioration.

The photographic film, and notably the cinematic film, by its very mechanicality compensates for these defects. The film does not fatigue; what it records remains. By projection the behavior record can be revived at any time and any number of times. It can be revived in part or in entirety; at a slowed rate or a speeded rate and even in reversed eventual order; any moment of the sequence can be halted for separate scrutiny; any phase can be repetitively revived *ad libidum*. These properties of the cinema are familiar but they have special significance for the technique of genetic observation. They put the biographic, developmental data of the camera into a manipulative form for systematic comparison. (pp. 68-69)

Wenn auch Beobachtung von Interaktionsprozessen in kritischen Entwicklungsphasen nicht ganz einfach zu sein scheint, so sollte man doch die Hoffnung nicht aufgeben, mit dieser Methode, d. h. mit Videotechnik und intensiven Verhaltensanalysen, angeleitet von theoretischen Erwartungen, Hinweise auf Mikroprozesse von gelingenden und misslingenden Entwicklungen zu erhalten. Auf diese Weise und vor dem Hintergrund neugewonnener Kenntnisse können auch detailliertere Vorstellungen über mögliche Präventionsmaßnahmen entwickelt werden. Allerdings enthebt uns auch die avancierteste Videotechnik nicht von der Interpretationsarbeit, die jeder Beobachter immer noch leisten muss.

Zum Abschluss sei deshalb die Beobachtungsanleitung eines Autors angeführt, der zwar zumeist durch seine literarischen Werke, aber auch als ein großartiger Beobachter bekannt geworden ist:

> Ist es doch eine höchst wunderliche Forderung, die wohl manchmal gemacht, aber auch selbst von denen, die sie machen, nicht erfüllt wird: Erfahrungen solle man ohne irgend ein theoretisches Band vortragen, und dem Leser, dem Schüler überlassen, sich selbst nach Belieben irgend eine Überzeugung zu bilden. Denn das bloße Anblicken einer Sache kann uns nicht fördern. Jedes Ansehen geht über in ein Betrachten, jedes Betrachten in ein Sinnen, jedes Sinnen in ein Verknüpfen, und so kann man sagen, dass wir schon bei jedem aufmerksamen Blick in die Welt theoretisieren. Dieses aber mit Bewusstsein, mit Selbstkenntnis, mit Freiheit, und um uns eines gewagten Wortes zu bedienen, mit Ironie zu thun und vorzunehmen, eine solche Gewandtheit ist nöthig, wenn die Abstraction vor der wir uns fürchten, unschädlich, und das Erfahrungsresultat, das wir hoffen, recht lebendig und nützlich werden soll. (Goethe, 1840, S. XV)

Literatur

Belsky, J. (1981). Early human experience: A family perspective. *Development Psychology, 17*, 3-23.

Belsky, J., Crnic, K., & Gable, S. (1995). The determinants of coparenting in families with toddler boys: Spousal differences and daily hassles. *Child Development, 66*, 629-642.

Belsky, J., Hsieh, K. H., & Crnic, K. (1998). Mothering, fathering, and infant negativity as antecedents of boys' externalizing problems and inhibition at age 3 years: Differential susceptibility to rearing experience? *Development and Psychopathology, 10*, 301-319.

Boyum, L. A. & Parke, R. D. (1995). The role of family emotional expressiveness in the development of children's social competence. *Journal of Marriage and the Family, 57*, 593-608.

Carter, B. & McGoldrick, M. S. W. (1989). Overview: The changing family cycle - A framework for family therapy. In B. Carter & M. S. W. McGoldrick (Eds.), *The changing family cycle. A framework for family therapy* (2nd ed., pp. 3-28). Boston: Allyn & Bacon.

Cicchetti, D. (1984). The emergence of developmental psychopathology. *Child Development, 55*, 1-7.

Cicchetti, D. (1999). Historische Grundlagen der Entwicklungspsychopathologie. In R. Oerter, C. von Hagen, G. Röper, & G. Noam (Hrsg.), *Klinische Entwicklungspsychologie* (S. 11-44). Weinheim: Psychologie Verlags Union.

Clarke-Stewart, K. A. (1978). And daddy makes three: The father's impact on mother and young child. *Child Development, 49*, 466-478.

Conger, R. D. & Chao, W. (1996). Adolescent depressed mood. In R. L. Simons (Ed.), *Understanding differences between divorced and intact families* (pp. 157-175). Thousand Oaks, CA: Sage.

Cowan, P. A. (1991). Individual and family life transitions: A proposal for a new definition. In P. A. Cowan & M. Hetherington, (Eds.), *Family transitions* (pp. 3-30). Hillsdale, NJ: Lawrence Erlbaum.
Duvall, E. (1977). *Marriage and family development*. New York: Lippincott.
Duvall, E. & Hill, R. (1945). *When you marry*. New York: Association Press.
Gesell, A. (1928). *Infancy and Human Growth*. New York: MacMillan Company.
Goethe von, J. W. (1840). *Zur Farbenlehre, Vorwort zur ersten Ausgabe* (Bd. 37). Stuttgart: Cotta'scher Verlag.
Grotevant, H. D. & Cooper, C. R. (1985). Patterns of interaction in family relationships and the development of identity exploration in adolescence. *Child Development, 56*, 415-428.
Harter, S. (1998). The development of self-representations. In W. Damon & N. Eisenberg (Eds.), *Handbook of Child Psychology, Fifth Edition, Vol. 3: Social, emotional, and personality development* (pp. 553-617). New York: Wiley.
Hauser, S. T., Powers, S. I., & Noam, G. G. (1991). *Adolescents and their families*. New York: The Free Press.
Havighurst, R. J., Prescott, D., & Redl, F. (1942). The developmental task as a concept. In B. L. Johnson (Ed.), *General education in the American Highschool* (pp. 165-202). Chicago: Scott Foresman.
Kreppner, K. (2001). Retrospect and prospect in the psychological study of families as systems. In J. McHale & W. Grolnick (Eds.), *Retrospect and prospect in the psychological study of families* (pp. 225-257). Mahwah, NJ: Erlbaum.
Kreppner, K. & Ullrich, M. (1999). Ablöseprozesse in Trennungs- und Nicht-Trennungsfamilien: Eine Betrachtung von konkretem Kommunikationsverhalten in Familien mit Kindern im frühen bis mittleren Jugendalter. In S. Walper & B. Schwarz (Hrsg.), *Was wird aus Kindern? Chancen und Risiken für die Entwicklung von Kindern aus Trennungs- und Stieffamilien* (S. 91-120). München: Juventa Verlag.
McGoldrick, M. & Carter, E. A. (1982). The family life cycle. In F. Walsh (Ed.), *Normal family processes* (pp. 167-195). New York: The Guilford Press.
McHale, J. P. & Cowan, P. A. (Eds.). (1996). *Understanding how family-level dynamics affect children's development: Studies of two-parent families. New Directions for Child Development*. San Francisco: Jossey Bass.
McHale, J. P. & Rasmussen, J. L. (1998). Coparental and family group-level dynamics during infancy: Early family precursors of child and family functioning during preschool. *Development and Psychopathology, 10*, 39-59.
Messick, S. (1983). Assessment of children. In P. H. Mussen (Ed.), *Handbook of Child Psychology, Vol. I: History, Theory, and Methods* (pp. 477-526). New York: Wiley.
Olson, D. H. & McCubbin, H. I. (1983). *Families*. London: Sage Publication.
Ratti, L. A., Humphrey, L., & Lyons, J. S. (1996). Structural analysis of families with a polydrug-dependent, bulimic, or normal adolescent daughter. *Journal of Consulting and Clinical Psychology, 64*, 1255-1262.
Smetana, J. G., Yau, J., Restrepo, A., & Braeges, J. L. (1991). Adolescent-parent conflict in married and divorced families. *Developmental Psychology, 27*, 1000-1010.
Sroufe, L. A., & Fleeson, J. (1988). The coherence of family relationships. In R. A. Hinde & J. Stevenson-Hinde (Eds.), *Relationships within families: Mutual influences* (pp. 27-47). Oxford: Oxford University Press.
Sroufe, L. A. & Rutter, M. (1984). The domain of developmental psychopathology. *Child Development, 55*, 17-29.
Stern, W. (1927). *Psychologie der frühen Kindheit*. Leipzig: Quelle und Meyer.

4. Kapitel:
Biopsychosoziale Perspektiven der Entwicklungspsychopathologie

Ulrike Petermann und Franz Petermann

4.1 Einführung

Menschliche Entwicklungsprozesse gehören sicherlich zu den komplexesten Phänomen überhaupt. Mit dem Zusammenwirken von biologischen, psychischen und sozialen Aspekten beschäftigt sich ein neues, Mitte der 70er-Jahre begründetes interdisziplinäres Gebiet: die Entwicklungspsychopathologie. Der Aufgabenkatalog dieses Gebietes ist dabei reichhaltig und umfasst in Anlehnung an Niebank und Petermann (2000, S. 58 f.) unter anderem folgende Punkte:

- Entwicklungsabweichungen werden mit der Absicht erforscht, normale Entwicklungsprozesse besser zu verstehen.
- Der Vergleich von normaler und abweichender Entwicklung gibt wichtige Hinweise, welche Faktoren und Mechanismen zur Abweichung führten.
- Es wird geprüft, ob sich bestimmte Merkmale unterschiedlich im Entwicklungsverlauf äußern.
- Die Analyse altersspezifischer Erscheinungsformen psychischer Störungen ist besonders bedeutsam.
- Hochrisikogruppen und Gruppen mit Störungen werden anhand der Befunde über die normale Entwicklung untersucht; Mechanismen und Prozesse werden bestimmt, die die Auswirkungen von Risikofaktoren beeinflussen.
- Es wird abgeklärt, warum einige Menschen – trotz Risikofaktoren – keine Störungen entwickeln und trotz nachteiliger Umstände zu kompetentem Verhalten fähig sind.

Die Entwicklungspsychopathologie geht davon aus, dass die Entwicklung eines Kindes als ein Ergebnis kontinuierlicher, dynamischer Wechselwirkungen zwischen dem Kind und seinen bisherigen Erfahrungen, seinen Bezugspersonen und seiner weiteren sozialen Umwelt aufgefasst werden kann. Hierbei führen biopsychosoziale Transaktionen im Entwicklungsverlauf zu bestimmten Ergebnissen. Unter einer Transaktion versteht man, dass sich alle an einer Interaktion beteiligten Faktoren gegenseitig beeinflussen und dadurch in qualitativ andere Faktoren transformiert werden. Ein transaktionales Modell geht davon aus, dass Elternverhalten das Verhalten eines Kindes beeinflusst und von diesem beeinflusst wurde und wird (Sameroff & Fiese, 1990). Mit Transaktionsmodellen kann der Entwicklungsprozess genau abgebildet werden, wobei solche Ansätze aufgrund ihrer Komplexität jedoch nur schwer empirisch geprüft werden können. Durch eine solche Betrachtung wird Entwicklung als eine fortgesetzte qualitative Neuorganisation verhaltensbezogener und biologischer Systeme aufgefasst (vgl. Guidano & Liotti, 1983).

Wie schon erwähnt, untersucht die Entwicklungspsychopathologie Entwicklungsabweichungen, die als Folge genetischer und Umweltbedingungen und der in diesem Kontext auftretenden komplexen Wechselwirkungen verstanden werden. Solche Ursachen legen zwar noch keine spezifische Störung fest, begünstigen aber einen bestimmten Entwicklungsverlauf.

Susman (1998) bezeichnet die Verknüpfung von Biologie und Verhaltenswissenschaften als biobehaviorale Sichtweise. Hier wird davon ausgegangen, dass Reifungsprozesse, Erfahrungen und kulturelle Beiträge im Entwicklungsverlauf miteinander verschmelzen. So verdeutlichen zum Beispiel Ernährungsdefizite und der Einfluss der Diätbehandlung, in welcher Form biologische und Verhaltensänderungen miteinander verknüpft sind. Lozoff et al. (1997) belegen am Beispiel des Eisenmangels – als einer Form der Fehlernährung -, dass dies zu einer vermehrten Kontaktaufnahme mit der Bezugsperson, einem verringerten Ausdruck von Freude und zunehmender Müdigkeit führt.

Besonders das Stress-System legt eine biobehaviorale Sichtweise nahe, denn es steht in Beziehung zu einer Vielzahl von Gesundheitsproblemen, wie zum Beispiel psychiatrische Syndrome, kardiovaskuläre Erkrankungen, Diabetes und gastrointestinale Störungen (vgl. Hampel & Petermann, 1997). Das Stress-System beinhaltet emotionale, verhaltensbezogene und endokrine Bestandteile und Elemente des autonomen Nervensystems. Über das Stress-System können physiologische Prozesse durch Sinnesprozesse mit der äußeren Umwelt verbunden werden. Durch Sinnesprozesse vermittelte Umweltmerkmale wirken wiederum auf das Stress-System ein und spiegeln sich darin wider, dass Kortisolkonzentrationen bei verschiedenen Menschen stark voneinander abweichen können. Indikatoren des Stress-Systems, wie das Kortisol, werden durch genetische, metabolische und psychische Prozesse beeinflusst. Folglich stellt die Kortisolkonzentration einen Indikator für individuelle Unterschiede in der Belastungsbewältigung dar.

4.2 Biopsychosoziale Modelle

Wie schon einleitend erwähnt, wird jede Entwicklung von biologischen, psychischen und sozialen Faktoren bestimmt. In einem Entwicklungsmodell wird auch auf die Wechselwirkung dieser Faktoren eingegangen, wobei diese Einflussgrößen nicht unabhängig voneinander sind; so wird zum Beispiel der Verlauf der Hirnreifung auch von Umweltbedingungen geprägt.

Bei den biopsychosozialen Modellen kann man zwischen Interaktions- und Transaktionsmodellen unterscheiden. Zentral an diesen Modellen ist, dass ein Kind und seine Umwelt (inter)aktiv den Entwicklungsverlauf bestimmen. Das Entwicklungsergebnis hängt entscheidend von der Fähigkeit eines Individuums ab, sich den individuellen Kontextbedingungen anzupassen.

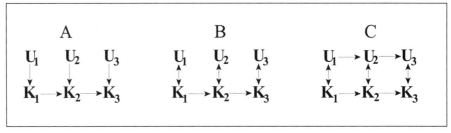

Abbildung 1: Ursachenmodelle psychischer Entwicklung (K = Kind; U = Umwelt; aus Niebank & Petermann, 2000, S. 67).

In Abbildung 1 werden drei interaktive Modelle gegenübergestellt. Die Modelle A und B bilden Transaktionsmodelle (vgl. Sameroff, 1995). Modell A zeigt die Entwicklung eines Kindes aufgrund von genetisch festgelegten Vorgaben und umweltbedingten Erfahrungen. Modell B zeigt eine Wechselwirkung zwischen dem Kind und seiner Umwelt. So ändert das Verhalten des Kindes auch die Umwelt, wobei jeder Entwicklungsschritt sich aus der Verknüpfung von Merkmalen des Kindes und seinen Erfahrungen ergibt. Modell C (soziales Regulationsmodell) betont die Kontinuität der Umweltorganisation. Die dem Kind gebotenen Erfahrungen sind weder zufällig, noch völlig abhängig von den Merkmalen des Kindes.

Bei Entwicklungsprozessen wirken Umweltfaktor, Phäno- und Genotyp aufeinander ein, wobei diese drei Bereiche wie folgt gekennzeichnet werden können:

- Der *Umweltfaktor* bezieht sich auf die kulturellen und sozialen Gegebenheiten der Entwicklung.
- Der *Phänotyp* umfasst das äußere Erscheinungsbild und das Verhalten einer Person.
- Der *Genotyp* bezeichnet das Erbgut, das ein Kind von seinen Eltern erhielt.

Die Ausgewogenheit und Wechselwirkung dieser Systeme bestimmen den Entwicklungsverlauf; verändern sich Teile des Systems, reorganisiert sich das Gesamtsystem; Prozesse der Reorganisation sind zum Beispiel:

- biologische Veränderungen (z. B. das Gehenlernen) und
- veränderte Anforderungen der Umwelt (z. B. Einschulung).

Solche Veränderungen und neue Anforderungen müssen durch den Ausbau oder Erwerb neuer Fertigkeiten bewältigt werden. Bei abweichender Entwicklung fehlen entweder die Anforderungen oder die Fertigkeiten. Der Umweltfaktor reguliert, wie sich ein Kind in die soziale Umgebung und Gesellschaft einfügt (vgl. Sameroff & Fiese, 1990). Er wirkt über familiäre Interaktionsmuster und kulturelle Bedingungen und ist aus Subsystemen zusammengesetzt, die nicht nur mit dem Kind, sondern auch untereinander im Austausch stehen. Bronfenbrenner (1997) beschrieb in seinem ökologischen Modell detailliert solche Umweltorganisationen. In neueren Arbeiten von Gottlieb, Wahlsten und Lickliter (1998) wurde die Umweltebene in physische, soziale und kulturelle Komponenten weiter unterteilt. Im Transaktionsmodell von Gottlieb et al. (1998) wird neben der Umweltebene die genetische und neuronale Aktivität sowie die Verhaltensebene betont.

In den vergangenen Jahrzehnten hat man sich immer mehr von der Auffassung verabschieden müssen, dass Biologie deterministisch ist. So folgen Gene nicht, isoliert von jeglichen Umwelteinflüssen, unbeirrbar einem vorgegebenen Plan, sondern sind Bestandteile eines biopsychosozialen Systems. Sie verhelfen dem Organismus dazu, flexibel auf individuelle Umweltgegebenheiten zu reagieren und sich anzupassen. Auch die Gehirnentwicklung wird in großem Umfang von Erfahrungen beeinflusst. Schon rein mengenmäßig würde die Anzahl der Gene eines Menschen nicht ausreichen, auch nur einen Bruchteil der im Gehirn entstehenden neuronalen Verknüpfungen vorherzubestimmen. Die Entwicklung eines Menschen ist durch seine biologische Veranlagung also nicht unausweichlich vorgegeben. Diese Erkenntnis stellt die ursächliche Bedeutung biologischer Faktoren für die Entwicklung jedoch keineswegs in Frage, sondern unterstreicht lediglich die Bedeutung anderer Ursachen. Biologische Mechanismen sind durchaus nicht statisch, sondern ausgesprochen dynamisch. So können Gene ein- und ausgeschaltet werden. Dies kann zum Beispiel durch vermehrte Ausschüttung von Botenstoffen vermittelt, durch erhöhte neuronale Aktivität aufgrund von Umweltereignissen, Emotionen, Gedanken oder Verhaltensweisen geschehen (McEwen, 1998).

Der aktuelle Forschungsstand, der hier nur kurz skizziert werden kann, entzieht der schon viel zu lange verbittert geführten Anlage-Umwelt-Kontroverse den Boden; denn die Frage, ob Genetik oder Erfahrung für die Entwicklung wichtiger ist, kann so nicht mehr gestellt werden. Mit Craig Ferris (zit. nach Grisso, 1996) anders formuliert heißt das: „Entwicklung ist zu 100 % Umwelt und zu 100 % Vererbung". Kein Entwicklungsaspekt lässt sich nur aufgrund eines Faktors erklären. Biologie oder Umwelt können für sich genommen nie die Ursache für irgendetwas in der Entwicklung eines Individuums sein. Eine Trennung von genetischen (biologischen allgemein) und Umwelteinflüssen in Bezug auf Entwicklungsergebnisse kann daher nicht gelingen (Plomin, De Fries, McClearn & Rutter, 1999).

Aus der wechselseitigen Verflechtung biologischer, psychosozialer und Umweltfaktoren ergibt sich ein biopsychosoziales Modell des Verhaltens, wie es Abbildung 2 zeigt. Psychosoziale Faktoren wirken demnach nicht nur direkt auf das Verhalten (z. B. Aggression), sondern auch indirekt über die Veränderung biologischer Mechanismen (etwa durch den Einfluss auf Neurotransmitter), die dem Verhalten zugrundeliegen. Biochemische Faktoren können ihrerseits Kognitionen und Temperament beeinflussen und so das Verhalten verändern. Soziale Stressoren (Umweltstressoren) wirken sich auf das Stress-System aus.

Zur Verdeutlichung ein Beispiel für die Wechselwirkung zwischen biologischen und psychosozialen Faktoren aus dem Bereich des hyperkinetischen Verhaltens bei Kindern: Eine medikamentöse Therapie kann die Hyperaktivität eines Kindes verringern; doch kann diese Verhaltensänderung auch zu einer positiveren Einstellung der Familie gegenüber dem Kind führen. Erfährt die Familie langfristig durch die medikamentöse Behandlung eine Entlastung, so werden vielfach erst dann positive Verhaltensweisen des hyperkinetischen Kindes von den Familienmitgliedern erkenn- und förderbar. Die Verhaltensfortschritte eines Kindes unterstreichen dabei sowohl die Wirksamkeit der medikamentösen Therapie im Rahmen der Behandlung der hyperkinetischen Störung als auch die Erfolge der Eltern aufgrund ihrer verbesserten

Erziehungskompetenz. Solche multimethodische Interventionen zeigen in der Regel optimale Behandlungseffekte (vgl. Döpfner, 2000).

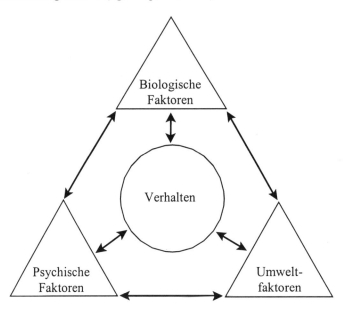

Abbildung 2: Biopsychosoziales Modell der Verhaltensentwicklung.

Der biopsychosoziale Ansatz ist natürlich für Menschen jeden Alters anwendbar; doch muss er bei Kindern zudem vor dem Hintergrund des Transaktionsmodells gesehen werden; das heißt, der Zeitaspekt spielt eine weitaus wichtigere Rolle als bei Erwachsenen. Das kindliche Gehirn weist, gerade während sogenannter sensibler Phasen, eine erhöhte Plastizität auf, die es in seiner neuroanatomischen Entwicklung besonders für negative psychosoziale Faktoren anfällig macht; auf diese Weise kann der weitere Entwicklungsverlauf nachhaltig bestimmt werden. Auch der zeitliche Verlauf (timing) wichtiger Entwicklungsübergänge kann durch biologische Faktoren und Verhaltensänderungen beeinflusst werden. So können zum Beispiel emotionale Stressoren bei Jugendlichen das Einsetzen der Pubertät hinauszögern (Schaal, Tremblay, Soussignan & Susman, 1996).

Die biopsychosoziale Sichtweise lässt sich auch klinischen Betrachtungen in der Praxis zugrundelegen. So schlägt Ross (2000) ein Neun-Felder-Schema zur Fallbeschreibung vor, mit dem sich die biopsychosoziale Sichtweise auf den Dimensionen „Vergangenheit", „Gegenwart" und „Zukunft" ordnen lässt (vgl. Abb. 3). Unter klinisch-kinderpsychologischer Sicht (vgl. Petermann, 2000a) würden zum Beispiel die folgenden Aspekte betroffen sein:

- Erfassung der aktuellen Symptomentwicklung,
- Anamnese (psychische und körperliche Krankheiten, soziale Einschränkungen),
- familiäre Kontextbedingungen (soziale Faktoren, Krankheiten in der Familie),
- soziale Entwicklung (z. B. Kindergartenzeit, Einschulung),

- körperliche Untersuchungen und
- genaue Diagnosen nach den gängigen Klassifikationssystemen.

	Vergangenheit	Gegenwart	Zukunft
Sozial	Abhängige Beziehung zur Mutter. Von der Ehefrau verlassen.	Unterstützende Familie und Freunde. Beruflich erfolgreich. Eheliche Trennung.	Eheberatung?
Psychisch	Möglicherweise abhängige oder passiv-depressive Persönlichkeit.	Major Depression.	Psychotherapie.
Biologisch	Depression bei der Schwester? Genetisch bedingt. Schilddrüsenunterfunktion	Störung des catecholaminergen Systems des Gehirns. L-Thyroxin.	Antidepressive Medikation. L-Thyroxin.

Abbildung 3: Illustration des Neun-Felder-Schemas nach Ross (2000, S. 2).

Mit diesen Informationen, die auf die Bereiche „sozial", „psychisch" und „biologisch" bezogen sind, sollen die Phasen einer Symptomentwicklung verdeutlicht werden. In der Falldarstellung sollen mindestens vier Aspekte Beachtung finden:

- Auswahl von Informationen, mit denen die Problemlage des Betroffenen beschrieben werden kann.
- Zuordnung der Informationen bezüglich der neun Felder.
- Abklärung, wie die Aspekte des Falles miteinander verknüpft werden können.
- Ableitung von Begründungen, wie diese Informationen miteinander verbunden werden können.

4.3 Risiko- und Schutzfaktoren

Solche Faktoren moderieren die kindliche Entwicklung und beziehen sich

- auf das Kind selbst und
- auf seine Umgebung.

Risikofaktoren auf der Seite des Kindes werden unter dem Begriff „*Vulnerabilität*" zusammengefasst. Diese kindbezogenen Risikofaktoren umfassen u. a. genetische Dispositionen und Merkmale wie das Aktivitätsniveau, die Ablenkbarkeit oder die Intelligenz. Risikofaktoren aus der Umgebung werden als *Stressoren* bezeichnet; sie beinhalten vor allem sozioökonomische Faktoren und familiäre Belastungen. Im einzelnen wird man eine Vielzahl belastender Umgebungsbedingungen beachten müssen, wie das ungünstige Modell- und Interaktionsverhalten der Eltern, spezifische

Lebensereignisse, interpersonelle Konflikte, überzogene Ansprüche der Eltern gegenüber ihren Kindern. In ähnlicher Weise lassen sich auch die Schutzfaktoren untergliedern. So bilden etwa ein günstiges Temperament eines Kindes, eine enge Beziehung zu einer erwachsenen Bezugsperson, eine positive Partnerschaft der Eltern, Selbstwirksamkeit bei der Bewältigung von Belastungen, Problemlösefähigkeiten oder die Stresstoleranz des Kindes globale Schutzfaktoren. Ein wichtiger kindbezogener Schutzfaktor stellt zum Beispiel die Stressbewältigungskompetenz dar, die in präventiv orientierten Trainings gesteigert werden kann (vgl. Hurrelmann & Settertobulte, 2000). Ebenso begünstigen vielfältige umgebungsbezogene Schutzfaktoren, wie das Ausmaß an sozialer Unterstützung oder ein positives Familienklima, die Entwicklung eines Kindes.

Die Notwendigkeit, insbesondere im (frühen) Kindesalter biopsychosoziale Risikobedingungen zu berücksichtigen, wird bei der Betrachtung risikoerhöhender Bedingungen aggressiven Verhaltens im Kindesalter und deren Verknüpfung deutlich. Scheithauer und Petermann (2000, S. 198ff.) fassen eine Vielzahl unterschiedlicher Bedingungen zusammen, die zur Entstehung und Aufrechterhaltung aggressiven Verhaltens beitragen. Betrachtet man sich die Wirkmechanismen, so wird deutlich, dass eine Trennung biologischer, psychologischer und sozialer Faktoren schwer fällt, da in der Regel eine Verknüpfung von Bedingungen dieser Ebenen zu beobachten ist.

Pränatale Faktoren: z. B. Beeinträchtigungen der fetalen Entwicklung während bestimmter sensibler Perioden durch Schadstoffe oder Tabak-, Alkohol-, Drogen- sowie Medikamentenkonsum.

Perinatale Faktoren: z. B. Komplikationen beim Geburtsvorgang.

Postnatale Faktoren: z. B. traumatische Kopfverletzungen, Ernährungsdefizite.

Neuropsychologische Defizite im kindlichen Nervensystem

Schwieriges Temperament, impulsives Verhalten, motorische Entwicklungsverzögerungen

Abbildung 4: Frühe Entwicklungsrisiken kindlicher Aggression.

Ein Beispiel stellen frühkindliche, prä-, peri- und postnatale Risikobedingungen dar: *Genetisch-bedingte* (z. B. bestimmte Erkrankungen), *pränatale* (Teratogene; z. B. die Beeinträchtigung der fetalen Entwicklung während bestimmter sensibler Perioden durch Schadstoffe oder Tabak-, Alkohol-, Drogen- sowie Medikamentenkonsum), *perinatale* (z. B. Komplikationen beim Geburtsvorgang) oder *postnatale Faktoren* (z. B. traumatische Kopfverletzungen, Ernährungsdefizite) können zu *neuropsychologischen Defiziten* im kindlichen Nervensystem führen (vgl. Abb. 4), die sich in einem schwierigen Temperament, impulsivem Verhalten, Defiziten in kognitiven Fertigkeiten sowie motorischen Entwicklungsverzögerungen äußern (Brennan & Mednick, 1997; Moffitt, 1993a; b). Diese Faktoren wiederum stellen risikoerhöhende Bedingungen aggressiven Verhaltens dar.

Kinder aus sozial hochbelasteten Familien (z. B. niedriger sozioökonomischer Status, viele Kinder, Arbeitslosigkeit) sind einem besonders hohen Risiko für perinatale Komplikationen, eine schlechte Ernährung sowie Kindesmisshandlung ausgesetzt. Geburtskomplikationen, insbesondere in Kombination mit einem ablehnenden mütterlichen Verhalten dem Kind gegenüber (z. B. aufgrund einer ungewollten Schwangerschaft), waren in verschiedenen Studien verknüpft mit gewalttätigem und delinquentem Verhalten im Jugend- und Heranwachsendenalter (Kandel & Mednick, 1991; Raine, Brennan & Mednick, 1994). Zusammenhänge zu einem späteren aggressiven Verhalten scheinen demnach eher über weitere, familiäre risikoerhöhende Faktoren vorzuliegen. Negative familiäre Bedingungen wiederum kumulieren (z. B. niedriger sozioökonomischer Status, psychische Störungen der Eltern) und führen dazu, dass die elterlichen Erziehungsfertigkeiten beeinträchtigt werden. Das Risiko für Kindesmisshandlung, für das Erlernen negativer Problemlösefertigkeiten und damit für die Entwicklung aggressiven Verhaltens beim Kind erhöht sich; anhaltende Misshandlungen eines Kindes wiederum schlagen sich in der neuronalen Entwicklung des Kindes nieder, so dass psychosoziale Bedingungen auch einen reziproken Einfluss auf die biologische Reifung des Kindes haben (vgl. Scheithauer, Petermann & Niebank, 2000).

Ähnliche Zusammenhänge zeigen sich hinsichtlich des kindlichen Temperamentes und eines späteren aggressiven Verhaltens. Säuglinge mit einem unregelmäßigen Schlaf-Wach-Rhythmus beispielsweise, die sich zudem sehr unruhig verhalten und oft gereizt sind, werden als Kinder mit einem *schwierigen Temperament* bezeichnet. Temperamentsunterschiede stellen individuelle, konstitutionell bedingte Unterschiede in der Selbstregulationsfähigkeit und Aufmerksamkeitssteuerung sowie in der emotionalen Reaktivität und motorischen Aktivität dar (vgl. Rothbart & Bates, 1998). Das Temperamentskonzept ist somit eng mit biologischen und physiologischen Faktoren verknüpft.

Ein schwieriges Temperament erhöht für Kinder das Risiko, hyperkinetisches und aggressives Verhalten zu entwickeln (Kingston & Prior, 1995; Schwartz, Snidman & Kagan, 1995), wobei entweder eine direkte Verknüpfung mit oppositionellem oder aggressivem Verhalten oder aber indirekte Verbindungen über den Einfluss auf das Verhalten der Eltern und Personen im näheren Umfeld oder über riskante Verhaltensweisen eines Kindes postuliert werden (vgl. Rothbart & Bates, 1998; Shaw & Winslow, 1997). Da die Eltern eine wesentliche Funktion in der Entwicklung von Emotions- und Verhaltensregulationsmechanismen beim Säugling spielen (Sarimski & Papoušek, 2000), verdeutlicht sich auch hier, dass nur die Betrachtung der *Interaktion* biologischer, psychologischer und sozialer Faktoren zur Erklärung der Entwicklung aggressiven Verhaltens beitragen kann.

Risiko- und Schutzfaktoren liefern wesentliche Bausteine für Entwicklungsmodelle, an denen sich klinische Interventionen orientieren sollten. Ein Entwicklungsmodell sollte dabei Schlussfolgerungen über die *zeitliche Erstreckung* und den *Verlauf* einer psychischen Störung sowie ihrer *Übergänge* zu anderen Störungen zulassen. Durch Längsschnittstudien kann man spezifische und generelle Risiko- und Schutzfaktoren identifizieren, wobei glücklicherweise empirisch vielfach das bestätigt wurde, was viele pädagogische und klinisch-psychologische Konzepte für die Förderung von Kindern schon immer proklamierten. So bildet eine gelungene Mutter-Kind-Interaktion eine bedeutsame entwicklungsförderliche Bedingung kindlicher Entwicklung:

> Die Mannheimer Risikostudie zeigt, dass ein gestörtes Interaktionsverhalten (im Alter von drei Monaten) am deutlichsten daran zu erkennen ist, dass Mütter ihr Kind selten anlächeln und die „Ammensprache" (Baby-talk) nicht verwenden (vgl. Esser et al., 1995). Nach dieser Längsschnittstudie wirken die Probleme eines Säuglings mit drei Monaten deutlich (= ein positiver Zusammenhang von .40) auf das negative Erziehungsverhalten der Eltern im Alter der Kinder von zwei Jahren, wodurch sich Verhaltensprobleme des Kindes mit viereinhalb Jahren verstärken. Biologische Faktoren (z. B. niedriges Geburtsgewicht, neonatale Komplikationen) besitzen dagegen eine vergleichsweise geringe Bedeutung. Insgesamt nehmen psychosoziale Aspekte in der Entwicklungsprognose eine wichtige Rolle ein, wobei komplexe Wechselwirkungen angenommen werden müssen. So zeigt die Mannheimer Risikostudie, dass das Erziehungsverhalten zwar die zentrale Vorhersagevariable bildet, dieses aber durch die sozial-emotionale Störung der Säuglinge negativ beeinflusst wird.

Eine positive Mutter-Kind-Interaktion besitzt demnach eine bedeutende *Schutzfunktion*: Sie vermittelt einem Kind Selbstvertrauen und Selbstwirksamkeit und kann bei vorliegenden biologischen und psychosozialen Risiken kompensierend wirken. Auf diese Weise ist eine positive Mutter-Kind-Interaktion in der Lage, die Widerstandsfähigkeit eines Kindes gegenüber psychosozialen Belastungen zu erhöhen. Eine positive Mutter-Kind-Interaktion bildet eine basale Voraussetzung für gelingende Erziehungsmaßnahmen.

In einer jüngst vorgelegten Übersichtsarbeit stellen Scheithauer, Niebank und Petermann (2000) eine Vielzahl risikoerhöhender Faktoren der kindlichen Entwicklung innerhalb der ersten drei Lebensjahre zusammen (vgl. Tabelle 1). In dieser Liste wird zwischen

- biologischen Faktoren,
- Faktoren der Eltern-Kind-Interaktion sowie
- familiären und sozialen Faktoren

unterschieden.

Tabelle 1: Ausgewählte risikoerhöhende Faktoren der kindlichen Entwicklung innerhalb der ersten drei Lebensjahre (nach Zeanah, Boris & Larrieu, 1997)

Biologische Faktoren
- Frühgeburt, Geburtskomplikationen, Erkrankungen eines Säuglings, niedriges Geburtsgewicht
- negatives mütterliches Ernährungsverhalten sowie Substanzkonsum
- schwieriges Temperament eines Kindes (z. B. lässt sich ein Kind durch die Mutter schwer beruhigen)
Faktoren der Eltern-Kind-Interaktion
- Bindungsverhalten (unsicher-vermeidende, unsicher-ambivalente und desorganisierte Bindungserfahrungen)
- negatives Pflegeverhalten der Mutter
- psychische Störungen der Eltern
Familiäre und soziale Faktoren
- Konflikte der Eltern
- Gewalt und Misshandlung in der Familie
- Erziehungsverhalten der Eltern (z. B. inkonsequentes oder vorwiegend strafendes Erziehungsverhalten)
- sehr junge Eltern (z. B. Elternschaft vor dem 15. Lebensjahr)
- niedriger sozioökonomischer Status

Einige dieser Faktoren wirken nur eine bestimmte Zeitspanne (z. B. belastende Lebensereignisse), andere über den gesamten Entwicklungsverlauf. Weiterhin kann man distale, also eher ferner liegende und nicht unmittelbar wirkende Einflussgrößen, wie der sozioökonomische Status, von proximalen Faktoren unterscheiden. Unter proximalen Faktoren versteht man unmittelbare und direkte Einflussfaktoren, wie zum Beispiel einen bestrafenden Erziehungsstil (vgl. Scheithauer et al., 2000, S. 68).

4.4 Psychische und psychosoziale Befindlichkeiten der Eltern

Die seelische und körperliche Gesundheit beider Elternteile, Harmonie der Ehepartner, familiärer Stress oder belastende Lebensereignisse beeinflussen erheblich die kindliche Entwicklung. Vor allem einige *Charakteristiken der Mutter*, wie zum Beispiel die Neigung zur Depression, aber auch mangelnde Unterstützung durch den Ehemann, eheliche Disharmonie und familiäre Stressbelastung durch kritische Lebensereignisse sind im Hinblick auf die psychosoziale Befindlichkeit der Eltern und ihre Auswirkungen auf eventuelle externalisierende Verhaltensprobleme bei Kindern untersucht worden (Campbell, 1997; Emery & Kitzmann, 1995; Fergusson & Lynskey, 1996). Bei Abidin, Jenkins und McGaughey (1992) korrelieren Depressivität der Mutter, mangelnde Belastbarkeit der Mutter, ein enges eheliches Rollenverständnis und mangelnde Unterstützung durch den Ehemann signifikant mit Störungen des Sozialverhaltens bei Jungen. Für die Mädchen findet sich lediglich ein

Zusammenhang zwischen Belastung durch kritische Lebensereignisse und Neigung zu externalisierenden Verhaltensstörungen. Die Depressivität der Mutter, eheliche Spannungen und kritische Lebensereignisse sagen Störungen des Sozialverhaltens bei sechsjährigen Kindern voraus (Campbell, 1997).

Kritische Lebensereignisse sind, für sich genommen, ein relativ schwacher Prädiktor; sie werden jedoch relevant bei chronischer Belastung. In der Längsschnittstudie von Campbell, Pierce, Moore, Marakowitz und Newby (1996), in der vier- bis neunjährige Jungen untersucht wurden, zeigte sich, dass stabil auffällige Jungen die höchste familiäre Stressbelastung (Depressivität der Mutter, kritische Lebensereignisse, eheliche Disharmonie und Spannungen) aufwiesen. Aber auch Jungen, die erst im Grundschulalter auffällig werden, hatten schon vorher eine deutlich höhere familiäre Belastung erlebt, als Jungen, die überhaupt nicht auffällig werden.

Eheliche Spannungen, kritische Lebensereignisse und psychische Belastetheit der Mutter wirken sich sowohl aktuell als auch längerfristig auf das Problemverhalten des Kindes aus. Man spricht von einem sogenannten *sleeper-effect*, wenn sich eine schlechte psychosoziale Befindlichkeit der Eltern erst Jahre später auf das Verhalten eines Kindes auswirkt (Campbell et al., 1991; Kolvin et al., 1988; Loeber, 1990). Die Folgen für das Kind sind um so gravierender, je länger die familiäre Belastung anhält (Blanz et al., 1991).

Eine differenzierte Übersicht über die Wechselwirkungen verschiedener psychischer Störungen der Mutter und möglicher Entwicklungsauffälligkeiten stammt von Herpertz-Dahlmann und Remschmidt (2000). Besonders gut erforscht ist hierbei der Einfluss depressiver Mütter. Vergleicht man die Kinder depressiver und nichtdepressiver Mütter, dann treten massive Unterschiede auf. So zeigen die Neugeborenen depressiver Frauen ein niedrigeres Aktivitätsniveau und eine verminderte Reaktionsfähigkeit auf soziale Reize (vgl. Field, 1992); sie waren irritierbarer und ließen sich schlechter beruhigen.

Bei der Entwicklung von Auffälligkeiten auf der Ebene des Kindes sind genetische Risiken auf der Kindseite (s. Abb. 5, oberer Teil) und psychosoziale Einflüsse auf der Seite der Eltern (Mutter, Vater) zu beachten. Diese wirken direkt oder über die psychosozialen Kompetenzen der Beteiligten auf die Entwicklung des Säuglings ein. Hierbei ist zu bedenken, dass die negativen Einflüsse kumulieren; so besitzen Kinder aus Scheidungsfamilien ein höheres Risiko, eine Depression zu entwickeln, als Kinder aus normalen Familien, in denen ein Elternteil an einer Depression erkrankt ist (vgl. Beardslee, Keller, Lavori, Staley & Sachs, 1993). Gut belegt ist, dass bei anhaltender mütterlicher Depression die emotionale und kognitive Entwicklung der Kinder beeinträchtigt ist (Herpertz-Dahlmann & Remschmidt, 2000).

Eine effektive Hilfe, die Entwicklung eines Kindes im familiären Rahmen zu optimieren, stellen Maßnahmen zur Frühintervention dar (vgl. Petermann, Niebank & Scheithauer, 2000). Solche Programme beziehen sich auf Interventionen bei Babys mit Schrei- und Schlafproblemen (Wolke, 1997), auf Interventionen bei Frühgeborenen und Programme für sozioökonomisch-benachteiligte Familien (vgl. Petermann et al., 2000).

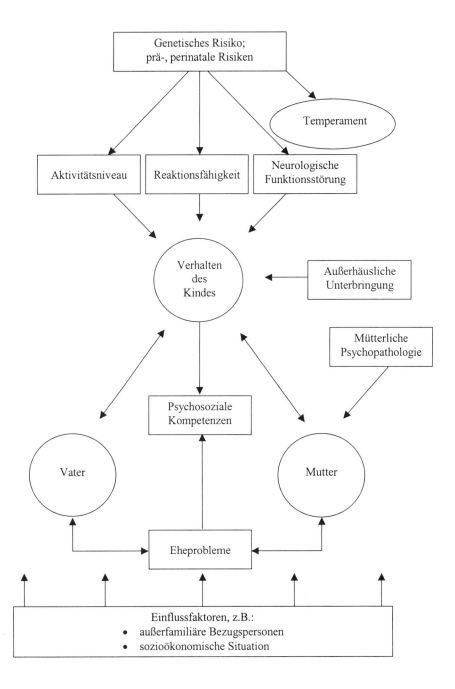

Abbildung 5: Zusammenhang zwischen psychischer Störung der Mutter und Entwicklungsauffälligkeiten des Säuglings (nach Herpertz-Dahlmann & Rem-Remschmidt, 2000, S. 226).

Insgesamt wird durch die *psychische Belastetheit* und *Stressbelastung einer Familie* die Responsivität und Aufmerksamkeit der Mutter und damit die Bindungsqualität sowie die Interaktion mit dem Kind beeinträchtigt. Darüber hinaus wird auch das Erziehungsverhalten beeinflusst und dem Kind werden weniger Modelle für positive soziale Interaktionen geboten (Campbell, 1997; Patterson et al., 1991).

Das Zusammenspiel der biopsychosozialen Risiken ist heterogen, und es ist unklar, welches Gewicht den einzelnen Faktoren innerhalb einer Gruppe zukommt. Unklar ist auch, welche Mechanismen als Trigger für problematisches Verhalten zu betrachten sind. Loeber und Hay (1997) unterscheiden zwischen kurz- und langfristigen sowie kumulativen Ursachen von Problemverhalten. Darüber hinaus sind protektive Faktoren zu berücksichtigen, die bewirken, dass manche Kinder in Hochrisikokonstellationen keine Störungen entwickeln bzw. von aggressivem Verhalten mit der Zeit wieder ablassen.

4.5 Zur Entwicklungspsychopathologie aggressiven Verhaltens

Am Beispiel der kindlichen Aggression sollen Prinzipien der entwicklungspsychopathologischen Forschung verdeutlicht werden. Eine umfassende Darstellung zu dieser Problematik legten vor allem Scheithauer und Petermann (2000) vor.

4.5.1 Suche nach frühen Entwicklungsrisiken

Dieses Bestreben erstreckt sich auf die Schwangerschaft, Geburt und das erste Lebensjahr. Zunächst sind die in Abbildung 4 aufgelisteten prä-, peri- und postnatalen Risikofaktoren Startpunkt einer ungünstigen Entwicklung; diese Risiken führen zu neuropsychologischen Defiziten im kindlichen Nervensystem (Moffitt, 1993a; vgl. Abschnitt 3 in diesem Kapitel). Solche Einschränkungen können sich in verschiedener Weise (ab dem 1. Lebensjahr) äußern: Schwieriges Temperament, Defizit in kognitiven Fertigkeiten (z. B. Impulsivität) und motorische Entwicklungsverzögerungen.

4.5.2 Suche nach wichtigen Kind-Umwelt-Transaktionen

In vielen Umweltbereichen ecken aggressive Kinder an, wodurch ihr Verhalten noch problematischer wird (Petermann & Petermann, 2001). Diese Wechselwirkungen lassen sich an folgender Sequenz verdeutlichen:
- Das soziale Umfeld (z. B. unauffällige Kinder aus der Nachbarschaft) lehnt das störende Kind ab.
- Das Kind tritt aufgrund der feindseligen Ablehnung durch das Umfeld und seiner Aggressionsneigung einer delinquenten Gruppe bei.

- Das Kind und/oder sein soziales Umfeld verändert sich aufgrund der stattfindenden Transaktionen. So reagieren bislang neutrale Klassenkameraden plötzlich ablehnend und in der Folge davon wird das auffällige Kind noch aggressiver.

4.5.3 Suche nach familiären Risiken

Im letzten Abschnitt wurden bereits familiärer Stress und Partnerschaftsprobleme als allgemeine Risikobedingung für aggressives Verhalten benannt. Die familiäre Stressbelastetheit kann sich unter anderem aus sozialen Bedingungen (z. B. alleinerziehender Elternteil, beengte Wohnverhältnisse, ein geringes Familieneinkommen) ergeben. In vielen Fällen führen diese Bedingungen zu einer mangelnden Erziehungskompetenz und negativen Disziplinierungspraktiken der Eltern (= Schlagen des Kindes, offensichtliche Abneigung der Eltern gegenüber dem Kind). Die Zusammenstellung der Risikokonstellation in Abbildung 6 bildet einen ersten Vorschlag, diese psychosozialen Ursachen aggressiven Verhaltens im Kontext eines familienbezogenen Entwicklungsmodells zu systematisieren. Diese noch sehr grobe Systematisierung stammt von Shaw und Winslow (1997) und dient dazu, aggressives Verhalten bei Jungen zu erklären.

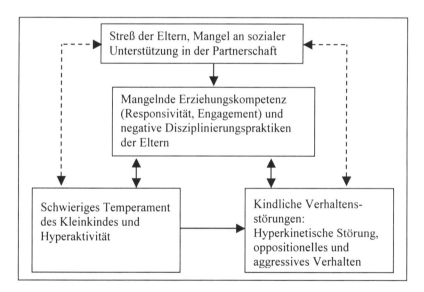

Abbildung 6: Risikokonstellationen aggressiven Verhaltens bei Jungen.

4.5.4 Suche nach Schutzfaktoren

> Fergusson und Lynskey (1996) gingen im Rahmen der „Christchurch Health and Development Study" in Neuseeland der Frage nach, welche Kinder besonders gefährdet sind, aggressives Verhalten zu entwickeln. Nach dieser Studie verhindern folgende Faktoren die Entstehung aggressiven Verhaltens:
> - Keine früh auftretende Aufmerksamkeitsstörungen;
> - vielfältige Kontakte zu Erwachsenen außerhalb der Familie und positive Aktivitäten mit diesen;
> - elterliche Zuneigung und Bindung, das heißt eine liebevolle und unterstützende Beziehung wenigstens zu einem Elternteil;
> - kein schwieriges Temperament/kein auffälliges Sozialverhalten in den ersten beiden Lebensjahren;
> - regelmäßige Eß- und Schlafgewohnheiten;
> - flexibles Einstellen auf neue Situationen;
> - vorwiegend positiv gestimmte Emotionslage (= freundliches Verhalten); und
> - positive Sozialkontakte zu nicht-auffälligen Gleichaltrigen.

Die so beschriebenen Kinder erzeugen im Umgang mit ihren Eltern positive Verhaltenskonsequenzen für sich und auch für die Eltern. Mit der auf diese Weise für beide Seiten gewonnenen Verhaltenssicherheit schaffen die Eltern noch bessere Bedingungen für die weitere Entwicklung ihrer Kinder. Solche Schutzfaktoren bewirken, dass

- diese Kinder im Jugendalter gerne zur Schule gehen,
- die Mütter weniger behütend sind,
- die Väter mehr in die Erziehung einbezogen werden und
- die Kinder als Jugendliche weniger Beziehung zu delinquenten Gleichaltrigen aufweisen.

4.6 Aggressive Kinder: Erziehung und Intervention

Die Erziehungskompetenz der Eltern bildet den zentralen Risiko- oder Schutzfaktor kindlicher Entwicklung. Aus Längsschnitt- und Therapiestudien liegen vor allem für die Entwicklung aggressiven Verhaltens hierfür konkrete Hinweise vor (vgl. Scheithauer & Petermann, 2000). Auf einige abgesicherte Aspekte einer solchen Erziehungskompetenz geht das erste Praxisbeispiel ein.

Obwohl bis heute wenige in ihrer Wirksamkeit belegte Interventionsprogramme zur Aggressionsprophylaxe existieren und familiäre Interventionen noch vielfältig zu optimieren sind, richten Familienpsychologinnen und Familienpsychologen alle Hoffnung auf diesen Bereich (vgl. Schneewind, 1999). Ein sehr gut evaluiertes Programm, das Triple P von M. Sanders aus Australien, das zur Zeit in Deutschland implementiert wird (Kuschel et al., 2000), soll in Abschnitt 6.2 dieses Kapitels kurz vorgestellt werden. Abschließend berichten wir von einem neuen Training für Risikofamilien, dem Video-Interaktionstraining nach Cordes und Petermann (2001).

4.6.1 Praxisbeispiel: Wie erzieht man aggressive Kinder?

Ein Erziehungsstil, in dem klare Grenzen und Regeln vorherrschen, fördert die Internalisierung von Normen und prosozialem Verhalten sowie die Selbstregulationsfähigkeit eines Kindes (Campbell, 1997). Unglücklicherweise liegen häufig in Familien von Kindern, die aufgrund spezifischer Risikofaktoren eine gezielte Förderung benötigen würden, weniger Erziehungskompetenzen vor (vgl. Moffitt, 1993a). Geringe Erziehungskompetenzen können aus primär inkompetentem und sekundär inadäquatem Erziehungsverhalten resultieren. Das sekundär inadäquate Erziehungsverhalten kann auch als *evokative Erziehungsinkompetenz* bezeichnet werden, da es durch das schwierige Temperament eines Kindes und die damit verbundene Stressbelastung für die Eltern hervorgerufen ist (Wahler & Dumas, 1989).

In problematischen Familien kann häufig ein aggressionsfreundlicher und aggressionsfördernder Erziehungsstil identifiziert werden. Ein solcher Erziehungsstil ist dadurch gekennzeichnet, dass

- die Eltern entweder zu viele oder zu wenige soziale Regeln aufstellen,
- sie nicht konsequent auf die Einhaltung dieser Regeln achten,
- sie selber Modelle für aggressives Verhalten bilden,
- sie aggressives Verhalten positiv und negativ verstärken oder das aggressive Verhalten des Kindes dulden (Petermann & Petermann, 2001).

Die Eltern aggressiver Kinder wissen wenig darüber, was ihr Kind den Tag über unternimmt, sie sind an seinen Aktivitäten nicht oder nur wenig interessiert und kontrollieren sein Verhalten nicht ausreichend (Loeber & Hay, 1997; Patterson et al., 1989).

Techniken des Familienmanagements zählen mit zu den besten Prädiktoren für späteres aggressives und antisoziales Verhalten. So sind Mütter von Problemkindern signifikant negativer und kontrollierender im Umgang mit ihren Kindern, obwohl sich das beobachtbare Verhalten der Kinder nicht von unauffälligen Kindern unterscheidet (Richman, 1982, zitiert nach Campbell, 1991).

Campbell (1997) findet bei Kindern im Vorschulalter einen signifikanten Zusammenhang zwischen der Belastetheit der Mutter durch Stress, negativem Erziehungsverhalten und externalisierenden Verhaltensproblemen des Kindes. In follow-up-Untersuchungen bei Kindern im Alter von sechs und neun Jahren klärt sowohl das aktuelle als auch das zurückliegende negative Erziehungsverhalten bedeutende Anteile des Problemverhaltens der Kinder auf (Campbell, 1997; Campbell et al., 1996).

Negative mütterliche Kontrolle trägt also sowohl zum Entstehen als auch zur Aufrechterhaltung kindlichen Problemverhaltens bei, wobei die negativen Effekte sofort oder zeitverzögert einsetzen können (Loeber, 1990).

Verschiedene Autoren sehen als mögliche Folge harter Disziplinierungsmethoden fehlangepasste soziale Informationsverarbeitungsprozesse und aggressives Verhalten auf Seiten des Kindes. Dies scheint auf andere Beziehungen zu generalisieren und unter anderem zu Konflikten mit Gleichaltrigen und zu weniger Beliebtheit in der Peer-Gruppe zu führen (Dishion, 1990; Patterson & Bank, 1989).

4.6.2 Praxisbeispiel: Familienintervention mit dem „Positive Parenting Program"

Ein gut empirisch abgesichertes Präventionsprogramm für aggressive Kinder bildet der Ansatz nach dem „Positive Parenting Program„ (= Triple P), der auf mehreren Ebenen ansetzt (vgl. auch Engl & Thurmaier, in diesem Band):

Tabelle 2: Übersicht über die Triple P-Interventionsebenen (nach Kuschel et al., 2000, S. 23)

Interventionsebene	Zielgruppe	Problemverhalten	Interventionsmethoden
1. *Universelle Informationen über Erziehung*	alle Eltern, die an Informationen zur Förderung der Entwicklung ihrer Kinder interessiert sind	alltägliche Verhaltensprobleme, z. B. Weinen oder Schwierigkeiten zu teilen	kurze schriftliche oder mündliche Information, Selbsthilfematerialien, Gruppenpräsentation, Medieneinsatz
2. *Kurzberatung für spezifische Erziehungsprobleme*	Eltern mit spezifischen Sorgen um das Verhalten oder die Entwicklung ihrer Kinder	Probleme mit Wutanfällen, Essenszeiten, Toilettentraining oder dem Zubettgehen etc.	kurzes Progr. (1-4 Sitzungen à 15 Min.) zum Umgang mit einigen konkreten Verhaltensproblemen, face-to-face oder telefonisch
3. *Kurzberatung und aktives Training*	Eltern mit spezifischen Sorgen um das Verhalten oder die Entwicklung ihrer Kinder und Defiziten in Erziehungsfertigkeiten	– wie auf Ebene 2, – außerdem andauernde Essensprobleme, Angstmanagement o. ä.	kurzes Programm (4 Sitzungen à 15 Min.) zusätzlich Rollenspiele
4. *Intensives Elterntraining*	Eltern von Kindern mit Verhaltensproblemen; Eltern, die ein intensives Training positiver Erziehungsfertigkeiten wünschen; Anwendung von Erziehungsfertigkeiten auf kindliche Verhaltensweisen	– generelle Erziehungssorgen – aggressives Verh. – oppositionelles Verhalten – Aufmerksamkeitsprobleme – Lernschwierigkeiten u. ä.	intensives Programm, fokussiert auf die Eltern-Kind-Interaktion; Durchführung entweder als Selbstanleitung, in Gruppen oder als Einzelintervention
5. *Erweiterte Interventionen auf Familienebene*	Eltern von Kindern mit deutlichen Verhaltensproblemen oder Kindern in Multi-Problem-Familien	andauernde Verhaltensstörungen – Beziehungskonflikte, Depression der Eltern etc.	intensives therapeutisches Programm mit zusätzlichen Modulen wie Stimmungs- und Stressmanagement, Hausbesuche und Partner-Unterstützung

Das Programm wurde in Australien von Sanders und Mitarbeitern (vgl. Sanders, 1996) entwickelt und möchte positives Erziehungsverhalten aufbauen. Im deutschen Sprachraum wurde das Programm von Hahlweg und Mitarbeiter adaptiert (vgl. Kuschel et al., 2000). Ziel dieses Vorgehens ist es, den Eltern Strategien zu vermitteln, wie sie

- zu ihrem Kind eine positive Beziehung aufbauen,
- es in seiner Entwicklung fördern und
- effektiv mit Problemverhalten des Kindes umgehen können.

Mit dem Ansatz kann die Eltern-Kind-Beziehung und das Erziehungsverhalten verbessert werden; die Eltern fühlen sich im Umgang mit ihrem Kind kompetenter und beherrschen differenziertere Strategien, um Familienkonflikte zu bewältigen. Die in Tabelle 2 knapp aufgelisteten fünf Interventionsebenen sind nach steigender Intensität angeordnet. Auf der Ebene 1 erhalten die Eltern lediglich Informationen (z. B. durch Broschüren, 14 Folgen einer jeweils 30-minütigen Fernserie), auf Ebene 2 und 3 erfolgt eine Kurzberatung, auf der Ebene 4 ein Elterntraining und der Ebene 5 eine familienbezogene Intervention; die Ebenen 4 und 5 entsprechen dabei eher therapeutischen Interventionen.

4.6.3 Praxisbeispiel: Video-Interaktionstraining für Risikofamilien

Das Video-Interaktionstraining wurde von Cordes und Petermann (2001) für mehrfach-belastete Familien entwickelt; es soll der Entwicklung externalisierender Verhaltensstörungen (oppositionellem Trotzverhalten, hyperkinetischem Verhalten) entgegenwirken. Das Training geht auf die Probleme von und mit Kindern der Altersgruppe von zwei bis maximal vier Jahren ein. Das Vorgehen setzt an der familiären Interaktion an. Bei diesem Konzept werden interaktionsfördernde und verhaltenstherapeutische Strategien miteinander verbunden. Folgende weitere Merkmale kennzeichnen das Vorgehen:

- Es handelt sich um ein Kurzzeittraining von ca. 15 Stunden.
- Das Training findet in der Familie als Hausbesuch statt. Dies erfolgt sowohl aus dem Grund, die Motivation der Betroffenen zu erhöhen als auch, um auf diesem Wege, die Generalisierung der eingeübten Verhaltensmuster zu erleichtern.
- Die zentrale Basis des Trainings bildet die gemeinsame Analyse von Videoaufnahmen familiärer Interaktionen.
- Der Trainer verstärkt die Eltern für positives Interaktionsverhalten.

4.7 Schlussbemerkungen

Die Notwendigkeit biopsychosozialer Ansätze wird zwar allseits gefordert, doch werden sie kaum explizit formuliert und noch seltener in Interventionen umgesetzt (vgl. Ross, 2000). Berman (1997) beklagt zu recht, dass nur wenige biopsychosoziale Theorien menschlicher Aggressivität hinreichend gediehen sind, um die Entwicklung und Prüfung relevanter Hypothesen zu ermöglichen. Auch wenn Forscher davon überzeugt seien, dass Aggression auf biologischen Funktion, psychischen Prozessen und dem sozialen Kontext beruht, verhielten sich die meisten von ihnen, als könnte Aggression durch einfache univariate Modelle erklärt werden.

Die Interventionen in Abschnitt 6 dieses Beitrages setzen ausschließlich am Erziehungsverhalten der Eltern an. Andere, zum Beispiel von Barkley et al. (1996), richten sich nur an die Kinder und vernachlässigen die Familie. Barkley et al. (1996) führten ein behaviorales Behandlungsprogramm für Kinder in ihren Schulklassen durch. Die Unaufmerksamkeit, Hyperaktivität, Impulsivität und Aggressivität der Kinder wurde durch das Programm deutlich reduziert. Allerdings zeigten sich die sozialen und Verhaltensfortschritte nur im schulischen Rahmen. Die Behandlungseffekte wurden nicht auf die häusliche Umwelt generalisiert. Solche Befunde sprechen – nach Abklärung des jeweiligen individuellen Bedarfs – für multimethodische (biopsychosoziale) Interventionen.

Die Entwicklungspsychopathologie zeigt auf, nach welchen Prinzipien (Differenzierung, Reorganisation, hierarchische Integration) im Entwicklungsverlauf ein immer komplexerer Zustand erreicht wird. Aus grundlegenden Kompetenzen entwickeln sich durch Differenzierung und Integration neue, miteinander verbundene Verhaltenskompetenzen. Werden die Anforderungen einer Entwicklungsperiode nicht oder nur unzureichend bewältigt, dann erschwert dies die Bewältigung zukünftiger Entwicklungsaufgaben (vgl. Niebank & Petermann, 2000; Petermann & Hermann, 1999). Die biopsychosozialen Modelle sind interaktiv, das heißt sie integrieren Genetik und Umwelt; der Person kommt dabei in der Gestaltung des Entwicklungsverlaufes und -ergebnisses eine aktive Rolle zu.

Komplexe Entwicklungsmodelle sind in ihrer Gesamtheit empirisch schwer zu testen. In der Regel setzen sie Längsschnittstudien oder die Metaanalyse von Ergebnissen aus entwicklungspsychologischen oder klinischen Verlaufsstudien voraus. Vor allem für die Entwicklung aggressiven Verhaltens ist dies erfolgt. Solche empirisch gestützten Entwicklungsmodelle bieten die Chance, fundierte Präventions- und Interventionsstrategien zu entwickeln und anzuwenden.

Literatur

Abidin, R. R., Jenkins, C. L. & McGaughey, M. C. (1992). The relationship of early family variables to children's subsequent behavior adjustment. *Journal of Clinical Child Psychology, 21*, 60-69.

Barkley, R. A., Shelton, T. L., Crosswait, C., Moorehouse, M., Fletcher, K., Barrett, S., Jenkins, L. & Metevia, L. (1996). Preliminary findings of an early intervention program with aggressive hyperactive children. *Annals of the New York Academy of Sciences, 794*, 227-289.

Beardslee, W. R., Keller, M. B., Lavori, P. W., Staley, J. E. & Sacks, N. (1993). The impact of parental effective disorder on depression in offspring: A longitudinal follow-up in a nonreferred sample. *Journal of the American Academy of Child and Adolescent Psychiatry, 23*, 723-730.

Berman, M. E. (1997). Biopsychosocial approaches to understanding human aggression: The first 30 years. *Clinical Psychology Review, 17*, 585-588.

Blanz, B., Schmidt, M. H. & Esser, G. (1991). Familial adversities and child psychiatric disorders. *Journal of Child Psychology and Psychiatry, 32*, 939-950.

Brennan, P. A. & Mednick, S. A. (1997). Medical histories of antisocial individuals. In D. M. Stoff, J. Breiling & J. D. Maser (Eds.), *Handbook of antisocial behavior* (pp. 269-279). New York: Wiley.

Bronfenbrenner, U. (1977). Towards an experimental ecology of human development. *American Psychologist, 32*, 513-531.

Campbell, S. B. (1991). Longitudinal studies of active and aggressive preschoolers: Individual differences of early behavior and outcome. In D. Cicchetti & S. L. Toth (Eds.), *Internalizing and externalizing expression of dysfuncion* (pp. 57-90). Hillsdale, NJ: Lawrence Erlbaum.

Campbell, S. B. (1997). Behavior problems in preschool children. Developmental and family issues. In T. H. Ollendick & R. J. Prinz (Eds.), *Advances in clinical child psychology, Vol. 18* (pp. 1-26). New York: Plenum.

Campbell, S. B., Pierce, E. W., Moore, G., Marakovitz, S. & Newby, K. (1996). Boy's externalizing problems at elementary school age: Pathways from early behavior problems, maternal control, and family stress. *Development and Psychopathology, 8*, 701-719.

Cordes, R. & Petermann, F. (2001). Das Video-Interaktionstraining: Ein neues Training für Risikofamilien. *Kindheit und Entwicklung, 10*, 56-63.

Dishion, T. J. (1990). The family ecology of boy's peer relations in middle childhood. *Child Development, 61*, 874-892.

Döpfner, M. (2000). Hyperkinetische Störungen. In F. Petermann (Hrsg.), *Lehrbuch der Klinischen Kinderpsychologie und -psychotherapie* (4., vollst. überarb. u. erweit. Aufl., S. 151-186). Göttingen: Hogrefe.

Emery, R. E. & Kitzmann, K. M. (1995). The child in the family: Disruptions in family functions. In D. Cicchetti & D. J. Cohen (Eds.), *Developmental psychopathology, Vol. 2* (pp. 3-31). New York: Wiley.

Esser, G., Laucht, M. & Schmidt, M. M. (1995). Der Einfluss von Risikofaktoren und der Muter-Kind-Interaktion im Säuglingsalter auf die seelische Gesundheit des Vorschulkindes. *Kindheit und Entwicklung, 4*, 33-42.

Fergusson, D. M. & Lynskey, M. T. (1996). Adolescent resiliency to family adversity. *Journal of Child Psychology and Psychiatry, 37*, 281-291.

Field, T. (1992). Infants of depressed mothers. *Development and Psychopathology, 4*, 49-66.

Gottlieb, G., Wahlsten, D. & Lickliter, R. (1998). The significance of biology for human development: A developmental psychobiological system view. In D. Kuhn & R. S. Siegler (Eds.), *Handbook of child psychology, Vol. 2* (pp. 233-273). New York: Wiley.

Grisso, T. (1996). Introduction: An interdisciplinary approach to understanding aggressive behavior in children. *Annals of the New York Academy of Sciences, 794*, 1-7.

Guidano, V. F. & Liotti, G. (1983). *Cognitive processes and emotional disorders: A structural approach to psychotherapy*. New York: Guilford.

Hampel, P. & Petermann, F. (1997). Patientenschulung und Patientenberatung – Zur Bedeutung der Stresskonzepte. In F. Petermann (Hrsg.), *Patientenschulung und Patientenberatung* (2., vollst. überarb. u. erweit. Aufl.; S. 53-99). Göttingen: Hogrefe.

Herpertz-Dahlmann, B. & Remschmidt, H. (2000). Störungen der Kind-Umwelt-Interaktion und ihre Auswirkungen auf den Entwicklungsverlauf. In F. Petermann, K. Niebank & H. Scheithauer (Hrsg.), *Risiken in der frühkindlichen Entwicklung* (S. 223-240). Göttingen: Hogrefe.

Hurrelmann, K. & Settertobulte, W. (2000). Prävention und Gesundheitsförderung. In F. Petermann (Hrsg.), *Lehrbuch der Klinischen Kinderpsychologie und -psychotherapie* (4., vollst. überarb. u. erweit. Aufl., S. 131-148). Göttingen: Hogrefe.

Kandel, E. & Mednick, S.A. (1991). Perinatal complications predict violent offending. *Criminology, 29*, 519-529.

Kingston, L. & Prior, M. (1995). The development of patterns of stable, transient, and school-age onset aggressive behavior in young children. *Journal of the American Academy of Child and Adolescent Psychiatry, 34*, 348-358.

Kolvin, I., Miller, F. J. W., Fleeting, M. & Kolvin, P. A. (1988). Risk/protective factors for offending with particual reference to deprivation. In M. Rutter (Ed.), *Studies of psychosocial risk: The power of longitudinal data* (pp. 77-95). New York: Cambridge University Press.

Kusch, M. & Petermann, F. (2001). *Entwicklung autistischer Störungen* (3., völlig veränd. Aufl.). Göttingen: Hogrefe.

Kuschel, A., Miller, Y., Köppe, E., Lübke, A., Hahlweg, K. & Sanders, M. (2000). Prävention von oppositionellen und aggressiven Verhaltensstörungen bei Kindern: Triple P – ein Programm zu einer positiven Erziehung. *Kindheit und Entwicklung, 9*, 20-29.

Loeber, R. (1990). Development and risk factors of juvenile antisocial behavior and delinquency. *Clinical Psychology Review, 10*, 1-41.

Loeber, R. & Hay, D. (1997). Key issues in the development of aggression and violence from childhood to early adulthood. *Annual Review of Psychology, 48*, 371-410.

Lozoff, B., Klein, N. K., Nelson, E. C., McClish, D. K., Manuel, M. & Chacon, M. E. (1997). Behavior of infants with iron-deficiency anemia. *Child Development, 69*, 24-36.

McEwen, B.S. (1998). Hormones as regulators of brain development. In D.M. Hann, L.C. Huffman, I.I. Lederhendler & D. Meinecke (Eds.), *Advancing research on developmental plasticity* (pp. 34-50). Bethesda: National Institute of Menatal Health.

Moffitt, T.E. (1993a). „Life-course persistent" vs. „adolescent-limited" antisocial behavior: A developmental taxonomy. *Psychological Review, 100*, 674-701.

Moffitt, T.E. (1993b). The neuropsychology of conduct disorder. *Development and Psychopathology, 5*, 135-151.

Niebank, K. & Petermann, F. (2000). Grundlagen und Ergebnisse der Entwicklungspsychopathologie. In F. Petermann (Hrsg.), *Lehrbuch der Klinischen Kinderpsychologie und -psychotherapie* (4., vollst. überarb. u. erweit. Aufl., S. 57-94). Göttingen: Hogrefe.

Patterson, G. R. & Bank, L. (1989). Some amplifying mechanisms for pathologic processes in families. In M. R. Gunnar & E. Thalen (Eds.), *Minnesota Symposium on Child Psychology. Vol. 22. Systems and development* (pp. 167-209). Hillsdale, NJ: Lawrence Erlbaum.

Patterson, G. R., Capaldi, D. & Bank, L. (1991). An early starter model for predicting delinquency. In D. J. Pepler & K. H. Rubin (Eds.), *The development and treatment of childhood aggression* (pp. 139-168). Hillsdale, NJ: Lawrence Erlbaum.

Patterson, G. R., DeBaryshe, B. D. & Ramsey, E. (1989). A developmental perspective on antisocial behavior. *American Psychologist, 44*, 329-335.

Petermann, F. (2000a). Grundbegriffe und Trends der Klinischen Kinderpsychologie und Kinderpsychotherapie. In F. Petermann (Hrsg.), *Lehrbuch der Klinischen Kinderpsychologie und -psychotherapie* (4., vollst. überarb. u. erweit. Aufl., S. 9-26). Göttingen: Hogrefe.

Petermann, F. (2000b). Klinische Kinderpsychologie – Begriffsbestimmung und Grundlagen. In F. Petermann (Hrsg.), *Fallbuch der Klinischen Kinderpsychologie und -psychotherapie* (2., erweit. Aufl., S. 13-20). Göttingen: Hogrefe.

Petermann, F., Kusch, M. & Niebank, K. (1998). *Entwicklungspsychopathologie*. Weinheim: Psychologie Verlags Union.
Petermann, F., Niebank, K. & Scheithauer, H. (Hrsg.). (2000). *Risiken in der frühkindlichen Entwicklung*. Göttingen: Hogrefe.
Petermann, F. & Petermann, U. (2001). *Training mit aggressiven Kindern* (10., völlig überarbeitete Aufl.). Weinheim: Psychologie Verlags Union.
Petermann, U. & Hermann, B. (1999). Entwicklung externalisierender Verhaltensstörungen: Ein biopsychosoziales Modell. *Zeitschrift für Klinische Psychologie, Psychiatrie und Psychotherapie, 47,* 1-34.
Plomin, R., DeFries, J. C., McClearn, G. E. & Rutter, M. (1999). *Gene, Umwelt und Verhalten*. Bern: Huber.
Raine, A., Brennan, P. A. & Mednick, S. A. (1994). Birth complications combined with early maternal rejection at age 1 year predispose to violent crime at age 18 years. *Archives of General Psychiatry, 51,* 984-988.
Ross, D. E. (2000). A method for developing a biopsychosocial formulation. *Journal of Child and Family Studies, 9,* 1-6.
Rothbart, M. K. & Bates, J. E. (1998). Temperament. In W. Damon & N. Eisenberg (Eds.), *Handbook of child psychology. Vol. 3. Social, emotional, and personality development* (5th ed.; pp. 105-176). New York: Wiley.
Sameroff, A. J. (1995). General systems theories and developmental psychopathology. In D. Cicchetti & D. J. Cohen (Eds.), *Developmental psychopathology, Vol. 1* (pp. 659-695). New York: Wiley.
Sameroff, A. J. & Fiese, B. H. (1990). Transactional regulation and early intervention. In S. J. Meisels & J. P. Shonkoff (Eds.), *Handbook of early childhood intervention* (pp. 119-149). New York: Cambridge University Press.
Sarimski, K. & Papoušek, M. (2000). Eltern-Kind-Beziehung und die Entwicklung von Regulationsstörungen. In F. Petermann, K. Niebank & H. Scheithauer (Hrsg.), *Risiken in der frühkindlichen Entwicklung* (S. 199-222). Göttingen: Hogrefe.
Schaal, B., Tremblay, R. E., Soussignan, R. & Susman, E. J. (1996). Male pubertal testosterone linked to high social dominance but low physical aggression: A 7 year longitudinal study. *Journal of the American Academy of Child Psychiatry, 34,* 1322-1330.
Scheithauer, H., Niebank, K. & Petermann, F. (2000). Biopsychosoziale Risiken in der frühkindlichen Entwicklung: Das Risiko- und Schutzfaktorenkonzept aus entwicklungspsychopathologischer Sicht. In F. Petermann, K. Niebank & H. Scheithauer (Hrsg.), *Risiken in der frühkindlichen Entwicklung* (S. 65-97). Göttingen: Hogrefe.
Scheithauer, H. & Petermann, F. (1999). Zur Wirkungsweise von Risiko- und Schutzfaktoren in der Entwicklung von Kindern und Jugendlichen. *Kindheit und Entwicklung, 8,* 3-14.
Scheithauer, H. & Petermann, F. (2000). Aggression. In F. Petermann (Hrsg.), *Lehrbuch der Klinischen Kinderpsychologie und -psychotherapie* (4., vollst. überarb. u. erweit. Aufl., S. 187-226). Göttingen: Hogrefe.
Scheithauer, H., Petermann, F. & Niebank, K. (2000). Frühkindliche Entwicklung und Entwicklungsrisiken. In F. Petermann, K. Niebank & H. Scheithauer (Hrsg.), *Risiken in der frühkindlichen Entwicklung* (S. 15-38). Göttingen: Hogrefe.
Schneewind, K. A. (1999). *Familienpsychologie* (2., überarb. Aufl.). Stuttgart: Kohlhammer.
Schwartz, C.E., Snidman, N. & Kagan, J. (1995). Early childhood temperament as a determinant of externalizing behavior in adolescence. *Development and Psychopathology, 8,* 527-537.

Shaw, D. S. & Winslow, E. B. (1997). Precursors and correlates of antisocial behavior from infancy to preschool. In D. M. Stoff, J. Breiling & J. D. Maser (Eds.), *Handbook of antisocial behavior* (pp. 148-158). New York: Wiley.

Susman, E. J. (1998). Biobehavioural development: An integrative perspective. *International Journal of Behavioral Development, 22*, 671-679.

Wahler, R. G. & Dumas, J. E. (1989). Attentional problems in dysfunctional mother-child interactions: An interbehavioral model. *Psychological Bulletin, 105*, 116-130.

Wolke, D. (1977). Die Entwicklung und Behandlung von Schlafproblemen und exzessivem Schreien im Vorschulalter. In F. Petermann (Hrsg.), *Kinderverhaltenstherapie* (S. 154-203). Baltmannsweiler: Schneider Verlag Hohengehren.

Zeanah, C. H., Boris, N. W. & Larrieu, J. A. (1997). Infant development and developmental risk: A review of the past 10 years. *Journal of the American Academy of Child and Adolescent Psychiatry, 36*, 165-178.

5. Kapitel:
Frühkindliche Risiko- und Schutzbedingungen: Der familiäre Kontext aus entwicklungspsychopathologischer Sicht

Herbert Scheithauer, Franz Petermann und Kay Niebank

5.1 Einleitung

Innerhalb der ersten Lebensjahre lassen sich insbesondere im unmittelbaren und mittelbaren familiären Umfeld Risiko- und Schutzbedingungen benennen, die die kindliche Entwicklung in eine fehlangepasste oder angepasste Richtung lenken. Im vorliegenden Kapitel möchten wir einen Überblick über ausgewählte familiäre frühkindliche Risiko- und Schutzbedingungen geben. In der Literatur werden vielfältige Bedingungen unter den Begriffen „Risikofaktor" und „Schutzfaktor" subsumiert, obwohl sich unter diesen „Faktoren" qualitative Unterschiede ermitteln lassen. Somit möchten wir zunächst auf der Basis einer gründlichen Sichtung der Literatur eine *Differenzierung der Begriffe* vornehmen und an einigen Beispielen die Wirkungsweise von Risiko- und Schutzbedingungen vorstellen. Da die angepasste *und* fehlangepasste Entwicklung des Kindes gleichzeitig auf der biologischen, psychischen (kognitiven und emotionalen) sowie sozialen Ebene verläuft, wählen wir dabei eine *biopsychosoziale Herangehensweise* (vgl. Cicchetti & Toth, 1997; Magnusson & Cairns, 1996; Scheithauer, Petermann & Niebank, 2000b; Susman, 1998). Die *Entwicklungspsychopathologie* bietet durch den Vergleich der *normalen* mit der *fehlangepassten* Entwicklung, durch die Betrachtung der Interaktion von Risiko- und Schutzbedingungen über die Zeit und durch die Identifikation von Risiko*mechanismen*, die diese Bedingungen mit der kindlichen Entwicklung verknüpfen, ein angemessenes Rahmenkonzept (Niebank & Petermann, 2000; Niebank, Petermann & Scheithauer, 2000; Petermann, Kusch & Niebank, 1998). Abschließend möchten wir verdeutlichen, dass sich der bisherige Forschungsstand zu familiären Risiko- und Schutzbedingungen fast ausschließlich auf einzelne Dyaden (insbesondere zwischen Mutter und Kind) bezieht, dem *gesamten familiären System* jedoch bisher nur wenig Beachtung entgegengebracht wurde.

5.2 Frühkindliche risikoerhöhende Bedingungen

Unter den risikoerhöhenden Bedingungen lassen sich jene auf *seiten des Kindes* (*Vulnerabilität*) sowie *umgebungsbezogene* (*Risikofaktoren*) unterscheiden (Abb. 1). Die Vulnerabilität kennzeichnet die „Verletzbarkeit" eines Kindes: Risikofaktoren sind nicht immer unmittelbar mit psychischen Störungen oder Entwicklungsrisiken verknüpft, vielmehr muss in vielen Fällen eine *Vulnerabilität* vorausgesetzt sein. Ausgehend von einem *Diathese-Stress-Modell* wird angenommen, dass Individuen genetische, konstitutionelle und / oder umgebungsbedingte, erworbene Vulnerabilitäten oder Abweichungen aufweisen, die die Diathese des Individuums konstituieren, die Anfälligkeit gegenüber Umweltstressoren erhöhen und das Risiko für eine psychische Störung steigern (Richters & Weintraub, 1990; Rutter, 1985). Steinberg und Avenevoli (2000) gehen davon aus, dass risikoerhöhende Bedingungen, die in der Umwelt / Umgebung des Individuums anzusiedeln sind, einen unspezifischen, risikoerhöhenden Effekt ausüben. In ihrer Verknüpfung (*Interaktion*) mit Vulnerabilitäten können dieselben Umgebungsfaktoren zu sehr unterschiedlichen Entwicklungsausgängen führen.

Im Entwicklungsverlauf wirken sich Vulnerabilitäten auf das Kind aus und gefährden eine positive Anpassung an Entwicklungsanforderungen bzw. unterstützen eine abweichende biologische, emotionale, kognitive, kommunikative und / oder soziale Entwicklung (Cicchetti, Rogosch & Toth, 1997; Cicchetti & Toth, 1997). Es kann die *primäre Vulnerabilität*, die das Kind von Geburt an aufweist (z. B. genetische Dispositionen, Frühgeburt, Geburtskomplikationen), von der *sekundären Vulnerabilität* unterschieden werden, die das Kind in der Auseinandersetzung mit seiner Umwelt (z. B. durch die Eltern-Kind-Interaktion) „erwirbt" (z. B. negatives Bindungsverhalten). Darüber hinaus existieren *Phasen erhöhter Vulnerabilität*, wie zum Beispiel kritische Wachstumsperioden oder sensible Phasen.

Risikofaktoren in der Umgebung des Kindes umfassen sowohl sozioökonomische Faktoren und familiäre Belastungen (z. B. psychische Störungen der Eltern, negatives Erziehungsverhalten der Eltern, sehr junge Eltern ohne soziale Unterstützung) als auch Faktoren innerhalb des sozialen Umfeldes (z. B. sozial schwache oder kriminell hochbelastete Wohngegend; Scheithauer, Niebank & Petermann, 2000a; Scheithauer & Petermann, 1999). Dabei kann zwischen *proximalen* und *distalen Faktoren* unterschieden werden (Baldwin, Baldwin & Cole, 1990): Distale Faktoren können nicht zur Erklärung der genauen Verknüpfung mit psychischen Störungen herangezogen werden; sie wirken sich nicht direkt, sondern eher indirekt, über Mediatoren (z. B. über die Eltern-Kind-Interaktion oder das Verhalten der Mutter) auf das Kind aus. Proximale Faktoren hingegen stellen näher umschriebene Faktoren dar, wie zum Beispiel ein bestrafender Erziehungsstil der Eltern (Richters & Weintraub, 1990). Obwohl die Wohngegend, in der ein Kind aufwächst, eine Hoch-Risiko-Umgebung darstellen kann (distaler Faktor), ist es möglich, dass das Kind durch ein positives familiäres Umfeld (proximaler Faktor) geschützt ist (Baldwin et al., 1990).

Ein weiteres Beispiel stellt die Scheidung der Eltern dar. Diese kann nicht als ein diskretes Ereignis, sondern vielmehr als ein Konglomerat verschiedener negativer Ereignisse im Zeitverlauf betrachtet werden: u. a. Streitigkeiten der Eltern, vorübergehende und nach der Scheidung eventuell dauerhafte Trennung von einem Elternteil, Verschlechterung der sozioökonomischen Bedingungen, Hinzukommen eines Stiefvaters / einer Stiefmutter. Amato und Keith (1991) konnten in einer Metaanalyse von 92 Studien belegen, dass Kinder aus geschiedenen Ein-Eltern-Familien im Vergleich zu Kindern aus „intakten" (Zwei-Eltern-) Familien eine Reihe von Anpassungsschwierigkeiten aufwiesen (z. B. schlechte Schulleistungen, Verhaltensauffälligkeiten, negatives Sozialverhalten, negative Beziehung zu Vater oder Mutter); die Effekte fielen jedoch nur schwach aus. Hetherington (1989) belegt, dass die Mehrzahl der nach einer Scheidung auftretenden Probleme ca. 2 Jahre später nicht mehr zu ermitteln ist.

Bedeutsam erscheint in diesem Zusammenhang, dass Studien in der Regel nicht die psychosoziale Befindlichkeit der Familienmitglieder *vor* der Scheidung ermittelt haben. Ein negatives familiäres Funktionsniveau, das einer Scheidung der Eltern vorausgeht, ist jedoch beispielsweise mit Verhaltensstörungen des Kindes nach der Scheidung verknüpft (Block, Block & Gjerde, 1986; vgl. Emery & Kitzmann, 1995).

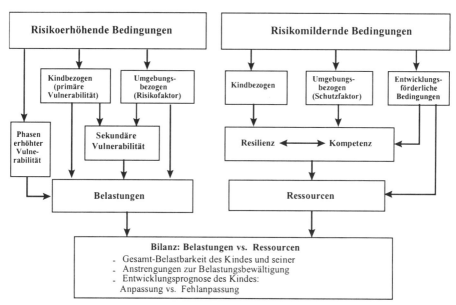

Abbildung 1: Schema risikoerhöhender und risikomildernder Faktoren in der kindlichen Entwicklung (aus Scheithauer Niebank & Petermann, 2000, S. 67).

5.2.1 Die Wirkungsweise risikoerhöhender Bedingungen

Ausgehend von epidemiologischen Konzepten wurde in der Risikofaktorenforschung lange Zeit lediglich der Einfluss einzelner statischer Risikofaktoren auf die weitere, fehlangepasste Entwicklung des Kindes (z. B. Verhaltensstörungen) untersucht (vgl. Cowan, Cowan & Schulz, 1996); so wurden unspezifische Risikokataloge erstellt, um entwicklungsgefährdende Bedingungen frühzeitig zu isolieren und intervenieren zu können. Die alleinige Identifikation von Bedingungen, die ein Risiko für Störungen oder Entwicklungsabweichungen erhöhen, reicht jedoch nicht aus, vielmehr müssen die zugrunde liegenden *dynamischen Prozesse* oder *Mechanismen* erkannt werden, die *bestimmte* Risiko- und Schutzbedingungen *über die Zeit* mit *bestimmten* angepassten oder fehlangepassten Entwicklungsausgängen verknüpfen (Rutter, 1987; Scheithauer et al., 2000a; Scheithauer & Petermann, 1999).

Befunde zu den Auswirkungen beispielsweise psychischer Störungen der Eltern verdeutlichen, dass eher das *zeitliche Andauern* (Chronizität) und die mit der Störung einhergehenden psychosozialen Beeinträchtigungen (z. B. beeinträchtigte Erziehungskompetenzen) als die Spezifität der Störung (z. B. Schizophrenie, Depression) von Bedeutung sind (Kazdin et al., 1997; Rutter, 1994; Sameroff, Bartko, Baldwin, Baldwin & Seifer, 1998). Neben der direkten Auswirkung psychischer Störungen auf das Kind, beispielsweise über die Mutter-Kind-Interaktion, liegt zusätzlich ein indirekter Einfluss vor, zum Beispiel über die Qualität der Partnerbeziehung (Herpertz-Dahlmann & Remschmidt, 2000). Risikobedingungen treten darüber hinaus selten isoliert in Erscheinung, sondern *kumulieren* (Laucht et al., 1996; Goodyer, 1994; Masten & Coatsworth, 1995): Nach dem *kumulativen Modell* ist die *Anzahl* risikoerhöhender Bedingungen von Bedeutung, die jeweils austauschbar sind, nicht die Art der Bedingungen oder ihre Gewichtung. So wurden beispielsweise in Studien zur Auswirkung von familiären Risikobedingungen statt Katalogen, die eine Vielzahl einzelner Risikobedingungen anführten, sogenannte *multivariate Risikofaktoren* (z. B. bestehend aus „psychische Störung eines Elternteils", „Ausbildung der Eltern", „familiäre Unterstützung", „belastende Lebensereignisse", „Größe der Familie" etc.) verwendet (Rutter & Quinton, 1977; Sameroff et al., 1998; Sameroff & Seifer, 1990; Seifer, Sameroff, Baldwin & Baldwin, 1992; für deutsche Verhältnisse s. Blanz, Schmidt & Esser, 1991). So leben Kinder, die beispielsweise mit einer alleinerziehenden oder geschiedenen Mutter aufwachsen, auch mit höherer Wahrscheinlichkeit in Armut (vgl. Dunn, 1994).

Man spricht von einer *additiven Verknüpfung*, wenn jede risikoerhöhende Bedingung für sich von Bedeutung und ihr Einfluss ermittelbar ist. Von einer *multiplikativen Verknüpfung* spricht man hingegen, wenn kindbezogene oder Risikofaktoren nur in Anwesenheit von Vulnerabilitätsfaktoren zu einer Erhöhung, die Vulnerabilitätsfaktoren allein jedoch zu keiner Erhöhung des Risikos führen (vgl. Goodyer, 1994; Hooper, Burchinal, Roberts, Zeisel & Neebe, 1998).

In diesem Zusammenhang lassen sich *Moderatoren* von *Mediatoren* unterscheiden (Baron & Kenny, 1986): Mediatoren umschreiben dynamische Prozesse, die Risikobedingungen mit einem Outcome (z. B. psychische Störung) verknüpfen und ohne die diese Verknüpfung nicht zustande käme. Moderatoren hingegen beeinflussen (d. h., sie „verstärken" oder „schwächen") lediglich die Verknüpfung zwischen Risikobedingung und Outcome.

5.2.2 Interaktion biologischer und familiärer Bedingungen

Die bisher dargestellten Zusammenhänge sollen an der Wirkungsweise früher biologischer (prä-, peri- und postnataler Risikobedingungen, wie z. B. ein niedriges Geburtsgewicht; s. Tab. 1) und familiärer Risikobedingungen in ihrer Interaktion verdeutlicht werden, wobei nach wie vor umstritten ist, ob die Wirkung biologischer Risikobedingungen durch eine negative familiäre Umgebung multiplikativ oder additiv verstärkt wird (vgl. Laucht et al., 2000).

Tabelle 1: Prä-, peri- und postnatale Risikobedingungen (aus Scheithauer Niebank & Petermann, 2000, S. 73; vgl. Allen, Lewinsohn & Seeley, 1998)

- *Pränatale Faktoren* (z. B. Alter der Mutter [> 36 Jahre; < 15 Jahre; Fraser, Brockert & Ward, 1995; Fretts, Schmittdiel, McLean, Usher & Goldman, 1995; Nybo Anderson, Wohlfahrt, Christens, Olsen & Melbye, 2000], Abstand zwischen Schwangerschaften [< 18 Monate; > 23 Monate; Zhu, Rolfs, Nangle & Horan, 1999], chronische Belastungen, psychische Störungen oder körperliche Erkrankungen der Mutter, Lebensereignisse oder der Konsum von Alkohol, Tabak, Drogen, Medikamenten [Teratogenen] während der Schwangerschaft);

- *Perinatale bzw. Intrapartum-Vorfälle* (z. B. Geburtskomplikationen mit physischen Folgen für den Säugling);

- Unmittelbare, *postnatale Einflüsse* auf den Säugling und seinen Gesundheitszustand (z. B. Frühgeburt [Gestationsalter < 37 Wochen bei Geburt], niedriges [≤ 2500g], sehr niedriges [≤ 1500g] oder extrem niedriges [≤ 1000g] Geburtsgewicht, Rhesus-Inkompatibilität, perinatale Gehirnblutungen, bronchopulmonale Dysplasien, neonatale Krampfanfälle) und

- Einflüsse während der folgenden, *neonatalen Phase* (z. B. Gesundheit des Säuglings im ersten Lebensjahr, Einflüsse in der unmittelbaren Lebensumwelt).

Empirisch ermittelte, leichte und schwere Risikobelastung bei biologisch-medizinischen Faktoren (vgl. Laucht et al., 1992; Sarimski, 2000):

- *Leichte Risikobelastung:* Schwangerschaftsstörungen (Gestose), wie zum Beispiel Ödeme, Hypertonie oder Proteinurie; Frühgeburt (< 37. Woche); drohende Frühgeburt (z. B. vorzeitige Wehen, Tokolyse);

- *Schwere Risikobelastung:* Sehr niedriges Geburtsgewicht (≤ 1500g); deutliche Asphyxie; neonatologische Versorgung (> 7 Tage); cerebrale Krampfanfälle; Respiratortherapie; neonatologische Komplikationen (z. B. Hypoxie).

Betrachtet man den Zusammenhang zwischen einem *niedrigen Geburtsgewicht* und der weiteren Entwicklung des Kindes, so ergibt sich aufgrund großer methodischer Mängel und Unterschiede zwischen einzelnen Studien (z. B. zu kleine, unrepräsentative/heterogene Stichproben, keine Kontrollgruppen, unterschiedliche Instrumente) ein zuweilen uneinheitliches Bild (vgl. Hack, Klein & Taylor, 1995). Dennoch lassen sich bestimmte Übereinstimmungen in den Ergebnissen anführen (zusammenfassend Scheithauer et al., 2000): Während ein Großteil der Kinder, die mit einem niedrigen Geburtsgewicht zur Welt kommen, eine angepasste Entwicklung durchlaufen, weisen andere Kinder kurzfristig in stärkerem Maße bronchopulmonale Dysplasien, Ventrikelblutungen und in Folge ein erhöhtes Risiko für eine infantile Zerebralparese, Störungen motorischer Fertigkeiten und neurologische Dysfunktionen auf. Langfristig werden neuropsychologische Defizite (z. B. ersichtlich aus Störungen der Sprachfertigkeiten, fein- und grobmotorischen Koordinationsstörungen), Schulschwierigkeiten (trotz normaler Werte in Intelligenztests), niedrigere IQ-Werte (auch wenn der sozioökonomische Status berücksichtigt wird), kognitive Defizite (insbesondere bei Kindern mit einem Geburtsgewicht unter 1000g), Hyperaktivität oder Aufmerksamkeitsprobleme ersichtlich.

Das Risiko für Entwicklungsstörungen oder eine fehlangepasste kognitive Entwicklung eines Säuglings mit niedrigem Geburtsgewicht ist um so höher, je niedriger das Geburtsgewicht war; mit sinkendem Geburtsgewicht nimmt darüber hinaus der Einfluss weiterer biologischer risikoerhöhender Bedingungen zu (z. B. niedriges Gestationsalter, geringe Körpergröße, beeinträchtigte neonatale Gesundheit).

Das Entwicklungsrisiko für frühgeborene Kinder steigt an, wenn sie in Familien mit einem niedrigen sozioökonomischen Status geboren werden, die Eltern einen niedrigeren Bildungsstand aufweisen, die Mutter alleinstehend ist, nur ein niedriges Familieneinkommen zur Verfügung steht und die Eltern emotionale Störungen und schlechte soziale Beziehungen aufweisen (Bartley, Power, Blane, Smith & Shipley, 1994; Hughes & Simpson, 1995; Sommerfelt, Ellertsen & Markestad, 1995). Werner und Smith (1982) beispielsweise konnten in der Kauai-Längsschnittstudie ermitteln, dass bestimmte biologische Risikobedingungen (Bedingungen, die mit einem niedrigen Geburtsgewicht und anderen obstetrischen Komplikationen verknüpft waren) nur dann einen langfristigen negativen Effekt auf die kindliche Entwicklung ausübten, wenn zusätzlich anhaltend negative Umgebungsbedingungen festzustellen waren, wie zum Beispiel anhaltende Armut, instabile Familienverhältnisse oder psychische Störungen der Eltern. Wuchsen die Kinder hingegen in einem positiven familiären Umfeld auf, so zeigten sich wenige oder gar keine negativen Langzeitfolgen. Sameroff et al. (1998) fassen die Befunde aus der Rochester Längsschnittstudie und der Philadelphia-Studie zusammen und kommen zu dem Ergebnis, dass sich insbesondere familiäre Bedingungen, wie zum Beispiel psychische Störungen der Eltern oder ein niedriger sozioökonomischer Status, bestimmend auf die kindliche Entwicklung auswirken (so wiesen Kinder aus den ärmsten Familien auch die beeinträchtigste Entwicklung auf, wie z. B. den negativsten obstetrischen Status, ein schwierigeres Temperament oder eine fehlangepasste soziale und emotionale Entwicklung). Insbesondere der sozioökonomische Status erwies sich als entwicklungsbestimmend, da dieser offensichtlich mit einer Akkumulation von Risikobedingungen verknüpft ist (Familien in Armut weisen eine Vielzahl weiterer negativer Risikobedingungen auf, wie z. B. negative Lebensereignisse). Somit stellt weniger die Frühgeburt an sich, sondern stellen offenbar die der Geburt vorausgehenden oder begleitenden psychosozialen Bedingungen ein erhöhtes Risiko für weitere biologische Risikobedingungen und eine fehlangepasste Entwicklung des Kindes dar (vgl. Hack et al., 1995; Peacock, Bland & Anderson, 1995; Resnick et al., 1999). Abgesehen davon erscheint es notwendig, die komplexen Wechselwirkungen zwischen biologischen, psychischen und sozialen Faktoren zu berücksichtigen, da man davon ausgehen kann, dass biologische und psychosoziale Risiken selten isoliert in Erscheinung treten (Meyer-Probst & Reis, 1999).

Treten obstetrische Komplikationen auf, so werden in der Regel früh entsprechende Behandlungsmaßnahmen (z. B. Neonatalintensivversorgung) eingeleitet (vgl. von Siebenthal & Largo, 2000 – s. auch das Fallbeispiel unten; Wolke & Meyer, 2000). Somit erscheint es unwahrscheinlich, dass diese Risikobedingungen – wenn sie rechtzeitig erkannt wurden – nachhaltig negative Auswirkungen haben können. Psychosoziale Risikobedingungen und Risikofaktoren in der Umgebung des Kindes hingegen (z. B. niedriger sozioökonomischer Status der Familie, geringer Bildungsstand der Eltern) können eine bleibend negative Wirkung aufweisen, da in der Regel keine Frühinterventionen oder Präventionen eingeleitet werden (können), um eine negative Wirkung abzuschwächen oder zu verhindern.

Neben der bisherigen Diskussion stellt sich die Frage, ob frühe biologische Risiken eine Vulnerabilität des Kindes begründen, die erst in späteren Jahren, beispielsweise bei der Bewältigung bestimmter Entwicklungsaufgaben, zum Tragen kommt. Perinatale, biologische Risikobedingungen können zwar zunächst lediglich mit isolierten Störungen, beispielsweise im Bereich der Aufmerksamkeit, verknüpft sein (Laucht et al., 2000), diese Aufmerksamkeitsprobleme können jedoch im Schulalter zu einer Beeinträchtigung der schulischen Leistungen des Kindes und im weiteren zu psychosozialen Problemen und Verhaltensstörungen führen (vgl. Scheithauer & Petermann, 2000a).

5.2.2.1 Fallbeispiel zur Entwicklungsprognose anhand perinataler Risikobedingungen

Von Siebenthal und Largo (2000, S. 140ff[1]) beschreiben zwei Fälle frühgeborener Kinder aus der Neonatologischen Klinik, Martin und Rahel, an denen die Bedeutung früher biologischer Risikobedingungen für den weiteren Entwicklungsverlauf verdeutlicht werden kann:

Diagnosen von Martin:
- Frühgeborener Junge der 26 1/7. SSW, mit einem Gewicht von 980g;
- Primäre Sectio caesarea bei schwerer Gestose (HELLP-Syndrom) der Mutter;
- Neonatale Warnzeichen: Apgar 2/10/8; Ateminsuffizienz;
- Hyaline Membrankrankheit: Maschinelle Beatmung vom 1. bis 11. und vom 12. Bis 14 Tag; Nasen-CPAP vom 14. Bis 17. Tag; Surfactant am 1. Tag;
- Bronchopulmonale Dysplasie;

---

[1] Wir danken Herrn Prof. Dr. Largo und Herrn Dr. von Siebenthal, Universitäts-Kinderklinik Zürich, für die Vorlage für die Fallbeschreibung.

- Gastrooesophagealer Reflux;
- Apnoen und Bradykardien;
- Offenes Foramen ovale mit Links-Rechts-Shunt;
- Kleiner persistierender Duktus arteriosus Botalli apertus;
- Anämie;
- Hyperbilirubinaemie;
- Inguinalhernie links (operiert).

Diagnosen von Rahel:
- Frühgeborenes Mädchen der 30 3/7. SSW, mit einem Gewicht von 1220g;
- Subpartale Warnzeichen: pathologisches CTG;
- Sectio caesarea bei spontanen Wehen der Mutter;
- Transitorisches Atemnotsyndrom;
- Leichte Ventrikelvergrößerung (Ultraschall).

In der Regel wird ein erster Eindruck von den perinatalen Komplikationen bestimmt, d. h., man geht davon aus, dass die Anzahl der Komplikationen, die das Kind durchgemacht hat, seine weitere Entwicklung maßgeblich beeinflusst und somit für Martin ein negativerer Entwicklungsverlauf zu erwarten ist. Doch, überraschender Weise zeigt sich nach neun Monaten ein ganz anderes Bild:

Entwicklungsstand von Martin (9 Monate):
- Altersentsprechende psychomotorische Entwicklung;
- Leichte neurologische Auffälligkeiten mit leichter Strecktendenz in den unteren Extremitäten.

Entwicklungsstand von Rahel (9 Monate):
- Allgemeiner Entwicklungsrückstand;
- Schwere neurologische Auffälligkeit i.S. einer tetraspastischen Zerebralparese;
- Strabismus.

Martin hat sich altersentsprechend entwickelt. Bei Rahel wurde mit neun Monaten ein deutlicher Entwicklungsrückstand und eine Zerebralparese (Bewegungsstörungen infolge eines Hirnschadens) diagnostiziert. Daraus folgt, dass die bloße Anzahl der perinatalen Komplikationen für die Einschätzung der postnatalen Entwicklung nicht geeignet zu sein scheint. Dies liegt, so von Siebenthal und Largo (2000), vor allem daran, dass perinatale Komplikationen in der Regel vom Perinatologen rechtzeitig erkannt und erfolgreich behoben werden können. Prognostische Bedeutung erlangen Komplikationen nur, wenn sie nicht rechtzeitig entdeckt und entsprechend therapiert werden können, sie einen Einfluss haben auf das sich noch entwickelnde Nervensystem und einhergehen mit Belastungen im sozialen Umfeld des Kindes.

5.3 Risikomildernde Bedingungen

Die Tatsache, dass sich viele Kinder trotz Risikobedingungen angepasst (normal) entwickeln, lässt sich beispielsweise dadurch erklären, dass (Cowan et al., 1996; Richters & Weintraub, 1990; Rutter, 1985, 1990; Werner & Smith, 1992)

1) *Schutzbedingungen* die negative Wirkung von Risikobedingungen *abpuffern* können (z. B. bei einer postpartalen Depression der Mutter ein positives, unterstützendes Erziehungsverhalten des Vaters);
2) Hoch-Risiko-Kinder bzw. -Familien eine *unterschiedliche Risikobelastung* auf weisen;
3) sich bereits *Bewältigungsfertigkeiten* entwickelt haben oder in der Auseinandersetzung mit belastenden Situationen entwickeln, die zu einer *Resilienz* (Widerstandsfähigkeit) führen und eine angepasste Entwicklung somit nicht gefährdet ist.

Es können unterschieden werden (s. Abb. 1; Scheithauer et al., 2000):
- *kindbezogene Faktoren*, also Eigenschaften, die das Kind beispielsweise von Geburt an aufweist (z. B. hohe Intelligenz, positives Temperament),
- *Resilienzfaktoren*, also Eigenschaften, die das Kind in der Auseinandersetzung mit seiner Umwelt und durch die erfolgreiche Bewältigung von Entwicklungsaufgaben im Entwicklungsverlauf entwickelt (z. B. positives Selbstwertgefühl und Selbstwirksamkeitsüberzeugung) und
- *umgebungsbezogene Faktoren* (innerhalb der Familie [z. B. stabile emotionale Beziehung zu einer Bezugsperson, Modelle positiven Bewältigungsverhaltens] und im weiteren sozialen Umfeld [z. B. soziale Unterstützung]).

Ähnlich den risikoerhöhenden treten auch risikomildernde Faktoren zusammen auf und verstärken sich in ihrer Wirkung (vgl. Newcomb & Felix-Ortiz, 1992; Sameroff, Seifer & Bartko, 1997; Zimmerman & Arunkumar, 1994).

5.3.1 Das Konzept der Resilienz

Das Konzept der *Resilienz* (Widerstandsfähigkeit) umschreibt die Fähigkeit eines Kindes, relativ unbeschadet mit den Folgen beispielsweise belastender Lebensumstände umgehen und Bewältigungskompetenzen entwickeln zu können (Egeland, Carlson & Sroufe, 1993; Haggerty, Sherrod, Garmezy & Rutter, 1994; Laucht, Esser & Schmidt, 1997; Luthar & Ziegler, 1991; Richters & Weintraub, 1990; s. Abb. 1). Resilienz stellt somit eine dynamische Kapazität dar, die sich über die Zeit im Kontext der Mensch-Umwelt-Interaktion entwickelt und nicht schon in der Kindheit vorliegt (Egeland et al., 1993). Die Mechanismen, die beispielsweise zu einem positiven Selbstwertgefühl oder einem realistischen Attribuierungsstil führen, sind somit für die Resilienzforschung von besonderer Bedeutung.

Resilienz umfasst nicht lediglich die Abwesenheit psychischer Störungen, sondern das Erwerben *altersangemessener Fähigkeiten* vor dem Hintergrund der *normalen kindlichen Entwicklung*, trotz aversiver Umstände (Luthar, 1997; Masten & Coatsworth, 1998). „Resiliente" Kinder können nach dieser Definition durchaus emotionale Probleme, Entwicklungsretardierungen oder andere Beeinträchtigungen aufweisen (vgl. Fergusson, Horwood & Lynskey, 1994; Luthar, 1993; Zimmerman & Arunkumar, 1994).

In der Kauai-Längsschnittstudie (Werner & Smith, 1992) erwiesen sich eine besonders gute pränatale Versorgung und Pflege im Zusammenhang mit Geburtskomplikationen sowie ein höherer sozioökonomischer Status gegenüber perinatalen Komplikationen als protektiv. Gegenüber einer erhöhten Risikobelastung von Kindern aus sozial hochbelasteten Wohngegenden, haben sich darüber hinaus beispielsweise prosoziale Vorbilder (z. B. Eltern, Geschwister) oder die elterliche Beaufsichtigung des Freizeitverhaltens ihres Kindes als protektiv erwiesen (Rutter, 1985).

Die Selbstwirksamkeit des Kindes und seine Auseinandersetzung mit Entwicklungsanforderungen werden offensichtlich wesentlich durch die Qualität der frühen Eltern-Kind-Interaktion bestimmt. Insbesondere eine emotional stabile Mutter-Kind-Bindung bzw. positive Mutter-Kind-Interaktion, sowie positive familiäre Beziehungen scheinen sich protektiv beispielsweise gegenüber frühen familiären und biologischen Risikobedingungen zu erweisen (z. B. Gribble et al., 1993; Laucht, Esser & Schmidt, 1998; Lynskey & Fergusson, 1997; Masten, Best & Garmezy, 1990; Masten et al., 1998). Für die positive Entwicklung eines Kindes ist insbesondere von Bedeutung, dass das Kind zumindest eine andauernde, positive und in ihrer Qualität sowie ihrem Andauern vorhersagbare Beziehung zu einer erwachsenen, fürsorglichen Person aufweist. Allerdings liegen auch Ergebnisse vor, die belegen, dass eine enge Beziehung zu einem Geschwisterkind eine ähnliche Funktion einnehmen kann, wenn die Beziehung zu den Eltern negativ ist (Bank & Kahn, 1982).

5.3.2 Der Erwerb von altersangemessenen Kompetenzen

Die erfolgreiche Bewältigung von *Entwicklungsaufgaben* und der daraus resultierenden alltäglichen Aufgaben und Probleme steht in einem Zusammenhang zum psychischen Wohlbefinden und zu einem angepassten Entwicklungsverlauf. Werden Entwicklungsaufgaben vom Kind erfolgreich bewältigt, so erwirbt es Fähigkeiten oder *Kompetenzen*, die für die Bewältigung zukünftiger Entwicklungsaufgaben und damit für eine weiterhin erfolgreiche Entwicklung benötigt werden (Masten & Coatsworth, 1995; 1998; Rutter, 1990; Waters & Sroufe, 1983; Wyman et al., 1999). Vor dem Hintergrund beispielsweise aversiver Lebensumstände greift das Kind auf Kompetenzen zurück, um Entwicklungsaufgaben erfolgreich zu bewältigen und so zu einer angepassten Entwicklung trotz aversiver Umstände (Resilienz) zu gelangen. Bei der Entwicklung von Kompetenzen ist von einer *kumulativen* und *interaktionalen Kontinuität* auszugehen (Caspi, Elder & Bem, 1987): Die kumulative Kontinuität umschreibt einen Prozess, nach dem das (erlernte) Verhalten dazu führt, dass das Kind sich weiterhin in „Lebensumwelten" bewegt, die das Verhalten verfestigen. Interaktionale Kontinuität umschreibt einen Prozess, nach dem das Verhalten eines Kindes Reaktionen von Personen aus dem Umfeld (z. B. den Eltern) erzeugt, die das Verhalten aufrechterhalten / verfestigen. Diese beiden Prozesse und eine gewisse Stabilität hinsichtlich wichtiger Bedingungen im familiären Umfeld des Kindes (z. B. Beständigkeit und Vorhersagbarkeit einer Beziehung zu einem Elternteil; s. o.), tragen zur Stabilität der Kompetenz eines Kindes über die Zeit bei (Masten et al., 1995; Sameroff, Seifer, Baldwin & Baldwin, 1993).

Bei der Bewältigung von Entwicklungsaufgaben wird auf zur Verfügung stehende internale und externale *Ressourcen* zurückgegriffen; werden Anforderungen in Form von Entwicklungsaufgaben nicht bewältigt, kommt es zu Fehlanpassungen in der Entwicklung. Um alters- und entwicklungsspezifische Entwicklungsaufgaben bewältigen zu können, müssen sich die Ressourcen des Kindes über die Zeit verändern und den Aufgaben anpassen (Wyman et al., 1999). Für junge Kinder stellt beispielsweise die Fähigkeit, auf Anweisungen der Eltern zu hören, eine bedeutsame Entwicklungsaufgabe dar (z. B. zu warten, zu gehorchen, ein Verhalten „einzustellen"). Diese Fähigkeit variiert dabei mit dem Entwicklungsstand des Kindes und hängt von der emotionalen Reaktivität und Emotionsregulation des Kindes ab (Stifter, Spinrad & Braungart-Rieker, 1999). Säuglinge, die andauernde Schwierigkeiten in der Emotionsregulation nach frustrierenden Ereignissen haben, weisen im Kleinkindalter häufiger Verhaltensweisen auf, die den Ansprüchen und Anforderungen der Eltern widersprechen (Sarimski & Papoušek, 2000; Stifter et al., 1999). Neben biologisch determinierten Entwicklungsaufgaben (z. B. Laufenlernen), sind andere Aufgaben eher soziokulturell bedingt (z. B. Erlangen emotionaler Unabhängigkeit; Masten & Coatsworth, 1995).

Das Erwerben entwicklungsangemessener Kompetenzen wird stark durch Freude und Verlangen motiviert, Probleme lösen zu können und zu wollen. Diese Motivation kann wesentlich durch das familiäre Umfeld gefördert werden. Damit einher gehen Erfahrungen der Selbstwirksamkeit und der Kontrolle über Ereignisse und Dinge (vgl. Masten & Coatsworth, 1995, 1998).

Im Folgenden wird ein Fallbeispiel aus der Kinderverhaltenstherapie angeführt, an dem die Bedeutung von (familiären) Schutzbedingungen und Ressourcen sowie die Ressourcenorientierung in der Therapie für den weiteren Entwicklungsverlauf verdeutlicht werden kann.[2]

5.3.2.1 Fallbeispiel zur Bedeutung von Schutzbedingungen in der Kinderverhaltenstherapie

Ralf ist 10.11 Jahre alt und besucht die 4. Klasse einer Sonderschule. Ralf wurde durch Problemverhaltensweisen auffällig, die die Kriterien für die Diagnose einer hyperkinetischen Störung des Sozialverhaltens (ICD 10; F90.1) erfüllen. Sein Verhalten ist in vielen Situationen gekennzeichnet durch Hyperaktivität und Unruhe; er ist oft unkonzentriert und leicht ablenkbar. Bei Leistungsanforderungen zeigt er häufig eine deutliche Anstrengungsvermeidung und erledigt Anforderungen oft nur mit Unlust und bei ständiger Aufforderung. Es fällt Ralf häufig schwer, ihm aufgetragene Aufgaben zu erledigen und sich an Regeln und Absprachen zu halten. Er zeigt eine geringe Frustrationstoleranz, die in

---

[2] Wir danken Herrn Dr. Walter, Zentrum für Klinische Psychologie und Rehabilitation, für die Vorlage für die Fallbeschreibung.

entsprechenden Situationen häufig zu trotzigen und quengeligen Reaktionen, Wutausbrüchen sowie Flüchtigkeitsfehlern und dem vorzeitigen Abbruch von schulischen und häuslichen Aufgaben führt. Die Hyperaktivität und die Aufmerksamkeitsprobleme waren schon im frühen Kindesalter zu beobachten und gingen mit weiteren Entwicklungsauffälligkeiten einher (Untergewicht, Sprachentwicklungsstörung, Legasthenie, Teilleistungsstörung im Bereich der auditiven Merkfähigkeit, optische Gestaltgliederungsschwäche). In verschiedenen medizinischen und neurologischen Untersuchungen konnten aber keine ernsthaften neurogenen Funktionsstörungen diagnostiziert werden. Im Schulalter konnten umschriebene Entwicklungsstörungen des Lesens, Schreibens und Rechnens festgestellt werden. Die schulischen Leistungen waren bereits in den ersten Grundschuljahren äußerst schwach, so dass er eine Klasse wiederholen musste, bevor die Umschulung in eine Sonderschule erfolgte. Im Haushalt der Pflegefamilie sowie in der Schule kommt es daher häufig zu Konflikten mit Bezugspersonen. Ralf hat nur wenige enge Kontakte zu Gleichaltrigen. In der Schule und in seiner Freizeit geht der Junge überwiegend seinen eigenen Weg und beschäftigt sich mit sich selber.

Ralf wuchs einige Jahre bei seiner leiblichen Mutter, ihrem neuen Partner und deren gemeinsamen Sohn auf; zu seinem leiblichen Vater bestand und besteht keinerlei Kontakt. Die Mutter des Patienten fühlte sich mit der Erziehung des lebhaften Kindes und den Streitigkeiten zwischen beiden Kindern überfordert und entschloss sich, nachdem auch die Inanspruchnahme verschiedener Hilfseinrichtungen keine Erfolge zeigte, Ralf in eine Pflegefamilie abzugeben. Der Patient war dann zunächst für ein halbes Jahr bei Übergangspflegeeltern untergebracht, bevor er in seine heutige Pflegefamilie kam.

Bei der Entstehung hyperkinetischer Störungen kann generell von einer multifaktoriellen Verursachung ausgegangen werden. Dabei scheinen biologische und konstitutionelle Faktoren von wesentlicher Bedeutung zu sein. Diese Annahme verstärkt sich im vorliegenden Fall, da die Hyperaktivität und Aufmerksamkeitsprobleme schon früh im Leben des Patienten auftraten und mit einer Reihe von Entwicklungsauffälligkeiten einhergingen. Psychosoziale Faktoren, wie hier der Wechsel oder das Nicht-Vorhandensein von Bezugspersonen oder eine uneinheitliche elterliche Erziehung, verschlechtern die Ausprägung und den Verlauf der Störung erheblich. Zusätzlich ist davon auszugehen, dass sich das auffällige Verhalten über Lernprozesse und negative Beeinflussung im Erwerb altersangemessener Kompetenzen (z. B. im Umgang mit Gleichaltrigen) verstärkt hat. Aufgrund der inneren Anspannung und Unruhe des Patienten konnte er Anforderungen des Alltags in vielen Fällen nicht angemessen bewältigen, woraus Misserfolgserfahrungen und Vermeidungsverhalten resultierten. In Folge seines impulsiven Verhaltens konnte der Patient bereits in jungen Jahren kaum positive Erfahrungen im Umgang mit Gleichaltrigen machen, was, zusätzlich zu möglichen familiären Lernmodellen, den Aufbau sozialer Kompetenzen erschwert haben dürfte.

Die bisherige Kinderverhaltenstherapie diente dem Aufbau altersangemessener, sozialer Kompetenzen und der Reduzierung hyperkinetischen Verhaltens. Zur Strukturierung des Alltags des Jungen und zur Stärkung seiner Eigenverantwortung sind gemeinsam mit ihm und seiner Pflegemutter Handlungs- und Verstärkerpläne für alltägliche Aufgaben und Lebensbereiche erarbeitet worden, in denen sich grundsätzliche und aktuelle Probleme zeigten (wie z. B. Zeiten einhalten, Körperpflege, etc.). Die verhaltenstherapeutische Arbeit mit dem Kind umfasste weiterhin beispielsweise ein Selbstinstruktionstraining sowie die Verbesserung von Problemlösefähigkeiten. Ralf konnte insgesamt eine bessere Selbstwahrnehmung vermittelt werden. In Problemsituationen kann Ralf besser auf sein Verhalten achten, sich an bestimmte Regeln halten, sich für angemessene Verhaltensalternativen entscheiden und sich dafür positiv verstärken.

In psychometrischen Tests schnitt Ralf zwar im einzelheitlichen Denken sehr schwach ab, er wies jedoch normale bis überdurchschnittliche Werte beispielsweise im ganzheitlichen Denken oder hinsichtlich seiner Grundintelligenz auf (Ressourcenorientierung). Probleme lagen im Besonderen in Situationen vor, die die Aufmerksamkeit und Merkfähigkeit des Patienten betrafen. In Hinsicht auf das Arbeits- und Lernverhalten wurde mit ihm eingeübt, Aufgaben sinnvoll zu strukturieren, sich Zeit einzuteilen und selbst kleine Erfolge positiv zu bewerten. Zum Aufbau sozial kompetenten Verhaltens wurde darüber hinaus mit Bildergeschichten, Rollenspielen, Modell- und Diskriminationslernen das Einfühlungsvermögen und die Selbstkontrolle des Jungen verbessert und eine differenziertere Fremdwahrnehmung entwickelt.

Im Rahmen der Arbeit mit der Pflegemutter wurden positive Interaktionen und Beziehungen zwischen Bezugspersonen und Kind gefördert sowie pädagogische Interventionen für das Problemverhalten des Kindes vermittelt. Es war wichtig, ein verlässliches und unterstützendes, einheitliches und klares Erziehungsverhalten der Pflegeeltern zu initiieren. Auch wurde darauf hin gearbeitet, den Kontakt mit der leiblichen Mutter und ihrer jetzigen Familie regelmäßig und positiv zu gestalten. Das Pflegeumfeld erwies sich als sehr liebevoll, behütend und konsequent. Ebenso hatte das verständnisvolle und konsequente Verhalten von Ralfs Lehrerin einen sehr positiven Einfluss.

Die Therapie wurde unterstützt durch eine zusätzliche Behandlung mittels Psychostimulanzien (Ritalin), wobei die Gabe auf den Vormittag und den Mittag beschränkt wurde. Die Wirkung dieser zusätzlichen Behandlung wird als unterstützend wahrgenommen. Aufgrund einer konsequenteren Grenzsetzung seiner Pflegeeltern und der Einführung von Selbstbeobachtungen und Verstärkerprogrammen ist Ralf sich den möglichen Folgen seines negativen Verhaltens deutlicher bewusst. Der Umgang mit Kritik und sein Einfühlungsvermögen in die Bedürfnisse seines sozialen Umfeldes konnten deutlich verbessert werden. Ralf schafft es heute sehr oft, sich an Regeln und Abmachungen zu halten. Positive Verhaltensweisen, wie das Helfen im Haushalt, das Aufräumen seines Zimmers, ruhiges Spielen oder das angemessene Erledigen von Hausaufgaben, werden im therapeutischen Kontext und durch die Bezugspersonen konsequent positiv verstärkt. Dies hat die Häufigkeit entsprechender Verhaltensweisen erhöht und die Selbstwirksamkeit des Patienten gestärkt.

> In Leistungssituationen bzw. bei der Auseinandersetzung mit äußeren Anforderungen, wie z. B. dem Mitmachen im Schulunterricht oder dem Schreiben einer Klassenarbeit, konnte Ralf seine Motivation und seine Aufmerksamkeitsspanne deutlich erhöhen und somit seine Leistungen steigern. Auch im Umgang mit Gleichaltrigen ist es dem Patienten zunehmend gelungen, seine Impulsivität und Unruhe zu reduzieren. So konnte er damit beginnen, engere und regelmäßigere Kontakte und Freundschaften herzustellen.
>
> Die beschriebenen Erfolgserlebnisse haben die Wahrnehmung des Patienten für seine eigenen Kompetenzen und seine Selbstsicherheit insgesamt gestärkt. Damit einher ging auch, dass sein soziales Umfeld ein positiveres Bild von ihm gewinnen konnte, wodurch Ralf sozial besser akzeptiert wurde. Die erzielten Erfolge legen eine günstige Entwicklungsprognose für Ralf nahe.

5.4 Wechselwirkung risikoerhöhender und -mildernder Faktoren

Erst durch eine Gegenüberstellung von kind- und umgebungsbezogenen Risiko- und Schutz- sowie Resilienz- und Vulnerabilitätsfaktoren kann eine Aussage über die Belastung des Kindes, seiner Familie und eine Prognose über den möglichen Entwicklungsverlauf getroffen werden (Scheithauer et al., 2000a; Scheithauer & Petermann, 1999).

Die Konzepte von Risiko- und Schutzbedingungen haben sich vor dem Hintergrund entwicklungspsychopathologischer Befunde zunehmend von einer statischen zu einer *dynamischen Betrachtungsweise* entwickelt. Der Einfluss *vielfältiger* Risiko- und Schutzbedingungen sowie deren *Interaktion* wird in der Auswirkung auf die angepasste und fehlangepasste kindliche Entwicklung über die Zeit betrachtet. Es erscheint dabei sinnvoll, Risikobedingungen stets vor dem Hintergrund *spezifischer Entwicklungsausgänge* zu definieren: Ein und dieselbe Bedingung (z. B. Schüchternheit des Kindes) kann risikoerhöhend (z. B. Depression, Angststörungen), neutral oder risikomildernd (z. B. Aggression) wirken (Rutter, 1987; vgl. Masten et al., 1988). Darüber hinaus erscheint es selbstverständlich, dass bestimmte Bedingungen vor dem Hintergrund einer *Entwicklungsphasenabhängigkeit*, beispielsweise im frühen Kindesalter, eine Schutzfunktion ausüben (z. B. ein umsorgendes Verhalten der Mutter), in späteren Jahren hingegen die angepasste Entwicklung des Kindes negativ beeinflussen können (z. B. ein umsorgendes Verhalten der Mutter im Jugendalter, das der Autonomieentwicklung des Jugendlichen entgegenwirkt). Zudem können *geschlechtsspezifische Wirkungen* vorliegen: So weisen Jungen beispielsweise zumeist in der Zeit direkt nach der Scheidung der Eltern vermehrt Verhaltensstörungen auf, während Mädchen im Sinne eines „sleeper-effects" (vgl. Scheithauer & Petermann, 1999) erst im Jugendalter Probleme entwickeln (vgl. Fiese, Wilder & Bickham, 2000[3]). Der Begriff „Hoch-Risiko-Kind" bzw. „-Familie" sollte somit nicht für sich

---

[3] Es lassen sich jedoch auch Studien anführen, in denen keine geschlechtsspezifischen Auswirkungen ermittelt werden konnten (vgl. Amato & Keith, 1991).

stehen, sondern es sollte spezifiziert werden, wann und wofür *genau* ein erhöhtes Risiko besteht (Cowan et al., 1996).

Bisher herrscht Unklarheit über die genaue *Abgrenzung* von Resilienz- und umgebungsbezogenen sowie zwischen Risiko- und Schutzfaktoren: Stellen bestimmte Bedingungen, wie zum Beispiel der familiäre Zusammenhalt, protektive Faktoren dar? Oder ist es sinnvoller im Falle des „Nichtvorhandenseins" (z. B. in Form der Desorganisation familiärer Strukturen) von einem zusätzlichen, risikoerhöhenden Faktor zu sprechen?

Rutter (1990) schlägt eine Unterscheidung danach vor, in welche Richtung eine Bedingung die weitere Entwicklung bestimmt: Wird eine positive Entwicklung eingeschlagen, mit einer erhöhten Wahrscheinlichkeit für eine angepasste Entwicklung, obwohl zuvor ein erhöhtes Risiko für einen devianten Entwicklungsweg vorlag, so kann man von einem protektiven Effekt sprechen. Bewegt sich eine zuvor angepasste Entwicklung in eine negative Richtung, so können die zugrunde liegenden Prozesse als Ausdruck einer Vulnerabilität betrachtet werden bzw. Risikofaktoren darstellen. Das bloße *Fehlen* von Risiken kann nicht als ein risikomildernder Faktor konzipiert werden. Rutter (1990) sowie Werner und Smith (1982) beispielsweise gehen davon aus, dass ein moderierender, protektiver Effekt nur beim Vorliegen risikoerhöhender Faktoren erfolgt (Interaktions- oder Moderatoreffekt): Fehlen risikomildernde Faktoren, dann kommt der risikoerhöhende Effekt voll zum Tragen. Wirkt sich ein Faktor unabhängig davon positiv aus, ob ein erhöhtes Risiko vorliegt oder nicht, so kann man von einer generellen *entwicklungsförderlichen Bedingung* sprechen (vgl. Tiet et al., 1998).

Risikomildernde Faktoren müssen *zeitlich vor* den risikoerhöhenden Faktoren in Erscheinung treten, um deren schädliche Wirkung moderieren zu können (Rutter, 1990). Liegen zu viele risikoerhöhende Bedingungen vor, reichen jedoch auch vielfältige risikomildernde Bedingungen nicht mehr aus, eine Anpassung des Individuums zu fördern (Sameroff, 1998; Sameroff et al., 1993).

5.5 Risiko- und Schutzbedingungen im gesamtfamiliären Kontext

5.5.1 Komplexität familiärer Risiko- und Schutzbedingungen

Obwohl sich die überwiegende Zahl der Risiko- und Schutzbedingungen innerhalb der frühkindlichen Entwicklung auf den familiären Kontext bezieht und familiäre Dynamiken und Prozesse betrifft, umfassen bisherige Forschungsbemühungen in der Regel lediglich die Betrachtung der einzelnen Familienmitglieder (Mutter, Vater, Kind) oder allenfalls bestimmter Dyaden (Mutter-Kind-, seltener Vater-Kind-Dyade), statt der gesamten Familie und des familiären Umfeldes (Cowen et al., 1996; Emery & Kitzmann, 1995; Fiese et al., 2000; Lewis & Feiring, 1998; Parke & Buriel, 1998). Traditionellen, frühen psychoanalytischen Konzepten gemäß, stand in der klinischen Forschung lange Zeit vor allem die Mutter-Kind-Beziehung im Mittelpunkt des Interesses (vgl. Fiese et al., 2000). Der Einfluss des Vaters hingegen wurde nur im Sinne eines „negativen Risikofaktors" (z. B. „delinquenter Elternteil"), nicht jedoch die Vater-Kind- oder Mutter-Vater-Interaktion in ihrer Auswirkung auf das Kind berücksichtigt (vgl. Phares, 1996).

Es scheint selbstverständlich, dass sich Individuen beispielsweise innerhalb der familiären Beziehungen, *gegenseitig* beeinflussen und somit Kinder nicht als passive Rezipienten ausschließlich Einflüssen ausgesetzt sind, sondern sie vielmehr auch ihre Eltern beeinflussen (vgl. Dunn, 1994; Emde, 1994). Aktuelle Studienbefunde beispielsweise aus der *Kindertemperaments-* (Zentner, 2000) oder der *Bindungsforschung* (Zimmermann, Suess, Scheuerer-Englisch & Grossmann, 2000) belegen die Komplexität der Wirkmechanismen: Wurde lange Zeit anhand ermittelter Temperamentsprofile Kindern mit einem schwierigen Temperament ein erhöhtes Risiko beispielsweise für Verhaltensstörungen prognostiziert, verdeutlichen aktuelle Befunde zum Beispiel aus dem Genfer Projekt zur *Temperaments-Umwelt-Passung* (Zentner, 2000), dass die Wirkung des kindlichen Temperamentes umfassend nur in der Interaktion mit der Umwelt ermittelt werden kann. Konkret heißt dies, dass ein erhöhtes Risiko für negative Eltern-Kind-Interaktionen und eine fehlangepasste Entwicklung des Kindes (z. B. Verhaltensstörungen) dann besteht, wenn die Wünsche und Wertungen der Eltern vor der Geburt ihres Kindes mit den tatsächlichen kindlichen Temperamentseigenschaften nicht übereinstimmen.

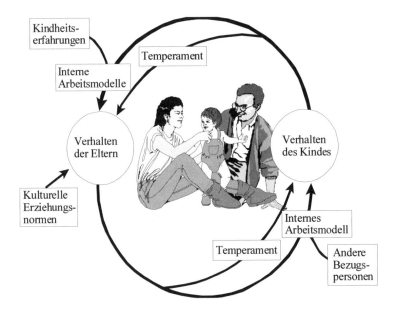

Abbildung 2: Modell zu den Beziehungen einzelner Einflussfaktoren auf das Bindungsverhalten (modifiziert nach Petermann, Kusch & Niebank, 1998, S. 156).

Bestimmte Bindungsmuster zwischen Eltern und Kind wiederum entwickeln sich vor dem Hintergrund der Bindungsrepräsentationen der Eltern und der Passung zwischen dem Temperament des Kindes und den Erwartungen der Eltern (vgl. Fox & Calkins, 1993; s. Abb. 2). Die Bindungserfahrungen des Kindes tragen wesentlich zur Ausbildung internaler Arbeitsmodelle bei; das Kind automatisiert zunehmend Muster im Umgang mit den eigenen Gefühlen (Emotions- und Verhaltensregulation). Die mütterliche Feinfühligkeit (vgl. Fonagy, 2000) während der ersten Lebensmonate erweist sich als richtungsbestimmend für die Qualität der Bindungsbeziehung (Zimmermann et al., 2000). Diese wird natürlich wiederum durch die Temperaments-Umwelt-Passung, Bindungsrepräsentationen der Eltern und weitere familiäre Bedingungen (z. B. Unterstützung durch den Partner) sowie durch kulturelle Aspekte beeinflusst (s. hierzu Zentner, 2000). Die Familienstruktur (z. B. Scheidung der Eltern) wiederum beeinflusst im weiteren die Bindungsorganisation des Kindes.

5.5.2 Familiensystemische Ansätze

Die hier für weitere stellvertretend angeführten Befunde verdeutlichen, dass die Betrachtung familiärer Risikobedingungen über die ausschließliche Berücksichtigung einzelner Dyaden (in der Regel die Mutter-Kind-Beziehung) hinausgehen sollte (Emery & Kitzmann, 1995; Fiese et al., 2000; Lewis & Feiring, 1998; Parke & Buriel, 1998). Hierfür bieten sich insbesondere *familiensystemische Ansätze* an, denen nach Lewis und Feiring (1998, S. 6) *folgende Hauptannahmen* zugrunde liegen:

- Es existieren mehr als zwei Elemente oder Familienmitglieder (die Elemente bestehen aus jedem Familienmitglied und Dyaden / Triaden etc. zwischen den einzelnen Familienmitgliedern; in einer vierköpfigen Familie lassen sich somit 4 einfache „Elemente", 6 Dyaden, 4 Triaden und insgesamt 14 Elemente isolieren);
- diese Elemente sind voneinander abhängig;
- diese Elemente verhalten sich nicht einfach additiv zueinander, so dass die Summe der Elemente nicht dem Gesamtsystem „Familie" gleicht. Die Art und Weise, in der sich beispielsweise das Kind alleine verhält, kann sich unterscheiden von der Art und Weise, in der es sich in der Interaktion mit der Mutter, in der Mutter-Vater-Kind-Triade oder in Gegenwart aller Familienmitglieder verhält;
- die einzelnen Elemente des Systems verändern sich, halten aber das System aufrecht;
- Systeme (und damit Familien) sind zielorientiert.

Auf der Basis eines systemischen Ansatzes lassen sich unter anderem folgende *familiäre Funktionen* definieren, die für das Kind von Bedeutung sind und die von den einzelnen Elementen des familiären Systems in unterschiedlicher Intensität ausgeübt werden (Lewis & Feiring, 1998):

- Schutz vor potentiellen Schädigungen;
- Pflege des Kindes (Aktivitäten der Eltern hinsichtlich der biologischen Bedürfnisse des Kindes);
- Aufziehen und Hegen des Kindes (Aktivitäten der Eltern hinsichtlich emotionaler Bedürfnisse des Kindes bzw. Bedürfnisse des Kindes nach Bindung);
- Spielaktivitäten;
- Exploration und Lernen (Aktivitäten des Kindes zur Erkundung seiner Umwelt);

- soziale Kontrolle (Aktivitäten der Eltern, um das Kind in seinem Verhalten zu leiten, z. B. um spezifische Regeln zu vermitteln).

Diese Funktionen unterstützen bzw. determinieren den kindlichen Sozialisationsprozess (s. Abb. 3). Die Hauptaufgabe der Eltern / der Familie besteht darin, dem Kind die „Regeln" dieses Sozialisationsprozesses zu vermitteln. Dies kann über *direkte* (z. B. direkter Informationsaustausch zwischen Elternteil und Kind) und *indirekte Prozeduren* (z. B. Modellernen und Imitation) erfolgen. Sind die familiären Funktionen hingegen beeinträchtigt, so lassen sich mögliche Gefährdungen des Sozialisationsprozesses erkennen (Lewis & Feiring, 1998).

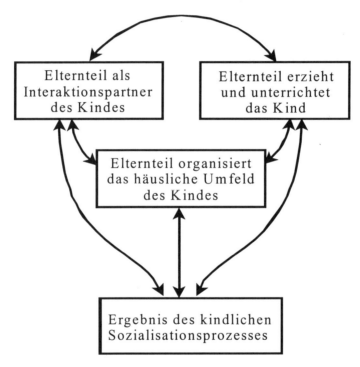

Abbildung 3: Dreiseitiges Modell der kindlichen Sozialisation durch die Eltern (nach Parke & Buriel, 1998, S. 468).

An dieser Stelle kann aus Platzgründen keine differenzierte Erläuterung der angeführten Aspekte des familiensystemischen Ansatzes erfolgen (s. hierzu Becvar, 1993; Brandl-Nebehay, 1998; Fiese et al., 2000; Lewis & Feiring, 1998; Parke & Buriel, 1998; Wagner & Reiss, 1995). Bedeutend ist, dass trotz familiensystemischer, klinischer Ansätze bisher keine umfassenden empirischen Befunde vorliegen, die die *gesamte Familie* als *System* betreffen (Cowan et al., 1996). In der Regel werden bestimmte familiäre Risikobedingungen (als unabhängige Variable) herangezogen, mit deren Hilfe der Entwicklungsverlauf einzelner Familienmitglieder vorhergesagt wird. Die Größe der Familie, die Organisation der Beziehungen der Familienmitglieder und die Interaktionsprozesse der Familienmitglieder können jedoch als risikoerhöhende oder -mildernde Bedingungen wirken; die unterschiedlichen Ebenen (Dyaden zwischen Familienmitgliedern, z. B. Mutter-Kind-, Vater-Kind-, Kind-Geschwister-, Mutter-Vater-Dyade) üben einen Einfluss auf die jeweiligen anderen Ebenen aus (Cowan & Cowan, 1992; Parke & Buriel, 1998; Parke & Tinsley, 1982; Tinsley & Parke, 1984). Neben der Betrachtung dieser *direkten Effekte* in den einzelnen Dyaden gehen jedoch oftmals wesentliche Information verloren, da *indirekte Einflüsse* unberücksichtigt bleiben. Als Beispiel für einen indirekten Einfluss sei die Beziehung zwischen Mutter und Vater angeführt:

> One important indirect effect is the relationship between mother and father. Parental indirect effects are discussed in terms of two parameters: marital satisfaction and self-esteem. From a marital satisfaction point of view, the parents are capable of better parenting if certain needs are met, in particular, if their adult social relations are satisfactory. The praise of one's spouse for the other's work in caring for the child also has an effect on paternal self-esteem. For example, the mother, in her relationship with the father, may make him feel good about himself as a husband and as a father. The father's good feeling about his competence influences his responsiveness to the child in a positive way, making him more likely to praise the child's attempts to master the environment. Consequently, the child's development is indirectly influenced by the mother. The child is not present when the wife praises her husband and compliments him. If caregiving constitutes an important activity for the father, his success in this activity serves to foster feelings of competency and high self-esteem, which in turn, should positively affect the father-infant interaction. Although research has only started to explore such influences, there is some suggestion that they do play an important role. (Lewis & Feiring, 1998, p. 21)

Erel und Burman (1995) beispielsweise belegen in ihrer Metaanalyse, dass die Qualität der Beziehung der Eltern zueinander einen wesentlichen Einfluss hat auf die Qualität der Eltern-Kind-Beziehung. Die bisherige empirische Vernachlässigung des gesamtfamiliären Systems wird erklärbar, wenn man sich den Aufwand näher betrachtet, mit dem eine solche Studie durchgeführt werden müsste: Um beispielsweise ein komplettes Bild familiärer Risiko- und Schutzbedingungen hinsichtlich *aller familiären Beziehungsmuster* zu erhalten, wäre nach Cowan et al. (1996) ein dreidimensionales Schema mit 36 (3 x 4 x 3) Zellen zur korrekten Abbildung nötig: Auswahl der unabhängigen Variable aus drei Analyseebenen (individuell, dyadisch, gesamte Familie), Auswahl beispielsweise von vier Prozessen (risikoerhöhend, vulnerabel, abpuffernd, resilient) und abhängigen Variablen aus drei Outcome-Analyse-Ebenen (individuell, dyadisch, gesamte Familie). Die einzelnen Ebenen ließen sich natürlich um zusätzliche Bereiche erweitern (z. B. könnte auf der individuellen Analyseebene der unabhängigen Variable dem biopsychosozialen Modell folgend zwischen biologischen, psychologischen und sozialen Faktoren differenziert werden). Es erscheint offensichtlich, so Cowan et al. (1996), dass in einer Studie schwerlich alle diese Ebenen berücksichtigt werden können. Darüber hinaus herrscht ein Mangel an Messinstrumenten, um Risiko- und Schutzbedingungen sowie deren Auswirkungen auf der familiären Ebene zu erfassen (z. B. wird in der Regel lediglich die Wahrnehmung der *einzelnen* Familienmitglieder hinsichtlich ihrer Zufriedenheit mit den anderen Familienmitgliedern und der Familie erfasst; Cowan et al., 1996; Fiese et al., 2000).

Eine erste Ausnahme bildet eine von Cowan und Cowan (vgl. Cowan et al., 1996) durchgeführte Studie, die fünf Aspekte im familiären Leben untersucht haben: die Befindlichkeit des Kindes und seiner Eltern auf der Individualebene, die Qualität der Beziehung der Eltern, die Qualität der Beziehung zwischen dem jeweiligen Elternteil und dem Kind, die Umgebung in jede der Ursprungsfamilien der Elternteile und die Balance zwischen Belastungen und sozialer Unterstützung außerhalb der Familie, wie sie von jedem Familienmitglied erlebt wird. In ihrem systemischen „Fünf-Domänen-Familien-Modell" gehen sie davon aus, dass eine Kombination aus risikoerhöhenden und risikomildernden Bedingungen innerhalb jeder Domäne über die Zeit die Anpassung der einzelnen Familienmitglieder und der gesamten Familie besser vorhersagen kann, als einzelne Faktoren.

Ein weiterer, in diesem Zusammenhang zu diskutierender Befund stellt die Tatsache dar, dass sich die Mehrzahl der empirischen Befunde zur *Familienstruktur* auf die *Zwei-Eltern-Kind-Familie* bezieht (vgl. Fiese et al., 2000). Während der letzten Jahre hat sich diese klassische Familienstruktur verstärkt zur Ein-Eltern- (Alleinerziehenden-), Stiefeltern-Familien-Struktur und zu Familien mit Stiefgeschwistern, jugendlichen, geschiedenen oder unverheirateten Müttern entwickelt (vgl. Bundesministerium für Familie, Senioren, Frauen und Jugend, 1998; Dunn, 1994; Fiese et al., 2000). Die *Beziehungen des Kindes* zu den anderen Familienmitgliedern *verändern* sich, je nach *Alter* und *Entwicklungsstand*; *Entwicklungsübergänge* des Kindes (z. B. Laufenlernen, Schuleintritt) können familiäre Beziehungen verändern (vgl. Dunn, 1994). Der Einfluss unterschiedlicher familiärer Strukturen auf die kindliche Entwicklung und auf die Beziehungen der Familienmitglieder zueinander sowie der Einfluss der kindlichen Entwicklung auf die familiären Beziehungen muss in den nächsten Jahren verstärkt empirisch überprüft werden.

5.6 Interventionen und Ausblick

Risiko- und Schutzbedingungen sowie Vulnerabilität und Resilienz stellen wichtige Faktoren in der frühkindlichen Entwicklung dar, die eine enge Wechselwirkung untereinander und zum familiären Umfeld aufweisen. Im frühen Kindesalter sind insbesondere belastende Einflüsse in der Familie als Risikobedingungen bedeutsam, denen durch Frühinterventionen (vgl. Scheithauer & Petermann, 2000b) entgegengewirkt werden kann. Hierbei sollten die Interventionen so gestaltet sein, dass sie auf den verschiedenen biopsychosozialen Ebenen ansetzen *können* und – sofern dies angezeigt scheint – alle betroffenen Personen des familiären Systems miteinbeziehen. Ein solches Vorgehen macht einen *multimethodalen* Ansatz notwendig. Aufgrund des damit verbundenen, relativ hohen (Durchführungs-)Aufwandes sind solche Ansätze bisher nur selten eingesetzt worden; einige Studien (z. B. Johnson, 2000; Honig, 2000; Seitz, 2000) konnten jedoch die längerfristige Wirksamkeit bis ins Jugendalter demonstrieren.

Das Programm für sozioökonomisch benachteiligte Familien des *Houston Parent-Child Development Center* (Johnson, 2000) wurde als primärpräventive Maßnahme für amerikanische Familien mexikanischer Herkunft mit niedrigem Einkommen konzipiert. Die Intervention verfolgte das Ziel, die Langzeitentwicklung des Kindes (vor allem im schulischen Bereich und bei Verhaltensproblemen) zu verbessern. Zwischen dem ersten und dritten Lebensjahr des Kindes wurden Hausbesuche, Workshops für die gesamte Familie, Schulungsprogramme für die Kinder und Abendkurse für die Eltern durchgeführt. Themen waren dabei die kindliche Entwicklung, Erziehungsstile, familiäre Kommunikation und Entscheidungsfindung, aber auch Haushaltsführung, Englisch-Kurse und, auf Wunsch, Fahrschulunterricht. Die bis zum 16. Lebensjahr der Kinder durchgeführten Nacherhebungen erbrachten signifikante Effekte hinsichtlich des verringerten Problemverhaltens und verbesserter Schulleistungen für die Präventionsgruppe.

Das *Yale Child Welfare Project* (Seitz, 2000) hatte ebenfalls sozioökonomisch benachteiligte Familien als Zielgruppe. Es setzte in der Schwangerschaft an und wurde bis zum Alter der Kinder von 30 Monaten durchgeführt. Zum Programm gehörten Hausbesuche, medizinische Versorgung des Säuglings, Tagesbetreuung des (Klein)Kindes und eine regelmäßige Untersuchung des Entwicklungsstandes. Kennzeichnend war eine sehr individuelle Betreuung und Beratung durch das „Familienteam", bestehend aus vier Personen, die während des gesamten Programms durchgehend mit der Familie in Verbindung standen. Langzeiteffekte wurden zehn Jahre nach Beendigung der Maßnahme ermittelt: Gegenüber der Kontrollgruppe waren die Mütter eher wirtschaftlich unabhängig und bekamen weniger weitere Kinder. Die Kinder der Interventionsgruppe waren besser in die Schule integriert, wiesen weniger Fehlzeiten auf, benötigten weniger gesonderte Schulungsmaßnahmen und zeigten ein sozial angepassteres Verhalten. Auch jüngere Geschwister profitierten nachweisbar von der Intervention.

An Familien mit geringem Einkommen und niedrigem Bildungsstand wandte sich das *Family Development Research Program* (Honig, 2000). Die Mütter wiesen kein Beschäftigungsverhältnis auf und waren überwiegend (85 %) alleinerziehend. Die Maßnahmen wurden vom zweiten Schwangerschaftsdrittel bis ins sechste Lebensjahr fortgesetzt. Sie umfassten weitreichende Angebote hinsichtlich Ausbildung, Ernährung, allgemeinem Gesundheitszustand und zwischenmenschlicher Unterstützung. Die Kinder besuchten vom 18. bis 60. Monat altersgemischte Gruppen, in denen u. a. Fein- und Grobmotorik, kreativer Ausdruck und die Wahrnehmung gefördert wurden. Der Bildungsstand der Mädchen erwies sich gegenüber der Kontrollgruppe als verbessert. Große Unterschiede zeigten sich beim Verhalten im Jugendalter: Deutlich weniger Teilnehmer der Präventionsgruppe (6 % versus 22 %) wurden aufgrund von Jugenddelikten verurteilt.

Die *Übertragbarkeit* solcher Studien auf europäische und insbesondere *deutsche Verhältnisse* ist allerdings nur bedingt möglich. Die auf die sozialen Verhältnisse in den USA zugeschnittenen Programme sind nur teilweise auf die Situation in Europa anwendbar, da einige Interventionsbausteine bereits durch die hier übliche öffentliche Sozial- und Gesundheitsversorgung abgedeckt werden (z. B. Tagesbetreuung, Kindergärten, Schwangerschaftsbegleitung durch Hebammen). Wenn Befunde bis ins Erwachsenenalter vorliegen, wurden die betreffenden Interventionsstudien bereits vor 20 oder 30 Jahren begonnen. Das bedeutet, dass bei der Übertragung auf die aktuelle Situation Zeit- und Generationseffekte (Shapiro, 1995) berücksichtigt werden müssen. Gesellschaftliche Veränderungen, neue klinische Ansätze und Verbesserungen (z. B. in der Neonatalversorgung) haben dazu beigetragen, dass inzwischen andere Fragestellungen maßgeblich sind und andere Populationen (z. B. Frühgeborene mit einem Gewicht unter 1000g) in den Fokus rücken (vgl. Wolke & Meyer, 2000).

Die Forderung nach einer *biopsychosozial ausgerichteten, familienorientierten Intervention* bedeutet nicht, dass in allen Fällen eine so weit gefächerte Maßnahme notwendig ist. Ein solches Vorgehen wäre auch angesichts des damit verbundenen finanziellen Aufwandes kaum zu vertreten. Doch sollte eine angemessene Intervention (und Diagnostik) die Möglichkeit umfassen, Geschwister oder auch den Vater zu berücksichtigen (auch wenn ein berufstätiger Vater geringeren Anteil an der Eltern-Kind-Interaktion hat, ist sein indirekter Einfluss, wie wir gezeigt haben, nicht zu vernachlässigen); hierüber muss individuell entschieden werden. So kommt beispielsweise der Qualität der Beziehung der Eltern ein besonderes Gewicht zu, möchte man die Eltern-Kind-Beziehung positiv beeinflussen (vgl. Erel & Burman, 1995). Gewöhnlich ist Risikobedingungen jedoch nicht ausschließlich auf Kind-, Eltern- oder Geschwisterebene zu begegnen, wenn eine langfristige Veränderung angestrebt wird.

Vor dem Hintergrund einer *entwicklungsorientierten Herangehensweise* (vgl. Scheithauer et al., 2000b; Scheithauer & Petermann, 2000b) ist zu berücksichtigen, welche Prozesse in welchem Entwicklungsstadium für welche Familienmitglieder bedeutsam sind. Interventionen sollten sich darauf beziehen, das Kind zu unterstützen, Entwicklungsaufgaben erfolgreich zu bewältigen, um Kompetenzen entwickeln zu können. Kompetenzen wiederum erhöhen die Resilienz des Kindes gegenüber zukünftigen negativen Bedingungen. Hierzu sollten insbesondere die familiären Funktionen (s. o.) gestärkt, Ressourcen einbezogen und die Familie beispielsweise bei der Entwicklung von Problemlösefertigkeiten unterstützt werden. *Entwicklungsübergänge*, wie zum Beispiel der Schuleintritt des Kindes, stellen dabei markante Interventionszeitpunkte dar (vgl. dazu auch den Beitrag von Reichle, in diesem Band).

Sarimski und Papoušek (2000) beschreiben dieses Vorgehen am Beispiel von Regulationsstörungen. Das therapeutische Vorgehen ist ressourcen- und lösungsorientiert, versucht das Positive im Interaktionsgeschehen zwischen Eltern und Kind zu betonen und fördern und will die Zuversicht in die eigenen Kompetenzen der Eltern stärken. Dies soll erreicht werden, indem die Beziehung zum Kind positiver gesehen und die eigene Kompetenz, gelungene Interaktionen mit dem Kind zu führen und auf seine Bedürfnisse eingehen zu können, erlebt wird. Das Kind soll unterstützt werden, eigene Regulationsfähigkeiten zu entwickeln.

Des Weiteren ist nicht die *völlige Verhinderung* von Risikobedingungen anzustreben (sofern es sich nicht um Teratogene, Umweltgifte etc. handelt), sondern diese sollten vielmehr rechtzeitig erkannt und eine *erfolgreiche Auseinandersetzung* und *Bewältigung gefördert* werden. Im Umgang mit belastenden Lebensereignissen (negative Risikobedingungen; vgl. Rutter, 1987) beispielsweise gilt es, die Familien zu stärken, um positive Problemlösefertigkeiten zu entwickeln. Easterbrook, Cummings und Emde (1994) konnten belegen, dass elterliche Streitigkeiten, die konstruktiv gelöst wurden, eine positive kindliche Entwicklung unterstützen. Das Kind kann so lernen, wie Konflikte erfolgreich gelöst werden.

Zukünftig vorrangiges *Forschungsziel*, gerade für die Entwicklung von Interventionen, muss es sein, Risiko- und Schutz*mechanismen* aufzuklären, um Maßnahmen gezielt einsetzen und durchführen zu können. Es kann nicht darum gehen, einzelne Risikobedingungen aufzulisten, sondern *Wirkzusammenhänge* offen zu legen. Diese Forderung gilt weniger, um Risikopopulationen für die Zuweisung zu Präventionen zu identifizieren. Allerdings ist es für den Einsatz von Interventionen unumgänglich, Mechanismen zu erkennen. Darüber hinaus müssen Forschungsvorhaben der nächsten Jahre verstärkt die gesamte Familie (als System) in den Mittelpunkt rücken. Hierzu zählt auch die Entwicklung familiendiagnostischer Verfahren für den klinischen Einsatz, die eine Analyse aller – oder zumindest mehrerer – Interaktionsebenen zulassen.

Literatur

Allen, N. B., Lewinsohn, P. M. & Seeley, J. R. (1998). Prenatal and perinatal influences on risk for psychopathology in childhood and adolescence. *Development and Psychopathology, 10*, 513-529.

Amato, P. R. & Keith, B. (1991). Parental divorce and the well-being of children: A meta-analysis. *Psychological Bulletin, 110*, 26-46.

Baldwin, A. L., Baldwin, C. & Cole, R. E. (1990). Stress-resistant families and stress-resistant children. In J. Rolf, A. S. Masten, D. Cicchetti, K. H. Nuechterlein & S. Weintraub (Eds.), *Risk and protective factors in the development of psychopathology* (pp. 257-280). Cambridge: Cambridge University Press.

Bank, S. & Kahn, M. D. (1982). *The sibling bond*. New York: Basic Books.

Baron, R. M. & Kenny, D. A. (1986). The moderator-mediator variable distinction in social psychological research: Conceptual, strategic, and statistical considerations. *Journal of Personality and Social Psychology, 51*, 1173-1182.

Bartley, M., Power, C., Blane, D., Smith, G. D. & Shipley, M. (1994). Birth weight and later socioeconomic disadvantage: Evidence from the 1958 British Cohort Study. *British Medical Journal, 309*, 1475-1478.

Becvar, D. S. (1993). *Family therapy: A systemic integration*. Boston: Allyn & Bacon.

Blanz, B., Schmidt, M. H. & Esser, G. (1991). Familial adversities and child psychiatric disorders. *Journal of Child Psychology and Psychiatry, 32*, 939-950.

Block, J. H., Block, J. & Gjerde, P. F. (1986). The personality of children prior to divorce: A prospective study. *Child Development, 57*, 827-840.

Brandl-Nebehay, A. (Hrsg.). (1998). *Systemische Familientherapie: Grundlagen, Methoden und aktuelle Trends*. Wien: Facultas.

Bundesministerium für Familie, Senioren, Frauen und Jugend. (Hrsg.). (1998). *Zehnter Kinder- und Jugendbericht. Bericht über die Lebenssituation von Kindern und die Leistungen der Kinderhilfen in Deutschland*. Bonn: Bonner Universitäts-Buchdruckerei.

Caspi, A., Elder, G. H. & Bem, D. J. (1987). Moving against the world: Life-course patterns of explosive children. *Developmental Psychology, 23*, 308-313.

Cicchetti, D., Rogosch, F. A. & Toth, S. L. (1997). Ontogenesis, depressotypic organization, and the depressive spectrum. In S. S. Luthar, J. A. Burack, D. Cicchetti & J. R. Weisz (Eds.), *Developmental psychopathology. Perspectives on adjustment, risk, and disorder* (pp. 273-313). Cambridge: Cambridge University Press.

Cicchetti, D. & Toth, S. L. (1997). Transactional ecological systems in developmental psychopathology. In S. S. Luthar, J. A. Burack, D. Cicchetti & J. R. Weisz (Eds.), *Developmental psychopathology. Perspectives on adjustment, risk, and disorder* (pp. 317-349). Cambridge: Cambridge University Press.

Cowan, C. P. & Cowan, P. A. (1992). *When partners become parents: The big life change for couples.* New York: Basic Books.

Cowen, P.A., Cowan, C.P. & Schulz, M.S. (1996). Thinking about risk and resilience in families. In E. M. Hetherington & E. A. Blechman (Eds.), *Stress, coping, and resiliency in children and families. Family research consortium: Advances in family research* (pp. 1-38). Mahwah: Erlbaum.

Dunn, J. (1994). Family influences. In M. Rutter & D. F. Hay (Eds.), *Development through life. A handbook for clinicians* (pp. 112-133). Oxford: Blackwell.

Easterbrooks, M. A., Cummings, E. M. & Emde, R. N. (1994). Young children's responses to constructive marital disputes. *Journal of Family Psychology, 8,* 160-169.

Egeland, B. R., Carlson, E. & Sroufe, L. A. (1993). Resilience as process. *Development and Psychopathology, 5,* 517-528.

Emde, R. N. (1994). Individuality, context, and the search for meaning. *Child Development, 65,* 719-737.

Emery, R. E. & Kitzmann, K. M. (1995). The child in the family: Disruptions in family functions. In D. Cicchetti & D. J. Cohen (Eds.), *Developmental psychopathology, Vol. II. Risk, disorder, and adaptation* (pp. 3-31). New York: Wiley.

Erel, O. & Burman, B. (1995). Interrelatedness of marital relations and parent-child relations: A meta-analytic review. *Psychological Bulletin, 118,* 108-132.

Fergusson, D. M., Horwood, L. J. & Lynskey, M. T. (1994). The childhoods of multiple problem adolescents: A 15-year longitudinal study. *Journal of Child Psychology and Psychiatry, 35,* 1123-1140.

Fiese, B. H., Wilder, J. & Bickham, N. L. (2000). Family context in developmental psychopathology. In A. J. Sameroff, M. Lewis & S. M. Miller (Eds.), *Handbook of developmental psychopathology* (2nd ed., pp. 115-134). New York: Kluwer.

Fonagy, P. (2000). Das Verständnis für geistige Prozesse, die Mutter-Kind-Interaktion und die Entwicklung des Selbst. In F. Petermann, K. Niebank & H. Scheithauer (Hrsg.), *Risiken in der frühkindlichen Entwicklung. Entwicklungspsychopathologie der ersten Lebensjahre* (S. 241-254). Göttingen: Hogrefe.

Fox, N. A. & Calkins, S. D. (1993). Pathways to aggression and social withdrawal: Interactions among temperament, attachment, and regulation. In K. H. Rubin & J. B. Asendorpf (Eds.), *Social withdrawal, inhibition, and shyness in childhood* (pp. 81-100). Hillsdale: Erlbaum.

Fraser, A. M., Brockert, J. E. & Ward, R. H. (1995). Association of young maternal age with adverse reproductive outcomes. *New England Journal of Medicine, 332,* 1113-1118.

Fretts, R. C., Schmittdiel, J., McLean, F. H., Usher, R. H. & Goldman, M. B. (1995). Increased maternal age and the risk of fetal death. *New England Journal of Medicine, 333,* 953-957.

Goodyer, I. M. (1994). Developmental psychopathology: The impact of recent life events in anxious and depressed school-age children. *Journal of the Royal Society of Medicine, 87,* 327-329.

Gribble, P. A., Cowen, E. L., Wyman, P. A., Work, W. C., Wannon, M. & Raoof, A. (1993). Parent and child views of the parent-child relationship and resilient outcomes among urban children. *Journal of Child Psychology and Psychiatry, 34,* 507-519.

Hack, M., Klein, N. K. & Taylor, H. G. (1995). Long-term developmental outcomes of low birth weight infants. *Future of Children, 5,* 176-196.

Haggerty, R. J., Sherrod, L. R., Garmezy, N. & Rutter, M. (Eds.). (1994). *Stress, risk, and resilience in children and adolescents. Processes, mechanisms, and interventions.* Cambridge: Cambridge University Press.

Herpertz-Dahlmann, B. & Remschmidt, H. (2000). Störungen der Kind-Umwelt-Interaktion und ihre Auswirkungen auf den Entwicklungsverlauf. In F. Petermann, K. Niebank & H. Scheithauer (Hrsg.), *Risiken in der frühkindlichen Entwicklung. Entwicklungspsychopathologie der ersten Lebensjahre* (S. 223-240). Göttingen: Hogrefe.

Hetherington, E. M. (1989). Coping with family transitions: Winners, losers, and survivors. *Child Development, 60,* 1-14.

Honig, A. S. (2000). Das „Family Development Research Program" (Programm für sozioökonomisch-benachteiligte Familien). In F. Petermann, K. Niebank & H. Scheithauer (Hrsg.), *Risiken in der frühkindlichen Entwicklung. Entwicklungspsychopathologie der ersten Lebensjahre* (S. 371-372). Göttingen: Hogrefe.

Hooper, S. R., Burchinal, M. R., Roberts, J. E., Zeisel, S. & Neebe, E. C. (1998). Social and family risk factors for infant development at one year: An application of the cumulative risk model. *Journal of Applied Developmental Psychology, 19,* 85-96.

Hughes, D. & Simpson, L. (1995). The role of social change in preventing low birth weight. *Future of Children, 5* (1). URL: http://www.futureofchildren.org/LBW/07LBWHUG.htm [18. 7. 2001].

Johnson, D. L. (2000). Das „Houston Parent-Child Development Center" (Programm für sozioökonomisch-benachteiligte Familien). In F. Petermann, K. Niebank & H. Scheithauer (Hrsg.), *Risiken in der frühkindlichen Entwicklung. Entwicklungspsychopathologie der ersten Lebensjahre* (S. 368-369). Göttingen: Hogrefe.

Kazdin, A. E., Kraemer, H. C., Kessler, R. C., Kupfer, D. J. & Offord, D. R. (1997). Contribution of risk-factor research to developmental psychopathology. *Clinical Psychology Review, 17,* 375-406.

Laucht, M., Esser, G., Baving, L., Gerhold, M., Hoesch, I., Ihle, W., Steigleider, P., Stock, B., Stoehr, R., Weindrich, D. & Schmidt, M. H. (2000). Behavioral sequelae of perinatal insults and early family adversity at 8 years of age. *Journal of the American Academy of Child and Adolescent Psychiatry, 39,* 1229-1237.

Laucht, M., Esser, G. & Schmidt, M. H. (1997). Wovor schützen Schutzfaktoren? Anmerkungen zu einem populären Konzept der modernen Gesundheitsforschung. *Zeitschrift für Entwicklungspsychologie und Pädagogische Psychologie, 29,* 260-270.

Laucht, M., Esser, G. & Schmidt, M. H. (1998). Risiko- und Schutzfaktoren der frühkindlichen Entwicklung: Empirische Befunde. *Zeitschrift für Kinder- und Jugendpsychiatrie, 26,* 6-20.

Laucht, M., Esser, G., Schmidt, M. H., Ihle, W., Marcus, A., Stöhr, R.-M. & Weindrich, D. (1996). Viereinhalb Jahre danach: Mannheimer Risikokinder im Vorschulalter. *Zeitschrift für Kinder- und Jugendpsychiatrie, 24,* 67-81.

Laucht, M., Esser, G., Schmidt, M. H., Ihle, W., Loeffler, W., Stöhr, R.-M., Weindrich, D. & Weinel, H. (1992). „Risikokinder": Zur Bedeutung biologischer und psychosozialer Risiken für die kindliche Entwicklung in den beiden ersten Lebensjahren. *Praxis der Kinderpsychologie und Kinderpsychiatrie, 41,* 274-285.

Lewis, M. & Feiring, C. (1998). The child and its family. In M. Lewis & C. Feiring (Eds.), *Families, risk, and competence* (pp. 5-29). Mahwah: Erlbaum.

Luthar, S. S. (1993). Annotation: Methodological and conceptual issues in research on childhood resilience. *Journal of Child Psychology and Psychiatry, 34,* 441-453.

Luthar, S. S. (1997). Sociodemographic disadvantage and psychosocial adjustment: Perspectives from developmental psychopathology. In S. S. Luthar, J. A. Burack, D. Cicchetti &

J. R. Weisz (Eds.), *Developmental psychopathology. Perspectives on adjustment, risk, and disorder* (pp. 459-485). Cambridge: Cambridge University Press.

Luthar, S. S. & Ziegler, E. (1991). Vulnerability and competence: A review of research on resilience in childhood. *American Journal of Orthopsychiatry, 61*, 6-22.

Lynskey, M. T. & Fergusson, D. M. (1997). Factors protecting against the development of adjustment difficulties in young adults exposed to childhood sexual abuse. *Child Abuse and Neglect, 21*, 1177-1190.

Magnusson, D. & Cairns, R. B. (1996). Developmental science: Toward a unified framework. In R. B. Cairns, G. Elder & J. Costello (Eds.), *Developmental science* (pp. 7-30). New York: Cambridge University Press.

Masten, A. S., Best, K. M. & Garmezy, N. (1990). Resilience and development: Contributions from the study of children who overcome adversity. *Development and Psychopathology, 2*, 425-444.

Masten, A. S. & Coatsworth, J. D. (1995). Competence, resilience, and psychopathology. In D. Cicchetti & D. J. Cohen (Eds.), *Developmental psychopathology. Vol. II. Risk, disorder, and adaptation* (pp. 715-752). New York: Wiley.

Masten, A. S. & Coatsworth, J. D. (1998). The development of competence in favorable and unfavorable environments. Lessons from research on successful children. *American Psychologist, 53*, 205-220.

Masten, A. S., Coatsworth, J. D., Neemann, J., Gest, S. D., Tellegen, A. & Garmezy, N. (1995). The structure and coherence of competence from childhood through adolescence. *Child Development, 66*, 1635-1659.

Masten, A. S., Garmezy, N., Tellegen, A., Pellegrini, D. S., Larkin, K. & Larsen, A. (1988). Competence and stress in school children: The moderating effect of individual and family qualities. *Journal of Child Psychology and Psychiatry, 29*, 745-764.

Meyer-Probst & Reis, O. (1999). Von der Geburt bis 25: Rostocker Längsschnittstudie (ROLS). *Kindheit und Entwicklung, 8*, 59-68.

Newcomb, M. D. & Felix-Ortiz, M. (1992). Multiple protective and risk factors for drug use and abuse: Cross-sectional and prospective findings. *Journal of Personality and Social Psychology, 63*, 280-296.

Niebank, K. & Petermann, F. (2000). Grundlagen und Ergebnisse der Entwicklungspsychopathologie. In F. Petermann (Hrsg.), *Lehrbuch der klinischen Kinderpsychologie und -psychotherapie* (S. 57-94). Göttingen: Hogrefe.

Niebank, K., Petermann, F. & Scheithauer, H. (2000). Grundzüge der Entwicklungspsychopathologie. In F. Petermann, K. Niebank & H. Scheithauer (Hrsg.), *Risiken in der frühkindlichen Entwicklung. Entwicklungspsychopathologie der ersten Lebensjahre* (S. 41-64). Göttingen: Hogrefe.

Nybo Anderson, A.-M., Wohlfahrt, J., Christens, P., Olsen, J. & Melbye, M. (2000). Maternal age and fetal loss: Population based register linkage study. *British Medical Journal, 320*, 1708-1712.

Parke, R. D. & Buriel, R. (1998). Socialization in the family: Ethnic and ecological perspectives. In W. Damon & N. Eisenberg, (Eds.), *Handbook of child psychology, 5th edition. Vol. III. Social, emotional, and personality development* (pp. 463-552). New York: Wiley.

Parke, R. D. & Tinsley, B. (1982). The early environment of the at-risk infant: Expanding the social context. In D. D. Bricker (Ed.), *Interventions with at-risk and handicapped infants* (pp. 153-177). Baltimore: University Park Press.

Peacock, J. L., Bland, J. M. & Anderson, H. R. (1995). Preterm delivery: Effects of socioeconomic factors, psychological stress, smoking, alcohol, and caffeine. *British Medical Journal, 311*, 531-535.

Petermann, F., Kusch, M. & Niebank, K. (1998). *Entwicklungspsychopathologie. Ein Lehrbuch*. Weinheim: Psychologie Verlags Union.
Phares, V. (1996). *Fathers and developmental psychopathology*. New York: Wiley.
Resnick, M. B., Gueorguieva, R. V., Carter, R. L., Ariet, M., Sun, Y., Roth, J., Bucciarelli, R. L., Curran, J. S. & Mahan, C. S. (1999). The impact of low birth weight, perinatal conditions, and sociodemographic factors on educational outcome in kindergarten. *Pediatrics, 104* (6). URL: http://www.pediatrics.org/cgi/content/full/104/6/e74 [18. 7. 2001].
Richters, J. & Weintraub, S. (1990). Understanding high-risk environments. In J. Rolf, A.S. Masten, D. Cicchetti, K. H. Nuechterlein & S. Weintraub (Eds.), *Risk and protective factors in the development of psychopathology* (pp. 67-96). Cambridge: Cambridge University Press.
Rutter, M. (1985). Resilience in the face of adversity. Protective factors and resistance to psychiatric disorder. *British Journal of Psychiatry, 147*, 598-611.
Rutter, M. (1987). Psychosocial resilience and protective mechanisms. *American Journal of Orthopsychiatry, 57*, 316-331.
Rutter, M. (1990). Psychosocial resilience and protective mechanisms. In J. Rolf, A. S. Masten, D. Cicchetti, K. H. Nuechterlein & S. Weintraub (Eds.), *Risk and protective factors in the development of psychopathology* (pp. 181-214). New York: Cambridge University Press.
Rutter, M. (1994). Stress research: Accomplishments and tasks ahead. In R. J. Haggerty, L. R. Sherrod, N. Garmezy & M. Rutter (Eds.), *Stress, risk, and resilience in children and adolescents. Processes, mechanisms, and interventions* (pp. 354-385). Cambridge: Cambridge University Press.
Rutter, M. & Quinton, D. (1977). Psychiatric disorder – ecological factors and concepts of causation. In M. Gurk (Ed.), *Ecological factors in human development* (pp. 173-187). Amsterdam: North-Holland.
Sameroff, A. J. (1998). Environmental risk factors in infancy. *Pediatrics, 102*, 1287-1292.
Sameroff, A. J., Bartko, W. T., Baldwin, A., Baldwin, C. & Seifer, R. (1998). Family and social influences on the development of child competence. In M. Lewis & C. Feiring (Eds.), *Families, risk, and competence* (pp. 161-185). Mahwah: Erlbaum.
Sameroff, A. J. & Seifer, R. (1990). Early contributions to developmental risk. In J. Rolf, A. S. Masten, D. Cicchetti, K. H. Nuechterlein & S. Weintraub (Eds.), *Risk and protective factors in the development of psychopathology* (pp. 52-66). Cambridge: Cambridge University Press.
Sameroff, A. J., Seifer, R., Baldwin, A. & Baldwin, C. (1993). Stability of intelligence from preschool to adolescence: The influence of social and family risk factors. *Child Development, 64*, 80-97.
Sameroff, A. J., Seifer, R. & Bartko, W. T. (1997). Environmental perspectives on adaptation during childhood and adolescence. In S. S. Luthar, J. A. Burack, D. Cicchetti & J. R. Weisz (Eds.), *Developmental psychopathology. Perspectives on adjustment, risk, and disorder* (pp. 507-526). Cambridge: Cambridge University Press.
Sarimski, K. (2000). *Frühgeburt als Herausforderung. Psychologische Beratung als Bewältigungshilfe*. Göttingen: Hogrefe.
Sarimski, K. & Papoušek, M. (2000). Eltern-Kind-Beziehung und die Entwicklung von Regulationsstörungen. In F. Petermann, K. Niebank & H. Scheithauer (Hrsg.), *Risiken in der frühkindlichen Entwicklung. Entwicklungspsychopathologie der ersten Lebensjahre* (S. 199-222). Göttingen: Hogrefe.
Scheithauer, H., Niebank, K. & Petermann, F. (2000). Biopsychosoziale Risiken in der frühkindlichen Entwicklung: Das Risiko- und Schutzfaktorenkonzept aus entwicklungspsychopathologischer Sicht. In F. Petermann, K. Niebank & H. Scheithauer (Hrsg.), *Risiken*

in der frühkindlichen Entwicklung. Entwicklungspsychopathologie der ersten Lebensjahre (S. 65-97). Göttingen: Hogrefe.

Scheithauer, H. & Petermann, F. (1999). Zur Wirkungsweise von Risiko- und Schutzfaktoren in der Entwicklung von Kindern und Jugendlichen. *Kindheit und Entwicklung, 8,* 3-14.

Scheithauer, H. & Petermann, F. (2000a). Aggression. In F. Petermann (Hrsg.), *Lehrbuch der Klinischen Kinderpsychologie und -psychotherapie* (S. 192-230, 4. völlig veränd. Auflage). Göttingen: Hogrefe.

Scheithauer, H. & Petermann, F. (2000b). Frühinterventionen und -präventionen im Säuglings-, Kleinkind- und frühen Kindesalter. In F. Petermann, K. Niebank & H. Scheithauer (Hrsg.), *Risiken in der frühkindlichen Entwicklung. Entwicklungspsychopathologie der ersten Lebensjahre* (S. 331-356). Göttingen: Hogrefe.

Scheithauer, H., Petermann, F. & Niebank, K. (2000). Frühkindliche Entwicklung und Entwicklungsrisiken. In F. Petermann, K. Niebank & H. Scheithauer (Hrsg.), *Risiken in der frühkindlichen Entwicklung. Entwicklungspsychopathologie der ersten Lebensjahre* (S. 15-38). Göttingen: Hogrefe.

Seitz, V. (2000). Das „Yale Child Welfare Project" (Programm für sozioökonomischbenachteiligte Familien). In F. Petermann, K. Niebank & H. Scheithauer (Hrsg.), *Risiken in der frühkindlichen Entwicklung. Entwicklungspsychopathologie der ersten Lebensjahre* (S. 370-371). Göttingen: Hogrefe.

Shapiro, T. (1995). Developmental issues in psychotherapy research. *Journal of Abnormal Child Psychology, 23,* 31-44.

Sommerfelt, K., Ellertsen, B. & Markestad, T. (1995). Parental factors in cognitive outcome of non handicapped low birthweight infants. *Archives of Diseases in Childhood. Fetal and Neonatal Edition, 73,* F135-F142.

Steinberg, L. & Avenevoli, S. (2000). The role of context in the development of psychopathology: A conceptual framework and some speculative propositions. *Child Development, 71,* 66-74.

Stifter, C. A., Spinrad, T. L. & Braungart-Rieker, J.M. (1999). Toward a developmental model of child compliance: The role of emotion regulation in infancy. *Child Development, 70,* 21-32.

Susman, E. J. (1998). Biobehavioral development: An integrative perspective. *International Journal of Behavioral Development, 22,* 671-679.

Tiet, Q. Q., Bird, H. R., Davies, M., Hoven, C., Cohen, P., Jensen, P. S. & Goodman, S. (1998). Adverse life events and resilience. *Journal of the American Academy of Child and Adolescent Psychiatry, 37,* 1191-1200.

Tinsley, B. R. & Parke, R. D. (1984). Grandparents and support and socialization agents. In M. Lewis (Ed.), *Beyond the dyad* (pp. 161-194). New York: Plenum.

von Siebenthal, K. & Largo, R. H. (2000). Frühkindliche Risikofaktoren: Prognostische Bedeutung für die postnatale Entwicklung. In F. Petermann, K. Niebank & H. Scheithauer (Hrsg.), *Risiken in der frühkindlichen Entwicklung. Entwicklungspsychopathologie der ersten Lebensjahre* (S. 139-155). Göttingen: Hogrefe.

Wagner, B. M. & Reiss, D. (1995). Family systems and developmental psychopathology: Courtship. Marriage, or divorce? In D. Cicchetti & D. J. Cohen (Eds.), *Developmental psychopathology, Vol. I. Theory and methods* (pp. 696-730). New York: Wiley.

Waters, E. & Sroufe, L.A. (1983). Social competence as developmental construct. *Developmental Review, 3,* 79-97.

Werner, E. E. & Smith, R. S. (1982). *Vulnerable but invincible: A longitudinal study of resilient children and youth.* New York: McGraw Hill.

Werner, E. E. & Smith, R. S. (1992). *Overcoming the odds: High risk children from birth to adulthood.* New York: Cornell University Press.

Wolke, D. & Meyer, R. (2000). Ergebnisse der Bayerischen Entwicklungsstudie an neonatalen Risikokindern: Implikationen für Theorie und Praxis. In F. Petermann, K. Niebank & H. Scheithauer (Hrsg.), *Risiken in der frühkindlichen Entwicklung. Entwicklungspsychopathologie der ersten Lebensjahre* (S. 113-138). Göttingen: Hogrefe.

Wyman, P. A., Cowen, E. L., Work, W. C., Hoyt-Meyers, L., Magnus, K. B. & Fagen, D. B. (1999). Caregiving and developmental factors differentiating young at-risk urban children showing resilient versus stress-affected outcomes: A replication and extension. *Child Development, 70,* 645-659.

Zentner, M. (2000). Das Temperament als Risikofaktor in der frühkindlichen Entwicklung. In F. Petermann, K. Niebank & H. Scheithauer (Hrsg.), *Risiken in der frühkindlichen Entwicklung. Entwicklungspsychopathologie der ersten Lebensjahre* (S. 257-281). Göttingen: Hogrefe.

Zhu, B. P., Rolfs, R. T., Nangle, B. E. & Horan, J. M. (1999). Effect of the interval between pregnancies on perinatal outcomes. *New England Journal of Medicine, 340,* 589-594.

Zimmerman, M. A. & Arunkumar, R. (1994). Resiliency research: Implications for schools and policy. *Social Policy Report, 8, No. 4,* 1-17.

Zimmermann, P., Suess, G. J., Scheurer-Englisch, H. & Grossmann, K. E. (2000). Der Einfluss der Eltern-Kind-Bindung auf die Entwicklung psychischer Gesundheit. In F. Petermann, K. Niebank & H. Scheithauer (Hrsg.), *Risiken in der frühkindlichen Entwicklung. Entwicklungspsychopathologie der ersten Lebensjahre* (S. 301-327). Göttingen: Hogrefe.

6. Kapitel:
Die Rolle der kindlichen Temperamententwicklung für die Familienentwicklung nach dem Übergang zur Elternschaft

Harald Werneck und Brigitte Rollett

6.1 Einleitung: Der Übergang zur Elternschaft als kritische Periode

In diesem Artikel soll auf die besonderen Probleme beim Übergang zur Elternschaft und die hierdurch bedingte Neugestaltung des familiären Zusammenlebens eingegangen werden, die sich ergeben, wenn das Neugeborene zur Gruppe der Kinder mit „schwierigem Temperament" (nach Thomas & Chess, 1977) gehört. Allgemein bedeutet der Übergang zur Elternschaft eine kritische Phase der Familienentwicklung, die von den Eltern vielfältige Anpassungsleistungen verlangt. In die Rollenverteilung, in der persönlichen Lebensgestaltung, in der Partnerschaftsbeziehung gilt es, sich auf Veränderungen einzustellen und diese zu bewältigen. Beim ersten Kind sind die erforderlichen Copingleistungen naturgemäß besonders umfassend. Neuanpassungen, die den Familienalltag und die Partnerschaft betreffen, sind aber auch bei der Geburt jedes weiteren Kindes notwendig. Gemeinsame Unternehmungen erfordern nun eine längerfristige Planung. Auch die durch die Kinderpflege nahegelegte Neuaufteilung der Familienarbeit führt nicht selten zu Konflikten. Eltern, die ihr zweites oder drittes Kind bekommen haben, konnten sich im Zuge des Übergangs zur Erstelternschaft im günstigen Fall bereits mit den durch die Ankunft eines Kindes notwendigen Umstellungen des Familienalltags auseinandersetzen. Die familiäre Entwicklungsaufgabe, eine für beide Partner befriedigende Verteilung der Familienarbeit und eine Neuorganisation der Freizeit auszuhandeln, muss jedoch auch von ihnen geleistet werden. Hat das Neugeborene im Gegensatz zu den älteren Geschwistern ein schwieriges Temperament, so kommt zu diesen Aufgaben die Verarbeitung der Anforderungen einer in unerwarteter Weise belastenden Babypflege hinzu.

Zur Gruppe der Kinder mit „schwierigem" Temperament gehören etwa 10 % aller Neugeborenen. Ein „schwieriges" („difficult") Temperament (nach Thomas & Chess, z. B. 1977) ist in erster Linie durch eine vorwiegend negative Stimmungslage, häufiges Weinen und Schreien, geringe Anpassungsfähigkeit und Frustrationstoleranz sowie unregelmäßige Schlaf- und Essensrhythmen charakterisiert (Papoušek, 1999). Diese Temperamentstruktur kann im weiteren Entwicklungsverlauf mit kindlichen Verhaltensstörungen einhergehen (vgl. auch z. B. Aksan et al., 1999; Havill, 1999; Rende, 1993; Schmitz et al., 1999; Steinhausen, 2000; Stevenson & Gjone, 1997): Strayer, Cayrou und Bonnet (1999) etwa berichten von Störungen des Sozialverhaltens im Vorschulalter; Saß, Wittchen und Zaudig (1998) Aufmerksamkeitsdefizit-/ Hyperaktivitätsstörungen; Lindberg (1999) und Steinhausen (1996) Essstörungen.

Die Belastungen der Betreuungspersonen durch ein schwieriges Baby sind beträchtlich. Ein schwieriges Temperament bedeutet daher nicht nur für die Entwicklung des Kindes selbst einen möglichen Risikofaktor, da diese Gruppe von Kindern eine erhöhte primäre Vulnerabilität aufweist (Scheithauer & Petermann, 2000), sondern auch für die Familie als Ganzes. Neben dem Schlafentzug, der die körperliche Widerstandsfähigkeit der Betreuungspersonen beeinträchtigt, spielen besonders bei unerfahrenen Ersteltern (oder bei Zweiteltern, deren erstes Kind zur Gruppe der pflegeleichten Kindern gehörte) häufig auch Schuld- und Versagensgefühle eine Rolle. Nicht selten werden diese von der weiteren Familie, z. B. den Großeltern oder Bekannten forciert. Als weitere Komplikation können daher zu der durch die Regulationsstörung des Kindes belasteten Eltern-Kind-Beziehung Störungen der Partnerschaftsbeziehungen, aber auch der Beziehungen zur Großfamilie sowie zum sozialen Netzwerk hinzutreten. Unmittelbare Auswirkungen auf das Kind können verschiedene Formen der Vernachlässigung und damit Schädigungen seiner körperlichen und psychischen Entwicklung sein (vgl. z. B. Scheithauer, Petermann & Niebank, in diesem Band).

Im Folgenden werden Entwicklungsstörungen im Rahmen des familiären Kontextes am Beispiel der Rolle des kindlichen Temperaments analysiert.

6.2 Temperament in der frühen Kindheit

In ihrer New Yorker Längsschnittstudie konnten Thomas und Chess (z. B. 1977; s. auch Chess & Thomas, 1986, 1996) vier Temperamentgruppen ermitteln: Neben der schwierigen Gruppe der „difficult babies" fanden die Autoren die Gruppen der „slow-to-warm-up babies" („langsam auftauende Säuglinge") und der „easy babies" („pflegeleichte Kinder") sowie eine unauffällige Normalgruppe. Inzwischen gibt es eine umfangreiche Literatur zu diesen Temperamentstypen (vgl. z. B. Rothbart & Ahadi, 1994; Rothbart, Ahadi & Evans, 2000; Zentner, 2000). Rothbart definiert das Temperament über die Reaktivität des Kindes (Reaktionsschwelle, Intensität der Reaktion auf Stimuli und Latenz der Reizbeantwortung) und die Fähigkeit zur Selbstregulation. Unter der Selbstregulationskompetenz ist dabei die Fähigkeit zur Aufrechterhaltung eines optimalen mittleren (positiven) Erregungsniveaus zu verstehen. Obwohl das kindliche Temperament in der einschlägigen Forschung als überwiegend biologisch determiniert und nur bedingt veränderbar gilt (vgl. z. B. Buss & Plomin, 1984; Goldsmith, Buss & Lemery, 1997; Goldsmith, Lemery, Buss & Campos, 1999; Newman, Caspi, Moffitt & Silva, 1997; Rothbart & Bates, 1998), fanden sich in verschiedenen Studien bemerkenswerte Veränderungen im Temperament, vor allem in der frühen Kindheit (z. B. Lemery, Goldsmith, Klinnert & Mrazek, 1999; Rothbart, 1986).

Im Säuglings- und Kleinkindalter ist das Kind bei der Steuerung seines Erregungsniveaus noch weitgehend auf die Hilfe der Erziehungspersonen beim geduldigen Aufbau von stützenden Handlungsroutinen zur Entwicklung angemessener Ess-, Schlaf- und Spielgewohnheiten angewiesen. Dies ist auch der Grund dafür, warum das Erziehungsverhalten der Betreuungsperson(en) für den sukzessiven Erwerb der alltäglichen Emotions- und Handlungsregulation eine derartig wichtige Rolle spielt. Die damit verbundenen, sehr zeitaufwändigen Lernvorgänge sind bei Säuglingen mit „schwierigem" Temperament weniger leicht zu initiieren als bei den anderen Temperamentgruppen. Dies gilt vor allem für die Gruppe jener schwierigen Säuglinge, die auch nach den ersten 3 Monaten noch zu gehäuftem Schreien neigen (siehe dazu Papoušek, 1999; Sarimski & Papoušek, 2000). Bei ihnen können später verstärkte Trennungsängste und intensiveres Trotzverhalten auftreten, die das Familiensystem vor weitere Anpassungsprobleme stellen.

Aus der Sicht der Familienentwicklungsforschung stellt die Erziehung der Kinder eine besonders zentrale Entwicklungsaufgabe dar, deren angemessene Lösung das System entlastet und stabilisiert, während defizitäre Lösungen langfristig zu einschneidenden Destabilisierungen führen. Dies ist besonders dann der Fall, wenn die Partnerschaft bzw. Familie bereits vor der Geburt des Kindes durch Risikofaktoren wie z. B. finanzielle Probleme, Streitverhalten, mangelnde Bereitschaft zur Übernahme der mit der Kinderpflege verbundenen Belastungen usw. gefährdet war (s. z. B. Reichle & Werneck, 1999). Ein wenig kompetentes, inkonsequentes oder offen vernachlässigendes Elternverhalten, das natürlich auch eine direkte Reaktion auf die Schwierigkeit des Säuglings sein kann, stellt ein zusätzliches Risiko für die Entwicklung kindlicher Störungen.

In jedem Fall bedeutet die Geburt eines Kindes mit schwierigem Temperament eine erhebliche Belastung und damit Destabilisierung des Familiensystems, und zwar um so mehr, je weniger interne und externe Ressourcen vorhanden sind. Die Lösung der mit dem Hinzukommen eines weiteren Familienmitgliedes verbundenen Familienentwicklungsaufgaben ist hierdurch erschwert. Im einzelnen handelt es sich vor allem um die Umorganisation des Familienalltags, die Umverteilung der Familienarbeit und die Entwicklung eines neuen, die Beteiligten befriedigenden emotionalen Austauschmodells zwischen den Familienmitgliedern bei eingeschränkten zeitlichen Ressourcen für gemeinsame Unternehmungen, Zärtlichkeiten, Angebot emotionaler Entlastungen für den oder die Anderen (verständnisvolles Zuhören, unterstützende Rückmeldungen, Beruhigen, Trösten, lobende Rückmeldungen usw.).

Bemühen sich die Betreuungspersonen, korrigierend auf die Regulationsstörungen des Kindes einzugehen, kann, wie weiter unten noch zu zeigen sein wird, bei ehemals schwierigen Säuglingen im späteren Lebensalter statt eines gestörten Sozialverhaltens ein eher zurückgezogenes Verhalten resultieren (vgl. dazu auch Kagan, 1997; Kagan, Snidman & Arcus, 1998; Kagan, Snidman, Zentner & Peterson, 1999; Lanthier & Baltes, 1995; Rollett & Werneck, 1998).

Die Komplexität und damit die eingeschränkte Vorhersagbarkeit der langfristigen familiären Auswirkungen und individuellen Entwicklungen bei unterschiedlichen kindlichen Temperamenttypen wird durch folgende Beobachtung bei der Gruppe der langsam auftauenden Säuglinge erhellt: Wie Kagan (1997) feststellte, entwickeln passive Säuglinge sich später nicht selten zu draufgängerischen und sozial aktiven Kleinkindern (Kagan, 1997). Auch in der unten dargestellten Längsschnittstudie konnte bei den Dreijährigen eine Gruppe „dominanter" Kinder ermittelt werden, die als Säuglinge kein schwieriges Temperament zeigten. Verschiedene Autoren (vgl. dazu z. B. Zentner, 1998) beschreiben dies als „longitudinale Umkehrung" des Aktivitätsniveaus von Neugeborenen (s. auch unten).

6.2.1 Das Passungs-Modell („Goodness of fit-model")

Schon in der klassischen New Yorker Längsschnittstudie zur Temperamententwicklung von Thomas und Chess (z. B. 1977; s. o.) erwies sich bei der Untersuchung des Zusammenhangs zwischen „schwierigem" Temperament und späteren psychischen Störungen nicht das Temperament an sich als ausschlaggebend, sondern die günstige oder ungünstige *Interaktion* zwischen Temperament und sozialer Umwelt – eine Erkenntnis, die in der Literatur als „Passungs-Modell" beschrieben wird (vgl. dazu z. B. den Überblick in Zentner, 1998). Die Grundidee des Passungsmodells besagt, dass eine gesunde Entwicklung wesentlich davon abhängt, inwieweit temperamentbedingtes Verhalten Anforderungen und Vorgaben der Umwelt entspricht:

> Übereinstimmung [zwischen Umwelt und Temperament und] wird ... erzielt, wenn die Eigenschaften, Erwartungen und Anforderungen der Umwelt im Einklang mit den Möglichkeiten und Fähigkeiten sowie den Charakterzügen und dem Verhaltensstil des Organismus stehen. Wenn diese *Konsonanz* zwischen Organismus und Umwelt vorhanden ist, kann eine optimale positiv fortschreitende Entwicklung stattfinden. Umgekehrt bringt mangelnde Übereinstimmung Diskrepanzen und *Dissonanzen* zwischen den Möglichkeiten und Anforderungen der Umwelt und den Fähigkeiten und Charakterzügen des Organismus mit sich. Die Folge davon ist die gestörte Entwicklung und unangemessenes Verhalten. (Thomas & Chess, 1980, S. 10)

Zentner (2000) weist auf die Unterscheidung zwischen „objektiver" Passung, die auf Verhaltensbeobachtungen oder reliablen Fremdeinschätzungen basiert, und „subjektiver" Passung hin, die sich auf eine Übereinstimmung zwischen der elterlichen Wahrnehmung der kindlichen Temperamenteigenschaften und ihren Erwartungen an das Kind bezieht.

Der besondere Erklärungswert dieses theoretischen Modellansatzes liegt darin, dass Fehlentwicklungen sowohl auf Kind- wie auch auf Elternebene primär auf (oft chronische) *Unvereinbarkeiten* von Verhaltensweisen zurückgeführt werden können, die jeweils für sich genommen als durchaus im Rahmen der „normalen" Variationsbreite liegend klassifiziert werden können (vgl. z. B. auch Lerner, 1983). Temperament wird demnach also erst dann zur Risikobedingung, wenn es mit den Anforderungen der sozialen Umwelt, insbesondere jenen der Eltern, inkompatibel ist („match" versus „mismatch" im Sinn von Buss und Plomin, z. B. 1984).

> So ist es leicht nachvollziehbar, dass etwa ein sehr ruhiges Mädchen, welches ohne Geschwister in einer „geordneten" Familie in der Stadt wohlbehütet aufwächst, von seinen – vielleicht ebenfalls sehr ruhigen und introvertierten – Eltern als „sehr artig" wahrgenommen wird und dementsprechend auch mit durchaus positiven Reaktionen von Seiten der Eltern konfrontiert wird. Seine Entwicklung wird anders verlaufen als die eines Mädchens mit vergleichbarem Temperament, welches aber als mittleres Kind mit zwei lebhaften Brüdern auf dem Lande aufwächst und durch sein zurückgezogenes Verhalten ständig ins Hintertreffen gerät. Ersetzt man nun in dem Vergleich die beiden ruhigen durch zwei sehr lebhafte, hoch-reaktive Mädchen mit klassischem „schwierigen" Temperament, kehren sich die Ausgangspositionen um: Das „schwierige" Mädchen in der „geordneten" Familie wird möglicherweise von der Familie als psychisch auffällig angesehen, ihr Verhalten u. U. pathologisiert so dass sich die Familie insgesamt als belastet erlebt, während dasselbe Verhalten in der ländlichen Umgebung – zumindest von den Familienangehörigen – als zwar „jungenhaft" und gelegentlich störend, aber im übrigen völlig „normal" wahrgenommen und nicht weiter thematisiert wird.

Eine in diesem Zusammenhang häufig gestellte Frage bezieht sich darauf, ob eine vergleichbare Temperamentstruktur von Eltern und Kind eher von Vorteil oder von Nachteil ist. Die Befunde dazu sind jedoch nicht konsistent. Zentner (1998) weist darauf hin, dass Gleichheit bei „schwierigem" Temperament von Eltern und Kindern in der Regel eher als problematisch, bei „langsam auftauendem" Temperament eher als günstig einzustufen sei. Grundsätzlich kann Ähnlichkeit also je nach Ausgangsbedingungen fördernd, oder beeinträchtigend wirken.

Interessant sind bei der Einschätzung der Effekte des Temperaments interkulturelle Vergleichsstudien. So verglichen Kerr, Lambert und Bem (1996) die Auswirkungen von Schüchternheit bei Kindern in Schweden und in den USA: Dabei erwiesen sich von ihren Müttern als schüchtern eingeschätzte acht- bis zehnjährige Söhne in den USA später (mit 35 Jahren) als weniger erfolgreich im Beruf als die Nicht-Schüchternen. In Schweden hingegen waren die Schüchternen als Erwachsene ebenso erfolgreich. Kulturelle Einflüsse bestimmen daher nicht nur die Entwicklung der Familie als Ganzes, sondern auch individuelle Karrieren. Die unterschiedlichen Karriereverläufe stehen hier zweifellos mit dem anderen Stellenwert in Zusammenhang, der verschiedenen Temperamentmerkmalen in den jeweiligen Kulturen beigemessen wird (vgl. dazu auch Papalia, Olds & Feldman, 2001). Zu ganz ähnlichen Ergebnissen gelangte auch eine Studie von Chen et al. (1998), die feststellten, dass kindliche Schüchternheit von Eltern in Kanada eher als defizitär bzw. als „unreifes" Verhalten erlebt wird, in China hingegen hoch angesehen und anerkannt wird.

Dass Temperamenteigenschaften in verschiedenen Gesellschaften nicht nur unterschiedlich wahrgenommen und bewertet werden, sondern für das Schicksal der Betroffenen entscheidend sein können, belegt drastisch ein Beispiel aus Afrika: Bei den Masais in Kenia,, wurde das Schicksal von jeweils zehn Babys mit extrem schwierigem bzw. pflegeleichtem Temperament (sensu Thomas und Chess, z. B. 1977) im

Verlauf einer Dürreperiode verfolgt (De Vries, 1984). Dabei musste festgestellt werden, dass nach 5 Monaten in fünf von sieben wiedergefunden Familien die als pflegeleicht diagnostizierten Babys verstorben waren, während alle wiedergefundenen „schwierigen" Babys überlebt hatten. Den schwierigen Säuglingen gelang es offenbar besser, die familiären Ressourcen für sich zu mobilisieren. Diese Studie zeigt auch, dass davon ausgegangen werden muss, dass die Bedeutung und Funktionalität bzw. das Risikopotential bestimmter Temperamentsmerkmale in unterschiedlichen Umwelten nicht nur anders, sondern fallweise sogar genau entgegengesetzt zu beurteilen ist: Dieselbe Verhaltensdisposition, dieselben Temperamenteigenschaften, die unter der einen Bedingung, in einer Kultur, möglicherweise schon als Störung etikettiert werden, können unter anderen Bedingungen, in einer anderen Kultur, sogar Überlebenswert haben (vgl. dazu auch De Vries, 1994).

6.2.2 Interaktionseffekte zwischen kindlichem Temperament und elterlichem Verhalten

In unmittelbare Interaktion tritt das Temperament, zumindest in den ersten Lebensjahren, allerdings vor allem im primären Sozialisationskontext, in der Regel also im Rahmen der Familie. Für die Familienentwicklung bedeutet das kindliche Temperament einen wichtigen Einflussfaktor. Andererseits hängt das Risikopotential der individuellen kindlichen Temperamentkonstellation für gestörte Entwicklungen wesentlich von den – natürlich kulturell beeinflussten (s. o.) – elterlichen Einstellungen, Erwartungen und ihrem Erziehungsverhalten ab.

Empirische Belege lassen sich dafür anführen, dass gleiches Erziehungsverhalten bei Kindern mit unterschiedlicher Temperamentstruktur häufig unterschiedliche Entwicklungen zur Folge hat: Bei zunächst als schwierig klassifizierten Schreikindern konnte in mehreren Studien ein Zusammenhang mit späterer Zurückgezogenheit (z. B. Kagan, Snidman & Arcus, 1998; Lanthier & Bates, 1995; Rollett & Werneck, 19..) und Ängstlichkeit (z. B. Kagan, 1994, 1997; Kagan, Snidman, Zentner & Peterson, 1999; Woodward et al., 2001) nachgewiesen werden – ein Phänomen, das auch als longitudinale Umkehrung des Aktivitätsniveaus vom Neugeborenen bezeichnet wird (s. o.). Erste Belege dazu stammen von Bell, Weller und Waldorp, 1971. Allerdings trifft dies nicht bei allen Kindern zu: Arcus, Gardner und Anderson (1992) fanden bei der Suche nach den Gründen für die unterschiedlichen Entwicklungen von „Schreibabys" mit Hilfe mehrfacher Videoanalysen der Mutter-Kind-Interaktionen (im Alter von 5 bis 13 Monaten), dass sich bei den hochreaktiven („schwierigen") Kindern durch einen relativ strengen Erziehungsstil der Mutter die – ansonsten für diese Kinder typische – erhöhte Ängstlichkeit im zweiten Lebensjahr weitgehend unterdrücken ließ. Hochreaktive Babys mit permissiven Müttern, die weniger klare Grenzen setzten, Grenzüberschreitungen eher zu tolerieren bereit waren und auf das Schreien ihrer Babys eher mit verstärkter Zuwendung reagierten, erwiesen sich mit 14 Monaten hingegen als deutlich ängstlicher. Während diese differentiellen Entwicklungen von hochreaktiven Säuglingen in Abhängigkeit vom elterlichen Erziehungsverhalten relativ gut belegt sind (vgl. dazu z. B. auch Park, Belsky, Putnam & Crnic, 1997), ist interessant, dass sich bei den niedrigreaktiven Säuglingen *keine* Unterschiede bezüglich der Entwicklung ängstlicher Verhaltensweisen in Abhängigkeit vom Erziehungsstil der Mutter feststellen ließen (Arcus et al., 1992). Diese Kinder entwickelten durchgehend ein überwiegend exploratives, nicht-ängstliches Kleinkindverhalten.

Familiale Wechselwirkungseffekte in dem Sinn, dass gleiches Erziehungsverhalten der Eltern in Abhängigkeit vom Temperament der Kinder zu unterschiedlichen Konsequenzen führen kann, machte beispielsweise die Studie von Bates, Pettit, Dodge und Ridge (1998) deutlich, die ergab, dass restriktives Kontrollverhalten von Müttern bei impulsiven und unnachgiebigen Kindern mittelfristig aggressionshemmend wirkte, bei wenig impulsiven Kindern aber genau den gegenteiligen Effekt, nämlich verstärkt dissoziales Verhalten im Schulalter zur Folge hat. Der gleiche Erziehungsstil kann also bei Kindern mit unterschiedlichem Temperament unterschiedliche, ja sogar entgegengesetzte Entwicklungen begünstigen.[4] An dieser Stelle muss darauf hingewiesen werden, dass zwar das familiäre Umfeld, insbesondere das Erziehungsverhalten der Eltern, einen bedeutenden Einfluss auf die Entwicklung der Kinder ausübt, dass aber umgekehrt auch die Bezugspersonen bzw. die Familie als Ganzes vom Kind und seinem charakteristischen Verhalten im Sinne einer *retroaktiven Sozialisation* beeinflusst werden (vgl. auch z. B. Hermens, Kavšek & Tismer, 2001; Klewes, 1983; Lerner, 1982). So fanden etwa Watson und Kowalski (1999) in einer australischen Studie, dass temperamentmäßig besonders auffällige Zwei- bis Dreijährige das Erziehungsverhalten ihrer Bezugspersonen signifikant beeinflussten, so dass Ausmaß und Art der Interaktion als Funktion des kindlichen Temperaments bestimmt werden konn.ten. Die Diagnose der geschilderten Wechselwirkungsmechanismen zwischen kindlichem temperamentbezogenen Verhalten und elterlichem Erziehungsverhalten ist für die Prognose der weiteren Familienentwicklung von zentraler Bedeutung. Modifikationen temperamentbedingter Verhaltensdispositionen können daher den Ansatzpunkt für präventive Interventionsmaßnahmen zur Vermeidung bzw. Behandlung gestörter Entwicklungen bilden.

6.3 Befunde zur Temperamententwicklung aus dem Wiener Projekt „Familienentwicklung im Lebenslauf (FIL)"

Im Rahmen eines großangelegten Längsschnittprojekts „Familienentwicklung im Lebenslauf (FIL)" (s. ausführlicher z. B. in Rollett & Werneck, 1993, 2001b) wurden Daten von insgesamt 175 Familien (Müttern, Vätern und Kindern) zu vier Erhebungszeitpunkten, und zwar 3 Monate vor (t1), 3 Monate (t2), 3 Jahre (t3) und 8 (t4) Jahre nach der Geburt des Untersuchungskindes zu verschiedenen für die Familienentwicklung relevanten Bereichen erhoben (zur elterlichen Partnerschaft, familiären Rollenaufteilung, Einstellungen, zur kindlichen Entwicklung usw. An dieser Stelle soll nun näher auf die Befunde zum kindlichen Temperament eingegangen werden.

---

[4] Nur am Rande sei angemerkt, dass diese differentiellen Wirkungen, in der Erziehungsstilforschung bisher zu wenig berücksichtigt wurden.

Erfasst wurde das Temperament durch von den Müttern zu beantwortenden Fragebögen, die in Anlehnung an das Konzept von Thomas und Chess (z. B. 1977; s. o.) konstruiert und jeweils für die entsprechenden Altersstufen adaptiert wurden.

Zum ersten Erhebungszeitpunkt ergaben sich durch eine Faktorenanalyse der 43 Items (jeweils vierstufig zu beantworten: „fast immer"/„oft"/„selten"/„fast nie") insgesamt fünf Faktoren (die entsprechenden Teststatistiken siehe z. B. bei Rollett & Werneck, 1993):
- positive Stimmung (Beispielitem: Mein Kind ist fröhlich und zufrieden),
- negative Stimmung (Beispielitem: Mein Kind hat längere Schreiperioden),
- Irritierbarkeit (Beispielitem: Auf neue Situationen reagiert mein Kind irritiert und weint),
- Rhythmizität (Beispielitem: Mein Kind hat regelmäßige Einschlafzeiten) und
- Reaktionsintensität (Beispielitem: Mein Kind trinkt sehr gierig).

Eine anschließende Clusteranalyse der Daten der Säuglinge ergab in Anlehnung an die Klassifikation von Thomas und Chess (z. B. 1977) drei Temperamentgruppen:
1) Easy-Babys (47 %; gekennzeichnet durch gute Stimmungslage, wenig Unruhe, geringe Irritierbarkeit und Reaktionsintensität und hohe Rhythmizität),
2) Difficult Babys (9 %; hohe Irritierbarkeit und Unruhe, hohe Reaktionsintensität und eher negative Stimmungslage; hinsichtlich der Rhythmizität fiel etwas weniger als die Hälfte von ihnen durch hohe, die restlichen durch eine niedrige Ausprägung dieses Merkmals auf) und
3) Slow-to-warm-up-Babys (44 %, eher gute Stimmungslage, wenig unruhig und irritierbar, geringe Rhythmizität und mittlere Reaktionsintensität).

Im Unterschied zu Thomas und Chess konnte hier also kein „Mischtypus" ermittelt werden (der in der klassischen New Yorker Längsschnittstudie etwa 35 % ausmachte). Bezüglich der Gruppe der schwierigen Babys war vorerst auffällig, dass sie schon bei der Geburt tendenziell kleiner waren ($M = 48.73$ cm, $SD = 4.33$) als die pflegeleichten Babys ($M = 50.45$ cm, $SD = 2.24$) und die langsam auftauenden Babies ($M = 50.00$ cm, $SD = 2.78$) ($p = .08$). Ihr Geburtsgewicht war geringer ($M = 3057.33$ g, $SD = 801.57$) sowohl im Vergleich zu den Easy-Babies ($M = 3417.33$ g, $SD = 525.25$) als auch den Slow-to-warm-up-Babies ($M = 3321,43$ g, $SD = 639.04$). Daneben fiel auf, dass Slow-to-warm-up-Babies mit 3 Monaten noch signifikant öfter von ihren Müttern gestillt wurden als Easy- und Difficult-Babies ($p < .000$). Eine Varianzanalyse der Entwicklungstestwerte (Bayley-Scales) ergab außerdem deutlich niedrigere Werte auf der Psychomotorik-Skala für die schwierigen ($M = 104.79$, $SD = 13.46$) und die passiven Babys ($M = 105.24$, $SD = 17.69$) als für die pflegeleichten Babys ($M = 111.71$, $SD = 13.39$) ($p = .03$) (s. auch z. B. Rollett & Werneck, 2001a).

Wie Resultate von Pfadmodellen (nach dem LVPLS-Algorithmus von Wold, 1981, und Lohmöller, 1981) belegen, bestimmen Temperamenteigenschaften des Kindes (Pfadkoeffizient: .31) mit, wie sehr die Mütter 3 Monate post partum die Kinder als Belastung empfinden (s. Abbildung 1; vgl. dazu z. B. auch Werneck, Nickel, Rollett & Quaiser-Pohl, 2001), was wiederum Wechselwirkungen im Sinne einer retroaktiven Sozialisation (s. oben) nahelegt.

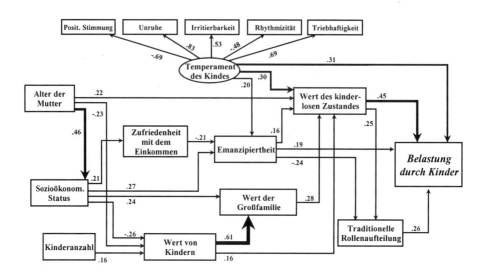

Abbildung 1: Pfadmodell für die Belastung der Mütter durch die Kinder, 3 Monate nach der Geburt (vgl. auch z. B. Werneck, Nickel, Rollett & Quaiser-Pohl, 2001).

Interessant ist in diesem Zusammenhang, dass die Väter sich 3 Monate nach der Geburt des Kindes nicht in gleichem Maß wie die Mütter durch das kindliche Temperament belastet fühlten.

Ein erwähnenswertes Resultat ergibt sich aus der längsschnittlichen Analyse der mit 3 Monaten ermittelten Temperamenttypen: Die ehemaligen Difficult-Babys wiesen im Grundschulalter (t4) tendenziell höhere IQ-Werte im Handlungsteil des HAWIK-III (Tewes, Schallberger & Rossmann, 2000) auf ($M = 113.23$, $SD = 13.26$) als ehemalige Easy-Babys ($M = 108.91$, $SD = 10.19$) und Slow-to-warm-up-Babys ($M = 105.33$, $SD = 13.65$); Ergebnisse der Varianzanalyse: $F (2, 132) = 2.77$, $p = .06$; keine Zusammenhänge gab es jedoch mit den Schulnoten in der Grundschule. Ein erhöhtes Risiko aufgrund von Intelligenzdefiziten bei ehemaligen Difficult-Babys scheint aufgrund dieser Daten jedenfalls ausgeschlossen.

Im Rahmen der Erhebungswelle mit 3 Jahren (t3) erfolgte ebenfalls eine Erhebung des Temperaments mit einer altersgemäß adaptierten Version des Temperamentfragebogens (vgl. auch z. B. Höllerer, 1998; Rollett & Werneck, 2001b). Faktorenanalytisch konnten folgende vier Skalen ermittelt werden:

1) Ärgerneigung (Beispielitem: Wenn mein Kind verärgert ist, wirft es etwas auf den Boden, weint, schreit oder schmeißt die Türen zu),
2) Kontaktfähigkeit/Anpassung (Bsp.: Im Park oder bei Besuchen geht mein Kind auf andere zu und spielt mit ihnen),
3) Erziehbarkeit (Bsp.: Mein Kind lässt sich leicht beruhigen, wenn es weint) und
4) Introversion versus Extraversion (Bsp.: In einer neuen Situation, wie zum Beispiel im Kindergarten, fühlt sich mein Kind auch noch nach Tagen unbehaglich).

Bei der anschließenden Clusteranalyse ließen sich diesmal vier Gruppen unterscheiden:

1) Zurückgezogene Kinder (46 %; gekennzeichnet v. a. durch hohe Introversionswerte und geringe Kontaktfähigkeit/Anpassung), in dieser Gruppe dominierten die im Säuglingsalter als „schwierig" klassifizierten Kinder.
2) Pflegeleichte Kinder (17 %; hohe Erziehbarkeit und Kontaktfähigkeit/Anpassung).
3) Dominante Kinder (9 %; mit guten sozialen Fähigkeiten, aber hohen Ärgerneigungs- und geringen Erziehbarkeitswerten).
4) Unauffällige Kinder (28 %).

Wie weiter unten ausführlicher dargestellt wird, ergaben sich kaum Übereinstimmungen zwischen den mit 3 Monaten und jenen mit 3 Jahren nach der Geburt der Kinder erfassten Clustern.

Die mit 3 Jahren (t3) gefundenen Temperamenttypen unterschieden sich im Wiener Entwicklungstest WET (Kastner-Koller & Deimann, 1998): Die Zurückgezogenen verfügten über eine bessere Feinmotorik ($M = 3.81$, $SD = 0.44$), vor allem im Vergleich zu den Unauffälligen ($M = 3.38$, $SD = 0.79$; $p = .02$) (vgl. auch Höllerer, 1998). In der Kaufman-Assessment Battery for Children (in der deutschen Version von Melchers und Preuß, 1991) schnitten pflegeleichte Kinder im Untertest Zahlennachsprechen interessanterweise mit Abstand am schlechtesten ab ($M = 7.89$, $SD = 2.97$), die dominanten Kinder zeigten die besten Resultate ($M = 10.43$, $SD = 0.98$) – $p = .04$; die gleiche Reihenfolge fand sich auch beim Untertest Rechnen: Dominante Kinder ($M = 112.56$, $SD = 14.07$) vor unauffälligen Kindern ($M = 109.44$, $SD = 13.89$), zurückgezogenen Kinder ($M = 105.93$, $SD = 13.20$) und pflegeleichten Kindern ($M = 99.18$, $SD = 11.41$) ($p = .04$).

Für die Familienentwicklung sind die Einstellungen der Eltern von großer Bedeutung. Sie wurden auch zu t3 mit dem Elternschaftsfragebogen von Nickel, Grant und Vetter (1990) erhoben. Hier fällt auf, dass die Väter der „Zurückgezogenen" ihre Kinder deutlich stärker als Belastung erlebten als vor allem die Väter der pflegeleichten und der unauffälligen Kinder ($p = .004$). Interessant in diesem Zusammenhang ist auch, dass die Väter der nunmehr dreijährigen zurückgezogenen Kinder sogar schon vor deren Geburt die Belastung durch Kinder signifikant höher einschätzten ($p = .001$). Sie waren daher weniger gut auf die Entwicklung eines problemlosen Familienlebens gefasst, was möglicherweise im Sinne einer self-fulfilling-prophecy wirkte.

Bei den pflegeleichten Kindern wird eine gute Familienentwicklung dadurch mitbegünstigt, dass die Mütter über ein außerordentlich gutes Verhältnis zu ihrer Herkunftsfamilie, vor allem zu den Großeltern berichteten ($p = .021$). Sie gaben mehr Freude an Aktivitäten mit ihrem Kind an, vor allem im Vergleich zu den Müttern der dominanten Kinder ($p = .021$). In diesem Zusammenhang ist erwähnenswert, dass es sich bei den mit 3 Jahren als pflegeleicht klassifizierten Kindern deutlich öfter um geplante Kinder handelte ($p = .03$). Dominante Kinder hatten Väter, die sich durch eine höhere Frequenz an Sozialkontakten ($p = .001$) bei gleichzeitig geringer ausgeprägter Zufriedenheit mit ihrer Zeitaufteilung zwischen Familie, Freizeit und Beruf vor allem im Vergleich zu den Vätern der als pflegeleicht klassifizierten Kinder charakterisieren ließen ($p = .015$). Diese Resultate lassen sich als Indiz für den Einfluss familiärer Kontextvariablen auf die kindliche Temperamententwicklung anführen.

Mit 8 Jahren (t4), im Grundschulalter, wurde der Erhebungsbogen zum kindlichen Temperament erneut einer Revision und altersgemäßen Modifikation unterzogen (vgl. dazu z. B. Moser, 2001). Aus den insgesamt 51 Items ergaben sich faktorenanalytisch diesmal folgende sechs Skalen:

1) Offenheit (Beispielitem: Mein Kind ist an allem Neuen interessiert),
2) Extraversion versus Introversion (Bsp.: Mein Kind überwindet normalerweise Scheu gegenüber Fremden rasch),
3) Zielstrebigkeit (Bsp.: Mein Kind geht gerne in die Schule),
4) Folgsamkeit (Bsp.: Wenn mein Kind nicht anziehen darf, was es möchte, akzeptiert es nach einer kurzen Diskussion, was ich vorschlage),
5) Ärgerneigung (Bsp.: Wenn mein Kind über etwas zornig ist, ist es schwer, es abzulenken) und
6) Erziehbarkeit (Bsp.: Wenn mein Kind über etwas beunruhigt oder verärgert ist, beruhigt es sich schnell wieder).

Eine Clusteranalyse der Untersuchungskinder ergab für die Achtjährigen vier Temperamenttypen. Übereinstimmungen mit den Zuteilungen der Kinder zu den einzelnen Temperamentgruppen zu t2 und t3 konnten aber auch hier kaum festgestellt werden.

1) Pflegeleichte Kinder (44 %; gekennzeichnet durch hohe Offenheit und Erziehbarkeit),
2) Zurückgezogene Kinder (32 %; geringe Offenheit und geringe Extraversion),
3) Schwierige Kinder (7 %; geringe Erziehbarkeit, geringe Zielstrebigkeit und geringe Offenheit, hohe Ärgerneigung) und eine
4) Extravertierte Normalgruppe (17 %; hierbei handelt es sich um eine Gruppe mit Skalenwerten im Durchschnittsbereich, die am ehesten über ihre relativ hohen Extraversionswerte zu charakterisieren ist).

Im Handlungs-Teil des HAWIK III wiesen interessanterweise die mit 8 Jahren als schwierig klassifizierten Kinder signifikant geringere IQ-Werte auf ($M = 98.86$, $SD = 16.77$) als die pflegeleichten Kinder ($M = 109,80$, $SD = 11.74$) und die extravertierten Kinder ($M = 110,35$, $SD = 12.43$); dazwischen lagen die zurückgezogenen Kinder ($M = 12.69$, $SD = 11.68$) ($p = .004$). Eine Interpretation wäre, dass in dieser Altersgruppe die intellektuelle Leistungsfähigkeit die Einschätzung der Schwierigkeit des Kindes mitbeeinflusst. Pflegeleichte Kinder hatten auch die besten Schulnoten, schwierige Kinder die schlechtesten ($p = .04$). Dazu passt auch, dass die Neigung zur Vermeidung schulischer Anstrengung, gemessen mit einer Kinderversion des Anstrengungsvermeidungstest (Rollett & Bartram, 1998), bei pflegeleichten Kindern deutlich verringert war, während sie bei den nunmehr als schwierig eingestuften Kindern auffallend oft so stark ausgeprägt war, dass Therapiebedarf besteht ($p = .03$). Erwähnenswert scheint außerdem, dass als pflegeleicht klassifizierte Achtjährige tendenziell häufiger Väter hatten, die im Elternschaftsfragebogen (Nickel et al., 1990) vor allem aufgrund ihrer wenig traditionellen Grundhaltungen als „Neue Väter" (vgl. z. B. Werneck, 1998) klassifiziert wurden, während die extravertierten und auch die zurückgezogenen Kinder gehäuft Väter hatten, die Kinder als relativ starke Belastung erlebten und sich vom Familienalltag eher zurückzogen („Eigenständige

Väter", siehe Werneck, 1998) ($p = .08$). Auffällig ist weiters, dass die achtjährigen pflegeleichten Kinder Mütter hatten, die mit ihrer elterlichen Partnerschaft, etwa hinsichtlich der erlebten Zärtlichkeit von ihrem Partner, signifikant zufriedener waren als vor allem die Mütter der schwierigen Kinder ($p = .007$). Interessant ist schließlich auch, dass pflegeleichte Kinder eine wesentlich weniger strenge Erziehung – erfasst durch die Angaben der Mütter in der Hamburger Erziehungsverhaltensliste für Mütter, HAMEL (Baumgärtel, 1979) –, erfuhren als schwierige Kinder ($p = .01$).

Ausgehend von diesen Resultaten wurde der Frage nachgegangen, inwieweit die verschiedenen Temperamentausprägungen im Säuglingsalter, längsschnittlich gesehen, Auswirkungen auf die weitere Entwicklung haben können. Von besonderem Interesse ist dies für den Fall der schwierigen Säuglinge. Im nächsten Schritt wurden daher die Veränderungen der Zugehörigkeiten zu den einzelnen Temperamenttypen analysiert. Bemerkenswertestes Ergebnis in diesem Zusammenhang war die Zuordnung von nahezu allen zu t2 als schwierig klassifizierten Babys – bis auf eines – 3 Jahre danach (t3) in die Gruppe der zurückgezogenen Kinder. Von 48 Easy-Babys (zu t2) konnten zwar 15 zu t3 wieder in die Gruppe der pflegeleichten Kinder eingeordnet werden. Noch mehr (19) fielen allerdings in die Gruppe der zurückgezogenen Kinder und ein Viertel aller Easy-Babys in die Gruppe der unauffälligen Kinder. Von den passiven Babys wurden zu t3 die meisten (25 von 53) dem Cluster der zurückgezogenen Kinder zugeordnet, immerhin sechs der Gruppe der dominanten Kinder, aber nur fünf den pflegeleichten Kindern. Interessant scheint auch die Tatsache, dass von den in dieser Analyse erfassten Kindern die Gruppe der pflegeleichten Kinder zu t3 mit insgesamt 18 % relativ klein ausfiel, während im Säuglingsalter diese Gruppe 43 % umfasste: Fast die Hälfte der Kinder (48 %) wurde mit 3 Monaten als „slow-to-warm-up" klassifiziert. Dies entspricht dem Prozentsatz mit 3 Jahren, doch handelt es sich (teilweise) um andere Kinder.

Die Ergebnisse der Untersuchungswelle mit 8 Jahren (t4) zeigten eine Erhöhung des Anteils der als pflegeleicht klassifizierten Kinder auf 45%, während jener der zurückgezogenen Kinder zu t4 auf unter ein Drittel (31 %) sank. Von denjenigen, die mit 3 Jahren als zurückgezogen klassifiziert worden waren (50), fanden sich mit 8 Jahren 20 erneut im Cluster der Zurückgezogenen, etwas mehr (21) wurden nun dem Cluster der Pflegeleichten zugeordnet. Die kleine Gruppe der mit 3 Jahren als dominant charakterisierten Kinder wurde mit 8 Jahren zur Hälfte (4 von 8) als schwierig klassifiziert. Der Anteil der von den Müttern als schwierig eingeschätzten Kinder betrug unter den Achtjährigen nur mehr 5 %. Drei dreijährige dominante Kinder fanden sich zu t4 in der Gruppe der Extravertierten, hingegen kein einziges in der Gruppe der achtjährigen Pflegeleichten. Die mit 3 Jahren (t3) unauffälligen Kinder wurden 5 Jahre danach zur Hälfte den pflegeleichten Kindern zugeordnet (12 von 24).

Über den gesamten Untersuchungszeitraum von 3 Monaten bis 8 Jahre nach der Geburt der Kinder ergeben sich somit folgende Verteilungsmuster: Von den Easy-Babys blieben insgesamt weit mehr als – unter Annahme einer Zufallsverteilung – erwartet (34 von 56) auch nach 8 Jahren in der Gruppe der pflegeleichten Kinder; weniger als erwartet, aber doch immerhin 23 % (13 von 56) wurden den zurückgezogenen Kindern zugeordnet. Von den Slow-to-warm-up-Babys fielen mit 8 Jahren die meisten in das Cluster der zurückgezogenen Kinder, 31 % (19 von 61) aber auch in die Gruppe der pflegeleichten Kinder und immerhin 18 % (11 von 61) in das Cluster der Extravertierten. Für die mit 3 Monaten als schwierig klassifizierten Babys lässt sich hingegen kein eindeutiges Muster feststellen: 4 von 14 wurden mit 8 Jahren der Gruppe der pflegeleichten Kinder zugeordnet, ebenso viele den Extravertierten, 5 den Zurückgezogenen und nur eines in die Gruppe der schwierigen Kinder. (Bei diesem Kind handelte es sich um ein autistisches Kind, wobei dieses Diagnose mit 3 Jahren noch nicht gestellt worden war.) Die Vergleiche der Temperamenttypen mit 3 Monaten und mit 8 Jahren sind insgesamt knapp nicht signifikant – Gart's 2I (9, $N = 97$) = 19.68; $p = .067$ (s. Abbildung 2).

Insgesamt konnte festgestellt werden, dass die Prognose der weiteren Entwicklung aufgrund der Zugehörigkeiten zu einem bestimmten Temperamenttyp im Säuglingsalter kaum möglich ist. Dies trifft vor allem auf die Gruppe der schwierigen Kinder zu. Hier muss allerdings festgehalten werden, dass die von den Müttern vorgenommenen Definitionen der Schwierigkeit von Kindern zu den drei Zeitpunkten etwas variierten, sodass sich die Frage der funktionellen Äquivalenz stellt (vgl. dazu z. B. Rutter, 1982).

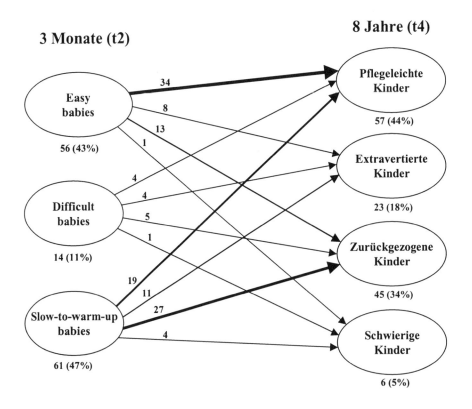

Abbildung 2: Wanderung der Temperamenttypen von 3 Monate bis 8 Jahre nach der Geburt (Rollett & Werneck, 2001b).

6.4 Diskussion und Schlussfolgerungen

Die Tatsache, dass alle Difficult-Babys bis auf eines mit 3 Jahren als zurückgezogen klassifiziert wurden, entspricht den der Literatur bereits mehrfach replizierten Befunden, wonach hoch reaktive Babys später als introvertiert, gehemmt, schüchtern, passiv beziehungsweise ängstlich beschrieben werden (z. B. Kagan et al., 1999; Lanthier & Bates, 1995). Die relativ gleichmäßige Verteilung der Difficult-Babys in die mit 8 Jahren klassifizierten Temperamentcluster lässt sich wiederum vor dem Hintergrund des Passungskonzepts erklären, wonach das Temperament erst in Verbindung mit einem bestimmten Erziehungsumfeld zu späteren Verhaltensproblemen führt. Gerade beim schwierigen Temperament wirkt der Einfluss der sozialen Umwelt, insbesondere der Reaktionen und Verhaltensweisen der primären Bezugspersonen, besonders nachhaltig (siehe auch Chess & Thomas, 1992; Papoušek, 1999). Übereinstimmend damit fand etwa Belsky (1997), dass die Empfänglichkeit für Erziehungseinflüsse insofern unterschiedlich ist, als die Entwicklung irritierbarer Kinder stärker von Umwelteinflüssen abhängt. Auch Schedle und Reicherts (1997) betonen, dass schwierige Kinder besonders stark auf eine positive soziale Umwelt angewiesen sind, wenn es z. B. darum geht, eine sichere Bindung zur Mutter aufzubauen (hohes mütterliches Einfühlungsvermögen, Verlässlichkeit in er Interaktion und Körperkontakt zur Mutter). Dies gilt vor allem für Belastungssituationen. Dies bedeutet andererseits aber auch, dass gerade Kinder mit schwierigem Temperament mehr von Interventionen profitieren können (einen Überblick über Interventionsprogramme für Schreibabys siehe z. B. bei Wolke, 2000). Einen weiteren wichtigen Hinweis liefern in diesem Zusammenhang Studien, die belegen, dass sich Reaktionen der Umwelt je nach Temperament des Kindes unterschiedlich auswirken können (z. B. Bates et al., 1998).

Eine mögliche Erklärung für den sinkenden Prozentsatz der als schwierig klassifizierten Kindern vom ersten zum achten Lebensjahr könnte mit der Entwicklung der „effortful control" (s. z. B. Kochanska, Murray & Harlan, 2000) zusammenhängen, einem Aspekt des Temperaments, der sich auf die Fähigkeit zur Selbstkontrolle bezieht und sich v. a. zwischen 22 und 33 Monaten deutlich verbessert. Die Fähigkeit zur Selbstkontrolle, insbesondere auch im emotionalen und psychomotorischen Bereich mit 5 Monaten erlaubt Prognosen, wie gut es dem Kind mit 30 Monaten gelingt, auf Forderungen der Umwelt einzugehen (Young, Fox & Zahn-Waxler, 1999). Dadurch lässt sich möglicherweise erklären, warum in der vorgestellten Studie vier von insgesamt sechs als schwierig diagnostizierten Achtjährigen aus der Gruppe der Slow-to-warm-up-Babys stammen. Die Ergebnisse stützen die These von Guerin, Gottfried und Thomas (1997), dass schwieriges Temperament in der frühen Kindheit spätere Entwicklungsstörungen zwar begünstigen kaum, aber dennoch die meisten als schwierig klassifizierten Kinder später eben *nicht* klinisch auffällig werden. Insbesondere im Fall des schwierigen Temperaments scheint es daher angebracht, seinen prädiktiven Wert, etwa für Verhaltensstörungen, nicht überzubewerten, sondern vielmehr als Signal zu nützen, um durch entsprechende Maßnahmen gegenzusteuern, wobei – wie oben ausgeführt – gerade bei schwierigen Kindern durchaus hohe Erfolgsaussichten bestehen.

Das Passungskonzept bietet einen interessanten – und in Zukunft vermehrt verfolgenswerten – Ansatz für eine umfassend verstandene nachhaltige Prävention, in die prinzipiell alle Familienmitglieder einbezogen werden sollten.

In der Praxis könnten im Sinne dieser „Passung" Strategien zur Anwendung kommen, wie etwa:
- Information und Aufklärung der Eltern über entwicklungspsychologische Ergebnisse der Temperamentforschung – etwa dass sich hoch reaktive Kinder später auch mehr intellektuelle Anregungen zu verschaffen wissen werden;
- Bewusstmachen und Hinterfragen kontraproduktiver Erziehungsideale („brave Kinder sollen still sein, immer folgen, nie zurückreden" usw.);
- die Vermittlung verhaltenstherapeutischer Techniken;
- die Förderung von Gesprächen mit anderen Eltern (von Kindern mit „schwierigem" Temperament).

6.5 Fallbeispiel

Anna war das erste Kind ihrer Eltern, die beide zu diesem Zeitpunkt bereits ca. 35 Jahre alt waren. Die Geburt verlief sehr schwierig, es kam zu einem Zervixsriss, der operativ behandelt wurde und zu ausgeprägten Erschöpfungszuständen der Mutter in den ersten Wochen nach der Geburt des Kindes führte. Schon in der Klinik fiel Anna durch ihre langdauernden Schreiepisoden auf, die sich auch in der häuslichen Umgebung nicht besserten. Entsprechend schwierig gestaltete sich der Übergang zur Elternschaft. Da die Mutter das Kind voll stillte, konnte ihr der Vater nur einen Teil der Pflegemaßnahmen abnehmen. Sie stillte das Kind nach Bedarf, was zur Folge hatte, dass sie es sehr häufig anlegen musste. Annas Schlaf war äußerst unregelmäßig, die Schlafperioden sehr kurz. Die Eltern versuchten, das Baby durch Herumtragen und Ablenken zu beruhigen, was zur Folge hatte, dass das Kind nur mehr getragen werden wollte. Nach wenigen Wochen waren beide Eltern extrem erschöpft und entsprechend verzweifelt. Verwandte und Bekannte machten ihnen außerdem Vorwürfe, dass es an ihrer fehlerhaften Erziehung läge, dass das Kind nicht zu einem „normalen" Verhalten fände. Die wichtigste, entlastende Information für die Eltern bestand daher darin, dass es sich bei dem Schreiverhalten ihrer Tochter nicht um ein eigenes Versagen, sondern um die Auswirkungen einer angeborener Temperamentsdisposition handle. Die Beratung konzentrierte sich weiters darauf, in differenzierter, auf die Besonderheiten der Familie eingehender Weise eine Arbeitsteilung zu verabreden, die es den Eheleuten ermöglichte, zu mehr Schlaf zu kommen. Beide Maßnahmen sind zur Einleitung einer wirksamen Familientherapie bei Schreikindern unerlässlich. Da die Mutter Probleme damit hatte, ihrer Schwiegermutter zu erklären, dass das Schreiverhalten Annas keine Auswirkung irgendwelcher Erziehungsfehler sei, wurden mit ihr und dem Ehemann im Rollenspiel angemessene Erklärungen eingeübt. Auch dies führte zu einer merklichen Entlastung der angespannten seelischen Situation der Partner. Im nächsten Schritt wurde eine „Zukunftsperspektive" für die Kleinfamilie aufgebaut und Zielvorstellungen abgeklärt: Anna sollte die Unterstützung bekommen, die sie offenbar benötigte, um ein fröhliches Kleinkind zu werden, ohne dass dies zu einer nicht zu bewältigenden Überlastung eines oder beider Elternteile führte. Dazu gehörte die einfache, aber für die Eltern sehr wichtige Information, dass Schreiverhalten auch in extremen Fällen nicht „ewig" dauert, sondern im günstigen Fall nach drei Monaten, im ungünstigsten Fall nach längstens einem Jahr der Vergangenheit angehört. Den Eltern wurden außerdem Maßnahmen erklärt, die erfahrungsgemäß eine positive Entwicklung von Schreikindern fördern können. Sie wurden darauf aufmerksam gemacht, dass diese nicht als Einzelmaßnahmen, sondern nur in der Gesamtheit zu günstigen Auswirkungen führen. Sie gliedern sich in zwei Gruppen: Die eine Kategorie betrifft Maßnahmen, die dem Kind eine der vorgeburtlichen Situation ähnliche Umwelt schaffen und so eine Reduktion negativer Gefühle bewirken. Beispiele sind konsequentes Vermeiden von Lärm (Fernseher!), von zu rasch erfolgenden, unvorhergesehenen Lageveränderungen, von Temperaturschwankungen (z. B. Anwärmen des Bettchens bevor man das Kind hineinlegt, eine warme Unterlage beim Wickeltisch, kühle Kleidung bei hoher Außentemperatur usw.) u. ä.; Wichtig ist weiters die Unterweisung der Eltern im modulierten Sprechen mit dem Kind (dem sogenannten „motherese"), wobei ihnen erklärt werden muss, dass eine Steuerung der kindlichen Emotionen über das Sprechen bereits bei Neugeborenen möglich ist, weiters ein Training im differenzierten Erkennen („Dekodieren") des kindlichen Schreiverhaltens nach den vermutlichen Bedürfnisäußerungen (z. B. Langeweile, Schmerz, Hunger, Schläfrigkeit), um eine rasche und problemangemessene Befriedigung und damit Beruhigung des Kindes zu ermöglichen. Die zweite Gruppe von Maßnahmen dient dem gezielten Aufbau des Erkundungs- und Spielverhaltens, um von den ungünstigen Innenzuständen abzulenken. Ein reichhaltiges Angebot von besonders vielfältigen, dem jeweiligen Alter angepassten Beschäftigungsmöglichkeiten sowohl für das Alleinspiel wie das kommunikative Spiel. Hilfreich ist eine Unterweisung in einfachen Prinzipien der Verhaltenstherapie, um die Eltern beim Aufbau von erwünschtem und Abbau von unerwünschtem Verhalten zu unterstützen. Äußerst wichtig ist auch die Information, dass Lernprozesse bei Säuglingen und Kleinkindern sehr viele, d. h. oft mehrere hundert Wiederholungen erfordern, um zu verhindern, dass Maßnahmen nach einigen Versuchen verfrüht aufgegeben werden. Ebenso wichtig ist die Information, dass jede neue Anpassungsleistung (z. B. Krankheit, Zahnen, aber auch Wohnungswechsel usw.) eine kritische Situation darstellt, die das Schreiverhalten für einige Zeit wieder verstärken kann, was aber nichts anderes bedeutet, als dass die bereits bewährten Maßnahmen erneut eingesetzt werden müssen, um das Kind bei der Bewältigung der neuen Anforderungen zu unterstützen und eine Beruhigung der Situation zu erreichen.

Wie dies in der Regel bei der Intervention bei Eltern von Schreikindern der Fall ist, war auch bei Anna eine längerfristige beratende Begleitung ihrer Eltern erforderlich, um bei Schwierigkeiten helfend einzugreifen. Anna entwickelte sich in der Folge zu einem besonders interessierten, sozial gut angepassten und leistungsmotivierten Kind. Für die Eltern bedeutete die gemeinsame Lösung der mit dem schwierigen Temperament des Kindes zusammenhängenden Probleme eine Herausforderung, die sie als Chance nutzten, um ihre eigene Partnerschaft zu festigen.

Literatur

Aksan, N., Goldsmith, H. H., Smider, N. A., Essex, M. J., Clark, R., Hyde, J. S., Klein, M. H. & Lowe Vandell, D. (1999). Derivation and prediction of temperamental types among preschoolers. *Developmental Psychology, 35,* 958-971.

Arcus, D. Gardner, S. & Anderson, C. (1992). *Infant reactivity, maternal style, and the development of inhibited and uninhibited behavioral profiles.* Paper, presented in a Symposium on temperament and environment at the Biennial Meeting of the International Society for Infant Studies, Miami.

Bates, J. E., Dodge, K. A., Pettit, G. S. & Ridge, B. (1998). Interaction of temperamental resistance to control and restrictive parenting in the development of externalizing behavior. *Developmental Psychology, 34,* 982-995.

Baumgärtel, F. (1979). *Hamburger Erziehungsverhaltensliste für Mütter (HAMEL).* Göttingen: Hogrefe Verlag.

Bell, R. Q., Weller, G. M. & Waldorp, M. F. (1971). Newborn and preschooler: Organization of behavior and relations between periods. *Monographs of the Society for Research in Child Development, 36,* Nos. 1-2.

Buss, A. & Plomin, R. (1984). *Temperament: Early developing personality traits.* Hillsdale, NJ: Lawrence Erlbaum.

Chen, X., Hastings, P. D., Rubin, K. H., Chen, H., Cen, G., & Stewart, S. L. (1998). Child-rearing attitudes and behavioral inhibition in Chinese and Canadian toddlers: A cross-cultural study. *Developmental Psychology, 34* (4), 677-686.

Chess, S. & Thomas, A. (1986). *Temperament and clinical practice.* London: Guilford Press.

Chess, S. & Thomas, A. (1996). *Temperament: Theory and practice.* New York: Bruner/Mazel.

De Vries, M. (1984). Temperament and infant mortality among the Massai of East Afrika. *American Journal of Psychiatry, 141,* 1189-94.

Goldsmith, H. H., Buss, K. A. & Lemery, K. S. (1997). Toddler and childhood temperament: Expanded content, stronger genetic evidence, new evidence for the importance of the environment. *Developmental Psychology, 33,* 891-905.

Goldsmith, H. H., Lemery, K. S., Buss, K. A. & Campos, J. J. (1999). Genetic analyses of focal aspects of infant temperament. *Developmental Psychology, 35,* 972-985.

Guerin, D. W., Gottfried, A. W., & Thomas, C. W. (1997). Difficult temperament and behavioural problems: a longitudinal study from 1.5 to 12 years. *International Journal of Behavioral Development, 21* (1), 71-90.

Havill, V. (1999). Temperament, personality and behaviour problems in young children: A view through the lenses of teachers. [Abstract] In E. Besevegis, G. Georgouleas, V. Pavlopoulos & P. Giavrimis (Eds.), *Human Development at the turn of the century* (p. 299). Spetses: Editors.

Henderson, L. J. (1913). *The fitness of the environment*. New York: Macmillan.

Hermens, A., Kavšek, M. & Tismer, K.-G. (2001). Wie beurteilen Eltern Beeinflussungsversuche ihrer Kinder? *Psychologie in Erziehung und Unterricht, 48,* 219-235.

Kagan, J. (1994). *Galen's prophecy. Temperament in human nature*. New York: Basic Books.

Kagan, J. (1997). Temperament and the reactions to unfamiliarity. *Child Development, 68,* 139-144.

Kagan, J., Snidman, N. & Arcus, D. (1998). Childhood derivatives of high and low reactivity in infancy. *Child Development, 69,* 1483-1493.

Kagan, J., Snidman, N., Zentner, M. R. & Peterson, E. (1999). Infant temperament and anxious symptoms in school age children. *Development and Psychopathology, 11,* 209-224.

Kerr, M., Lambert, W. W. & Bem, D. J. (1996). Life-course sequelae of childhood shyness in Sweden: Comparison with the United States. *Developmental Psychology, 32,* 1100-1105.

Klewes, J. (1983). *Retroaktive Sozialisation: Einflüsse Jugendlicher auf ihre Eltern*. Weinheim: Beltz.

Kochanska, G., Murray, K. T. & Harlan, E. T. (2000). Effortful control in early childhood: continuity an change, antecedents, and implications for social development. *Developmental Psychology, 36,* 220-232.

Lanthier, R. P. & Bates, J. E. (1995). *Infancy era predictors of the big five personality dimensions in adolescence*. Paper presented at the 1995 Meetings of the Midwestern Psychological association, Chicago, IL.

Lemery, K. S., Goldsmith, H. H., Klinnert, M. D. & Mrazek, D. A. (1999). Developmental models of infant and childhood temperament. *Developmental Psychology, 35,* 189-204.

Lerner, R. M. (1982). Children and adolescents as producers of their own development. *Developmental Review, 2,* 342-370.

Lerner, R. M. (1983). A „Goodness of Fit" model of person-context interaction. In D. Magnusson & V. L. Allen (Eds.), *Human development. An interactional perspective*. New York: Academic Press.

Lindberg, L. (1999). Long-term consequences of early feeding problems related to infant temperament, attachment and maternal behaviours. [Abstract] In E. Besevegis, G. Georgouleas, V. Pavlopoulos & P. Giavrimis (Eds.), *Human Development at the turn of the century* (pp. 154-155). Spetses: Editors.

Lohmöller, J.-B. (1981). *LVPLS 1.6 Program Manual: Latent variables path analysis with partial least-squares estimation* (Forschungsbericht 81.04). Hochschule der Bundeswehr München, Fachbereich Pädagogik.

Melchers, P. & Preuß, U. (1991). *K-ABC. Kaufman-Assessment Battery for Children. Individualtest zur Messung von Intelligenz und Fertigkeiten bei Kindern im Alter von 2;6 bis 12;5 Jahren*. Amsterdam: Swets & Zeitlinger.

Moser, I. (2001). *Längsschnittliche Untersuchung der Temperamententwicklung der Kinder des Projekts Familienentwicklung im Lebenslauf*. Unveröffentlichte Diplomarbeit, Universität Wien.

Newman, D. L., Caspi, A., Moffitt, T. E. & Silva, P. A. (1997). Antecedents of adult interpersonal functioning: effects of individual differences in age 3 temperament. *Developmental Psychology, 33,* 206-217.

Papalia, D. E., Wendkos Olds, S. & Duskin Feldman, R. (2001). *Human Development* (8th ed.). Boston: McGraw-Hill.

Papoušek, M. (1999). Regulationsstörungen der frühen Kindheit: Entstehungsbedingungen im Kontext der Eltern-Kind-Beziehungen. In R. Oerter, C. von Hagen, G. Röper & G. Noam (Hrsg.), *Klinische Entwicklungspsychologie* (S. 148-169). Weinheim: Psychologie Verlags Union.

Park, S.-Y., Belsky, J., Putnam, S. & Crnic, K. (1997). Infant emotionality, parenting, and 3-year inhibition: Exploring stability and lawful discontinuity in a male sample. *Developmental Psychology, 33,* 218-227.

Reichle, B. & Werneck, H. (Hrsg.). (1999). *Übergang zur Elternschaft. Aktuelle Studien zur Bewältigung eines unterschätzten Lebensereignisses.* Stuttgart: Enke.

Rende, R. D. (1993). Longitudinal relations between temperament traits and behavioral syndromes in middle childhood. *Journal of the American Academy of Child and Adolescent Psychiatry, 32,* 287-290.

Rollett, B. & Bartram, M. (1998). *Anstrengungsvermeidungstest* (3., überarbeitete Aufl.). Göttingen: Hogrefe.

Rollett, B. & Werneck, H. (1993). *Die Bedeutung von Rollenauffassungen junger Eltern für den Übergang zur Elternschaft.* Wien: Universität, Institut für Psychologie, Abteilung für Entwicklungspsychologie und Pädagogische Psychologie.

Rollett, B. & Werneck, H. (1998). *Difficult temperament – a risk factor? Results of a longitudinal study.* Paper, presented at the satellite meeting of the 8th International Child Neurology Congress (Ljubljana): „Longitudinal studies in children at-risk (LSCR)", Vienna.

Rollett, B. & Werneck, H. (2001a). Difficult temperament at 3 months of age and temperament at 3 years. Results of a longitudinal study. In K. W. Kallus, N. Posthumus & P. Jiménez (Eds.), *Current psychological research in Austria. Proceedings of the 4th scientific conference of the Austrian Psychological Society (ÖGP)* (pp. 99-201). Graz: Akademische Druck- und Verlagsanstalt.

Rollett, B. & Werneck, H. (2001b). *Familienentwicklung im Lebenslauf (FIL): Familienentwicklung im Schulalter des Kindes.* Wien: Universität, Institut für Psychologie, Abteilung für Entwicklungspsychologie und Pädagogische Psychologie.

Rothbart, M. K. (1986). Longitudinal observation of infant temperament. *Developmental Psychology, 22,* 356-365.

Rothbart, M. K. & Ahadi, S. A. (1994). Temperament and the development of personality. *Journal of Abnormal Psychology, 103,* 55-66.

Rothbart, M. K., Ahadi, S. A. & Evans, D. E. (2000). Temperament and personality: Origins and outcomes. *Journal of Personality and Social Psychology, 78,* 122-135.

Rothbart, M. K. & Bates, J. E. (1998). Temperament. In W. Damon & N. Eisenberg (Eds.), *Handbook of child psychology Vol. 3. Social emotional and personality development* (5th ed., pp. 105-176). New York: Wiley.

Rutter, M. (1982). Temperament: Concepts, issues, and problems. In R. Porter & C. G. Collins (Eds.), *Ciba Foundation Symposium 89, Temperamental differences in infants and young children* (pp. 1-19). London: Pitman.

Sarimski, K. & Papoušek, M. (2000). Eltern-Kind-Beziehung und die Entwicklung von Regulationsstörungen. In F. Petermann, K. Niebank & H. Scheithauer (Hrsg.), *Risiken in der frühkindlichen Entwicklung* (S. 199-222). Göttingen: Hogrefe.

Saß, H., Wittchen, H.-U. & Zaudig, M. (1998). *Diagnostisches und Statistisches Manual Psychischer Störungen. DSM-IV. Deutsche Bearbeitung* (2. verbesserte Aufl.). Göttingen: Hogrefe. (Original erschienen 1994: Diagnostic and statistical manual of mental disorders)

Scheithauer, H. & Petermann, F. (2000). Aggression. In F. Petermann (Hrsg.), *Lehrbuch der Klinischen Kinderpsychologie und -psychotherapie* (S. 188-226). Göttingen: Hogrefe.

Schmitz, S., Fulker, D. W., Plomin, R., Zahn-Waxler, C., Emde, R. N. & DeFries, J. C. (1999). Temperament and problem behaviour during early childhood. *International journal of behavioral development, 23*, 333-355.

Steinhausen, H.-C. (2000). *Seelische Störungen im Kindes- und Jugendalter. Erkennen und verstehen.* Stuttgart: Klett-Cotta.

Stevenson, J. & Gjone, H. (1997, June). *A multivariate behavior genetic analysis of temperament and behavior problems in longitudinal study of twins.* Poster, presented at International Society for Research in Child and Adolescent Psychopathology, Paris.

Strayer, F. F., Cayrou, M. & Bonnet, J. (1999). Temperament and attachment as predictors of social adaptation with peers [Abstract]. In E. Besevegis, G. Georgouleas, V. Pavlopoulos & P. Giavrimis (Eds.), *Human Development at the turn of the century* (pp. 174-175). Spetses: Editors.

Tewes, U., Schallberger, U. & Rossmann, K. (2000). *Hamburg-Wechsler-Intelligenztest für Kinder-III.* Göttingen: Hogrefe Verlag.

Thomas, A. & Chess, S. (1977). *Temperament and development.* New York: Brunner/Mazel.

Watson, J. & Kovalski, H. (1999). Caregiver-toddler interaction in childcare centres: The effect of toddler temperament. [Abstract] In E. Besevegis, G. Georgouleas, V. Pavlopoulos & P. Giavrimis (Eds.), *Human Development at the turn of the century* (pp. 409-410). Spetses: Editors.

Werneck, H. (1998). *Übergang zur Vaterschaft. Auf der Suche nach den „Neuen Vätern".* Wien: Springer.

Werneck, H., Nickel, H., Rollett, B. & Quaiser-Pohl, C. (2001). Wert von Kindern und Belastung durch Kinder im Erleben junger Eltern in Deutschland, Österreich und in Südkorea. In H. Nickel & C. Quaiser-Pohl (Hrsg.), *Junge Eltern im kulturellen Wandel – Untersuchungen zur Familiengründung im internationalen Vergleich.* Weinheim: Juventa.

Wold, H. (1981). Model construction and evaluation when theoretical knowledge is scarce: on the theory and application of Partial Least Squares. In J. Kmenta & J. Ramsey (Eds.), *Model evaluation in econometrics.* New York: Academic press.

Wolke, D. (1999). Interventionen bei Regulationsstörungen. In R. Oerter, C. von Hagen, G. Röper & G. Noam (Hrsg.), *Klinische Entwicklungspsychologie* (S. 351-380). Weinheim: Psychologie Verlags Union.

Wolke, D. (2000). Interventionen bei Schreibabies. In F. Petermann, K. Niebank & H. Scheithauer (Hrsg.), *Risiken in der frühkindlichen Entwicklung. Entwicklungspsychopathologie der ersten Lebensjahre* (S. 359-360). Göttingen: Hogrefe.

Woodward, S. A., McManis, M. H., Kagan, J., Deldin, P., Snidman, N., Lewis, M. & Kahn, V. (2001). Infant Temperament and the Brainstem Auditory Evoked Response in Later Childhood. *Developmental Psychology, 37,* 533–538.

Young, S. K., Fox, N. A. & Zahn-Waxler, C. (1999). The relations between temperament and empathy in 2-year-olds. *Developmental Psychology, 35,* 1189-1197.

Zentner, M. R. (1998). *Die Wiederentdeckung des Temperaments. Eine Einführung in die Kinder-Temperamentforschung.* Paderborn: Fischer.

Zentner, M. R. (2000). Das Temperament als Entwicklungsfaktor in der frühkindlichen Entwicklung. In F. Petermann, K. Niebank & H. Scheithauer (Hrsg.), *Risiken in der frühkindlichen Entwicklung. Entwicklungspsychopathologie der ersten Lebensjahre* (S. 257-281). Göttingen: Hogrefe.

7. Kapitel:
Der Beitrag der Bindungsforschung zur klinischen Entwicklungspsychologie der Familie

Gabriele Gloger-Tippelt

7.1 Einleitung

Bindungstheorie und Bindungsforschung tragen wie kaum ein anderer Ansatz der Entwicklungspsychologie dazu bei, Familienbeziehungen und Entwicklungsstörungen in Familien zu beschreiben. Die Bindungsforschung ist einerseits geeignet, den allgemeinen Verlauf der Entwicklung von Eltern-Kind-Beziehungen, besonders in den frühen Jahren des Kindes, zu beschreiben. Sie legt andererseits aber auch einen Schwerpunkt auf interindividuelle Unterschiede in der Qualität von Eltern-Kind-Beziehungen unter dem Aspekt der Bindung (Ainsworth, Blehar, Waters & Bell, 1978). Für unterschiedliche Beziehungsformen zeigt sie Prozesse und Mechanismen bei der transgenerationalen Vermittlung von Beziehungsformen von Eltern an ihre Kinder auf. Außerdem werden in der Bindungsforschung Entwicklungswege sowohl von gelungener Anpassung der Persönlichkeit als auch von Fehlentwicklungen in Beziehungen und pathologische Bindungsformen wie Bindungsstörungen untersucht (Bowlby, 1969). Das Kindeswohl wird hier in engem Zusammenhang mit den Familienbeziehungen gesehen. Damit können Aussagen über Schutz- und Risikofaktoren und ihre jeweiligen Wirkungsmechanismen für die Persönlichkeitsentwicklung gemacht werden. Diese Beiträge der Bindungsforschung gelten trotz des epochalen Wandels von Familie als sozialer Institution und behalten trotz der vielfach beschriebenen Pluralisierung von Familienformen ihre Gültigkeit (Gloger-Tippelt, 2000).

In dem sehr expandierenden Feld der Bindungsforschung entstanden in neuerer Zeit zahlreiche Vorschläge sowohl für die praktische Gestaltung von Übergängen im Familienzyklus als auch verschiedene Maßnahmen zur Prävention und Intervention für Einzelpersonen, Eltern-Kind-Beziehungen, Paare und Familien (Cassidy & Shaver, 1999; Goldberg, Muir & Kerr, 1995; Suess & Pfeifer, 1999). Solche Vorschläge und Projekte beruhen im optimalen Fall auf längsschnittlich belegten Entwicklungswegen mit zwei prototypischen Verläufen: bei sicherer Bindung günstige, wünschenswerte Verläufe mit optimaler Entwicklung einer realitätsangemessenen Verarbeitung von Erfahrungen und Gefühlen mit sozialen Kompetenzen und hohen Selbstwertgefühlen; im Gegensatz dazu bei unsicherer Bindung Verhaltensprobleme oder Persönlichkeitsstörungen. Damit kann die Bindungsforschung in vier Schritten zu einem wissenschaftlichen Erkenntnisgewinn beitragen.

- Sie *beschreibt* Phänomene der Familienbeziehungen, insbesondere durch neue Beobachtungen und Erhebungsmethoden,
- sie *erklärt* aufgrund der Annahmen durch Begriffe der Bindungstheorie Persönlichkeitsentwicklung in der Familie und ermöglicht damit Prognosen,
- sie entwickelt Maßnahmen zur *Optimierung* der menschlichen Entwicklung,
- und sie überprüft deren Wirksamkeit, d. h. sie *evaluiert*.

Die Umsetzungen der Grundlagenforschung sind jedoch in keiner Weise ausgeschöpft, vielmehr handelt es sich vielfach um erste Erprobungen zu dem Thema der klinischen Anwendung und familienbezogenen Interventionen. Hier kann daher noch kein systematischer, sondern lediglich ein skizzenhafter Überblick angeboten werden. In Abschnitt 2 dieses Beitrages werden die Grundlagen der Bindungsforschung, ihre Annahmen, Erhebungsmethoden für verschiedene Lebensalter und empirischen Befunde im Zusammenhang von Bindung und Persönlichkeitsentwicklung beschrieben (Beschreibung und Erklärung von Bindung). In Abschnitt drei wird zunächst ein heuristisches Schema über Ansatzpunkte für Interventionen entwickelt, danach werden beispielhaft Maßnahmen zu bindungsbasierenden Therapien und Familienübergängen dargestellt (Schritte der Optimierung und Evaluation). Einige offene Fragen sollen am Ende des Beitrags angesprochen werden.

7.2 Grundlagen der Bindungsforschung im Kontext der Familienpsychologie

7.2.1 Grundlagen und Annahmen der Bindungstheorie

Die Bindungstheorie beschreibt und erklärt den Aufbau, die Veränderung und die Qualität von Beziehungen in der Familie; sie unterscheidet dabei qualitativ verschiedene Beziehungen zwischen Eltern und Kindern. Die empirische Bindungsforschung untersucht besonders die Konsequenzen dieser qualitativ verschiedenen, mehr oder weniger günstigen Beziehungsformen für die Anpassung des Individuums. Die von dem britischen Kinder- und Jugendpsychiater Bowlby (1969) begründete Bindungstheorie behandelt vor allem die emotionalen Aspekte der Beziehungen. Er definiert Bindung als spezifisches, überdauerndes affektives Band zwischen zwei Personen, insbesondere zwischen den Eltern oder primären Bezugspersonen und ihrem Kind. Dabei stehen auf Seiten des Kindes die Schutzfunktion der Bindung, auf Seiten der Eltern die Fürsorgefunktion im Vordergrund (Gloger-Tippelt, 2000). Die Gewährung von Schutz und Sicherheit kann auch auf die Beziehung zwischen erwachsenen Partnern übertragen werden. Insofern befasst sich die Bindungstheorie überwiegend mit den sozial-emotionalen Aspekten der Eltern-Kind-Beziehung oder der Paarbindung, sie lässt andere Bereiche wie die Anregung und Förderung zwischen Eltern und Kindern oder die Sexualität in Partnerschaften außer Acht oder behandelt sie nur indirekt (Engfer, 2000).

Die Entstehung einer Bindung bei Kleinkindern im Allgemeinen und von interindividuellen Unterschieden im Bindungsverhalten und in mentalen Repräsentationen von Bindung im Besonderen werden auf spezifische Interaktionserfahrungen der Kinder mit ihren Bezugspersonen, in der Regel mit den Eltern, zurückgeführt. Kleinkinder sind schon ab dem Ende des ersten Lebensjahres in der Lage, wiederkehrende Interaktionserfahrungen mental zu repräsentieren. Zunächst leistet dies ihr implizites, d. h. vorsprachliches oder prozedurales Gedächtnis, später ab drei bis vier Jahren tragen dazu auch ihre expliziten, d. h. semantischen und episodischen Wissens- und Gedächtnissysteme und ihre neu gewonnenen sprachlichen Fähigkeiten bei. Die Bindung manifestiert sich also in Abhängigkeit vom Lebensalter auf verschiedenen Ebenen der Persönlichkeit, und zwar der Verhaltensebene und der mentalen Ebene von Erinnerungen, Vorstellungen und Erwartungen. Crittenden (1999) fasst in ihrem dynamisch-reifungsorientierten Ansatz beide Ebenen als Bindungsstrategien zusammen.

Die zentrale entwicklungspsychologische und klinische Annahme der Bindungstheorie besagt, dass sich auf der Grundlage der gespeicherten Erfahrungen von Beziehungen, die mit den primären Bezugspersonen gemacht wurden, sowohl ein Bild der Umwelt mit spezifischen Erwartungen an diese als auch ein entsprechendes Selbstbild entwickeln. Bei Vertrauen in die Umwelt und Erwartung von Unterstützung entwickelt das Kleinkind ein positives Selbstbild, bei enttäuschten Erwartungen und Misstrauen gegenüber der Umwelt ein negatives Selbstbild. Diese Vorstellungen werden in Form von mentalen Repräsentationen oder mentalen Bindungsmodellen, in Bowlbys Formulierung in einem „inneren Arbeitsmodell von Bindung„ organisiert. Die darin enthaltenen, mehr oder weniger gut integrierten, kognitiven und affektiven Verarbeitungen der Beziehungserfahrungen bilden den Schlüssel für zwischenmenschliches Verhalten und Beziehungen zu weiteren nahestehenden Personen (Freunden, Peers, Partnern, Kindern). Während das Bindungsverhalten von Kleinkindern noch personen- oder beziehungsspezifisch ist, wird für die später entwickelten mentalen Bindungsmodelle eine hierarchische Integration verschiedener Beziehungserfahrungen angenommen. In der neueren Bindungstheorie werden Befunde aus der kognitiven Psychologie zur Entwicklung und Veränderung der mentalen Bindungsmodelle aufgearbeitet (Bretherton, 2001; ausführliche Darstellungen zu vielen Aspekten der Bindungsforschung finden sich in Cassidy und Shaver, 1999).

7.2.2 Kennzeichen von sicheren und verschiedenen unsicheren Bindungsqualitäten

In der Bindungsforschung wird bekanntlich zwischen sicherer Bindung, zwei unsicheren und einem hochunsicheren Bindungsmuster[5] unterschieden. Die ersten drei Bindungsmuster, und zwar die sichere, die unsicher-vermeidende und die unsicher-

---

[5] Den Begriff *Bindungsmuster* führte Ainsworth (z. B. Ainsworth, Blehar, Waters & Bell, 1978) für die Kombination und Integration verschiedener konkreter Verhaltensweisen der Kleinkinder bei Wiederkehr der Bezugsperson nach Trennung ein. Synonym wird auch von *Bindungsqualitäten* oder *Bindungsgruppen* gesprochen.

ambivalente Bindung im Kleinkindalter werden als *organisierte Verhaltensmuster* (Ainsworth et al., 1978; Main, 1990) oder als Bindungsstrategien (Crittenden, 1999) im Gegensatz zu einer *Desorganisation von Bindung* bezeichnet. Die organisierten Bindungsstrategien lassen sich für eine Person systematisch aus ihren früheren Erfahrungen ableiten: Bei verlässlichen und feinfühligen Reaktionen der Bezugsperson auf den Kummer und Ängste des Kleinkindes baut dieses eine sichere Bindung auf, bei ständiger und vorhersagbarer Zurückweisung eine unsicher-vermeidende Bindung und bei einer unvorhersehbaren, wechselhaften Zuwendung eine unsicher-ambivalente Bindung. Die Bindungsqualitäten stellen nach Crittenden Problemlösungsstrategien dar, mit denen sich das Kind im Verlaufe seiner allgemeinen Entwicklungsfortschritte auf das mehr oder weniger kalkulierbare Verhalten der Bezugspersonen einstellt. Bei *sicherer Bindung* ist die Aufmerksamkeit auf Bindungspersonen oder auf die Sachumwelt flexibel und ausbalanciert, die Person ist offen und in der Lage, Gefühle auszudrücken. Daher werden Personen mit sicherer, autonomer Bindung im Erwachsenenalter in der Mitte eines Kontinuums der Aufmerksamkeitsorientierung und Affektregulation angeordnet, wie Abbildung 1 zeigt.

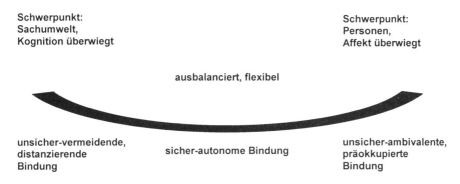

Abbildung 1: Aufmerksamkeits- und Affektregulation bei den drei Bindungsgruppen.

Ein Extrem am linken Pol stellt die vermeidende, deaktivierende Strategie der *unsicher-vermeidenden Bindung* (oder *distanzierende Bindung* im Erwachsenenalter) dar. Diese Strategie besteht in einer Minimierung von Nähe und Kontakt zu den Bindungspersonen und der Unterdrückung von (negativen) emotionalen Erfahrungen. Das andere Extrem am rechten Pol bildet die ambivalente, hyperaktivierende Strategie oder *unsicher-ambivalente Bindung*, die auf Maximierung der Nähebedürfnisse (mit fehlender Abgrenzung), auf übermäßiger Beschäftigung mit den Bindungspersonen (*präokkupierte oder verwickelte Bindung* im Erwachsenenalter), der Überwältigung durch Gefühle und fehlender kognitiver Integration von Erfahrungen beruht.

Bei einer hochunsicheren *desorganisierten/desorientierten Bindung* des Kindes bzw. dem *unverarbeiteten Bindungsstatus* Erwachsener, die nicht in das genannte Kontinuum einzuordnen sind, brechen Verhaltensorganisation und Aufmerksamkeitsstrategien zusammen. Es wird angenommen, dass die Eltern selbst hier eine Quelle von Angst für das Kind darstellen, indem sie furchterregende (z. B. Misshandlungen) oder (durch Traumatisierung entstandene) Furcht- und Panikreaktionen gegenüber dem Kind zeigen (Main & Hesse, 1990). Derartige Störungen der Beziehung zeigen sich in sehr kurzen, aber klinisch auffälligen Verhaltensweisen des Kleinkindes bei Wiederkehr der Eltern nach Trennung, in auffälligen Verhaltensweisen (mit kontrollierend-strafender oder extrem fürsorglicher Tendenz) oder in bizarren, destruktiven Spielthemen in den bindungsbezogenen Erhebungsverfahren für das Vorschulalter. Bei Erwachsenen lässt sich der hochunsichere Bindungsstatus aus solchen, von der Person nicht bemerkten Denk- und Sprachstörungen im Adult Attachment Interview (AAI) erschließen (Main & Goldwyn, 1985-1998).

Empirische Untersuchungen bestätigten als wesentlichen Faktor bei der Entstehung einer unsicheren Bindung eine geringe Feinfühligkeit der mütterlichen Bezugsperson in den ersten Lebensjahren. Allerdings reicht dies noch nicht als Erklärung aus, weitere Belastungsfaktoren in der Familie tragen nachweislich zu einer unsicheren Bindung bei, wie Krankheit der Eltern, insbesondere mütterliche Depression, Trennung und Scheidung der Eltern, körperliche und sexuelle Misshandlung sowie Vernachlässigung.

7.2.3 Diagnostische Zugänge zur Bindung über die Lebensspanne

Die Bindungsforschung hat vor allem deshalb in ihren empirischen Untersuchungen zahlreiche theoretisch erwartete Zusammenhänge erfolgreich aufzeigen können, weil auf der Basis der Bindungstheorie inzwischen ein breites Spektrum von unterschiedlichen Erhebungsmethoden entwickelt wurde. Eine lange Zeit, etwa 20 Jahre, stand das Bindungsverhalten von Kleinkindern im Zentrum, das in der bekannten Beobachtungssituation, der Fremden Situation nach Ainsworth, erhoben wird (Ainsworth et al., 1978; Weinfield, Sroufe, Egeland & Carlson, 1999). Ab circa 1985 hat sich dann das Erwachsenenbindungsinterview (Adult Attachment Interview, AAI) von George, Kaplan und Main, deutsche Übersetzung in Gloger-Tippelt, 2001) etabliert. Erst danach wurde die Lücke zwischen Kleinkindalter und Erwachsenenalter durch verschiedene weitere Verfahren gefüllt.

Das AAI ist ein halb-strukturiertes, klinisches Interview über die frühen Erfahrungen mit Bezugspersonen in der Herkunftsfamilie und über die Einschätzung der Bedeutung dieser Erfahrungen aus heutiger Sicht der interviewten Person. Erfasst werden also nicht die Erfahrungen selbst, sondern der sog. „State of mind" im Hinblick auf Bindung, d. h. wie diese Erfahrung repräsentiert wird. Im Zentrum der umfangreichen sprachlichen und inhaltsanalytischen Auswertung des AAI durch trainierte Experten steht ein linguistisches Kriterium, die sogenannte *Kohärenz* der sprachlichen Darstellung der interviewten Person. Damit ist gemeint, inwieweit die Person ihre Beurteilungen der Kindheit glaubwürdig und belegbar darstellt. Dieses Kriterium wurde z. T. auch bei der Auswertung von Interviewverfahren für jüngere Kinder modifiziert. Ebenso wird die Fähigkeit zu metakognitiven Aussagen, d. h. zu aktuellen Reflexionen der eigenen Aussagen und die Fähigkeit zur Perspektivenübernahme bei der Klassifikation der Bindungsgruppen berücksichtigt. Ausgehend vom AAI hat sich ebenfalls eine Tradition von Fragebogeninstrumenten entwickelt, deren Autoren postulieren, die Bindungsrepräsentationen von Erwachsenen im Hinblick auf ihre Herkunftsfamilie oder auf ihre Partnerschaft zu erfassen (v. Sydow, 2001).

Für Kinder vom Vorschulalter bis zur mittleren Kindheit kann zum einen ihr *Bindungsverhalten* durch eine variierte Fremden Situation oder eine Auswertung des Wiedervereinigungsverhaltens gegenüber der Bezugsperson nach längerer Trennung erhoben werden. Auch aus den Aussagen von Müttern oder Erziehern lassen sich die Bindungsgruppen nach dem Verhalten von Kindern unterscheiden, wie dies im Attachment Q-Sort erfasst wird. Zum anderen greift man auf die Fähigkeit der weiter entwickelten Kinder zurück, in symbolischen Medien wie bindungsbezogenen Bildgeschichten (Separation Anxiety Test, SAT) oder Geschichtenergänzungen im Puppenspiel ihre *Bindungsrepräsentationen* auszudrücken (Gloger-Tippelt, 1999). Einen Überblick hierzu bieten Solomon und George (1999).

Zur Differenzierung der verschiedenen Bindungstypen in den einzelnen Altersstufen stehen also inzwischen valide und reliable diagnostische Verfahren zur Verfügung, für die Kleinkinder die Beobachtungen in der Fremden Situation, der Attachment Q-Sort, für Bindungsrepräsentationen ab dem Vorschulalter der SAT und Geschichtenergänzungen im Puppenspiel, für ältere Kinder Interviewverfahren und für Jugendliche und Erwachsene das AAI.

7.2.4 Empirische Befunde über Zusammenhänge zwischen Bindungsgruppen und Persönlichkeitsentwicklung

7.2.4.1 Häufigkeiten der Bindungsgruppen

Die verschiedenen Bindungsgruppen weisen deutlich unterschiedliche Häufigkeiten auf, wobei die sichere Bindung als angepasstes, günstiges Muster in unausgelesenen, „normalen" Stichproben am häufigsten auftritt. Soweit die Fremde Situation bei Kleinkindern oder das AAI bei Erwachsenen eingesetzt wurde, trifft dies für ca. zwei Drittel der Stichproben zu. Im Vorschulalter nehmen die unsicheren gegenüber den sicheren Bindungen proportional zu, weil die Bindungsrepräsentationen dazu neigen, sich zu verfestigen, wenn keine gegenteiligen Erfahrungen gemacht werden.

In vorausgelesenen klinischen Stichproben und Patientengruppen sind die bindungsunsicheren Gruppen häufiger anzutreffen (van Ijzendoorn & Bakermans-Kranenburg, 1996). Die genannten vier Bindungsqualitäten stellen einerseits qualitativ verschiedene Beziehungsformen dar, sie können andererseits auch als abgestufte Grade der Belastung in Beziehungen konzipiert werden. Die Personen mit desorganisierter Bindung gelten aufgrund der im Folgenden berichteten Ergebnisse als Hochrisikogruppe, während die unsicher-vermeidenden oder ambivalenten Muster nicht als pathologisch angesehen werden.

7.2.4.2 Forschungsfragen und Einschränkungen

Grundlage für Beratungen und die Gestaltung von Interventionen auf der Basis der Bindungsforschung sind gut belegte, empirische Zusammenhänge zwischen Bindungsgruppen und Merkmalen der Persönlichkeit und des Sozialverhaltens, die im günstigen Fall in Längsschnittstudien nachgewiesen wurden. Aus bindungstheoretischer Sicht können aufgrund der Differenzierung von sicheren, verschiedenen unsicheren bis hochunsicheren Bindungen Risikofaktoren und Risikomechanismen für die Entwicklung von Verhaltensstörungen oder umgekehrt Schutzfaktoren für eine gesunde Anpassung und psychosoziale Entwicklung abgeleitet werden.

In der aktuellen Forschung finden sich altersgruppenspezifisch Zusammenhänge der Bindungsmuster z. B. mit kommunikativen Kompetenzen, Selbstkonzept, Sozialverhalten und sogar Verhaltensauffälligkeiten. Nur einige Ergebnisse können hier erwähnt werden. Allerdings ist einschränkend festzuhalten, dass nicht in allen Studien zwischen den verschiedenen Formen von Bindungsunsicherheit unterschieden wird, z. T. deshalb, weil manche unsicheren Bindungen (z. B. die ambivalente/präokkupierte Bindung) in nicht-klinischen Stichproben selten auftreten. Außerdem muss mit komplexen Faktorenketten gerechnet werden (Spangler & Zimmermann, 1999). Die Bindung zu einem früheren oder dem aktuellen Entwicklungszeitpunkt kann nicht als kausaler Faktor im engeren Sinne gesehen werden, sondern ein Bindungsmuster trägt immer nur im Kontext anderer Faktoren zu einem Ergebnis der Entwicklung bei.

In diesem Rahmen kann nicht auf die Frage der Kontinuität oder Veränderung und die Bedingungen für Kontinuität eines einmal erworbenen Bindungsmusters bis ins Erwachsenenalter eingegangen werden, zu der heute sehr unterschiedliche empirische Befunde vorliegen. Als Bedingungsfaktoren für Veränderungen der Bindung konnten kritische Lebensereignisse und Belastungsfaktoren der Familie nachgewiesen werden (Grossmann, Grossmann & Zimmermann, 1999). Unter welchen Bedingungen eine unsichere in eine sichere Bindung oder eine sichere in eine unsichere Bindung verändert werden kann und welches der wahrscheinlichere Entwicklungsweg ist, kann aufgrund empirischer Befunde noch kaum beantwortet werden.

7.2.4.3 Kleinkindalter

Am häufigsten wurden Auswirkungen der Mutter-Kind-Bindung in der frühen Kindheit auf die soziale und allgemeine Entwicklung untersucht, da die Beobachtungsmethode mittels der Fremden Situation in zahlreichen Längsschnittstudien in verschiedenen Ländern eingesetzt wurde. Zusammengefasst zeigte sich folgendes (Weinfield et al., 1999):

- Kinder mit sicherer Bindung lernen ihre Gefühle offen zu äußern, sie gewinnen aufgrund des überwiegend feinfühligen Verhaltens ihrer Bezugspersonen Vertrauen in ihre eigenen Kompetenzen, sie entwickeln Selbstwirksamkeit, Autonomie, Kooperationsfähigkeit, ausgeprägte Empathie und hohe soziale, aber auch kognitive Kompetenzen.
- Fehlende Zuwendung und dauerhafte Zurückweisung durch die Bezugspersonen bedeuten für das Kleinkind, dass es ständig ängstlich darauf bedacht ist, die Zu-

gänglichkeit der Bezugspersonen zu erhalten. Dies führt zu Gefühlen der Enttäuschung und Verletztheit und zu Trennungsangst, was dauerhaft schwer zu ertragen ist. Die Kinder drücken daher häufig Ärger aus und verhalten sich aggressiv, was bei Kindern mit vermeidender, aber auch desorganisierter Bindung beobachtet wurde.
- Kinder mit vermeidender Bindung zeigen im Kindergartenalter mehr Feindseligkeit gegenüber ihren Spielpartnern als sichere Kinder, sie unterdrücken (viktimisieren) häufig andere und entwickeln wenig Empathie. Kinder mit unsicherambivalenter Bindung finden sich häufiger in der Opferrolle, während Kinder mit sicherer Bindung sich weder unterdrücken lassen noch dazu neigen, andere zu unterdrücken (Troy & Sroufe, 1987).
- In Bezug auf ihre Gefühlsentwicklung weisen die Bindungsgruppen unterschiedliche Verläufe bis ins dritte Lebensjahr auf. Sichere Kinder zeigen weniger Ärger, unsicher-vermeidende dagegen wurden ängstlicher über die Zeit, unsicherambivalente wiesen insgesamt am meisten Angst und am wenigsten Freude auf (Kochanska, 2001).

7.2.4.4 Mittlere Kindheit

- Im Vorschulalter und in der mittleren Kindheit hat sich das Selbstwertgefühl und das Selbstkonzept als zentraler vermittelnder Faktor zwischen Bindungssicherheit und Kommunikation, Fähigkeiten, Peerakzeptanz und Verhaltensproblemen herausgestellt. Kinder mit *sicherer Bindung* zeigen ein positiveres Selbstkonzept und höheres Selbstwertgefühl, sie sind sozial-kompetenter im Umgang mit anderen Kindern, sehen sich selber als akzeptierter, sind emotional ausdrucksfähiger und zeigen weniger Aggressionen. Die Freundschaften der Kinder mit sicherer Bindung sind eher reziprok, sie werden in soziometrischen Wahlen häufiger gewählt. In Bezug auf Verhaltensprobleme zeigten Kinder mit sicherer im Vergleich zu denjenigen mit unsicherer Bindung keine oder geringe Verhaltensprobleme (Moss et al., 1998).
- Am klarsten lassen sich davon Kinder mit *desorganisierter Bindung* abgrenzen. Sie werden durchgängig als hoch aggressiv eingeschätzt und zeigen im Vorschulalter eher externalisierende (aggressive, oppositionelle) Verhaltensstörungen, wie sie in der häufig eingesetzten Child-Behavior-Checkliste erfasst werden (Denham et al., 2001; Moss et al., 1998; Solomon, George & DeJong, 1995).
- Auch Jungen mit *unsicherer Bindung* werden von ihren Peers und Lehrern als aggressiver, als weniger kompetent und mit Verhaltensproblemen belastet wahrgenommen. Bei Mädchen fanden sich diese Zusammenhänge nicht. Bindungsunsichere Mädchen zeigten sich abhängiger und weniger durchsetzungsfähig als sichere Mädchen (Cohn, 1990). Bei *Jungen mit vermeidender Bindung* besteht die Aggression oft aus provokantem, riskantem Verhalten, mit dem sie versuchen, Aufmerksamkeit zu erlangen, sie werden von Erziehern häufiger gestraft (Moss et al., 1998).
- Bei Kindern mit ambivalenter Bindung liegen oft schwerwiegende, teilweise zu Rollenumkehr führende Beziehungserfahrungen vor. Kinder dieses Bindungstyps werden als unselbständig, anklammernd, auf Erzieher oder Therapeuten hilflos

wirkende Personen beschrieben; zum Teil werden bei ihnen auch externalisierende Verhaltensstörungen festgestellt. Nicht in allen diagnostischen Methoden gelingt die Abgrenzung von ambivalenter/präokkupierter und der desorganisierten Bindung. Dies ist teilweise erklärbar durch die geringere Anzahl von unsicherambivalenten Kindern.

Bei diesen Zusammenhängen ist zu berücksichtigen, dass die Bindungsmuster oft nicht isoliert, sondern in Kombination mit anderen Faktoren wie Veränderungen des sozialen Umfeldes auftreten. Daher haben Spangler und Zimmermann (1999) versucht, verschiedene psychopathologische Modelle für Bindung zu entwerfen.

Eine neuere empirische Sekundäranalyse von 63 Stichproben mit 3500 Kindern bis zum 18. Lebensjahr ergab einen mäßigen, aber durchgängig eindeutigen Zusammenhang (geringe bis mittlere Effektgrößen in der Metaanalyse) zwischen früher Bindung zur Mutter und späteren Beziehungen zu Altersgleichen. Inhaltlich ergab sich, dass Kinder mit sicherer Bindung zufriedenstellendere soziale Beziehungen eingingen, d. h. sie zeigten weniger sozialen Rückzug, weniger Aggression und engere Freundschaften als Kinder mit unsicherer Bindung (Schneider, Atkinson & Tardif, 2001). Die Auswirkungen zeigten sich am stärksten in der mittleren Kindheit und im Jugendalter und weniger im Kleinkindalter; ebenso fielen die Zusammenhänge für enge Freundschaftsbeziehungen deutlicher aus als für allgemeine soziale Beziehungen.

7.2.4.5 Jugendalter

Bei älteren Jugendlichen, ungefähr 16 - 18 Jahre, können die mentalen Bindungsrepräsentationen mit dem AAI oder vergleichbaren Instrumenten erfasst werden. Prinzipiell entsprechen sich die Charakterisierungen der Bindungsgruppen für Jugendliche und für Erwachsene.

Für das Jugendalter wurden ähnliche Zusammenhänge mit Persönlichkeitsmerkmalen und Sozialverhalten nachgewiesen wie für die Kindheit (Zimmermann & Becker-Stoll, 2001). Jugendliche mit sicherer Bindungsrepräsentation erwiesen sich deutlich überlegen bei der Lösung altersspezifischer Entwicklungsaufgaben, das sind:

- der Umgang mit alterstypischen Belastungen durch Emotionsregulation und Bewältigungsstrategien,
- die Entwicklung und Erhaltung des Selbstwertes
- und die Gestaltung sozialer Beziehungen.

Jugendliche mit sicherer Bindung zeigen mehr aktive und weniger vermeidende Bewältigungsstrategien, sie gehen mit Problemen eher ziel- und lösungsorientiert um. Nach Selbst- und Fremdeinschätzungen haben sie eine höhere Anpassungsfähigkeit (Ich-Flexibilität bezogen auf das Erhebungsinstrument, den California Q-Sort), weniger Feindseligkeit, Ängstlichkeit und Hilflosigkeit als Jugendliche mit sicherer Bindung im AAI. Jugendliche mit präokkupierter Bindungsrepräsentation wiesen sowohl mehr internalisierende Störungen (Depression, sozialen Rückzug, Ängstlichkeit) als auch externalisierende Störungen und Delinquenz auf. In der Veränderung der Beziehungen zu den Eltern ergab sich bei Jugendlichen mit sicherer Bindung eine deutliche Balance von Verbundenheit und Autonomie, was vergleichbar ist mit der Balance von Bindung und Exploration in der Kindheit. Dies ließ sich in der Diskussion zwischen Jugendlichen und ihren Müttern über alltägliche Konflikte feststellen (Becker-Stoll, 1997). Eine sichere Bindung befähigt Jugendliche, situationsangemessen entweder das Bindungssystem, also das Aufsuchen von Nähe und emotionalem Austausch, oder das Explorationssystem zu aktivieren. Die Bindungsmuster treten bei Jugendlichen in gleicher Verteilung wie bei Erwachsenen auf, d. h. im Durchschnitt zeigen 56 % der Stichproben eine sichere Bindung.

7.2.4.6 Erwachsenenalter

Erwachsene mit *sicherer Bindungsrepräsentation* können aufgrund ihrer kohärenten, wirklichkeitsgetreueren Verarbeitung ihrer Kindheitserfahrungen Gefühle individuell und gut ausdrücken, ihnen gelingt eine emotionale und kognitive Integration ihrer positiven wie negativen Erfahrungen. Sie haben längere Partnerschaften und intime Beziehungen und sind darin zufriedener. Damit weisen sie eine höhere psychische Gesundheit auf als Personen mit unsicheren Bindungen, sie finden sich seltener in Patientengruppen mit schweren Störungen (Slade, 1999).

Erwachsene mit *distanzierender Bindungsrepräsentation* neigen zur Unterdrückung ihrer emotionalen Erfahrungen, zu Verleugnung und Vermeidung, haben rigide und oft idealisierende Erklärungen ihrer Kindheitserfahrungen. Tendenziell werden Zwangsstörungen, schizoide oder narzistische Störungen damit in Zusammenhang gebracht (Slade, 1999). Erwachsene mit präokkupierter Bindungsrepräsentation sind eher eine kleinere und auch heterogene Gruppe. Im AAI können sie ihre Kindheitserfahrungen weniger objektiv darstellen, sie reden oft übertrieben oder schwärmerisch (bei positiven Erfahrungen) oder dramatisieren (bei negativen Erfahrungen), vermitteln kein klares Bild ihrer Kindheit und haben ein negatives Selbstbild. Insgesamt weisen sie mehr Symptome und Persönlichkeitsstörungen auf als die beiden anderen Bindungsgruppen (Gomille, 2001).

7.3 Familienbezogene Interventionen auf der Basis der Bindungsforschung

Grundsätzlich bietet die Bindungstheorie überall dort praktische Anwendungen, wo der Schutz und die Sicherheit von Kindern durch Eltern oder von einander nahestehende Personen nicht gewährleistet ist und das natürliche Bindungsbedürfnis von Kindern, Jugendlichen oder Erwachsenen nicht befriedigt wird. Mehrere Forschergruppen haben inzwischen unter Rückgriff auf die Bindungstheorie und die zuvor berichteten Ergebnisse Umsetzungen und praktische Maßnahmen vorgeschlagen und teilweise auch durchgeführt. Die Bindungsforschung wird zur Zeit von klinischen Psychologen, Kinder- und Jugendpsychiatern, Therapeuten, Pädagogen, Sozialarbeitern und Erziehern in verschiedenen Handlungsfeldern und Institutionen aufgegriffen. Vermutlich sind viele praktische Umsetzungen noch kaum dokumentiert. Einige Ansätze finden sich in Suess und Pfeifer (1999), Goldberg, Muir und Kerr (1995) sowie Endres und Hauser (2000). Hier wird zunächst eine Systematisierung verschiedener Ansatzmöglichkeiten unter familienpsychologischer und klinischer Perspektive vorgeschlagen, bevor ausgewählte Maßnahmen auf der Basis der Bindungsforschung dargestellt werden.

7.3.1 Ansatzpunkte für Interventionen

7.3.1.1 Ein heuristisches Modell

Die Vielfalt der praktischen Anwendungen der Bindungstheorie lässt sich nach mindestens drei Dimensionen gliedern, den *Adressaten oder Zielgruppen* der Maßnahmen, den *Zielsetzungen* der Präventionen und nach den *Methoden* oder angestrebten Bereichen der Veränderung. Ein zusätzlicher Aspekt kann durch eine *Zeitdimension* ergänzt werden, auf der normative, aber auch nicht-normative Übergänge und Ereignisse im Familienzyklus angeordnet sind. Bei Kombination der drei Dimensionen ergibt sich der in Abbildung 2 dargestellte Würfel. Dieser dreidimensionale Würfel ist nur als heuristisches Ordnungsmodell gedacht.

Versucht man, die vorliegenden Ansätze zur klinischen Familienpsychologie auf bindungstheoretischer Grundlage hier einzuordnen, so ergeben sich sehr unterschiedliche Besetzungen in den einzelnen Zellen oder Teilwürfeln. Am häufigsten sind nach meinem Eindruck Eltern-Kleinkind-Therapien ausgearbeitet worden (Lieberman & Zeanah, 1999); dabei werden Teile des Würfels, und zwar aus der linken Ecke behandelt. Hier sind sowohl primär-präventive als auch sekundär-präventive Ansätze vorgeschlagen worden (Birth, 1999).

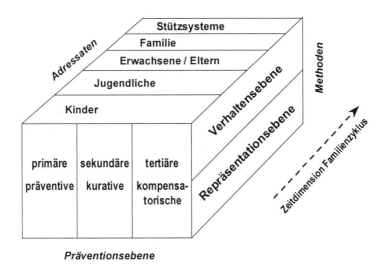

Abbildung 2: Heuristisches Modell über Interventionen auf der Basis der Bindungstheorie und -forschung.

Ebenfalls zahlreich sind Versuche, die Bindungsmuster von Personen in verschiedenem Lebensalter im Hinblick auf mögliche Psychopathologien oder Störungsbilder einzubeziehen und therapeutisch zu behandeln (Brisch, 1999). Sie decken eher die rechte Scheibe des Würfels ab. In diesen Ansätzen wird die Familie sowohl für die Ätiologie der Störungen als auch im therapeutischen Vorgehen einbezogen. Die einzelnen Dimensionen werden im Folgenden ausgeführt.

7.3.1.2 Dimension I: Adressaten der Intervention

Auf der ersten Ebene lassen sich zunächst die Zielgruppen oder Adressaten einteilen. Das können Personen verschiedenen Alters sein, wie Säuglinge und Kleinkinder, Jugendliche, Erwachsene als Einzelpersonen oder als Eltern. Als Adressaten können jedoch auch Personengruppen oder Systeme von Personen angesprochen werden, wenn sie in bestimmter Weise aufeinander bezogen sind, wie das elterliche Paar, die gesamte Familie mit zwei Generationen von Eltern und Kindern, aber auch weitere soziale Stützsysteme wie ein Nachbarschaftssystem, die erweiterte Familie einschließlich der Großeltern und Verwandtschaft oder stützende Institutionen wie Kindertagesstätten oder Heime. Nicht in allen Fällen ist die vorgeschlagene Einteilung trennscharf, wie z. B. im Fall von Eltern-Säuglings-Therapien deutlich wird. Um die sich entwickelnde Bindung eines Kleinkindes unter Risikokonstellationen beeinflussen zu können, ist es erforderlich, die Eltern oder das Familiensystem maßgeblich bei der Intervention einzubeziehen (z. B. Ziegenhain, Dreisörner & Derksen, 1999). Zahlreiche Ansätze liegen zur Einbeziehung der Bindungstypen in die Diagnostik und konkrete therapeutische Arbeit mit Erwachsenen oder Jugendlichen vor (Endres & Hauser, 2000; Slade, 1999; Steele & Steele, 2001). Offensichtlich liegt es nahe, die Probleme, die im Einzelfall aus einer spezifischen unsicheren Bindung erwachsen, therapeutisch zu bearbeiten. Im Fall einer vermeidenden Bindung, ist dies die Unfähigkeit, Gefühle, vor allem negative Gefühle auszudrücken. Es finden sich jedoch auch Ansätze für Familien- und Partnerschaftsinterventionen (Byng-Hall, 1999).

Die in dem Modell vorgeschlagene Einteilung der Adressatengruppen könnte nahe legen, dass hier nur an Zwei-Eltern-Familien gedacht ist. Das ist jedoch nicht gemeint. Auch bei Ein-Eltern-Familien, d. h. alleinerziehenden Müttern beispielsweise, ist es sinnvoll und notwendig, beide Elternteile mit einzubeziehen, soweit die leiblichen Väter ein Umgangsrecht für ihre Kinder wahrnehmen. Ebenso wären neue Partner der Mütter ein Beziehungs- oder Bindungsthema, nicht nur im Erleben des Kindes. Dasselbe gilt für Pflege- oder Adoptionsfamilien. Die Adressaten müssten für die jeweils gewählte Familienform spezifiziert werden.

7.3.1.3 Dimension II: Präventionsebenen

Wie bei allen anderen Interventionen können auch auf der Basis der Bindungsforschung primär-präventive oder sekundär-kurative Beratungsmaßnahmen und Therapien geplant werden. Nach der Unterscheidung von Hurrelmann und Settertobulte (2000) richten sich primär-präventive Maßnahmen an die größte unausgelesene Gruppe, die noch keine Belastungen im Hinblick auf Bindungen aufweist. Ein Beispiel hierfür sind Kurse, die junge Paare auf den Übergang zur Elternschaft vorbereiten und die diesen Informationen über den Aufbau und die Bedeutung von Bindungen für die kindliche Entwicklung vermitteln. Sekundär-präventive Maßnahmen oder kurative Interventionen richten sich an vorausgelesene Gruppen von Personen, die bereits durch bestimmte Belastungen aufgefallen sind. Dies können z. B. jugendliche Mütter mit geringer sozialer Unterstützung oder depressive Mütter sein, bei denen mit großer Wahrscheinlichkeit zu erwarten ist, dass sie ihr Kind in einer Weise behandeln, dass dieses keine sichere Bindung entwickeln kann.

Tertiäre, rehabilitative oder kompensatorische Maßnahmen sind z. B. bei misshandelnden Eltern oder bei Personen mit Bindungstraumen aufgrund von unverarbeiteten Verlusten nahestehender Personen angezeigt.

7.3.1.4 Dimension III: Methoden oder theoriebezogene Ebenen der Intervention

Eine dritte Dimension ließe sich danach einteilen, welche konkreten, auch von den einzelnen Theorien beachteten Methoden oder Ansatzpunkte berücksichtigt werden. Dies kann z. B. eine verhaltenstherapeutische, eine psychoanalytische oder eine humanistische therapeutische Methode sein. Aus bindungstheoretischer Sicht wurden zwei Ebenen und damit auch methodische Vorgehensweisen vorgeschlagen:

- Eine *Verhaltensebene* zielt auf das Bindungsverhalten des Kindes und das Fürsorgeverhalten und die Feinfühligkeit der Mütter im Umgang mit dem Kind. Die bevorzugte Methode ist hier *Videofeedback* von gezielt ausgesuchten kurzen Szenen entweder einer gelungenen oder fehlgeschlagenen Mutter-Kind-Interaktion in der häuslichen Umgebung.
- Eine weitere Ebene zielt auf die *mentale Verarbeitung* eigener Bindungserfahrungen und Reflexionen von Erziehungszielen gegenüber dem Kind. Die hierbei benutzte Methode wird *Bindungsdiskussion* genannt (Bakermans-Kranenburg, Juffer & van Ijzendoorn, 1998), sie geht auf die Informationen aus dem AAI zurück und besteht in Gesprächen über Bindungserfahrungen.

Beide Ansätze werden öfter kombiniert und auch in ihrer Wirksamkeit verglichen (siehe unten).

Die am meisten ausgearbeiteten Eltern-Kleinkind-Therapien, die Lieberman und Zeanah (1999) beschreiben, beruhen auf verschiedenen Methoden, z. B. Unterstützungs- und Informationsprogrammen für soziale Risikogruppen, einsichtsorientierten Programmen, Kombinationen mit kognitiver Verhaltenstherapie, Kurztherapien oder videobasierten Rückmeldungen. Ein weiterer methodischer Gesichtspunkt wäre die Dauer der Maßnahme, die als Kurzzeit- oder Langzeitintervention geplant sein kann.

7.3.1.5 Gestaltung von Übergängen im Familienzyklus

Als vierte zusätzliche Dimension wird die Zeit betrachtet, in der sich die Entwicklung von Familienmitgliedern im Verlauf des Familienzyklus vollzieht. Dabei gelten die Entwicklungsveränderungen des ältesten Kindes als Schrittmacher des Familienzyklus. Übergänge im Familienzyklus sind durch Zeitpunkte mit neuen Anforderungen bzw. Entwicklungsaufgaben an die Mitglieder der Familie gekennzeichnet

(Kreppner, 2000). Diese normativen, erwartbaren Übergänge ebenso wie die nichtnormativen können vom Standpunkt der Bindungstheorie aus neu beleuchtet werden, da hier unter Rückgriff auf die drei wesentlichen Bindungsgruppen der Umgang mit Gefühlen und Trennungen besonders beachtet werden. Bisher hat sich die Forschung intensiv mit den Entwicklungsaufgaben befasst, die durch Säuglinge und Kleinkinder an die Eltern gestellt werden, teilweise auch mit den Veränderungen im Jugendalter, die eine Bewältigung der Entwicklungsaufgaben von Autonomie und Verbundenheit erfordern (Zimmermann & Becker-Stoll, 2001). Neuerdings wird auch die Paarentwicklung bindungstheoretisch aufgearbeitet (vgl. Cassidy & Shaver, 1999). Die in dem Würfel vorgeschlagenen Möglichkeiten der Betrachtung von bindungsbezogenen Interventionen können in diesem Rahmen nur für einige ausgewählte Zellen veranschaulicht werden.

7.3.2 Beispiele für Interventionen auf der Basis der Bindungsforschung

Unter einer Familienperspektive zielen zahlreiche Interventionen auf die Unterbrechung des Zyklus der transgenerationalen Weitergabe von unsicheren Bindungsmustern. Hierzu werden nur Ansätze berichtet, die bereits in verschiedener Form überprüft wurden.

7.3.2.1 *Eltern-Säuglings-Therapien mit Videofeedback und Gesprächen über Bindungserfahrungen*

Da in der Bindungstheorie und -forschung die frühe Kindheit sehr betont wird, liegen hierzu auch die meisten Projekte vor. Einen Überblick über amerikanische Interventionen zur Eltern-Säugling-Therapie geben Lieberman und Zeanah (1999), für Deutschland findet sich eine Auswahl in Suess und Pfeifer (1999); einen Überblick über beide Länder legte Birth (2000) in ihrer Diplomarbeit vor. Aus den methodisch unterschiedlich orientierten Ansätzen zur Frühintervention werden hier solche herausgegriffen, bei denen auch audio-visuelle Medien eingesetzt wurden.

Ein wichtiger Gesichtspunkt bei allen Interventionsmaßnahmen, also auch bei bindungsbezogenen, ist ihre Dauer und die damit verbundenen Kosten. Es stellt sich die Frage, ob kurzfristig konzipierte Programme ebenso erfolgreich sein können wie längerfristige. Aus einer holländischen Arbeitsgruppe berichtet Juffer (Juffer, van Ijzendoorn & Bakermans-Kranenburg, 1997) über eine Mutter-Kind-Intervention in häuslicher Umgebung, die an dem Fall einer Mutter mit unsicherer Bindungsrepräsentation im AAI und ihrem Säugling illustriert wird. Die Kurzzeit-Intervention mit vier Sitzungen umfasste schriftliches Material, Videofeedback und therapeutische Gespräche mit der Mutter über ihre frühen Erfahrungen. Die Intervention war insoweit erfolgreich, als die Mutter sich danach deutlich feinfühliger gegenüber dem Säugling verhielt und die Bindung des Kindes in der Fremden Situation als sicher beurteilt wurde. Dagegen veränderte sich die unsichere Bindungsrepräsentation bei der Mutter, gemessen am wiederholten AAI, durch die Gespräche *nicht* in der Klassifikation, sie blieb in diesem Fall unsicher-distanzierend.

Eine Berliner Arbeitsgruppe (Ziegenhain, Dreisörner & Derksen, 1999) führte diesen Ansatz weiter, indem sie ein entwicklungspsychologisches Beratungsprogramm für jugendliche Mütter zur Prävention von Entwicklungsstörungen bei Kindern entwarf und durchführte. Aus verschiedenen Untersuchungen über das feinfühlige, oft über- oder unterstimulierende Interaktionsverhalten jugendlicher Mütter mit ihren Kleinkindern ist bekannt, dass das Elternverhalten dieser jungen Frauen häufig zu unsicherer Bindung ihrer Kleinkinder führt; in Kombination mit weiteren Risikokonstellationen wie Vernachlässigung, Misshandlung, geringer Bildung oder fehlender sozialer Unterstützung treten gehäuft hochunsichere Bindungen auf. Ziegenhain und Mitarbeiterinnen entwarfen ein spezielles Beratungsmodell, das während der ersten drei Lebensmonate des Kindes mit videogestützten Beratungen eine Verbesserung der Mutter-Kind-Interaktion anstrebte und auch tatsächlich bewirkte. Während die jugendlichen Mütter vor der Beratung entweder emotional unbeteiligt, ausdruckslos oder überstimulierend, ungeduldig oder ärgerlich mit ihren Kindern umgingen, sah ihr Verhalten danach anders aus. Durch das videogestützte Training lernten sie, auf die Kommunikationen ihrer Kinder wie Blickkontakt oder Vokalisation einzugehen und ihr Verhaltenstempo dem Baby anzupassen. Im Vergleich zu einem Gesprächsangebot über eigene Kindheitserfahrungen, orientiert am AAI, wurde die entwicklungspsychologische Beratung, die am Kind orientiert war, mehr von den Müttern akzeptiert und zeigte deutliche Wirkung auf ihre Feinfühligkeit im Verhalten zum Kind.

Die beiden genannten Projekte legen die Schlussfolgerung nahe, dass eine vertiefte Auseinandersetzung mit der eigenen problematischen Familiengeschichte schwieriger zu erreichen ist als eine Verhaltensänderung. Festzuhalten bleibt, dass diese Interventionen unterschiedliche Ergebnisse auf einer Verhaltensebene und auf der mentalen Ebene der Bindungsrepräsentation erzeugen. In einer Wiederholung der Kurzzeit-Intervention systematisierte die holländische Arbeitsgruppe diese Befunde, indem sie die Auswirkungen auf verschiedene unsichere Bindungsmodelle der Mütter prüfte (Bakermans-Kranenburg, Juffer & van Ijzendoorn, 1998). Eine Müttergruppe erhielt ein Sensitivitätstraining und schriftliches Material sowie persönliches Videofeedback in vier Hausbesuchen, eine Gruppe erhielt zusätzliche „Bindungsgespräche". Die Interventionen fanden zwischen dem 7. und 10. Lebensmonat des Kindes statt. Spätere Überprüfungen bei 30 Müttern ergaben, dass beide Gruppen sich mit 13 Monaten feinfühliger gegenüber ihrem Kind verhielten als diejenigen einer Kontrollgruppe. Mütter mit unsicher-distanzierender Bindung profitierten mehr von reinem Videofeedback, Mütter mit präokkupierter Bindungsrepräsentation von Videofeedback und zusätzlichen Bindungsgesprächen über ihre eigenen Kindheitserfahrungen. Die präventiven bindungsbasierten Interventionen können nach einer quantitativen Sekundäranalyse (einer Metaanalyse van Ijzendoorn, Juffer & Duyvesteyn, 1995) wie folgt bewertet werden: Interventionen sind am erfolgreichsten bei der Verbesserung der mütterlichen Feinfühligkeit, etwas weniger erfolgreich bei der tatsächlichen Förderung einer sicheren Bindung des Kindes. Längere, intensivere therapeutische Interventionen sind weniger effektiv als Kurzzeit-Interventionen; die Verhaltensebene (Feinfühligkeit) ist bei den Müttern leichter zu verändern als die Ebene ihrer Bindungsrepräsentationen.

Der Einsatz audiovisueller Medien für die primäre Frühprävention von Beziehungsstörungen muss nach diesen Befunden überwiegend positiv und als äußerst hilfreich angesehen werden. Einige kritische Punkte sind jedoch zu bedenken, auf die Papoušek (1998) aufmerksam macht. Dieses Interventionsverfahren stellt erhöhte Anforderungen an die Ausbildung und Erfahrung der Berater und Therapeuten und ist sehr aufwendig vorzubereiten. Nach mehreren Jahren Erfahrung mit videogestützten Interventionen in der Münchner Schrei-Sprechstunde sieht Papoušek (2000) den Vorteil eines Videoeinsatzes in einer Stützung des intuitiven Verhaltensrepertoires von Eltern, vor allem während der vorsprachlichen Entwicklungsphase der Kinder. Durch gezielte Auswahl relevanter Beobachtungskontexte und deren Nutzung in der Therapie kann der Beitrag des Säuglings zur Interaktion verstärkt werden.

7.3.2.2 Gestaltung von normativen und nicht-normativen Übergängen im Familienzyklus mit Trennungen nach der Bindungstheorie

Normative Trennungserfahrungen im Familienzyklus

Jedes Kind erlebt im Laufe seines Lebens die normativen Übergänge von der Familie in weitere Institutionen, für viele Kinder ist der Eintritt in den Kindergarten ab dem 4. Lebensjahr der erste solcher Übergänge. Einige Kinder von erwerbstätigen Eltern erfahren einen solchen Übergang schon in frühem Alter, wenn sie eine Tageskrippe besuchen. Aus der Bindungstheorie und -forschung können für die Gestaltung dieser normativen Übergänge Schlussfolgerungen gezogen werden. Danach sollte der Übergang eher sanft als abrupt und unter Begleitung der Bezugsperson verlaufen, damit die Bindung zu den Eltern sich günstig entwickelt (bei Besuch von Tageskrippen – siehe Ziegenhain & Wolff, 2000; Ahnert, 1998) bzw. nicht beeinträchtigt wird (beim Eintritt in den Kindergarten).

Auch die Gestaltung der jährlichen Eingewöhnung der neuen Kindergartenkinder in die Einrichtungen wird bereits intuitiv von vielen Erzieherinnen mit Blick auf die Bindung vorbereitet. Jedoch könnte dieser Übergang und die damit für viele Kinder erstmalig erfahrenen längeren Trennungen aus der Sicht der Bindungsforschung systematischer gestaltet werden. So können die Beobachtungen der Erzieherinnen von Mutter-Kind-Paaren bei der Eingewöhnung der Kinder zur Differenzierung von Bindungsgruppen genutzt und danach beratende Gespräche mit Müttern geführt werden, deren Kindern die Eingewöhnung aufgrund unterschiedlicher Bindungsmuster schwer fällt (Zweyer, in Vorbereitung).

Nicht-normative Trennungserfahrungen im Familienzyklus

Trennung und Scheidung der Eltern, wie sie heute bei einem Drittel der Familien auftreten, stellen kritische Lebensereignisse für Kinder und Jugendliche (und häufig auch für Erwachsene) dar. Dabei sind aus bindungstheoretischer Sicht häufig der Verlust oder zumindest die räumliche Trennung von einem Elternteil, die Verunsicherung und Enttäuschung über die Auflösung der intakten Familie und häufig auch der Aufbau einer Beziehung zu einem neuen Partner/Partnerin des sorgeberechtigten Elternteils zu bewältigen. Studien zu Scheidungsfolgen zeigen, dass die Kinder diese belastenden Ereignisse in einer Zeit verarbeiten müssen, in der gleichzeitig der erziehende Elternteil selbst in seiner Elternkompetenz beeinträchtigt ist und sich daher oft nicht fürsorglich und feinfühlig gegenüber dem Kind verhält, weil Auseinandersetzungen und eigene Probleme die Aufmerksamkeit fordern.

Im Prozess der *Scheidung* sind die Kinder oft durch elterliche Konflikte und Loyalitätsprobleme belastet. Aus rechtlicher Sicht wird das gemeinsame Sorgerecht als vorteilhaft dargestellt, die konkreten psychischen und sozialen Folgen sind aber noch nicht ausreichend erforscht. Ebenso müssten andere Modelle wie die gemeinsame elterliche Sorge noch weiter geprüft werden. Längsschnittstudien zeigen die Bedeutung beider Elternteile für die gesunde Entwicklung der Kinder und legen nahe, dass eher die Gestaltung der Beziehung sorgfältig zu planen wäre und nicht die Frage gestellt werden sollte, welches der bessere Elternteil ist (Suess, Scheuerer-Englisch & Grossmann, 1999).

Bei der Gestaltung des Übergangs zu der Nachscheidungsphase kann die Zugehörigkeit zu einer Bindungsgruppe einerseits als unabhängige Bedingung für die Bewältigung dieses Lebensereignisses durch Eltern oder Kinder gesehen werden. Das hieße konkret, dass Kinder mit sicherer Bindung eine Scheidung besser verarbeiten können als die mit unsicherer Bindung. Andererseits kann aber das Lebensereignis selbst Auswirkungen auf die Entwicklung von Bindung haben. Dies ist z. B. bei der Untersuchung nicht-normativer Familienaufgaben wie Trennung und Scheidung der Fall. Hier kann die Bindung des Kleinkindes als abhängig von dem Ereignis der Scheidung und den damit verbundenen Lebensbedingungen gesehen werden. In einer interessanten Untersuchung von Solomon und George (1999) zeigte sich z. B. für Säuglinge von 12-20 Monaten, dass häufige Übernachtungsbesuche der Kleinkinder bei dem getrennt lebenden Vater seltener mit sicherer Bindung und häufiger mit desorganisierter Bindung zur Mutter einhergingen als bei vergleichbaren Kindern von verheirateten Eltern. Insofern sind Trennung und Scheidung ein weites Feld für die Umsetzung der Bindungsforschung, jedoch sind einfache empirische Erhebungen wegen der zahlreichen beteiligten Einflussgrößen nicht leicht.

Fremdunterbringung in Heimen oder Pflegefamilien stellt ein weiteres Anwendungsgebiet der Bindungstheorie und -forschung dar. Die Grundlagen für Fremdunterbringung werden auch im neuen Kinder- und Jugendhilfegesetz (KJHG) als Hilfen zur Erziehung eingeordnet. Eine Fremdunterbringung wird vorgeschlagen, „wenn eine dem Wohl des Kindes oder des Jugendlichen entsprechende Erziehung nicht gewährleistet ist und die Hilfe für seine Entwicklung geeignet und notwendig ist" (§27, Abs. 1 KJHG, Wiesner, 2000). Unzner berichtet über Heimunterbringung und Vollzeitpflege, insbesondere von Kleinkindern. Verschiedene Formen der Fremdunterbringung wie betreute Wohnformen, Heime, kurz- und langfristige Pflegestellen müssen unterschieden werden, die im Einzelfall am Alter, Entwicklungsstand und den persönlichen Bindungen des jeweiligen Kindes orientiert sein sollten. Ziel einer Fremdunterbringung ist in erster Linie der Schutz des Kindes, aber weiter auch die Verbesserung der Erziehungsbedingungen in der Herkunftsfamilie. Wenn sich die Lebenssituation in der Familie verbessert hat, sollte das Kind dorthin zurückgebracht werden (Unzner, 1999, S. 269).

Die Gründe für eine Fremdunterbringung von Kleinkindern liegen überwiegend in Beeinträchtigungen der Elternfunktionen und schwerwiegenden Störungen der Familienbeziehungen. Unzner (1999, 275) erstellte eine Statistik über die Aufnahmegründe für eine von ihm geleitete Einrichtung aus dem Jahr 1994. Danach sind in der Hälfte der Fälle Vernachlässigung und Misshandlung der Aufnahmegrund, gefolgt von Inhaftierung und Alkohol-/Drogenmissbrauch eines Elternteils (17 % bzw. 15 %), weiter spielen psychische oder somatische Erkrankungen der Eltern noch eine nennenswerte Rolle (jeweils circa 10 %). Die Kinder haben neben einer völlig unzureichenden Versorgung und Fürsorge durch die Eltern häufige Wechsel von Bezugspersonen und Abbrüche von Beziehungen erlebt. Entsprechend zeigen sie Entwicklungsverzögerungen in verschiedenen Funktionsbereichen wie Motorik, Sprache, Denken und in der sozialen und emotionalen Entwicklung. Bei der Aufnahme von Beziehungen zeigen sie unterschiedliche Störungen, sie können sich extrem zurückgezogen und hilflos oder auch distanzlos, grenzenlos und fordernd verhalten, ohne Rücksichtnahme auf eigene Gefühle und ohne Empathie für den Anderen und ohne Moralvorstellung. Unzner charakterisiert Kinder, die für eine Fremdunterbringung vorgeschlagen werden, entweder durch kontrollierende, rigide oder reaktionslose, nahezu autistische Verhaltensweisen. Diese Störungen werden als Folge unangemessener Eltern-Kind-Erfahrungen und als Bindungsstörung beschrieben. Der pädagogische Umgang mit den Kindern stellt hohe Anforderungen an Erzieherinnen und Erzieher, wenn sie eine verlässliche und vertrauensvolle Beziehung aufbauen wollen, aber auch an Psychologinnen und Psychologen in Erziehungsberatungsstellen (Scheuerer-Englisch, 1999).

Neben Vernachlässigungs- und Missbrauchserfahrungen haben diese Kinder auch Erfahrung mit Trennung gemacht. Die Folgen von kurz- und langfristigen Trennungen oder Verlusten, die Kleinkinder mit ihren Bezugspersonen erleben, hat Bowlby bereits auf der Basis von zahlreichen Beobachtungen im zweiten und dritten Band seiner Trilogie über Trennung beschrieben (Bowlby, 1975, 1980). Für die Verarbeitung von Trennungserfahrungen legte er eine Abfolge in den idealtypischen Phasen von *Protest*, *Verzweiflung* und *Ablösung* vor. Um den Kummer, die Enttäuschungen und die Wut der Kinder zu mildern, sollten bei allen Schritten und Formen der Fremdunterbringung die Bindungsbedürfnisse der Betroffenen berücksichtigt werden und die Übergänge sollten angemessen und feinfühlig vorbereitet sowie allmählich gestaltet werden. Das gilt z. B. für die Organisation von Schichtdiensten der Erzieher bzw. Erzieherinnen in Heimen oder für die Aufnahme von neuen Beziehungen in Pflegefamilien.

Auf einen weiteren normativen Übergang im Familienzyklus, der aus Sicht der Bindungstheorie relevant ist, kann nur hingewiesen werden, und zwar auf *Frühgeburten*. Hier sind aufgrund der hochgradigen Bedrohung durch den Verlust des Kindes veränderte Bindungsbeziehungen zwischen Eltern und Kind im Vergleich zu zeitgemäßen Geburten beschrieben worden (Buchheim, Brisch & Kächele, 1999).

7.3.2.3 Bindung und Psychotherapie bei Erwachsenen

Unter dieser Fragestellung sind Einzelpersonen oder Paare die Adressaten einer Intervention. Seit George, Kaplan und Main 1984 erstmals das Adult Attachment Interview als diagnostisches Erhebungsinstrument vorlegten (1996), haben Main und andere klinische Psychologen und Therapeuten immer wieder auf die Anwendung dieses Instrumentes nicht nur für diagnostische, sondern auch für therapeutische Zwecke und Evaluationen hingewiesen. Die klinisch-diagnostische Bedeutung des AAI in seiner Durchführung und Auswertung ist dadurch zu begründen, dass diese Methode in besonderer Weise eine zentrale Annahme der Bindungstheorie umsetzt: Sie besagt, dass Kindheitserfahrungen Einfluss auf die Erwachsenenpersönlichkeit nehmen und frühe Erfahrungen günstige oder ungünstige Folgen haben. Aus der Art und Weise, wie eine Person über Bindungserfahrungen, z. B. mit der Mutter spricht und wieweit sie dabei in der Lage ist, Gefühle angemessen in Worte zu fassen oder ob sie bei der Lösung dieser Gesprächsaufgabe scheitert, indem sie sie bewusst umgeht oder unbewusst abwehrt oder völlig blockiert, kann ein erfahrener klinischer Psychologe oder eine Psychologin wichtige Schlüsse über die kognitive und emotionale Organisationsfähigkeit einer Person und über den Grad der Bedrohung ihrer Selbstorganisation ziehen (Steele & Steele, 2001).

Für alle Altersgruppen teilt die Bindungstheorie die grundlegenden Annahmen anderer Ansätze, dass Vertrauen beim Beziehungsaufbau zwischen Klienten und Therapeuten ein zentrales Element in jeder Therapie ist, unabhängig von der Methode. Insofern soll ein Therapeut bzw. eine Therapeutin eine sichere Basis für die Erprobung neuer Verhaltens- und Denkformen und Gefühlsstrukturen der Klientinnen bzw. Klienten sein.

Die Erwartung, dass die Bindungsklassifikationen recht eindeutig mit der Diagnose bestimmter psychischer Störungen zusammenhängen, erfüllte sich bisher nicht. Aus Studien liegen Hinweise vor, dass Essstörungen eher bei distanzierenden, Depressionen und Borderlinestörungen eher bei präokkupierten Bindungsmodellen auftreten (Jones, 1996; Steele & Steele, 2001).

Unter *Bindungsstörungen* können vermutlich noch weitere, über die vier Bindungsklassifikationen hinausgehende Antwortmuster bei Patientinnen und Patienten unterschieden werden. Hinweise darauf gibt Brisch (1999) in Form von Fallbeispielen, die allerdings von Kindern stammen: Kinder, die keine Bindungsbeziehung aufnehmen, die ein undifferenziertes, promiskuitives Bindungsverhalten, oder ein auf Rollenumkehr beruhendes Bindungsverhalten zeigen; wenn Kinder kranker Eltern für ihre Eltern als sichere Basis dienen müssen und ihre eigenen Schutzbedürfnisse nicht befriedigen können. Sowohl bei Erwachsenen als auch bei Kindern spielt hier die Familie als Ort der Entstehung und Aufrechterhaltung der pathologischen Beziehung eine Rolle.

Außer zur Diagnostik kann das Adult Attachment Interview jedoch auch zur Behandlung und zur Evaluation herangezogen werden. Die therapeutische Nutzung kann darin bestehen, dass z. B. die Neigung von Personen mit unsicheren Bindungsrepräsentationen, Informationen auszublenden oder bestimmte Abwehrprozesse einzusetzen, vom Kliniker bzw. der Klinikerin in die therapeutische Arbeit einbezogen wird. Bei distanzierenden Bindungsmodellen geht es um das allmähliche Akzeptieren der weggeschobenen Gefühle, die mit bestimmten verletzenden Erfahrungen verbunden sind, bei den präokkupierten Bindungsmodellen eher um das (kognitive) Verstehen und den Aufbau von Strukturen für überwältigende Erfahrungen. Personen mit unverarbeitetem Bindungsstatus benötigen sehr umfangreiche, allmähliche Behandlungen ihrer Traumatisierungsgeschichte, die über die Grenzen der Bindungsforschung hinausgehen.

Den differenziertesten Ansatz zur Berücksichtigung der verschiedenen unsicheren Bindungsqualitäten von Erwachsenen in der Psychotherapie hat Mallinckrodt (2000) vorgelegt. Sein Modell sozialer Kompetenzen bei interpersonalen Prozessen bezieht nach der Bindungstheorie spezifische Abwehrprozesse und Erwartungen von Personen mit vermeidender oder präokkupierter Bindung ein und enthält jeweils für die Bindungstypen und die Therapiephasen unterschiedliche Ziele. Bindungsspezifisch werden für die Anfangsphase der Therapie, in der der Kontakt erst aufgebaut wird, und für eine fortgeschrittene Phase der Therapie, in der Veränderung angestrebt wird, unterschiedliche Interventionsstrategien vorgeschlagen. In diese Richtung werden in Zukunft sicher vielfältige Therapieberichte zu erwarten sein.

Zu Evaluationszwecken von Therapien kann wiederum das AAI eingesetzt werden, da es aufgrund der vielfältigen Auswertungskriterien reichhaltige Informationen zu aktuellen psychischen Prozessen bietet, die über eine reine Klassifikation hinausgehen.

7.4 Ausblick

Dieser Überblick über Grundlagen und Umsetzungen der Bindungsforschung hat gezeigt, welcher Reichtum an Anregungen in der Bindungstheorie enthalten ist. Forscher und Praktiker der klinischen Psychologie sollten die hier gewonnenen und noch zu erwartenden Erkenntnisse in ihre Handlungsweise einbeziehen.

Natürlich bestehen noch zahlreiche Fragen und Probleme, von denen ich einige anführen möchte:

- Es ist ein deutliches Forschungsdesiderat, die verschiedenen unsicheren Bindungsmuster im Hinblick auf ihre korrelierenden Faktoren und Störungsbilder voneinander abzugrenzen.
- Es müssen verschiedene Entwicklungswege zu demselben Resultat einer bestimmten Bindungsqualität und bei gleichen Wegen verschiedene Resultate eingeräumt werden, d. h. es kann nicht von einem deterministischen Entwicklungsverlauf ausgegangen werden.
- Die Bindungsforschung hat ihre Stärke in der Diagnose und Erklärung der Entstehung verschiedener Bindungstypen. Ihre Ansätze zur Konzeption von Interventionsmaßnahmen sind am weitesten im Bereich der Eltern-Säuglingstherapie entwickelt.
- Die Bindungstherapie lässt sich mit sehr unterschiedlichen Therapieansätzen verbinden, wie bei den Frühinterventionen zu erkennen war. Hier müssen weitere Erfahrungen gesammelt werden.

Literatur

Ahnert, L. (1998). *Tagesbetreuung für Kinder unter drei Jahren.* Bern: Huber.
Ainsworth, M. D., Blehar, M. C., Waters, E. & Bell, S. (1978). *Patterns of attachment.* Hillsdale, NJ.: Lawrence Erlbaum.
Bakermans-Kranenburg, M. J., Juffer, F. & van Ijzendoorn, M. H. (1998). Interventions with video feedback and attachment discussions: Does type of maternal insecurity make a difference? *Infant Mental Health Journal, 19* (2), 202-219.
Becker-Stoll, F. (1997). *Interaktionsverhalten zwischen Jugendlichen und Müttern im Kontext längsschnittlicher Bindungsentwicklung.* Unveröffentlichte Dissertation, Universität Regensburg.
Birth, R. (2000). *Interventionen und Beratung auf der Grundlage der Bindungsforschung.* Unveröffentlichte Diplomarbeit, Heinrich-Heine-Universität Düsseldorf.
Bowlby, J. (1969). *Attachment and loss. Vol 1: Attachment.* New York: Basic Books (deutsch: Bindung. München: Kindler, 1975).
Bowlby, J. (1975). *Attachment and loss: Vol 2: Separation.* Harmondsworth, Middlesex, UK: Penguin Books. (deutsch: Trennung. München: Kindler, 1976).
Bowlby, J. (1980). *Attachment and loss. Vol. 3: Loss, sadness and depression.* New York: Basic Books.
Bretherton, I. (2001). Zur Konzeption innerer Arbeitsmodelle in der Bindungstheorie. In G. Gloger-Tippelt (Hrsg.), *Bindung im Erwachsenenalter* (S. 52-74). Bern: Huber.
Brisch, K. H. (1999). *Bindungsstörungen: von der Bindungstheorie zur Therapie.* Stuttgart: Klett-Cotta.
Byng-Hall, J. (1999). Family and couple-therapy. In J. Cassidy & P. R. Shaver (Eds.), *Handbook of attachment. Theory, research, and clinical application* (pp. 625-648). New York: The Guilford Press.
Buchheim, A., Brisch, K.H. & Kächele, H. (1999). Die klinische Bedeutung der Bindungsforschung für die Risikogruppe der Frühgeborenen: ein Überblick zum neuesten Forschungsstand. *Zeitschrift für Kinder- und Jugendpsychiatrie, 27* (2), 125-138.
Cassidy, J. & Shaver, P.R. (Eds.). (1999). *Handbook of attachment. Theory, research, and clinical application.* New York: Guilford Press.
Cohn, D. A. (1990). Child-mother attachment of six-year-olds and social competence at school. *Child Development, 61*, 152-162.
Crittenden, P. M. (1999). Klinische Anwendung der Bindungstheorie bei Kindern mit Risiko für psychopathologische Auffälligkeiten oder Verhaltensstörungen. In G. J. Suess & W.-K. P. Pfeifer (Hrsg.), *Frühe Hilfen. Die Anwendung von Bindungs- und Kleinkindforschung in Erziehung, Beratung, Therapie und Vorbeugung* (S. 86-106). Gießen: Psychosozial Verlag.
Denham, S., Mason, T., Caverly S., Schmidt, M., Hackney, R., Caswell, C. & DeMulder, E. K. (2001). Preschoolers at play: Co-socialisers of emotional and social competence. *International Journal of Behavioral Development, 25* (4), 290-301.
Endres, M. & Hauser, S. (Hrsg.).(2000). *Bindungstheorie in der Psychotherapie.* München: Ernst Reinhardt Verlag.
Engfer, A. (2000). Kommentar zu Gabriele Gloger-Tippelts „Familienbeziehungen und Bindungstheorie. In K. A. Schneewind (Hrsg.), *Familienpsychologie im Aufwind. Brückenschläge zwischen Theorie und Praxis* (S. 64-68). Göttingen: Hogrefe.
George, C., Kaplan, N. & Main, M. (1996). *The Berkeley Adult Attachment Interview* (Unpublished protocol). Department of Psychology, University of California, Berkeley.
Gloger-Tippelt, G. (1999). Transmission von Bindung bei Müttern und ihren Kindern im Vorschulalter. *Praxis der Kinderpsychologie und Kinderpsychiatrie, 48* (2), 113-128.

Gloger-Tippelt, G. (2000). Familienbeziehungen und Bindungstheorie. In K. A. Schneewind (Hrsg.), *Familienpsychologie im Aufwind. Brückenschläge zwischen Theorie und Praxis* (S. 49-63). Göttingen: Hogrefe.
Gloger-Tippelt, G. (Hrsg.). (2001). *Bindung im Erwachsenenalter*. Bern: Huber.
Goldberg, S., Muir, R. & Kerr, J. (Hrsg.). (1995). *Attachment Theory: Social developmental, and clinical perspectives*. Hillsdale: Analytic Press.
Gomille, B. (2001). Unsicher-präokkupierte mentale Bindungsmodelle. In G. Gloger-Tippelt (Hrsg.), *Bindung im Erwachsenenalter* (S. 201-225). Bern: Huber.
Grossmann, K. E., Grossmann, K. & Zimmermann, P. (1999). A wider view of attachment and exploration: Stability and change during the years of immaturity. In J. Cassidy & Shaver, P. R. (Eds.), *Handbook of Attachment. Theory, research, and clinical applications* (pp. 760-786). New York: The Guilford Press.
Hurrelmann, K. & Settertobulte, W. (2000). Prävention und Gesundheitsförderung. In F. Petermann (Hrsg.), *Lehrbuch der Klinischen Kinderpsychologie. Modelle psychischer Störungen im Kindes- und Jugendalter* (4. Aufl., S. 131-150). Göttingen: Hogrefe.
Jones, E. E. (1996). Introduction to the special section on attachment and psychopathology: part 1. *Journal of Consulting and Clinical Psychology, 64* (1), 5-7.
Juffer, F., van Ijzendoorn, M. H. & Bakermans-Kranenburg, M. J. (1997). Intervention in transmission of insecure attachment: A case study. *Psychological Reports, 80*, 531-543.
Kochanska, G. (2001). Emotional development in children with different attachment histories: The first three years. *Child Development, 72* (2), 474-490.
Kreppner, K. (2000). Entwicklung von Eltern-Kind Beziehungen: Normative Aspekte im Rahmen der Familienentwicklung. In K. A. Schneewind (Hrsg.), *Familienpsychologie im Aufwind. Brückenschläge zwischen Forschung und Praxis* (S. 174-195). Göttingen: Hogrefe.
Lieberman, A. F. & Zeanah, C. H. (1999). Contributions of attachment theory to infant-parent psychotherapy and other interventions with infants and young children. In J. Cassidy & P. R. Shaver (Eds.), *Handbook of attachment. Theory, research, and clinical application* (pp. 555-574). New York: The Guilford Press.
Main, M. (1990). Cross-cultural studies of attachment organization: Recent studies, changing methodologies, and the concept of conditional strategies. *Human Development 33*, 48-61.
Main, M. & Goldwyn, R. (1985-1998). Adult attachment scoring and classification systems. Manual in draft: Version 6.3 - May, 1998, U. C. Berkeley. To appear in M. Main (Ed.), *Assessing attachment through discourse, drawings and reunion situations*. New York: Cambridge University press.
Main, M. & Hesse, E. (1990). Parents' unresolved traumatic experiences are related to infant disorganized attachment status: Is frightened and/or frightening parental behavior the linking mechanism? In M . T. Greenberg, D. Ciccetti & E. M. Cummings (Eds.), *Attachment in the preschool years: Theory, research, and intervention* (pp. 161-182). Chicago: University of Chicago Press.
Mallinckrodt, B. (2000). Attachment, social competencies, social support, and interpersonal process in psychotherapy. *Psychotherapy Research, 10* (3), 239-266.
Moss, E., Rousseau, D. Parent, S., St-Laurent, D. & Saitonge, J. (1998). Correlates of attachment at school age: Maternal reported stress, mother-child interaction, and behavior problems. *Child Development, 69* (5), 1392-1405.
Papoušek, M. (1998). Das Münchner Modell einer interaktionszentrierten Säuglings-Eltern-Beratung und -Psychotherapie. In K. von Klitzing (Hrsg.), *Psychotherapie in der frühen Kindheit* (S. 88-118). Göttingen: Vandenhoeck & Ruprecht.
Papoušek, M. (2000). Einsatz von Video in der Eltern-Säuglings-Beratung und -Psychotherapie. *Praxis der Kinderpsychologie und Kinderpsychiatrie, 49*, 611-627.

Scheuerer-Englisch, H. (1999). Aufgaben der Erziehungsberatung bei Fremdunterbringung. In A. Hundsalz, K. Menne, & H. Cremer (Hrsg.), *Jahrbuch für Erziehungsberatung* (Bd. 3, S. 137-157). Weinheim: Juventa.

Schneider, B. H., Atkinson, L. & Tardif, C. (2001). Child-parent attachment and children's peer relations: A quantitative review. *Developmental Psychology, 37* (1), 86-100.

Slade, A. (1999). Attachment theory and research: Implications for the theory and practice of individual psychotherapy with adults. In J. Cassidy. & P. R. Shaver (Eds.), *Handbook of attachment. Theory, research, and clinical application* (pp. 575-594). New York: The Guilford Press.

Solomon, J. & George, C. (1999). The development of attachment in separated and divorced families: effects of overnight visitation, parent and couple variables. *Attachment & Human Development, 1* (1), 2-33.

Solomon, J., George, C., deJong, A. (1995). Children classified as controlling at age six: Evidence of disorganized representational strategies and aggression at home and at school. *Development and Psychopathology, 7*, 447-463.

Spangler, G. & Zimmermann, P. (1999). Bindung und Anpassung im Lebenslauf: Erklärungsansätze und empirische Grundlagen. In R. Oerter, C. von Hagen, G. Röper & G. Noam (Hrsg.), *Klinische Entwicklungspsychologie* (S. 179-194). Weinheim: Psychologie Verlags Union.

Spangler, G. & Zimmermann, P. (2000). Attachment representation and emotion regulation in adolescents: a psychobiological perspective on internal working models. *Attachment & Human Development, 1* (3), 270-290.

Steele, H. & Steele, M. (2001). Klinische Anwendungen des Adult Attachment Interviews (AAI). In G. Gloger-Tippelt (Hrsg.), *Bindung im Erwachsenenalter* (S. 322-342). Bern: Huber.

Suess, G. J. & Pfeifer, W.-K. P. (Hrsg.). (1999). *Frühe Hilfen. Die Anwendung von Bindungs- und Kleinkindforschung in Erziehung, Beratung, Therapie und Vorbeugung* Gießen: Psychosozial-Verlag.

Suess, G. J., Scheuerer-Englisch, H. & Grossmann, K. (1999). Das geteilte Kind – Anmerkungen zum gemeinsamen Sorgerecht aus Sicht der Bindungstheorie und -forschung. *Familie, Partnerschaft und Recht 3*, 148-157.

Sydow von, K. (2001). Forschungsmethoden zur Erhebung von Partnerschaftsbindung. In G. Gloger-Tippelt (Hrsg.), *Bindung im Erwachsenenalter* (S. 275-298). Bern: Huber.

Troy, M. & Sroufe, L. A. (1987). Victimization among preschoolers: Role of attachment relationship history. *Journal of the American Academy of Child and Adolescent Psychiatry, 26*, 166-172.

Unzner, L. (1999). Bindungstheorie und Fremdunterbringung. In G. J. Suess & W.-K. P. Pfeifer (Hrsg.), *Frühe Hilfen. Die Anwendung von Bindungs- und Kleinkindforschung in Erziehung, Beratung, Therapie und Vorbeugung* (S. 268-288). Gießen: Psychosozial Verlag.

van Ijzendoorn, M. H. & Bakermans-Kranenburg, M. J. (1996). Attachment representations in mothers, fathers, adolescents, and clinical groups: A meta-analytic search for normative data. *Journal of Consulting and Clinical Psychology, 64*, 8-21.

van Ijzendoorn, M. H., Juffer, F. & Duyvesteyn, G. C. (1995). Breaking the intergenerational cycle of insecure attachment: A review of the effects of attachment-based interventions on maternal sensitivity and infant security. *Journal of Child Psychology and Psychiatry, 36*, 225-248.

Weinfield, N. S., Sroufe, L. A., Egeland, B. & Carlson, E. A. (1999). The nature of individual differences in infant-caregiver attachment. In J. Cassidy & Shaver, P. R. (Eds.),

Handbook of Attachment. Theory, research, and clinical applications (pp. 68-88). New York: Guilford Press.

Wiesner, R. (2000). *SGB VIII Kinder- und Jugendhilfe.* München: Beck'sche Verlagsbuchhandlung.

Ziegenhain, U. & Wolff, U. (2000). Der Umgang mit Unvertrautem - Bindungsbeziehung und Krippeneintritt. *Psychologie in Erziehung und Unterricht, 47* (3), 176-188.

Ziegenhain, U., Dreisörner, R. & Derksen, B. (1999). Intervention bei jugendlichen Müttern und ihren Säuglingen. In G. J. Suess & W.-K. P. Pfeifer (Hrsg.), *Frühe Hilfen. Die Anwendung von Bindungs- und Kleinkindforschung in Erziehung, Beratung, Therapie und Vorbeugung* (S. 222-245). Gießen: Psychosozial Verlag.

Zimmermann, P. & Becker-Stoll, F. (2001). Bindungsrepräsentationen im Jugendalter. In G. Gloger-Tippelt (Hrsg.), *Bindung im Erwachsenenalter* (S. 251-274). Bern: Huber.

Zweyer, K. (in Vorbereitung). Entwicklung und Validierung eines Screeningbogens für Erzieherinnen zur Erfassung des Bindungsverhaltens von Kindergartenkindern. Unveröffentlichte Dissertation. Heinrich-Heine-Universität Düsseldorf.

8. Kapitel:
Münchner Modell der systemischen Familienrekonstruktion.
Persönliche Autorität im Familiensystem

Martin Schmidt und Ursula Schmid

„*Warum Leben gestalten? Aufgrund der Kürze des Lebens.*"
(Wilhelm Schmid, 1999: Philosophie der Lebenskunst)

8.1 Einleitung

Familienrekonstruktion ist die Bezeichnung für eine aus den Familientherapien hervorgegangene Methodik der Selbsterfahrung und Selbstgestaltung (vgl. Conen, 1993; Kaufmann, 1990; Satir, Bitter & Krestensen, 1988; Williamson, 1991). Dabei wird das Selbstverständnis von Familien und ihren Mitgliedern mit dem Ziel reflektiert, passendere Wirklichkeits- und Möglichkeitskonstruktionen für zu bewältigende Anforderungen zu entwickeln.

Familienrekonstruktion im Erwachsenenalter kann dann indiziert sein, wenn die Selbstorganisation von Personen, Paaren und Familien, ihre alltäglichen Routinen zur Bewältigung gegenwärtiger und perzipierter Herausforderungen nicht mehr ausreichen, wenn Möglichkeiten des Seins als eingeschränkt erlebt und neue Erfahrungen nicht integriert werden können. Dies ist insbesondere dann der Fall, wenn Probleme in den Herkunftsfamilien in Zusammenhang stehen mit der Entwicklung von Problemen oder Konflikten zwischen den Generationen.

Methoden der Familienrekonstruktion sind in Ausbildung, Supervision und in Individual-, Paar-, Familien- und Gruppentherapien weit verbreitet. Im Gegensatz dazu fehlt es an einer systematischen Ergebnis- und Prozessforschung. Im Folgenden wird mit dem *Münchner Modell* eine wissenschaftlich evaluierte Methode der systemischen Familienrekonstruktion vorgestellt. Es werden im ersten Teil die theoretischen Grundlagen erläutert und im zweiten Teil daraus abgeleitetes praktisches Handeln der Durchführung einer Familienrekonstruktion beschrieben und an einem Fallbeispiel skizziert. Ausgewählte Ergebnisse eines umfangreichen Forschungsprogramms runden die Darstellung ab (vgl. Schmidt, Schmid & Sierwald, in Druck).

8.2 Grundlagen und Systemverständnis des Münchner Modells

Das *Münchner Modell* der systemischen Familienrekonstruktion beruht auf den Philosophien des Konstruktivismus, der sozialen Konstruktion und dem daraus abgeleiteten Verständnis der systemischen Therapie (vgl. Berger & Luckmann, 1977; Gergen, 1999; Schiepek, 1999). Nach konstruktivistischem Systemverständnis ist interessant, wie Klienten und Therapeuten Wirklichkeit konstruieren, wie sie Wahrnehmungen selegieren, Deutungen vornehmen und infolge dessen Entscheidungen treffen. Personen und Gruppen werden als lebende Systeme begriffen, die sich selbst regulieren und erhalten. In diesem Sinn autonom, können sie nicht von außen determiniert und instruiert werden. Der Leiter bzw. die Leiterin einer Familienrekonstruktion ist daher nicht nur außenstehender Beobachter, sondern selbst Teil des therapeutischen Systems.

Der Begriff *Rekonstruktion* wird als „Weltherstellung" (Goodman, 1978), als Konstruktion von Sinn durch Kommunikation verstanden. Systemische Familienrekonstruktion vollzieht sich im Prozess der Ko-Konstruktion: als Kooperation und gemeinsames Problemlösen von Therapeut und Rekonstrukteurin[6]. Diese Prozesse finden in der Zeit statt. Vergangenheit, Gegenwart und Zukunft sind nichts Absolutes, sondern je nach Standpunkt und Bewegung des Betrachters verschieden. Rekonstruktion schließt nicht nur das Erzählen von Vergangenem, sondern auch von zukünftigen Lebensperspektiven ein.

Familienrekonstruktionen basieren auf Erzählungen von Lebensgeschichten, bei denen verschiedenen Aspekte unterschieden werden können (siehe unten). In der Rekonstruktion werden Ausschnitte der Geschichten bedingt durch spezifische Fragestellungen betrachtet. Diese durchziehen gleichsam als roter Faden die Durchführung der Rekonstruktion. Dabei lassen sich verschiedene Blickwinkel einnehmen, je nachdem welcher Kontext betrachtet wird. Der letzte Abschnitt des folgenden Kapitels beschäftigt sich mit den therapeutischen Zielen, Haltungen und Techniken.

8.2.1 Erzählte Geschichten als Grundlage der Familienrekonstruktion

Grundlage der Methode ist die Rekonstruktion von Lebens-, Paar- und Familiengeschichten. Das Erzählen von Geschichten ist ein Sinn erzeugender und Wirklichkeit konstruierender Prozess (vgl. Bruner, 1990). Menschen transformieren ihre Erfahrungen und Erinnerungen, indem sie sie verbalisieren. Dies geschieht in Koordination von Sprache, bildhaften Vorstellungen, Gestik, Gesichtsausdruck, emotionaler Regulation, körperlicher Bewegung, Atmung sowie Körperhaltung. In Lebens- und Familiengeschichten können Erinnerungen, gegenwärtige Erfahrungen und die Wahrnehmung von Zukünftigem so integriert werden, dass eine Biographie kohärenter empfunden werden kann. Die im Folgenden genannten allgemeinen Charakteris-

---

[6] In diesem Beitrag verwenden wir die weibliche grammatikalische Form *Rekonstrukteurin*, weil überwiegend Frauen rekonstruiert haben, ebenso wie die männliche Form *Therapeut;* das jeweils andere Geschlecht wird mitgedacht.

tika von Geschichten sind von zentraler Bedeutung für die Hypothesenbildung, die Befragung und die „Neuerzählung" in der Familienrekonstruktion:

1) *Erzählungen lassen sich nach Struktur, Prozess und Inhalt unterscheiden.* Erzählend strukturiert, organisiert und komponiert eine Person die Vielgestaltigkeit und Differenziertheit ihres Erlebens. Der Prozess des Erzählens ist ein zugleich körperlicher, kognitiver und affektiver Vorgang.

2) *Geschichten haben eine Entwicklungsperspektive.* Aktuelle Erzählungen bauen auf einer Folie von Geschichten auf, die in der Vergangenheit gehört oder erlebt und bereits erzählt worden sind. In der Familienrekonstruktion sind es nicht nur die bereits erzählten, sondern auch die zukünftig zu erzählenden Geschichten, die den biographischen Prozess gestalten.

3) *Erzählungen sind psychosoziale Konstruktionen.* Die narrativen Strukturen sind Eigenschöpfungen der erzählenden Person und zugleich im sozialen Zusammenhang verankert und von ihm beeinflusst. Erzählungen, ihre Themen, Handlungsabfolgen und Bedeutungsgebungen entstehen unter dem Einfluss der in der Kultur gesprochenen Sprache und vorherrschenden Wissensbestände, Normen und Erwartungen. In der familiären Sozialisation werden die semiotischen Grundlagen für nahezu alle später zu erzählenden Geschichten gelegt (Jonnes, 1990).

4) *Geschichten sind auch durch den Kontext bestimmt*, in dem sie erzählt werden. Geschichten werden angesichts einer spezifischen Zuhörerschaft gestaltet, aktualisiert und vorgetragen. In diesem Sinne sind Erzählungen in Familienrekonstruktionen auch Produkte einer gemeinsamen Autorenschaft von Erzähler und Zuhörern.

5) *Die gewählte Form der Erzählung hat eine Wirkung.* Die Spannbreite der Gestaltung von Geschichten reicht von der Form des (noch) „Nicht-erzählen-Könnens" (Auerhahn & Laub, 1998), über relativistische Formen, in denen zwischen diversen Perspektiven hin- und hergewechselt wird bis hin zu fundamentalistisch-dominanten Erzählformen (Ochs & Capps, 1996). Im ersten Fall ringen Personen um eine geeignete Form, wie „Unbegreifliches" erzählt werden kann. Im letzten Fall entscheiden sie sich für eine hyperkohärente, von ihnen als richtig vorgestellte Lösung biographischer Probleme, die andere Sichtweisen kaum zulässt. In stark kohärenten Erzählformen werden fragmentierte Erfahrungen in einem der Orientierung förderlichen Muster zusammengebunden. Diese Erzählform kann sich dann als nachteilig erweisen, wenn sie zu einer starken Vereinfachung oder zu einer Unvereinbarkeit mit aktuellen alltäglichen Erfahrungen führt. Die Formen der inkohärenten und relativistischen Erzählungen eröffnen einen wenig definierten Raum für die Organisation und Interpretation von Erfahrungen. Dadurch entsteht zwar Offenheit für neue Erzählungen. Diese bieten aber Erzählern wenig Orientierung und Handlungsvorgaben.

6) *Erzählungen können von ihren Autoren „neu" verfasst werden.* Der fortlaufende Prozess der Transformation von erlebtem in erzähltes Leben eröffnet viele Möglichkeiten im therapeutischen Prozess. Klienten können dabei unterstützt werden, ihre als problematisch erlebten Geschichten in neue Narrationen zu kleiden, die von Wachstum, Gesundheit und Anpassung zeugen (White, 1995).

In Familienrekonstruktionen sind Transformationen von Lebensgeschichten möglich. Die Fragestellungen der Rekonstrukteurinnen leiten die Rekonstruktion und legen fest, welche Aspekte ihrer Lebens- und Familiengeschichte befragt werden. Jede Fragestellung in der Familienrekonstruktion ist in einen Kontext eingebettet, der multiple Perspektiven der Betrachtung einer Fragestellung einschließt. Dieser Kontext verleiht den Worten, Handlungen und Erzählungen eine bestimmte Bedeutung. Verschiedene Kontexte von Bedeutung und Handlung werden in den folgenden Abschnitten dargestellt.

8.2.2 Kontexte von Bedeutung und Handlung in der Durchführung der Familienrekonstruktion

Im *Münchner Modell* werden Fragestellungen und die zur Beantwortung notwendigen Kapitel der Lebensgeschichte aus der Perspektive der personalen Kultur, des mehrgenerationalen Familiensystems, des Selbst, von Episoden und Äußerungen, Stimmen oder Sprachfiguren einer Geschichte betrachtet (vgl. Pearce, 1994). Diese fünf auf einander bezogenen, unterschiedlich abstrakten Kontexte von Bedeutungen und Handlungen dienen der Hypothesenbildung. Hypothetisieren in Form der Kreation von produktiven Irrtümern ist eine Voraussetzung von erkennendem Handeln. Eine differenzierte Hypothesenbildung schafft die Grundlagen vielfältiger therapeutischer Handlungsmöglichkeiten in der Familienrekonstruktion.

8.2.2.1 Personale Kultur

Den abstraktesten Kontext in der Familienrekonstruktion für die Betrachtung der Fragestellungen stellt der Hintergrund der Zeitgeschichte und des in einer Kultur vorherrschenden Werte- und Glaubenssystems dar. Menschenbilder, Definitionen von Normalität, von Gesundheit, Krankheit und Heilung spielen dabei ebenso eine Rolle, wie die Definitionen des Geschlechterverhältnisses und die soziale Konstruktion von Lebensverläufen (vgl. Keupp 1999). Neben dem Wissen um die Fakten der Zeitgeschichte sind für Rekonstruktionsprozesse insbesondere auch deren kulturelle und soziale Interpretationen relevant. Lebensgeschichten sind geprägt von sozialen Mustern der Bewältigung und Deutung, z. B. gesellschaftlich dramatischer Wandlungsprozesse (Weltkriege, Nationalsozialismus, Judenvernichtung, Vertreibungen, Wiederaufbau, Wiedervereinigung), die im intergenerationalen Dialog an die Kinder und Enkel weitergegeben werden (vgl. Rosenthal & Völter, 1998; Welzer, 1998).

8.2.2.2 Mehrgenerationales Familiensystem

Hauptsächlich wird in der Familienrekonstruktion die Organisation, Dynamik und Komplexität eines mehrgenerationalen Familiensystems fokussiert (vgl. Kaiser, 1989; Reich, Massing & Cierpka, 1996). Im *Münchner Modell* umfasst dies mindestens die Herkunftsfamilien der Großeltern, der Eltern, der rekonstruierenden Person, deren gegenwärtige Kernfamilie oder ihr „intimes Beziehungssystem" wie auch die zukünftige Familienentwicklung. Das mehrgenerationale Familiensystem wird als gegenwärtiges horizontales und auch als vertikales historisches System betrachtet, das sich spiralförmig in der Zeit entwickelt; seine Kontinuität wird durch den wechselseitigen Transfer der Generationen hergestellt. Im Kontext zu bewältigender Entwicklungsaufgaben vollzieht sich zwischen den Generationen ein Prozess der gemeinsamen Bedeutungskonstruktion (vgl. Vierzigmann & Kreher, 1998). So konstruierte Familienlegenden und -geschichten bringen das Werte- und Glaubenssystem einer Familie, Delegationen an die folgenden Generationen und Familiengeheimnisse zum Ausdruck (vgl. Byng-Hall, 1995; Fiese et al., 1999). In Familien wirkt die Zustimmung zu einer Geschichte gemeinschaftsbildend und fördert die soziale Ordnung. Je nach dem Grad der Offenheit der Geschichte kann diese zum Problem für eine Familie und ihre Mitglieder werden, beispielsweise wenn in einer Familie Zustimmung zu einer bestimmten Geschichte und damit zu einer partikulären Wirklichkeitssicht erzwungen wird. Problematisch ist auch, wenn das Kommunizieren und Hinterfragen von Familiengeschichten nicht geschieht; dann werden „Familienlegenden" unhinterfragt übernommen und Kinder im Sinne dieser ihnen unbekannten „Programme" sozialisiert.

Mit *Autonomie* und *Verbundenheit* beschreibt Schneewind (1999) zwei von der Familie und ihren Mitgliedern im Verlauf des Familienlebenszyklus zu gestaltende Meta-Entwicklungsaufgaben. Die Balance beider Entwicklungsaufgaben gilt es im Familiensystem immer wieder neu auszuhandeln. Die mögliche Individuation der Generationen im Sinne von *Autonomie in Bezogenheit* hängt von der Fähigkeit der Familie ab, sich Entwicklungsaufgaben anzupassen und gleichzeitig den Zusammenhalt zu wahren, sowie von der Realitätsnähe und Differenziertheit der Wirklichkeitskonstruktionen. In den mehrgenerational orientierten Schulen der Familientherapie (vgl. Piercy, Sprenkle & Wetchler, 1996; Schmidt, 1995; Williamson, 1991) wird angenommen, dass die Entwicklung von Problemen einzelner Familienmitglieder im Zusammenhang steht mit der Bewältigung schwieriger Lebensereignisse. Je weniger in einer Elterngeneration mit Stress verbundene Lebensereignisse (z. B. Kriege, Traumata) bewältigt werden konnten, umso mehr wird diese „Nichtbewältigung" und die damit in Zusammenhang stehende familiäre Wirklichkeitskonstruktion auf die nächste Generation übertragen. Ob und wie dies geschieht ist abhängig vom Zusammenspiel familiärer Belastungs- und protektiver Faktoren (Schneewind & Schmidt, 1999).

8.2.2.3 Selbst und Andere

Das Selbst wird im *Münchner Modell* als „Attraktor", als eine in Schemata organisierte Arbeitstheorie aufgefasst, die Subjekte über sich und ihre Beziehungen zur Welt entwickeln (vgl. Baldwin, 1999). Mit Attraktor wird allgemein ein für ein System attraktiver dynamischer Zustand im Sinne eines über die Zeit relativ stabilen Verhaltensmusters bezeichnet (vgl. Tschacher, 1997). Das Selbst ist eine komplexe Metapher für die Selbstorganisationsprozesse, die Sein und Werden einer Person ausmachen. Im Sinne systemischer Reflexion muss das Selbst in einem zirkulären Prozess die Wirkungsweise seiner eigenen Operationen in seiner Umwelt und die Rückwirkungen von dort ins eigene System beobachten und, soweit es das Repertoire der eigenen Möglichkeiten erlaubt, möglichst passende Reaktionen auswählen.

Das Selbst kann auf unterschiedlich abstrakten Ebenen betrachtet werden (McAdams, 2001):
- globale, stabile Persönlichkeitsdispositionen (traits);
- Kontextspezifische, charakteristische Adaptationen an Lebensumstände (Selbst- und Beziehungsschemata, Bewältigungsstrategien, persönliche Ziele);
- die spezifische Form der Lebensgeschichte (Narrationen).

Im *Münchner Modell* werden insbesondere die zwei letztgenannten Ebenen, die Beziehungsschemata und die Lebensgeschichte einer Person thematisiert. Letztere wird in der Familienrekonstruktion von einer Person erzählt, die sich, obwohl gleichzeitig Autor, als Protagonist der Erzählung zum Thema macht (vgl. Thomä, 1998). Im Dreiecksverhältnis von Person, Autor und Protagonist wird die wechselseitige Beeinflussung aller drei von McAdams skizzierten Ebenen menschlicher Individualität deutlich. Es wird angenommen, dass Personen ihre Lebens- und Familiengeschichte in Abhängigkeit von ihrer Persönlichkeit und von ihren in Beziehungsschemata geronnenen Erfahrungen erzählen. Je mehr sie beispielsweise sich selbst und anderen in der spezifischen Situation einer Familienrekonstruktion vertrauen, desto offener werden sie erzählen können. Umso größer ist dann auch die Wahrscheinlichkeit, dass eine Veränderung in der Erzählung der Lebensgeschichte längerfristig zu einer Veränderung im eigenen generellen Selbstverständnis und damit auch der mentalen Repräsentationen von sich und anderen führt.

Williamson (1991) hat mit dem Konstrukt der „Persönlichen Autorität in der Herkunftsfamilie" ein wichtiges Entwicklungsziel für Erwachsene im Kontext ihrer Ursprungsfamilie formuliert und operationalisiert. Persönliche Autorität im Familiensystem kann als Ergebnis eines intrapersonalen Verarbeitungsprozesses der familiären Beziehungsgeschichte betrachtet werden und steht für die aktuell gegebene Beziehung einer Rekonstrukteurin zu ihren Eltern (Vierzigmann, 1995). Beschrieben wird damit der Grad an Gegenseitigkeit und Gleichberechtigung zwischen erwachsenen Personen im Familiensystem. Wesentliche Dimensionen dieses Beziehungsschemas sind nach Williamson (1991):

1) *Intimität:* die Güte der Beziehung und die Zufriedenheit mit der Beziehung zu den Eltern;
2) *Einschüchterung:* der Grad der Beeinflussung durch die Eltern;
3) *Fusion/Verstrickung:* die emotionale Abgrenzung von den Eltern;
4) *Triangulierung:* das Empfinden, bei Konflikten zwischen den Eltern vermitteln zu müssen oder sich emotional zwischen den Eltern entscheiden zu müssen;
5) *Persönliche Autorität:* die Art und Weise, wie es Personen gelingt bei Themen, die eine intime Interaktion mit den Eltern erfordern auch einen eigenen Standpunkt zu behaupten und danach zu handeln.

Auf der am wenigsten abstrakten Ebene des Selbst, der erzählten Lebensgeschichte kann dann aus der Art, wie die Geschichten erzählt werden, auf grundlegende Aspekte der Selbst- und Beziehungsschemata, z. B. auf die persönliche Autorität im Familiensystem geschlossen werden. Folgende Zugänge zur thematischen Analyse von Selbsterzählungen lassen sich beschreiben (McAdams, 1999):

- *Narrativer Ton.* Wie ist die durchgehende Stimmung und der Ton einer Erzählung. Ist die Erzählung in Form einer Komödie, Romanze, Tragödie oder in einem ironischen Ton gestaltet?
- *Bilder.* Was sind die für die Erzählung charakteristischen bildlichen Vorstellungen? Welche Töne, Gerüche und Geschmäcker produziert der Autor. Was sind seine Lieblingsmetaphern?
- *Thema.* Der Prozess des Erzählens wird oft von einer Art Theorie gelenkt, in der versucht wird – im Sinne der Kohärenz – die isolierten Fakten eines Lebens zusammenzufassen. Beispiel für solche Theorien sind zentrale Lebensthemen wie Leistungs-, Verzichts-, Täter- oder Opferthematiken. Innerhalb dieser Skripte wird dann vorgegeben, was für die Selbsterzählung relevant ist, und was nicht.
- *Ideologische Positionen.* Was ist die moralische Haltung und welche ethischen Perspektiven werden in der Selbsterzählung deutlich?
- *Kernepisoden.* Welches sind Kernepisoden, Höhepunkte, Tiefpunkte, Endpunkte oder Wendepunkte der Selbsterzählung? Diese Kernepisoden in Geschichten thematisieren Kontinuität oder Transformation des Selbst in autobiographischen Erzählungen („Deswegen bin ich so geworden!").
- *Generativitätsskript.* Generativitätsskripte schließen als zeitliche Zielvorstellung das eigene Lebensende ein. Inhaltlich beinhalten sie Annahmen oder Visionen über Ergebnisse oder Vermächtnisse des Lebens biologischer, elterlicher, technischer oder kultureller Natur. Was ist das Vermächtnis für die nächste Generation? Wie schaffen Personen von ihnen als positiv bewertete Generativitätsskripte?

8.2.2.4 Episoden

In Lebensgeschichten sind eine Vielzahl bedeutsamer autobiographischer Erinnerungen in Form detaillierter Episodenschilderungen integriert. Hierzu zählen insbesondere auch Probleme in Beziehungen zwischen ausgewählten Familienmitgliedern. Schilderungen von Episoden dieser Beziehungen beinhalten einmalige Begebenheiten oder generalisierte Interaktionssequenzen.(„so läuft, das immer ab"). Wiederholt sich eine bisher einmalige Episode mit nur geringfügigen Abweichungen mehrmals, wird sie zu einer generalisierten Episode und damit zu einer generalisierten, persönlichen Erwartung. Sobald bestimmte „Schlüsselszenen" zu Prototypen geworden sind, bestimmen diese die folgende kognitive Verarbeitung von Erfahrungen. Obwohl diese prototypischen Beschreibungen ein kohärentes Erfassen von Erfahrungen erleichtern, werden sie manchmal zu rigiden Schablonen. Ausnahmen im Beziehungsablauf werden nicht mehr beachtet, Neues nicht in die Beziehungsschemata integriert (vgl. Neimeyer, 2000). Die Dramaturgie von Episoden kann nach Ort, Aktionen, Szenen, Akteuren, benutzten Instrumenten, Zielen und Schwierigkeiten differenziert und betrachtet werden. Was geschieht, wo und wann? Wer handelt wie, wem gegenüber? Dramatisch wird eine Episode, wenn Aktionen, Akteure, benutzte Instrumente oder Ziele nicht zusammenpassen. So entstehen Schwierigkeiten, die sich aus Normverletzungen ergeben (vgl. Bruner, 1999).

8.2.2.5 Äußerung, Stimme, Sprachfigur

Äußerung, Stimme und Metapher sind die kleinsten Einheiten des Systems der Hypothesenbildung im *Münchner Modell*. Äußerungen sind in der dialogischen Modellvorstellung von Kommunikation ein Gebrauch von Worten in einer spezifischen Situation (vgl. Bachtin, 1979). Worte existieren nicht vorher im Lexikon, sondern im Mund anderer Personen, in einem spezifischen Kontext der Anderen, und dienen der Intention Anderer. Von da werden die Worte genommen und zu eigenen Worten gemacht. Jede Äußerung ist, in unterschiedlichem Ausmaß, immer auch eine Antwort auf vorhergehende Äußerungen Anderer. Unter „Stimme" wird ein Segment im Fluss der Verbalisation der Erfahrungen einer Person verstanden (vgl. Bachtin, 1979). Dies kann ein Satz, eine Äußerung oder ein Wort sein. Der Ursprung der Stimme kann spezifiziert werden als Stimme einer Person (Vater, Mutter, Großeltern). Stimme kann auch eine spezifische Sprache sein (Familiensprache, Dialekte), oder eine Stimme der Zeitgeschichte, die zur Identitätskonstruktion herangezogen werden (die Stimme der Holocaustopfer; der Vertriebenen etc.). Im dialogischen Sinne haben Stimmen einen Autor und eine Adresse. Sie antworten auf etwas Vorheriges und nehmen Zukünftiges vorweg. Die Stimmen, die eine Rekonstrukteurin in ihrer Selbsterzählung, im Gespräch mit sich und anderen benutzt, sind Stimmen, die sie sich selbst im Zuge ihrer Sozialisation angeeignet und selbst bereits transformiert hat. Im Konzert der Stimmen einer Familienrekonstruktion können von einer Person ausgewählte unterschiedliche Stimmen gehört werden. Dominante und laute Stimmen, die alles übertönen und Stimmen, die im Hintergrund sind und im Moment nicht gehört werden. Diese können im Rekonstruktionsprozess wieder zum Klingen gebracht werden.

Im konstruktivistischen Ansatz wird angenommen, dass die Sprachfigur der „Metapher", eine bedeutsame Rolle in der Verbindung von Sprache und Denken spielt (Lakoff & Johnson, 1998). Metaphern wird eine das Denken gestaltende Funktion zugesprochen. In Metaphern wird das Unbekannte und Ungewöhnliche in Begriffen des Bekannten und Vertrauten ausgedrückt. Durch die Befragung von im therapeutischen Gespräch benutzten Metaphern wie auch durch den gezielten Einsatz therapeutischer Metaphern können auf einer semiotischen Ebene Brücken zwischen Vertrautem und Unbekanntem gebaut und ein Wandel von Stabilität zu Entwicklungsprozessen hin ermöglicht werden.

8.2.3 Therapeutische Zielvorstellungen, Haltungen und Techniken

Die Aufgabe des Therapeuten bei der Durchführung von systemischen Familienrekonstruktionen besteht darin, den therapeutischen Kontext so zu gestalten, dass Veränderungen ermöglicht werden. Die Gestaltung des therapeutischen Systems zielt auf eine Erhöhung der Komplexität, ohne letztlich wissen zu können, wie therapeutische Anregungen zu einer Veränderung eines sich selbst organisierenden Systems beitragen. Die Zielrichtung therapeutischen Denken und Handelns kann mit dem „Ethischen Imperativ" des Kybernetikers von Foerster: „Handle stets so, dass du die Anzahl der Möglichkeiten vergrößerst!" beschrieben werden. Hypothesenbildung, therapeutisches Handeln, in der Rekonstruktion verwendete Techniken, die Haltung des Leiters in der Familienrekonstruktion sowie die angestrebten therapeutischen Ziele stehen in einem sich wechselseitig bedingenden Verhältnis. Im Folgenden werden diese Elemente der Durchführung einer Familienrekonstruktion detailliert beschrieben.

In dem gemeinsamen Konstruktionsprozess des *Münchner Modells*, der sich auch als System der Hypothesenbildung beschreiben lässt, fließen nicht nur die Fragestellungen der Rekonstrukteurinnen, sondern auch die therapeutischen Zielvorstellungen des Leiters ein. Diese Ziele nehmen insbesondere das Konstrukt der persönlichen Autorität im Familiensystem und die Reautorisierung der Lebens- und Familiengeschichte in den Blick.

8.2.3.1 Ziele von Familienrekonstruktion

Das Ziel der Förderung der persönlichen Autorität im Familiensystem wird in der Familienrekonstruktion durch den Prozess der De- und Rekonstruktion von Narrationen oder „Reautorisierung" der Lebens- und Familiengeschichte (vgl. White, 1995) umgesetzt. In diesem Prozess der Neugestaltung können sich Rekonstrukteurinnen durch neues Erzählen von bisherigen Lebensentwürfen distanzieren und eine zunehmend „passendere" Form der eigenen Lebensgeschichte entwickeln. Kennzeichen einer solchen Passung sind: Kohärenz, Offenheit, Glaubhaftigkeit, Differenziertheit, Versöhnung und generative Integrativität (McAdams, 1999). Dabei bedeutet Kohärenz nicht Geschlossenheit, sondern im Dialog mit Anderen die Relativität von Bedeutungen immer wieder neu zu überdenken, Unbestimmtheit zu akzeptieren und eine Vielzahl möglicher Bedeutungen zu explorieren und zu konstruieren.

Wie kann nun De- und Rekonstruktion von Geschichten in der Familienrekonstruktion umgesetzt werden? Das Wort *Dekonstruktion* stammt ursprünglich aus der Literaturkritik (Derrida, 1974) und vereint die Gegensätze von Sinndestruktion und Sinnkonstruktion. Dekonstruktion in Familienrekonstruktionen bedeutet, dass bislang unreflektierten Erzählungen mit Zweifeln und Fragen nach Ergänzungen begegnet wird. Der Prozess der Sinndestruktion zielt nicht auf ein „wahres" Verständnis der in der Geschichte enthaltenen Botschaft ab. Es ist vielmehr das Ziel, mit Hilfe von Fragen und Dramatisierungen herauszukristallisieren, wie eine Rekonstrukteurin die Bedeutungszusammenhänge in ihrer dominanten Geschichte konstruiert. Diese Konstruktionen werden dann in Frage gestellt und ergänzt. Im Prozess der Rekonstruktion werden alternative Geschichten entwickelt. Deren Entwicklung wird gefördert durch die Integration getilgter oder bisher wenig beachteter Erinnerungen. Durch ein Neuordnen, das Finden neuer Themen und Überschriften der Kapitel und durch die zeitliche Verknüpfung von Erzählsträngen wird die Rekonstrukteurin zur Regisseurin einer zumindest in Teilen neuinszenierten und mit alternativen Konzepten beschriebenen Lebens- und Familiengeschichte; zur Autorin ihrer Zukunft.

Die Aufgabe des Therapeuten ist es nicht, Klienten vorgefertigte Neuinterpretationen ihrer Anliegen anzubieten, sondern sie zu unterstützen, ihre Lebens- und Familiengeschichte zu veröffentlichen und sie neu, kohärent, differenziert und komplex erzählen zu können. Angeregt durch neue Interpretationen können die Rekonstrukteurinnen als die Autoren ihre Biographie alternativ gestalten, so dass diese für ihre Lebenssituation passt und Selbstbestimmung und Autonomie fördert.

8.2.3.2 Therapeutische Haltung

Die therapeutische Haltung der Neutralität (vgl. Schiepek, 1999) und die ethische Haltung der Achtung und Anerkennung aller Familienmitglieder eines Familiensystems sind von zentraler Bedeutung für die Reautorisierung der Lebens- und Familiengeschichten. In den Erzählungen von Familienmitgliedern wird auch der Kommunikationsstil einer Familie deutlich. Dieser repräsentiert den moralischen Code der Familie. Die Art und Weise der Erfahrung von wechselseitiger Achtung oder Missachtung in Familien prägt das Selbstwertgefühl der Familienmitglieder. Eine Wertschätzung der Familie und seiner Mitglieder, der Spielbreiten menschlicher Individualität durch den Leiter, fördert auch die Entwicklung des Selbstwertgefühls der rekonstruierenden Person, deren Achtung ihrer Familienmitglieder und das Gefühl der Bezogenheit gegenüber der eigenen Familie.

Eine sichere Bindung in der Familienrekonstruktion zwischen Leiter und Rekonstrukteurin ist notwendig zur Entwicklung einer kohärenten Lebens- und Familiengeschichte. Personen mit schmerzhaften Lebenserfahrungen können dann eine kohärente Geschichte erzählen, wenn sie (a) sich in Kontakt mit ihren Gefühlen befinden, (b) wenn sie sich in die Dilemmata ihrer Eltern einfühlen können und (c), wenn sie ihren eigenen Anteil, an dem was sich entwickelte, anerkennen. Das bedeutet, dass im Rekonstruktionsprozess nicht nur die Entwicklung der alternativen Geschichte einer Person von Relevanz ist, sondern auch die Frage: „wie passt sich diese neue Geschichte eines Familienmitglieds in das bestehende Familiensystem ein?".

Das Expertentum systemisch narrativer Therapeuten besteht darin, Raum zu schaffen für bisher „Ungesagtes", so dass „Erstmaliges" entstehen kann. Sie stellen Fragen aus einer Position des Nicht-Wissens heraus. Die Haltung des Nicht-Wissens impliziert, dass der Therapeut zwar Experte für den therapeutischen Prozess ist, die Autoren von Erzählungen jedoch zu jeder Zeit Experte ihrer eigenen Geschichte bleiben. Der Therapeut stellt aus einer Haltung der Neugierde heraus Fragen, die ihn in die Bedeutung, Werte, Denkstrukturen und in die Lebenswelt des Autors eintauchen lassen und die Perspektive des Erzählers nachvollziehbar werden lassen.

Interpretationen im therapeutischen Prozess sind aufgrund der eigenen Bedeutungsmuster des Therapeuten unvermeidlich. Der Therapeut sollte sich dieser Interpretationen bewusst sein und ihren Einfluss minimieren, indem er seine eigenen Werthaltungen und seine Interpretationen transparent anbietet, mit der Möglichkeit, sie als irrelevant zurückzuweisen. Diese Transparenz fördert zum einen Vertrauen, zum anderen beinhaltet sie eine alternative Perspektive für die Rekonstrukteurin. Im Kontext eines so geführten Dialoges kann auch Respektlosigkeit gegenüber in Erzählungen geäußerten Ideen aller Art – in Form von Humor und Witz – sehr hilfreich sein.

8.2.3.3 Techniken der Familienrekonstruktion

Mit der Systematik der Hypothesenbildung geht eine Vielfalt von Techniken einher, die im De- und Rekonstruktionsprozess eingesetzt werden können. Wichtige Techniken in der Exploration der Fragestellungen sind die Arbeit mit Genogramm und Zeittafel. Mit Genogrammen können Fakten und Beziehungsdaten (Reich, Massing, & Cierpka, 1996), mit Zeittafeln Ereignisabfolgen der Entwicklung des mehrgenerationalen Familiensystems und damit einhergehender Problementwicklung auch graphisch repräsentiert werden.

Im *Münchner Modell* werden die spezifischen Fragetechniken der systemischen und narrativen Therapien verwandt (vgl. Freedman & Combs, 1996). Sie dienen dazu, vorgestellte Beziehungskonstellationen zunächst zu verdeutlichen, sie dann in Frage zu stellen, und mit neuen Möglichkeiten zu experimentieren. Ein zentrales Instrument in der Familienrekonstruktion, das in Kombination mit systemischen Fragetechniken eingesetzt werden kann, ist die Arbeit mit Skulpturen (Schlippe & Kriz, 1993). Der Begriff Familienskulptur ist der Kunst entlehnt und bedeutet die Darstellung des Familiensystems aus der Sicht der Rekonstrukteurin oder eines Beobachters, zum Beispiel des Leiters einer Rekonstruktion. Im Hinblick auf Wirklichkeitskonstruktionen können aus einer Skulptur Merkmale von Beziehungen, wie emotionale Nähe und Distanz (horizontale Ebene), Hierarchie (vertikale Ebene) oder im Sinne einer räumlichen Strukturierung (Verbundenheit/Abgeschlossenheit oder Offenheit des Systems) abgeleitet werden. Die Arbeit mit internalen Dialogen und Stimmen (Hermans, 1996), Formen der Körperarbeit (Downing, 1996) und die Arbeit mit Träumen (Hill, 1996) bieten weitere Möglichkeiten Erzählungen im Prozess der De- und Rekonstruktion zu dramatisieren und diese auf vielfältige Weise zu erleben und zu differenzieren.

Die therapeutischen Techniken und Haltungen werden in der folgenden Betrachtung der Durchführung von Familienrekonstruktionen in der Gruppe und anhand des vorgestellten Fallbeispiels noch deutlicher.

8.3 Durchführung der Familienrekonstruktion in der Gruppe

8.3.1 Überblick und Modell

Im *Münchner Modell der systemischen Familienrekonstruktion* werden – im Rahmen eines familienpsychologischen Ausbildungsmodells an der Ludwig-Maximilians-Universität München (Schneewind, 1991) – Familienrekonstruktionen in der Gruppe sowohl durchgeführt als auch evaluiert (Schmidt, Schmid & Sierwald, in Druck). Die Rekonstruktionen finden über einen Zeitraum von drei bis fünf Monaten mit zumeist wöchentlichen Sitzungen statt, die ca. fünf Stunden dauern. Die Gruppengröße liegt bei 12 bis 16 Teilnehmerinnen; jede der Teilnehmerinnen kann einen eigenen Termin für sich in Anspruch nehmen.

Ziel der Familienrekonstruktion in der Gruppe ist die Aktivierung und Aktualisierung der Selbst- und Beziehungsschemata der Teilnehmerinnen auf dem Hintergrund ihrer Familiengeschichte, ihrer Erfahrungen in der Herkunftsfamilie und ihrer Selbsterfahrung (vgl. Abbildung 1).

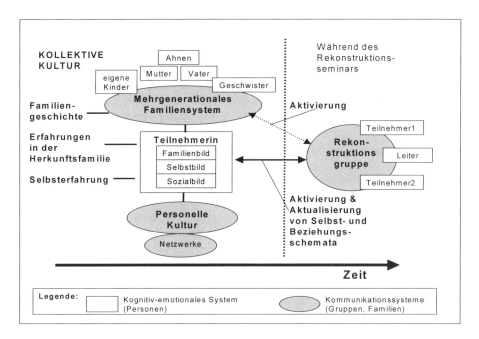

Abbildung 1: Modell der Durchführung und Evaluation von Familienrekonstruktionen.

Personen werden dabei als kognitiv-emotionale Systeme und Gruppen als Kommunikationssysteme verstanden, die sich in dynamischen Prozessen selbst organisieren (Manteufel & Schiepek, 1998; Tschacher, 1997)[7]. Neben Personen (Teilnehmerinnen und Leiter der Rekonstruktionsgruppe, Mitglieder der Ursprungs- und Kernfamilien der Rekonstruierenden) werden die Kommunikationssysteme der Familie, der Gruppe und des Kontextes thematisiert und erfasst. Wir gehen davon aus, dass das Gruppensetting die Aktualisierung der internalen Arbeitsmodelle der Teilnehmerinnen in besonderem Maße ermöglicht. Die Situation in der Gruppe ist die eines komprimierten sozialen Experimentierfeldes, indem vielfältige Selbst- und Fremdbeobachtungen in relativ kurzer Zeit kommuniziert und reflektiert werden. Zudem wird jede Teilnehmerin in der Eingangsrunde zu den Rekonstruktionsterminen in ihrem Vor- und Nachbereitungsprozess sowohl von der Gruppe als auch vom Leiter intensiv begleitet. Neben der Aktivierung der kognitiv-emotionalen Systeme „Teilnehmerin" werden durch die intensive Vorbereitung die jeweiligen Familiensysteme indirekt aktiviert.

Teil des *Münchner Modells der systemischen Familienrekonstruktion* ist auch eine ausführliche Evaluation. Das oben skizzierte Modell ist die Grundlage einer ergeb-

---

[7] Die Theorien der Selbstorganisation und der Synergetik bieten eine gute Grundlage, postulierte Ordnungsbildungsprozesse und insbesondere auch die Übergänge zwischen spezifischen Entwicklungsphasen theoretisch greifen und empirisch untersuchen zu können.

nis- und prozessorientierten Untersuchung. Ziel der Evaluation ist es herauszufinden, wie sich die internen Arbeitsmodelle (Selbst-, Familien-, und Sozialbilder) der Rekonstruierenden darstellen (Prämessung) und wie sich deren Veränderungen (Postmessung, Katamnese) und die kognitiv-emotionalen Prozesse im Verlauf der Rekonstruktionsgruppe (fortlaufende Prozessbegleitung) beschreiben lassen. Abbildung 2 veranschaulicht die Durchführung der Familienrekonstruktion im Überblick.

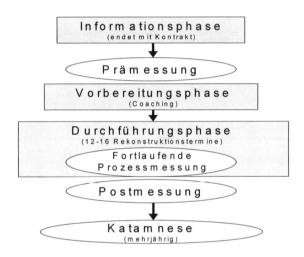

Abbildung 2: Ablauf der Familienrekonstruktion nach dem Münchner Modell.

Wie sehen diese Phasen nun genauer aus? Dies wird in den folgenden Abschnitten kurz dargestellt und ausschnittsweise an einem Fall erläutert. Die Evaluation wird im letzten Abschnitt des Kapitels vorgestellt. Wir beschränken uns dabei auf bestimmte Aspekte der familiären Beziehungsschemata.

8.3.2 Informationsphase und Kontrakt

Vor Beginn der Rekonstruktionen in der Gruppe werden die Teilnehmerinnen über den Ablauf der Gruppe umfassend informiert. Dies bedeutet auch, dass bei der Entscheidung zur Durchführung einer Familienrekonstruktion in besonderem Maße Eigenverantwortung gefragt ist. Jede Teilnahme an einer Familienrekonstruktionsgruppe gründet auf einem explizit vereinbartem Arbeitskontrakt, der die Aufgaben, Ziele und Formen der Zusammenarbeit von Leiter und Teilnehmenden definiert. Diese symbolische Handlung wird durch die Unterschriften unter Schweigepflichterklärungen besiegelt. Der Leiter ist dafür verantwortlich, dass das therapeutische System professionell und im Sinne berufsethischer Verpflichtungen gestaltet, durchgeführt und strukturiert wird.

8.3.3 Vorbereitungsphase

Ziel der Vorbereitung jeder Familienrekonstruktion ist die Erarbeitung spezifischer Fragestellungen. Diese Fragen definieren den Ausgangspunkt und die Leitthemen jeder Rekonstruktion und damit den Auftrag an den Therapeuten. Des weiteren werden in der Vorbereitungsphase Arbeitsmaterialien erstellt, die die Bearbeitung der Fragestellungen erleichtern. Die dafür notwendigen Schritte sind:

1) Gespräche mit Mitgliedern des mehrgenerationalen Familiensystems mittels eines strukturierten Leitfadens,
2) das Erstellen eines ausführlichen Familiengenogramms,
3) das Erstellen von Zeittafeln über das eigene Leben und das von Mutter und Vater,
4) die Auswahl von Familienphotos,
5) das Sammeln wichtiger Träume und
6) das Schreiben einer kurzen Autobiographie.

Mithilfe dieser Vorbereitungsschritte erarbeiten sich die Gruppenteilnehmerinnen einen Fundus von Fakten und Geschichten aus verschiedenen Perspektiven und aktualisieren ihre Erinnerungen. Die schriftliche Festlegung dieser Erzählungen im Genogramm und den Zeittafeln bereitet die Veröffentlichung der jeweiligen Familiengeschichte am Tag der Rekonstruktion vor. Die vorbereiteten Materialien dienen auch dazu, Gruppe und Leiter die zentralen Informationen der zu rekonstruierenden Familiengeschichte zur Verfügung zu stellen – ein erstes Bild des mehrgenerationalen Familiensystems entsteht. Der Leiter begleitet den Vorbereitungsprozess und steht bei Fragen oder Krisen als Coach zur Verfügung.

8.3.4 Durchführungsphase

In der Durchführungsphase trifft sich die Gruppe einmal wöchentlich. Nach einer Begrüßung beginnt der typische Tag einer Familienrekonstruktion mit einer Eingangsrunde, in der alle Teilnehmerinnen der Reihe nach über den Status ihres Rekonstruktionsprozesses berichten können. Der Leiter moderiert und befragt diese Berichte hinsichtlich der aktuellen Befindlichkeit der Gruppenmitglieder, ihrer Reaktionen (emotional, kognitiv, Träume) auf die letzte Rekonstruktion und des Standes der Vor- oder Nachbereitung ihrer eigenen Rekonstruktion. Durch dieses fortlaufende Monitoring werden alle Teilnehmerinnen parallel in ihren Prozessen begleitet. Der Leiter beobachtet die Gruppendynamik ebenso wie die Stabilität und Ansprechbarkeit jeder Teilnehmerin. Die jeweilige Rekonstrukteurin beschließt mit ihrem Bericht die Runde.

In der darauf folgenden Pause gestaltet die rekonstruierende Teilnehmerin den Raum, indem sie ihr Genogramm und die Zeittafeln aufhängt. Die vorbereiteten Arbeitsmittel lassen ein Bild der jeweiligen Familie im Raum der Gruppe entstehen, das durch das Aufhängen von Photographien eindrücklicher gestaltet werden kann. Die anderen Teilnehmerinnen betrachten die vorbereiteten Materialien ohne sie zu kommentieren.

Nach der Pause beginnt die Rekonstruktion mit der Vorstellung der Fragestellungen durch die Rekonstrukteurin. Im Dialog mit dem Leiter werden diese exploriert und in Zielvereinbarungen gefasst. Zudem wird zwischen Leiter und Rekonstrukteurin ein Arbeitskontrakt für die Dauer der Rekonstruktion ausgehandelt. In einem ersten Schritt werden die Fragestellungen nunmehr auf dem Hintergrund der Informationen aus Genogramm und Zeittafeln betrachtet und in den zeitlich-räumlichen Kontext der Entwicklung des mehrgenerationalen Familiensystems eingeordnet: Welche Phase der Familiengeschichte thematisiert das Leitthema der Rekonstrukteurin? Welche Personen sind in der Fragestellung angesprochen? Im Prozess des Hypothetisierens entsteht nach und nach eine Art gemeinsames „Drehbuch" für den Ablauf der Rekonstruktion. Es beinhaltet die zu de- und rekonstruierenden Szenen der dominanten Erzählung und sieht daneben auch das Experimentieren mit alternativen Szenen vor. Es entsteht eine Abfolge verschiedener Szenen, gleichsam ein „Film", der bedeutsame Episoden der Familiengeschichten wiedergibt. Die Rekonstrukteurin hat die Hauptrolle inne, die restlichen Gruppenmitglieder schlüpfen je nach Szene in unterschiedliche Rollen. Dabei bleibt es nicht bei einer „Nacherzählung": Das Feedback der Rollenspieler und das emotionale Erleben der Protagonistin selbst eröffnen neue Perspektiven auf tradierte Narrationen. Diese können de-konstruiert, z. B. unter Verwendung von Skulpturen dramatisiert und anschließend wieder re-konstruiert werden. Ziel ist, biographische Erinnerung kohärenter zu gestalten, Episoden – zeitlich wie thematisch – zu verknüpfen. Tempo und Tiefe des dramaturgischen Vorgehens hängen dabei ab von den Reaktionen der Protagonistin und der Rekonstruktionsgruppe. Richtlinie ist das „im Moment Mögliche"; die Autonomie der Protagonistin steht während der Durchführung der Rekonstruktion im Vordergrund.

Zum Abschluss der Rekonstruktion bekommt die Rekonstruierende von jedem Gruppenmitglied in einem ritualisierten Akt eine Rückmeldung. Dabei nehmen die Teilnehmerinnen im Verhältnis zur Rekonstrukteurin – auch räumlich – eine bestimmt Position ein; eine Art „Feed-back-Skulptur" entsteht. Nach einer kurzen Pause entscheidet die Gruppe gemeinsam darüber, wer in der nächsten Sitzung rekonstruiert.

8.3.5 Falldarstellung

Interessant für die Praxis ist jedoch vor allem auch: Wie erlebt eine Rekonstrukteurin die verschiedenen Phasen der Familienrekonstruktion? Claudia (31 Jahre) hat vor zwei Jahren an einer Rekonstruktionsgruppe teilgenommen; sie schildert die Phasen aus ihrer Perspektive. Die entsprechenden Passagen finden sich in den grau unterlegten Kästen. Jeweils im Anschluss wird ihre Darstellung aus der therapeutischen Perspektive kurz kommentiert.

Am Anfang steht die Fragestellung, die, wie in den theoretischen Grundlagen des Kapitels zu Beginn dargestellt, Verlauf und Inhalt der Rekonstruktion prägt. Die Rekonstrukteurin, in unserem Fall also Claudia, erarbeitet die für sie wesentlichen Themen während der Vorbereitungsphase:

> „Bis auf die zentrale Fragestellung, warum sich meine Mutter umgebracht hat, haben sich meine Fragestellungen in der Vorbereitungsphase laufend geändert. Obwohl es eigentlich offensichtlich ist, war mir z. B. vor den Gesprächen mit Familienmitgliedern nicht klar, dass Leistung ein so großes Thema in meiner Familie ist. Außerdem habe ich in den Gesprächen Dinge erfahren, die ich vorher nicht wusste, z. B. dass ich nach dieser einen Frau (erste Frau des Großvaters; siehe Genogramm) benannt bin und dass damit auch ein gewisser Auftrag verbunden ist. Diesen Auftrag habe ich immer unterschwellig gespürt, aber jetzt hat er sich für mich erklärt ...
>
> Die Ankündigung, dass ich Gespräche führen möchte, hat die Familie ganz schön in Aufregung versetzt. Die reden ja zum Teil nicht miteinander – und ich glaube, jetzt waren einige froh, dass sie mal etwas erzählen konnten. In der Familie sind ja viele ungelöste Konflikte und manche wollten mich auch überzeugen, dass ihre Version der Geschichte stimmt. Ich hatte auch das Gefühl, dass ich verstehen soll, warum der Eine oder Andere so gehandelt hat. Insgesamt waren die Familienmitglieder aber kooperativ und offen."

Zu Beginn der *Durchführungsphase*, am Tage ihrer Rekonstruktion, veröffentlicht Claudia ihre Fragestellungen und erörtert diese zusammen mit dem Leiter. Dieser bildet erste Hypothesen, findet erste Zugänge zu Claudias Lebensgeschichte: In welchem Zusammenhang steht der Selbstmord der Mutter mit der Persönlichkeitsentwicklung der Rekonstrukteurin? Wie wäre ihr Leben verlaufen, wenn ihr Mutter sich nicht suizidiert hätte? In welchem Zusammenhang stehen Selbstmord und Leistung? Wer in der Familie bevorzugt welche Deutung des Suizids? Welche der primären Bezugspersonen sind in der Fragestellung angesprochen, welche nicht? Was wären wesentliche Elemente der Entwicklung einer alternativen Geschichte? Was könnten mögliche zukünftige Ziele der persönlichen Entwicklung von Claudia sein?

Wesentliche Informationen über die Herkunftsfamilien liefert das Genogramm, das, ähnlich wie ein Familienstammbaum, eine schematische Darstellungen von Familiendaten und -beziehungen erlaubt. Die folgende Graphik (Abbildung 3) veranschaulicht das Genogramm von Claudia. In der hier vorgestellten Form ist es auf drei Generationen und die hauptsächlichen Verwandtschaftsbeziehungen verkürzt.

Claudias Hauptfragestellung: „Warum hat sich meine Mutter umgebracht" lenkt den Blick im Genogramm zunächst auf die Herkunftsfamilie der Mutter. Claudia hat in den vorbereitenden Gesprächen erfahren, dass sie den Namen der ersten Frau des Großvaters trägt, die als 41-Jährige Mutter eines vier Jahre alten Sohn bei einem tragischen Unfall ums Leben kommt (siehe oben). Drei Jahre später, mit 46 Jahren, heiratet der Großvater eine wesentlich jüngere Frau mit der er fünf weitere Kinder bekommt. Als seine letzte Tochter, Claudias Mutter, geboren wird, ist er bereits 59 Jahre alt. Im gleichen Jahr beginnt der Zweite Weltkrieg, indem die beiden ältesten Söhne fallen – was bedeutet dies alles für die damals sechs Jahre alte Mutter?

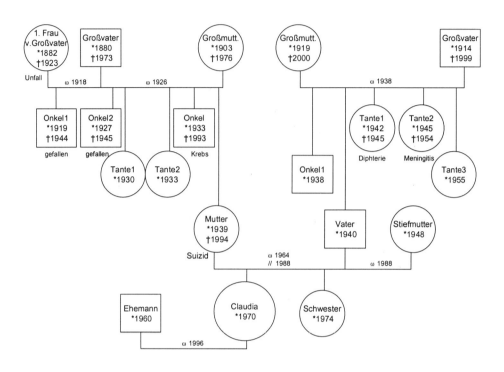

Abbildung 3: Genogramm von Claudia.

Im Gespräch mit der Rekonstrukteurin entwickelt der Leiter weitere Fragestellungen: Welche Bedeutung hat der Tod im System? Welche Art der Bewältigung war möglich? Wurden die Toten im System betrauert? Kann sich der Großvater nach dem Verlust der von ihm sehr geliebten ersten Frau und später des gemeinsamen Sohnes den anderen Kindern noch widmen? Inwieweit ist Claudias Mutter als jüngste Tochter jemals im Blickfeld ihres Vaters? Wie viel Kraft hat die Großmutter nach dem Verlust der Söhne noch für die anderen vier Kinder? Wen wählt sich Claudias Mutter als Rollenvorbild und Identifikationsfigur: ihre eigene Mutter oder die idealisierte erste Frau des Großvaters?

Auch erwachsene Kinder wissen oftmals nur wenig über das Aufwachsen ihrer Eltern und meist nur aus deren eigenen Erzählungen. Die dominanten Erzählungen innerhalb einer Familie sind dabei häufig vom Ausgang der Geschichte her geprägt – im Falle von Claudia gibt der Suizid dem gesamten Leben von Claudias Mutter eine negative Tönung. Die Dramatisierung einzelner Szenen aus der Kindheit der Mutter kann Claudia näher bringen, mit welchem Umfeld ihre Mutter sich in ihrer eigene Kindheit auseinander zu setzen hatte. Dadurch wird eine andere Sichtweise auf die Lebensgeschichte der Mutter und durch Perspektivenwechsel auch mehr Verständnis für deren Person und Leben möglich. Der Leiter lässt Claudia daher zunächst eine Skulptur der Familienseite ihrer Mutter aufstellen – und zwar zu dem Zeitpunkt als diese sechs Jahre alt war. Dazu wählt Claudia aus den Teilnehmern des Rekonstruktionsseminars Personen aus, die die Rollen wichtiger Familienmitglieder übernehmen (Großvater, beide Ehefrauen und alle Kinder) und stellt diese so im Raum auf, dass das entstandene Bild für sie stimmig ist. Um dieses aus verschiedenen Blickwinkeln mit Leben zu erfüllen, werden die Mitspieler in einem zirkulären Prozess nach ihren Empfindungen befragt. Danach wird Claudia zur Wirkung dieses Feedbacks befragt und gebeten eine Position im Raum zu finden, die ihre gegenwärtige Position im Bezug auf die von ihr gestellte Skulptur verdeutlicht. Claudia erlebt dies folgendermaßen:

> „Für mich war es wichtig, meine Mutter als kleines Mädchen zu sehen. Sie war bis dahin eigentlich immer nur ein Monster, ein lebensbedrohliches Monster, ich konnte mir nicht vorstellen, dass sie selber mal klein und verletzlich war, und das war für mich die einzige Möglichkeit, mich dieser Frau zu nähern, ihr zu begegnen ... Einmal war's so, dass ich mich zu meiner Mutter gesetzt habe, die saß auf dem Boden, rings um sie herum die ganzen Krisen (Tod der ersten Frau des Vaters und der Brüder von Claudias Mutter etc.) und sie saß da sehr einsam auf dem Boden unter einem Tisch. Ich habe mich zu ihr hingesetzt und sie ein bisschen von hinten angefasst – nur ganz kurz – aber das war das Äußerste, was überhaupt möglich war. Diejenige, die meine Mutter gespielt hat, hat dann gesagt, dass ihr das gut getan hat ... Dann lagen da noch diese ganzen Toten am Boden und ich sollte mich von jedem einzelnen verabschieden, da habe ich so geweint, und dann kamen die ganzen Gefühle hoch."

Nach dem Entstehen dieser Eingangsskulptur fragt der Leiter Claudia, wie sie weiter vorgehen möchte. Er schlägt vor, entweder die Entwicklung ihrer eigenen Herkunftsfamilie szenisch nachzuzeichnen oder die Familienseite ihres Vaters zu beleuchten. Schließlich ist auch die Partnerwahl und die Betrachtung der Ehebeziehung zwischen Claudias Eltern wichtig, um den Suizid ihrer Mutter besser verstehen zu können. Claudia möchte die Geschichte ihrer eigenen Herkunftsfamilie rekonstruieren. Zeitlich wählt der Leiter mit ihr gemeinsam die Spanne zwischen dem Kennenlernen der Eltern und dem Suizid der Mutter aus. Der folgende Kasten zeichnet in Ausschnitten die szenische Abfolge der Entwicklung von Claudias Herkunftsfamilie nach – in Claudias eigenen Worten:

> „Also meine Eltern haben sich kennen gelernt, und mein Vater war der Prinz, zumindest hat meine Mutter ihn immer auf so einen Sockel gesetzt und das, was er gemacht, hat höher bewertet, als es eigentlich war. Dann kam halt ich und habe mich auf den Sockel gesetzt, zu meinem Vater. Als meine Schwester dann kam, lief sie irgendwie immer nur mit, die war immer ein bisschen in meinem Schatten, aber auch im Schatten der ganzen Familie. Mein Vater wollte dann promovieren, das hat nicht geklappt und anschließend ist er ins Ausland gegangen – und da hat der Leiter ihn hinter den Vorhang gestellt. Der, der

meinen Vater spielte, sagte dann plötzlich hinter dem Vorhang: „ich schäme mich" – da ging's um seine Dissertation. Da habe ich gemerkt, dass für mich schon immer klar war: die Leute, die ihre Leistung nicht bringen, die gehen ins Exil ...

Naja, mein Vater stand also auf diesem riesigen Sockel und als er wegging, klammerte sich meine Mutter an diesen Sockel. Da war die Ehe zwar schon kaputt, aber sie haben immer noch versucht sie aufrechtzuerhalten. Ich habe immer gesagt, sie soll halt loslassen und dann hat der Leiter diesen Würfel weggezogen und sie ist halt immer so mitgegangen, sie wäre hingefallen, wenn sie den Würfel losgelassen hätte, das war ihr einziger Halt und das sehe ich schon auch so, sie hat sich da an ein Idealbild geklammert, was eigentlich gar nicht mehr war. Naja und ich habe mich halt auch auf so einen Sockel gestellt, durch meine Begabung. Alle hatten die Hoffnung, dass ich eine große Pianistin werde. Das war dann aber auch nicht so, ich bin ja dann auch sitzen geblieben in der neunten Klasse, und spätestens da war es dann auch vorbei mit dem Wunderkind ...

In der nächsten Szene waren wir zu dritt, meine Mutter, meine Schwester und ich ... Es war eine Katastrophe, ich habe mich mit meiner Mutter überhaupt nicht verstanden, wir hatten laufend Konflikte. Ich war schon schwierig, ich war sehr eigenwillig und habe mir nichts sagen lassen ... und ich konnte sie nicht ausstehen, ich wollte mit ihr einfach nichts zu tun haben. Und das hat sie natürlich gespürt ... Ich kam dann auf ein Internat und irgendwann hat sich mein Vater getrennt und daraufhin verschwand meine Mutter einfach so. In der Skulptur wurde sie auch hinter den Vorhang gestellt, so dass nur noch meine Schwester und ich alleine dastanden. Diejenige, die mich dargestellt hat, fing dann plötzlich total an zu heulen und das hat mich dann schon sehr bewegt. Weil ich gesehen habe, wie allein ich da war ... Das war das erste Mal in dieser Rekonstruktion, dass ich das so spüren konnte. Diese totale Einsamkeit und diese Verzweiflung und auch Todesangst um meine Mutter. Ich hatte auch richtig Mitgefühl für mich, was ich vorher nicht hatte.

Dann haben wir ein bisschen abgekürzt ... und am Schluss war es so, dass meine Mutter sich umgebracht hat. Sie sollte sich dann hinlegen. Der Leiter hat gefragt, was ich fühle und ich habe gesagt, dass ich eigentlich nicht auf sie sauer bin, sondern auf meinen Vater. Und er hat mich dann zurückgeholt und meinte nee, bleib' mal hier – und da habe ich gesagt, wenn sie nicht schon tot wäre, dann würde ich sie umbringen, das habe ich aber so nüchtern gesagt und er schlug vor, meine Gefühle dabei zum Ausdruck zu bringen. Und da wurde ich auf einmal sauer auf den Leiter, ich habe ihn wohl richtig bitterböse angeschaut. Und er hat irgendwann auch gesagt: nicht gegen mich ... Und dann ist schon klar geworden, dass ich eine irre Wut auf sie habe. Der Leiter hat mir dann geholfen, das mehr zu spüren und dann wurde klar, dass ich neben diesem Hass auch viel Trauer empfinde. Und dann hat er mich gefragt, wie es jetzt geht. In diesem Moment habe ich totale Verletzung empfunden, dass sie sich nicht mehr um uns gekümmert hat. Und der Leiter hat gefragt: „heißt das, ich brauche dich?" Und dann habe ich gedacht, oh Gott, irgendwo hat er ja Recht, das hat mich wieder total umgehauen, aber ich wollte das überhaupt nicht

> wahrhaben. Er schlug vor diesen Satz einmal laut auszusprechen: ich habe gesagt, okay, ich kann's ja mal probieren. Doch damals war ich von einer Versöhnung mit meiner Mutter noch weit entfernt."

An dieser Darstellung lassen sich einige Methoden und Wirkungen der Familienrekonstruktion verdeutlichen. Claudia führt zu Beginn die Metapher ein, ihr Vater sei der „Prinz" in der Familie gewesen, habe auf einem „Sockel" gestanden. Diese Sprachfigur wird dramatisiert, in Szene gesetzt. Innerhalb einer Dramatisierung können die Reaktionen der „Stellvertreterin" der Protagonistin, also derjenigen Person, die die Rekonstrukteurin selbst darstellt, wichtige Hinweise auf Gefühle geben, die sich die Rekonstrukteurin selbst vielleicht nicht gestattet oder nicht gestatten darf. So kann Claudia gefühlsmäßig einen neuen Zugang zu ihrer Mutter finden. Dies wird auch in der Schlussszene deutlich, in der Claudias Ambivalenz zwischen Wut und Trauer offen zutage tritt. Der Leiter bietet der Rekonstrukteurin Worte an, die eine Versöhnung mit der Mutter ermöglichen können, doch Claudia nimmt diese noch nicht als ihre eigenen an. Versöhnung lässt sich nicht erzwingen, die Neufassung der Lebensgeschichte ist nicht an einem Tag möglich. Sie braucht Zeit – das verdeutlichen auch die Ergebnisse der Evaluation des *Münchner Modells*, die im folgenden Abschnitt beschrieben werden soll.

8.3.6 Evaluation

Wie anfangs erwähnt fehlt es bisher an einer ergebnis- und prozessorientierten Evaluation von Familienrekonstruktionen. Allein Williamson (1991) hat sein therapeutisches Modell theoretisch ausführlich begründet, die Konzeptualisierung des für seinen Therapieansatz grundlegenden Konstruktes der „Persönlichen Autorität im Familiensystem" einer empirischen Prüfung zugänglich gemacht und die Wirksamkeit seines Vorgehens dokumentiert (Bray, Williamson & Mallone, 1984; Vierzigmann, 1993). Unter Verwendung dieses Fragebogens (PAFS-Q) wollen wir mit einer ausführlichen Ergebnis- und Prozessforschung dazu beitragen, Familienrekonstruktion als ein begründetes Tun in Beratung und Therapie zu beschreiben, zu erklären, weiter zu entwickeln und auch in der Logik der psychosozialen Versorgungssysteme zu legitimieren.

Die verschiedenen Phasen und Messzeitpunkte der Evaluation des *Münchner Modells* werden in Abbildung 2 verdeutlicht. Im Folgenden berichten wir, wie die Teilnehmerinnen auf der Ebene von Fragebogendaten ihre aktuellen Beziehungen im Herkunftsfamiliensystem beschreiben und wie sich diese Beziehungsrepräsentationen bis zu den Zeitpunkten der Postmessung und Katamnese entwickeln. Für eine ausführlichere Vorstellung der Evaluation verweisen wir auf Schmidt, Schmid und Sierwald (in Druck) und Schmidt (in Vorbereitung). Die Entwicklung von persönlicher Autorität Erwachsener im Herkunftsfamiliensystem – im Sinne der Balance von Autonomie in Bezogenheit – wird mit dem Fragebogen PAFS-Q (Personal Authority in the Family System Questionnaire; Williamson, Bray, Harvey & Malone, 1985) erhoben. Der PAFS-Q in der hier verwendeten Form beinhaltet folgende Skalen: 1) Intimität, 2) Einschüchterung durch die Eltern, 3) Fusion/Verstrickung, 4) Triangulierung und 5) Persönliche Autorität (vgl. Abschnitt 2.2.3 in diesem Kapitel).

8.3.6.1 Prämessung

Die erste empirische Momentaufnahme erfolgt während der Vorbereitungsphase mit dem Ziel, relevante Selbst- und Beziehungsschemata der Teilnehmerinnen zu erfassen. Es lassen sich mittels clusteranalytischer Verfahren über die Skalen des PAFS-Q fünf Muster oder Attraktoren der aktuellen Beziehungen zur Herkunftsfamilie bei den 74 Teilnehmern (64 Frauen, 10 Männer; Durchschnittsalter: 31 Jahre) des *Münchner Modells* der Jahre 1995 bis 1999 ermitteln. Die folgende Grafik (Abb. 4) zeigt die den Beziehungsmustern zugrundeliegenden Skalenkonfigurationen. In Klammern finden sich Angaben zur Anzahl der Rekonstrukteurinnen pro Muster.

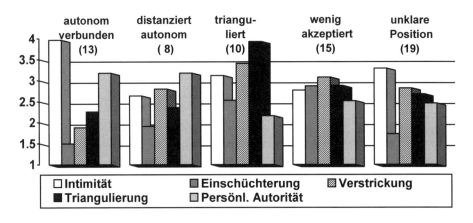

Abbildung 4: Skalenkonfigurationen der fünf Cluster des PAFS-Q.

Das erste, von uns als „autonom und verbunden" definierte Beziehungsmuster zeichnet sich aus durch hohe *Intimität* und hohe *Persönliche Autorität* bei gleichzeitig niedriger *Verstrickung*. Das zweite Beziehungsmuster lässt sich als „distanziert autonom" beschreiben und weist fast ebenso viel *Persönliche Autorität* bei wesentlich geringerer *Intimität* auf. Zentrales Merkmal des dritten, als „trianguliert" definierten Beziehungsmusters ist eine hohe *Triangulierung* bei mittlerer *Intimität* und niedriger *Persönlicher Autorität*. Die Position des vierten Clusters wird als „wenig akzeptiert" definiert, weil die Charakteristika dieses Musters durch viel *Einschüchterung* (im Sinne von „sich-nicht-akzeptiert-fühlen") bei wenig *Intimität* gebildet werden. Das Muster der fünften Gruppe zeigt wenig *Einschüchterung* bei mittlerer *Intimität*; allerdings ist die *Persönliche Autorität* recht gering. Dieses Beziehungsschema ist dadurch gekennzeichnet, dass die eigene Position im Familiensystem für die Person selbst noch relativ wenig definiert ist.

8.3.6.2 Postmessung

Am Ende der Durchführungsphase erfolgt eine zweite empirische Momentaufnahme. Um die Aktualisierungen der Beziehungsschemata im Kontext der Herkunftsfamilie zu überprüfen, werden multivariate Varianzanalysen mit Messwiederholung über die PAFS-Q-Variablen berechnet. Zentrales Ergebnis ist: ein signifikanter Zuwachs an *Persönlicher Autorität* im Familiensystem über alle Cluster hinweg. Bezogen auf die jeweiligen Beziehungsmuster (Cluster), zeigen sich folgende Veränderungen zum zweiten Messzeitpunkt:

- *„Autonom Verbundene"* zeigen nur geringe Veränderungen, insbesondere bleiben die sehr geringen Triangulationswerte unverändert.
- *„Distanziert Autonome"* entwickeln sich hin zu mehr Intimität und persönlicher Autorität bei einer weiteren Abnahme der ohnehin geringen Einschüchterung.
- *„Triangulierte"* beschreiben mehr Einschüchterung durch ihre Eltern, in den anderen Bereichen verbessern sie sich geringfügig.
- *„Wenig Akzeptierte"* berichten vor allem über einen deutlichen Zuwachs an persönlicher Autorität. Sie fühlen sich stärker akzeptiert bei gleichzeitig größerer Verbundenheit.
- *„Unklare"* beschreiben nach dem Rekonstruktionsseminar vor allem eine erhöhte Fusion mit den Eltern und eine stärkere Triangulierung.

Gehen diese Veränderungen eher mit Stabilität in der Clusterzugehörigkeit oder mit dem Wechsel in einen anderen Attraktor einher? Um das zu überprüfen wird mit den PAFS-Variablen der Post-Messung eine weitere Clusteranalyse durchgeführt. Dabei werden die Clusterzentren des ersten Messzeitpunktes beibehalten und die Werte des zweiten Messzeitpunktes diesen Clusterzentren zugeordnet. Somit sind die sich ergebenden Konstellationen analog zur ersten Clusterung interpretierbar.

Insgesamt ist die Zuordnung zu den Mustern der aktuellen Beziehungen zur Herkunftsfamilie zwischen dem ersten und zweiten Messzeitpunkt stabil, vor allem bei den verbunden Autonomen und den Triangulierten. Wie nach der Betrachtung der Veränderungen auf den PAFS-Q-Skalen zu erwarten war, ist bei den Cluster-Wechseln auffällig, dass nur Teilnehmer mit einem „distanziert autonomen" oder einem „wenig akzeptierten" Muster in das Cluster „autonom" wandern. Aus der unklaren Position finden Wechsel vor allem in die eher verstrickten Cluster statt.

8.3.6.3 Katamnese

Mit mindestens einjährigem und maximal vierjährigem Abstand nach dem Ende der Rekonstruktionen wurde eine weitere Datenerhebung (Katamnese) zur Momentaufnahme der Beziehungsschemata durchgeführt. Zur Überprüfung der Stabilität oder weiterführender Veränderungen werden die Fälle mit ihren Katamnesewerten wiederum den Mustern der Prämessung zugeordnet. Im Vergleich dazu, wie sich die Teilnehmerinnen am Ende der Rekonstruktionsgruppe im Familiensystem positionieren, zeigen sich zum Zeitpunkt der Katamnese deutliche Verschiebungen der Zuordnungen zu den Mustern. Am auffälligsten ist das Fehlen des Triangulationsmusters, dem keine Teilnehmerin mehr zugeordnet wird, obwohl sich dieses Muster nach der

Rekonstruktionsgruppe (Postmessung) als am veränderungsresistentesten herausgestellt hatte. Die früher Triangulierten wechseln zum Katamnesezeitpunkt überwiegend in das unklare Muster. Stabil bleiben die Autonomen: sie bleiben zu 90 % in diesem Muster. Zusätzlich ordnen sich in der Katamnese vor allem mehr als 80 % der Distanzierten diesem Muster neu zu. Die wenig Akzeptierten werden in allen Muster gefunden, überwiegend bleiben sie in ihrem Muster oder wechseln in das distanzierte Muster, gleiches gilt für die Unklaren.

Erst aus der Perspektive der Katamnese wird deutlich, dass die Veränderungen auf den Skalen des PAFS-Q zum zweiten Messzeitpunkt als Übergangsphasen in andere Attraktoren interpretiert werden können. Mit zeitlichem Abstand zur Rekonstruktion findet eine Weiterentwicklung der Position im Herkunftsfamiliensystem im Sinne eines erweiterten Spielraums der Kommunikations- und Beziehungsmöglichkeiten statt.

Literatur

Auerhahn, N. C. & Laub, D. (1998). Intergenerational memory of the holocaust. In Y. Danieli (Ed.), *International handbook of multigenerational legacies of trauma* (pp. 21-44). New York: Plenum Press.

Bachtin, M. (1979). *Die Ästhetik des Wortes*. Frankfurt / Main: Suhrkamp.

Baldwin, M. W. (1999). Relational schemas. Research into social-cognitive aspects of interpersonal experience. In D. Cervone & Y. Shoda (Eds.), *The coherence of personality: Social-cognitive bases of consistency, variability and organization* (pp. 127-154). New York: Guilford.

Berger, P.L. & Luckmann, T. (1977). *Die gesellschaftliche Konstruktion der Wirklichkeit. Eine Theorie der Wissenssoziologie*. Frankfurt / Main: Fischer.

Bray, J. H., Williamson, D. S. & Malone, P. E. (1984). Personal authority in the family system: Development of a questionnaire to measure personal authority in intergenerational family process. *Journal of Marital and Family Therapy, 10*, 167-178.

Bruner, J. S. (1990). *Acts of meaning*. Cambridge: Harvard University Press.

Bruner, J. S. (1999). Self-making and world-making. Wie das Selbst und seine Welt autobiographisch hergestellt werden. *Journal für Psychologie, 7*, 11-21.

Byng-Hall, J. (1995). *Rewriting family scripts. Improvisation and systems change*. New York: Guilford.

Conen, M. L. (1993). Systemische Familienrekonstruktion. *Zeitschrift für Systemische Therapie, 11*, 84-95.

Derrida, J. (1974). *Grammatologie*. Suhrkamp, Frankfurt / Main: Suhrkamp.

Downing, G. (1996). *Körper und Wort in der Psychotherapie*. München: Kösel.

Fiese, B. H., Sameroff, A. J., Grotevant, H. D., Wamboldt, F. S., Dickstein, S., Fravel, D. L., Marjinsky, K. A. T., Gorall, D., Piper, J., St-Andre, M., Seifer, R. & Schiller, M. (1999). The stories that families tell: Narrative coherence, narrative interaction and relationship beliefs. *Monographs of the society for research in child development, 64*, 1-162.

Freedman, J. & Combs, G. (1996). *Narrative Therapy. The social construction of preferred realities*. New York: Norton.

Gergen, K.J. (1999). *An invitation to social construction*. London: Sage.

Goodman, N. (1978). *Weisen der Welterzeugung*. Frankfurt / Main: Suhrkamp.

Hermans, H. J. M. (1996). Voicing the self: From information processing to dialogical interchange. *Psychological Bulletin, 119,* 31-50.
Hill, C. E. (1996). *Working with dreams in psychotherapy.* New York: Guilford.
Jonnes, D. (1990). *The matrix of narrating.* New York: De Gruyter.
Kaiser, P. (1989). *Familienerinnerungen. Zur Psychologie der Mehrgenerationenfamilie.* Heidelberg: Asanger.
Kaufmann, R. A. (1990). *Die Familienrekonstruktion. Erfahrungen – Materialien – Modelle.* Heidelberg: Asanger.
Keupp, H. (1999). *Identitätskonstruktionen. Das Patchwork der Identitäten in der Spätmoderne.* Reinbek: Rowohlt.
Lakoff, G. & Johnson, M. (1998). *Leben in Metaphern. Konstruktion und Gebrauch von Sprachbildern.* Heidelberg: Carl Auer.
Manteufel, A. & Schiepek, G. (1998). *Systeme spielen. Selbstorganisation und Kompetenzentwicklung in sozialen Systemen.* Göttingen: Vandenhoeck & Ruprecht.
McAdams, D. P. (1999). Personal narratives and the life story. In L. A. Pervin & O. P. John (Eds.), *Handbook of personality. Theory and research* (pp. 478-500). New York: Guilford.
McAdams, D. P. (2001). The psychology of life stories. *Review of General Psychology, 5,* 2, 100-122.
Neimeyer, R. A. (2000). Narrative disruptions in the construction of the self. In R. Neimeyer & J. Raskin (Eds.), *Constructions of disorder. Meaning-making frameworks for psychotherapy* (pp. 207-242). Washington: APA.
Ochs, E. & Capps, L. (1996). Narrating the self. *Annual Review of Anthropology, 25,* 19-43.
Pearce, B. W. (1994). *Interpersonal communication. Making social worlds.* New York: Harper Collins.
Piercy, F. P., Sprenkle, D. H. & Wetchler, J. L. (1996). *Family therapy sourcebook* (2nd ed.). New York: Guilford.
Reich, G., Massing, M. & Cierpka, M. (1996). Die Mehrgenerationenperspektive und das Genogramm. In M. Cierpka (Hrsg.), *Familiendiagnostik* (S. 223-258). Berlin: Springer.
Rosenthal, G. & Völter, B. (1998). Three generations in jewish and non-jewish German families after the unification of Germany. In Y. Danieli (Ed.), *International handbook of multigenerational legacies of trauma* (pp. 297-313). New York: Plenum Press.
Satir, V., Bitter, J. R. & Krestensen, K. K. (1988). Family reconstruction: The family within – A group experience. *The Journal for Specialists in Group Work, 13,* 200-206.
Schiepek, G. (1999). *Die Grundlagen der systemischen Therapie.* Göttingen: Vandenhoeck & Ruprecht.
Schlippe, A. v. & Kriz, J. (1993). Skulpturarbeit und zirkuläres Fragen. Eine integrative Perspektive auf zwei systemtherapeutische Techniken aus der Sicht der personenzentrierten Systemtheorie. *Integrative Therapie, 4,* 222-241.
Schmid, W. (1999). *Philosophie der Lebenskunst.* Frankfurt / Main: Suhrkamp.
Schmidt, M. (1995). Beratung und Therapie im Kontext der Familie. In K. A. Schneewind (Hrsg.), *Psychologie der Erziehung und Sozialisation. Pädagogische Psychologie* (Enzyklopädie der Psychologie, Bd. 1). Göttingen: Hogrefe.
Schmidt, M., Schmid, U. & Sierwald, W. (in Druck). Systemische Familienrekonstruktion und Individuation bei Erwachsenen. In S. Walper & R. Pekrun (Hrsg.), *Familie und Entwicklung. Perspektiven der Familienpsychologie.* Göttingen: Hogrefe.
Schneewind, K. A. (1991). Familien zwischen Rhetorik und Realität: eine familienpsychologische Perspektive. In K. A. Schneewind & L. Rosenstiel v. (Hrsg.), *Wandel der Familie* (S. 9-35). Göttingen: Hogrefe.
Schneewind, K. A. (1999). *Familienpsychologie* (2. Aufl.). Stuttgart, Kohlhammer.

Schneewind, K. A. & Schmidt, M. (1999). Familiendiagnose im Kontext der klinischen Entwicklungspsychologie. In R. Oerter, G. Roeper, & C. von Hagen (Hrsg.), *Handbuch der klinischen Entwicklungspsychologie* (S. 270-298). Beltz, Weinheim.

Thomä, D. (1998). *Erzähle dich selbst. Lebensgeschichte als philosophisches Problem.* München: Beck.

Tschacher, W. (1997). *Prozessgestalten.* Göttingen: Hogrefe.

Vierzigmann, G. (1993). *Beziehungskompetenz im Kontext der Herkunftsfamilie: Intrapersonale Modelle von Frauen und Männern.* Dissertation, Universität München.

Vierzigmann, G. (1995). „Persönliche Autorität im Familiensystem". Ein Bindeglied zwischen individueller und familiärer Ebene. *System Familie, 8*, 31-41.

Vierzigmann, G. & Kreher, S. (1998). Zwischen den Generationen. *Berliner Journal für Soziologie, 8*, 23-37.

Welzer, H. (1998). Erinnern und weitergeben. Überlegungen zur kommunikativen Tradierung von Geschichte. *BIOS, 11*, 155-170.

White, M. (1995). *Re-authoring lives: Interviews and essays.* Adelaide: Dulwich Centre.

Williamson, D. S., Bray, H. J., Harvey D. M. & Malone, P. E. (1985). *PAFS – Personal Authority in the Family System. Version C* (Testunterlagen). Huston, Texas Woman's University.

Williamson, D. S. (1991). *The intimacy paradox.* New York: Guilford.

9. Kapitel:
Here it works – there it doesn't.
Argumente für die differentielle Betrachtung familiärer Interaktionsmuster

Christiane Spiel, Alexander von Eye, Georg Spiel, Gabriele Resch und Barbara Sampl

9.1 Einleitung

Die Entwicklungspsychologie stellt Fragen, die sich auf die Konstanz und Veränderung von Verhalten beziehen. Dies gilt analog für die Entwicklungspsychologie der Familie, die sich mit Konstanz und Wandel von familiären Regel- und Interaktionsmustern beschäftigt (Schneewind, 1999; siehe auch Hofer, Klein-Allermann & Noack, 1992). Aus klinischer Perspektive wird gefragt, ob sich die Entwicklung der Familie bzw. der einzelnen Familienmitglieder in funktionaler oder dysfunktionale Weise vollzieht (siehe Rollett & Werneck, in diesem Band).

Ein weiteres Anliegen der Psychologie, somit auch der Entwicklungspsychologie und der Entwicklungspsychologie der Familie ist es, empirische Aussagen zu treffen, die von allgemeiner Gültigkeit sind die somit für vorher definierte Populationen gelten (hier Familien), Situationen, Zeitpunkte, Variablen oder deren Kombinationen (Cattell, 1988; siehe auch von Eye & Spiel, in Druck). Empirische allgemein gültige Aussagen können nur höchst selten verifiziert werden, da es in der Praxis unmöglich ist, alle Mitglieder der Population zu untersuchen. Daher basieren allgemeine Aussagen auf Inferenzschlüssen, die auf Basis von Stichproben gezogen werden (siehe auch von Eye & Spiel, in Druck).

In diesem Beitrag wird dafür argumentiert, neben der allgemeinpsychologischen Betrachtung oder nomothetischen Perspektive der Familienentwicklung – z. B. normativer Verlauf des Zusammenlebens in der Familie, familientypische Entwicklungsaufgaben – die differentielle Sichtweise oder Perspektive der Personenorientierung ebenfalls zu berücksichtigen. Stern hat bereits 1911 den differentiellen Ansatz der Psychologie ausführlich dargestellt. Seit den 80er-Jahren wird die Personenorientierung in der Entwicklungspsychologie – der Begriff geht auf Block (1971) zurück - von Magnusson und Kollegen theoretisch fundiert und propagiert und auch zunehmend fruchtbar genutzt (z. B. Bergman & Magnusson, 1997; Magnusson, 1985, 1988, 2000; siehe auch Spiel, 1998; von Eye & Spiel, in Druck). Bergman und Magnusson (1997) formulierten fünf Thesen der Personenorientierung, die im wesentlichen besagen, dass die Entwicklung komplex und zumindest teilweise individuum-spezifisch ist, dass auch individuelles Wachstum Regeln folgt und die beteiligten Prozesse als Muster der beteiligten Faktoren fungieren, wobei manche derartige Muster häufiger als andere zu beobachten sind (vgl. von Eye & Spiel, in Druck).

Allgemeine oder differentielle Aussagen können entweder in Bezug auf verschiedene Individuen bzw. Familien getroffen werden oder in Bezug auf dieselben Individuen bzw. Familien in unterschiedlichen Situationen. So können z. B. gleiche Verhaltens- bzw. Interaktionsmuster in verschiedenen Familien gleiche (allgemeine Aussage) oder unterschiedliche Konsequenzen (interindividuell bzw. interfamiliär differentielle Aussage) nach sich ziehen. Es können aber auch bestimmte Verhaltensweisen oder Interaktionsmuster innerhalb derselben Individuen bzw. Familien gleiche Wirkungen nach sich ziehen (intraindividuell bzw. interfamiliär allgemeine Aussage) oder unterschiedliche – z. B. sowohl entwicklungsfördernde als auch entwicklungsbehindernde Effekte haben – in Abhängigkeit von der betrachteten Zielvariablen (intraindividuell bzw. intrafamiliär differentielle Aussage). Dieser Aspekt wurde intensiv auf der Basis des goodness-of-fit Modells untersucht (Lerner, 1984). Dieses Modell sagt aus, dass die Passung eines Individuums an die Umwelt dann gut ist, wenn die Verhaltensweisen des Individuums den Erwartungen der Umwelt entsprechen. Das gleiche Verhalten wird von unterschiedlichen Umwelten entweder willkommen geheißen oder als unangemessen betrachtet. Zur Illustration soll ein Beispiel aus der Bildungspsychologie dienen. In den letzten Jahren werden von manchen Bildungspolitikern und Bildungsforschern geschlechtshomogene Klassen für Mädchen propagiert mit dem Hinweis auf das wesentlich höhere Interesse dieser für naturwissenschaftliche Fächer im Vergleich zu Mädchen in geschlechtsgemischten Klassen. Dass derartige bildungspolitische Entscheidungen auch negative Konsequenzen haben können, wird in diesem Zusammenhang jedoch relativ selten untersucht. Im Rahmen der Aggressionsforschung konnte z. B. gezeigt werden, dass es in geschlechtsgemischten Schulen weniger Bullying gibt als in reinen Mädchen- oder Knabenschulen (O'Moore & Hillary, 1989; Slee, 1993).

Aus der Kombination beider Zugänge mit ihren jeweils zwei unterschiedlichen Sichtweisen – allgemein versus differentiell, interfamiliär versus intrafamiliär – ergibt sich eine Kreuztabelle mit vier möglichen Aussagen (siehe Tabelle 1).

Tabelle 1: Vier mögliche Aussageformen der Familienpsychologie

	Allgemeine Aussagen	*Differentielle Aussagen*
Interfamiliäre Aussagen		
Intrafamiliäre Aussagen		

Dieses einfache Schema ist in verschiedenen Richtungen erweiterbar. So kann durch die Aufnahme verschiedener Aspekte von Zeit berücksichtigt werden, dass sich die Entwicklungspsychologie der Familie mit Fragen der Veränderung beschäftigt. Von besonderer Bedeutung sind Kohorte (Geburtsjahrgang), Messzeitpunkt (Jahr, in dem Daten erhoben werden) und Alter (Schaie & Baltes, 1975; siehe auch die Diskussion bei von Eye & Spiel, in Druck). Des weiteren kann der realen Komplexität auch dadurch Rechnung getragen werden, dass die interessierenden Verhaltensweisen oder Interaktionsmuster nicht (nur) für die Familie als Ganze sondern aus den Perspektiven der verschiedenen Familienmitglieder erfasst werden. Dies geschieht z. B. in Familienfragebögen, siehe den Family Assessment Measure (FAM; Skinner, Steinhauer & Santa-Barbara, 1983) und die Familien-Beziehungs-Skalen (FBS; Spiel, Kreppner & von Eye, 1995). Systematische Unterschiede in der Sichtweise von Familienmitgliedern wurden in einer Reihe von Studien empirisch belegt. So konnte z. B. Spiel (1992) anhand von Daten aus dem am Max-Planck-Institut für Bildungsforschung in Berlin durchgeführtem Längsschnittprojekt „Von der Kindheit zur Jugend in der Familie" durch Vergleiche von Selbst- und Fremdwahrnehmung (hinsichtlich Leistungsorientierung, Organisation, Autonomie etc.) in Eltern-Kind-Dyaden zeigen, dass Kinder ihre Eltern im Vergleich zu deren Selbstwahrnehmung systematisch überschätzen, während sie selbst im Vergleich zu ihrer Selbstwahrnehmung systematisch unterschätzt werden. In den Mutter-Kind-Dyaden zeigten sich darüber hinaus noch Unterschiede in Abhängigkeit vom Geschlecht des Kindes. Die Diskrepanz zwischen Selbst- und Fremdwahrnehmung war für die Mutter-Tochter Dyade viel größer als für die Mutter-Sohn Dyade.

Der vorliegende Beitrag beschränkt sich aus Gründen der Übersichtlichkeit auf die oben angeführten vier Aussagen. Die Argumentation für eine differentielle Betrachtung wird anhand von drei Beispielen aus der Entwicklungspsychologie der Familie geführt, wobei im Sinne einer klinischen Perspektive jeweils dysfunktionale Aspekte diskutiert werden. Gemeinsam ist den drei Beispielen, dass das adoleszente Kind im Fokus des Interesses steht, wobei der Altersrange von früher Adoleszenz bis Postadoleszenz reicht. Die Reihenfolge entspricht dem Komplexitätsgrad der Designs der präsentierten Studien, wobei mit dem einfachsten Beispiel begonnen wird. Im Beispiel 1 handelt es sich um eine Querschnittuntersuchung, bei der eine Personengruppe befragt wurde. Inhaltliches Thema ist der Auszug aus dem Elternhaus und die Unabhängigkeitsbestrebungen Postadoleszenter. In Beispiel 2 wird eine Untersuchung präsentiert, die den Einfluss der mütterlichen Berufstätigkeit auf die Bindung in der Adoleszenz zum Thema hatte. Hier liegt ebenfalls ein Querschnittdesign vor; die Erhebung (Befragung) wurde jedoch an zwei Personengruppen – den Jugendlichen und ihren Müttern – durchgeführt. Beispiel 3 weist das komplexeste Untersuchungsdesign auf. Es handelt sich um den Vergleich zweier Längsschnittstudien, in denen Daten von unterschiedlichen Personengruppen (Eltern, Kinder, Kindergärtnerinnen) mit unterschiedlichen Methoden (Befragungen, Tests, Interviews, Beobachtungen) erhoben wurden. Der hier präsentierte Ausschnitt analysiert Leistungsverhalten von 12-jährigen Jugendlichen und Leistungsorientierung der Eltern im Zusammenhang mit biologischer und sozialer Risikobelastung.

Die Präsentation der Beispiele erfolgt in allen drei Fällen in gleichen Weise. Im ersten Teil wird kurz auf den jeweiligen Literaturhintergrund eingegangen. Im zweiten Teil werden Fragestellungen, Methodik und Ergebnisse der empirischen Studie präsentiert, wobei allgemeine versus differentielle Aussagen und ihr inter- bzw. intrafamiliärer Fokus herausgearbeitet werden.

In der abschließenden Diskussion wird auf den Erkenntnisgewinn eingegangen, den die differentielle Betrachtung für die klinische Entwicklungspsychologie der

Familie liefert, und entsprechende Auswertungsperspektiven bei der Datenanalyse werden vorgestellt.

9.2 Beispiele zur Illustration der differentiellen Perspektive

9.2.1 Auszug aus dem Elternhaus und Unabhängigkeitsbestrebungen Postadoleszenter

9.2.1.1 Literaturabriss

Eines der zentralen Ziele der Adoleszenz ist die Ablösung der Jugendlichen von den Eltern. Diese Ablösung ist ein kontinuierlicher Prozess, der in der Kindheit beginnt und bis ins Erwachsenenalter bedeutsam bleibt, jedoch in der Adoleszenz eine besondere Beschleunigung erfährt (Silbereisen & von Eye, 1999). Alte Rollen müssen aufgegeben und neue Rollenidentitäten ausgebildet werden.

Der Begriff der Ablösung wird in der Literatur in Abhängigkeit vom theoretischen Zugang der Autoren unterschiedlich verwendet. Synonyme bzw. verwandte Begriffe sind z. B. „independence", „separation-individuation", „autonomy", „detachment" (siehe dazu z. B. Grotevant & Cooper, 1985; Hoffman, 1984; Pikowsky & Hofer, 1993; Ryan & Lynch, 1989; Steinberg & Silverberg, 1986; Youniss & Smollar, 1985).

Für diese späte Adoleszenzphase – den Übergang zwischen Jugend- und Erwachsenenalter – wurde der Begriff Postadoleszenz geprägt (Blos verwendete ihn bereits 1973). Als Hauptursache für die Verlängerung der Jugendphase wird die Bildungsexpansion in den letzten Jahrzehnten angesehen und zum Teil auch die hohe Jugendarbeitslosigkeit. Diese Diskrepanz zwischen relativ früher sexueller, politischer und intellektueller Unabhängigkeit und langer ökonomischer Abhängigkeit wird von Chrisholm und Hurrelmann (1995) als strukturiertes Paradoxon bezeichnet.

Zentral für die Ablösung wird ziemlich übereinstimmend die emotionale Unabhängigkeit angesehen. Von einigen Autoren wird jedoch zwischen verschiedenen Aspekten der Unabhängigkeit von den Eltern differenziert. Hoffman (1984) unterscheidet z. B. zwischen emotionaler Unabhängigkeit, funktioneller bzw. behavioraler Unabhängigkeit (bezogen auf praktische Dinge des Alltags), einstellungsmäßiger Unabhängigkeit (bezogen auf Selbstbild und Wertvorstellungen) und konfliktmäßiger Unabgängigkeit (keine übermäßigen Schuld-, Verantwortungs-, Angst- oder Wutgefühle gegenüber Eltern zu empfinden). Wie von Vertretern psychoanalytischer Theorien argumentiert wird und wie auch in einer Reihe empirischer Studien gezeigt werden konnte, haben Probleme bei der Ablösung bzw. eine misslungene Ablösung negative Folgen für die Jugendlichen, was sich z. B. in geringem Selbstwertgefühl und vermehrten Schwierigkeiten bei der Berufsentscheidung niederschlägt (siehe z. B. Allen, Hauser, Bell & O'Connor, 1994; Moore, 1987). Diese Gefahr negativer Konsequenzen macht die Ablösung von den Eltern ebenfalls zu einem wesentlichen Thema einer klinischen Entwicklungspsychologie der Familie.

Den Auszug aus dem Elternhaus, der als zentraler normativer Übergang im späten Jugendalter bzw. frühen Erwachsenenalter verstanden wird, sehen manche Autoren als den letzten entscheidenden Schritt im Ablösungsprozess Jugendlicher (Reimann & Reimann, 1987), der sich in den letzten Jahrzehnten immer weiter nach hinten verschoben hat. Neben äußeren Umständen (Ausbildung, Arbeitslosigkeit, siehe oben), werden auch Luxus und Bequemlichkeit im Elternhaus gegenüber der Last von Verpflichtungen im Falle des Alleinlebens als Gründe angeführt (Papastefanou, 1997). Somit konkurrieren der Wunsch nach Privatheit und die Präferenz eines komfortablen Lebensstils miteinander (Gierveld, Liefbroer & Beeknik, 1991). Mehrheitlich erleben jedoch die Jugendlichen bzw. jungen Erwachsenen den Auszug als positiv und geben an, dass sich die Beziehung zu den Eltern danach verbessert (Papastefanou, 1997).

9.2.1.2 Empirische Studie

In der empirischen Studie – durchgeführt von Sampl und C. Spiel – die als erstes Beispiel zur Argumentation für eine differentielle Betrachtung familiärer Interaktionsmuster herangezogen wird, wurden Jugendliche bzw. junge Erwachsene, die noch zu Hause lebten, mit solchen, die bereits ausgezogen waren, hinsichtlich ihrer Abhängigkeit versus Unabhängigkeit von den Eltern verglichen. Da auch geschlechtsspezifischen Unterschieden nachgegangen werden sollte – laut früheren Befunden wurde erwartet, dass weibliche Jugendliche mehr Probleme haben unabhängig zu werden als männliche Jugendliche (Newman, 1989; Reimann & Reimann, 1987) – wurde eine nach dem Geschlecht stratifizierte Erhebung durchgeführt. Insgesamt nahmen 104 Jugendliche (52 männlich, 52 weiblich) im Alter zwischen 18 und 24 Jahren an der Studie teil. 55 der Jugendlichen wohnten bei den Eltern, 49 waren seit mindestens sechs Monaten ausgezogen. Die Datenerhebung wurde in einer mittelgroßen Stadt in Österreich durchgeführt. Zur Erfassung der Unabhängigkeit wurde der von Hoffman (1984) entwickelte Psychological Separation Inventory (PSI) übersetzt und den Jugendlichen vorgegeben, der emotionale, konfliktmäßige, einstellungsmäßige und funktionale Unabhängigkeit erfasst (siehe oben). Da sich in früheren Studien gezeigt hatte, dass unselbständige und nur teilweise abgelöste Jugendliche eher depressive Störungen aufweisen, wurde ergänzend auch die Depressionsneigung erhoben (für Details hinsichtlich Versuchsplan und Ergebnisse siehe Sampl, 1999).

Die Datenanalysen zeigten weder hinsichtlich Unabhängigkeit noch hinsichtlich Depressivitätsneigung Unterschiede zwischen Jugendlichen, die noch bei den Eltern wohnten und solchen, die bereits ausgezogen waren, was offensichtlich dadurch zu erklären ist, dass den Jugendlichen auch innerhalb des Elternhauses die Möglichkeit geboten wird, ihr Unabhängigkeitsbedürfnis zu verwirklichen (siehe Papastefanou, 1997). Der erwartete Zusammenhang zwischen Selbständigkeit und Befindlichkeit konnte bestätigt werden. Je selbständiger Jugendliche sind, desto geringer ist das Ausmaß an depressiven Symptomen. Somit sind hier *allgemeine* Aussagen möglich. Eine Ausnahme stellt allerdings erwartungsgemäß die behaviorale bzw. funktionale Unabhängigkeit dar. In der Erledigung haushaltsmäßiger und allgemeiner Aufgaben des täglichen Lebens sind Adoleszente, die das Elternhaus bereits verlassen haben, selbständiger als noch zu Hause lebende Jugendliche (*differentielle* Aussage).

Unter Berücksichtigung des Geschlechts – sowohl bei Eltern als auch bei den Jugendlichen – ergaben sich jedoch sehr wohl *differentielle* Effekte. So zeigten sich bereits Dimensionalitätsunterschiede in der Unabhängigkeit von Vater und von Mutter, was frühere Befunden von Papastefanou (1992) und Pikowsky und Hofer (1993) bestätigt, die derartige Unterschiede auf die unterschiedlichen Positionen von Müttern und Vätern innerhalb des Familiensystems zurückführen. Interessant ist, dass Jugendliche, die bereits ausgezogen waren, sich von ihren Vätern einstellungsmäßig abhängiger beschrieben, als solche, die noch zu Hause wohnten. Möglicherweise ist das Bestreben, eine von den Eltern, speziell dem Vater, konträre Meinung zu demonstrieren, größer, wenn man noch mit diesen zusammenlebt als wenn eine räumliche Distanz vorliegt. Weibliche Jugendliche zeigten sich von den Eltern emotional abhängiger als männliche, speziell von den Müttern. Ohannessian, Lerner, Lerner und von Eye (1995) begründen ähnliche Befunde damit, dass die emotionale Unabhängigkeit von den Eltern vor allem bei Söhnen gefördert wird, während Mädchen zu emotionaler Abhängigkeit erzogen werden. Entsprechend den Erwartungen wiesen die weiblichen Jugendlichen auch ein höheres Maß an depressiven Symptomen auf als die männlichen Jugendlichen (siehe z. B. Berlin & Johnson, 1989).

Somit können basierend auf den Ergebnissen der Datenanalysen sowohl *interfamiliär differentielle* Aussagen getroffen werden – in Abhängigkeit versus Unabhängigkeit von den Eltern bestehen Unterschiede[8] zwischen Familien mit weiblichen und männlichen Jugendlichen – als auch *intrafamiliär differentielle* Aussagen, da Unterschiede in Abhängigkeit von der betrachteten Dyade (Vater-Kind versus Mutter-Kind) beobachtet wurden. Diese Befunde stellen wichtige Ergänzungen zu der *interfamiliär allgemeinen* Aussage hinsichtlich der Wohnverhältnisse der Jugendlichen dar (keine Unterschiede in der Unabhängigkeit zwischen zu Hause lebenden versus ausgezogenen Jugendlichen). *Intrafamiliär allgemeine* Aussagen können in diesem Fall nicht gemacht werden.

9.2.2 Einfluss der mütterlichen Berufstätigkeit auf die Bindung in der Adoleszenz

9.2.2.1 Literaturabriss

Neben den zahlreichen Studien zur Bindungsqualität im Kleinkindalter gibt es auch zunehmend Arbeiten, die sich mit der Bindung in späteren Lebensabschnitten beschäftigen. Aufgrund der Entwicklungsaufgaben, die sich in der Adoleszenz stellen (Havighurst, 1972), ist gerade in diesem Alters- bzw. Lebensabschnitt die Bindung zu den Eltern und deren Bedeutung zu einem Forschungsthema geworden. Nach

---

[8] In der vorliegenden Untersuchung stammten die Jugendlichen aus unterschiedlichen Familien, sodass es sich hier um interfamiliäre Unterschiede handelt. Sofern weibliche und männliche Jugendliche innerhalb derselben Familie untersucht worden wären, wären intrafamiliäre Unterschiede vorgelegen.

Bowlby (1969) ist Bindung im Jugendalter nicht mehr die Suche nach körperlicher Nähe und Unterstützung in belastenden Situationen, sondern die Aufrechterhaltung eines bestimmten Grades von psychischer Nähe und Kommunikationsbereitschaft. Hinsichtlich der Bedeutung der Bindung in dieser Lebensphase vertreten Armsden und Greenberg (1987) die sogenannte Puffer-Hypothese. Danach wirkt eine sichere Bindung zu den Eltern dämpfend bei Stress- und Angstsituationen, die durch die physischen und psychischen Veränderungen hervorgerufen werden. Eine sichere Bindung hat somit einen positiven Einfluss auf das Wohlbefinden und erleichtert eine gesunde Entwicklung in der Adoleszenz. Steinberg (1987, 1988) ist dagegen der Ansicht, dass mit zunehmender körperlicher Reifung auch die emotionale Distanz zu den Eltern wächst, wobei diese Distanzierung ein notwendiger und natürlicher Prozess ist, der die Autonomie des Jugendlichen stärkt, aber auch zu mehr Konflikten mit den Eltern führt.

Papini, Roggman und Anderson (1991) konnten empirisch beide Annahmen bestätigen, d. h. sowohl die Pufferwirkung der Bindungssicherheit als auch die Abnahme der Bindungssicherheit in der Adoleszenz. Auch in einer Reihe anderer Studien konnten positive Zusammenhänge zwischen Bindungssicherheit und seelischem Wohlbefinden der Jugendlichen, Selbstkonzept, Identitätsentwicklung und sozialer Kompetenz beobachtet werden (Brennan & Morris, 1997; Kobak & Sceery, 1988; Raja, McGee & Stanton, 1992; Rice, 1990; Zimmermann, 1994).

Im Zusammenhang mit Bindung und Bindungsqualität häufig diskutiert und untersucht wird die Berufstätigkeit der Mutter. Mehrheitlich zeigten sich keine Unterschiede in Bindungsqualität und -stabilität in Abhängigkeit von der mütterlichen Berufstätigkeit (Chase-Landsdale & Owen, 1987; Easterbrooks & Goldberg, 1985; Farran & Ramey, 1977; Owen, Easterbrooks, Chase-Lansdale & Goldberg, 1984). In einigen Studien konnten jedoch Variablen identifiziert werden, die moderierende Effekte auf die Relation Berufstätigkeit – Bindung haben. So konnten Stifter, Coulehan und Fish (1993) zeigen, dass Separationsangst bei berufstätigen Müttern das Interaktionsverhalten mit ihren Kindern negativ beeinflusst. Hock (1980) belegte, dass Rollenkonflikte die Bindung negativ beeinflussen, wobei dies sowohl für berufstätige Frauen gilt, die ein schlechtes Gewissen bezüglich ihrer Erwerbsarbeit haben, als auch für Hausfrauen, die gerne einer Erwerbsarbeit nachgehen würden. Diese Befunde stehen im Einklang mit Untersuchungen, die zeigen, dass sich die Berufstätigkeit der Mutter nicht per se auf die Entwicklung des Kindes auswirkt, sondern durch sogenannte „spill-over"-Prozesse (Hoffman, 1974; Schröder, 1992). Danach beeinflusst die Einstellung der Mutter zu ihrem Beruf ihr Wohlbefinden, damit ihr Erziehungs- und Interaktionsverhalten mit dem Kind und damit letztlich dessen Entwicklung (siehe z. B. Gold & Andres, 1978; zu den Effekten der Berufstätigkeit der Mutter auf adoleszente Kinder siehe auch Lerner, 1994).

Studien, die sich mit der mütterlichen Berufstätigkeit und der Entwicklung von Kindern im Jugendalter beschäftigen, zeigten auch, dass die immer wieder geäußerte Annahme, dass die Berufstätigkeit der Mutter und die daraus resultierende Doppelbelastung es ihr nicht ermöglichen, sich dem heranwachsenden Kind in ausreichendem Maß zu widmen, wissenschaftlich nicht haltbar ist (siehe die Übersicht bei Oerter & Dreher, 1995). Konträr zu den geäußerten Befürchtungen zeigten einige Studien, dass sich Jugendliche mit berufstätigen Müttern als glücklicher bezeichnen und über mehr Selbstvertrauen berichten als gleichaltrige Kinder nicht erwerbstätiger Mütter (Richards & Duckett, 1994; siehe auch Hoffman, 1989). Die positiven Effekte der Berufstätigkeit werden vor allem für Töchter berichtet (siehe Bronfenbrenner, Alvarez & Henderson, 1984; Hoffman, 1989).

9.2.2.2 Empirische Studie

Intention der von Resch und Christiane Spiel durchgeführten empirischen Studie war es, die Bindungsqualität unter Berücksichtigung der Berufstätigkeit der Mutter und der oben angeführten „spill-over"-Prozesse – Zufriedenheit mit dem aktuellen Berufsstatus (Erwerbsarbeit bzw. nur Haushaltsarbeit) – zu untersuchen. Zur Erfassung der Bindungsqualität werden im Jugendalter vorwiegend Fragebögen und Interviews verwendet. Für diese Untersuchung wurde das Inventory of Parent and Peer Attachment (IPPA, Armsden & Greenberg, 1987) eingesetzt, das die Jugendlichen bezogen auf die Bindung zu ihrer Mutter ausfüllten. Insgesamt konnten Daten von 253 Jugendlichen und 144 Müttern zur Auswertung herangezogen werden (für eine detaillierte Beschreibung der Untersuchung siehe Resch, 1998).

Drei Viertel der befragten Jugendlichen gaben eine sichere Bindung zu ihrer Mutter an, was früheren Befunden entspricht (siehe z. B. Hazan & Shaver, 1987; van Ijzendoorn & Kroonenberg, 1988). Wie erwartet gab es keine Unterschiede in der Bindungssicherheit in Abhängigkeit von dem Berufsstatus der Mutter; es zeigten sich jedoch Unterschiede in Abhängigkeit von der mütterlichen Zufriedenheit mit dem aktuellen Berufsstatus: Jugendliche mit sehr zufriedenen Müttern berichteten über eine deutlich größere Bindungssicherheit als Jugendliche mit nur wenig zufriedenen Müttern. Somit ist die *allgemeine* Aussage bezogen auf die Relation Berufsstatus – Bindungssicherheit durch die *differentielle* Aussage – bei zusätzlicher Berücksichtigung der Zufriedenheit der Mütter – zu ergänzen; wobei die Unterschiede hier zwischen Individuen bzw. zwischen verschiedenen Mutter-Kind-Dyaden bestehen.

Sowohl die Jugendlichen als auch ihre Mütter wurden nach den Effekten des mütterlichen Berufsstatus auf die dyadische Beziehung gefragt. Diese Frage wurde von den beiden Personengruppen hoch übereinstimmend und vorwiegend positiv beantwortet; allerdings machten die Jugendlichen etwas kritischere (negativere) Angaben als ihre Mütter. Hier zeigte sich ein Effekt des Berufsstatus: von den erwerbstätigen Müttern glaubten 9 %, dass ihr Berufsstatus negative Effekte auf die Beziehung zu ihrem Kind hat; von den nicht erwerbstätigen Müttern gaben dies nur 2 % an. Die entsprechenden Prozentsätze bei den Jugendlichen betrugen 22 % (Kinder erwerbstätiger Mütter) und 17 % (Kinder nicht erwerbstätiger Mütter). Wieder bestand ein Zusammenhang mit der Zufriedenheit mit dem aktuellen Berufsstatus. Ähnliche Unterschiede ergaben sich bei der Frage nach den Effekten eines antizipierten Wechsels des aktuellen Berufsstatus: 58 % der Kinder nicht erwerbstätiger Mütter gegenüber nur 32 % von Kindern erwerbstätiger Mütter erwarteten sich von einem Wechsel negative Effekte. Die Unterschiede bei den Müttern (36 % bei nichterwerbstätigen Müttern; 41 % bei erwerbstätigen Müttern) waren hier nicht statistisch bedeutsam.

Somit sind hier sowohl *interfamiliär* (bzw. interdyadisch) *differentielle* Aussagen zu treffen – Unterschiede in Abhängigkeit von dem Berufsstatus der Mutter bzw. der

Zufriedenheit mit diesem – als auch *intrafamiliär differentielle* Aussagen – Unterschiede innerhalb der Mutter-Kind Dyade. Während der Berufsstatus per se in keinem Zusammenhang mit der Bindungssicherheit steht – allgemeine Aussage (siehe oben) – beeinflusst er jedoch offensichtlich subjektiv die Beziehung zwischen Mutter und Kind.

Interessant sind in Ergänzung der quantitativen Befunde erste exploratorisch durchgeführte inhaltsanalytische Auswertungen der offenen Antworten. So gaben die Kinder nicht erwerbstätiger Mütter häufig egoistische Motive als Konsequenzen eines antizipierten Berusstatuswechsels der Mutter an (z. B. „Ich hätte kein warmes Mittagessen.", „Meine Sachen wären nicht gewaschen."). Kinder erwerbstätiger Mütter nannten dagegen auch Konsequenzen, die sich auf die Situation ihrer Mutter bezog (z. B. „Meine Mutter wäre abends nicht immer so gestresst."), was bei den Kindern nicht erwerbstätiger Mütter in keinem Fall vorkam. Hier wird man somit offensichtlich (nach systematischer Analyse) zu *interfamiliär differentiellen* Aussagen kommen.

9.2.3 Leistungen von Jugendlichen und Leistungsorientierung der Eltern – Zusammenhänge mit biologischer und sozialer Risikobelastung

9.2.3.1 Literaturabriss

Die Auswirkungen von Risikobedingungen auf die Entwicklung von Kindern sind ein Thema, das für eine klinische Entwicklungspsychologie der Familie von hoher Relevanz ist. Speziell zu den Effekten biologischer Risiken – pränatalen Belastungen während der Schwangerschaft, wie z. B. Infektionskrankheiten oder Blutungen, und perinatalen Risiken, wie z. B. niedriges Geburtsgewicht oder Steißlage – auf den Entwicklungsverlauf liegt eine Vielzahl empirischer Studien vor (z. B. Greenbaum & Auerbach, 1992; Laucht, Esser & Schmidt, 1994; Lukeman & Melvin, 1993; Shonkoff, Hauser-Cram, Krauss & Upshur, 1992; Wolke, 1993). Grund dafür ist, dass aufgrund der Fortschritte in der perinatologischen Versorgung immer mehr Kinder mit zum Teil hoher Risikobelastung überleben. Somit stellt sich immer häufiger die Frage nach potentiellen Entwicklungsdefiziten dieser Kinder bzw. nach protektiven Faktoren.

Die Befunde aus Längsschnittstudien zeigen im wesentlichen übereinstimmend, dass Kinder mit biologischen Risiken in den ersten Lebensjahren häufiger motorische oder kognitive Defizite aufweisen als Kinder ohne Risiken. Für die langfristige Prognose ist vor allem der Schweregrad und die Anzahl der Einzelrisiken ausschlaggebend. Auch psychosoziale Risiken wie z. B. niedriger sozioökonomischer Status der Familie und mangelhafte Qualität der familiären Interaktionen können die kognitive und soziale Entwicklung beeinträchtigen (Tramontana, Hooper & Selzer, 1988). Während – vor allem nach den Ergebnissen älterer Studien – die Bedeutung biologischer Risiken mit dem Alter der Kinder abnimmt, konnte für psychosoziale Risiken eine Zunahme der Effekte beobachtet werden (siehe z. B. Greenbaum & Auerbach, 1992; Meyer-Probst, Piatkowski & Teichmann, 1988).

In den letzten Jahren haben sich die Forscher systematischer und kritischer mit der Methodik von Risikokinderstudien auseinandergesetzt (z. B. Spiel, 1997; Wolke & Söhne, 1997) und konnten zeigen, dass die „positiven" Befunde älterer Studien zum Teil durch methodische Mängel bedingt sind und Auswirkungen biologischer Risiken bis ins Schulalter erhalten bleiben (z. B. Klebanov, Brooks-Gunn & McCormick, 1994; Spiel, 1996a, 1996b). Die Beziehung zwischen Risikofaktoren und Entwicklungsbeeinträchtigungen ist u. a. dadurch komplex, dass sowohl Umweltbedingungen wie Organismusbedingungen nicht stabil sind, miteinander interagieren (positive Umweltbedingungen können die Effekte biologischer Risiken kompensieren, negative dagegen verstärken), frühere Bedingungen spätere beeinflussen und die Relevanz von Risikofaktoren längsschnittlich zu- oder abnehmen kann.

Eines der Hauptprobleme in diesem Forschungsfeld ist die Festlegung einer Vergleichsgruppe (Spiel, 1997; Wolke & Söhne, 1997). Während in älteren Studien teilweise nur Normwerte als Referenz herangezogen wurden – was aufgrund der Veralterung dieser zu einer systematischen Unterschätzung der Risikobelastung geführt hatte (für eine Diskussion dieser Problematik siehe z. B. Spiel, 1995; Wolke & Söhne, 1997) – wurden in methodisch anspruchsvollen Studien vor allem nach soziodemographischen Merkmalen parallelisierte, gesunde Probanden untersucht. Wenn man jedoch von der berechtigten Annahme ausgeht, dass sowohl die Teilnahme an einer Risikokinderstudie und damit das Wissen um das Risiko als auch die im Rahmen derartiger Studien offerierten Beratungen und Förderungen das Verhalten der Eltern und anderer Bezugspersonen beeinflussen (siehe z. B. Menyuk, Liebergott, Schultz, Chesnick & Ferrier, 1991; für eine Diskussion siehe Spiel, 1995), sollte eine „echte" Vergleichsgruppe aus Familien bestehen, die ebenfalls Kinder mit biologischen Risiken haben, jedoch nicht an einer deklarierten Risikokinderstudie teilnehmen.

Unseres Wissens liegen aus zwei in Wien durchgeführten Studien erstmalig derartige Vergleichsdaten vor, aus denen im Folgenden Befunde vorgestellt werden.

9.2.3.2 Empirische Studie

Die zwei *W*iener *E*ntwicklungs*s*tudien (WES) untersuchten längsschnittlich den Einfluss biologischer und sozialer Bedingungen. Zielvariablen waren primär, wie in der Mehrheit der Risikokinderstudien, die kognitive und soziale Kompetenz der Kinder, darüber hinaus wurden jedoch auch familiäre Variablen untersucht. Die WES-Normalkinder[9], die von Christiane Spiel und Mitarbeitern durchgeführt wurde (Spiel, 1995, 1996a, 1996b) war als reine Grundlagenstudie angelegt. Es wurde eine primär unselegierte Stichprobe von Kindern erhoben; die Analyse der Risikobelastung erfolgte nachträglich, wobei aufgrund der Art der Stichprobenziehung die Belastungen nur sehr leicht waren. Im Rahmen der Studie erfolgten keine Beratungen und Interventionen. Eltern und andere Bezugspersonen wussten nicht, dass der Fokus der Studie auf den Effekten der (leichten) Risiken lag. In der WES-Risikokinder, deren

---

[9] Das Projekt wurde teilweise gefördert vom Österreichischen Fonds zur Förderung der wissenschaftlichen Forschung (Projekt Nr. P7630-SOZ) und von der Schweizer Johann Jacobs Stiftung.

wissenschaftliche Leitung Georg Spiel inne hatte (Pilz & Bogyi, 1992; Spiel, Bogyi & Jusner, 1996), wurde primär eine Gruppe von Kindern mit leichten biologischen Risiken (hier erfolgte eine „Etikettierung als Risikokind", und die Eltern wussten um den Fokus der Studie), aber auch eine Vergleichsgruppe untersucht. Die Studie war in ein Interventions- und Beratungsprogramm der Gemeinde Wien eingebettet.

Die vorläufig letzte Datenerhebung erfolgte, als die Zielkinder beider Studien im Mittel 12 Jahre alt waren. Bei dieser Erhebung wurde in beiden Studien das selbe Erhebungsinventar verwendet, wodurch Vergleiche zwischen den Studien möglich werden. In der WES-Normalkinder lagen zu diesem Zeitpunkt Daten von 87 Familien vor, wovon 70 % aus der Längsschnittstudie stammen (für Details dazu siehe Spiel, 1995, 1996a, 1996b); in der WES-Risikokinder nahmen 82 Familien an der Erhebung teil (Risiko- und Vergleichsgruppe zusammen).

Basierend auf den Kriterien von Touwen und Prechtl (1970) und dem Vorgehen in der Rostocker Risikokinderstudie (siehe z. B. Meyer-Probst, 1991) wurde für jedes Kind ein biologischer und ein sozialer Risikoscore (jeweils Summe der Einzelrisiken) berechnet. Es gab keinen statistisch bedeutsamen Unterschied in der biologischen Risikobelastung zwischen den beiden Studien, jedoch war die soziale Risikobelastung in der WES-Normalkinder höher; ein Ergebnis, das im Zusammenhang mit den Drop-outs diskutiert wird (siehe Spiel, Wittich & Spiel, 1999; Weixelbaum, 2000). Basierend auf den beiden Risikoscores (biologisch: B, sozial: S) wurden die Kinder in vier Gruppen mit entweder niedriger (-) oder höherer (+) Belastung in den beiden Bereichen eingeteilt. Weil das Untersuchungsinteresse primär auf biologische Risiken gerichtet war, wurde hier ein relativ strenges Dichotomisierungskriterium gewählt (ab 4 Einzelrisiken); für die sozialen Risiken wurde dagegen eine Mediansplittung vorgenommen (für Details siehe Spiel, 1996a, 1996b; Spiel et al., 1999; Weixelbaum, 1997).

Diese vier Risikogruppen wurden im ersten Schritt in intellektuellen Fähigkeiten (gemessen mit dem Adaptiven Intelligenz Diagnostikum, Kubinger & Wurst, 1985) und Schulnoten verglichen. Die Befunde zeigten, dass es in der WES-Risikokinder bezogen auf alle untersuchten Leistungsvariablen keine Unterschiede zwischen Kindern mit niedriger und höherer biologischer Risikobelastung gab, während in der WES-Normalkinder eine höhere Risikobelastung mit massiv schlechteren Leistungen einherging. Es soll an dieser Stelle nochmals betont werden, dass es sich generell nur um leichte Risiken handelte, die jedoch mehr oder weniger kumuliert auftraten (siehe dazu Spiel, 1996a, 1996b).

Diese Befunde zeigen eindrucksvoll, dass die längsschnittliche Teilnahme an einer Risikokinderstudie, die naturgemäß ein Indikator für hohe Compliance ist, offensichtlich einen protektiver Faktor für die leistungsmäßige Entwicklung dieser Kinder darstellt. Diese Selbstselektion im Verlauf der Studie kann nur in relativ geringem Ausmaß auf soziodemografische Merkmale zurückgeführt werden (Weixelbaum, 2000). Gleichzeitig belegt dieses Beispiel, dass die Aussage der WES-Risikokinder – die im Studiendesign prototypisch für Untersuchungen an Kindern mit biologischer Risikobelastung ist – wonach Kinder mit kumulierten leichten biologischen Risiken im Alter von 12 Jahren keine Leistungsdefizite mehr aufweisen, nicht verallgemeinert werden darf. Sie gilt differentiell nur für Kinder, deren Eltern aktiv an Risikokinderstudien teilnehmen. Somit sind bezogen auf die Entwicklungsverläufe der

Risikokinder und die Interaktionsmuster, Förderungen etc. in den Familien *interfamiliär differentielle* Aussagen zu treffen.

Im zweiten Schritt wollten wir untersuchen, ob die beobachteten Unterschiede zwischen Familien mit „etikettierten" versus „nicht-etikettierten" Risikokindern auch auf andere Zielvariablen verallgemeinert werden können. Dabei wurde auf Ergebnisse aus Forschungen an chronisch kranken Kindern (z. B. Diabetes) zurückgegriffen. Längsschnittstudien an diesen Kindern haben gezeigt, dass ihr Familienklima durch höhere Kontrolle und Leistungsorientierung geprägt ist als es in Familien mit gesunden Vergleichskindern üblich ist (z. B. Seiffge-Krenke, Boeger, Schmidt, Kollmar, Floss & Roth, 1995). Diese Befunde werden durch die Erfordernisse des Krankheitsmanagements erklärt. Dieses höhere Kontrollverhalten und die höhere Leistungsorientierung im Familienklima gehen mit einer gewissen Regressivität im Verhalten chronisch kranker Jugendlicher einher, was sich vor allem darin manifestiert, dass sie die Entwicklungsaufgabe der zunehmenden Autonomie von den Eltern zögerlicher nachkommen als gesunde Jugendliche (z. B. Schmidt & Seiffge-Krenke, 1996). Es stellte sich nun die Frage, ob dies in gleicher Weise für Kinder mit biologischen Risiken gilt, wobei von speziellem Interesse war, ob wieder Unterschiede in Abhängigkeit von der Teilnahme an einer deklarierten Risikokinderstudie bestehen oder nicht.

Die Leistungsorientierung im Familienklima wurde durch zwei Variablen erfasst – die Kontrolle der Eltern bezogen auf schulische Leistungen und den Leistungsdruck der Eltern – wobei beide Variablen sowohl aus der Eltern- als auch aus der Kindperspektive erhoben wurden (für Details siehe Spiel et al., 1999). Die Ergebnisse stehen im Einklang mit den Befunden hinsichtlich des Leistungsverhaltens der Jugendlichen. In der WES-Risikokinder war die Leistungsorientierung im Familienklima (Leistungsdruck aus Elternsicht und Kontrolle aus Kindsicht) bei den Kindern höher, die eine höhere biologische Risikobelastung aufwiesen. Die Ergebnisse bestätigen somit die an chronisch kranken Kindern und ihren Familien beobachteten Verhaltensweisen. In der WES-Normalkinder bestand dagegen kein Unterschied in Abhängigkeit von der biologischen Risikobelastung. Somit können hier in gleicher Weise nur *interfamiliär differentielle* Aussagen getroffen werden; wobei über die beiden Zielvariablen hinweg die statistischen Effekte in die gleiche Richtung gehen, es sich in dieser Hinsicht somit um *intrafamiliär allgemeine* Aussagen handelt.

Wenn man die beiden Analysen gemeinsam betrachtet, so lässt sich vorsichtig schlussfolgern, dass die erhöhte Leistungsorientierung auf Intelligenztestergebnisse und Schulleistungen offensichtlich positive Konsequenzen hat. Wenn man jedoch die Ergebnisse an chronisch kranken Kindern als Referenz heranzieht, so ist zu befürchten, dass diese hohe Leistungsorientierung der Autonomieentwicklung der Risikokinder hinderlich ist. Somit hat offensichtlich ein- und dasselbe Verhaltens- bzw. Interaktionsmuster in der Familie sowohl positive als auch negative Effekte. Bezogen auf diese beiden Zielvariablen – Leistungsverhalten und Autonomie – sind somit *intrafamiliär differentielle* Aussagen zu treffen (here it works – there it doesn't).

9.3 Ausblick

Die klinische Entwicklungspsychologie der Familie, die untersucht, ob sich Familien bzw. deren Mitglieder funktional oder dysfunktional entwickeln, impliziert bereits mit dieser Frage eine differentielle Perspektive. Dieser Beitrag sollte die Relevanz dieser Perspektive unterstreichen. Die Argumentation wurde unter Verwendung dreier eigener Studien geführt, die dem Forschungsbereich der klinischen Entwicklungspsychologie der Familie zuzurechnen sind. In allen drei Beispielen konnten sowohl differentielle als auch allgemeine Aussagen getroffen werden. Es soll jedoch nochmals betont werden (siehe auch Einleitung), dass es sich in allen hier präsentierten Fällen, d. h. auch bei den allgemeinen Aussagen, um Wahrscheinlichkeitsaussagen handelt, die auf inferenzstatistischen Schlüssen basieren.

Die Probleme, die aus einer voreiligen Aggregation von Daten und damit vorschnellen allgemeinen Aussagen resultieren, sind seit langem bekannt. Eine besonders interessante Diskussion dazu führte Schmitz (2000; siehe auch von Eye & Spiel, in Druck). Er belegt u. a. eindrucksvoll, dass Schlüsse vom Aggregatniveau auf einzelne Individuen mit Problemen behaftet sind. Schmitz bringt ein Beispiel, in dem die individuellen Verlaufskurven von Personen, die zu mehreren Messzeitpunkten beobachtet wurden, durch den Stichprobenverlauf in keinem Fall valide abgebildet werden (siehe auch von Eye & Spiel, in Druck). Des weiteren zeigt Schmitz (2000), dass aus interindividuellen Korrelationen zu einem Messzeitpunkt im Allgemeinen keine Aussagen über die intraindividuellen Zusammenhänge abgeleitet werden können. Er demonstriert dies an einem konstruierten Beispiel, bei dem die personenbezogene Analyse (Korrelation über mehrere Messzeitpunkte) genau entgegengesetzte Resultate bringt als die allgemeine, nomothetische Analyse (Mittelung über die Personen). Schmitz (2000) argumentiert dafür, zuerst die Prognose auf Mikroebene durchzuführen (z. B. personenspezifische Parameter zu schätzen) und dann erst zu aggregieren und zeigt, dass diese Abfolge mindestens so effektiv ist wie die gebräuchliche umgekehrte Abfolge – zuerst Aggregation und anschließend Prognose auf Makroebene. Die Argumente von Schmitz, die sich auf Einzelindividuen beziehen, können problemlos auf Familien übertragen werden.

Die in den präsentierten Beispielen getroffenen differentiellen Aussagen basieren auf Datenanalysen, in denen auf Basis theoretischer Überlegungen (oder früherer empirischer Befunde) definierte Gruppen von Personen miteinander verglichen wurden. So wurden Jugendliche, die noch zu Hause lebten, mit solchen, die bereits ausgezogen waren verglichen (Beispiel 1), Kinder erwerbstätiger Mütter mit solchen, deren Mütter nicht erwerbstätig waren (Beispiel 2) und Jugendliche bzw. deren Familien auf Basis unterschiedlicher Risikobelastung (Beispiel 3). Des weiteren wurden mehrfach geschlechtsvergleichende Analysen durchgeführt. Die in den Daten vorhandene Variabilität wird durch ein derartiges Vorgehen – Vergleich im voraus definierter Gruppen – jedoch häufig nur unzureichend aufgeklärt. In diesen Fällen wird ein exploratorisches Vorgehen angeraten. Sowohl für variablenorientierte als auch für personenorientierte Zugänge stehen dafür eine Vielzahl statistischer Verfahren zur Verfügung, wobei variablenorientierte explorative Analyseverfahren vor allem auf dem Allgemeinen Linearen Modell basieren. Bei Spiel (1998) wird demonstriert, dass in Abhängigkeit vom gewählten Zugang (personen- versus variablenorientiert, exploratorisch versus konfirmatorisch) unterschiedliche Aussagen getroffen werden.

Im vorliegenden Beitrag wurde nicht nur zwischen allgemeinen und differentiellen Aussagen unterschieden, sondern auch zwischen interfamiliären und intrafamiliären Aussagen, wobei erstere sich auf Gemeinsamkeiten (im Falle von allgemeinen Aussagen) respektive Unterschiede (im Falle von differentieller Aussagen) zwischen Familien beziehen, letztere auf Gemeinsamkeiten respektive Unterschiede innerhalb von Familien. Am Beispiel der getroffenen Aussagen sollte gezeigt werden, dass das systematische Einbeziehen weiterer Aspekte die Präzision der Aussagen und damit den Erkenntnisgewinn erhöht. Aus Gründen der Übersichtlichkeit wurde in diesem Beitrag lediglich zwischen allgemeinen und differentiellen Aussagen und zwischen interfamiliären und intrafamiliären Aussagen unterschieden. Beispiele für weitere Aspekte sind Zeit und die Sicht der verschiedenen Familienmitglieder (siehe Einleitung). von Eye und Spiel (in Druck) demonstrieren, dass der Bias in querschnittlichen Untersuchungen durch den Einbezug des Faktors Zeit schätzbar wird. Bezogen auf die Forschungspraxis ist jedoch darauf hinzuweisen, dass mit der Zahl der berücksichtigten Aspekte die Komplexität des Untersuchungsdesigns zunimmt.

Literatur

Allen, J. P., Hauser, S. T., Bell, K.L. & O'Connor, T. G. (1994). Longitudinal assessment of autonomy and relatedness in adolescent-family interactions as predictors of adolescent ego development and self-esteem. *Child Development, 65,* 179-194.

Armsden, G. C. & Greenberg, M. T. (1987). The inventory of parent and peer attachment: Individual differences and their relationship to psychological well-being in adolescence. *Journal of Youth and Adolescence, 16,* 427-454.

Bergman, L. R. & Magnusson, D. (1997). A person-oriented approach in research on developmental psychopathology. *Development and Psychopathology, 9,* 291-319.

Berlin, S. & Johnson, C. G. (1989). Women and autonomy: using structural analysis of social behavior to find autonomy within connections. *Psychiatry, 52,* 79-95.

Block, J. (1971). *Lives through time.* Berkeley, CA: Bancroft Books.

Blos, P. (1973). *Adoleszenz. Eine psychoanalytische Interpretation.* Stuttgart: Klett-Cotta.

Bowlby, J. (1969). *Attachment and loss, Vol. 1: Attachment.* New York: Basic Books.

Brennan, K. A. & Morris, K. A. (1997). Attachment styles, self-esteem, and patterns of seeking feedback from romantic partners. *Personality and Social Psychology Bulletin, 23* (1), 23-31.

Bronfenbrenner, U., Alvarez, W. F. & Henderson, C. R. (1984). Working and watching: Maternal employment status and parents' perceptions of their 3-year-old children. *Child Development, 55,* 1362-1378.

Cattell, R. B. (1988). The data box: its ordering of total resources in terms of possible relational systems. In J. R. Nesselroade, & R. B. Cattell (Eds.), *Handbook of multivariate experimental psychology* (2nd ed., pp. 69-130). New York: Plenum Press.

Chase-Lansdale, P. L. & Owen, M. T. (1987). Maternal employment in a family context: Effects on infant-mother and infant-father attachment. *Child Development, 58,* 1505-1512.

Chrisholm, L. & Hurrelmann, K. (1995). Adolescence in modern Europe. Pluralized transition patterns and their implications for personal and social risk. *Journal of Adolescence, 18*, 129-158.

Easterbrooks, M. A. & Goldberg, W. A. (1985). Effects of early maternal employment on toddlers, mothers, and fathers. *Developmental Psychology, 21*, 774-783.

Farran, D. C. & Ramey, C. T. (1977). Infant day care and attachment behaviours toward mothers and teachers. *Child Development, 48*, 1112-1116.

Gierveld, J., Liefbroer, A. C. & Beeknik, E. (1991). The effect of parental resources an patterns of leaving home among young adults in the Netherlands. *European Sociological Review, 7* (1), 55-71.

Gold, D. & Andres, D. (1978). Developmental comparisons between 10-year-old children with employed and non-employed mothers. *Child Development, 49*, 75-84.

Greenbaum, C. W. & Auerbach, J. G. (1992). *Longitudinal studies of children at psychological risk: Cross-national perspectives*. Norwood, NJ: Ablex Publishing Corporation.

Grotevant, H. D. & Cooper, C. R. (1985). Patterns of interaction in family relationships and the development of identity explorations in adolescence. *Child Development, 56*, 415-428.

Havinghurst, R. J. (1972). *Developmental tasks and education* (3rd ed.). New York: McKay.

Hazan, C. & Shaver, P. (1987). Romantic love conceptualized as an attachment process. *Journal of Personality and Social Psychology, 52*, 511-524.

Hock, E. (1980). Working and nonworking mothers and their infants: A comparative study of maternal caregiving characteristics and infant social bahavior. *Merrill-Palmer-Quarterly, 26*, 79-101.

Hofer, M., Klein-Allermann, E. & Noack, P. (1992). *Familienbeziehungen*. Göttingen: Hogrefe.

Hoffman, L. W. (1974). Effects of maternal employment on the child. A review of the research. *Developmental Psychology, 10*, 204-228.

Hoffman, L. W. (1984). Work, family, and the socialization of the child. In R. D. Parke (Ed.), *The Family: Review of child development research* (pp. 223-282). Chicago: The University of Chicago Press.

Hoffman, L. W. (1989). Effects of maternal employment in two-parent family. *American Psychologist, 44*, 283-292.

Klebanov, P. K., Brooks-Gunn, J. & McCormick, M. C. (1994). School achievement and failure in very low birth-weight children. *Journal of Developmental and Behavioral Pediatrics, 15*, 248-256.

Kobak, R. R. & Sceery, A. (1988). Attachment in late adolescence: Working models, affect regulation, and representation of self and others. *Child Development, 59*, 135-146.

Kubinger, K. D. & Wurst, E. (1985). *Adaptives Intelligenzdiagnostikum*. Weinheim: Beltz.

Laucht, M., Esser, G. & Schmidt, M.H. (1994). Contrasting infant predictors of later cognitive functioning. *Journal of Child Psychology and Psychiatry, 35*, 649-662.

Lerner, J. V. (1994). *Working women and their families*. Thousand Oaks, CA: Sage.

Lerner, R. M. (1984). *On the nature of human plasticity*. Cambridge, UK: Cambridge University Press.

Lukeman, D. & Melvin, D. (1993). Annotation: The preterm infant: Psychological issues in childhood. *Journal of Child Psychology and Psychiatry, 34*, 837-849.

Magnusson, D. (1985). Implications of an interactional paradigm for research on human development. *International Journal of Behavioral Development, 8*, 115 – 137.

Magnusson, D. (1988). *Individual development from an interactional perspective*. Hillsdale, NJ: Lawrence Erlbaum.

Magnusson, D. (2000). The individual as the organizing principle in psychological inquiry: A holistic approach. In L. R. Bergman, R. B. Cairns, L.-G. Nilsson & L. Nystedt (Eds.), *Developmental science and the holistic approach* (pp. 33 – 47). Mahwah, NJ: Erlbaum.

Menyuk, P., Liebergott, J., Schultz, M., Chesnick, M. & Ferrier, L. (1991). Patterns of early lexical and cognitive development in premature and full-term infants. *Journal of Speech and Hearing Research, 34*, 88-94.

Meyer-Probst, B. (1991). Follow-up of a cohort of risk children from birth into adolescence: The Rostock Longitudinal Study. Special Issue: New directions in risk and early intervention research. *International Journal of Disability, Development & Education, 38*, 225-246.

Meyer-Probst, B., Piatkowski, J. & Teichmann, H. (1988). Der Zusammenhang zwischen Entwicklungsrisiken und Schulbewährung – Ergebnisse der Rostocker Längsschnittstudie. *Psychologie für die Praxis, 6*, 195-213.

Moore, D. (1987). Parent-adolescent separation: the construction of adulthood by late adolescents. *Developmental Psychology, 23*, 298-307.

Newman, B. M. (1989). The changing nature of the parent adolescent relationship from early to late adolescence. *Adolescence, 24*, 915-924.

Oerter, R. & Dreher, E. (1995). Jugendalter. In R. Oerter & L. Montada (Hrsg.), *Entwicklungspsychologie* (3. vollst. überarb. Aufl., S. 310-359). Weinheim: PVU.

Ohannessian, C. M., Lerner, R. M., Lerner, J. V. & von Eye, A. (1995). Discrepancies in adolescents' and parents' perceptions of family functioning and adolescent emotional adjustment. *Journal of Early Adolescence, 15*, 490-516.

O'Moore, A. M. & Hillery, B. (1989). Bullying in Dublin schools. *The Irish Journal of Psychology, 10*, 426-441.

Owen, M. T., Easterbrooks, M. A., Chase-Lansdale, L. & Goldberg, W. A. (1984). The relation between maternal employment status and the stability of attachment to mother and father. *Child Development, 55*, 1894-1901.

Papastefanou, C. (1992). Mütterliche Berufstätigkeit in der Übergangsphase zur „Nachelternschaft". In L. Brüderl & B. Paetzold (Hrsg.), *Frauenleben zwischen Beruf und Familie. Psychosoziale Konsequenzen für Persönlichkeit und Gesundheit* (S. 210-230). Weinheim: Juventa.

Papastefanou, C. (1997). *Auszug aus dem Elternhaus. Aufbruch und Ablösung im Erleben von Eltern und Kindern.* Weinheim: Juventa.

Papini, D. R., Roggman, L. A. & Anderson, J. (1991). Early-adolescent perceptions of attachment to mother and father: A test of the emotional-distancing and buffering hypotheses. *Journal of Early Adolescence, 11*, 258-275.

Pikowsky, B. & Hofer, M. (1993). Die Beziehung zwischen Eltern und Jugendlichen und das Argumentieren in konfliktären Interaktionen. *Zeitschrift für Familienforschung, 5*, 42-62.

Pilz, E. K. & Bogyi, G. (1992). *Wiener Entwicklungsstudie 3. Teil. Ein Vergleich von 87 Monate alten „Risikokindern" mit Kindern gleichen Alters, deren Schwangerschaft und Geburt regelrecht verlief.* Wien: Gesundheitsamt der Stadt Wien.

Raja, S. N., McGee, R. & Stanton, W. R. (1992). Perceived attachments to parents and peers and psychological well-being in adolescence. *Journal of Youth and Adolescence, 21* (4), 471-485.

Reimann, H. (1987). *Die Jugend. Einführung in die interdisziplinäre Juventologie.* Opladen: Westdeutscher Verlag.

Resch, G. (1998). *Der Einfluß mütterlicher Berufstätigkeit auf die Bindung in der Adoleszenz.* Unveröffentlichte Diplomarbeit, Karl-Franzens-Universität Graz.

Rice, K. G. (1990). Attachment in adolescence: A narrative and meta-analytic review. *Journal of Youth and Adolescence, 19* (5), 511-538.

Richards, M. H. & Duckett, E. (1994). The relationship of maternal employment to early adolescent daily experience with and without parents. *Child Development, 65*, 225-236.
Ryan, R. M. & Lynch, J. H. (1989). Emotional autonomy versus detachment: Revisiting the vicissitudes of adolescence and young adulthood. *Child Development, 60*, 340-356.
Sampl, B. (1999). *Auszug aus dem Elternhaus und Unabhängigkeitsbestrebungen Postadoleszenter.* Unveröffentlichte Diplomarbeit, Karl-Franzens-Universität Graz.
Schaie, K. W. & Baltes, P. B. (1975). On sequential strategies in developmental research: Description or explanation? *Human Development, 18*, 384-390.
Schmidt, C. & Seiffge-Krenke, I. (1996). Freundschaftsbeziehungen und familiäre Beziehungen aus der Sicht chronisch kranker und gesunder Jugendlicher: Unterschiede in den Beziehungsqualitäten und Veränderungen über die Zeit. *Psychologie in Erziehung und Unterricht, 43*, 155-168.
Schmitz, B. (2000). Auf der Suche nach dem verlorenen Individuum: vier Theoreme zur Aggregation von Prozessen. *Psychologische Rundschau, 52*, 83-92.
Schneewind, K. A. (1999). *Familienpsychologie* (2., überarbeitete Aufl.). Stuttgart: Kohlhammer.
Schröder, A. (1992). Berufstätige Mütter – zur Vereinbarkeit von Ideal und Wirklichkeit. In L. Brüderl & B. Paetzold (Hrsg.), *Frauenleben zwischen Beruf und Familie. Psychosoziale Konsequenzen für Persönlichkeit und Gesundheit* (S. 89-104). Weinheim: Juventa.
Seiffge-Krenke, I., Boeger, A., Schmidt, C., Kollmar, F., Floss, A. & Roth, M. (1995). *Chronisch kranke Jugendliche und ihre Familien. Belastung, Bewältigung und psychosoziale Folgen.* Stuttgart: Kohlhammer.
Shonkoff, J. P., Hauser-Cram, P., Krauss, M. W. & Upshur, C. C. (1992). Development of infants with disabilities and their families: implications for theory and service delivery. *Monographs of the Society for Research in Child Development, 57*, 1-151.
Silbereisen, R. K., & von Eye, A. (Eds.). (1999). *Growing up in times of social change.* Berlin: De Gruyter.
Skinner, H. A., Steinhauer, P. D. & Santa-Barbara, J. (1983). The Family Assessment Measure. *Canadian Journal of Community Mental Health, 2*, 91-105.
Slee, P. T. (1993). Children, stressful life events and school adjustment: an Australian study. *Educational Psychology, 13*, 3-10.
Spiel, C. (1992). *Adolescents and parents perceive each other: Do match and mismatch indicate the quality of the relationships?* Paper presented in the symposium „Multiple approaches to the study of parent-child dyads in the adolescence" at the Vth European Conference on Developmental Psychology. Seville, 1992.
Spiel, C. (1995). Re-Analyse eines Entwicklungstests – Ein Vorgehen zur Kompensierung der Methodenveralterung bei Längsschnittstudien. *Zeitschrift für Entwicklungspsychologie und Pädagogische Psychologie, 27*, 374-385.
Spiel, C. (1996a). Effekte leichter biologischer und leichter sozialer Risiken auf Leistungsverhalten im Schulalter – Ergebnisse der Wiener Entwicklungsstudie (WES). In C. Spiel, U. Kastner-Koller & P. Deimann (Hrsg.), *Motivation und Lernen aus der life-span Perspektive* (S. 41-59). Münster: Waxmann.
Spiel, C. (1996b). Long-term effects of minor biological and psychosocial risks on cognitive competence, school achievement, and personality traits. In S. Harel & J. P. Shonkoff (Eds.), *Early childhood intervention and family support programs: Accomplishments and challenges* (pp. 223-242). Jerusalem: JDC - Brookdale Institute of Gerontology and Human Development.
Spiel, C. (1997). Forschung an „Risikokindern": Grenzen und Möglichkeiten am Beispiel biologischer Risiken. In H. Mandl (Hrsg.), *Bericht über den 40. Kongreß der Deutschen Gesellschaft für Psychologie in München 1996* (S. 439-444). Göttingen: Hogrefe.

Spiel, C. (1998). Four methodological approaches for the study of stability and change in development. *Methods of Psychological Research – online* [On-line serial], *5* (3). Verfügbar unter: http://www.ppm.ipn.uni-kiel.de/mpr/issue5/art2/article.html [21.08.2001].

Spiel, C., Kreppner, K. & von Eye, A. (1995). Die Familien-Beziehungs-Skalen, FBS: Bericht über die Entwicklung eines Screening Instruments zur Erfassung von Beziehungen Jugendlicher zu ihren Eltern. *Diagnostica, 41*, 322-333.

Spiel, C., Wittich, E. & Spiel, G. (1999). Leistungsorientierung im Familienklima Jugendlicher im Zusammenhang mit leichter biologischer und sozialer Risikobelastung. *Psychomed, 11*, 159-163.

Spiel, G., Bogyi, G. & Jusner, G.-M. (1996). Children at-risk: Are there differential effects of diverse risks or risk combinations? In S. Harel & J. P. Shonkoff (Eds.), *Early childhood intervention and family support programs: Accomplishments and challenges* (pp. 243-276). Jerusalem: JDC - Brookdale Institute of Gerontology and Human Development.

Steinberg, L. (1987). Impact of puberty on family relations: Effects of pubertal status and pubertal timing. *Developmental Psychology, 23*, 451-460.

Steinberg, L. (1988). Reciprocal relation between parent-child distance and pubertal maturation. *Developmental Psychology, 24*, 122-128.

Steinberg, L. & Silverberg, S. B. (1986). The vicissitudes of autonomy in early adolescence. *Child Development, 57*, 841-851.

Stifter, C. A., Coulehan, C. M. & Fish, M. (1993). Linking employment to attachment: The mediating effects of maternal separation anxiety and interactive behaviour. *Child Development, 64*, 1451-1460.

Touwen, B. C. L. & Prechtl, H. F. R. (1970). *The neurological examination of the child with minor nervous dysfunction.* London: Heinemann.

Tramontana, M. G., Hooper, S. R. & Selzer, S. C. (1988). Research on the preschool prediction of later academic achievement: A review. *Developmental Review, 8*, 89-146.

van Ijzendoorn, M. H. & Kroonenberg, P. M. (1988). Cross-cultural patterns of attachment: A meta-analysis of the Strange Situation. *Child Development, 59*, 147-156.

von Eye, A. & Spiel, C. (in Druck). Auswertungsperspektiven der Entwicklungspsychologie. In W. Schneider & F. Wilkening (Hrsg.), *Theorien, Modelle und Methoden der Entwicklungspsychologie*. Göttingen: Hogrefe.

Weixelbaum, E. (1997). *„Risikokinder" – Zur Relevanz von biologischen und psychosozialen Faktoren.* Unveröffentlichte Diplomarbeit, Universität Wien.

Weixelbaum, E. (2000). *Die Wiener Entwicklungsstudie an Risikokindern. Dropout-Analysen und Befunde zur kognitiven Entwicklung.* Unveröffentlichte Dissertation, Universität Wien.

Wolke, D. (1993). Langzeitprognose von Frühgeborenen: Was wir wissen und was wir wissen sollten. In A. Lischka & G. Bernert (Hrsg.), *Aktuelle Neuropädiatrie 1992* (S. 99-121). Wehr: Ciba-Geigy.

Wolke, D. & Söhne, B. (1997). Wenn der Schein trügt: Zur kritischen Interpretation von Entwicklungsstudien. *Monatsschrift Kinderheilkunde, 145*, 444-456.

Youniss, J. & Smollar, J. (1985). *Adolescents' relations with mothers, fathers, and friends.* Chicago, IL: University of Chicago Press.

Zimmermann, P. (1994). *Bindung im Jugendalter. Entwicklung und Umgang mit aktuellen Anforderungen.* Unveröffentlichte Dissertation, Universität Regensburg.

10. Kapitel:
Familientabus und Ablösung

Eva Dreher und Michael Dreher

10.1 Zwei Konstrukte – Gemeinsamkeiten und Unterschiede

Ein Familientabu spielt im Kommunikationsmuster einer Familie eine Rolle und wird – im therapeutischen Kontext - dann interessant, wenn Störungen oder Symptome innerhalb des Systems auftreten, für deren Entstehung zunächst keine Erklärung gefunden werden kann. Demgegenüber thematisiert „Ablösung" einen vielschichtigen, eher unspezifischen Vorgang der Veränderung einer bestehenden Beziehung, der eine signifikante Kennzeichnung für „Entwicklung" bietet.

Haben die Konstrukte „Familientabu" und „Ablösung" – abgesehen von den Unterschieden ihrer Provenienz – etwas miteinander zu tun und welche Phänomene werden durch mögliche Zusammenhänge erklärt? Inwiefern könnte Wissen, das aus der Verknüpfung entwicklungspsychologisch relevanter Thematiken mit Konstrukten systemischer Familientherapie resultiert, nützlich sein?

Querverbindungen zwischen „Familientabu" und „Ablösung" lassen sich sowohl unter theoretischer als auch unter pragmatischer Perspektive herstellen – konkretisiert an zwei Beispielen: Der kleinste gemeinsame „theoretische Nenner" zwischen „Familientabu" und „Ablösung" könnte folgendermaßen lauten: im Kontext von Beziehungen innerhalb des Familiensystems spielen beide Konstrukte zur Erklärung der Beziehungsregulation eine bedeutsame Rolle, insbesondere dann, wenn es um die Dynamik der Aufrechterhaltung, der Veränderung oder auch des Abbruchs von Beziehungen geht. Als zweiter, eindeutig pragmatischer Zugang bietet sich folgender Zusammenhang an: „Ablösung" selbst stellt ein „Familientabu" dar. In diesem Fall stünden Beziehungsmuster im Vordergrund, die auf „Homöostase" innerhalb des Familiensystems zielen, d. h. die Tabuisierung jeglicher Veränderung erzeugt Mechanismen, die u. a. zu (pathologischer) Erstarrung von Beziehungen, auf jeden Fall aber zu mangelnder Anpassungs- und Entwicklungsfähigkeit des Systems führen (Jackson, 1957).

Als Hintergrund zur weiteren Differenzierung möglicher Phänomene im Zusammenspiel zwischen Familientabus und Ablösungsprozessen werden zunächst spezifische Merkmale des jeweiligen Konstrukts dargestellt und zwar mit folgenden Akzentsetzungen: Im therapeutischen Kontext schließt der Begriff „Familientabu" unterschiedliche Prozesse der Ausblendung, Verzerrung, Geheimhaltung ein, die dazu dienen, innerhalb des Systems eine (über-)lebensfähige „Realität" zu konstruieren, was u. a. auch ein zentrales Merkmal von Familienmythen und Familiengeheimnissen darstellt. Das Konstrukt „Ablösung" soll unter der Perspektive des Erwachsenwerdens im Familiensystem und damit einhergehenden Beziehungsthematiken betrachtet werden. Therapeutische Falldokumente belegen, dass Familientabus, -mythen oder auch -geheimnisse Ablösungsprozesse regulieren. Für eine systematische Untersuchung diesbezüglicher „Ablösungsstile" stellt sich das Problem des empirischen Zugangs bzw. die Frage: Wie kann „Nicht-kommunizierbares" erfasst werden?

10.2 Tabu, Mythos und Geheimnis

Tabu, Mythos und Geheimnis stehen in einem gewissen Zusammenhang: Im Tabu wird ein Raum geschaffen, der nicht betreten werden darf, im Mythos wird darin eine legendäre Gestalt generiert und das Geheimnis baut einen Schutz gegen Eindringlinge auf. Es bestehen Gemeinsamkeiten bezüglich der Genese und Erklärbarkeit, hinsichtlich Funktion und Auswirkung bestehen jedoch Unterschiede, die eine separate Betrachtung nahe legen.

10.2.1 Familientabus

In der Definition von „Tabu" steht der Begriff zum einen für „Verbot, bestimmte Handlungen auszuführen, besonders geheiligte Personen oder Gegenstände zu berühren, anzublicken oder zu nennen", zum anderen bezeichnet Tabu „ein Gesetz, das auf Grund bestimmter Anschauungen innerhalb einer Gesellschaft verbietet, bestimmte Dinge zu tun" (Duden, 1989, S. 1507). „Gesellschaft" steht für ein soziales System; sofern dieses System die Familie ist, wird der Gültigkeitsbereich der Verbote im „Familientabu" verankert.

Die Bedeutung eines Tabus weist auf zwei Funktionen hin: vordergründig auf eine Handlungsregel bezüglich des zu Unterlassenden bzw. die Festlegung einer Regelverletzung (gegen ein Tabu verstoßen, ein Tabu verletzen, brechen). Dahinter (verborgen) steht die Funktion einer Instanz, die die Definitionsmacht zur Errichtung eines Tabus hat, d. h. etwas tabuieren, für unantastbar erklären kann. Die Definitionsmacht schließt ferner Sanktionsgewalt ein, d. h. die Festlegung von Strafe oder Konsequenz bei Verletzung des Tabus. Mit der Errichtung des Tabus wird Distanz erzeugt und gleichzeitig festgelegt, ob sie im Sinne schützender Abgrenzung oder abwehrender Ausgrenzung von Personen, Sachverhalten oder Handlungen fungiert.

Ein Tabu verbietet, Erlebtes und Erfahrenes in Worte zu fassen, worauf eine Gemeinsamkeit zwischen Tabu und Geheimnis beruht: Ein Geheimnis impliziert im „geheimen Wissen" einen Sachverhalt, der nicht offengelegt und über den nicht gesprochen wird. Weitere Parallelen zum Tabu bestehen hinsichtlich der Funktion von Geheimnissen: Geheimhaltung kann als Schutz dienen, andererseits aber auch Machtausübung bedeuten. Analog zu Unterlassungsregeln im Tabu gibt es für den Umgang mit Geheimnissen Verhaltensregeln, die entweder verhindern, dass über das Thema gesprochen wird oder festlegen, wer etwas weiß und wer mit wem worüber sprechen darf. Damit wird eine Distanz bzw. ein Machtgefälle zwischen „Eingeweihten" und „Nicht-Eingeweihten" erzeugt.

10.2.2 Familienmythen

„Mythos", gleichbedeutend mit überlieferter Sage, verweist auf etwas zeitlich Früheres und erscheint oft als „in Dichtung festgehaltener Vergangenheit", die sich mit Göttern und Dämonen beschäftigt. Bezogen auf Personen oder spezielle Begebenheiten rückt der Mythos den „legendären" Charakter in den Vordergrund und setzt Akzente der Überhöhung und Glorifizierung. Ihre Entstehung ist meist unklar und beruht auf irrationalen Vorstellungen. Im Unterschied zum Schweigen bei Tabu und Geheimnis offenbart der Mythos eine „Geschichte", indem ursprünglich Verschwommenes und Verschleiertes in Form einer Realitätskonstruktion präzisiert wird.

Auf Antonio J. Ferreira (1963) geht der Begriff „Familienmythen" zurück. In der Differenzierung von Funktionen geht Ferreira (1980) davon aus, dass Familienmythen Regeln der Beziehung festlegen und dadurch den einzelnen Familienmitgliedern Rollen zugewiesen werden, die komplementär aufeinander bezogen sind. Je ausgeprägter eine Rolle ist, desto prägnanter ist die Gegenrolle, in dem Sinn, als sie erstere ergänzt bzw. bestätigt.

Charakteristisch für die Beziehungsregeln ist, dass sie nicht offengelegt sind und nur aus Meinungen und Erwartungen der Familienmitglieder erschlossen werden können. Die Wirkung der versteckten Beziehungsregeln besteht darin, dass sie den familiären Wahrnehmungskontext bestimmen und als „organisierte Meinungen" für die Aufrechterhaltung und Rechtfertigung interaktioneller Muster in der Familie verantwortlich sind (vgl. Ferreira, 1980, S. 87). Außenstehenden können die nach Mythen regulierten Beziehungsmuster als klischeehaft, in Routinen erstarrt und „als plumpe Verfälschungen der tatsächlichen Gegebenheit in der Familie erscheinen" (Ferreira, 1980). Für die Familienmitglieder gestalten sie jedoch den Alltag ökonomisch, da sie als „Matrizen von Handlungsweisen" selbstverständliche Übereinstimmung schaffen und den Aufbau von neuen Verhaltensweisen außer Frage stellen.

Familienmythen können von einer Generation zur anderen weitergegeben werden, z. B. in Verbindung mit Partnerwahl, Erziehungsmaximen, Wertmaßstäben. Vielfach entstehen sie jedoch zu Beginn von Beziehungen, wenn im intimen Austausch von Meinungen, Erwartungen und Wünschen Gemeinsamkeit hergestellt wird. Wirksam gewordene Familienmythen integrieren und regulieren unterschiedliche Realitätskonstruktionen, sie konsolidieren und stabilisieren die Beziehung und „stellen einen Puffer gegen plötzliche Veränderungen dar" (Ferreira, 1980, S. 90).

Dem Selbstverständnis der Familie, d. h. dem Bild, das sich die Familienmitglieder von ihrer Familie machen, liegt die unumstößliche Wahrheit des Mythos, in dem Tatsachen und Meinungen verwoben sind, zugrunde. Unabhängig davon, wie unrealistisch oder irrational ein solcher Mythos (z. B. „Harmoniemythos") einem Außenstehenden aufgrund vorliegender Sachverhalte erscheinen mag, er ist integrierender Bestandteil der Familienbeziehung und von zentraler emotionaler Bedeutung für die Identität der Familienmitglieder.

Welche Konsequenzen sind mit der Aufdeckung von Familienmythen verbunden? Generell führt der Versuch, den Mythos in der direkten Konfrontation zu „entzaubern", zu vehementen Verteidigungsreaktionen. Kommt der „Angriff" aus den Reihen der Familie, wird die betreffende Person ausgegrenzt, um bestehende Beziehungen stabil zu halten; rührt hingegen ein Außenstehender an den Mythos der Familie, so wird im Appell an Gemeinsamkeit und Zusammenhalt eine schützende Mauer errichtet.

Nach Stierlin (1980) erfüllen Familienmythen unterschiedliche Funktionen: Während Abwehrfunktionen in der Verzerrung der Realität verhindern, dass belastende Komponenten der Beziehung (z. B. gegenseitige Missbilligung, Kränkung, Verletzungen) offengelegt werden, dienen Schutzfunktionen dazu, Außenstehende über Probleme oder Konflikte in der Familie hinwegzutäuschen, indem beispielsweise das Bild der heilen Familie – trotz augenfälliger Unstimmigkeiten – präsentiert wird.

Obwohl Familienmythen vorrangig im Kontext pathologischer Beziehungen zur Geltung kommen, geht Ferreira (1980) davon aus, dass in allen Familien ein gewisses Maß an „Mythologie" vorfindbar ist. Im Sinne von geteilten Einstellungen, Wertorientierungen, die Gemeinschaft stabilisierenden Auffassungen und implizit geregelten Verhaltensmustern sind Mythen notwendig „für den reibungslosen Ablauf selbst der gesündesten Familienbeziehung" (Ferreira, 1980, S. 89).

10.2.3 Familiengeheimnisse

Geheimnis bedeutet, Sachverhalte, Gedanken oder Gefühle vor anderen absichtlich zu verbergen, anderen bewusst nicht bekannt zu geben (ergänzend dazu: aus psychoanalytischer Sicht gibt es auch „unbewusste Geheimnisse", d. h. die Tatsache des Verbergens ist hierbei nicht bewusst). In einer groben Typisierung von Geheimnissen unterscheidet Imber-Black (1995): (a) positive Geheimnisse, die bei vielen Ritualen und Familienfesten eine Rolle spielen, z. B. geheime Vorbereitungen, um jemanden zu überraschen; solche „spielerischen Geheimnisse" (Bradshaw, 1999, S. 48) fördern das Gefühl der Identität und Zusammengehörigkeit der Familienmitglieder; (b) schützende Geheimnisse, in denen das Recht auf Privatheit und Intimität zur Geltung gebracht wird; (c) destruktive Geheimnisse, die negativ auf Beziehungen wirken, indem sie zu geheimen Bündnissen, Abschottungsstrategien und gefühlsbezogenen Verstrickungen (z. B. zu Ängsten und Loyalitätskonflikten) führen; (d) gefährliche Geheimnisse, bei denen es um körperliche oder seelische Schädigung geht (z. B. Missbrauch, Misshandlung) – sie erfordern Enthüllung, um die betroffene Person vor weiterem Schaden zu bewahren.

Die Grenze zwischen Privatangelegenheit (für Öffentlichkeit / für andere nicht zugänglich) und Geheimnis (Verheimlichung) ist oft schwer zu ziehen, da kulturelle Wertvorstellungen und persönliche Auffassungen die Trennungslinie verwischen. Wenn Jugendliche ihre Eltern nicht über ihre Freundschaften und Beziehungen informieren, begründen sie das Verschweigen damit, dass es ihre „Privatsache" sei, die Eltern hingegen interpretieren das Nicht-Mitteilen als Verheimlichen und damit als destruktives Geheimnis, durch das das Vertrauensverhältnis beeinträchtigt wird.

Die Thematiken von Familiengeheimnissen weisen ein breites Spektrum auf, das von gesundheitlichen Mängeln, gestörtem Besitzverhalten, über Lebenskrisen bis hin zu Akten der Selbstzerstörung reicht. Anhand ihrer umfangreichen Datensammlung über Familiengeheimnisse belegt Mason (1995, S. 46), dass Geheimnisse „sexueller Natur", z. B. Außenbeziehungen, Schwangerschaftsabbrüche, sexueller Missbrauch, Vergewaltigung, Inzest – unabhängig vom Geschlecht – die höchste Quote aufweisen. An zweiter Stelle werden Geheimnisse genannt, die um das Thema „Suchtabhängigkeit in der Familie" kreisen, wobei Alkohol und Drogen im Vordergrund stehen.

Als Grund der Geheimhaltung wird fast ausschließlich das Gefühl der Scham genannt, das Mason (1995) folgendermaßen umschreibt:

> Scham ist ein inneres Gefühl völliger Entwertung oder Unfähigkeit. Sie ist das Urteil des Selbst über sich selbst. Ein Augenblick der Schande kann eine so qualvolle Demütigung oder eine so tiefe Entwürdigung sein, dass man das Gefühl hat, seines ganzen Wertes beraubt oder als ein von Grund auf unfähiger, schlechter und verwerflicher Mensch bloßgestellt zu sein. (S. 56)

Schamgefühle sind von Schuldgefühlen zu unterscheiden. Das Gefühl der Schuld steht im Zusammenhang mit dem Verstoß gegen Wertvorstellungen und diesbezüglichen Signalen des Gewissens. Für „Schuld" besteht die Möglichkeit der Wiedergutmachung, wobei die „Entschuldung" eine gefühlsmäßige Entlastung einschließt. Dies gilt nicht für das Gefühl der Scham. „Scham" resultiert aus dem Empfinden von Schande und trifft die Person im Kern ihres Selbstwerts. Familiengeheimnisse, die die Offenlegung von Schande verhindern sollen und der Abwehr von Gefühlen der Scham dienen, können über Generationen hinweg wirken. Dies beruht auf familiären Regeln, die die Geheimhaltung garantieren und damit auch die Scham perpetuieren.

Neben solchen „ererbten" Geheimnissen entstehen in Familien dadurch Geheimnisse, dass Eltern bestimmte Informationen ihren Kindern (begründet) nicht zukommen lassen. In der „Verantwortlichkeit beim Verschweigen" (Karpel, 1980) kommt zum Ausdruck, welche Bedeutung die Eltern einem Sachverhalt zuweisen und wie sie die Fähigkeit des Kindes einschätzen, mit dieser Information umzugehen.

Probleme können sich ergeben, wenn die zugewiesene Bedeutung ihren Ursprung in starken Scham- und Schuldgefühlen der Eltern hat, in der Angst, dass Schwächen aufgedeckt werden, oder aus der Furcht vor Verletzung eines „generationsalten Tabus" (Papp, 1995, S. 85) hervorgeht. Entscheidend dabei ist, dass zwar die Sachverhalte geheim gehalten werden können, nicht aber die damit verbundenen Gefühle, die aufgrund ihrer Intensität nicht zu verbergen sind.

Kinder haben ein Gespür für emotionale Belastungen der Eltern und für die damit verbundenen stillschweigenden Familienregeln, die festlegen, worüber gesprochen wird, wer oder was zu schützen ist und welche Verhaltensweisen Spannungen erzeugen. Kinder sind ihren Eltern gegenüber sehr loyal und ihre Verbundenheit mit den Familienregeln reicht zuweilen bis ins Erwachsenenalter. Von verstecktem Leid abzulenken, nicht zu beunruhigen und gegenseitige Schonung kann so weit führen, dass die Kommunikation eingestellt wird. Kinder und Eltern haben oft die Absicht, einander durch Geheimhaltung zu schützen und gebrauchen hierbei Lügen und Ausflüchte, die jedoch Misstrauen hervorrufen und Entfremdung und Vertrauensverlust zur Folge haben oder sich in Symptomen und Dysfunktionen niederschlagen.

10.3 Konzepte der „Ablösung"

Alltagssprachlich wird „Ablösung" in verschiedenen Bedeutungszusammenhängen gebraucht, z. B. eine Person löst eine andere in ihrer Funktion ab, heranwachsende Kinder lösen sich ab von den Eltern, der Aufbau einer neuen Beziehung ist mit Loslassen verbunden. Was aus den Beispielen nicht hervorgeht, ist die Tatsache, dass sich „Ablösung" nicht auf das „Briefmarken-Modell" (Stierlin, 1986, S. 113f.) reduzieren lässt, d. h. keine singuläre, Trennung bewirkende Handlung darstellt. „Ablösung" verläuft als Prozess, dessen Dynamik sich aus diskontinuierlichen Phasen der Veränderung im Sinne von Strukturierung und Anpassung zusammensetzt. Formal betrachtet markiert „Ablösung" gewissermaßen einen Übergang, der kein definitives „Ende", sondern innerhalb eines Kontinuums die Transformation von Bestehendem in Neues bedeutet.

10.3.1 „Ablösung" als lebenslanger Prozess

Sowohl in der individuellen Entwicklungsgeschichte als auch im Lebenszyklus der Familie gibt es Phasen der Ablösung, d. h. der qualitativen Veränderung von Beziehungsmustern, insbesondere dann, wenn emotionale Verbundenheit die Interaktion der beteiligten Personen bestimmt. Ablösung verläuft in der Regel diskontinuierlich, d. h. es wechseln sich spannungsgeladene und konfliktfreie Phasen ab. Ferner weisen Ablösungsprozesse einen zeitlichen Rhythmus der Veränderung auf; er resultiert aus dem Tempo, in dem einzelne Phasen aufeinanderfolgen. So können beispielsweise Phasen der Stagnation oder des Kontaktabbruchs von Etappen konstruktiver Neuregelung der Beziehung abgelöst werden. Für gelingende oder misslingende Ablösung ist nicht zuletzt die Art und Weise des Umgangs mit veränderten inneren und äußeren Bedingungen von Bedeutung.

Bewältigungsanforderungen im individuellen Ablösungsprozess umfassen zum einen den Gewinn von Klarheit über die eigene Position innerhalb der (bisherigen) Beziehung, zum anderen die Fähigkeit, sich in die Unsicherheit neuer Beziehungskonstellationen zu begeben. Im Familienzyklus gehen Ablösungsprozesse mit Umstrukturierungen von Rollen und Beziehungsmustern einher. So weist die Elternrolle deutlich andere Züge auf, in Abhängigkeit davon, ob sich das Kind im Vor-, Grundschulalter oder im Übergang zum Jugendlichen befindet. Bei entsprechender Anpassungsfähigkeit des Systems bzw. der Systemmitglieder wird eine Balance zwischen Flexibilität und Stabilität erreicht, die es ermöglicht, dass sich die Familie unter veränderten Bedingungen einerseits weiterentwickelt, andererseits durch Aufrechterhalten einer bestimmten Struktur ihre Kohärenz erhalten bleibt (vgl. Simon & Stierlin, 1994, S. 23).

Intrapsychisch betrachtet stellt „Ablösung" als Transformation von Beziehungen eine bedeutende Komponente im Prozess persönlicher Identitätsentwicklung dar. Innerhalb des gesamten Familiensystems umfassen Ablösungsprozesse die Regulierung von Nähe und Distanz im Beziehungsgefüge der Geschlechter und Generationen; diesbezügliche Transformationen korrespondieren mit lebensphasenspezifischen Kohäsions- und Autonomiebestrebungen von Eltern und Kindern. Dem Faktum, dass sich mit der Entwicklung der einzelnen Familienmitglieder das Familiensystem als Ganzes verändert, trägt das Modell einer familienweiten Ko-Evolution Rechnung (vgl. Stierlin, 1994).

10.3.2 „Ablösung" im Jugendalter

Obwohl „Transformationsprozesse" innerhalb der Lebensspanne mit verschiedenen Thematiken verbunden sind – wie z. B. Bewältigung von Krisen, Auseinandersetzung mit kritischen Lebensereignissen, Neuorientierung bei Übergängen – wird das Konzept „Ablösung" vorrangig zur Kennzeichnung von Veränderungen der Beziehung und Interaktion innerhalb der Familie gebraucht. Die Beziehungsgeschichte zwischen Eltern und Kindern weist von Beginn an Phasen der Verselbständigung mit korrespondierenden Merkmalen der Nähe-Distanz-Regulation auf. Veränderung der Beziehung zwischen Eltern und heranwachsenden Kindern im Jugendalter gelten jedoch als prototypisch für Phänomene der Ablösung.

Insbesondere die Adoleszenz wird als Lebensphase multipler Übergänge bezeichnet. Sie beruhen auf Veränderungen biologischer, kognitiver, emotionaler und psychosozialer Funktionen und haben schließlich eine Umstrukturierung und Neuorganisation der Selbstdefinition des Jugendlichen zur Folge. Mit der Veränderung der Sicht der eigenen Person sind u. a. auch Modifikationen bisheriger Beziehungs- und Interaktionsmuster verbunden. Dies führt zur Erweiterung von Perspektiven, verändert Standpunkte, ermöglicht den Ausbau von Kompetenzen und die Übernahme neuer Rollen. Die Eltern-Kind-Beziehung betreffend werden Verselbständigungsprozesse heranwachsender Jugendlicher häufig als „Krisenzeit" charakterisiert, die ein breites Spektrum belastender Auseinandersetzung aufweist, von alltäglichen Reibereien um die Erfüllung von Aufgaben, über Streitereien um Rechte und Pflichten bis hin zu eskalierenden Konflikten im Zusammenhang mit Überschreitung elterlicher Regeln und Normen, Beziehungen außerhalb der Familie, Abwehr oder auch Abbruch bisheriger Familienkontakte.

Für die Zunahme an Konflikten im Ablösungsprozess bieten sich mehrere Erklärungsalternativen an: Konflikte sind beispielsweise Möglichkeiten, Distanz zu gewinnen, wenn andere Wege aus der Abhängigkeit nicht gesehen werden. Eine andere Interpretation leitet sich daraus ab, dass die erweiterten kognitiven Fähigkeiten den Jugendlichen in die Lage versetzen, nicht nur eigene Standpunkte zu vertreten, sondern sich mit denen der Eltern auseinanderzusetzten, sie mit eigenen Argumenten zu konfrontieren.

Perner (1999) verdeutlicht den Zusammenhang zwischen veränderten kognitiven Erkenntnismöglichkeiten und der Ablösungsproblematik in einer räumlichen Metapher: Erwachsene haben zunächst den breiteren Blickwinkel und den größeren Überblick. Sie vermitteln die eigene Sichtweise aus einer Perspektive, zu der die Kinder noch keinen Zugang haben. Im Heranwachsen verändern sich der Abstand und die Möglichkeit, den Blickwinkel selbst zu wählen. Jugendliche „erblicken neue Realitäten – solche, die ihre Eltern nicht wahrhaben wollen" (Perner, 1999, S. 54); dies bezeichnet Perner als „Tabu der Realitätssicht". Mit der veränderten Perspektive der Kinder schwindet ihr Idealbild von den Eltern; sie erkennen deren Unzulänglichkeiten und Fehler. Im Tabu, Mängel anzusprechen, wird der Mythos der „perfekten Eltern" aufrechterhalten.

10.3.3 „Ablösung" als Entwicklungsaufgabe

Die entwicklungspsychologische Perspektive akzentuiert „Ablösung von den Eltern" als zentrale Entwicklungsaufgabe im Jugendalter, die mit anderen Entwicklungsaufgaben zusammenhängt, vor allem der Erweiterung von Kontakten zu Gleichaltrigen, dem Aufbau von Partnerbeziehungen und der Bemühung um Ausbildung und berufliche Orientierung. Die Interdependenz von Entwicklungsthematiken bildet das Netz fördernder und hemmender Bedingungen für weitere Entwicklungsschritte. Während mit dem Nichtgelingen der Ablösung das Risiko psychischer Störungen steigt, korrespondiert eine gelingende Ablösung mit dem Aufbau von Kompetenzen, die Selbstregulation, Autonomie und Verantwortungsübernahme ermöglichen.

Die Ergebnisse zweier vergleichbarer Untersuchungen zur Bedeutsamkeitseinschätzung von Entwicklungsaufgaben, die im zeitlichen Abstand von einem Jahrzehnt durchgeführt wurden, zeigen u. a., dass der Stellenwert der Entwicklungsaufgabe „Ablösung" vor allem für männliche Jugendliche deutlich zugenommen hat. Während in den ersten Untersuchungen (E. Dreher & M. Dreher, 1985) männliche Jugendliche die Bedeutsamkeit von „Ablösung" signifikant geringer einschätzten als weibliche Jugendliche, finden sich in den Studien zwischen 1994 und 1996 (M. Dreher & E. Dreher, 1997) diesbezüglich keine geschlechtsspezifischen Unterschiede mehr.

„Ablösung" bedeutet nun in keinster Weise „Bruch mit den Eltern" oder „Ende der Beziehung" und auch nicht „Auszug von zuhause". In der räumlichen Distanz (eigene Wohnung) mag sich zwar das Faktum der Trennung konkretisieren, als zentral für die Veränderung der Beziehung wird die emotionale Unabhängigkeit postuliert (vgl. Hoffman, 1984; O'Connor, Allen, Bell & Hauser, 1996; Ryan & Lynch, 1989; Steinberg & Silverberg, 1986). Im subjektiven Verständnis von Ablösung bei jungen Erwachsenen nimmt jedoch Selbstbestimmung, Wegfallen elterlicher Kontrolle den ersten Rangplatz ein; der Aspekt „eigene Wohnung" ist weniger wichtig und „emotionale Unabhängigkeit" spielt die geringste Rolle (Moore, 1987).

10.4 Erwachsenwerden im Familiensystem

10.4.1 Entwicklungspsychologische Perspektive

Komponenten, die „Ablösung" als Entwicklungsaufgabe qualifizieren, unterstreichen Persönlichkeitsaspekte, die generell auch als Kriterien des Erwachsenwerdens gelten. Arnett (2000) setzt die Spanne zwischen 18 und 25 Jahren als beginnendes Erwachsenenalter an und nennt drei Hauptmerkmale für den Übergang in den Erwachsenenstatus: (a) für sich Verantwortung übernehmen, (b) selbständig Entscheidungen treffen, (c) finanzielle Unabhängigkeit erlangen.

Ablösung und Erwachsenwerden sind kaum zu trennen, beide Prozesse implizieren eine Zunahme an psychosozialer Reife und Erweiterung von Kompetenzen zur Bewältigung der Lebenspraxis. Für sich und sein Handeln Verantwortung zu übernehmen, erfordert die Fähigkeit, die eigene Person kritisch in den Blick zu nehmen; dies schließt Reflexivität und Selbst-Bewusstheit ein.

Für gelingende Ablösung im Familiensystem ist die Einstellung der Eltern zum Erwachsenwerden ihrer Kinder von Bedeutung. So können Eltern beispielsweise Rahmenbedingungen für Selbständigkeit schaffen, Verantwortung übertragen, in ihrem Verhalten zum Ausdruck bringen, dass sie zunehmende Eigenständigkeit fördern und Ablösungsschritten positiv gegenüberstehen.

Heranwachsende Kinder sind in der Ablösung von den Eltern auf deren Hilfe angewiesen. Eltern, die diese Phase mit ihren Kindern gerade durchleben, mögen zu anderen Schlussfolgerungen kommen, wenn sie die Erfahrung machen, dass gut gemeinte Angebote nachgerade allergisch zurückgewiesen oder als Einmischung und Besserwisserei abgewertet werden. Kommentare betroffener Eltern: „Er/sie lässt sich von uns nichts mehr sagen, unser Rat ist nicht gefragt!"

Bestätigen sich diese Aussagen in den „Wirklichkeitskonstruktionen" von Jugendlichen, oder lässt sich in ihren Positionen zum Erwachsenwerden eine „neue Wahrheit" finden?

10.4.1.1 Erwachsenwerden aus der Sicht von Jugendlichen

Im Rahmen der Konzeption von präventiven Maßnahmen, die erwachsenen Bezugspersonen von Jugendlichen (Eltern und Lehrern) Hilfestellung zur Förderung von Selbständigkeit bieten, wurde eine Fragebogenerhebung zu folgenden Aspekten des Erwachsenwerdens durchgeführt (E. Dreher & M. Dreher, 2000):

1) Erwachsenwerden bedeutet für mich ...
2) positive und negative Seiten des Erwachsenwerdens
3) zentrale Einflüsse und mögliche Unterstützung im Prozess des Erwachsenwerdens

Die Erhebung fand mit insgesamt 463 Schülerinnen und Schülern aus 7. und 9. Klassen (n = 275 bzw. 188) verschiedener Gymnasien statt, wobei städtische und ländliche Einzugsbereiche berücksichtigt wurden. Die Ergebnisse in Tabelle 1 zeigen beide Altersgruppen im Vergleich.

Tabelle 1: Konzept „Erwachsenwerden" – Bewertungsperspektiven im Vergleich. Prozentuale Verteilung der Aussagen zur Konzeptualisierung und Bewertung

7. Klasse (12-14 Jahre)			Konzepte zu Erwachsenwerden	9. Klasse (14-16 Jahre)		
negative Aspekte	positive Aspekte	Konzept		Konzept	positive Aspekte	negative Aspekte
18 %	3 %	24 %	*Verantwortung*	22 %	4 %	*28 %*
9 %	*50 %*	19 %	*Unabhängigkeit*	22 %	*55 %*	3 %
7 %	6 %	8 %	*Selbständigkeit*	14 %	5 %	9 %
6 %	2 %	8 %	Persönlichkeit	8 %	3 %	7 %
1 %	9 %	8 %	Entscheidung	6 %	9 %	2 %
18 %	6 %	8 %	*Beruf / Arbeit*	5 %	2 %	*12 %*
5 %	7 %	7 %	Fam./ Beziehung	3 %	5 %	3 %
16 %	6 %	3 %	*Geld (Ausgaben)*	5 %	6 %	*11 %*
5 %	0.2 %	3 %	*Pflichten*	4 %	0.3 %	*14 %*
15 %	10.8 %	12 %	singuläre Aspekte	11 %	10.7 %	11 %

Insgesamt spiegelt das Spektrum der Bedeutungsfacetten wider, dass Konzepte des Erwachsenwerdens bei den Jugendlichen in differenzierter Form repräsentiert sind. Es zeichnen sich ferner Gewichtungen ab, die mit den generell als Kriterien des Erwachsenenstatus angenommenen Merkmalen übereinstimmen. Auffallend ist, dass beide Altersgruppen hinsichtlich der Bewertung von „Übernahme von Verantwortung" und „Unabhängig sein" nahezu vergleichbare Urteilsmuster aufweisen und zwar „Unabhängigkeit" in der signifikant abgehobenen Spitzenposition der positiven Bewertung, „Verantwortung" mit hoher Bedeutsamkeitszuweisung und relativ hoher Quote im Bereich negativer Bewertung.

In den Begründungen der negativen Bewertung von „Verantwortung", „Beruf/Arbeit", „Umgang mit Geld", „Pflichten" kommt zum Ausdruck, dass vorrangig die Angst zu versagen, Fehler zu machen, allein nicht zurechtzukommen, die Ablehnung motiviert.

Tabelle 2: Prozentuale Verteilung der Aussagen zu Einflussgrößen auf das Erwachsenwerden

Einflussgrößen	Wer / was beeinflusst „Erwachsenwerden" am meisten?			
	weiblich 12-14 Jahre	weiblich 14-16 Jahre	männlich 12-14 Jahre	männlich 14-16 Jahre
Eltern / Familie	37 %	54 %	47 %	47 %
Freundeskreis	36 %	33 %	20 %	23 %
Schule, Lehrer	7 %	2 %	10 %	11 %
Eigene Person	5 %	9 %	3 %	4 %

Tabelle 3: Prozentuale Verteilung der Aussagen zu Hilfen für das Erwachsenwerden

Hilfen durch	Mögliche Hilfen für „Erwachsenwerden"			
	weiblich 12-14 Jahre	weiblich 14-16 Jahre	männlich 12-14 Jahre	männlich 14-16 Jahre
Eltern / Familie	38 %	26 %	32 %	24 %
Freundeskreis	22 %	18 %	18 %	12 %
Schule, Lehrer	16 %	23 %	16 %	22 %
Eigene Person	14 %	22 %	11 %	22 %

Für manche Eltern stellen die Aussagen bezüglich zentraler Einflussnahme (Tab. 2) und möglicher Hilfen (Tab. 3) einen erwartungswidrigen Befund dar, denn in beiden Thematiken wird den Eltern der erste Rangplatz zugewiesen, unabhängig vom Alter und Geschlecht der Jugendlichen.

Auszüge aus den kategorisierten Aussageninhalten verdeutlichen, worin die Jugendlichen Hilfe und Unterstützung seitens der Eltern für ihr Erwachsenwerden sehen (Tab. 4):

Tabelle 4: Elterliche Hilfestellungen aus der Sicht von Jugendlichen

12-14 Jahre, weiblich	14-16 Jahre, weiblich
- Verantwortung, Vertrauen übertragen bekommen - vor Entscheidungen stellen; zur Selbständigkeit erziehen - auf Fehler hinweisen; Ratschläge geben - Gespräche; Fragen stellen können - ernst genommen werden; einen nicht als Kind ansehen - bei Problemen helfen; Verständnis zeigen - Beispiele für Erwachsensein geben - mehr Freizeit lassen	- Unterstützung bei Problemen; Ratschläge geben - Probleme selbst lösen lassen - Probleme in der Familie / mit den Eltern diskutieren - über alles reden können - zulassen, dass man sich auch einmal gegen die Eltern stellt - Verantwortung tragen lassen - wie ein Erwachsener behandelt werden - erlauben, länger wegzubleiben
12-14 Jahre, männlich	**14-16 Jahre, männlich**
- offen über alles reden, alles fragen können - Verantwortung übertragen; schwierigere Dinge zutrauen - auf Fehler hinweisen; Ratschläge geben - Sorgen abladen können; geduldig sein - mehr Freiheit, Zeit für Freunde geben - mehr Verständnis für eigene Interessen	- sich über Dinge als Erwachsene unterhalten; miteinander reden - Ratschläge geben - Dinge selbst erledigen lassen, nicht zu sehr verwöhnen - Verantwortung in der Familie überlassen - zeigen, wie Erwachsenwerden geht

10.4.1.2 Erwachsenwerden aus der Retrospektive

Wie haben junge Erwachsene ihr Erwachsenwerden erlebt? – Mit dieser Frage wird ein retrospektiver Zugang gewählt, der Information auf der Basis der Re-Konstruktion und Reflexion von Ereignissen und Erfahrungen erfasst. Die Durchführung der empirischen Erhebung ist in ein Interventionsprogramm zur Thematik „Bewältigung von Entwicklungsaufgaben" eingebunden. Es wird in Gruppen mit 10-12 jungen Erwachsenen im Rahmen von Seminaren durchgeführt und erstreckt sich über mehrere Monate. In die Auswertung einbezogen sind die Daten von Teilnehmern bzw. Teilnehmerinnen aus mehreren Gruppen ($n = 134$ Studentinnen/Studenten).

Die nachfolgenden Ergebnisübersichten beziehen sich auf Fragen, die Aspekte der elterlichen Unterstützung differenzieren: In welchen Bereichen und wodurch unterstützten meine Eltern mein „Erwachsenwerden"? Was hätte ich mir damals von meinen Eltern am meisten gewünscht? Die Fragen wurden jeweils in schriftlicher Form beantwortet und inhaltsanalytisch ausgewertet (Tab. 5 und 6).

Tabelle 5: Elterliche Unterstützung aus der Sicht junger Erwachsener

Unterstützten meine Eltern mein „Erwachsenwerden"?	
In welchen Bereichen?	**wodurch?**
Schule, Ausbildung Berufsfindung	- Ratschläge; Nachhilfe - Finanzen - Beschaffung von Information
Eigene Interessen / Aktivitäten Unternehmungen mit Freunden	- Toleranz gegenüber Freunden - Wahl der Freunde überlassen - „Fahrdienste"
Selbständigkeit Verantwortungsübernahme Aufgabenverteilung	- Miteinbeziehen in die Erwachsenenrolle, Übertragen von Aufgaben Erwachsener - Angelegenheiten selbst regeln - mit Geld umgehen - Vertrauen bekunden - Ausgehen / ausziehen dürfen
Entscheidungsfindung Entscheidungsfreiheit	- Fragen / Diskussionen zulassen - Tolerieren der eigenen Meinung, eigene Meinung ernst nehmen
Gleichwertigkeit anerkennen	- Erziehung auf Werte / Einstellungen konzentrieren - Maxime klar äußern: Verhalten fordern, wie ich selbst behandelt werden will

Tabelle 6: Wünsche an Eltern aus der Retrospektive junger Erwachsener

Was hätte ich mir damals von meinen Eltern am meisten gewünscht?
- Offenheit gegenüber negativen Seiten des Lebens - mehr Eingestehen von Gefühlen, nicht nur zu positiven Gefühlen stehen - Verständnis und Einfühlungsvermögen in Bezug auf meine Emotionen - Akzeptieren einer eigenen Meinung - Akzeptieren der Freunde - mehr Flexibilität, an meinem Leben teilhaben zu wollen - Toleranz gegenüber anderen, veränderten Lebensstilen

10.4.2 Familientherapeutische Perspektiven

Veränderungsprozesse im Familiensystem geben Einblick in Beziehungs- und Kommunikationsmuster, die entweder Widerstand gegen Veränderung (Festhalten) signalisieren oder Ressourcen zur Verabschiedung von Vertrautem (Loslassen) freisetzen. Die regulative Wirkung solcher Muster weist insbesondere dann eine generationsübergreifende Konstanz auf, wenn Veränderungen zentrale Werte des Familiensystems tangieren, die durch Regeln explizit oder durch Tabus, Mythen oder Geheimnisse implizit geschützt werden. Insofern wird die Ablösungsdynamik nicht nur durch die aktuelle Auseinandersetzung zwischen Eltern und Kindern bestimmt, sondern auch durch die jeweilige Familiengeschichte, die den Zuweisungskontext für die Bedeutung von „Bindung und Trennung" darstellt.

Vor diesem Hintergrund ist anzunehmen, dass Ablösungsprozesse bis zu einem gewissen Grad familienspezifisch verlaufen. Sofern jedoch die Beziehungsstruktur den „energetischen Kern" von Ablösungsprozessen ausmacht, müsste die Differenzierung von Beziehungsqualitäten Hinweise auf mögliche Ablösungsstile geben.

10.4.2.1 Beziehungsqualitäten und Ablösungsmodi

Zur Ermittlung von Zusammenhängen zwischen Beziehungveränderungen und Ablösungsmodi wird nochmals auf die retrospektive Strategie rekurriert. Hierbei geht es um die Erfassung von elterlichen Reaktionen, die die jungen Erwachsenen erfuhren, als sie Schritte in die Selbständigkeit unternahmen. Mit folgenden Fragen sollen Verhaltensweisen und Strategien emotionaler Regulation konkretisiert werden:
- Wie haben sich meine Eltern verhalten, als ich eigene Wege ging?
- Welche Befürchtungen hatten meine Eltern? Wie sind sie damit umgegangen?

Das Analyseraster, das der Klassifikation der Aussagen zugrundeliegt, ist an den konträren Beziehungsmodi „Abwehr" versus „Akzeptanz" von Veränderung orientiert. Das zwischen den Polen liegende Feld wird anhand von Merkmalen differenziert, die sich aus der Sinnstruktur der Aussagen ableiten lassen.

Die Ergebnisse in Tabelle 7 zeigen elterliche Reaktionen, die den „klassischen" konträren Beziehungsmodi „Festhalten" und „Loslassen" entsprechen. Aber auch innerhalb der ambivalenten Verhaltensmuster zeichnen sich Tendenzen in Richtung Abwehr oder Akzeptanz ab, was auf die Verarbeitungsstrategien der emotionalen Betroffenheit ebenfalls zutrifft.

Tabelle 7: „Eigene Wege gehen" – Reaktionen der Eltern

„Festhalten"	Ambivalente Verhaltensmuster			„Loslassen"
	Konflikthafte Abwehr	Kritische Reaktionen	Bedingtes Zugeständnis	
- Strikte Verbote ohne Erklärung - Misstrauen - mit Kontaktabbruch drohen	- Vorwürfe - Beschwerden - Streit ohne Lösung / ohne Versöhnung	- Unbehagen, Missfallen äußern - keine Verbote, keine Erlaubnis - Beharren auf „status quo"	- Pflichterfüllung fordern - Erlaubnis in Abhängigkeit von erbrachten Leistungen	- Verständnis für eigene Wege - Informationsaustausch - Vertrauen auf Gelingen

Als Resultat lässt sich insgesamt festhalten: Die Reaktionen auf Ablösungsschritte der Kinder typisieren – auf der Verhaltens- wie auf der Emotionsebene – Beziehungsqualitäten, die zumindest den elterlichen Beitrag zum Ablösungsstil innerhalb des Familiensystems ausweisen (Tab. 8).

Tabelle 8: Beziehungsqualitäten und Ablösungsmodi

Ablösungsmodi	
Emotionale Reaktion auf Ablösungsschritte	**Beziehungsqualitäten im Ablösungsprozess**
- Keine Äußerung von Sorge - Ärger, häufiger Streit	**Distanzierung ohne „Erlaubnis":** zunehmende, gegenseitige Entfremdung
- Ständiges Darüber-Reden ohne konkret zu werden - Belohnung für „Wohlverhalten"	**Regulationsmodus** „tun, was nicht verboten ist": instrumentelle Harmonisierung
- Bedenken, Sorge äußern - Warnungen aussprechen - Erfahrungen mitteilen	**Distanzierung mit „Erlaubnis":** zunehmendes, gegenseitiges Vertrauen

10.4.2.2 Beziehungsmythen und Ablösungstabus

Wenn Beziehungsqualitäten Formen von Ablösung moderieren, so steht nun die Frage nach Komponenten und Konstellationen im Vordergrund, die Ablösung verhindern. Wie unterschiedliche Bedeutungsfacetten gezeigt haben, ist „Ablösung" zwar bezüglich der Ziele relativ klar definiert, stellt hinsichtlich Verlauf, Einflussgrößen und Effekten aber ein eher vielschichtiges, diffuses und interpretationsoffenes Geschehen dar.

Elterliche Vorstellungen von der Zukunft ihrer Kinder offenbaren Wünsche, Hoffnungen und Sorgen, die sich auch wieder in „Ablösungsklagen" finden: „Ich würde ja so gerne loslassen, wenn ich wüsste ... !" Oft zeigt sich dabei, dass in der Hochrechnung eigener Erfahrungen, vieles gedacht, interpretiert und wenig überprüft wird. Die inhaltliche Analyse von elterlichen Sorgen und Befürchtungen im Kontext von Verselbständigungsschritten ihrer Kinder weist klar umschriebene Bereiche und deutliche Botschaften aus (Tabelle 9).

Dass es für manches Realitätsbelege gibt, ist keine Frage – die Sorge korrespondiert mit dem Grad an Sicherheit, mit dem in Bezug auf das Kind die Wahrscheinlichkeit als Faktum seiner Realität gesehen wird.

Tabelle 9: Elterliche Sorgen: Bereiche und Prognosen

Bereiche elterlicher Sorgen und Prognosen		
Leistungsbereich	*soziale Kontakte*	*persönliches Wohlergehen*
- Vernachlässigung der Schule - schlechte Noten - Schulabschluss gefährdet	- Umgang mit „falschen Freunden" - in schlechte Gesellschaft geraten (Drogen) - durch negativen Einfluss von außen vom rechten Weg abkommen	- Sorge, dass einem „draußen" etwas zustößt - Gefährdungen (allein unterwegs sein; Sexualkontakte) - durch Selbständigkeit überfordert sein; - allein nicht zurechtkommen
„Zukunft verbauen"	„Abstürzen"	„Ausgeliefert sein"

Die Kinderseite betreffend gibt es ebenso Denkmuster, die eine Ablösung von den Eltern erschweren oder verhindern. Ein diesbezügliches Konzept beinhaltet die Theorie der Persönlichkeitsentwicklung von Roger Gould (1978). Er entwirft ein Stufenkonzept, das von folgender Grundannahme ausgeht: Irrationale Ideen, Glaubenssätze, rigide Regeln und unflexible Rollen, die in der Kindheit aufgebaut werden und zu diesem Zeitpunkt funktional sind, bestimmen das kindliche Bewusstsein. Sie müssen im frühen Erwachsenenalter in ein erwachsenes Bewusstsein transformiert werden, da sie einschränkend auf die Autonomie des Handelns wirken. Als „falsche Annahmen" über die eigene Person und die Beziehung zu den Eltern repräsentieren kindliche Bewusstseinszustände das Konzept der Abhängigkeit. Dahinter steht das mit der Ablösung verbundene Dilemma der Entscheidung zwischen Sicherheit und Freiheit: Sicherheit ohne Freiheit führt in die Erstarrung von Beziehungen; Freiheit ohne Sicherheit erzeugt Angst.

Aufgrund der emotionalen Verankerung üben die nicht mehr stimmigen Annahmen der Kindheit versteckte Kontrolle aus – auch wenn im frühen Erwachsenenalter rational erkannt wird, dass diese Annahmen faktisch falsch sind. Ihre Auflösung ist ein Prozess, der bis ins Erwachsenenalter reicht. Nach Gould sind signifikante Erfahrungen der Motor für die Transformation von aus der Kindheit stammenden „Glaubenssätzen" in ein erwachsenes Bewusstsein.

Gould unterteilt das frühe Erwachsenenalter in drei Stufen, von denen insbesondere die ersten beiden für die Ablösungsthematik relevant sind. Jede Stufe wird anhand einer zentralen Thematik und darauf bezogenen Teilannahmen charakterisiert. Diese Teilannahmen stehen für die „falschen Glaubenssätze", die irrationale Erwartungen, überholte Rollen und überwertige Phantasien beinhalten.
- 1. Stufe: Leaving our parents' world (16-22 Jahre)
  zentrales Thema: „Ich gehöre immer zu meinen Eltern und glaube an ihre Welt."
- 2. Stufe: I am nobody's baby now (22-28 Jahre)
  zentrales Thema: „Dinge so wie meine Eltern zu machen, (mit Willensstärke und Ausdauer) führt zum Ziel."

In Anlehnung an die von Gould, im Kontext seiner klinischen Praxis gesammelten „Glaubenssätze" werden nachfolgend Mythen skizziert, die auf die Ablösungsthematik fokussieren.

- Die Familie gehört zusammen, Trennung führt zu Chaos und Schmerz.
  - Trennungsangst: Ich war der Mittelpunkt; wenn ich die Familie verlasse, zerfällt sie, meine Eltern trennen sich.
  - Liebesverlust: Meine Eltern lieben mich trotz meiner Mängel; nie wieder wird mich jemand so sehr lieben.
  - Trennungsschmerz: Um den Schmerz nicht empfinden zu müssen, verausgabe ich mich auf verschiedenen Kampfplätzen.
- Die Welt ist nur aus der Perspektive der Eltern zu sehen.
  - Mythos der geschlossenen Familienideologie: Wenn ich davon abweiche, werde ich ausgeschlossen oder bekämpft, um wieder Einigkeit herzustellen.
  - Prognosemythos: Die Eltern wissen im Voraus, wie meine Taten ausgehen, und haben dabei immer recht. Es ist gut, auf sie zu hören.
- Eltern sind die ausschließliche Sicherheitsgarantie.
  - Sicherheitsmythos: Eltern kennen den sicheren Weg, den sicheren Beruf, den sicheren Lebenspartner.
  - Autoritätsmythos: Die Überlegenheit meiner Eltern bietet Schutz und erfordert absoluten Gehorsam.
- Kinder stehen lebenslang in der Schuld der Eltern.
  - Ausgleichsmythos: Meine Eltern brachten für mich Opfer, deshalb stehe ich immer in ihrer Schuld.
  - Loyalitätsmythos: Den Eltern verdanke ich alles; aus diesem Grund werde ich stets treu zu ihnen stehen.

- Kohäsionsmythos: Enge Freunde oder Freundinnen werden zu Rivalen der Eltern, wenn sie deren Vorstellungen nicht entsprechen. Spaltung der Familie bedeutet Verrat.
- Dinge so wie meine Eltern zu machen, führt zum Ziel
  - Belohnungsmythos: Den Erwartungen der Eltern zu entsprechen, bringt Belohnung – Generalisierung: Wenn immer ich Erwartungen erfülle, sind Belohnungen die Folge.
  - Erwartungsmythos: Diejenigen, die mich lieben, werden das für mich tun, wozu ich selbst nicht in der Lage bin.

Die Perspektive, aus der die aufgezeigten „Glaubenshaltungen" formuliert sind, betrifft die Position der Jugendlichen oder angehenden Erwachsenen, d. h. es handelt sich um Annahmen, die aus der Kindheit stammen.

Es können jedoch auch aus der Geschichte der Familie stammende irrationale Vorstellungen der Eltern über ihre Beziehungen zum Kind wirksam werden. Auf jeden Fall stellen Glaubenssätze, in denen sich Widerstand gegen Veränderung manifestiert, Quellen dysfunktionaler Einflussnahme dar. Für erfolgreiche Ablösungsbemühungen sind Beziehungsänderungen im Familiensystem notwendig.

Ablösungsschritte machen bewusst, dass Beziehungen in der bisherigen Form definitiv nicht mehr aufrechtzuerhalten sind. Insbesondere für Eltern, deren Lebensinhalt ausschließlich auf die Kinder ausgerichtet ist, stellen Erfahrungen dieser Art oft den Hintergrund von gravierenden Sinnkrisen dar; sie sind einerseits von Gefühlen der Trauer andererseits aber auch von Ohnmacht begleitet. In unterschwelligen, emotionalen Botschaften wird dem Kind signalisiert: „Ich brauche Dich!" Da Kinder solche Botschaften – in Liebe zu den Eltern – dekodieren, wird die Beziehung zur emotionalen Verstrickung: Im „Ich brauche Dich / Du brauchst mich"-Mythos bleiben beide aneinandergebunden.

Verstrickungen haben oft auch paradoxe Züge. Können beispielsweise an Ablösungsprozesse gekoppelte Ängste nicht ertragen werden, so stellt die Angst vor Trennung eine machtvolle Triebkraft für Verleugnung dar, wobei hinter Trennungsangst oft die noch größere Angst vor Veränderung steht (vgl. Krestan & Bepko, 1995, S. 139). In der Verleugnung der Ablösung erfolgt die Entlastung von der Angst vor Veränderung. Die Elternseite betreffend kann die Verleugnung der Ablösung in der Depotenzierung des Kindes erfolgen („Du kannst noch nicht, Du bist noch zu jung, zu schwach"). Kinder reagieren darauf – indem sie den Eltern den Trennungsschmerz nicht zumuten wollen – mit enormer Anspruchshaltung („Sorgt für mich!") oder aber sie empfinden eine Ambivalenz zwischen „Festgehalten werden" und „Gehen wollen", die sie in einem Chaos von Gefühlen aus Sehnsucht, Wut und Schuld ausleben.

10.4.3 Zum Umgang mit Tabus, Mythen und Geheimnissen

10.4.3.1 Konsequenzen im therapeutischen Kontext

Die Bearbeitung von Tabus, Mythen und Geheimnissen kann dazu beitragen, Undurchschaubares transparent zu machen, Sinnhaftigkeit in Nicht-Verstehbarem zu entdecken, Rätselhaftes aufzulösen. In der therapeutischen Praxis gilt die direkte Konfrontation mit Geheimnissen, tabuisierten Themen etc. als nicht angezeigt. Es gibt mehrere Gründe, die dafür sprechen: Preisgabe erfordert ein Klima der Sicherheit und ein Milieu der Geborgenheit, das das Gefühl vermittelt, dass die Beziehung es aushält, wenn man etwas oder sich dem anderen offenbart.

Das „Umgehen" (Vermeiden) jedoch als generelle Empfehlungen auszusprechen, stellt auch nicht zufrieden. Erstens gibt es Konstellationen, bei denen Ausblenden oder Geheimhaltung mit so hohen Beziehungsbelastungen, Kommunikationsstörungen oder Entfremdung einhergeht, dass Nicht-Beachtung das Ausmaß an Defekten noch vergrößern würde. Zweitens kann diesbezüglich nicht von einheitlichen Auffassungen ausgegangen werden. Weingarten (1995) unterscheidet zwei Grundeinstellungen gegenüber Geheimnissen, der Entstellung von Wahrheit etc., die von Klienten- und Therapeutenseite in den therapeutischen Prozess eingebracht werden.

> Zum einen gibt es da die Überzeugung, dass Geheimnisse der Aufrechterhaltung und dem Schutz von Beziehungen dienen. Lügen und Entstellungen der Wahrheit sind demnach eine notwendige und unausweichliche Last, die man auf sich nehmen muss, um anderen nicht durch das Aussprechen der Wahrheit möglicherweise wehzutun. (...)
> Der anderen Einstellung zufolge behindern Geheimnisse, Lügen und Entstellungen der Wahrheit das Entstehen von Intimität. Die Wahrheit zu sagen, gilt als erster Schritt in einem Prozess der Wiedergutmachung und des Wiederaufbaus, durch den schließlich die Fähigkeit zu gemeinsamen Bedeutungen wiederhergestellt wird. (S. 226)

Unabhängig davon, ob man diese Unterscheidung teilt, ist als (minimales) Fazit für die Position und Rolle von Therapeutinnen und Therapeuten in diesem Zusammenhang anzumerken: Im Feld des professionellen therapeutischen Handelns ist längst bekannt, dass „heikle" Themen nicht dem empathischen Geschick oder der Gunst der Stunde überlassen werden können, sondern der Umgang mit ihnen Kompetenzen voraussetzt, deren Erwerb einen festen Platz innerhalb von therapeutischen und beratungsbezogenen Ausbildungscurricula beansprucht.

10.4.3.2 Konsequenzen im Kontext von Entwicklungsförderung

Unser Interventionskonzept zur „Ablösungsthematik" beinhaltet einen Programmpunkt, in dem es um „Nie gestellte Fragen" geht. Die Nähe zu tabuisierten Bereichen liegt hierbei nicht unbedingt auf der Hand, weil Fragen aus unterschiedlichen Gründen nicht gestellt werden können, z. B. weil etwas nicht interessiert, man schon Bescheid weiß, oder es keine zwingenden Gründe dafür gibt. In der Regel wird dem Thema einiges Interesse entgegengebracht.

Zum einen reiht es sich in einen Kanon von Ablösungsbelangen ein, zum anderen signalisiert die Formulierung „Nie gestellte Fragen" (also nicht „nicht" gestellt Fragen) im Zusammenhang mit „Eltern", dass es hier um entwicklungsrelevante Beziehungsaspekte geht. Und schließlich fokussieren die sich anschließenden Fragen auf den Ist-Zustand des Familiensystems.

Der gesamte Fragenkomplex erweist sich als zentraler Zugang zur Reflexion des Verhältnisses zu den Eltern, zur Differenzierung der Elternbilder und zur Konturierung der eigenen Position als Tochter oder Sohn.

- Fragen, die ich meinen Eltern (meiner Mutter / meinem Vater) nie gestellt habe.
- Was hält mich zurück, meinen Eltern diese Fragen zu stellen?
- Was denke ich, würde sich in der Beziehung zu meiner Mutter / meinem Vater verändern, wenn ich solche Themen ansprächen?

In einem therapeutischen Setting käme den Antworten Schlüsselfunktion für die Wahl interventorischer Schritte zu. Unter der Perspektive der Entwicklungsförderung im Sinne eines eigenen, aktiven Beitrags bleibt die Auseinandersetzung in der Regie der Teilnehmer. Inwieweit der Einzelne bei bestimmten Themen „Nähe zur Person" herstellt, hängt einerseits ab vom persönlichen Involvement, andererseits von der sozialen Dynamik, die die Kontaktaufnahme, den Erfahrungsaustausch und die Abgrenzung zwischen den Beteiligten reguliert. Es mag unterschiedliche, „gute" Gründe geben, Erfahrungen, Einsichten und Erkenntnisse über sich selbst und das eigene Familiensystem nicht preiszugeben. Dies muss jedoch nicht bedeuten, dass Reflexion und Erkenntnisgewinn „in eigner Sache" nicht stattgefunden hat.

Literatur

Arnett, J. J. (2000). Emerging Adulthood. A Theory of Development From the Late Teens Through the Twenties. *American Psychologist*, 55 (5), 469-480.

Bradshaw, J. (1999). *Familiengeheimnisse. Warum es sich lohnt, ihnen auf die Spur zu kommen.* München: Goldmann. (Original erschienen 1995: Family Secrets. What You Don't Know Can Hurt You)

Dreher, E. & Dreher, M. (1985). Wahrnehmung und Bewältigung von Entwicklungsaufgaben im Jugendalter: Fragen, Ergebnisse und Hypothesen zum Konzepte einer Entwicklungs- und Pädagogischen Psychologie des Jugendalters. In R. Oerter (Hrsg.), *Lebensbewältigung im Jugendalter* (S. 30-61). Weinheim: Edition Psychologie, VCH.

Dreher, E. & Dreher, M. (2000). „Ablösung" unter entwicklungspsychologischer und familientherapeutischer Perspektive. Posterbeitrag beim 42. Kongreß der Deutschen Gesellschaft für Psychologie, 24. - 28. Sept. 2000, Friedrich-Schiller-Universität Jena.

Dreher, M. & Dreher, E. (1997). Entwicklungsaufgaben im Jugendalter – Urteilstendenzen im Wandel eines Jahrzehnts. Beitrag zur 13. Tagung Entwicklungspsychologie, 21. -24. Sept. 1997, Universität Wien. In J. Glück (Hrsg.), *13. Tagung Entwicklungspsychologie. Kurzfassungen* (S. 37). Universität Wien.

Dudenredaktion / Drosdowski, G. (Hrsg.). (1989). *Duden. Deutsches* Wörterbuch (2., völlig neubearb. und stark erweit. Aufl.). Mannheim: Dudenverlag.

Ernst, H. & Moebius, M. (1986). Die Entbindung von der Familie: „Der liebevolle Kampf zwischen Festhalten und Loslassen". Ein Gespräch mit Helm Stierlin. In Psychologie

heute-Sonderband (Hrsg.), *Familien-Bande. Chancen und Krisen einer Lebensform* (S. 110-118). Weinheim: Beltz.
Ferreira, A. J. (1963). Family myth and homeostasis. *Arch. Gen. Psychiatry, 9*, 457-463.
Ferreira, A. J. (1980). Familienmythen. In P. Watzlawick & J. H. Weakland (Hrsg.), *Interaktion* (S. 85-92). Bern: Huber.
Gould, R. L. (1978). *Transformations. Growth and change in adult life.* New York: Simon and Schuster.
Hoffman, J. A. (1984). Psychological separation of late adolescents from their parents. *Journal of Counseling Psychology, 3*, 170-178.
Imber-Black, E. (1995). Geheimnisse in Familien und in der Familientherapie – Ein Überblick. In E. Imber-Black (Hrsg.), *Geheimnisse und Tabus in Familie und Familientherapie* (S. 9-41). Freiburg im Breisgau: Lambertus. (Original erschienen 1993: Secrets in Families and Family Therapy)
Jackson, D. D. (1957). The question of family homeostasis. *Psychiat. Quart., 31*, 79-90.
Karpel, M. (1980). Family secrets. *Family Process, 19*, 295-306.
Krestan, J.-A. & Bepko, C. (1995). Über Lügen, Geheimnisse und Schweigen: Die vielfachen Ebenen der Verleugnung in suchtkranken Familien. In E. Imber-Black (Hrsg.), *Geheimnisse und Tabus in Familie und Familientherapie* (S. 129-153). Freiburg im Breisgau: Lambertus. (Original erschienen 1993: Secrets in Families and Family Therapy)
Mason, M. J. (1995). Scham: Sammelbecken für Familiengeheimnisse. In E. Imber-Black (Hrsg.), *Geheimnisse und Tabus in Familie und Familentherapie* (S. 42-60). Freiburg im Breisgau: Lambertus (Original erschienen 1993: Secrets in Families and Family Therapy).
Moore, D. (1987). Parent-adolescent separation: The construction of adulthood by late adolescents. *Developmental Psychology, 23*, 298-307.
O'Connor, T. G., Allen, J. P., Bell, K. L. & Hauser, S. T. (1996). Adolescent-parent relationships and leaving home in young adulthood. *New Directions in Child Development, 71*, 39-52.
Perner, R. A. (1999). *Darüber spricht man nicht. Tabus in der Familie.* München: Kösel-Verlag.
Ryan, R. M. & Lynch, J. H. (1989). Emotional autonomy versus detachment: Revisiting the vicissitudes of adolescence and young adulthood. *Child Development, 60*, 340-356.
Simon, F. & Stierlin, H. (1994). *Die Sprache der Familientherapie. Ein Vokabular.* Stuttgart: Klett.
Steinberg, L. & Silverberg, S. B. (1986). The vicissitudes of autonomy in early adolescence. *Child Development, 57*, 841-851.
Stierlin, H. (1980). *Eltern und Kinder. Das Drama von Trennung und Versöhnung im Jugendalter.* Frankfurt / Main: Suhrkamp.
Stierlin, H. (1994). *Individuation und Familie. Studien zur Theorie und therapeutischen Praxis.* Frankfurt / Main: Suhrkamp.
Weingarten, K. (1995). Über Lügen, Geheimnisse und das Verschweigen der Wahrheit: Ein Ausbildungscurriculum. In E. Imber-Black (Hrsg.), *Geheimnisse und Tabus in Familie und Familientherapie* (S. 223-242). Freiburg im Breisgau: Lambertus. (Original erschienen 1993: Secrets in Families and Family Therapy)

11. Kapitel:
Familialer Wandel in der Auszugsphase: Hintergründe der verzögerten Ablösung

Christiane Papastefanou

11.1 Einleitung

Dieses Kapitel ist jener Familienphase gewidmet, in der sich die erwachsenen Kinder von der Herkunftsfamilie lösen. In dieser wichtigen Übergangsphase werden Veränderungen auf allen Ebenen des Familiensystems herbeigeführt, so dass sich die Familie als Ganze reorganisiert. Die einzelnen Familienmitglieder durchlaufen Prozesse der individuellen Entwicklung, die wiederum Einfluss auf ihre Beziehungen zueinander nehmen.

Die Balance zwischen Verbundenheit und Abgrenzung in der Eltern-Kind-Beziehung stellt im Erwachsenenalter ein wichtiges Entwicklungsthema dar (z. B. Troll, 1989; White, Speisman & Costos, 1983). Als erwiesen ist anzusehen, dass die Qualität dieser Beziehung das subjektive Wohlbefinden beider Generationen beeinflusst, Distanz und anhaltende Spannungen beeinträchtigen die seelische Gesundheit. Daher nimmt die Auseinandersetzung mit der Beziehung zur Herkunftsfamilie in Beratung und Psychotherapie oft großen Raum ein. Probleme mit der Ablösung – in unterschiedlichster Gestalt – stehen dabei im Vordergrund, sei es, dass einem erwachsenen Kind der Absprung nicht gelingen will, oder dass Eltern ihre Kinder halten.

Das Auszugsverhalten junger Menschen ist traditionellerweise ein Schwerpunkt der soziologischen Forschung. Von psychologischer Seite bestand nie großes Interesse an diesem Thema, obwohl der Auszug für viele junge Menschen die erste große Lebensveränderung darstellt. Erst kürzlich wendet sich das Blatt, und die Aufmerksamkeit steigt. Die Zeitschrift „New directions for child development" hat einen Band zum Thema: „Leaving home. Understanding the transition to adulthood" (Graber & Dubas, 1996) herausgebracht, und das „Journal of Family issues" einen Band zum verspäteten Auszug (Cherlin, Scabini & Rossi, 1997).

Ausgehend von der Perspektive der Familienentwicklungstheorie werden zunächst relevante Beiträge der Familienforschung vorgestellt, danach wird eine Reihe von Arbeiten skizziert, die sich mit verschiedenen Aspekten der Eltern-Kind-Beziehung im Erwachsenenalter beschäftigen. Auf der individuellen Ebene wird einerseits die Problematik der Ablösung aus der Sicht der erwachsenen Kinder geschildert, und andererseits Studien zum elterlichen „empty nest"-Erleben berichtet. Das Kapitel wird mit einer Falldarstellung einer misslungenen Ablösung abgerundet.

11.2 Veränderungen auf Familienebene

Die „launching phase" ist der längste Abschnitt im Familienzyklus, sie erstreckt sich vom Auszug des ersten bis zum Auszug des letzten Kindes. Kennzeichnend für diese Phase ist ein weitreichender Strukturwandel: Die Kernfamilie schrumpft auf ihre ursprüngliche Größe, das allein lebende Elternpaar, während gleichzeitig durch Heirat und Familiengründung der erwachsenen Kinder neue Familienmitglieder hinzukommen. Damit verändern sich die Positionen der einzelnen Familienmitglieder und ihre Interaktionsmodi. Typische Familien- Entwicklungsaufgaben einer Familie als „launching center" sind: Ressourcen verfügbar machen, materielle Kosten aufbringen, Verantwortlichkeiten zwischen Eltern und Kindern neu verteilen, Familienmitglieder entlassen und neue in den Familienverband aufnehmen sowie Beziehungsmuster im Umgang mit neuen Familienmitgliedern entwickeln.

Die Ablösung der erwachsenen Kinder löst demnach eine ganze Kette von Veränderungen auf Familienebene aus. Umgekehrt ist dieser individuelle Entwicklungsschritt im Rahmen des familialen Beziehungsgeflechts zu sehen. Individueller und familialer Wandel stehen in Wechselwirkung. Das Familienmilieu trägt wesentlich dazu bei, wie sich der Auszug eines Kindes gestaltet. In einer Studie hierzu von Braun (1984) wird das jugendliche Ablösungsverhalten von Studentinnen und Studenten Abhängigkeit vom Familienklima (FKS) untersucht. Die Ergebnisse zeigen, dass ein Familienmilieu, in dem eine Atmosphäre der ausgeprägten „Normorientierung" herrscht, die Ablösung der Kinder verzögert. Diesen Jugendlichen wird zu wenig Freiraum gewährt, sich auszuprobieren und eigene Erfahrungen zu sammeln.

Einige Klinische Arbeiten in familiensystemischer Tradition befassen sich mit verschiedenen Formen der misslungenen Ablösung. Haley (1981) interpretiert die Verhaltensauffälligkeiten eines Kindes als Ausdruck einer gestörten Familiendynamik. Die wachsende Autonomie junger Erwachsener sei prädestiniert dafür, Krisenreaktionen in der Familie auszulösen, weil sie das System aufzubrechen drohe. Einen ähnlichen Ansatz verfolgt Stierlin (1981), der ablösungsfördernde und -hemmende Einstellungen der Eltern kontrastiert, die sich dahingehend unterscheiden, inwieweit diese ihren Kindern Selbständigkeit und Alleinleben zutrauen. Allerdings waren die Stichproben dieser beiden Autoren relativ klein und die Erhebungsmethoden qualitativer Art. Eine neuere Studie von Kohlendorfer, Baumann und Meri (1994) stützt sich auf psychiatrische Krankengeschichten. Eine Stichprobe von 108 jungen Erwachsenen erhielt – in einem familientherapeutischen Rahmen – die Diagnose „Ablösungsproblematik", definiert als „entwicklungsinadäquate enge Bindung zwischen Eltern und dem Spätadoleszenten" (S. 37). Die Indexpatienten fielen typischerweise durch Störungen im beruflichen und zwischenmenschlichen Bereich auf. In der Familieninteraktion neigen sie dazu, ihre Eltern extensiv zu beobachten und Verantwortung für diese zu übernehmen (z. B. „Zuweisung der Sorgerolle des ‚Kindes'").

Auch die elterliche Perspektive lässt sich im Familienkontext verstehen. Lewis und Duncan (1991) betrachten die Art und Weise, wie Väter den Auszug der Kinder erleben, in Anlehnung an die Familienstresstheorie. Auszug und Wiedereinzug der Kinder werden dabei als Stressoren definiert, die Väter in Abhängigkeit von ihren Bewältigungsressourcen und subjektiven Bewertung dieses Ereignisses unterschiedlich gut bewältigen. Die Ergebnisse der Autoren stützen die Modellannahmen. Väter, die den Auszug ihrer Kinder als belastend einschätzten, litten mehr unter der Trennung, klagten häufiger über psychosomatische Beschwerden und hatten ein geringeres Wohlbefinden als Väter, die diesem Ereignis wenig Bedeutung beimessen. Einschränkend ist allerdings zu sagen, dass sich die Aussagen auf die väterliche Sicht beschränken, ohne andere Familienmitglieder zu berücksichtigen.

11.3 Wandel der Eltern-Kind-Beziehung

Eltern und Kinder bleiben lebenslang wichtige Bezugspersonen füreinander und halten ihre Beziehung über die räumliche Trennung hinaus aufrecht. Wenngleich die Kontaktgestaltung natürlich variiert, wird übereinstimmend berichtet, dass beide Generationen normalerweise ihre Beziehung pflegen (Neyer, 1994; Schneewind & Ruppert 1995; Troll, 1989). Allerdings ist von der Häufigkeit nicht auf die Qualität des Kontakts zu schließen. Die Qualität der Beziehung wird insgesamt von beiden Seiten als positiv geschildert, überwiegend harmonisch und partnerschaftlicher Natur. In Fortsetzung des jugendlichen Individuationsprozesses bringen Eltern ihren Kindern mehr Respekt entgegen, bei den jungen Erwachsenen vertieft sich das Verständnis für die Eltern. Folgende geschlechtsspezifische Unterschiede zeichnen sich konsistent ab: Erwachsene Töchter besuchen ihre Eltern häufiger und wohnen öfter in deren Nähe als Söhne, und die Qualität der Interaktion mit der Mutter wird günstiger beurteilt als die mit dem Vater.

Ein viel zitiertes Phänomen betrifft das Ungleichgewicht der Interessenlagen zwischen erwachsenen Kindern und ihren Eltern, bekannt als die Hypothese des „developmental stake,, (Bengtson & Kuipers, 1971). Eltern sind in dieser Lebensphase stärker an der Beziehung zu ihren Kindern interessiert als umgekehrt, weshalb sie dazu neigen, die affektive Solidarität in der Beziehung zu überschätzen. Erwachsene Kinder dagegen tendieren dazu, Unterschiede zu maximieren. Die Autoren erklären diese Diskrepanz mit den kontrastierenden Lebenssituationen der beiden Generationen. Für die Eltern repräsentieren die Kinder eine Art „soziales Erbe", wohingegen sich diese von den Sozialisationsansprüchen der Eltern distanzieren, um eigene Werte und einen persönlichen Lebensstil zu entfalten. Die stake-Hypothese lässt sich auch in einem austauschtheoretischen Rahmen interpretieren (Giarrusso, Stallings & Bengtson, 1995). Aus dieser Perspektive werden die Differenzen zwischen den Generationen darauf zurückgeführt, dass die Eltern psychologisch und ökonomisch mehr in die Beziehung investiert hätten als ihre Kinder. Das daraus resultierende Gefühl der Ungleichheit versuchen sie durch ein positiv verzerrtes Bild der Beziehung auszugleichen. Die Ergebnisse der Autoren stützen die so erweiterte Sicht, auch im Längsschnitt.

Einen wichtigen Forschungsschwerpunkt bildet die emotionale Qualität der Eltern-Kind-Beziehung. Auch im frühen Erwachsenenalter sind die Eltern noch wichtige Bindungsfiguren, wenngleich parallel Peers zunehmend an Bedeutung gewinnen. Die emotionale Beziehungsqualität erwies sich übereinstimmend als geschlechtsspezifisch. Im Allgemeinen wird die emotionale Beziehung zur Mutter positiver beurteilt (Larose & Boivin, 1998; Neyer, 1994; Troll, 1989). Mütter und Töchter stehen sich am nächsten und sind füreinander wichtige Vertrauenspersonen. Generell fühlen sich Töchter enger an ihre Familie gebunden als Söhne (Allen & Stoltenberg, 1995; Berman & Sperling, 1986; Frank, Avery & Laman, 1988).

Ein Großteil der Forschung rekuriert dabei auf die Bindungstheorie (s. zusammenfassend Gloger-Tippelt, 2000). Die Bindungsqualität wird in dieser Lebensphase über Interviews erhoben, von denen das „Adult Attachment Interview„ das bekannteste ist. Mit dieser Methode werden vier Bindungsrepräsentationen klassifiziert: „autonom", „distanziert", „verwickelt" und „ungelöst traumatisiert". Die Vorteile eines sicheren Bindungsmusters auch in diesem Alter konnten eindeutig belegt werden. Sicher gebundene junge Erwachsene weisen alle Zeichen einer gesunden Persönlichkeitsentwicklung (höheres Selbstwertgefühl und zufriedenstellendere Sozialkontakte) auf, während unsicher gebundene unter Ängstlichkeit und Einsamkeit leiden (Armsden & Greenberg, 1987; Kobak und Sceery, 1988; Ryan & Lynch, 1989).

Ein weiteres Forschungsthema ist der Wandel der Eltern-Kind-Beziehung infolge des Auszugs der Kinder. Hierzu liegen eine Reihe von amerikanischen Studien an Collegeanfängern vor. Generell scheint sich die räumliche Trennung positiv auf die Eltern-Kind-Beziehung auszuwirken. Beide Seiten registrieren eine Intensivierung ihrer Beziehung und eine größere Offenheit in ihrer Kommunikation; gleichzeitig nehmen sich die Spätjugendlichen aber auch als autonomer wahr (z. B. Flanagan, Schulenberg & Fuligni 1993; Sullivan & Sullivan, 1980). Holmbeck, Durbin und Kung (1995) haben die Sullivan'schen Ergebnisse kürzlich erneut bestätigt. Die Ergebnisse der Autorin an einer Stichprobe deutscher Studentinnen und Studenten untermauern diesen Eindruck: die jungen Erwachsenen fühlen sich nach Vollzug der räumlichen Trennung „stärker abgelöst" und sowohl Eltern als auch Kinder charakterisieren ihr Verhältnis als entspannter und teilweise sogar intensiver im Austausch (Papastefanou, 1997).

Unbeachtet blieb bisher, was das verlängerte Zusammenleben für das Verhältnis der beiden Generationen bedeutet. Eltern und Kinder sind stärker involviert und das wechselseitige „monitoring" ist stärker ausgeprägt, wenn sie unter einem Dach leben (Boyd & Pryor, 1989). Dies dürfte das Risiko erhöhen, in alten Rollenmustern zu verharren und damit dem Prozess der altersadäquaten Beziehungsumgestaltung im Wege stehen. Dies wird zumindest bei der Verteilung von Haushaltspflichten deutlich. Diese geht im Zusammenleben eindeutig zu Lasten der Eltern, die den Löwenanteil der Hausarbeit leisten, (Spitze & Ward, 1995). Besonders die erwachsenen Söhne halten sich mehr oder weniger raus (Papastefanou, 1997).

Überhaupt erreicht die elterliche Unterstützung in der „launching-phase" – über den Familienzyklus betrachtet – ihren Höhepunkt. Das liegt primär daran, dass die Ausbildungskosten für die Kinder im wesentlichen von den Familien getragen werden. In unteren Einkommensgruppen ermöglicht die Koresidenz erst, die Kosten für längere Ausbildungen der Kinder aufzubringen. Die elterliche Unterstützung ist sowohl instrumenteller (Leitung, Rat) als auch emotionaler Art (Kommunikation, Erfahrungsaustausch). Silbereisen, Vaskovics und Zinnecker (1997) unterscheiden zwischen materiellen (monetäre Zuwendungen) und immateriellen Transferleistungen (Kochen, Waschen, Besorgungen erledigen). Die Hälfte aller 18- bis 24-Jährigen steht heute wirtschaftlich nicht auf eigenen Füßen, obwohl sie bereits über eigene

Einkünfte verfügt. Bei den verschiedenen Einkommensquellen rangiert die elterliche Unterstützung an zweiter Stelle. Daneben helfen Eltern gelegentlich bei besonderen Anschaffungen (z. B. Auto, Haus) aus und machen häufig Geschenke. Das Übernehmen kleiner Dienste und Gefälligkeiten kostet die Eltern teilweise einen erheblichen Zeitaufwand.

11.3.1 Die Perspektive der jungen Erwachsenen

In der Attachment-Tradition interpretiert Kenny (1987) den Eintritt ins College im Sinne einer (altersentsprechend gestalteten) „Fremden Situation" nach Ainsworth, weil diese ungewohnte Situation für viele junge Menschen bedrohlich sei. Fern der vertrauten Umwelt müssen sie sich in einem neuen Umfeld zurechtfinden, ohne dass Familie oder Freunde ihnen bei Schwierigkeiten unterstützend zur Seite stehen: „He is abruptly without the present, everyday support of family and friends and must form new relationships, learn certain life-support tasks and face intellectual demands in competitive atmosphere" (Fulmer, Medalie & Lord, 1982). Dieser Wechsel führt nicht selten zu Gefühlen von Einsamkeit, Heimweh und Verunsicherung. Zumindest vorübergehend kommt es in vielen Fällen zu Übergangsproblemen („college culture shock"), die sich in Form von Depressionen, Schlafstörungen, einem verminderten Selbstwertgefühl und sozialem Rückzug äußern. Nachgewiesen wurde ferner, dass Spätjugendliche diesen Übergang in Abhängigkeit von der emotionalen Qualität der Eltern-Kind-Bindung unterschiedlich gut bewältigen (Kobak & Sceery, 1988; Ryan & Lynch, 1989). Sicher gebundene Spätjugendliche nehmen den Collegeeintritt als eine Herausforderung wahr, bei der sie sich in einem neuen Umfeld bewähren können (Kenny, 1987). Unsicher Gebundene dagegen entwickeln leicht Anpassungsprobleme und Trennungsangst.

Auch wenn die Ablösung von den Eltern per definitionem eine Entwicklungsaufgabe des Jugendalters ist, bleibt sie im Übergang zum Erwachsenenalter ein wichtiges Entwicklungsthema (White et al., 1983). Die Vermutung liegt nahe, dass das Alleinleben den Individuationsprozess vorantreibt, da es die jungen Erwachsenen zwingt, Entscheidungen ohne elterlichen Rat und Beistand zu treffen. Demnach ist das Beziehen einer eigenen Wohnung als ein zentraler Schritt auf dem Weg der Ablösung, die natürlich noch andere Schritte erfordert, zu bewerten. Erwachsenwerden ist insgesamt ein vielschichtiger Prozess, der sich auf drei Ebenen vollzieht: kognitiv, emotional und im Verhalten (Arnett & Taber, 1994).

Unter dem Entwicklungsaspekt sind Auszug im frühen Erwachsenenalter und jugendliche Individuation nicht zu trennen. Sogenannte „Vorläufererfahrungen" in der Jugend stellen eine Schlüsselvariable für das Muster der verspäteten Ablösung junger Erwachsener dar. Spätauszieher fallen durch „adoleszente Verspätungen bei der Partnersuche" (z. B. sich zum ersten Mal verlieben) auf (Zinnecker et al., 1997). Schließlich setzt sich dieses Muster im weiteren Entwicklungsverlauf fort, in Form einer aufgeschobenen Familiengründung. Das Zusammenleben mit den Eltern ist als nicht altersangemessen zu bewerten: Die alltägliche (verhaltensmäßige) Unabhängigkeit der jungen Erwachsenen ist deutlich eingeschränkt, der Intimität sind Grenzen gesetzt. Nach Flanagan und ihren Mitarbeitern (1993) müsste dies die Individuationsbedürfnisse (psychologische Unabhängigkeit) verstärken.

Aufschlussreich sind konzeptuelle Überlegungen zum Ablösungsbegriff. Im subjektiven Verständnis von Spätjugendlichen umfasst der Begriff „parental separation" viele Facetten, wie die Ergebnisse einer Befragung von Moore (1987) zeigen. In der Einschätzung der Wichtigkeit rangierte die „Selbstbestimmung" an erster Stelle, während eigenständiges Wohnen an vorletzter Stelle stand, gefolgt von der „emotionalen Unabhängigkeit von den Eltern". Die Ergebnisse der Autorin weisen in die gleiche Richtung: der Auszug steht nicht unbedingt im Vordergrund, eine emotionale Distanzierung von den Eltern wird nicht angestrebt (Papastefanou, 1997).

Aus entwicklungspsychologischer Perspektive ist die spezifische Situation von Spätausziehern vor dem Hintergrund der Situation der heutigen Generation zu sehen. Die hohe Komplexität, die der Übergang zum Erwachsenenalter heutzutage erreicht hat, geht mit erheblichen zeitlichen Verzögerungen der Ablösung einher (Arnett & Taber, 1994), hauptsächlich bedingt durch die langen Ausbildungszeiten („erweitertes Bildungsmoratorium"). Die längere ökonomische Abhängigkeit von den Eltern hat zur Folge, dass eine wachsende Zahl von ihnen in der dritten Lebensdekade noch im Elternhaus lebt (Weick, 1993). Mit dem dafür geprägten Begriff „incompletely launched young adult" drücken Schnaiberg und Goldenberg (1989) aus, dass erst das Beziehen der eigenen Wohnung den Ablösungsprozess abrundet. Dies bildet sich auch im subjektiven Erleben junger Erwachsener ab: Der Auszug gehört einfach zur Ablösung dazu und stärkt das Gefühl, die Entwicklungsaufgabe „sich von den Eltern lösen" bereits bewältigt zu haben (Papastefanou, 1997).

Bezüglich der motivationalen Hintergründe des Auszugsverhaltens lautet eine Hypothese, dass Kosten-Nutzen-Überlegungen in die Entscheidung für oder gegen einen Auszug einfließen. Offenbar machen die Vorteile im Elternhaus die antizipierten Vorteile des Alleinlebens nicht wett. Die jungen Erwachsenen genießen alle Freiheiten und werden mehr oder weniger rundum versorgt, ohne sich selbst arbeitsmäßig groß einzubringen. Schnaiberg und Goldenberg argumentieren: „... the supportive environment of a middle-class professional makes movement toward independent adulthood relatively less attractive than maintenance of the ILYA status quo. Many of the social gains of adult roles can be achieved with higher benefits and generally lower costs by sharing parental ressources rather than by moving out on one's own" (1989, 261). Besonders junge Männer sind oft auf Bildung, Karriere und exzessives kostenintensives Freizeitverhalten orientiert und betrachten es als ihr gutes Recht, sich versorgen zu lassen (Shehan & Dwyer, 1989).

11.3.2 Das Ende der „aktiven Elternschaft"

Für die Eltern fällt die Ablösung der herangewachsenen Kinder in eine Zeit wichtiger Lebensveränderungen: sie müssen sich mit dem beginnenden Alterungsprozess und ersten sozialen Verlusten auseinandersetzen, was heftige gefühlsmäßige Reaktionen hervorrufen kann (Stichwort „midlife-crisis", s. z. B. Hunter & Sundel, 1989). Der Begriff „middlescence„ macht die Parallelität zur adoleszenten Identitätskrise deutlich. Menschen in der Lebensmitte erhalten eine zweite Chance, ihrem Leben eine neue Richtung zu geben.

Der Verlust der Elternrolle gilt dabei als entscheidender Auslösefaktor eines krisenhaften Erlebens, besonders für die Mütter. Wenn die Kinder flügge werden, seien Frauen ihrer wichtigsten Aufgabe enthoben. In frühen Arbeiten wurde eine universelle Krisenreaktion postuliert (z. B. Roberts & Lewis, 1981). Das Gefühl, nicht mehr gebraucht zu werden, kann eine Identitätskrise, Trauerreaktionen oder Depressionen (kurz „empty nest"-Syndrom) auslösen. Angesichts gravierender methodischer Mängel dieser klassischen „empty nest"-Studien gilt diese Sicht jedoch mittlerweile als überholt.

Im aktuellen Forschungsgeschehen dagegen wird der Übergang zur „Nach-Elternschaft,, als normatives Entwicklungsereignis betrachtet, das die meisten Frauen nach anfänglichen leichten Trauergefühlen ohne große Einbrüche bewältigen. Viele Mütter begrüßen es, nach den langen Jahren der Pflichten und Verantwortung entlastet zu werden (s. zusammenfassend Fahrenberg, 1986). Diesen Lebensabschnitt abgeschlossen zu haben, verschafft ihnen ein Gefühl der persönlichen Befriedigung. Paradoxerweise bereitet es Frauen teilweise sogar Schuldgefühle, wenn das erwartete Verlustempfinden ausbleibt (Rubin, 1980). Nicht wenige Frauen beschreiben ihre Gefühle als eine „Mischung aus Verlust und Gewinn" (Barber, 1989). Zwar gehe ein Stück alltäglicher Nähe zu den Kindern verloren, was aber durch den Gewinn an persönlicher Freiheit und ehelicher Entspannung ausgeglichen werde: „Departure of children provides individual and marital gains to balance bereavement and loss of young adult children" (Schnaiberg & Goldenberg, 1989, 259).

Ähnlich stellt sich die empirische Befundlage beim väterlichen Erleben dar: die meisten kommen mit diesem Übergang problemlos zurecht. Nur ein Teil von ihnen hat mit heftigen emotionalen Reaktionen zu kämpfen, besonders wenn ihre Ehe unglücklich ist (Lewis & Duncan, 1991; Papastefanou, 1997). Den erwachsenen Kindern gegenüber gelangen manche zu der späten Einsicht, in der Beziehung etwas versäumt zu haben, was sich nun nicht mehr so ohne weiteres aufholen lässt (Rubin, 1980).

Die mütterliche Bewältigung hängt von vielfältigen Einflussfaktoren ab, die zum einen in ihrer Persönlichkeit und Lebenssituation angesiedelt sind, zum anderen in Merkmalen der Familienbeziehungen. Als Hauptrisikofaktor für eine problematische Entwicklung kristallisierte sich das Fixieren auf die Mutterrolle heraus: Mangel an alternativen Lebensinhalten erhöht die Wahrscheinlichkeit, in ein Loch zu fallen. Diese Risikogruppe hat versäumt, sich rechtzeitig auf die post-parentale Phase vorzubereiten. Nachteilig wirkt sich besonders aus, wenn die Frauen den Eindruck haben, in ihrer Rolle als Mutter versagt zu haben, was sie am Lebenserfolg der Kinder messen (Spence & Lonner, 1971). Eine Alternative, die heute von vielen Frauen gewünscht wird, ist es, sich nach der „Familienphase" wieder oder verstärkt beruflich zu engagieren. Berufstätigkeit als neue Lebensperspektive bietet zahlreiche Vorteile wie Anerkennung, Altersversorgung und Selbstverwirklichung, gestaltet sich allerdings nicht immer unproblematisch (Papastefanou, 1992). Die Bewältigungskompetenz von Frauen mittleren Alters kann zusammenbrechen, wenn Belastungen (Krankheit, Verwitwung, pflegebedürftige Eltern) in dieser Zeit kumulieren. Schließlich können noch Probleme in der Partnerschaft oder fehlende soziale Unterstützung erschwerend hinzukommen. Daneben spielt die Qualität der Eltern-Kind-Beziehung eine wichtige Rolle: am meisten leiden Mütter, wenn sie von ihren Kindern enttäuscht sind (Rubin, 1980). Eltern hadern mit der Trennung, wenn diese – aufgrund von Konflikten und Unstimmigkeiten – nicht im Guten erfolgte, was auch die Wahrscheinlichkeit für einen Kontaktabbruch erhöht (Papastefanou, 1997).

Üblicherweise wird der Auszug der Kinder als diskretes Ereignis gefasst, was aber angesichts der heute üblichen vielen Bewegungen im Auszugsprozess (s. o.) problematisch erscheint. Sinnvoller scheint es, von einem „empty nest-Übergang" zu sprechen, der mit dem Auszug des ersten Kindes beginnt und dem Auszug des letzten endet (Barber, 1989). Verschiedene Autoren beziehen sich in ihren Studien auf recht unterschiedliche Zeitpunkte in dieser Phase, was die jeweiligen Lebenssituationen der Frauen nur bedingt vergleichbar macht. Entwicklungspsychologisch ist interessant, dass Mütter in ihrer subjektiven Wahrnehmung die Ablösung ihrer Kinder an bestimmten „launching events" festmachen. Dabei steht der „Eintritt der Kinder ins College" an erster Stelle, gefolgt von dem Ereignis „Kinder beziehen eine eigene Wohnung"; eine mittlere Position erhielt die „Heirat der Kinder" (Harkins, 1978).

Angesichts der zunehmend längeren Verweildauer junger Erwachsener im Elternhaus müssen Eltern heutzutage eher den „Nicht-Auszug" ihrer Kinder verkraften, so dass in der Literatur schon der Begriff „full nest syndrom" gefallen ist. Außerdem können sie lange nicht sicher sein, dass die Kinder nach einer Phase des Alleinlebens nicht irgendwann wieder vor der Tür stehen. Nach Harkins (1978) fühlen sich Mütter besonders dann durch den Auszug der Kinder belastet, wenn dieser „off-time" stattfindet. Eine verspätete Ablösung der Kinder kann ihre Pläne vereiteln, mehr für sich zu tun.

Die Frage, wie Eltern das Zusammenleben mit ihren erwachsenen Kindern erfahren, ist offen, da die wenigen Studien hierzu kein einheitliches Bild vermitteln. Clemens und Axelson (1985) berichten von einem Absinken der elterlichen Lebenszufriedenheit. Mit steigendem Alter der Kinder, und wenn diese ihre Ausbildung abgeschlossen haben, drängen die Eltern zunehmend auf Auszug. Die Ergebnisse von Zinnecker et al. (1997) weisen in die gleiche Richtung: Eltern fühlen sich sowohl in finanzieller als auch persönlicher Hinsicht eingeschränkt, das Zusammensein mit den Kindern wird als konflikthaft (vor allem bei der Organisation des Alltags) beschrieben. Zu einem anderen Eindruck kamen Aquilino und Supple (1991), denen zufolge Eltern das Zusammenleben überwiegend zufriedenstellend beurteilen, die Freizeit würde häufig gemeinsam verbracht. Dies gilt zumindest solange die Konfliktintensität gering ist und die Kinder finanziell unabhängig sind. In den Befragungen der Autorin hatten sich ebenfalls die meisten Eltern mit der Situation arrangiert, viele Mütter beklagten aber das geringe Engagement der Kinder, sowohl bei der Hausarbeit als auch bei ihrer Beteiligung am Familienleben (Papastefanou, 1997). Natürlich sind einige Eltern an der Aufrechterhaltung des status quo interessiert, aus unterschiedlichen Gründen, z. B. da sie mit ihrer Ehe unzufrieden sind und die Kinder das System stabilisieren.

11.3.3 Fallbeispiel

Die abschließende Falldarstellung verdeutlicht die weitreichenden Folgen einer misslungenen Ablösung:

> Die 43-jährige Patientin war wegen depressiver Verstimmungen und Panikattacken von ihrem Hausarzt zur Psychotherapie geschickt worden. Als Auslöser nannte sie Schwierigkeiten in der Familie und Unzufriedenheit mit ihrem Leben. Tendenziell sei sie schon immer ein „ängstlicher Typ" gewesen, die Ängste hätten sich aber kürzlich verschlimmert. Die Angst schränke sie in ihrem Alltag ein, sie fühle sich vielen Dingen nicht mehr gewachsen: „Ich krieg' immer weniger geregelt".
> Als ihr Hauptproblem gab sie an, mit ihren beiden Kindern nicht mehr zurechtzukommen. Der 17-jährige Sohn verhalte sich nicht „normal", gehe kaum aus dem Haus und habe sehr wenig Freunde, geschweige denn eine Freundin. In der Schule war er stets durch „Kaspereien" aufgefallen und deswegen auch in psychotherapeutischer Behandlung gewesen, allerdings ohne nennenswerten Erfolg. Die Beziehung zu ihm ist sehr eng, er habe ihr keine großen Schwierigkeiten gemacht und sei immer sehr folgsam gewesen. Zur Zeit absolviere er eine Lehre, wo er durch seine extreme Zuverlässigkeit und sein höfliches Verhalten sehr beliebt sei. Zu der 10-jährigen Tochter hat sie ein distanzierteres, sehr ambivalentes Verhältnis, weil es ihr schwer falle, die willensstarke Tochter zu akzeptieren. Zudem war die Tochter nicht geplant, sie fühlt sich durch ihre Anwesenheit permanent belastet, was sie die Tochter auch spüren lasse. Die Tochter gebe ständig Widerworte und passe sich einfach nicht an. Sie hatte sich vorgestellt, es würde genauso leicht wie bei ihrem Sohn laufen und kann sich nicht damit abfinden, dass die Tochter anders ist. Das Mädchen ist unauffällig, beliebt und durchsetzungsfähig.
> Die Patientin wuchs als Einzelkind mit ihren Eltern auf. An ihre Kindheit hat sie überwiegend positive Erinnerungen. Die Eltern hätten viel mit ihr unternommen, die Mutter arbeitete zu Hause und war stets für sie da. Schon von klein auf sei sie sehr auf die Eltern bezogen gewesen, hatte aber auch einige Freundinnen in der Schule. Die Mutter habe oft für alle entschieden, der Vater sei eher zurückhaltend. Zu ihm hat sie eine warme herzliche Beziehung. Die Mutter charakterisiert sie als „herben Typ".
> Aus mangelnder Entschlussfähigkeit habe sie eine Ausbildung zur Bürokauffrau absolviert, die Arbeit habe ihr nie so richtig Spaß gemacht. Sie beklagt, dass niemand sie unterstützt habe, beruflich mehr aus sich zu machen. Jetzt sei es sowieso zu spät, weil sie zu alt sei. Bis zur Geburt des Sohnes hat sie in ihrem Beruf gearbeitet, danach nur noch gelegentlich gejobbt. Sie hat früh geheiratet und zog direkt mit ihrem Mann zusammen. Während der ganzen Zeit blieb sie in äußerst engem Kontakt mit ihren Eltern, hat diese zeitweilig jeden Tag besucht. Auch die Urlaube wurden teilweise gemeinsam verbracht. Der Sohn fährt bis heute mit den Großeltern in Urlaub. Die Eltern sind oft als Babysitter für den Sohn eingesprungen, bei der Tochter haben sie sich weniger

engagiert, weil diese so schwierig sei. Die Eltern haben die Tochter immer finanziell unterstützt, diese Abhängigkeit habe ihren Mann immer gestört. Er habe nicht viel zu melden, das Verhältnis zu den Schwiegereltern sei über die Jahre schlechter geworden.

Seit 3 Jahren lebt die Familie mit den Eltern der Patientin zusammen in einem Haus, das wiederum die Eltern gekauft haben, allerdings in getrennten Wohnungen. Die zentrale Machtfigur in der Familie ist die Mutter, die sie als extrem dominant beschreibt. Keine Entscheidung ginge an ihr vorüber („Die muss immer ihren Senf dazu geben"). Typischerweise laufe es folgendermaßen ab: „Wenn ich etwas Neues gekauft habe, kommt meine Mutter runter und begutachtet es. Das ist dann immer der Horror, so das: gefällt es ihr oder nicht? Dann macht sie es mir madig, so dass ich es am liebsten gleich zurückbringen würde". Der Vater halte sich meist raus, traue sich kaum, gegen seine Frau anzugehen. Ihr Ehemann entzieht sich der gespannten Familienatmosphäre, indem er häufig außer Haus zu seinen Kumpels gehe. Sie würden schon seit längerem nebeneinander her leben und wenig miteinander sprechen. Sie gibt zu, dass ihr Mann für sie hinter ihren Eltern rangiere.
Die Psychotherapie konzentrierte sich auf die Frage, wie die Patientin ihrem Leben eine neue Richtung geben könne. Im Lauf der Gespräche wurde ihr bewusst, dass sie sich schon lange von ihrer Mutter unterdrückt fühlte. Die Mutter hatte stets auf einem Podest gestanden, das langsam ins Wanken geriet. Dies erschütterte ihr ganzes Weltbild und löste vorübergehend eine Krisenreaktion aus. Nachdem sie sich davon erholt hatte, wehrte sie sich erstmalig in ihrem Leben gegen die Mutter und sagte ihr offen die Meinung. Wie zu erwarten, reagierte die Mutter beleidigt und zog sich zurück. Es kam zu einer Entspannung im Familienleben. Angstsymptome und niedergeschlagene Stimmung ließen nach. Nachdem sie neue Hobbies entfaltet hatte, empfand sie mehr Lebensfreude. Offen blieb, ob sie sich beruflich verändern wolle, weil der Drang im Moment nicht mehr ausgeprägt war. Die Ehepartner kamen sich näher. Insbesondere konnte sie ihre Tochter nun mit anderen Augen sehen, nachdem sie erkannt hatte, dass sie diese insgeheim immer um ihre Unabhängigkeit beneidet hatte. Ihr Mann und sie zogen in Erwägung, ob sie gegebenenfalls das Zusammenwohnen mit den Schwiegereltern irgendwann beenden wollten, falls sich die Situation nicht verbessern würde. Die Therapie wurde im gegenseitigen Einvernehmen als erfolgreich beendet.

11.4 Zusammenfassung und Ausblick

Abschließend lässt sich festhalten, dass sich die komplexen wechselseitigen Einflussweisen sinnvollerweise nur auf Familienebene abbilden lassen, weil die individuelle Ablösung eingebettet ist in den Prozess familialer phasenspezifischer

Veränderungen. Insgesamt sollte der Literaturüberblick verdeutlicht haben, dass viele fruchtbare Ansätze von verschiedenen Richtungen vorliegen, aus der individuellen Sicht der Eltern als auch der jungen Erwachsenen, sowie in Bezug auf die Eltern-Kind-Beziehung. Kritisch zu bemerken ist jedoch, dass diese wenig Notiz voneinander nehmen und so ein übergreifendes Herangehen an das Thema behindern. Neben diesen theoretischen Unzulänglichkeiten ist zu bedenken, dass die Komplexität des Zusammenspiels von individuellem und familialem Wandel einen anspruchsvollen methodischen Zugang erfordert, für den eine befriedigende praktikable Lösung noch aussteht.

Darüber hinaus ist an zukünftige Forschungsvorhaben die Forderung zu stellen, die Entwicklungsperspektive stärker zu berücksichtigen, wie es ja die Vertreter der Familienentwicklungstheorie seit Jahrzehnten hervorheben. Entwicklungspsychologisch gesehen ist das Phänomen des Spätauszugs nicht isoliert zu verstehen, sondern als Ausdruck eines allgemein verzögerten Erwachsenwerdens, das bereits in der frühen Adoleszenz seine Vorläufer zeigt. Auf gesellschaftlicher Ebene hat in der heutigen Generation junger Erwachsener möglicherweise ein Wertewandel derart stattgefunden, dass es „salonfähig" ist, lange mit den Eltern unter einem Dach zu leben. Nur unter speziellen Bedingungen, wie sie in der Falldarstellung angedeutet wurden, wird verzögerte Ablösung krankheitswertig.

Probleme mit der Herkunftsfamilie sind nicht selten Anlass, psychotherapeutische Hilfe in Anspruch zu nehmen, und zwar bis weit ins Erwachsenenalter hinein. Die räumliche Trennung ist ein Kristallisationspunkt solcher Veränderungen, wie vielleicht auch der Tod der Eltern, mit dem sich dieses Thema auch nicht automatisch erledigt. Aufschlussreich ist sicher die neuere Bindungsforschung, bei der spezielle Störungsbilder erwachsener Patienten auf Zusammenhänge mit der Qualität der Eltern-Kind-Bindung hin untersucht werden. Das Muster der „verwickelten" Bindung ließe sich beispielsweise als Ablösungsstörung interpretieren.

Die spezielle Gruppe der „Spätauszieher" verspürt vermutlich keinen Leidensdruck und sucht daher vielleicht erst dann psychotherapeutische Hilfe auf, wenn Druck von außen kommt. Eine Beratung sollte in diesem Fall darauf abzielen, die Fixierung auf die Herkunftsfamilie aufzulösen und die Einbindung in ein Netz von Peers zu fördern, also einen Autonomiezuwachs zu erwirken. Dazu gehört auch, eine Zukunftsperspektive, Ziele und Werte zu erarbeiten. Eltern in dieser Lebensphase fehlt es nicht selten an Orientierung und Unterstützung, wie sie ungeschoren den Verlust der Kinder verkraften können. Lediglich Volkshochschulen bieten gelegentlich Kurse für Eltern an, die sie mit der Ablösung ihrer herangewachsenen Kinder konfrontieren. Auch für die Eltern ist das Erarbeiten einer neuen Lebensperspektive entscheidend, womit sie bereits beginnen sollten, wenn die Kinder das Jugendalter erreicht haben. Das „Nesthocker"-Phänomen hat sicher bisher noch nicht Eingang in solche Angebote gefunden. Offensichtlich besteht in der Praxis ein großer Handlungsbedarf, und die Familienforschung könnte wichtige Erkenntnisse zur Entwicklung von Beratungskonzepten liefern. Die Möglichkeiten der Kooperation sind bei weitem nicht ausgeschöpft.

Literatur

Allen, S. F. & Stoltenberg, C. D. (1995). Psychological separation of older adolescents and young adults from their parents: an investigation of gender differences. *Journal of counseling & development, 73*, 542-546.

Aquilino, W. S. & Supple, K. R. (1991). Parent-child relations and parent's satisfaction with living arrangements when adult children live at home. *Journal of marriage and the family, 53*, 13-21.

Armsden, G. C. & Greenberg, M. T. (1987). The inventory of parent and peer attachment: Individual differences and their relationship to psychological well-being in adolescence. *Journal of youth and adolescence, 16* (5), 427-451.

Arnett, J. J. & Taber, S. (1994). Adolescence terminable and interminable: when does adolescence end? *Journal of youth and adolescence, 23* (5), 517-537.

Barber, C. E. (1989). Transition to the empty nest. In S. J. Bahr & E. T. Peterson (Eds.), *Aging and the family* (pp. 15-32). Washington: Lexington Books.

Bengtson, V. L. & Kuipers, J. A. (1971). Generational differences and the developmental stake. *Aging and Human Development, 2*, 249-260.

Berman, W. H. & Sperling, M. B. (1991). Parental attachment and emotional distress in the transition to college. *Journal of youth and adolescence, 20*, 427-440.

Boyd, M. & Pryor, E. T. (1989). The cluttered nest: the living arrangements of young canadian adults. *Canadian Journal of Sociology, 14*, 461-477.

Braun, M. (1984). *Familienentwicklung – Das Stadium der Ablösung des Jugendlichen vom Elternhaus*. Unveröffentlichte Diplomarbeit, Universität München.

Cherlin, A. J., Scabini, E. & Rossi, G. (1997). Still in the nest. Delayed home leaving in Europe and the United States. *Journal of family issues, 18* (6), 572-575.

Clemens, A. W. & Axelson, L. J. (1985). The not-so-empty nest: The return of the fledgling adult. *Family relations, 34*, 259-264.

Fahrenberg, B. (1986). Die Bewältigung der „empty nest situation" als Entwicklungsaufgabe der älterwerdenen Frau – Eine Literaturanalyse. *Zeitschrift für Gerontologie, 19*, 323-335.

Flanagan, C., Schulenberg, J. & Fuligni, A. (1993). Residential setting and parent-adolescent relationships during the college years. *Journal of youth and adolescence, 22*, 171-189.

Frank, S. J., Avery, C. B. & Laman, M. S. (1988). Late adolescents' perceptions of their relationships with their parents: Individual differences in connectedness, competence, and emotional autonomy. *Developmental Psychology, 24*, 729-737.

Fulmer, R. H., Medalie, J. & Lord, D. A. (1982). Life cycles in transition: a family systems perspective on counseling college student. *Journal of Adolescence, 5*, 195-217.

Giarrusso, R. Stallings, M. & Bengtson, V.L. (1995). The intergenerational stake hypothesis revisited: Parent-child differences in perceptions of relationships 20 years later. In V. L. Bengtson, K. W. Schaie & L. M. Burton (Eds.), *Adult intergenerational relations: Effects of societal change* (pp. 227-296). New York: Springer.

Gloger-Tippelt, G. (2000). *Bindung im Erwachsenenalter – Ein Handbuch für Forschung und Praxis*. Bern: Huber.

Graber, J. A. & Dubas, J. S. (1996). Leaving home: Understanding the transition to adulthood. *New Directions for child development, 71*.

Haley, J. (1981). *Ablösungsprobleme Jugendlicher*. München: Pfeiffer.

Harkins, E. (1978). Effect of empty nest transition on self-report of psychological and physical well-being. *Journal of marriage and the family, 40*, 549-556.

Holmbeck, G. N., Durbin, D. & Kung, E. (1995). *Attachment, autonomy, and adjustment before and after leaving home: Sullivan and Sullivan revisited.* Paper presented at the meetings of the Society for research in child development. Indianapolis.

Hunter, S. & Sundel, M. (1989). Introduction: An examination of key issues concerning midlife. In S. Hunter & M. Sundel (Eds.), *Midlife myths* (pp. 8-28). Newbury Park: Sage.
Kenny, M. E. (1987). The extent and function of parental attachment among first-year college students. *Journal of youth and adolescence, 16* (1), 17-29.
Kobak, R. R. & Sceery, A. (1988). Attachment in late adolescence: Working models, affect regulation, and representation of self and others. *Child development, 59*, 135-146.
Kohlendorfer, S., Baumann, U. & Meri, H. (1994). Ablösung Jugendlicher - Ein Problem der Familie- Zur Organisationsstruktur von Familien mit Ablösungsproblemen - Eine Erkundungsstudie. *Zeitschrift für Familienforschung, 6,* 16-44.
Larose, S. & Boivin, M. (1998). Attachments to parents, social support expectations, and socioemotional adjustment during the high school-college transition. *Journal of research on adolescence, 8* (1), 1-27.
Lewis, R. A. & Duncan, S. F. (1991). How fathers respond when their youth leave and return home. *Prevention in human services, 9* (1), 223-234.
Moore, D. (1987). Parent-adolescent separation: the construction of adulthood by late adolescents. *Developmental Psychology, 23*, 289-307.
Neyer, F. J. (1994). Junge Erwachsene im Mehrgenerationenkontext. In W. Bien (Hrsg.), *Eigeninteresse oder Solidarität* (S. 47-76). Opladen: Leske & Budrich.
Oliver, R. (1977). Empty nest syndrome as a focus of depression – a cognitive treatment model, based on rational emotive therapy. *Psychotherapy – Theory, Research and Practice, 14*, 87-94.
Papastefanou, C. (1992). Mütterliche Berufstätigkeit in der Übergangsphase zur Nach-Elternschaft. In L. Brüderl & B. Paetzold (Hrsg.), *Frauenleben zwischen Beruf und Familie* (S. 210-230). Weinheim: Juventa.
Papastefanou, C. (1997). *Auszug aus dem Elternhaus – Aufbruch und Ablösung im Erleben von Eltern und Kindern.* Weinheim: Juventa.
Roberts, C. L. & Lewis, R. A. (1981). The empty nest syndrome. In J. G. Howells (Ed.), *Modern perspectives in psychiatry of middle life* (pp. 328-336). New York: Brunner/Mazel Publishers.
Rubin, L. (1980). The empty nest: Beginning or ending? In L. A. Bond & J. C. Rosen (Eds.), *Competence and coping in adulthood.* Hanover, N.H.: Univ. Press of New England.
Ryan, R. M. & Lynch, J. H. (1989). Emotional autonomy versus detachment: Revisiting the vicissitudes of adolescence and young adulthood. *Child development, 60*, 340-356.
Schnaiberg, A. & Goldenberg, S. (1989). From empty nest to crowded nest: the dynamics of incompletely launched young adults. *Social Problems, 36* (3), 251-268.
Schneewind, K. A. & Ruppert, S. (1985). *Familien gestern und heute: ein Generationenvergleich über 16 Jahre.* München: Quintessenz.
Silbereisen, R., Vaskovics, L. & Zinnecker, J. (1997). *Jungsein in Deutschland.* Opladen: Leske & Budrich.
Shehan, C. L. & Dwyer, J. W. (1989). Parent-child exchanges in the middle years. In J. A. Mancini (Ed.), *Aging parents and adult children* (pp. 99-116). Mass.: Lexington Books.
Spence, D. & Lonner, T. (1971). The empty nest: a transition within motherhood. *Family Coordinator, 20*, 369-375.
Spitze, G. & Ward, R. (1995). Household labor in intergenerational households. *Journal of marriage and the family, 57*, 355-361.
Stierlin, H. (1981). *Von der Psychoanalyse zur Familientherapie.* Stuttgart: Klett.
Troll, L. (1989). Myths of midlife intergenerational relationships. In S. Hunter & M. Sundel (Eds.), *Midlife myths* (pp. 210-231). Newbury Park: Sage.
Valery, J. H., O'Connor, P. & Jennings, S. (1997). The nature and amount of support college-age adolescents request and receive from parents. *Adolescence, 32* (126), 323-337.

Weick, S. (1993). Determinanten des Auszugs aus der elterlichen Wohnung. In A. Diekmann & S. Weick (Hrsg.), *Der Familienzyklus als sozialer Prozeß* (S. 86-108). Berlin: Duncker & Humboldt.
White, K. M., Speisman, J. C. & Costos, D. (1983). Young adults and their parents: individuation to mutuality. In H. D. Grotevant & C. R. Cooper (Eds.), *Adolescent development in the family* (pp. 61-76). San Francisco: Jossey Bass.

12. Kapitel:
Mütterliche Depression und ihre Auswirkung auf die Entwicklung des Kindes

Dieter Wolke und Sophie Kurstjens

12.1 Depression und Symptomatik

12.1.1 Definition und Prävalenz

Die Depression ist eine psychische Störung, die bei der betroffenen Person neben den Hauptmerkmalen der depressiven Verstimmung und Interessenlosigkeit, Auswirkungen auf *allen* Ebenen der psychischen Verarbeitung zeigt – der Emotions-, Kognitions- und Verhaltensebene (Cummings & Davies, 1994; Huber, 1981). Depressive Personen zeigen Symptome wie Reizbarkeit, Weinerlichkeit und emotionalen Rückzug. Sie klagen über verminderte Denkfähigkeit, Entscheidungsunfähigkeit und Konzentrationsschwierigkeiten. Schließlich leiden sie unter Energieverlust, Antriebslosigkeit und Einschränkung ihrer Leistungsfähigkeit (Davison & Neale, 1988). Depressive Störungen weisen eine große Heterogenität auf (Davison & Neale, 1988; Downey & Coyne, 1990; Huber, 1994) und werden nach den vorherrschenden Symptomen, ihrem Schweregrad sowie der Dauer der Erkrankung in Abstufungen von der leichten depressiven Verstimmung (Melancholie) bis zum vollständigen Bild des Major-depressiven Syndroms unterteilt. Als *klinisch* depressiv werden jene Personen bezeichnet, die durch die Symptomatik in ihrem sozialen und beruflichen Leben signifikant eingeschränkt werden.

Die American Psychiatric Association (APA, 1994) bestimmt in ihrem Diagnostischen und Statistischen Manual Psychischer Störungen (DSM-IV) die Hauptmerkmale sowie Nebenmerkmale des Major-depressiven Syndroms, welches für die Betrachtung des Einflusses auf das Kind das wesentlich interessierende Krankheitsbild darstellt. Hauptmerkmale sind entweder *depressive Verstimmung* oder *Verlust von Interesse oder Freude an allen oder fast allen Aktivitäten*. Das Auftreten eines dieser beiden Symptome stellt eine notwendige Bedingung der Diagnose dar und muss mindestens für eine zweiwöchige Periode vorherrschend sein. Weitere Kernsymptome, von denen je nach Schwere der depressiven Episode eine Mindestzahl gleichzeitig vorhanden sein muss, sind: *Gewichtsverlust oder Gewichtszunahme, Schlaflosigkeit oder vermehrter Schlaf, Psychomotorische Unruhe oder Hemmung, Müdigkeit oder Energieverlust, Gefühle der Wertlosigkeit oder unangemessene*

Schuldgefühle, verminderte Denk-, Konzentrations- oder Entscheidungsfähigkeit sowie *Suizidgedanken oder -pläne*. Die DSM-IV Kriterien unterscheiden aufgrund der Anzahl der vorhandenen Hauptmerkmale zwischen einer *Major Depression* (fünf und mehr der genannten Kernsymptome) und einer *Minor Depression* (weniger als fünf der genannten Kernsymptome) (APA, 1994). Für die Diagnosestellung einer Major Depression nach DSM-IV ist eine notwendige Bedingung, dass es durch die Symptomatik zu einer Einschränkung oder Unfähigkeit im sozialen oder beruflichen Bereich des Betroffenen kommt. Zu den Nebenmerkmalen einer Minor oder Major Depression nach DSM-IV gehören u. a. *Appetitverlust oder -zunahme, übertriebene Besorgnis um körperliche Gesundheit (Hypochondrie), Weinen* und *Reizbarkeit* sowie *zwanghaftes Grübeln*.

Das Lebenszeitrisiko für Major Depression ist für Frauen ca. doppelt so hoch (10-25 %) wie für Männer (5-12 %) (American Psychiatric Association, 1994). Es wurden große Variationen in den Prävalenzen zwischen verschiedenen Ländern berichtet wobei das Lebenszeitrisiko für Frauen z. B. in Deutschland etwa halb so hoch ist wie für Frauen in den USA oder Großbritannien (Ballestrem, Strauß, Häfner & Kächele, 2001; Lieb et al. 1998). Klinische Depression verläuft häufig chronisch und dauert unbehandelt typischerweise 6 Monate oder länger (Huber, 1994); etwa 60 % der Erkrankten zeigen noch nach 1 Jahr weiterhin behandlungsbedürftige Symptome. Bei 50-60 % der Patienten ist zudem nach Abklingen der Symptomatik mit dem Auftreten mindestens einer weiteren Episode zu rechnen (APA, 1994).

12.1.2 Postnatale Depression und mütterliche Depression zu späteren Zeitpunkten

Postnatale Depression ist charakterisiert durch einen Beginn der Depression im ersten Jahr nach der Geburt des Kindes, wobei die Symptome zumeist ihren Beginn in den ersten 3 Monaten haben (Cooper, Campbell, Day, Kennerley & Bond, 1988; Cox, Murray & Chapman, 1993; Watson, Elliott, Rugg & Brough, 1984). Postnatale Depression und Depression bei Müttern zu späteren Zeitpunkten im Leben des Kindes ist aufgrund möglicher negativer Konsequenzen für die Entwicklung des Kindes (Cummings & Davies, 1995; Murray & Cooper, 1996) sowie für das Verständnis transgenerationaler Transmission psychischer Störungen (Brown & Harris, 1978) von besonderem Interesse. Studien, vor allem im englischsprachigen Raum, haben sich zunehmend mit der Frage beschäftigt, ob postnatale Depression sich in der Prävalenz (Cooper et al., 1988; Cox et al., 1993; O'Hara & Swain, 1996), der Erscheinungsform (Nieland & Roger, 1997), den Bedingungsfaktoren (Whiffen & Gotlib, 1993) und dem Verlauf (Cooper & Murray, 1995; Kumar & Robson, 1984) von Depressionen, die zu einem anderen Zeitpunkt im Leben von Müttern auftreten, unterscheidet. Die Ergebnisse dieser Studien sind zum Teil noch recht widersprüchlich, ermöglichen jedoch erste Rückschlüsse, die im Folgenden dargestellt werden sollen.

12.1.2.1 Prävalenz

Die Prävalenzschätzungen für Postpartum-Depressionen schwanken erheblich, und es werden Raten zwischen 5 % (Wickberg-Johannsson, Erlandsson & Hwang, 1996) und 28 % (Hobfoll, Ritter, Lavin, Hulsizer & Cameron, 1995) angegeben. O'Hara und Swain (1996) berechneten aufgrund einer Meta-Analyse von 59 Studien eine durchschnittliche Prävalenzrate von 13 %. Höhere Pävalenzangaben (im Mittel 14 %) wurden in solchen Studien gefunden, die Selbsteinschätzungsbögen verwendeten, d. h. in denen die Frauen die depressiven Symptome in ihrer Schwere selbst beurteilten (z. B. Edinburgh Postnatal Depression Scale; Cox, Puckering, Pound & Mills, 1987). Niedrigere Prävalenzraten wurden von solchen Studien genannt, die Interviews und DSM-Kriterien zur Erstellung der Diagnose verwendeten (3.7 %-10.7 %). Während einige Studien über erhöhte Depressionsraten in der postnatalen Phase berichteten (Brown & Harris, 1978; Hayworth, Little, Carter, Raptopoulous, Priest & Sandler, 1980; Hobfoll et al., 1995; Paykel, Emms, Fletcher & Rassaby, 1980) fanden andere Studien, die direkte Vergleiche mit Müttern anstellten, die sich nicht in einer Postpartum-Phase befanden, keinerlei Hinweise für ein erhöhtes Auftreten im ersten Jahr nach der Geburt (Cooper et al., 1988; Cox et al., 1993; Elliott, 1990; O'Hara, Zekoski, Phillipps & Wright, 1990).

Um eine valide Einschätzung der Häufigkeit postnataler Depression bei Frauen sowie eine bessere Vergleichbarkeit der Studien zu erreichen, werden daher inzwischen einheitliche diagnostische Kriterien für depressive Störungen (z. B. DSM, American Psychiatric Association; ICD, World Health Organization), eine übereinstimmende Definition von *postpartum* sowie das *diagnostische Interview* als Erhebungsmethode gefordert (Cooper et al., 1988; Cox et al., 1993; O'Hara & Swain, 1996). Die Meta-Analyse von O'Hara und Swain (1996) unterstützt zudem die Befunde von Cox et al. (1993), Cooper et al. (1988) und O'Hara et al. (1990), nach denen es wenig Anhaltspunkte dafür gibt, dass die Postpartum-Periode ein gegenüber anderen Zeiten erhöhtes Erkrankungsrisiko birgt.

12.1.2.2 Postnatale Depression: eine besondere Ätiologie?

Zu den ätiologischen Faktoren einer Depression werden neben genetischen und konstitutionellen Faktoren (Eley, Deater-Deckard, Fombonne, Fulker & Plomin, 1998; Kovacs, 1997; Puckering, 1989) soziale und psychosoziale Stressfaktoren gezählt. Vor allem die Zusammenhänge postnataler Depression mit soziodemographischen, psychosozialen sowie obstetrischen Faktoren sind in vielen Studien untersucht worden.

Die Zusammenhänge von postnataler Depression mit soziodemographischen Variablen wie Schulbildung oder Parität sind als zumeist gering berichtet worden (Cooper et al., 1988). Dagegen sind kritische Lebensereignisse, mangelnde soziale Unterstützung in der Schwangerschaft und Partnerschaftskonflikte als signifikante Prädiktoren von postnataler Depression identifiziert worden (O'Hara & Swain, 1996). Des weiteren ist bei einer psychiatrischen Vorgeschichte der Mutter die Wahrscheinlichkeit für das Auftreten einer erneuten Episode nach der Geburt erhöht (Cooper, Murray & Stein, 1991). Während Pfost, Stevens und Lum (1990) sowie Kumar und Robson (1984) geringe, jedoch signifikante Beziehungen zwischen

Komplikationen in der Schwangerschaft und Frühgeburt des Kindes mit postnataler Depression der Mutter fanden, so konnten diese durch Murray und Cartwright (1993) nicht bestätigt werden. Es zeigte sich jedoch, dass Frauen, die bereits vormals eine depressive Erkrankung hatten, nach obstetrischen Komplikationen (z. B. operative Entbindung) mit höherer Wahrscheinlichkeit eine postnatale Depression entwickelten.

Bisherige Studien im englischsprachigen Bereich weisen überwiegend darauf hin, dass postnatale Depression sich bezüglich der Prävalenz (Cox et al., 1993), ihrer Erscheinungsform (Nieland & Roger, 1997), den Bedingungsfaktoren (Whiffen & Gotlib, 1993) und dem Verlauf (Cooper & Murray, 1995) von Depression, die zu einem anderen Zeitpunkt im Leben von Müttern auftritt, nicht oder nur wenig unterscheiden (Whiffen, 1992).

Kurstjens und Wolke (2001b) untersuchten diese Fragen erstmals an einer großen prospektiv untersuchten deutschsprachigen Population (N = 1329 Mütter). Die Studie fand eine leicht erhöhte Inzidenz von postnataler gegenüber später auftretender Depression. Allerdings zeigten die postnatal Erkrankten auch nach dem ersten Lebensjahr ähnlich hohe psychische Auffälligkeiten und häufig wiederholte depressive Episoden (77 %) wie die erst später Erkrankten. Zusammenhänge postnataler Depression mit prä-, peri- oder neonatalen Belastungen wurden nicht gefunden. Allerdings konnte, wie auch von Murray und Cartwright (1993) berichtet, für die Gruppe von Frauen, die schon vor der Geburt des Kindes mindestens eine depressive Phase hatten und deren Kinder risikogeboren waren, eine Häufung postnataler Depression festgestellt werden. Dies bedeutet, dass bei psychisch vulnerablen Frauen besondere peri- oder neonatale Belastungen die Wahrscheinlichkeit des erneuten Auftretens einer depressiven Episode erhöhen, jedoch erstmaliges Auftreten einer Depression durch obstetrische Belastungen nicht erklärt werden kann.

Wie auch in anderen Studien (O'Hara & Swain 1996) konnten Kurstjens und Wolke (2001b) weitgehend keine Zusammenhänge von postnataler Depression mit soziodemographischen Faktoren finden. Allerdings zeigte sich, dass zur 6 Jahres-Untersuchung in der Gruppe der postnatal Erkrankten mehr Frauen alleinstehend waren als bei den nicht postnatal depressiven Müttern. Hier scheint ein wechselseitiger Zusammenhang zwischen wiederholten depressiven Phasen der Mutter, Partnerschaftskonflikten und Trennung zu bestehen (Cummings & Davies, 1994).

Selbstberichtete psychosoziale Belastungen, Lebensereignisse und Lebensumstände zeigten den deutlichsten Zusammenhang mit dem Zeitpunkt der Depression wie auch in anderen Untersuchungen beschrieben wurde (Puckering, 1989; Webster-Stratton & Hammond, 1988). Allerdings berichten selbst innerhalb der depressiven Gruppen etwa 80 % der Mütter nicht über vermehrten psychosozialen Stress. Daraus kann geschlossen werden, dass ein Zusammenhang zwischen dem Auftreten der Depression und erlebter psychosozialer Belastung nur für einen kleinen Teil der depressiven Mütter zu bestehen scheint.

Zusammenfassend zeigte sich, dass die Rate postnataler Depressionen gegenüber der Rate späterer Depressionen bei Müttern etwas erhöht ist, sich jedoch wenig bezüglich der Schwere der Depressionen oder ihrer Bedingungsfaktoren unterscheidet. Am besten wurde Depression bei allen Müttern, ob postnatal oder später, durch vorherige Episoden von Depression, zumeist beginnend im Jugendalter der Frauen vorhergesagt. Ob postnatal oder zu anderen Zeitpunkten, das Auftreten von Depression bei Müttern ist am besten durch latente Vulnerabilität der Frauen erklärbar, wobei neue Belastungen zu depressiven Episoden führen können (Cooper & Stein, 1989; Whiffen, 1992). Die besonderen Belastungen können die Geburt eines Kindes, obstetrische Belastungen, oder andere kritische Ereignisse im Leben dieser vulnerablen Frauen sein. Hinsichtlich der Ätiologie ist es daher fraglich, ob postnatale Depression eine spezifische nosologische Entität darstellt (Cooper & Murray, 1995; Nieland & Roger, 1997).

Warum wird daher weiterhin häufig zwischen postnataler und später auftretender Depression unterschieden? Die Unterscheidung wird vor allem aufrechterhalten aufgrund der Annahme, dass eine Depression in der Phase der Ausbildung der Mutter-Kind Beziehung, d. h. im ersten Lebensjahr besonders nachteilige Auswirkungen auf die Interaktion und somit langfristige Folgen für das Kind hat.

12.2 Mütterliche Depression und die Entwicklung des Kindes

Depression ist eine Störung, die in ihrer Wirkung nicht auf der individuellen Ebene der erkrankten Person bleibt, sondern in besonderem Ausmaß auch die nähere soziale Umgebung betreffen kann (z. B. durch emotionalen Rückzug, Weinerlichkeit oder erhöhte Reizbarkeit etc.). Aufgrund der emotionalen und sozialen Einschränkungen, die mit dieser Erkrankung einhergehen, sowie der hohen Prävalenz dieser Störung, ist die Frage nach den Auswirkungen der mütterlichen Depression, insbesondere der postnatalen Depression auf die Entwicklung des Kindes Thema einer großen Anzahl von Studien im englischsprachigen Raum geworden (u. a. zusammenfassend dargestellt bei Cummings & Davies, 1994; Downey & Coyne, 1990; Field, 1992; Rutter, 1990).

12.2.1 Wirkungsmechanismen

Verschiedene Faktoren und Mechanismen zu den Auswirkungen postnataler Depression auf die kindliche Entwicklung sind diskutiert worden und können in drei Übertragungsmechanismen zusammengefasst werden:

12.2.1.1 Modell 1

Die depressiven Symptome der Mutter selbst sind Folge oder Ausdruck anderer familiärer Faktoren, insbesondere sozialer Adversität und Partnerschaftsprobleme (Brown & Harris, 1978; Cummings & Davies, 1994). D. h. auch beim Kind führen nicht die depressiven Symptome an sich, sondern diese familiären Stressfaktoren zu nachteiliger Entwicklung (Brown & Harris, 1978; Downey & Coyne, 1990; Rutter, 1990).

12.2.1.2 Modell 2

Depression führt zu gestörter Interaktion zwischen Mutter und Kind (siehe dazu u. a. Caplan et al., 1989; Cummings & Davies, 1994; Rutter, 1990; Tronick & Field, 1986). Die depressive Mutter kann auf die frühen sozialen, emotionalen und pflegerischen Bedürfnisse des Säuglings und Kleinkindes nicht adäquat eingehen, die Kommunikation und Mutter-Kind-Bindung sind gestört (Cohn, Campbell, Matias & Hopkins, 1990; Cohn, Matias, Tronick, Connell & Lyons-Ruth, 1986; Field, Healy, Goldstein & Guthertz, 1990; Lyons-Ruth, Zoll, Connell & Grunebaum, 1986; Murray, Kempton, Woolgar & Hooper, 1993). Diese Kommunikations- und Bindungsmuster verfestigen sich und wirken nachteilig auf die emotionale, psychosoziale und kognitive Entwicklung des Kindes (u. a. Cogill, Caplan, Alexandra, Robson & Kumar 1986; Ghodsian, Zajicek & Wolkind, 1984; Jänicke et al., 1987; Sharp et al., 1995; Weissman et al., 1984; Wrate, Rooney, Thomas & Cox, 1985). Im späteren Alter zeigen diese sich häufig als ineffektives Eingreifen bei Fehlverhalten des Kindes und wenig strukturiertes oder inkonsistentes Disziplinieren der Mutter. Die Mutter reagiert manchmal zu lax, ein andermal wiederum sehr zornig und überbestrafend – diese Reaktionen sind für das Kind schwer vorherzusagen.

12.2.1.3 Modell 3

Depression ist teilweise erblich (s. Eley et al., 1998), und es führen sowohl die genetischen und konstitutionellen Faktoren wie auch die veränderte Interaktion zu einer Transmission eines weiten Spektrums von Störungen (Cummings & Davies, 1994; Kovacs, 1997; Murray et al., 1996).

Der folgende Überblick beschäftigt sich mit dem zweiten Übertragungsweg, der Frage also, ob sich Mütter, die akut depressiv sind oder depressiv waren, gegenüber ihren Kindern anders verhalten als gesunde Mütter.

12.2.2 Depression und Mutter-Kind Interaktion

Auswirkungen der Depression auf den Kommunikationsstil und das Verhalten der Mutter gegenüber ihrem Kind sowie die Reaktionen des Kindes wurden bislang hauptsächlich bei Säuglingen und Kleinkindern untersucht, zum einen in naturalistischen Beobachtungen, aber auch in experimentellen Studien (siehe „Stillface"-Experimente von Cohn & Tronick, 1983 und Field, 1984).

Beispiele der mütterlichen Verhaltensweisen und kindlichen Reaktionen sind im Folgenden gegeben: Cohn et al. (1990) fanden bei depressiven Müttern in Interaktion mit ihren 2 Monate alten Babies verstärkt negativen Affekt, weniger positiven Affekt sowie häufigere Verärgerung über das Baby. Murray, Fiori-Cowley, Hooper und Cooper (1996) konnten in einer ähnlichen Untersuchung zeigen, dass sich depressive Mütter deutlich weniger sensibel und verstärkend dem Kind gegenüber verhielten. Außerdem beschrieben die Mütter ihre Babies als nervöser während des Fütterns, berichteten häufiger über Verhaltensauffälligkeiten der Kinder und gaben ein mangelndes Selbstbewusstsein im Umgang mit ihren Kindern an. Campbell, Cohn und Meyers (1995) fanden, dass die Mütter, die zur 6 Monate-Untersuchung postpartum noch immer depressiv waren, ab dem 4. Monat in einer freien Interaktionssituation weniger positiv waren und während einer Spielsituation dem Kind gegenüber deutlich negativer. Lyons-Ruth et al. (1986) konnten bei Müttern von 12 Monate alten Kindern signifikant mehr versteckte Feindseligkeit, Gefühlsverflachung und eingreifende Manipulation dem Kind gegenüber beobachten. Unterschiede zwischen gesunden und depressiven Mutter-Kind-Gruppen konnten Fergusson, Hons, Horwood und Shannon (1984) auch für ältere Kinder (5-Jährige) feststellen. Depressive Mütter berichteten über deutlich mehr Management- und Kontrollprobleme mit ihren Kindern sowie Temperaments-, Essens- und Aggressionsprobleme ihrer Kinder.

Beck (1995) berichtete über eine Metaanalyse von 19 Studien, die die Auswirkung von postnataler Depression auf die Mutter-Kind Interaktion analysierte. Die Analyse unterschied zwischen Effekte auf mütterliches Interaktionsverhalten (11 Studien), das Säuglingsverhalten (11 Studien) und auf das dyadische Interaktionsverhalten (2 Studien). Die wesentlichen Ergebnisse sind in Tabelle 1 zusammengefasst.

Tabelle 1: Vergleiche der kombinierten Effektstärken nach Stichprobengröße und Qualität der Studien (nach Beck, 1995)

Interaktionsverhalten	Mittleres r	Mittleres r^2	Mittleres d
Mütterliches Verhalten			
ungewichtet	.36	.13	.78
gewichtet nach Stichprobengröße	.32	.10	.68
gewichtet nach Qualität	.35	.12	.76
Kindliches Verhalten			
ungewichtet	.38	.15	.83
gewichtet nach Stichprobengröße	.35	.12	.75
gewichtet nach Qualität	.38	.14	.81
Dyadisches Interaktionsverhalten			
ungewichtet	.50	.25	1.15
gewichtet nach Stichprobengröße	.47	.22	1.07
gewichtet nach Qualität	.50	.25	1.15

Mittlere bis hohe Effektstärken (nach Cohen's $d = 0.6$-0.8 Standardabweichungen Unterschiede gegenüber Dyaden mit nicht depressiven Müttern) wurden für mütterliches Verhalten und kindliches Verhalten gefunden. Besonders hoch waren die Effektstärken von über einer Standardabweichung für die dyadische Interaktion. Insbesondere ist darauf hinzuweisen, dass die Größe des Effektes postnataler Depression auf mütterliches interaktives Verhalten stark mit der Stichprobengröße ($r = -.55$) und Qualität der Studien ($r = -.48$) korrelierte. Ähnlich korrelierte die Stichprobengröße signifikant mit dem kindlichen Interaktionsverhalten ($r = -.66$). Dies bedeutet, je kleiner die Stichprobe war und je weniger genau gemessen wurde, desto höher war die Effektstärke. Größere und besser kontrollierte Studien finden weniger starke Effekte. Zudem hatten nur vier Studien Depression durch Interviewverfahren diagnostiziert. Die anderen Studien benutzten Screeningfragebögen, die keine klinische Diagnose erlauben. Weiterhin leiden Metaanalysen oft unter dem „File-Drawer Problem", d. h. Studien, deren Ergebnisse die Nullhypothese bestätigen (d. h. keine Effekte mütterlicher Depression finden), werden seltener publiziert. Dennoch deuten die Ergebnisse recht deutlich darauf hin, dass während einer depressiven Verstimmung oder depressiven Erkrankung die Interaktion zwischen Mutter und Säugling negativ beeinflusst wird. Die Mütter sind mit dem Kind emotional weniger involviert, weniger feinfühlig und emotional negativer. Zudem sprechen depressive Mütter weniger häufig mit dem Kind über seinen momentanen emotionalen Zustand. Für das Kind ist besonders bedeutsam, wenn die Synchronität des mütterlichen Verhaltens mit dem emotionalen Zustand des Kindes („turn taking") fehlt oder reduziert ist.

Allerdings, was passiert, wenn die Mutter sich von der Depression spontan oder durch eine Behandlung erholt hat? Viele der Studien untersuchten ausschließlich die ersten Monate postpartum (Field et al., 1990; Lyons-Ruth et al., 1986; Stein et al., 1991; Whiffen & Gotlib, 1989). Es wird über keine follow-up-Untersuchungen berichtet, die feststellen könnten, ob sich dieses Verhalten der Mütter über die depressive Phase hinaus stabilisiert oder nach Abklingen der Depression an das Verhalten der gesunden Mütter angleicht.

12.2.3 Auswirkungen mütterlicher Depression und Psychopathologie bei Kindern im Jugendalter

Sowohl Querschnitt- wie auch Längsschnittstudien von Kindern von Patienten, die ein- oder oft mehrmals therapeutische Behandlung wegen Depression benötigten, weisen darauf hin, dass die Kinder ein erhöhtes Risiko für Psychopathologie haben (z. B. Orvaschel, Walsh-Allis & Ye, 1988; Rutter & Quinton, 1984; Weissman et al., 1984). Weissman, Warner, Wickramaratne, Moreau und Olofson (1997) berichteten von einer zehnjährigen Nachuntersuchungsstudie mit 182 Kindern (91 Kinder, bei denen mindestens ein Elternteil an einer Major Depression, MDD, erkrankt war) im Vergleich zu 91 Kindern von Eltern ohne Depression. Es zeigte sich, dass die Kinder depressiver Eltern eine erhöhte Rate an depressiven Störungen aufwiesen, häufig schon vor der Pubertät, sowie an Phobien (etwa dreimal so häufig), Panikattacken, Alkoholmissbrauch (etwa fünfmal so häufig) litten und eine erhöhte soziale Dysfunktion zeigten. Depression trat am häufigsten im Alter von 15-20 Jahren erstmalig auf, während Alkoholmissbrauch gehäuft nach dem 25. Lebensjahr auftrat. Diese Ergebnisse sind im Einklang mit dem Transmissionsmodell 3 oder 2 (s. o.). Dies bedeutet, dass Kinder von MDD Patienten ein stark erhöhtes Risiko für Depressions- und Angststörungen sowie Alkoholmissbrauch haben. Eine weitere längsschnittliche Studie aus den USA mit einer ausgewählten Stichprobe (durch Zeitungsanzeigen angeworben sowie von Ärzten überwiesen) von 98 Familien berichtete ähnlich nachteilige Befunde, besonders bei Kindern von Müttern mit unipolarer Major Depression (Radke-Yarrow, 1999). Diese Studie analysierte zudem unterschiedliche Verhaltensmuster der Mütter gegenüber den Kindern. Etwa die Hälfte der depressiven Mütter unterschieden sich nicht von Müttern ohne Depression. Ein Interaktionsmuster, das jedoch häufig bei depressiven Müttern auftrat und mit dem Alter der Kinder noch zunahm, war ein höchst reizbares-negatives Verhalten. Daher erscheint die Annahme, dass depressive Mütter sich generell emotional sehr zurückziehen und zu wenig in Interaktion involviert sind, für viele depressive Mütter nicht richtig zu sein. Sie zeigen eher ein irritierbares, gereiztes Verhalten; Zorn und Wutausbrüche gegenüber dem Kind könnten das erhöhte Auftreten von Psychopathologie beim Nachwuchs möglicherweise erklären.

Längsschnittliche Erhebungen aus der Christchurch Health and Development Studie in Neuseeland untersuchten die komplexen Beziehungen zwischen mütterlicher Depression und Depression bei deren Kindern unter Einbezug weiterer Familienfaktoren. Wie andere Studien fanden Fergusson, Horwood und Lynskey (1995) eine signifikante Korrelation zwischen mütterlichen depressiven Symptomen und depressiven Symptomen bei ihren Töchtern ($r = .44$) jedoch nicht den Söhnen ($r = -.01$) mit 15-16 Jahren. Allerdings wurde die Korrelation zwischen depressiver Symptomatik der Mütter und der Töchter hauptsächlich durch eine Reihe von sozialen und kontextuellen Faktoren, wie soziale ökonomische Benachteiligung, Partnerprobleme und Familienadversität erklärt. D. h., die Ergebnisse stehen im Einklang mit dem Transmissionsmodell 1 und 3. Dieser letzte Befund steht zudem im Einklang mit anderen Längsschnittstudien von Nachkömmlingen von Eltern mit unterschiedlichen psychischen Erkrankungen, die zeigten, dass die Kinder häufig in einer Anhäufung von sozial nachteiligen Bedingungen aufwachsen und diese psychische Erkrankungen im Jugendalter vorhersagen (Sameroff, 1997; Sameroff & Seifer, 1995).

12.2.4 Mütterliche Depression und Verhaltensprobleme bei Kindern

In klinischen Gruppen ist mehrfach häufig berichtet worden, dass (depressive, psychisch kranke) Mütter bei Fehlverhalten des Kindes häufig ineffektiv eingreifen und wenig strukturiertes oder konsistentes Disziplinverhalten gegenüber dem Kind zeigen. Die Mütter berichten oft auch wenig Kontrolle über das kindliche Verhalten.

Beck (1999) erstellte eine Metaanalyse über alle bis zum Jahr 1996 veröffentlichten Studien, die den Zusammenhang zwischen mütterlicher Depression und Verhaltensproblemen bei Kindern untersucht haben. Insgesamt wurden 33 Studien mit insgesamt 4.561 Mutter-Kind Dyaden einbezogen. 33 % der Studien betrachteten Vorschulkinder, 45 % Schulkinder und 22 % eine Mischung beider; 64 % waren Längsschnittstudien, wobei alle Studien aus dem englischsprachigen Ausland (USA, England, Neuseeland, Kanada) kamen. 82 % der Studien benutzten sogenannte Zugangsstichproben (Convenience samples) und nur 15 % eine Zufallsstichprobenziehung. Die wesentlichen Ergebnisse sind in Tabelle 2 dargestellt.

Tabelle 2: Vergleiche der kombinierten Effektstärken nach Stichprobengröße und Qualität der Studien: Verhaltensprobleme bei Kindern (nach Beck, 1999)

Verhaltensprobleme	Mittleres r	Mittleres r^2	Mittleres d
Alle Altersgruppen (N = 33 Studien)			
ungewichtet	.35	.12	.75
gewichtet nach Stichprobengröße	.29	.08	.61
gewichtet nach Qualität	.34	.12	.74
Vorschulkinder (N = 11 Studien)			
ungewichtet	.31	.10	.65
gewichtet nach Stichprobengröße	.26	.07	.53
gewichtet nach Qualität	.31	.09	.64
Schulkinder (N = 14 Studien)			
ungewichtet	.36	.13	.77
gewichtet nach Stichprobengröße	.29	.08	.60
gewichtet nach Qualität	.35	.12	.74

Die Ergebnisse zeigen deutlich, dass insgesamt eine mittelstarke Beziehung zwischen mütterlicher Depression und kindlicher Entwicklung gefunden wurde. Wie jedoch bereits hinsichtlich der transgenerationalen Transmission von Depressionsstörungen aufgezeigt wurde, erlaubt die Metaanalyse keine Aussage über die Mechanismen der Beziehung (siehe auch Murray & Cooper, 1996).

Weiterhin könnte die Effektstärke durch gemeinsame Methodenvarianz sowie gemeinsame Datenquellen beeinflusst sein. Die Metaanalyse beruhte zu einem großen Teil auf Berichten der Mütter über depressive Zustände und das Verhalten des Kindes. In neueren Studien häufen sich die Befunde, dass Mütter, die unter Depression leiden, häufiger und stärkere Verhaltenssymptome bei ihren Kindern berichten im Vergleich zu anderen Datenquellen wie z. B. Lehrer (Chilcoat & Breslau, 1997). Diese Antworttendenzen deuten auf einen „rating bias" depressiver Mütter hin, d. h. sie beschreiben das Verhalten ihrer Kinder negativer und im Sinne eigener Symptomatik (Boyle & Pickles, 1997; Frankel & Hamon, 1996; Najman et al., 2000; White & Barrowclough, 1998).

Wolke, Oerter und Kurstjens (2001) untersuchten in einer prospektiven Studie das Verhalten von Kindern, deren Mütter in den ersten 6 Lebensjahren mindestens einmal als klinisch depressiv diagnostiziert wurden, im Vergleich zu Kindern von nicht depressiven Müttern. Die Mütter füllten die CBCL von Achenbach in seiner deutschen Version (Döpfner et al., 1994) für das Vorschulalter (mit 6 Jahren) aus und nochmals, als die Kinder 8 Jahre alt waren. Bei der 8-Jahres Untersuchung wurden neue Fälle mütterlicher Depression in den zurückliegenden 2 Jahren berücksichtigt. Die Ergebnisse für Kinder im klinischen Bereich (> 90. Perzentil) sind in Tabelle 3 aufgezeigt.

Tabelle 3: Mutterberichte von Verhaltensproblemen ihrer Kinder im CBCL

a) im Alter von 6;3 Jahren

Klinisch auffällig	**Depressive Mütter** ($n = 90$)	**Nicht Depr. Mütter** ($n = 715$)	**Chi²**
Gesamtscore	18.9 %	9.5 %	7.41 *
Internalisierendes Problem	14.4 %	8.0 %	4.22 *
Externalisierendes Problem	18.9 %	8.1 %	10.99 **
Soziale Beziehungsprobleme	10.0 %	4.8 %	4.35 *
Schizoide Probleme	8.9 %	5.7 %	1.39
Aufmerksamkeitsprobleme	13.3 %	8.7 %	2.08

b) im Alter von 8;5 Jahren:

Klinisch auffällig	**Depressive Mütter** ($n = 122$)	**Nicht Depr. Mütter** ($n = 516$)	**Chi²**
Gesamtscore	19.8 %	6.6 %	20.15 ***
Internalisierendes Problem	17.2 %	8.5 %	7.86 **
Externalisierendes Problem	10.3 %	4.9 %	5.17 *
Soziale Beziehungsprobleme	12.9 %	7.2 %	4.14
Schizoide Probleme	11.2 %	6.6 %	2.91
Aufmerksamkeitsprobleme	14.7 %	5.4 %	12.15 **

*** $p < .001$, ** $p < .01$, * $p < .05$

Die Ergebnisse der Mütterberichte sind zwischen den beiden Zeitpunkten hinsichtlich der berichteten Gesamtprobleme des Kindes sowie hinsichtlich der internalisierenden und externalisierenden Problemen relativ konsistent. Depressive Mütter berichten bei ihren Kindern Verhaltensprobleme im klinisch auffälligen Bereich signifikant häufiger als nicht depressive Mütter. Im Vergleich zur Vorschule berichten die depressiven Mütter nun nach zweijähriger Beschulung auch häufiger Aufmerksamkeitsprobleme bei ihren Kindern.

Alle Kinder wurden sowohl mit 6;3 als auch mit 8;5 Jahren mit einer strukturierten kognitiven Testbatterie (dem K-ABC von Melchers und Preuß, 1991) durch Diplompsychologen bzw. Diplompsychologinnen untersucht. Jede Untersuchung wurde auf Videoband aufgezeichnet und das Testverhalten des Kindes auf 13 Ratingskalen des „Testers Rating of Child Behaviour" (Wolke & Gutbrod, 2001; Wolke & Meyer, 1999; Wolke, Schulz & Meyer, 2001), die in drei Subskalen zusammengefasst werden konnte, eingeschätzt. Die Mittelwerte dieser Ratings sind in Tabelle 4 gegeben.

Tabelle 4: Ratings des Verhaltens der Kinder ehemals depressiver und nicht-depressiver Mütter im Tester's Ratings of Child Behaviour (TRCB)

a) TRCB im Alter von 6;3 Jahren

	Depressive Mütter ($n = 90$)	**Nicht Depr. Mütter** ($n = 715$)	
	M (SD)	M (SD)	F-Wert
Motorische Aktivität	8.7 (3.1)	8.9 (3.1)	0.23
Leistungsorientierung-Aufmerksamkeit	34.4 (7.2)	33.3 (7.7)	0.85
Sozio-Emotionales Verhalten	37.8 (9.5)	37.1 (8.4)	0.15

b) TRCB im Alter von 8;5 Jahren:

	Depressive Mütter ($n = 122$)	**Nicht Depr. Mütter** ($n = 516$)	
	M (SD)	M (SD)	F-Wert
Motorische Aktivität	7.8 (2.3)	7.6 (2.7)	0.39
Leistungsorientierung-Aufmerksamkeit	37.4 (4.9)	37.6 (5.1)	0.25
Sozio-Emotionales Verhalten	38.3 (7.3)	36.7 (7.8)	3.51

Es wurden keinerlei Unterschiede im Verhalten der Kinder in der Testsituation gefunden. Drei mögliche Erklärungen könnten die Unterschiede zwischen den Mutter- und Untersuchereinschätzungen erklären:

1) die Mütter zeigen eine systematische Antworttendenz, d. h. sie berichten negativer über das Verhalten ihrer Kinder als dieses in „Wirklichkeit" ist (rating bias);
2) Die Kinder verhalten sich in einer Untersuchungssituation anders als zu Hause (situationsspezifisch);
3) Die Kinder verhalten sich gegenüber der Mutter aufgrund der Interaktionsgeschichte anders als gegenüber dem Untersucher bzw. der Untersucherin.

Obwohl die Literatur vor allem eine Interpretation der systematischen negativen Attribution durch depressive Mütter anzeigt, ist die Erklärung, dass sich die Kinder situationsspezifisch und anders gegenüber einer häufig reizbaren und zornigen Mutter verhalten, durchaus wahrscheinlich, allerdings durch unsere Daten nicht untersuchbar.

Die Ergebnisse unserer Studie weisen deutlich darauf hin, dass mütterliche Depression, die bei den meisten betroffenen Frauen wiederholt auftritt, zu negativen Einschätzungen des Verhaltens ihrer Kinder führt. Allerdings, wie die Ergebnisse von Wolke, Oerter und Kurstjens (2001) aufzeigen, zeigen viele dieser Kinder, wenn nicht noch zusätzliche Familienadversitäten vorhanden sind, ein normales Interaktions- und Leistungsverhalten mit Fremden. Kumulative soziale Probleme in Familien depressiver Mütter erhöhen stark die Auftretenswahrscheinlichkeit von Verhaltens- und insbesondere emotionalen Problemen, gerade bei Mädchen im Jugendalter (Fergusson et al., 1995).

12.2.5 Mütterliche Depression und kognitive Entwicklung

12.2.5.1 Theoretische Annahmen und Modelle

Es sind in der Literatur bislang verschiedene Möglichkeiten diskutiert worden, wie eine emotionale Störung der Mutter mit vornehmlich sozialer Auswirkung Einfluss auf die *kognitive* Entwicklung des Kindes nehmen kann (Cummings & Davies, 1994; Hay, 1997; Rutter, 1990, 1997). Zentraler Gesichtspunkt der meisten dieser Thesen ist, dass mütterliche Depression, vor allem in der Postpartum Periode, sich negativ auf die Interaktion der Mutter mit ihrem neugeborenen Kind auswirke (Cummings & Davies, 1994; Murray, 1992; Radke-Yarrow, Cummings, Kuczinski & Chapman, 1985). Es wird dabei angenommen, dass die depressive Verstimmung, die Gereiztheit sowie der soziale Rückzug, durch welche depressive Frauen charakterisiert sind, ihre Fähigkeit reduzieren, ihrem (neugeborenen) Kind eine sensible, warme und liebevolle Umwelt, in welcher es aufwachsen kann, zu bieten (Cohn & Campbell, 1992; Field, 1992; Murray, Kempton, Woolgar & Hooper, 1993; Tronick, 1989). So führten z. B. depressive Symptome und das damit verbundene negative Selbstkonzept (z. B. wenig Vertrauen in die eigenen mütterlichen Fähigkeiten; Teti & Gelfand, 1997) zu reduzierter mütterlicher Stimulation und Ansprechbarkeit, zu verringerter Fähigkeit, das Baby in seiner Affektregulation zu unterstützen sowie zu weniger positivem gegenseitigen Affektausdruck (DeMulder & Radke-Yarrow, 1991; Field, 1992; Hooper & Cooper, 1996; Murray, Fiori-Cowley et al., 1996; Murray, Stanley et al., 1996; Stein et al., 1991). Diese Deprivation schränke die Lernerfahrungen des Kindes ein und zwinge das Kind zu selbstregulatorischen Verhaltensmustern, die möglicherweise die kindliche Entwicklung beeinträchtigten (Tronick & Weinberg, 1997). Das Fehlen kontingenter Lernerfahrungen sowie affektiver Selbstregulation ist schließlich als eine Ursache für Defizite in der kognitiven Entwicklung diskutiert worden (Hay, 1997).

Andere Autoren nehmen an, dass die Ursache in mangelnder Anregung zu Aktivitäten, Spielen sowie Konversation liegt (Rutter, 1990). Die Mutter wird in diesen frühen Entwicklungsjahren als der wichtigste Rahmen für Lernerfahrungen betrachtet. Diesem und anderen ähnlichen Ansätzen gemeinsam ist die Annahme, dass depressiven Müttern aufgrund ihres Rückzugverhaltens und ihrer Unsensibilität die soziale und damit kognitive Anregung ihrer Kinder nicht möglich ist. Wieder andere Ansätze betonen die Wechselwirkung zwischen Affekt und Kognition und die Rolle emotionaler Faktoren bei Informationsverarbeitungsprozessen. Cohn et al. (1986) sehen die Kommunikation von Affekt in der frühen Mutter-Kind-Interaktion als entscheidend für die sozioemotionale und kognitive Entwicklung des Kindes. Das Kind internalisiere die negativen emotionalen Reaktionen erlebter Interaktionssituationen mit der Mutter und übertrage diese auf die Bewertung neuer sozialer Situationen, die wesentlich für den Erwerb sensomotorischer und prälinguistischer Fertigkeiten seien. Bei diesem Ansatz ist es der Rückzug aus der sozialen Situation aufgrund negativer affektiver Erfahrung, der Lernen verhindere.

In weiteren Ansätzen wird vorgeschlagen, dass durch die negativen Erfahrungen in der sozialen Interaktion die Fähigkeit zur Aufmerksamkeitsregulation gestört oder nicht gelernt wird. Sharp et al. (1995) nehmen an, dass die Fähigkeit des Kindes, seine Aufmerksamkeit zu regulieren und von kontingenten Erfahrungen zu lernen, durch das selbstbezogene Verhalten der depressiven Mutter gestört wird. Dies führe zu anhaltenden intellektuellen Defiziten beim Kind. Die Autoren sehen jedoch auch andere Möglichkeiten, wie es zu kognitiven Entwicklungsstörungen bei Kindern depressiver Mütter kommen kann: Möglicherweise sei das Kind durch schwere Verhaltensauffälligkeiten schwieriger zu testen, so dass niedrigere Testwerte in kognitiven Tests entstünden. Des weiteren seien mit mütterlicher Depression häufig zusätzliche soziale Adversitäten wirksam, die das Kind entmutigen könnten, zu lernen (Eheprobleme der Eltern, wenig soziale Unterstützung, viele Kinder in einer Familie etc.) (Sameroff, Seifer, Baldwin & Baldwin, 1993).

12.2.5.2 Empirische Befunde

Murray und ihre Arbeitsgruppe (Murray, 1992; Murray, Kempton et al., 1993; Murray, Fiori-Cowley, Hooper & Cooper, 1996; Murray, Hipwell, Hooper, Stein & Cooper, 1996; Murray & Cooper, 1996) haben in ihrer längsschnittlichen Cambridge Studie die kognitive Entwicklung von Kindern depressiver Mütter sowie gesunder Mütter mit 9 und 18 Monaten sowie mit 5 Jahren untersucht. Mit 9 Monaten fanden sie in einem Test zur Erfassung der frühen Aufmerksamkeitsregulation (Object Concept Task von Piaget) signifikant verringerte Werte bei Kindern von Müttern mit Postpartum Depression. Kinder von Müttern, die postnatal unter einer Major Depression litten, versagten in diesem Test mit größerer Wahrscheinlichkeit als Kinder von Müttern mit einer Minor Depression (Murray, 1992). Auch mit 18 Monaten fand sich beim Object Concept Task ein signifikanter Haupteffekt der mütterlichen Gruppe, Kinder postnatal depressiver Mütter hatten signifikant schlechtere Testwerte als die Kontrollkinder. Ein standardisierter Test zur Erfassung der allgemeinen kognitiven Entwicklung (Bayley Scales of Infant Mental Development) konnte mit 18 Monaten dagegen keinen signifikanten Haupteffekt von Depression erfassen. Allerdings ergab sich ein Interaktionseffekt mit dem Geschlecht der Kinder: Jungen depressiver Mütter zeigten mit 18 Monaten signifikant geringere Testwerte (Murray et al., 1993). Mittels der Reynell Skalen zur Erfassung expressiver Sprache und Sprachverständnis fand sich mit 18 Monaten ebenfalls kein Haupteffekt von mütterlicher postnataler Depression, jedoch eine signifikante Interaktion zwischen mütterlicher Gruppe und Geschlecht des Kindes sowie zwischen mütterlicher Gruppe und Sozialstatus der Familie. Jungen postnatal depressiver Mütter und Kinder sozial niedrig gestellter Familien mit postnatal depressiver Mutter zeigten deutlich schlechtere Werte (Murray, 1992). Eine Nachuntersuchung dieser Stichprobe mit 5 Jahren mittels der McCarthy Scales of Children Abilities (Murray et al., 1996) zeigte schließlich weder auf einer der fünf Unterskalen noch auf dem zusammengefassten *General Cognitive Index* einen signifikanten Einfluss der mütterlichen Gruppe. Faktoren wie Erkrankungszeitpunkt der Mutter (postnatale Depression versus mütterliche Depression zu anderen Zeitpunkten im Leben des Kindes), Dauer der Erkrankung oder aktuelle Depression der Mutter zum Untersuchungszeitpunkt sowie Wechselwirkungen mit Geschlecht oder Sozialstatus blieben ebenfalls ohne Effekt auf die kognitive Entwicklung der Kinder mit 5 Jahren.

Cogill et al. (1986) erfassten mütterliche Depression durch Interviews während der Schwangerschaft sowie während des ersten Jahres nach der Geburt des Kindes. Die kognitive Entwicklung des Kindes wurde mit 4 Jahren erfasst und mit einer Kontrollgruppe verglichen. Die Autoren berichten von einem signifikanten Haupteffekt der mütterlichen Gruppe auf den Gesamt-Score (GCI) sowie signifikante Effekte bei den Unterskalen *perceptual-, memory-* und *motor performance scale*. Diese Effekte zeigten sich allerdings nur für die Kinder, deren Mütter im ersten Lebensjahr, also postnatal erkrankt waren. Es zeigten sich keine signifikanten Interaktionen von mütterlicher Depression und Geschlecht des Kindes oder mütterlicher Berufsausbildung. Eine spätere, genauere Analyse dieser Daten ergab dagegen, dass die Berufsausbildung ebenfalls einen signifikanten Haupteffekt auf den IQ des Kindes zeigte und der Unterschied zwischen den Kindern postnatal depressiver und gesunder Mütter nur dann vorhanden war, wenn die Mutter im ersten Lebensjahr erkrankt und weniger gut ausgebildet war (Hay & Kumar, 1995).

Sharp et al. (1995) bezeichneten Mütter als postnatal depressiv, wenn sie entweder während des ersten Lebensjahres des Kindes von Depressionen berichteten oder retrospektiv im vierten Lebensjahr des Kindes über postnatale Depressionen berichteten. Die Studie fand signifikante Effekte mütterlicher Depression gemessen mit den McCarthy Scales mit 4 Jahren, aber nur, wenn die Mutter im ersten Lebensjahr erkrankt war (postnatal) und ausschließlich bei den Jungen. Jungen, deren Mütter im ersten Lebensjahr postpartum erkrankten, hatten niedrigere Werte als die Jungen der Kontrollgruppe oder Mädchen entweder der depressiven Gruppe oder der Kontrollgruppe. Dieser Interaktionseffekt zeigte sich unabhängig davon, ob die Mutter ausschließlich postnatal erkrankt war oder unter wiederholten depressiven Episoden litt. Der Effekt reduzierte sich etwas, blieb aber stabil wenn andere Faktoren wie sozioökonomischer Status der Familie, mütterliche Berufsausbildung, das Verhalten des Kindes in der Testsituation, der elterliche IQ, die soziale und intellektuelle Situation zu Hause sowie die Harmonie in der Mutter-Kind-Interaktion in die Analysen miteinbezogen wurden. Genauere Analysen dieser Daten durch Hay (1997) zeigten allerdings, dass der Effekt postnataler Depression auf die kognitive Entwicklung ausschließlich für Jungen aus der Arbeiterklasse feststellbar war.

Eine Nachuntersuchung derselben Stichprobe mit 11 Jahren replizierte die Befunde, dass nur Jungen mit einer postnatal depressiven Mutter signifikant häufiger kognitive Auffälligkeiten zeigten und häufiger Sonderbeschulung (integrativ) benötigten (Hay et al., 2001).

Querschnittliche Studien berichten ebenfalls über die kognitive Entwicklung von Kindern depressiver Mütter. Whiffen und Gotlib (1989) untersuchten 2 Monate alte Babys postnatal depressiver und gesunder Mütter mit Hilfe der Bayley Scales of Infant Development. Die Kinder der postnatal depressiven Mütter hatten signifikant niedrigere Werte als die Kinder der gesunden Kontrollmütter. Weissman et al. (1986) untersuchten in ihrer „Yale Family Study of Major Depression" Kinder im Alter zwischen 6 und 23 Jahren, von denen entweder ein Elternteil oder beide Eltern unter behandlungsbedürftigen Depressionen litten. Es zeigten sich keine signifikanten Unterschiede zwischen den IQ-Werten der Kinder depressiver Eltern und gesunder Eltern.

12.2.5.3 Kritische Beurteilung

Die dargestellten Studien berichten sowohl untereinander, aber auch über die Zeit hinweg von widersprüchlichen Ergebnissen (z. B. Murray et al., 1996). Teilweise kann dies durch Unterschiede zwischen den Studien sowie durch methodische Einschränkungen innerhalb der Studien erklärt werden. Die Stichprobengrößen der Studien liegen zwischen 20 (Cogill et al., 1989) und 60 depressiven Müttern (Murray et al., 1996; Sharp et al., 1995; Weissman et al., 1986).

Bei Untergruppenvergleichen wie z. B. Jungen ausschließlich postnatal depressiver Mütter führt dies zu teilweise sehr kleinen Zellbesetzungen (z. B. $n = 13$ bei Sharp et al., 1995). Vergleiche zwischen kleinen Untergruppen sind jedoch anfällig für Ausreißer. Von den 135 Kindern der Studie von Sharp et al. (1995) hatten beispielsweise 8 Kinder einen IQ unter 70, sieben davon waren Kinder depressiver Mütter und fünf dieser Kinder waren Jungen. Der Interaktionseffekt mit dem Geschlecht des Kindes könnte also durch diese Ausreißer zustande gekommen sein. Zudem waren die Studien sozial sehr homogen. Die Studie von Murray et al. (1996) und Cogill et al. (1989) schlossen nur wenige Familien mit niedriger Sozialschicht ein, während die Teilnehmerinnen der Studie von Sharp et al. vornehmlich Mütter der Unterschicht waren. Analysen des Effektes der Sozialschicht wie auch der Interaktionen zwischen Sozialschicht und mütterlicher Depression sind folglich eingeschränkt. Am bedeutsamsten ist jedoch, dass ausschließlich die Studie von Murray et al. eine langzeitliche Beobachtung darstellt. Langzeitstudien sind jedoch notwendig, um festzustellen, ob es langfristige und stabile Effekte mütterlicher Depression auf die kognitive Entwicklung des Kindes gibt (Rutter, 1997). Auffällig ist die geringe Übereinstimmung, ob der Zeitpunkt der Depression (postnatal oder später) von Bedeutung ist (Cogill et al., 1986; Sharp et al., 1995), welchen Einfluss die soziale Schicht spielt und ob die Effekte sich nur oder besonders bei Jungen zeigen.

12.2.5.4 Eine Längsschnittstudie im deutschsprachigen Raum

Depression ist eine sehr heterogene Störung (APA, 1994; Cummings & Davies, 1994; Downey & Coyne, 1990) und eine depressive Phase kann schwer oder leicht ausgeprägt sein, wenige oder viele Wochen andauern, einmal oder öfter im Leben des Kindes stattfinden und schließlich zu verschiedenen Zeitpunkten in der Entwicklung des Kindes unterschiedliche Auswirkungen haben. Bis auf den Aspekt des Zeitpunktes wurden diese Charakteristiken (Schwere, Dauer, Chronizität) mütterlicher Depression in Studien selten systematisch untersucht, mit wenigen Ausnahmen.

Radke-Yarrow et al. (1985) stellten fest, dass unsicheres Bindungsverhalten bei 2-3-jährigen Kindern nicht bei Müttern mit Minor Depression, jedoch signifikant gehäuft bei Müttern mit einer Major Depression auftrat. Lyons-Ruth et al. (1986) fanden mit steigenden Depressionswerten der Mutter eine steigende Anzahl unsicherer Bindungsmuster bei 12 Monate alten Kindern. Campbell et al. (1995) fanden, dass bei einer Chronifizierung der mütterlichen Depression über mehr als 6 Monate, die Mütter ab dem 4. Monat in einer freien Interaktionssituation weniger positiv waren und während einer Spielsituation dem Kind gegenüber deutlich negativer. Murray et al. (1996) berichten, dass der kognitive Outcome der Kinder mit 5 Jahren keinerlei Beziehung zu Dauer oder Zeitpunkt der mütterlichen Depression zeigte, während Brennan et al. (2000) berichteten, dass nicht der Zeitpunkt der Depression sondern die Schwere und Chronizität einen signifikanten Einfluss auf den verbalen IQ der Kinder hatte.

Kurstjens und Wolke (2001a) überprüften systematisch die Auswirkungen verschiedener Charakteristiken mütterlicher Depression auf die kognitive Entwicklung des Kindes, erfasst zu vier Zeitpunkten von 20 Monate bis 8;5 Jahre. Keinerlei nachteilige Auswirkungen postnataler Depression auf den Griffiths Score (Brandt, 1983) oder die IQ-Werte in den Columbia Mental Maturity Scales (Eggert, 1972) wurden gefunden. Weiterhin wurden keinerlei Haupteffekte des Zeitpunktes, der Dauer, Schwere, Anzahl depressiver Episoden oder der Chronizität der mütterlichen Depression auf die Leistungen im Kaufman K-ABC mit 6;3 oder 8;5 Jahren in dieser bisher größten und deutschsprachigen Stichprobe gefunden. Allerdings, mit 6 Jahren zeigte sich eine Interaktion von Chronizität, neonatalem medizinischen Risiko und Geschlecht des Kindes auf den IQ. Nur Jungen mit neonatalem medizinischen Risiko von chronisch depressiven Müttern hatten signifikant niedrigere IQ-Scores im Vergleich zu allen anderen Gruppen (Kurstjens & Wolke, 2001b). Allerdings waren diese Nachteile für Jungen nach zweijähriger Beschulung in der Untersuchung mit 8;5 Jahren nicht mehr nachweisbar (Wolke et al., 2001).

12.3 Die wichtigsten Befunde auf einen Blick

- Depression bei Müttern tritt vor allem bei Frauen auf, die vulnerabel sind, bereits im Jugendalter depressiv erkrankten und besondere soziale Lebensbelastungen erfahren. Postnatale Depression unterscheidet sich *nicht* symptomatisch von Depressionen zu anderen Zeiten und zeigt keine nachgewiesenen Zusammenhänge mit obstetrischen Belastungen, der Geburt oder hormoneller Umstellung.

- Depression der Mutter im Säuglingsalter des Kindes hat nachteilige Auswirkungen auf die Interaktion mit dem Säugling und führt häufiger zu unsicherer Bindung.

- Mütterliche Depression ist mit häufigeren Verhaltensproblemen bei dem Nachwuchs assoziiert. Allerdings finden sich konsistente Befunde nur in Mutterberichten, die häufig als systematisch verzerrt bei depressiven Müttern gefunden wurden.

- Chronische Depression, die häufig klinischer Behandlung bedarf und mit weiteren sozial nachteiligen Bedingungen assoziiert ist, führt häufig bei dem Nachwuchs und hier besonders Töchtern zu emotionaler Psychopathologie, besonders im Jugendalter und jungen Erwachsenenalter. Die transgenerationale Transmission ist

sowohl genetisch als auch durch die veränderte Umwelt, dem Aufwachsen mit einer häufig depressiven Mutter bedingt.
- Langfristige nachteilige Auswirkungen auf die kognitive Entwicklung sind bisher nur von einer Forschergruppe in England, jedoch nicht in anderen Studien berichtet worden. Ansonsten sind die Auswirkungen wahrscheinlich nur im Säuglingsalter transient aufzufinden und gegebenenfalls etwas häufiger bei Jungen.

12.4 Praktische Implikationen

- Mütterliche Depression gilt als die häufigste seelische Erkrankung von Frauen und sollte routinemäßig bei Frauen, die mit Erziehungsproblemen ihrer Kinder vorstellig werden, untersucht werden.
- Der Ausblick für die kognitive und Verhaltensentwicklung der Kinder ist gut, solange die Mutter-Kind Interaktion nicht langfristig gestört ist. Daher sollte bei frühen Interaktionsproblemen (negatives reizbares Verhalten, wenig Sprechen zu dem Säugling) baldmöglichst Hilfestellung gegeben werden. Eine Zusammenarbeit mit Kinderärzten ist wichtig.
- Depressive Mütter berichten häufiger Erziehungs- und Verhaltensprobleme bei ihren Kindern. Diese Angaben sollten ernst genommen werden, da die Kinder, insbesondere Töchter ein stark erhöhtes Risiko für spätere emotionale Störungen haben. Den Müttern sollten Erziehungshilfestellung sowie gegebenenfalls Behandlung für die eigenen depressiven Symptome angeboten werden.
- Mütter mit Depression trennen sich häufiger von Ihrem Partner, und der frühzeitige Einbezug des Partners in therapeutische Maßnahmen ist wichtig zur Vermeidung des Familienzusammenbruchs.

Literatur

American Psychiatric Association. (1994). *Diagnostic and statistical manual of mental disorders* (4th ed.). Washington, DC: APA.
Ballestrem, C. L. v., M. Strauß, Häfner, S. & Kächele, H. (2001). Ein Modell für das Screening von Müttern mit postpartaler Depression. *Nervenheilkunde, 20*, 352-355.
Boyle, M. H. & Pickles, A. (1997). Maternal depressive symptoms and ratings of emotional disorder symptoms in children and adolescents. *Journal of Child Psychology and Psychiatry 38*, 981-992.
Brandt, I. (1983). *Griffiths Entwicklungsskalen (GES zur Beurteilung der Entwicklung in den ersten beiden Lebensjahren).* Weinheim: Beltz.
Brennan, P. A., Hammen, C., Andersen, M. J., Bor, W., Najman, J. M., & Williams, G. M. (2000). Chronicity, severity, and timing of maternal depressive symptoms: relationships with child outcomes at age 5. *Developmental Psychology, 36* (6), 759-766.
Brown, G. & Harris, T. (1978). *Social origins of depression. A study of psychiatric disorder in woman.* London: Tavistock.

Campbell, S., Cohn, J. & Meyers, T. (1995). Depression in first-time mothers: mother-infant interaction and depression chronicity. *Developmental Psychology, 31*, 349-357.

Caplan, H., Cogill, S., Alexandra, H., Robson, K., Katz & Kumar, R. (1989). Maternal depression and the emotional development of the child. *British Journal of Psychiatry, 154*, 818-822.

Cogill, S., Caplan, H., Alexandra, H., Robson, K. & Kumar, K. (1986). Impact of maternal postnatal depression on cognitive development of young children. *British Medical Journal, 292*, 1165-1167.

Cohn, J., & Campbell, S. (1992). Influence of maternal depression on infant affect regulation. In D. Cichetti & S. Toth (Eds.), *Rochester Symposium on Developmental Psychopathology: A developmental approach to affective disorders* (Vol. 4, pp. 103-130). Rochester, NY: University of Rochester Press.

Cohn, J., Campbell, S., Matias, R. & Hopkins, J. (1990). Face-to-face interactions of postpartum depressed and non-depressed mother-infant pairs at 2 months. *Developmental Psychology, 26*, 15-23.

Cohn, J., Matias, R., Tronick, E., Connell, D. & Lyons-Ruth, K. (1986). Face-to-face interactions of depressed mothers and their infants. In E. Tronick & T. Field (Eds.), *Maternal depression and infant disturbance. New directions for child development* (no. 34). San Francisco: Jossey-Bass.

Cohn, J. & Tronick, E. (1983). Three-month-old infants' reaction to simulated maternal depression. *Child Development, 54*, 185-193.

Cooper, P., Campbell, E., Day, A., Kennerley, H. & Bond, A. (1988). Non-psychotic psychiatric disorder after childbirth. A prospective study of prevalence, incidence, course and nature. *British Journal of Psychiatry, 152*, 799-806.

Cooper, P., Murray, M. & Stein, A. (1991). Postnatal depression. In A. Seva (Ed.), *European Handbook of Psychiatry and Mental Health* (pp. 1255-1262). Barcelona: Anthropos.

Cooper, P. & Murray, L. (1995). Course and recurrence of postnatal depression: Evidence of the specifity of the diagnostic concept. *British Journal of Psychiatry, 166*, 191-195.

Cooper, P. & Stein, A. (1989). Life events and postnatal depression. In J. Cox, E. Paykel & M. Page (Eds.), *Current approaches: Childbirth as a life event* (pp. 38-45). Southhampton: Duphar Laboratories.

Cox, J., Murray, D. & Chapman, G. (1993). A controlled study of the onset, duration and prevalence of postnatal depression. *British Journal of Psychiatry, 163*, 27-31.

Cox, A., Puckering, C., Pound, A. & Mills, M. (1987). The impact of maternal depression in young people. *Journal of Child Psychology and Psychiatry, 28*, 917-928.

Cummings, E. & Davies, P. (1994). Maternal depression and child development. *Journal of Child Psychology and Psychiatry, 35*, 1, 73-112.

Davison, G. & Neale, J. (1988). *Klinische Psychologie. Ein Lehrbuch* (3. Aufl.). München-Weinheim: Psychologie Verlags Union.

DeMulder, E. K., & Radke-Yarrow, M. (1991). Attachment with affectively ill and well mothers: Concurrent behavioral correlates. *Development and Psychopathology, 3*, 227-242.

Döpfner, M., Melchers, P., Fegert, J., Lehmkuhl, G., Lehmkuhl, U., Schmeck, K., Steinhausen, H. C., & Poustka, F. (1994). Deutschsprachige Konsensus-Versionen der Child Behavior Checklist (CBCL 4-18), der Teacher Report Form (TRF) und der Youth Self Report Form (YSR). *Kindheit und Entwicklung, 3*, 54-59.

Downey, G. & Coyne, J. (1990). Children of depressed parents: An integrative review. *Psychological Bulletin, 108*, 1, 50-76.

Eggert, D. (1972). Die Columbia Mental Maturity Scale als Individualtest für normalentwickelte Kinder im Alter von 3-10 Jahren. In D. Eggert (Hrsg.), *Zur Diagnose der Minderbegabung.* Weinheim: Beltz.
Eley, T. C., Deater-Deckard, K., Fombonne, E., Fulker, D., & Plomin, R. (1998). An adoption study of depressive symptoms in middle childhood. *Journal of Child Psychology and Psychiatry and Allied Disciplines, 39* (3), 337-345.
Elliott, S. (1990). Commentary on „Childbirth as a life event". *Journal of Reproductive and Infant Psychology, 8,* 147-159.
Endicott, J. & Spitzer, R. (1978). A diagnostic interview: The Schedule for Affective Disorders and Schizophrenia. *Archives of General Psychiatry, 35,* 837-844.
Fergusson, D., Hons, B. Horwood, L. & Shannon, F. (1984). Relationship of family life events, maternal depression, and child rearing problems. *Pediatrics, 73,* 6, 773-776.
Fergusson, D., Horwood, L., & Lynskey, M. (1995). Maternal depressive symptoms and depressive symptoms in adolescents. *Journal of Child Psychology and Psychiatry, 36* (7), 1161-1178.
Field, T. (1984). Early interactions between infants and their postpartum depressed mothers. *Infant Behavior and Development, 7,* 517-522.
Field, T. (1992). Infants of depressed mothers. *Development and Psychopathology, 4,* 49-66.
Field, T., Healy, B., Goldstein, S. & Guthertz, M. (1990). Behavior-state matching and synchrony in mother-infant interactions of nondepressed versus depressed dyads. *Developmental Psychology, 26,* 7-14.
Frankel, K. A., & Harmon, R. J. (1996). Depressed mothers: they don't always look as bad as they feel. *Journal of the American Academy of Child and Adolescent Psychiatry, 35* (3), 289-298.
Ghodsian, M., Zajicek, E. & Wolkind, S. (1984). A longitudinal study of maternal depression and child behaviour problems. *Journal of Child Psychology and Psychiatry, 25,* 91-109.
Hay, D. (1997). Postpartum depression and cognitive development. In L. Murray & P. J. Cooper (Eds.), *Postpartum depression and child development* (pp. 85-110) New York: Guilford.
Hay, D. & Kumar, R. (1995). Interpreting the effects of mothers' postnatal Depression on children's intelligence: A critique and re-analysis. *Child Psychiatry and Human Development, 25,* 165-181.
Hay, D., Asten, P., Mills, A., Kumar, R., Pawlby, S. & Sharp, D. (2001). Intellectual problems shown by 11-year-old children whose mothers had postnatal depression. *Journal of Child Psychology and Psychiatry, 42* (7), 871-889.
Hayworth, J., Little, C., Carter, S., Raptopoulous, P., Priest, R. & Sandler, N. (1980). A predictive study of postpartum depression: some predisposing characteristics. *British Journal of Medical Psychology, 53,* 161-167.
Hobfoll, S., Ritter, C., Lavin, J., Hulsizer, M. & Cameron, R. (1995). Depression prevalence and incidence among inner-city pregnant and postpartum women. *Journal of Consulting and Clinical Psychology, 63,* 445-453.
Huber, G. (1981). *Psychiatrie* (3. Auflage). Stuttgart: Schattauer Verlag.
Huber, G. (1994). *Psychiatrie* (5. Auflage). Stuttgart: Schattauer Verlag.
Jänicke, C., Hammen, C., Zupan, B., Hiroto, D., Gordon, D., Adrian, C. & Burge, D. (1987). Cognitive vulnerability in children at risk for depression. *Journal of Abnormal Child Psychology, 15,* 559-572.
Kovacs, M. (1997). Depressive disorders in childhood: An impressionistic landscape. *Journal of Child Psychology and Psychiatry, 38,* 287-298.

Kumar, R. & Robson, K. (1984). A prospective study of emotional disorders in childbearing women. *British Journal of Psychiatry, 144*, 35-47.

Kurstjens, S., & Wolke, D. (2001a). Effects of maternal depression on cognitive development of children over the first 7 years of life. *Journal of Child Psychology and Psychiatry, 42* (no. 5), 623-636.

Kurstjens, S., & Wolke, D. (2001b). Postnatale und später auftretende Depressionenbei Müttern: Prävalenz und Zusammenhänge mit obstetrischen, soziodemographischen, sowie psychosozialen Faktoren. *Zeitschrift für Klinische Psychologie und Psychotherapie30* (1), 33-41.

Lieb, R., Lachner, G., Sonntag, H., Pfister, H., Hoefler, M., Gander, F., & Wittchen, H. U. (1998). Projektteil „Familiengenetik und familiäre Sozialisation" (Projekt gefördert durch das BMFBW, F-Kz. 01 EB9405) (Interim report). München: Max-Planck-Institut für Psychiatrie, Klinische Psychologie und Epidemiologie.

Lyons-Ruth, K., Zoll, D., Connell, D. & Grunebaum, H. (1986). The depressed mother and her one-year-old infant: Environment, interaction, attachment, and infant development. In E. Tronick & T. Field (Eds.), *Maternal depression and infant disturbance. New directions for child development* (No. 34). San Francisco: Jossey-Bass.

Melchers, P. & Preuß, U. (1991). *K-ABC. Kaufman-Assessment Battery for Children. Individualtest zur Messung von Intelligenz und Fertigkeiten bei Kindern im Alter von 2;6 bis 12;5 Jahren*. Amsterdam: Swets & Zeitlinger.

Murray, L. (1992). The Impact of postnatal depression on infant development. *Journal of Child Psychology and Psychiatry, 33*, 543-561.

Murray, L. & Cartwright, W. (1993). The role of obstetric factors in postpartum depression. *Journal of Reproductive and Infant Psychology, 11*, 215-219.

Murray, L. & Cooper, P. (1996). The impact of postpartum depression on child development. *International Review of Psychiatry, 8*, 55-63.

Murray, L., Fiori-Cowley, A., Hooper, R. & Cooper, P. (1996). The impact of postnatal depression and associated adversity on early mother-infant interactions and later infant outcome. *Child Development, 67*, 2512-2526.

Murray, L., Hipwell, A., Hooper, R., Stein, A. & Cooper, P. (1996). The cognitive development of five year old children of postnatally depressed mothers. *Journal of Child Psychology and Psychiatry, 37*, 927-936.

Murray, L., Kempton, C., Woolgar, M. & Hooper, R. (1993). Depressed mothers' speech to their infants and its relation to infant gender and cognitive development. *Journal of Child Psychology and Psychiatry, 34*, 1083-1101.

Murray, L., Stanley, C., Hooper, R., King, F. & Fiori-Cowley, A. (1996). The role of infant factors in postnatal depression and mother-infant interactions. *Developmental Medicine and Child Neurology, 38*, 109-119.

Najman, J. M., Williams, G. M., Nikles, J., Spence, S., Bor, W., O'Cllaghan, M., Le Borocque, R., & Andersen, M. J. (2000). Mothers' mental illness and child behavior problems: cause-effect association, or observation bias? *Journal of the American Academy of Child and Adolescent Psychiatry, 39* (5), 592-602.

Nieland, M. & Roger, D. (1997). Symptoms in post-partum and non-post-partum samples: Implications for postnatal depression. *Journal of Reproductive and Infant Psychology, 15*, 31-42.

O'Hara, M. & Swain, A. (1996). Rates and risk of postpartum depression – A meta-analysis. *International Review of Psychiatry, 8*, 37-54.

O'Hara, M., Zekoski, E., Phillipps, L. & Wright, E. (1990). Controlled prospective study of postpartum mood disorders: Comparison of childbearing and nonchildbearing women. *Journal of Abnormal Psychology, 99*, 3-15.

Orvaschel, H., Walsh-Allis, G., & Ye, W. (1988). Psychopathology in children of parents with recurrent depression. *Journal of Abnormal Child Psychology, 16* (1), 17-28.

Paykel, E., Emms, E., Fletcher, J. & Rassaby, E. (1980). Life events and social support in puerperal depression. *British Journal of Psychiatry, 136*, 339-346.

Pfost, K., Stevens, M. & Lum, C. (1990). The relationship of demographic variables, antepartum depression, and stress to postpartum depression. *Journal of Clinical Psychology, 46*, 588-592.

Puckering, C. (1989). Annotation: Maternal depression. *Journal of Child Psychology and Psychiatry, 30*, 807-817.

Radke-Yarrow, M. (1999). *Children of depressed mothers: From early childhood to maturity*. Cambridge: Cambridge University Press.

Radke-Yarrow, M., Cummings, M., Kuczynski, L., & Chapman, M. (1985). Patterns of attachment in two- and three-year-olds in normal families and in families with parental depression. *Child Development, 56*, 884-893.

Rutter, M. (1990). Commentary: Some focus and process considerations regarding effects of parental depression on children. *Developmental Psychology, 26*, 60-67.

Rutter, M. (1997). Maternal depression and infant development: Cause and consequence; sensitivity and specificity. In L. Murray & P. Cooper (Eds.), *Postpartum depression and child development* (pp. 295-315). London: Guilford Press.

Rutter, M. & Quinton, D. (1984). Parental psychiatric disorder: Effects on children. *Psychological Medicine, 14*, 853-880.

Sameroff, A. J. (1997). Understanding the social context of early psychopathology. In J. D. Noshpitz (Ed.), *Handbook of Child and Adolescent Psychiatry* (pp. 224-236). New York, John Wiley & Sons.

Sameroff, A. J. & Seifer, R. (1995). Accumulation of environmental risk and child mental health. In H. E. Fitzgerald, B. M. Lester & B. Zuckerman (Eds.), *Children of Poverty* (p. 363). New York: Garland Publishing.

Sameroff, A. J., Seifer, R., Baldwin, A., & Baldwin, C. (1993). Stability of intelligence from preschool to adolescence: the influence of social and family risk factors. *Child Development, 64*, 80-97.

Sharp, D., Hay, D., Pawlby, S., Schmücker, G., Allen, H. & Kumar, R. (1995). The impact of postnatal depression on boys' intellectual development. *Journal of Child Psychology and Psychiatry, 36*, 1315-1336.

Stein, A., Gath, D., Bucher, J., Bond, A., Day, A. & Cooper, P. (1991). The Relationship between postnatal depression and mother child interaction. *British Journal of Psychiatry, 158*, 46-52.

Teti, D. M., & Gelfand, D. M. (1997). Maternal cognitions as mediators of child outcomes in the context of postpartum depression. In L. Murray & P. Cooper (Eds.), *Postpartum depression and child development* (pp. 136-164). London: Guilford Press.

Tronick, E. (1989). Emotions and emotional communication in infants. *American Psychologist, 44*, 112-119.

Tronick, E. & Field, T. (1986). *Maternal depression and infant disturbance. New directions for child development* (no.34). San Francisco: Jossey-Bass.

Tronick, E., & Weinberg, M. (1997). Depressed mothers and infants: Failure to form dyadic states of consciousness. In L. Murray & P. Cooper (Eds.), *Postpartum depression and child development* (pp. 54-81). London: Guilford Press.

Watson, J., Elliott, S., Rugg, A. & Brough, D. (1984). Psychiatric disorder in pregnancy and the first postnatal year. *British Journal of Psychiatry, 144*, 453-462.

Webster-Stratton, C. & Hammond, M. (1988). Maternal depression and its relationship to life stress, perceptions of child behavior problems, parenting behaviors, and child conduct problems. *Journal of Abnormal Child Psychology, 16*, 299-315.

Weissman, M., John, K., Merikangas, K., Prusoff, B., Wickramaratne, P., Gammon, G., Angold, A. & Warner, V. (1986). Depressed parents and their children. General health, social, and psychiatric problems. *AJDC, 140*, 801-805.

Weissman, M., Prusoff, B., Gammon, D., Merkangas, K., Leckman, J. & Kidd, K. (1984). Psychopathology in the children (ages 6-18) of depressed and normal parents. *Journal of the American Academy of Child Psychiatry, 23*, 1, 78-84.

Weissman, M., Warner, V., Wickramaratne, P., Moreau, D. & Olofson, M. (1997). Offspring of depressed parents. 10 years later. *Archives of General Psychiatry 54*, 932-940.

Whiffen, V. (1992). Is postpartum depression a distinct diagnosis? *Clinical Psychology Review, 12*, 485-508.

Whiffen, V. & Gotlib, I. (1993). Comparison of postpartum and nonpostpartum depression: Clinical presentation, psychiatric history, and psychosocial functioning. *Journal of Consulting Psychology, 61*, 485-494.

White, C., & Barrowclough, C. (1998). Depressed and non-depressed mothers with problematic preschoolers: attributions for child behaviours. *British Journal of Clinical Psychology, 37* (4), 385-398.

Wickberg-Johansson, B., Erlandsson, B. & Hwang, C. (1996). Primary health care management of postnatal depression in Sweden. *Journal of Reproductive and Infant Psychology, 14*, 69-76.

Wolke, D., & Gutbrod, T. (2001). Was beeinflußt vor allem die Qualität der Mutter-Kind-Interaktion bei sehr kleinen Frühgeborenen: die Mutter, das Kind oder medizinische Komplikationen? In H. Erhardt & D. Porz (Hrsg.), *Neue Wege in der Nachsorge und Palliativversorgung* (S. 140-153). Augsburg: beta Institut für sozialmedizinische Forschung und Entwicklung GmbH.

Wolke, D., & Meyer, R. (1999). Ergebnisse der Bayerischen Entwicklungsstudie: Implikationen für Theorie und Praxis. *Kindheit und Entwicklung, 8*, 24-36.

Wolke, D., Oerter, R. & Kurstjens, S. (2001). Maternal depression and child psychopathology. The effects of maternal depression on child cognitive development, behaviour and self-concept. *Archives of Women's Mental Health, 3 (2)*, 4-5.

Wolke, D., Schulz, J., Meyer, R. (2001). Entwicklungslangzeitfolgen bei ehemaligen, sehr unreifen Frühgeborenen. *Monatsschrift für Kinderheilkunde (Supplement 1), 149*, 53-61.

Wrate, R., Rooney, P., Thomas, P. & Cox, J. (1985). Postnatal depression and child development: A three-year follow-up study. *British Journal of Psychiatry, 146*, 622-627.

13. Kapitel:
Die Bedeutung von Stress für die Familienentwicklung

Guy Bodenmann

13.1 Einleitung

Die Entwicklung der Familie wurde lange Zeit vor allem vor dem Hintergrund von Stufenmodellen sowie normativen und nicht-normativen Übergängen im Familienzyklus (vgl. Aldous, 1978; Carter & McGoldrick, 1988; Duvall, 1971; Rodgers & White, 1993; White, 1991) beschrieben, in deren Rahmen verschiedene familiäre Entwicklungsaufgaben formuliert wurden (vgl. auch Havighurst, 1972). Dabei wurde von den Annahmen ausgegangen, dass (1) verschiedene Phasen im Familienzyklus (z. B. Partnerschaft ohne Kinder, Familien mit Kleinkindern, Vorschulkindern, Kindern im Schulalter, Adoleszenten, im Ablösungsprozess, in der Lebensmitte, im Alter) unterschieden werden können und (2) eine gesunde Entwicklung der Familie und ihrer Mitglieder die jeweils erfolgreiche Bewältigung dieser stufenabhängigen Entwicklungsaufgaben erfordere. Jede Phase ist durch stufentypische Erwartungen, Normen, spezifische Rollen und damit verbundene Macht-, Affekt- und Kommunikationsstrukturen (z. B. Aldous, 1996; Rodgers, 1973), dyadische und familiäre Konstellationen (Entwicklung von Intimität und Sexualität, Entwicklung der Eltern-Kind-Beziehung etc.) (z. B. Feldmann & Feldmann, 1975) und in ihrer zeitlichen Ausdehnung durch tiefgreifende Ereignisse (z. B. Geburt eines Kindes, Auszug aus dem Elternhaus) gekennzeichnet (z. B. White, 1991).

Während diese soziologisch orientierten Stufenmodelle der Familienentwicklung häufig nicht über eine deskriptive Ebene hinausgehen und sich auf die Definition der verschiedenen Phasen beschränken, haben Systemiker stärker die mit Entwicklungsprozessen verbundenen Adaptationsanforderungen an die Familie und die durch die Phasen in der Familie bewirkten Systemveränderungen fokussiert (vgl. Watzlawick, Weakland & Fisch, 1974). Diese Autoren gehen davon aus, dass Übergänge im Familienzyklus (Geburten, Verlassen des Elternhauses etc.) mit mehr oder weniger tiefgreifenden Veränderungen der familiären Kommunikations- und Rollenmustern einher gehen und Anpassungsleistungen im Sinne von Assimilation oder Akkomodation erfordern (vgl. Veränderungen erster und zweiter Ordnung). Mit dieser Konzeption wurde der Stressbegriff implizit in die Familienentwicklungstheorien eingeführt, da eine Unterbrechung von gewohnten Alltagsroutineabläufen, Diskontinuität und Adaptation mit Stress und Stressbewältigung im Zusammenhang stehen.

Die stresstheoretische Perspektive weiter entwickelt haben aber vor allem Carter und McGoldrick (1988), welche eine Brücke zwischen Familienentwicklungstheorie und Stresspsychologie geschlagen haben. In ihrem Ansatz unterscheiden sie *vertikale*, generationenübergreifende Stressoren und horizontale Stressoren, unter welche normative Stressoren (sogenannte Entwicklungsaufgaben) und externe Stressoren (sogenannte kritische Lebensereignisse) subsumiert werden. Während *horizontale Stressoren* sich aus Veränderungen im Lebenszyklus und nicht-normativen Stressoren (wie unerwarteter Tod, chronische Krankheit oder Unfälle) zusammensetzen und auf der Zeitachse der Familienbiographie beschreibbar sind, werden unter *vertikale Stressoren* Stresseinflüsse aufgrund von familiären und intergenerationalen Beziehungsmustern („family patterns"), Familienmythen („myths"), Familiengeheimnissen („secrets") und Familienvermächtnissen („legacies") subsumiert, die sich sowohl auf die Kernfamilie als auch die erweiterte Familie (Großeltern, Geschwister) beziehen. Vertikale Stressoren werden quasi als person- und familienimmanente Stressquelle, als „belastendes Gepäck der Sozialisation" verstanden. Je höher diese Hypothek ist, desto vulnerabler ist die Familie im Hinblick auf horizontale Stressoren.

Schneewind (1999) hat den Ansatz von Carter und McGoldrick (1988) in seinem integrativen Systemmodell der Familienentwicklung weiterentwickelt und ausdifferenziert. Die hauptsächliche Neuerung, die er vorschlägt, bezieht sich auf (1) die vertikalen Stressoren, denen er vertikale Ressourcen dazustellt. Dabei geht Schneewind von der Annahme aus, dass nicht nur negative Erfahrungen in der familiären Sozialisation gemacht, sondern auch Bewältigungsressourcen (z. B. adäquate Problemlösefertigkeiten) zur Verfügung gestellt wurden, (2) die Erweiterung der Systemebenen auf vier Ebenen (Persönlichkeit, Paar-/Familiensystem, Mehrgenerationensystem, extrafamiliäres System), (3) den Einbezug von täglichen Widrigkeiten bei den Stressorklassen und (4) eine klarere zeitliche Gliederung (Vergangenheit, Gegenwart, Zukunft). Daraus resultieren vier entwicklungsrelevante Konstellationen, die sich einerseits durch die Systemebenen und andererseits durch die Stressoren und Ressourcen (vertikal, horizontal) und die Zeitachse (Gegenwart, Zukunft) charakterisieren.

In diesem Beitrag soll ein weiterer stressorientierter Ansatz der Familienentwicklung vorgestellt werden, der sich eher im klinischen Bereich ansiedelt und postuliert, dass Alltagsstress ein zentraler Faktor zum Verständnis von dysfunktionalen Familienentwicklungen ist. Es wird angenommen, dass Stress in vielen Fällen ursächlich für deviantes Verhalten in der Familie (z. B. Gewaltäußerungen) verantwortlich ist und für die Entwicklung und Aufrechterhaltung von internalisierenden und externalisierenden Störungen der Kinder und Jugendlichen ebenso wie der Eltern und die Auflösung der Kernfamilie im Zuge einer Scheidung verantwortlich gemacht werden kann. Diese Überlegungen werden im Folgenden erörtert.

13.2 Eine stressorientierte Perspektive der Familienentwicklung

Stress spielt in der modernen Gesellschaft eine zunehmend wichtige Rolle, von der die Familie nicht ausgespart bleibt, ja im Gegenteil in besonderem Ausmass betroffen ist. So summieren sich häufig hohe Stressbelastungen im beruflichen Umfeld, im Alltag und im Kreise der Familie und Partnerschaft, wobei das Ineinandergreifen von Stress vom einen in den anderen Bereich die Grenzen zwischen privatem und öffentlichem Lebensraum immer mehr verschwinden lässt, wodurch eine disjunkte Trennung von Stress in verschiedenen Bereichen schwieriger wird und multiple Wechselwirkungen und reziproke Beeinflussungsprozesse stattfinden. Dabei interagieren externe normative und nicht-normative Stressoren und tägliche Widrigkeiten mit internen Stressoren (Persönlichkeitsstruktur, Kompetenzdefizite) bei jedem einzelnen Familienmitglied ebenso wie im wechselseitigen Zusammenspiel.

Externer Stress, mit dem die Familie konfrontiert ist, resultiert dabei nicht nur aus *objektiven physikalischen* ungünstigen Bedingungen (z. B. hohe Lärmbelastung und Luftverschmutzung in Städten, dichte Bebauungsweise, ungenügende Innen- und Aussenwohnflächen und mangelnde oder nicht kindgerechte Kinderspielplätze, Gefahren für die Kinder durch Strassenverkehr und Kleinkriminalität), sondern ebenso aufgrund von *strukturellen* Bedingungen (z. B. ungenügende extrafamiliäre Betreuungsbedingungen, kindbedingte hohe Kosten, eine unbefriedigende Familienpolitik) und der *Konfrontation* mit Alltagswidrigkeiten (z. B. unangenehme Nachbarn, tägliche Widrigkeiten), kritischen Lebensereignissen (z. B. Umzug, Arbeitslosigkeit, Wiedereinstieg der Mutter in die Berufstätigkeit) und Entwicklungsaufgaben im Familienzyklus (Einschulung der Kinder, Pubertät, Berufswahl etc.).

Die Familie befindet sich in einem komplexen Spannungsfeld verschiedener Stresseinwirkungen und wird in ihrer Entwicklung von diesen Stressoren permanent geformt und verändert. Im Folgenden soll auf diese Einflüsse näher eingegangen werden und die Bedeutung von Stress für die familiäre Entwicklung im Allgemeinen und für die Entwicklung von familiären Problemen im Besonderen näher betrachtet werden. Zuerst soll jedoch eine Definition von Stress gegeben werden, damit geklärt ist, wovon im Folgenden gesprochen wird.

13.3 Definition von Stress

Der *Stressbegriff* hat in den letzten Jahrzehnten in der Psychologie unterschiedliche Bedeutungen gehabt und wandelte sich von der Sicht von Stress als *Auslöser* von psychischen und physischen Krankheiten (stimulusorientierte Sicht von Stress; Dohrenwend & Dohrenwend, 1974; Dohrenwend, Dohrenwend, Dodson & Shrout, 1984; Filipp, 1990; Hobfoll, 1989; Holmes & Rahe, 1967) über Stress als *Reaktionsverlauf* und allgemeines Adaptationssyndrom (Selye, 1946, 1974) zum heute allgemein anerkannten transaktionalen Verständnis von Stress (z. B. Lazarus & Folkman, 1984; Lazarus & Launier, 1978). Gemäss diesem Ansatz ist Stress eine Beziehung zwischen einer Person und deren inneren und äußeren Umwelt, wobei diese Beziehung die eigenen Kräfte und Bewältigungsmöglichkeiten aus der Sicht der betroffenen Person in besonderem Masse beansprucht oder übersteigt. Dabei wird eine Gefährdung der eigenen Gesundheit, der sozialen Anpassung oder der Leistungsfähigkeit wahrgenommen. Stress stellt somit ein Ungleichgewicht zwischen inneren und äußeren Anforderungen an die Person und ihren Möglichkeiten darauf zu reagieren dar, wobei dieses Ungleichgewicht objektiv nicht unbedingt bestehen muss, jedoch subjektiv so erlebt wird. Stress löst bei der betroffenen Person das Gefühl aus, den an sie gestellten Anforderungen nicht gewachsen zu sein, sie empfindet sich als hilflos, ausgeliefert und antizipiert negative Konsequenzen. Von negativem Stress („distress") kann positiver, aktivierender Stress („eustress") unterschieden werden. Weiter können verschiedene Formen von Stress differenziert werden, wie (a) *Makrostressoren*, die sich in Entwicklungsaufgaben (vgl. Havighurst, 1972) und kritische Lebensereignisse (vgl. Filipp, 1990) unterteilen lassen und (b) *Mikrostressoren*, die Alltagsanforderungen und tägliche Widrigkeiten umfassen (z. B. Kanner, Coyne, Schaefer & Lazarus, 1981). Die Paar- und Familienforschung hat sich seit mehreren Jahren intensiv mit der Bedeutung von negativem Stress („distress") für die Partnerschaft und Familie auseinandergesetzt und die Familienstresspsychologie führte bereits in den frühen 30er-Jahren einen stimulierenden wissenschaftlichen Diskurs zu diesem Thema. So datieren die ersten Familienstresstheorien in die Anfänge dieses Jahrhunderts zurück und charakterisierten sich lange Zeit durch drei Merkmale: (a) einen soziologischen Zugang (v.a. im amerikanischen Sprachraum), (b) die in der englischen Literatur durch Sozialarbeiter vertretene Tendenz, die Familie zu pathologisieren und (3) die Ausrichtung auf familiäre Krisen und deren Bewältigung. Stress kam in diesen Ansätzen durch Armut bzw. im späteren Verständnis durch ein Konglomerat von pathologischen Familienmitgliedern, einer schlechten Passung untereinander und aversiven äußeren Umständen (kriegsbedingte Trennungen, Wirtschaftskrisen) zustande. In der amerikanischen Forschungstradition wurde dagegen das Augenmerk vor allem auf prozessuale Faktoren, krisenanfällige Familien („crisis-prone families") und Faktoren, welche die Überwindung von Krisen begünstigen oder erschweren gerichtet, womit familiäre Ressourcen- und Resilienzfaktoren bereits früh thematisiert wurden (vgl. Angell, 1936; Cavan & Ranck, 1938).

Das erste umfassende Stress- und Krisenmodell stellt das ABCX-Modell von Hill (1949) dar, welches im Roller-Coaster-Modell mit den Phasen Krise, Desorganisation, Erholung und Reorganisation bereits prozessual angelegt war und eine Stress-Coping-Dynamik auf der Ebene der Konfrontation mit Makrostressoren beschrieb. Hill (1949) hat die englischen und amerikanischen Forschungsansätze in sein ABCX-Modell integriert.

Der A-Faktor kennzeichnet in seinem Modell das potentiell krisenauslösende Ereignis, der B-Faktor die familiären Ressourcen, der C-Faktor die dem Ereignis von der Familie zugeschriebene Bedeutung (Einschätzung) sowie die X-Komponente die Krise. Im Verständnis des Autors lässt dabei erst die Betrachtung der Interaktionseffekte zwischen A (Stressereignis), B (familiäre Ressourcen) und C (Definition des Stressors durch die Familie) Aussagen über das Auftreten einer Krise (X) zu, wobei der subjektiven Sicht der Familie (C-Faktor, welcher weiter die objektive Einschätzung des Ereignisses durch einen aussenstehenden Beobachter und die kulturelle Beurteilung der Gesellschaft beinhaltet) und den Ressourcen ein besonderes Gewicht zukommt.

Nachdem das ABCX-Modell von Hill mehr als zwei Jahrzehnte unverändert blieb, waren die 70er-Jahre geprägt durch die Synthese und Erweiterung der bis dato vorliegenden Konzeption durch Burr (1973) bzw. durch rege Forschungstätigkeiten, welche sich zum Ziel setzten, diesen Ansatz empirisch zu untermauern (McCubbin, Joy, Cauble, Comeau, Patterson & Needle, 1980).

Burr (1973) ergänzte den Ansatz von Hill um zwei neue Konzepte: die *„familiäre Regenerationsfähigkeit"* (regenerative power) sowie die *„familiäre Vulnerabilität„* und stimulierte so die erneute Auseinandersetzung mit dem ABCX-Modell in der Literatur. In der Tradition von Koos (1946) thematisiert der Begriff familiäre Regenerationsfähigkeit, in Ergänzung zum ABCX-Modell, auch die Nachkrisenphase und bildet damit die Grundlage für die von McCubbin und Patterson (1983) vorgeschlagene Erweiterung des Ansatzes im doppelten ABCX-Modell respektive im FAAR (Modell der familiären Anpassung und Adaptation), wodurch in diesem Modell der prozessuale Charakter von Krisen (Phase des Widerstandes, der Restrukturierung und der Konsolidierung) noch akurater berücksichtigt wird und auch die einzelnen Komponenten des Modells eine weitere Differenzierung erfahren (siehe für eine detailliertere Darstellung Bodenmann, 2000a).

Von großer Bedeutung sind in diesem Ansatz Adaptationen bzw. übergreifende Bedeutungszuschreibungen und eine neue Lebensorientierung. Angegebene Copingstrategien sind das „synergizing" (familiäres Bemühen um Koordination und geteilte Lebensorientierung), das „interfacing" (das Abstimmen von familiären Bedürfnissen und gesellschaftlichen Anforderungen) sowie das „compromising" (sich zufrieden geben mit einer nie ganz perfekten Lösung). Zudem wird als Zielsetzung der Bewältigungsbemühungen wiederum die Aufrechterhaltung des Systems (Integrität, Moral, Selbstwert) verstanden. In neuerer Zeit haben die Autoren eine Weiterentwicklung unter Einbezug von familiären Typen im Resilienzmodell des Familienstresses („resiliency model of family stress, adjustment and adaptation") vorgeschlagen.

Einen anderen Ansatz zu Familienstress haben Burr und Klein (1994) vorgeschlagen. Sie kritisieren die deterministische Ausrichtung sowohl des ursprünglichen ABCX-Modells als auch des Roller-Coaster-Modells und fokussieren stärker auf die in den jeweiligen Stadien des Stressgeschehens praktizierten Copingstrategien. In Anlehnung an das Konzept der Veränderungen zweiter Ordnung (Watzlawick, Weakland & Fisch, 1974) unterscheiden die Autoren drei Abstraktionsebenen der Belastungsbewältigung (Burr & Klein, 1994): auf dem niedrigsten Abstraktionsgrad werden Strategien zur Veränderung von spezifischem, beobachtbarem Verhalten aktualisiert. Reichen diese zur Herstellung der familiären Homöostase nicht aus, wird auf Copingprozesse der zweiten Abstraktionsebene rekurriert, d. h. auf Strategien zur Veränderung von Meta-Regeln (z. B. von Problemlösestrategien). Lässt sich auch mit Hilfe dieser Bewältigungsformen das ursprüngliche familiäre Gleichgewicht nicht wieder herstellen, werden Niveau-III-Coping-Strategien herangezogen, welche die Veränderung von fundamentalen Annahmen, von Werten bzw. der grundlegenden Lebensphilosophie im Sinne von Reiss (1981) umfassen.

Die amerikanischen Familienstressmodelle wurden in jüngster Zeit in Europa durch Ansätze ergänzt, welche stärker (a) Alltagsstressoren und (b) Mikroprozesse berücksichtigen (Bodenmann-Kehl, 1999; Perrez, 1994) (siehe für einen detaillierteren Überblick Bodenmann, 2000a).

13.4 Eine neue stresstheoretische Sicht der Familienentwicklung: Stress als kausaler Faktor für ungünstige Familienentwicklungen

13.4.1 Relevante familienexterne Stressoren

13.4.1.1 Berufliche Belastungen als relevante Stressquelle für Familien

Es ist eine Tatsache, dass die moderne Familie einer hohen externen Stressbelastung ausgesetzt ist. *Beruflicher Stress* spielt dabei, neben anderen stressrelevanten Rahmenbedingungen, eine Schlüsselrolle und stellt direkt wie indirekt eine weitreichende Belastungsquelle für die Partnerschaft und die Familie dar. Eine große berufliche Belastung, gekennzeichnet durch ein hohes Arbeitspensum und Überstunden, reduziert rein zeitlich die Möglichkeit, in der Familie präsent zu sein und sich für Anliegen der Familienmitglieder zu interessieren und ihnen Raum und Bedeutung zu geben. Eine stärkere Gewichtung des Berufs zu Ungunsten der Familie erfolgt aufgrund einer weit verbreiteten Angst vor Arbeitslosigkeit, der Wahrung beruflicher Aufstiegschancen oder Konkurrenzkämpfen am Arbeitsplatz.

> So gaben in einer Untersuchung eines deutschen Gesundheitsmagazins 29.2 % der Männer und 38.5 % der Frauen an, dass sie um der Karriere willen die Partnerschaft aufs Spiel setzen würden und 9.2 % der Männer und 3.1 % der Frauen gaben an, dass dies aufgrund äußerer Rahmenbedingungen (selbständiger Erwerb) notwendig sei. In derselben Untersuchung gaben 77 % der Männer und 83 % der Frauen an, dass die moderne Arbeitswelt grundsätzlich oder gelegentlich beziehungsfeindlich sei und 15.4 % der Männer respektive 6.2 % der Frauen schilderten, dass bereits eine Partnerschaft am beruflichen Stress zerbrochen sei (Fit for Fun, 2000).

Diese populärwissenschaftliche Untersuchung, welche keine Angaben zur Stichprobenzusammensetzung oder -größe macht und daher mit Vorsicht zu interpretieren ist, deckt sich jedoch mit eigenen empirischen Befunden.

> Wie Bodenmann (2000a) in seinem Überblick zeigt, gaben 87 % einer akkumulierten Stichprobe von 600 Paaren beruflichen Stress als relevante Belastungsquelle im Alltag an, die von 37 % der Männer und 29 % der Frauen als stark belastend beschrieben wurde. Im Vergleich zu verschiedenen anderen Stressbereichen (z. B. Herkunftsfamilie, Kindererziehung, Finanzen, Freizeit), rangierte beruflicher Stress (neben täglichen Widrigkeiten) auch in mehreren anderen Studien unter den Hauptstressoren. In einer Stichprobe von Familien

mit zwei Kindern im Alter zwischen 12 und 16 Jahren ($N = 120$ Familien) fand Bodenmann-Kehl (1999) ein ähnliches Ergebnis, wonach 77.2 % der befragten Männer berufliche Belastungen als den häufigsten Stressbereich angaben.

Neben einem direkten negativen Zusammenhang zwischen beruflichem Stress und dem Familienleben durch eine Verringerung der für die Familie verfügbaren Zeit ist letzteres häufig auch indirekt von beruflichen Belastungen betroffen, indem der am Arbeitsplatz erlebte Stress auf die Partnerschaft oder die Familie übergreift und das Familienklima infiziert (vgl. „Spill-over" von Stress). So konnten mehrere Studien nachweisen, dass sich berufliche Belastungen auf die Qualität der dyadischen Interaktion mit dem Partner zu Hause negativ auswirken, indem mehr Rückzugsverhalten (sich abschotten, den Partner ignorieren, in Ruhe gelassen werden wollen) oder Negativität in der Interaktion (mehr Ärgerausdruck, höhere Hostilität und Kritik) zu beobachten sind (z. B. Crouter et al., 1989; Krokoff, 1991; Repetti, 1989). Eltern, die tagsüber Stress am Arbeitsplatz erfahren haben, zeigen abends ungünstigeres Erziehungsverhalten gegenüber ihren Kindern und reagieren häufiger mit Rückzug (Repetti, 1994; Repetti & Wood, 1997). Negative Auswirkungen von beruflichem Stress auf die dyadische Interaktion belegen auch die Daten von Halford, Gravestock, Lowe, und Scheldt (1992), welche zeigen, dass werktags mehr Partnerschaftskonflikte auftreten als am Wochenende.

Wenn beide Partner berufstätig sind, dürfte sich die Situation mitunter häufig noch verschärfen. Wie Rapoport und Rapoport (1969) berichten, zeichnen sich Zwei-Verdiener-Ehepaare häufig durch eine Rollenüberlastung aus und auch Yogev (1983) thematisiert die Aufteilung und Handhabung von Zeit (Regelung von Tagesabläufen, Organisation von familiären und beruflichen Verpflichtungen, Zeitaufteilung für Beruf, Haushalt, Kinder, Partnerschaft) als eine wichtige Stressquelle. Dabei wird zwischen der real zur Verfügung stehenden Zeit und der „emotionalen Zeit" (d. h. der Zeit, welche das Paar für Gemeinsamkeiten und Intimität zur Verfügung hat) unterschieden. Während beruflicher Stress bereits bei der realen Zeit erhebliche Einschränkungen mit sich bringt, sind die Auswirkungen auf die „emotionale Zeit" in besonderem Masse problematisch. Unter Stress ist diese nicht nur quantitativ, sondern auch qualitativ reduziert.

13.4.1.2 Finanzielle Belastungen als relevante Stressquelle für Familien

Familien sind aufgrund verschiedener Studien erheblichen finanziellen Belastungen ausgesetzt (vgl. Deiss, Guillaume & Lüthi, 1988; Schneewind, 1992; Votteler, 1987). Dies äußert sich zum einen in einem deutlich niedrigeren Brutto-Pro-Kopf-Einkommen von Familien mit Kindern im Vergleich zu kinderlosen Ehepaaren, einer erhöhten Wahrscheinlichkeit von finanziellen Engpässen (zu geringes Familieneinkommen, Schulden, Verzicht auf den gewünschten Lebensstandard), andererseits jedoch in vielen Fällen auch in der Notwendigkeit, dass beide Eltern erwerbstätig sind. Mit steigender Kinderzahl nimmt damit nicht nur der erreichbare Wohlstand ab, sondern auch das Risiko finanzieller Belastungen zu. Entsprechend sind unter den Sozialzulageempfängern Familien mit drei und mehr Kindern prozentual übervertreten.

Eine Untersuchung von Bucher und Perrez (2000) zeigt entsprechend, dass 76 % der Frauen erwerbstätig sind, weil sie auf Zusatzeinkünfte angewiesen sind. Eine Reduktion oder ein Verzicht auf eine Erwerbstätigkeit der Mutter ist bei diesen Familien aus finanziellen Gründen meist ausgeschlossen. 29 % der befragten Familien gaben an, dass finanzielle Probleme im letzten Jahr öfter bis sehr oft Stress ausgelöst hätten. In der erwähnten Untersuchung von Bodenmann (2000a) an 600 Paaren einer Gemeindestichprobe fungierte finanzieller Stress an vierter Stelle (von 57.5 % der Befragten als mittelmäßig bis stark belastend angegeben).

Gemäss den Befunden von Bucher und Perrez (2000) ist die Zufriedenheit mit dem Familieneinkommen negativ mit dem Ausmaß an Alltagsbelastungen und positiv mit dem psychischen Wohlbefinden korreliert. Finanzieller Stress wirkt sich zudem häufig auf Einschränkungen der Wohnqualität (billigere und kleinere oder weniger attraktiv gelegene Wohnungen), des Freizeitangebots (fehlende oder eingeschränkte Freizeitaktivitäten oder Verzicht auf gewünschte Freizeitangebote) sowie eine mangelnde kulturelle, soziale und intellektuelle Stimulation (Reduktion oder Wegfall der Nutzung von Bildungsangeboten und Kursen, des Besuchs von kulturellen oder sozialen Ereignissen und Anlässen) aus. Diese finanziell bedingten Deprivationen bedeuten nicht nur eine Einschränkung des Verstärkeruniversums einer Familie, sondern zementieren gleichzeitig pathogene Rahmenbedingungen.

13.4.1.3 Mangel an familienexterner Kinderbetreuung als relevante Stressquelle für Familien

Die Betreuung von Kindern außerhalb der Familie ist in vielen europäischen Ländern ein Problem, das mit (a) zu wenig Betreuungsplätzen, (b) zu hohen mit der Betreuung verbundenen Kosten oder (c) ungenügend qualifiziertem Betreuungspersonal zusammenhängen kann. Das Angebot an staatlich finanzierten Betreuungsangeboten von Kindern unter drei Jahren ist in den meisten europäischen Ländern ungenügend (Ausnahmen sind Dänemark und Schweden) und liegt gemäss Schätzungen der Europäischen Union sehr tief, wonach lediglich maximal 5-6 % der Kinder in diesem Alter einen Betreuungsplatz zur Verfügung haben (vgl. Hurrelmann, 1993). Während die Situation in größeren Städten besser ist als auf dem Land (z. B. in Berlin oder München steht für rund 20 % der Kinder dieser Altersklasse ein Hortplatz zur Verfügung), liegt die Versorgungsrate in umliegenden Agglomerationen zwischen 1 und 2 % (Bertram, 1993). Für ältere Kinder sieht die Lage dagegen meist besser aus. So wurde für Dänemark, Deutschland und Italien eine Betreuungsquote von ca. 75 %, in Griechenland, Luxemburg, Irland und Spanien von 50-75 % und in Frankreich oder Belgien von nahezu 100 % ermittelt. Eine ungünstige Situation bezüglich der familienexternen Kinderbetreuung findet sich in Großbritannien, Portugal und der Schweiz (Ermert, 1996). So zeigt eine Studie zur Situation der Tagesbetreuung von Kindern in der Schweiz, dass die familienexterne Betreuungssituation katastrophal ist und für die 650.000 Kinder unter 15 Jahren, die eine erwerbstätige Mutter haben, nur ein Betreuungsplatz auf 16 Kinder zur Verfügung steht (Nadai, 1993). Entsprechend organisieren 42 % der Familien mit vollerwerbstätigen Müttern und 52 % der Familien mit einer Mutter, die Teilzeit arbeitet, die Kinderbetreuung innerhalb der Familie.

> In der bereits zitierten Untersuchung von Bucher und Perrez (2000) an 552
> Familien einer größeren Schweizer Stadt (Basel) gaben 93 % der Befragten an,
> dass keine Kinderbetreuung im Betrieb vorhanden sei, und auch das andere den
> Familien zur Verfügung stehende Betreuungsangebot für Kinder fiel eher un-
> zufriedenstellend aus. So zeigte sich, dass Kinderkrippen in 56.9 % der Fälle,
> Tagesheime in 43.8 %, Tageseltern in 38.5 %, Tagesschulen in 18.5 %, Kin-
> derhütedienste in 27.7 % und eine Betreuung von Schulkindern über die Mit-
> tagszeit in 26.2 % der Fälle in der Nähe vorhanden waren. Betreute
> Kindertreffpunkte während der Freizeit standen in 43.1 % der Fälle zur Verfü-
> gung.

Diese strukturell mangelhaften Betreuungsangebote führen laut dieser Studie dazu, dass die meisten Kinder durch Verwandte oder Nachbarn und Freund bzw. Freundinnen betreut werden, wenn die Eltern die Betreuung nicht selber übernehmen können. Fehlen diese Betreuungspersonen, bringt dies für die betroffenen Familien in vielen Fällen erhebliche Belastungen mit sich.

Die finanzielle Belastung im Zusammenhang mit der Fremdbetreuung wird von 48.2 % der Familien als ein Grund genannt, weshalb auch bestehende Betreuungsangebote nicht genutzt werden (Bucher & Perrez, 2000).

Stehen Betreuungsangebote zur Verfügung und können diese genutzt werden, liegt ein besseres Wohlbefinden der befragten Familien vor und die erlebten Alltagsbelastungen nehmen ab. Dies auch vor dem Hintergrund, dass eine familienexterne Betreuung durch kompetentes Personal häufig nicht nur mit einer zeitlichen Entlastung der Eltern (insbesondere der Mutter) einher geht, sondern auch bezüglich des Wohlbefindens des Kindes positive Aspekte mit sich bringt, die sich ihrerseits konstruktiv auf das Familienklima auswirken (vgl. z. B. Rubenstein & Howes, 1979).

13.4.2 Die Bedeutung von familienexternen Stressoren für die Familienentwicklung

Familienexterne Stressoren schaffen einen ungünstigen oder vulnerabilisierenden Kontext, welcher sich destruktiv auf das Familienklima auswirken kann. Je höher die Belastungen der Familie durch familienexterne Stressoren sind, desto weniger Ressourcen stehen für die Bewältigung von Alltagsanforderungen, kritischen Lebensereignissen und Entwicklungsaufgaben zur Verfügung. Familienexterne Stressoren sind häufig der Nährboden für familieninterne Belastungen (siehe Abbildung 1).

Die beschriebenen familienexternen Stressoren wirken primär auf die Eltern ein und beeinflussen in erster Linie deren Stresserleben, Befinden und ihre Ressourcen. Über die Eltern färben sie jedoch das Familienklima ein, welches maßgeblich von diesen geprägt und affektiert ist. Die für die Kinder verfügbare Zeit und die damit einher gehende emotionale Verfügbarkeit (eine Grundlage für eine hohe familiäre Kohäsion) sowie die Häufigkeit, Dauer und Intensität von elterlichen Konflikten und Spannungen bilden ebenso einen ungünstigen Humus für die kindliche Entwicklung wie ein durch familienexterne Stressoren begünstigter dysfunktionaler Erziehungsstil. Auf diese Aspekte soll bei den familieninternen Stressoren weiter eingegangen werden.

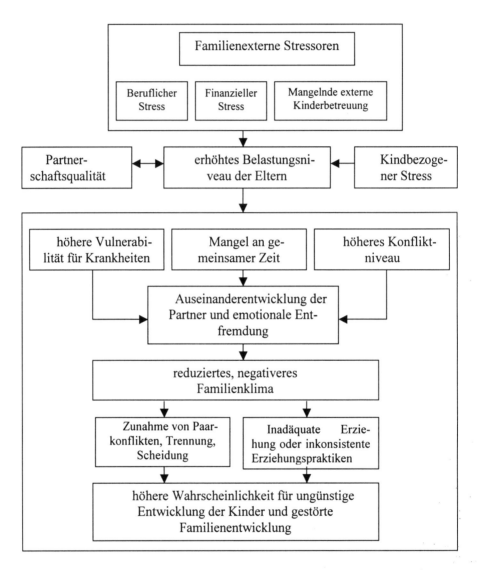

Abbildung 1: Der Einfluss von familienexternen Stressoren auf die Familie und deren Entwicklung

13.5 Relevante familieninterne Stressoren

Neben familienexternen Stressoren liegt in der Familie selber ein beachtliches Stresspotential, das jedoch durch die familienexternen Stressoren zusätzlich dynamisiert und akzentuiert werden kann. Für die Eltern können als familieninterne Stressoren (a) eine niedrige Beziehungsqualität mit damit kovariierenden Kommunikationsstörungen und einer hohen Konflikthäufigkeit, (b) Belastungen im Zusammenhang mit den Kindern und (c) Stress im Zusammenhang mit der Herkunftsfamilie unterschieden werden. Für die Kinder sind familieninterne Stressoren insbesondere (a) Partnerschaftsprobleme der Eltern und (b) das dysfunktionale Erziehungsverhalten der Eltern.

13.5.1 Familieninterne Stressoren für die Eltern

> In einer Untersuchung von Bodenmann (2000a) geben 60 % der befragten Paare Stress im Zusammenhang mit der *Partnerschaft* an, der von 11 % der Männer und 14 % der Frauen als stark bezeichnet wird. Stress im Zusammenhang mit der *Kindererziehung* (Ungehorsam usw.) wird von 34 % der Frauen und 48 % der Männer als mittelmäßig belastend und von 14 % der Frauen und 11 % der Männer als stark belastend beschrieben. Starke Belastungen im Zusammenhang mit der *Herkunftsfamilie* (Abgrenzung von der Herkunftsfamilie) geben 12 % der Frauen und 5 % der Männer an.
>
> Partnerschaftsinterner Stress wird dabei häufig im Zusammenhang mit einer unbefriedigenden Aufgabenteilung im Haushalt (von 71.4 % der Paare als stressend erlebt), unterschiedlichen Bedürfnissen bezüglich Gemeinsamkeiten (von 84.3 % der Paare als belastend erlebt) und unterschiedlichen Zielen (von 64.7 % der Paare als belastend angegeben) genannt. *Sexuelle Probleme* (von 55.6 % der Paare als belastend wahrgenommen), unterschiedliche *Werte* und *Weltanschauungen* (von 54.8 % der Paare als Stressquelle eingeschätzt) sowie *Streitigkeiten/Konflikte* mit dem Partner (von 51.9 % der Paare als belastend eingeschätzt) wurden insgesamt etwas weniger häufig als belastend angegeben, jedoch immerhin von rund 4 von 10 Paaren als in mittlerem Ausmaß stressend eingeschätzt (Bodenmann, 2000a; vgl. auch Almeida & Kessler, 1998).

Ein weiterer relevanter Belastungsbereich stellt die heutige Rollenunsicherheit dar. Die früher über Jahrhunderte gültigen Rollenskripte für Frauen und Männer sind modernen Rollenvorstellungen gewichen und haben Veränderungen mit sich gebracht, die zum Teil noch nicht wirklich im Verhalten gefestigt sind und eine neue, eigene Ausfüllung der Rollen verlangen, die viele als beanspruchend oder überfordernd erleben.

Ein familieninterner Stressfaktor von höchster Priorität sind für die meisten Eltern jedoch die Kinder (Cox, Owen, Lewis & Henderson, 1989). Dass Kinder für die

Partnerschaft Belastungen mit sich bringen, ist seit längerem bekannt und besonders evident im Zusammenhang mit Untersuchungen zum Übergang zur Elternschaft So zeigt die Studie von Menaghan (1982), dass ein Drittel der werdenden Eltern im Zusammenhang mit der Elternschaft erhebliche Belastungen wahrnehmen, und die im Zuge der Elternschaft zu beobachtende Abnahme der Partnerschaftszufriedenheit darf in den meisten Fällen auf Stress zurückgeführt werden (vgl. Belsky, 1985).

In der eigenen Untersuchung an 600 Paaren einer Gemeindestichprobe gaben 52 % der Befragten Stress im Zusammenhang mit Kindern an, und Bodenmann-Kehl (1999) fand bei Paaren mit adoleszenten Kindern bei 76 % der Frauen und 67 % der Männer kindbezogene Belastungen. Die Untersuchung von Bodenmann und Schumacher (1997) ergab vergleichbare Zahlen mit 76 % der Mütter und 62 % der Väter, welche Stress im Zusammenhang mit den Kindern berichteten. In der Untersuchung von Bucher und Perrez (2000) gaben 16 % der befragten 552 Familien an, dass sie öfter bis sehr oft Stress im Zusammenhang mit den Kindern erlebt hätten, der durch Schul- oder Verhaltensprobleme ausgelöst wurde. Stress im Zusammenhang mit den Kindern geht meist mit (a) einem eingeschränkten eigenen Spielraum (reduzierte Zeit für sich selber oder den Partner), (b) einem hohen Betreuungsaufwand und hoher emotionaler Investition, (c) Sorgen um das Befinden und die günstige Entwicklung der Kinder sowie (d) anspruchsvollen Erziehungssituationen und Versagensgefühlen einher. Unter Stress eingeschränkte Erziehungskompetenzen stoßen häufig einen Teufelskreis an, in welchem die „schwierigen" Kinder nicht nur mehr Stress durch ihr inadäquates Verhalten und negatives psychisches Befinden bedeuten, sondern bei den überlasteten Eltern zusätzlich Schuld- und Versagensgefühle auslösen.

13.5.2 Familieninterne Stressoren für die Kinder

Für die Kinder sind vor allem (a) elterliche Spannungen und (b) inadäquates Erziehungsverhalten der Eltern familieninterne Stressoren.

Die Erkenntnis, dass Partnerschaftsstörungen mit Problemen von Kindern und Jugendlichen kovariieren, gilt heute als empirisch breit abgestützt (z. B. Katz & Gottman, 1993; Fincham & Osborne, 1993; Gordis, Margolin & John, 1997; Kurdek, 1991; McDonald & Jouriles, 1991; Patterson, Reid & Dishion, 1992; Smith & Jenkins, 1991). Eine Untersuchung von Fincham und Osborne (1993) zeigt sogar, dass Partnerschaftskonflikte für kindliche Auffälligkeiten prädiktiver sind als Faktoren wie Depression der Eltern, ein gestörtes Eltern-Kind-Verhältnis oder ungünstige Erziehungsstile der Eltern (vgl. auch Jenkins & Smith, 1991). Zwischen 25-70 % der Kinder, welche tätlichen Konflikten zwischen den Eltern ausgesetzt sind, manifestieren klinisch auffälliges Verhalten (McDonald & Jouriles, 1991). Dabei sind emotionale oder behaviorale Auffälligkeiten der Kinder dann wahrscheinlicher, wenn die Konflikte heftig sind und Gewaltkomponenten beinhalten (vgl. Jouriles, Mahoney, Norwood, McDonald & Vincent, 1996). Besonders spektakulär sind in diesem Zusammenhang die Befunde von Katz und Gottman (1993), welche, basierend auf einer 3-Jahres-Längsschnittuntersuchung anhand von Videoaufnahmen von dyadischen Konfliktgesprächen der Eltern und Einschätzungen des kindlichen Verhaltens durch die Lehrer bzw. Lehrerinnen negative Auswirkungen von zwei konfliktuösen Streitmustern (Rückzug versus gegenseitige hostile Interaktion) auf kindliches Verhalten im Alter zwischen 4 und 5 Jahren untersuchten. Während Variablen wie die Ehezufriedenheit, Trennungs- und Scheidungsgedanken und das Temperament des Kindes keine Vorhersage der kindlichen Reaktionen erlaubten, zeigte sich in dieser Studie, dass das Rückzugs-Kommunikationsmuster des Paares mit mehr internalisierenden Verhaltensstörungen der Kinder (Ängste, Depressionen) und eine hostile dyadische Interaktion, gekennzeichnet durch Verächtlichkeit, Provokation, Dominieren etc. mit mehr externalisierenden Verhaltensauffälligkeiten (delinquentes Verhalten, Aggressionen) der Kinder einhergingen. Nach neueren Erkenntnissen liegen dabei bereits in frühster Kindheit Wechselwirkungen zwischen ehelichen Spannungen und kindlichen Verhaltensauffälligkeiten vor (vgl. Weindrich et al., 1992).

Als *zweiter zentraler familieninterner Stressor* für Kinder erwies sich in mehreren Untersuchungen ein dysfunktionaler Erziehungsstil der Eltern. So fand sich ein bestrafungsorientierter oder inkonsistenter Erziehungsstil (häufige Anwendung von körperlicher oder verbaler Strafe) mit mehr Ängstlichkeit und geringerer Kompetenzerwartung (z. B. Herrmann, Schwitajewski & Ahrens, 1968; Krohne, Kohlmann & Leidig, 1986) und einer geringeren intellektuellen Leistungsfähigkeit des Kindes assoziiert (z. B. Krohne & Rogner, 1982).

Innerhalb der externalisierenden Verhaltensstörungen (Delinquenz, Aggression, Vandalismus etc.) wies eine Studie von Saile und Gsottschneider (1995) an 59 Müttern zudem nach, dass hyperaktives Verhalten des Kindes im Alter von neun Jahren signifikant mit der Anwendung von bestrafungsorientierten Erziehungspraktiken, stärkerer Unsicherheit und Selbstkritik sowie weniger Gelassenheit und Souveränität einhergeht. Ist der Erziehungsstil der Eltern punitiv und liegt gleichzeitig eine niedrige familiäre Unterstützung vor, ist zudem das Risiko für einen höheren Substanzkonsum (Alkohol, Drogen) oder Substanzmissbrauch grösser (Foxcroft & Lowe, 1995, 1997). Dieselben Autoren fanden in einer früheren Untersuchung, dass die Art des Familienklimas in Abhängigkeit des Geschlechts und im Hinblick auf den Typ der Substanz (Alkohol, Nikotin, Drogen) eine beachtliche diskriminative Validität beweist. So zeigten männliche Jugendliche, die eine eher autoritäre Erziehung erfuhren (hohe Kontrolle, niedrige Unterstützung) und häufigen Liebesentzug (niedrige Kontrolle, niedrige Unterstützung) einen stärkeren Konsum psychotroper Substanzen, während junge Frauen die ihre Familie als warm-direktiv (hohe Kontrolle und hohe Unterstützung) wahrnahmen, weniger Alkohol tranken, dafür häufiger Probleme mit Rauchen zu bewältigen versuchten und einen höheren Substanzkonsum zeigten (Foxcroft & Lowe, 1995). Eine niedrige familiäre Kohäsion und eine geringe Erziehungsverpflichtung (laissez-faire-Erziehungsstil) waren dagegen in der Studie von Machamer und Gruber (1998) mit einem höheren Risiko für Substanzkonsum assoziiert (vgl. auch Sulkunen & Rosenberg, 1987).

13.5.3 Die Bedeutung von familieninternem Stress für eine ungünstige Familienentwicklung

In unserem stresstheoretischen Ansatz der Familienentwicklung wird davon ausgegangen, dass Stress in vielen Fällen in der Kausalkette für eine dysfunktionale Familienentwicklung an erster Stelle steht. Ob es zu einer negativen Entwicklung kommt, hängt dabei neben dem effektiven Belastungsausmaß und der familiären Vulnerabilität (vgl. Burr, 1973) vor allem von zentralen Ressourcen (individuellen, dyadischen und familiären Kompetenzen bezüglich Kommunikation, Problemlösung und Stressbewältigung; vgl. Bodenmann, 2000a; Bodenmann-Kehl, 1999) ab.

Konkret wird angenommen, dass im Verlauf der familiären Biographie das Belastungspotential, dem jeder einzelne Partner ausgesetzt ist, zunimmt, und Familien in der mittleren Lebenshälfte am stärksten von Stress betroffen sind. Diese Zunahme des Belastungsausmaßes resultiert aufgrund äußerer Lebensumstände wie das zunehmende berufliche Engagement und die karrierebedingten Verpflichtungen, die Verantwortungsübernahme im Erwachsenenleben, die Betreuung und Erziehung der Kinder sowie die damit einhergehenden Mehrfachbelastungen als Eltern, Partner und Berufsleute. Freiräume für sich, den Partner und die Familie werden damit zusehends eingeschränkter und weichen multiplen Verpflichtungen. Um gleichwohl noch Phasen der individuellen Regeneration und des persönlichen Ausgleichs zu finden, werden dyadische Momente zugunsten von individuellen Aktivitäten reduziert oder aufgegeben und beide Partner beginnen sich egozentrischer zu verhalten und darüber zu wachen, dass für sie selber Freiräume ausgespart werden können. Damit nehmen gemeinsame Aktivitäten, Erfahrungen und Erlebnisse im Kreise des Paares und der Familie ab und führen zu einer Individualisierung des Erlebens und Verhaltens. Als Folge davon wird der Partnerschaft die emotionale Basis sukzessive entzogen, da sich die Partner in Ermangelung von gemeinsamer Zeit (welche die Grundlage für emotionale Selbstöffnung, Intimität und Verbundenheit bildet) allmählich gefühlsmäßig entfremden und auseinander entwickeln. Das Commitment für die Beziehung wird abgeschwächt, das Wir-Gefühl und damit die Intimität (vgl. Dimensionen der Liebe nach Sternberg & Barnes, 1988) reduziert und die Tragfähigkeit der Beziehung unterhöhlt. Durch die starke eigene Überforderung konzentrieren sich die Partner zudem vermehrt auf die eigenen Bedürfnisse und fangen an, diejenigen des Partners sowie der Kinder nicht mehr wahrzunehmen, fehlzuinterpretieren oder zu ignorieren, da der stressbedingte Egozentrismus die Wahrnehmung einschränkt und das Bestreben, die unter Stress knapp gewordenen Ressourcen gezielt einzuteilen, Überhand nimmt. Damit geht ein Abbau an positiver Verstärkung des Partners und der anderen Familienmitglieder einher, da Verstärker (z. B. kleinere oder größere Aufmerksamkeiten, Interesse für den Partner und seine Belange, Geschenke, gemeinsame Aktivitäten, Zärtlichkeiten, sexuelle Begegnungen) nicht mehr oder zusehends seltener gesetzt werden.

Gleichzeitig findet durch die oben beschriebene starke Belastung eine stärkere Kontaminierung des Paar- und Familiensystems dahingehend statt, dass der im Alltag erfahrene Stress in die Beziehung hinein getragen wird und zusätzlichen Stress verursacht. Dieses „Spill-over" findet durch (a) eine stärkere Gereiztheit und höhere Neigung zu inadäquatem Interaktionsverhalten (gegenüber dem Partner ebenso wie den Kindern) und (b) eine stärkere Tendenz zu Rückzug und Vermeidung von Interaktionen statt. So haben die gestressten Partner eine niedrigere Toleranzschwelle gegenüber äußeren Bedingungen (z. B. Lärm der Kinder, häusliche Anforderungen, Bedürfnisse der anderen Familienmitglieder, soziale Verpflichtungen) und reagieren schneller sozial inadäquat mit Vorwürfen, defensivem Verhalten, Abwertungen des

Partners oder der Kinder, Sarkasmus oder anderen hostilen non-, para- und verbalen Verhaltensweisen. Diese Zunahme der Negativität reduziert erneut die Möglichkeit zu intimer Begegnung (sowohl emotional wie sexuell) und einem verständnisvollen Austausch und beeinträchtigt das familiäre Klima weiter negativ. Flankierend zu der schnelleren und häufigeren Negativität, die zudem auch bezüglich Intensität und Dauer unter Stress erhöht sein kann, steigt das Rückzugsverhalten an. Die gestressten Partner suchen mehr Ruhe und kapseln sich ab, tendieren dazu, Probleme und Konflikte zu vermeiden und scheuen weitere Aufgaben und Anforderungen im familiären Kontext. Dieses Verhalten provoziert den anderen Partner, setzt ihn zurück oder bürdet ihm sämtliche familiären Belastungen auf. Die Interaktionen mit den Kindern (z. B. Spielen, Schulaufgaben korrigieren etc.) werden eingeschränkt und minimiert, da Lärm, Unruhe oder das fordernde Verhalten der Kinder nicht mehr ertragen werden. Weiter konnte nachgewiesen werden, dass partnerschaftliche Konflikte das Erziehungsverhalten der Eltern negativ beeinflussen (härteres disziplinarisches Vorgehen und mehr Laissez-faire) (vgl. Überblicksartikel von Krishnakumar & Buehler, 2000).

Damit finden unter Stress drei destruktive Prozesse statt: (a) eine stärkere Individualisierung in der Freizeit auf Kosten der Kohäsion des Paares und der Familie, (b) eine Reduktion der Positivität gegenüber dem Partner und (c) eine Zunahme von negativem Interaktionsverhalten (hostiles Verhalten und Rückzug). Alle drei Prozesse unterhöhlen die Beziehungssubstanz, minimieren die familiäre Kohäsion und strapazieren die Adaptabilität der Familie (vgl. Circumplex-Modell von Olson, 1993). Familieninterne Stressoren nehmen dabei zu. Die selbstperzipierten Belastungen aufgrund der Kinder steigen an, Spannungen und Konflikte mit dem Partner nehmen zu (wodurch die Partnerschaftszufriedenheit abnimmt) und die Gewaltneigung gegenüber dem Partner oder den Kindern kann ansteigen. Zusätzlich können sich Spannungen mit der Herkunftsfamilie verstärken und neuen Konfliktstoff mit sich bringen.

Erstes Fallbeispiel

Karin und Claude arbeiten beide zu 70 %. Simone, ihre achtjährige Tochter, wird von beiden Eltern 1½ Tage pro Woche betreut, die restliche Zeit ist Simone bei den Großeltern. Karin arbeitet als Lehrerin, Claude als Versicherungsfachmann. Dieses Modell, welches sie nun schon während sechs Jahren praktizieren, erlaubt beiden die Erfüllung ihrer beruflichen Wünsche. Spannungen mit den Großeltern kommen zwar gelegentlich vor, doch sind sie nicht halb so schlimm wie von vielen befürchtet, die ihnen damals abgeraten hatten, dieses Modell zu verfolgen. Belastender ist mehr, dass Simone häufig gar nicht nach Hause kommen möchte, wenn sie bei Oma und Opa war oder aber kaum, dass Karin sie zu den Großeltern gebracht hat, die Mutter auffordert, doch gleich zu gehen. Als schwierig stellen sich auch die Überstunden heraus, die neben dem eigentlichen Arbeitspensum zu leisten sind. So hat Karin immer wieder Elterngespräche und Sitzungen, die nicht auf ihre reguläre Arbeitszeit fallen und auch Claude arbeitet häufig noch abends, um seine Pendenzen ab-

> bauen zu können. Simone ist daher meist nur mit einem Elternteil in der Freizeit anzutreffen, familiäre Aktivitäten mit beiden Eltern sind eher selten. Der Alltag muss gut organisiert sein. Karin und Claude sehen sich dadurch eher selten, haben nur wenig gemeinsame Zeit miteinander und verbringen die Abende meist getrennt, da noch berufliche Verpflichtungen oder Haushaltsarbeiten anstehen. Die Entfremdung zwischen ihnen wird zum Beispiel darin deutlich, dass Claude anlässlich des Geburtstags seiner Frau gar nicht mehr weiß, was er ihr eigentlich kaufen, was ihr Freude machen könnte ...

Der Einfluss von Stress auf die Familienentwicklung ist unterschiedlich (jedoch nicht grundsätzlich anders) bei egalitären oder symmetrischen versus traditionellen Paaren. Während bei *egalitären Paaren* beide Partner zu etwa gleichen Teilen ins Berufs- wie Familienleben eingebunden sind und bezüglich der verschiedenen Rollen auf gegenseitige Abstimmung, Verträglichkeit und faire Aufteilung achten, ist bei traditionellen Paaren die Rollenaufteilung dahingehend festgelegt, dass der Mann im Erwerbsleben engagiert ist, während die Frau die Kindererziehung und Hausarbeit übernimmt. Die Bedeutung von Stress für die beiden Familienmodelle wird im Folgenden skizziert. Gelingt es egalitären Paaren, ein faires, austauschtheoretisch ausgewogenes Gleichgewicht zwischen den Bedürfnissen beider Partner und den an sie gestellten Anforderungen durch Beruf, Partnerschaft und Familie zu finden, wird eher ein günstigerer Verlauf erwartet als dies bei traditionellen Familien der Fall ist. Allerdings bedarf es einer umsichtigen Planung und Koordination der Berufstätigkeit (insbesondere des Arbeitspensums) und die Vermeidung einer zu starken Stresskumulation durch ein zu hohes berufliches Commitment beider Partner.

Bei *traditionellen Familien* kann der destruktive Prozess geschlechtsspezifisch beschrieben werden. Es kann von einer Negativkaskade ausgegangen werden, welche in Stress ihren Anfang nimmt und im familiären Chaos oder Zerfall seinen vorläufigen Endpunkt findet, die folgendermaßen aussieht: Der Mann wird durch seine beruflichen Anforderungen in hohem Masse gefordert und übernimmt im Verlauf der Zeit immer mehr Verantwortung und berufliches Engagement. Sein zeitliches Engagement für den Beruf nimmt mit zunehmendem Alter und Aufstieg in der Karriereleiter zu, wodurch seine Ressourcen für die Familie minimiert werden. Die Frau, welche mit der gesellschaftlich wenig honorierten Aufgabe der Kinderbetreuung und der Versorgung des Haushalts beschäftigt ist, leidet vor allem unter der *fehlenden kognitiven Stimulation* im Alltag, der *Monotonie* ihrer repetitiven Aktivitäten, die häufig wenig vorweisbare Resultate zeigen und der *mangelnden Gratifikation* ihrer Tätigkeiten und ihres Einsatzes durch den Mann und die Gesellschaft. Dazu gesellt sich ein häufig zu beobachtender Kontrollverlust (vgl. Seligman, 1986) bezüglich der Tagesverrichtungen (z. B. unvorhergesehene Zwischenfälle mit den Kindern).

Der Stress besteht für die Frau damit eher in *Unkontrollierbarkeit*, *Verstärkerarmut*, *Gratifikationsdefiziten* und mangelnder *intellektueller Stimulation*. Die Frau wünscht sich aufgrund ihres mühseligen Tagesverlaufs abends vor allem Gehör, Zuwendung und Verständnis seitens des Mannes. Dieser ist aufgrund von zwei Bedingungen jedoch nur beschränkt in der Lage, diesem Wunsch gerecht zu werden: (a) sein Lebensumfeld ist demjenigen der Frau dermaßen entgegengesetzt und unterschiedlich, dass der gemeinsame Erfahrungshintergrund fehlt und es ihm schwer fällt, sich in die Lage der Partnerin versetzen zu können und (b) aufgrund seiner eigenen beruflichen Belastungen fehlt ihm die Energie zum kommunikativen Austausch und zum verständnisvollen Eingehen auf die Partnerin. Diese reagiert in der Folge mit Frustration und verschiedenen Folgesymptomen (Somatisierung, Depression) oder einer höheren Konfliktbereitschaft (Nörgeln, Kritisieren, Forderungen stellen), die ihrerseits belastend sind und familieninternen Stress mit sich bringen (emotionale Spannungen, krankheitsbedingte Mehrbelastungen für den Mann, Verhaltensprobleme der Kinder etc.). Der Mann beginnt sich in der Folge stärker in den Beruf zurückzuziehen und zeigt zusehends stärkeres Vermeideverhalten, worauf die Frau in der ersten Phase mit noch stärkerer Kritik oder vermehrten Symptomen reagiert und sich anschließend ebenfalls vom Partner zurückzuziehen und Beziehungen zu anderen Sozialpartnern (Freundinnen, Nachbarn, Herkunftsfamilie oder neue Bekanntschaften) aufzubauen oder zu intensivieren beginnt.

Zweites Fallbeispiel

Herr Krügel hat seit einiger Zeit eine höhere Kaderstellung in einer Bank und ist stolz auf seine berufliche Karriere. In nur wenigen Jahren hat er es an die Spitze gebracht. Die harten Auswahlverfahren haben gezeigt, dass er eine kompetente und belastbare Führungspersönlichkeit ist. Auch zu Hause kannte Herr Krügel lange keine Sorgen. Zwar hatte er seit längerem kaum Zeit für seine Ehefrau und die beiden Kinder, da er bis spät in die Nacht hinein zu arbeiten pflegte und auch häufige Auslandaufenthalte hatte, doch waren familiäre Belange nie von Priorität und es muss in einer solchen Position, die er bekleidet, klar sein, dass ein 16-Stunden-Tag und Wochenendeinsatz dazu gehören. Dennoch glaubte er glücklich zu sein. Umso erschütternder war die letzte Aussprache mit seiner Frau, in der sie ihm offenbarte, dass sie nicht mehr könne. Sie sei innerlich völlig erschöpft und schaffe den Alltag nicht mehr. Der jüngere Sohn, der eben erst sechs Jahre alt wurde, zeige in der Schule bereits Verhaltensauffälligkeiten und die Lehrerin habe ihr eindringlich klar gemacht, dass eine schulpsychologische Betreuung notwendig würde, falls sich das Verhalten nicht bessere. Der ältere Sohn sei recht verschlossen, interessiere sich kaum für die anderen Kinder, habe keine Lust zu spielen und sei häufig einfach in seinem Zimmer. Ihr wachse alles über den Kopf und er sei nie da, interessiere sich nicht für ihr Leben und das der Kinder ...

Damit nimmt die Entfremdung zwischen den Partnern zu, die Kohäsion in der Familie nimmt ab und die Fronten zwischen den Partnern verhärten sich. Die Kinder erleben diesen Entfremdungsprozess mit und leiden vor allem unter den häufigeren Konflikten und Streitigkeiten der Eltern, deren Rückzug aus dem Familienverbund und deren negativerem Befinden (z. B. depressive Verstimmung der Mutter, Aggressionen des Vaters). Sie entwickeln als Reaktion auf diesen destruktiven Prozess schulische Probleme, Verhaltensauffälligkeiten oder emotionale Probleme (Ängste, Depressionen) (vgl. Katz & Gottman, 1993; Fincham & Osborne, 1993).

13.6 Diskussion und Implikationen für die Praxis

Die Bedeutung von Alltagsstress für die Partnerschaft und Familie darf heute in zunehmendem Masse als bedeutsam betrachtet werden. Wie in diesem Beitrag deutlich wurde, stellen letztlich nicht Makrostressoren wie kritische Lebensereignisse oder Entwicklungsaufgaben (normative Stressoren) die zentrale Bedrohung für Familien dar, sondern die Alltagsanforderungen an beide Elternteile und die Kinder. Es war aufgrund des beschränkten Platzes hier nicht möglich, sämtliche Facetten dieser Perspektive auszuleuchten, vielmehr konzentrierte ich mich auf einzelne relevante Aspekte. Dennoch dürfte klar geworden sein, dass tägliche Stressoren, insbesondere auch familienexterne Stressoren in hohem Masse das Familienklima beeinflussen und die Familienkohäsion unterhöhlen können. Eine destruktive Entwicklung der Familie ist damit vorprogrammiert. Diese kann sich sowohl in psychischen oder physischen Problemen der Eltern, der Auflösung der Partnerschaft wie auch in Befindens- und Verhaltensproblemen seitens der Kinder manifestieren. Neu an unserem Ansatz ist die Annahme, dass in vielen Fällen primär externe Stressoren für eine negative Partnerschafts- und Familienentwicklung verantwortlich sind und nicht, wie lange Zeit angenommen, intradyadische oder innerfamiliäre Faktoren (wie mangelnde Passung, Charaktereigenschaften, Temperament, Streitneigung etc.). Vielmehr wird davon ausgegangen, dass Spannungen und Konflikte auf der Ebene der Partnerschaft und der Eltern-Kind-Interaktionen häufig Folge von nicht angemessen bewältigtem externem Stress sind, der eigentlich mit der Partnerschaft oder Familie in keinem Zusammenhang steht, sondern erst durch seine inadäquate Bewältigung oder seine Intensität, Dauer oder Kumulation (siehe Bodenmann, 2000) dyaden- oder familienrelevant wird.

Bezüglich einer ungünstigeren Entwicklung der Partnerschaft haben Bodenmann, Cina und Widmer (Bodenmann & Cina, 1999, 2000; Bodenmann, Cina & Widmer, 2000, in Druck) in ihrer 5-Jahres-Längsschnittstudie zeigen können, dass in Abhängigkeit eines hohen subjektiven Belastungsausmaßes im Alltag ein signifikant unterschiedlicher Verlauf der Partnerschaftsqualität zu beobachten ist. Die Qualität der Beziehungszufriedenheit nahm bei Paaren mit viel Alltagsbelastungen signifikant stärker ab (Bodenmann, 2000a). Stress und individuelles sowie dyadisches (partnerschaftliches) Coping erwiesen sich in dieser Untersuchung zudem als signifikante Prädiktoren für Scheidung und erlaubten eine korrekte Vorhersage der Gruppenzugehörigkeit (stabil versus geschieden) in 73 % der Fälle. In einer jüngst durchgeführten Untersuchung zu subjektiven Scheidungsgründen und der Rekonstruktion der Scheidungsgeschichte (die detaillierten Auswertungen dieser Studie sind noch im Gange) fanden wir erneut, dass selbst in der subjektiven Sicht der Geschiedenen Stress eine beachtliche Rolle als Grund für die Scheidung darstellte. So gaben 49 % der Befragten an, dass Stress beim Zerfall ihrer Partnerschaft eine Rolle gespielt habe. In bezug auf verschiedene Stressbereiche gaben rund 80 % an, dass tägliche Widrigkeiten als Ursache relevant waren (davon 25 % stark), 58.3 % bezeichneten beruflichen Stress als einen Grund für die Scheidung (davon 41.2 % stark), 47 % Stress im Zusammenhang mit der Herkunftsfamilie (davon 24.4 % stark) und 65.7 % Stress im Zusammenhang mit den Kindern (davon 20.6 % stark). Damit scheint selbst in der Repräsentation der Betroffenen Stress eine ernsthafte Rolle beim Zerfall der Beziehung gespielt zu haben.

Aus diesen Befunden ergeben sich relevante Implikationen für die Praxis. Auf der einen Seite sollten strukturelle Stressoren (z. B. familienexterne Kinderbetreuung, finanzielle Belastungen der Familien durch Steuern etc.) durch eine verantwortungsvolle Familienpolitik aufgefangen und reduziert werden. Ebenso sollten berufliche Stressoren (z. B. familienfeindliche Arbeitszeiten), die durch eine globale Familienpolitik beeinflusst werden können, vom Gesetzgeber angegangen werden. Auf der anderen Seite ist es jedoch Aufgabe einer jeden Familie selber dort Stress abzubauen, wo dies möglich ist und die eigenen Bewältigungsressourcen zu stärken. Realistische Zielsetzungen und budgetverträgliche Bedürfnisse, eine egalitäre Rollenverteilung und eine rigorose Reduktion familieninterner Stressoren durch eine bessere Pflege der Partnerschaft (z. B. Verbesserung der dyadischen Kommunikation, Problemlösung und Stressbewältigung) und die Erhöhung von Erziehungskompetenzen (z. B. durch Besuche von Elterntrainings wie Triple P; siehe Sanders, 1999) könnten dabei förderlich sein. Präventionsangebote für Familien sollten vor diesem Hintergrund (a) *Partnerschaftskompetenzen* und (b) *Erziehungskompetenzen* trainieren, um die zwei relevantesten familieninternen Belastungsquellen (Partnerschaftsprobleme respektive Erziehungsprobleme) zu reduzieren. Angebote für die erste Zielsetzung liegen im deutschen Sprachraum mit dem EPL (Engl & Thurmaier in diesem Band; Hahlweg, Markman, Thurmaier, Engl & Eckert, 1998) oder dem Freiburger Stresspräventionstraining für Paare (FSPT) vor (Bodenmann, 2000b). Zur Förderung der Erziehungskompetenzen der Eltern gibt es seit längerem Angebote wie das Gordontraining oder lerntheoretisch fundierte Elternkurse (z. B. Perrez, Minsel & Wimmer, 1985). In Deutschland sind Kurt Hahlweg und Brigitte Schröder mit ihren Mitarbeiterinnen (Universität Braunschweig) daran, ein didaktisch hervorragend aufgebautes Elterntraining (Triple P; Sanders, 1999) zu etablieren. Die Wirksamkeit dieses Erziehungstrainings wird von der Braunschweiger Gruppe in einer mehrjährigen Follow-up-Untersuchung empirisch überprüft. Solche Angebote der universellen Prävention werden in Zukunft noch weiter an Bedeutung gewinnen. Eine Stärkung der Familie durch eine Erweiterung von relevanten Kompetenzen seitens beider Eltern ist dringend notwendig.

Literatur

Aldous, J. (1978). *Family careers.* New York: Wiley.
Aldous, J. (1996). *Family careers. Rethinking the developmental perspective.* Thousand Oaks, CA: Sage.
Almeida, D. M. & Kessler, R. C. (1998). Everyday stressors and gender differences in daily distress. *Journal of Personality and Social Psychology, 75,* 670-680.
Angell, R. D. (1936). *The family encounters the depression.* New York: Charles Scribner.

Belsky, J. (1985). Exploring individual differences in marital change across the transition to parenthood: The role of violated expectations. *Journal of Marriage and the Family, 47*, 1037-1044.
Bertram, H. (1993). Krise der Familie. In H. Bertram, W. E. Fthenakis & K. Hurrelmann (Hrsg.), *Familien: Lebensformen für Kinder* (S. 80-94). Weinheim: Beltz.
Bodenmann, G. (1998). *Dyadisches Coping: Eine systemisch-prozessuale Sicht der Stressbewältigung in Partnerschaften.* Unveröffentlichte Habilitationsschrift. Fribourg: Universität Fribourg.
Bodenmann, G. (2000a). *Stress und Coping bei Paaren.* Göttingen: Hogrefe.
Bodenmann, G. (2000b). *Kompetenzen für die Partnerschaft. Das Freiburger Stresspräventionstraining.* Weinheim: Juventa.
Bodenmann, G. & Cina, A. (1999). Der Einfluss von Stress, individueller Belastungsbewältigung und dyadischem Coping auf die Partnerschaftsstabilität: Eine 4-Jahres-Längsschnittstudie. *Zeitschrift für Klinische Psychologie, 28,* 130-139.
Bodenmann, G. & Cina, A. (2000). Stress und Coping als Prädiktoren für Scheidung: Eine prospektive Fünf-Jahres-Längsschnittstudie. *Zeitschrift für Familienforschung, 12,* 5-20.
Bodenmann, G., Cina, A. & Widmer, K. (in Druck). Ergebnisse zur Wirksamkeit des Freiburger Stresspräventionstrainings für Paare (FSPT) bezüglich der Partnerschaftsqualität: Eine 6-Monate-Follow-up-Studie. *Verhaltenstherapie und Verhaltensmedizin.*
Bodenmann, G., Cina, A. & Widmer, K. (2000). *Scheidungsprophylaxe bei Paaren: ein präventives Programm.* (Schlussbericht des Nationalfondsprojekts Nr. 11-46820.96). Fribourg: Universität Fribourg.
Bodenmann, G. & Schumacher, S. (1997). *Eine Untersuchung zur Freizeitgestaltung, sozialen Netzwerken und familiären Bedingungen bei Jugendlichen im Alter von elf bis zwanzig Jahren.* (Forschungsbericht Nr. 129). Fribourg: Universität Fribourg.
Bodenmann-Kehl, C. (1999). Eine Analyse spezifischer Ansatzpunkte zur Förderung der familiären Kompetenz. *Forschungsbericht Nr. 144,* Institut für Familienforschung und -beratung der Universität Freiburg.
Bucher, N. & Perrez, M. (2000). *Bericht über die Situation der Familie im Kanton Basel-Stadt.* Basel: Justizdepartement Basel-Stadt.
Burr, W. R. (1973). *Theory construction and the sociology of the family.* New York: Wiley & Sons.
Burr, W. R. & Klein, S. (Eds.). (1994). *Managing family stress.* Newbury Park: Sage.
Carter, B. & McGoldrick, M. (Eds.). (1988). *The changing family life cycle. A framework for family therapy.* New York: Gardner.
Cavan, R. S. & Ranck, K. H. (1938). *The family and the depression.* Chicago: University of Chicago Press.
Cox, M., Owen, M. R., Lewis, J. M. & Henderson, V. K. (1989). Marriage, adult adjustment, and early parenting. *Child Development, 60,* 1015-1024.
Crouter, A. C., Perry-Jerkins, M., Huston, T. L. & Crawford, D. W. (1989). The influence of work-induced psychological states on behavior at home. *Basic and Applied Social Psychology, 10,* 273-292.
Deiss, J., Guillaume, M. L. & Lüthi, A. (1988). *Kinderkosten in der Schweiz. Untersuchung über die Äquivalenzskalen der Einkommen.* Freiburg: Universitätsverlag.
Dohrenwend, B. S. & Dohrenwend, B. P. (1974). *Stressful life events. Their nature and effects.* New York: Wiley.
Dohrenwend, B. S., Dohrenwend, B. P., Dodson, M. & Shrout, P. E. (1984). Symptoms, hassles, social support, and life events: Problem of confounded measures. *Journal of Abnormal Psychology, 93,* 222-230.
Duvall, E. M. (1971). *Family development.* New York: Lippincott.

Ermert, C. (1996). *Familienexterne Betreuung für Kinder im Kleinkind-, Vorschul- und Schulalter in der Stadt Winterthur.* Winterthur: Departement Soziales. Jugendsekretariat.

Feldmann, H. & Feldmann, M. (1975). The family life cyle: Some suggestions for recycling. *Journal of Marriage and the Family, 37*, 277-283.

Filipp, S. H. (Hrsg.). (1990). *Kritische Lebensereignisse.* München: Urban & Schwarzenberg.

Fincham, F. D. & Osborne, L. N. (1993). Marital conflict and children: Retrospect and prospect. *Clinical Psychology Review, 13*, 75-88.

Fit for Fun 10/2000. *Stress zerstört Partnerschaft.* S. 220.

Foxcroft, D. R. & Lowe, G. (1995). Adolescent drinking, smoking and other substance use involvement: links with perceived family life. *Journal of Adolescent, 18*, 159-177.

Foxcroft, D. R. & Lowe, G. (1997). Adolescents' alcohol use and misuse: The sozializing influence of perceived family life. *Drugs: Education, Prevention and Policy, 4*, 215-229.

Gordis, E. B., Margolin, G. & John, R. S. (1997). Marital aggression, observed parental hostility, and child behaviour during triadic family interaction. *Journal of Family Psychology, 11*, 76-89.

Hahlweg, K., Markman, H., Thurmaier, F., Engl, J. & Eckert, V. (1998). Prevention of marital distress - Results of a German prospective-longitudinal study. *Journal of Family Psychology, 12*, 1-14.

Halford, W. K., Gravestock, F. M., Lowe, R. & Scheldt, S. (1992). Toward a behavioral ecology of stressful marital interactions. *Behavioral Assessment, 14*, 199-217.

Havighurst, R. J. (1972). *Developmental tasks and education.* New York: McKay.

Herrmann, T., Schwitajewski, E. & Ahrens, H. J. (1968). Untersuchungen zum elterlichen Erziehungsstil: Strenge und Unterstützung. *Archiv für die gesamte Psychologie, 120*, 74-105.

Hill, R. (1949). *Families under stress.* New York: Harper & Row Publishers.

Hobfoll, S. E. (1989). Conservation of resources: A new attempt at conceptualizing stress. *American Psychologist, 44*, 513-524.

Holmes, T. H. & Rahe, R. H. (1967). *The Social Readjustment Scale.* Journal of Psychosomatic Research, 11, 213-218.

Hurrelmann, K. (1993). Familie heute – eine Herausforderung für die Politik. In H. Bertram, W. E. Fthenakis & K. Hurrelmann (Hrsg.), *Familien: Lebensformen für Kinder* (S. 60-79). Weinheim: Beltz.

Jenkins, J. M. & Smith, M. A. (1991). Marital disharmony and children's behaviour problems: Aspects of a poor marriage that affect children adversely. *Journal of Child Psychology and Psychiatry, 32*, 793-810.

Jouriles, E. N., Mahoney, A., Norwood, W. D., McDonald, R. & Vincent, J. P. (1996). Physical violence and other forms of marital aggression: Links with children's behavior problems. *Journal of Family Psychology, 10*, 223-234.

Kanner, A. D., Coyne, J. C., Schaefer, C. & Lazarus, R. S. (1981). Comparisons of two modes of stress measurement: Daily hassles and uplifts versus major life events. *Journal of Behavioral Medicine, 4*, 1-39.

Katz, L. F. & Gottman, J. M. (1993). Patterns of marital conflict predict children's internalizing and externalizing behavior. *Developmental Psychology, 29*, 940-950.

Koos, E. L. (1946). *Families in trouble.* New York: Kings Crown Press.

Krishnakumar, A. & Buehler, C. (2000). Interparental conflict and parenting behavior: A meta-analytic review. *Family Relations, 49*, 25-44.

Krohne, H. W., Kohlmann, C. W. & Leidig, S. (1986). Erziehungsstildeterminanten kindlicher Ängstlichkeit, Kompetenzerwartungen und Kompetenzen. *Zeitschrift für Entwicklungspsychologie und pädagogische Psychologie, 18*, 70-88.

Krohne, H. W. & Rogner, J. (1982). Elterliche Erziehungsstile und die Entwicklung von Ängstlichkeit und Kompetenzen beim Kind: Eine empirische Überprüfung des Zweikomponenten-Modells elterlicher Bekräftigung. *Archiv für Psychologie, 134,* 117-136.

Krokoff, L. J. (1991). Job distress is no laughing matter in marriage, or is it? *Journal of Social and Personal Relationships, 8,* 5-25.

Kurdek, L. A. (1991). Differences in ratings of children's adjustment by married mothers experiencing low marital conflict, married mothers experiencing high marital conflict and divorced single mothers: A nationwide study. *Journal of Applied Developmental Psychology, 12,* 289-305.

Lazarus, R. S. & Folkman, S. (1984). *Stress, appraisal, and coping.* New York: Springer.

Lazarus, R. S. & Launier, R. (1978). Stress-related transactions between person and environment. In L. A. Pervin & M. Lewis (Eds.), *Perspective in interactional psychology* (pp. 287-327). New York: Plenum.

Machamer, A. M. & Gruber, E. (1998). Secondary school, family, and educational risk: Comparing American Indian adolescents and their peers. *Journal of educational research, 91,* 357-369.

McCubbin, H. I., Joy, C. B., Cauble, E. A., Comeau, J. K., Patterson, J. M. & Needle, R. H. (1980). Family stress and coping: A decade review. *Journal of Marriage and the Family, 11,* 855-871.

McCubbin, H. I. & Patterson, J. M. (1983). The family stress process: The double ABCX model of adjustment and adaptation. *Marriage and Family Review, 6,* 7-37.

Menaghan, E. G. (1982). Assessing the impact of family transitions on marital experience. In H. I. McCubbin, A. E. Cauble & J. M. Patterson (Eds.), *Family stress, coping, and social support* (pp. 90-108). Springfield: Thomas.

McDonald, R. & Jouriles, E. N. (1991). Marital aggression and child behavior problems: Research findings, mechanisms, and intervention strategies. *The Behavior Therapist, 14,* 189-192.

Nadai, E. (1993). *Wer denn? Wie denn? Wo denn? Ein Leitfaden zur familienexternen Kinderbetreuung.* Bern: Eidgenössische Kommission für Frauenfragen.

Olson, D. H. (1993). Circumplex model of marital and family systems: Assessing family functioning. In F. Walsh (Ed.), *Normal family processes* (pp. 104-137). New York: Guilford Press.

Patterson, G. R., Reid., J. B. & Dishion, T. J. (1992). *Antisocial boys.* Eugene: Castalia.

Perrez, M. (1994, July). *A way to analyse family stress.* Speech at the 2nd International Congress of Family Psychology, Padua.

Perrez, M., Minsel, B. & Wimmer, H. (1985). *Was Eltern wissen sollten.* Salzburg: Otto Müller.

Rapoport, R. & Rapoport, R. (1969). The dual-career family. *Human Relations, 22,* 3-30.

Reiss, D. (1981). *The family's construction of reality.* Cambridge: Harvard University Press.

Repetti, R. L. (1989). Effects of daily workload on subsequent behavior during marital interaction: The roles of social withdrawal and spouse support. *Journal of Personality and Social Psychology, 57,* 651-659.

Repetti, R. L. (1994). Short-term effects and long-term processes linking job stressors to father-child interaction. *Social Development, 3,* 1-15.

Repetti, R. L. & Wood, J. (1997). Effects of daily stress at work on mother's interactions with preschoolers. *Journal of Family Psychology, 11,* 90-108.

Rodgers, R. H. (1973). *Family interaction and transaction. The developmental approach.* Prentice-Hall: Englewood Cliffs.

Rodgers, R. H. & White, J. M. (1993). Family development theory. In P. B. Boss, W. J. Doherty, R. LaRossa, W. R. Schumm & S. K. Steinmetz (Eds.), *Sourcebook of family theories and methods: A contextual approach* (pp. 225-254). New York: Plenum.

Rubenstein, J. L. & Howes, C. (1979). Caregiving and infant behavior in day care and in homes. *Developmental Psychology, 15,* 1-24.

Saile, H. & Gsottschneider, A. (1995). Hyperaktives Verhalten von Kindern im familiären Kontext. *Psychologie in Erziehung und Unterricht, 42,* 206-220.

Sanders, M. R. (1999). The Triple P-Positive Parenting Program: Towards an empirically validated multi-level parenting and family support strategy for the prevention and treatment of child behavior and emotional problems. *Child and Family Psychology Review, 2,* 71-90.

Schneewind, K. A. (1999). *Familienpsychologie* (2. Auflage). Stuttgart: Kohlhammer.

Schneewind, K. A. (1992). Familien zwischen Rhetorik und Realität. In K. A. Schneewind & L. von Rosenstiel (Hrsg.), *Wandel der Familie.* Göttingen: Hogrefe.

Seligman, M. E. P. (1986). *Erlernte Hilflosigkeit* (3. Auflage). München: Psychologie Verlags Union.

Selye, H. (1946). The general adaption syndrome and the diseases of adaptation. *Journal of Clinical Endocrinology, and Metabolism, 6,* 117-130.

Selye, H. (1974). *Stress without distress.* New York: Lippincott & Crowell.

Smith, M. A. & Jenkins, J. M. (1991). The effects of marital disharmony on prepubertal children. *Journal of Abnormal Child Psychology, 19,* 625-644.

Sternberg, R. J. & Barnes, M. L. (Eds.). (1988). *Psychology of love.* New Haven: University Press.

Sulkunen, P. und Rosenberg, T. (1987). Aidinvaltainen perhekulttuuri, alkoholi ja ruotsinsuomalaisten kouluongelmat. *Alkoholipolitiikka, 52,* 105-114.

Votteler, M. (1987). *Aufwendungen der Familien für ihre minderjährigen Kinder. Materialien und Berichte der Familienwissenschaftlichen Forschungsstelle im Statistischen Landesamt Baden-Württemberg.* Heft 18. Suttgart.

Watzlawick, P., Weakland, J. & Fisch, R. (1974). *Change: Principles of problem formation and problem resolution.* New York: Norton.

Weindrich, D., Laucht, M., Esser, G. & Schmidt, M. H. (1992). Disharmonische Partnerschaft der Eltern und kindliche Entwicklung im Säuglings- und Kindesalter. *Praxis der Kinderpsychologie und Kinderpsychiatrie, 41,* 114-118.

White, J. M. (1991). *Dynamics of family development.* New York: Guilford.

Yogev, S. (1983). Dual-career couples: Conflicts and treatment. *The American Journal of Family Therapy, 11,* 38-44.

14. Kapitel:
Scheidungsforschung im Rahmen einer Klinischen Entwicklungspsychologie der Familie

Elisabeth Sander

14.1 Die entwicklungspsychologische Perspektive in der Scheidungsforschung

Ehescheidung war bis in die neueste Zeit ein relativ seltenes Phänomen. Eine deutliche Erhöhung der Scheidungsrate ist erstmals gegen Ende des 19. Jahrhunderts sowohl in den USA als auch in den westlichen europäischen Industrieländern zu beobachten. Ein erneutes deutliches Ansteigen ist wiederum nach dem Ersten sowie nach dem Zweiten Weltkrieg festzustellen. Nach einer kurzfristigen Stabilisierungsphase in den 50er-Jahren steigen die Scheidungsquoten in allen westlichen Industrieländern bis heute kontinuierlich an. Es werden heute ca. 30 Prozent der Ehen in Deutschland geschieden, in Großstädten 50 Prozent. Die Ursachen für diesen Trend sind vielfältig und sind im Zusammenhang mit einer großen Zahl von wirtschaftlichen, sozialen, juristischen und politischen Veränderungen zu sehen sowie einer damit einhergehenden Veränderung der Einstellung gegenüber Ehe und Ehescheidung in der Gesellschaft (Beck-Gernsheim, 1989; Fooken & Lind, 1996).

Eine wissenschaftliche Auseinandersetzung mit dem Phänomen Ehescheidung findet seit dem Beginn des letzten Jahrhunderts statt. Unter dem Einfluss der psychoanalytischen Theorienbildung dominierte etwa seit den 20er-Jahren die klinische Perspektive, die Ehescheidung als pathogene Entwicklung betrachtet.

In der Psychoanalyse wird der Ursprung von Partnerschaftskonflikten in bestimmten Erfahrungen in der frühen Kindheit gesehen, vor allem in Beziehungskonflikten und -mustern in der Herkunftsfamilie (z. B. Erikson, 1976; Toman, 1959). Das Forschungsinteresse richtete sich entsprechend auf die Aufdeckung von Familiensystemen, die eine „Scheidungspersönlichkeit" hervorbringen oder auf die negativen Folgen (einschließlich Morbidität und Suizid) für die Persönlichkeitsentwicklung nach einer Scheidung (Dohrenwend & Dohrenwend, 1974).

Nach dem Zweiten Weltkrieg ist im Zusammenhang mit dem enormen Anstieg von Witwenfamilien in den USA ein Boom an empirischen Untersuchungen der „vaterlosen Familie" zu erkennen. Auch bei diesen Untersuchungen wurde als theoretische Grundlage die psychoanalytische Entwicklungstheorie sowie die klassische Sozialisationstheorie (Parsons, 1955) herangezogen. Ausgehend von diesen Theorien, die die traditionelle Zweielternfamilie als Voraussetzung für eine normale Persönlichkeitsentwicklung ansehen, wurde von vornherein eine defizitäre Entwicklung vaterlos aufwachsender Kinder erwartet. Mit dem Anwachsen der „vaterlosen" Familien infolge Scheidung in den 60er-Jahren wurde diese „Defizithypothese" auf die Scheidungsfamilie übertragen. In erster Linie wurde die Hypothese geprüft, dass bei vaterlos aufwachsenden Jungen wegen des Fehlens einer männlichen Identifikationsperson die Geschlechtsrollenentwicklung sowie die gesamte Persönlichkeitsentwicklung (z. B. die moralische Entwicklung, die Intelligenzentwicklung) beeinträchtigt sei. Betrachtet man die Vielzahl der unter diesem Paradigma durchgeführten Untersuchungen, ist festzustellen, dass die Ergebnisse im Sinne einer self-fulfilling prophecy Defizite in allen untersuchten Entwicklungsbereichen bei Kindern und Jugendlichen nachwiesen (vgl. Fthenakis, Niesel & Kunze, 1982).

Schon seit den 70er-Jahren des letzten Jahrhunderts werden diese Studien allerdings wegen erheblicher methodischer Mängel kritisiert (Thomas, 1980). In der Folge wurden – vor allem in den USA – eine Vielzahl von Studien durchgeführt, die dieser Kritik Rechnung trugen. Neben dem Merkmal „Vaterlosigkeit" wurden auch andere Einflüsse (vor allem der sozioökonomische Status) kontrolliert; Kontrollgruppen (aus Zweielternfamilien) wurden sorgfältig ausgewählt; es wurden teilweise sehr große, vereinzelt auch repräsentative Stichproben untersucht.

Parallel zu diesem Trend, die Scheidungsfolgen differenziert und mit methodisch anspruchsvollen Designs zu erforschen, ist ebenfalls seit den 70er-Jahren (in Deutschland etwa 10 Jahre später) ein Paradigmenwechsel von einer klinischen zu einer entwicklungspsychologischen Perspektive in der Scheidungsforschung zu erkennen, wobei nach wie vor Scheidungsfolgenforschung auch unter dem klinischen Aspekt stattfindet. So werden sogenannte Phasenmodelle des Scheidungsprozesses (z. B. Bohannan, 1970; Kessler, 1975; Wisemann 1975) vorgestellt, und es werden Längsschnittuntersuchungen durchgeführt (z. B. Hetherington, Cox & Cox, 1978; Hetherington, 1989; Kurdek, 1988, 1989; Schmidt-Denter, Beelmann & Trappen, 1991; Wallerstein & Blakeslee, 1989).

In der modernen Entwicklungspsychologie wird Entwicklung als ein lebenslanger, aktiver Auseinandersetzungsprozess einer Person mit ihrer Umwelt interpretiert. Ehescheidung wird unter dieser Perspektive als kritisches Lebensereignis betrachtet. Unter einem kritischen Lebensereignis versteht man drastische Veränderungen in der Lebenssituation, die das zwischen Person und Umwelt gewöhnlich bestehende Gleichgewicht stören (Filipp, 1981). Zur Wiederherstellung dieses Gleichgewichts ist ein Bewältigungsprozess notwendig, der zu einer Neudefinition verschiedener Lebens- und Erlebensbereiche führen muss. Dieser Prozess birgt grundsätzlich nicht nur die Möglichkeit des Scheiterns im Sinne einer pathogenen Reaktion in sich, sondern auch die einer Persönlichkeitsreifung.

Während unter dem klinischen Paradigma die negativen und pathogenen Konsequenzen einer Lebenskrise betont werden, regt demgegenüber die entwicklungspsychologische Perspektive dazu an, in der Forschung die Suche nach positiven Konsequenzen nicht auszuschließen und die Bedingungen zu analysieren, die die Bewältigung eines kritischen Lebensereignisses erleichtern bzw. erschweren (vgl. Sander, 1988).

14.2 Ehescheidung als ein Bewältigungsprozess

Unter dem Blickwinkel der menschlichen Entwicklung als lebenslanger Prozess wird eine Lebenskrise wie z. B. Ehescheidung nicht als punktuelles Ereignis, sondern als prozesshaftes Geschehen interpretiert. Eine Reihe von Forschern haben – meist aufgrund ihrer Erfahrungen in der Scheidungsberatung und -therapie von in Trennung und Scheidung befindlichen Ehepartnern – Phasenmodelle des Scheidungsprozesses entwickelt.

14.2.1 Phasenmodelle der Ehescheidung

Die meisten Phasenmodelle können in zwei basale Kategorien eingeteilt werden, solche, die mehr auf die Verhaltens-Erlebnis-Dimension hin abzielen und andere, die die affektive Dimension betonen.

Ein Beispiel für die erste Kategorie ist das sehr bekannte Modell von Bohannan (1970). Es beschreibt sechs parallel ablaufende, sich teilweise überlappende Prozesse des Scheidungsgeschehens. Die emotionale Trennung vom Partner, die legale (juristische) Scheidung, die Trennung des materiellen Eigentums, die Aufteilung des Sorge- und Umgangsrechtes, die Trennung vom gewohnten sozialen Umfeld und Freundeskreis und die psychische Scheidung. Erst durch die psychische Trennung vom Partner gelingt es den Betroffenen, ihre Stabilität und volle Funktionsfähigkeit sowie ihre innere Unabhängigkeit zu gewinnen.

Beispiele für Phasenmodelle, die die affektive Dimension des Bewältigungsprozesses betonen, stammen z. B. von Wiseman (1975) und Kessler (1975).

Reva Wiseman (1975) entwickelte ihr Modell in Anlehnung an die bei Verwitweten zu beobachtenden Phasen der Trauer um den verstorbenen Ehepartner (Kübler-Ross, 1969). Danach beginnt der Scheidungsprozess schon lange bevor es zur eigentlichen Scheidung kommt. Die erste Phase ist gekennzeichnet durch Verleugnung der Probleme und Schwierigkeiten, die die Ehepartner miteinander haben. In der Ehe wird ein zerbrechliches Gleichgewicht aufrechterhalten, das aber durch triviale Anlässe zerbrechen kann und die zweite Phase einleitet, in der eine Verleugnung der Probleme nicht mehr möglich ist. Die Ehepartner müssen sich mit den Problemen auseinandersetzen. Es setzen Verlustgefühle ein verbunden mit Depressionen, Gefühlen von Trauer und Einsamkeit. Die Ehe ist in dieser Phase aber noch zu retten, wenn die Partner in der Lage sind, über ihre Gefühle offen miteinander zu sprechen. Gelingt dies nicht, wird eine Scheidung konkret ins Auge gefasst. Es treten Ärger auf und stärker werdende Ambivalenzgefühle. Diese Gefühle beherrschen die Phase der legalen Trennung. Allerdings kann es auch in diesem Stadium noch zu einem Versöhnungsversuch oder einer tatsächlichen Versöhnung kommen. Wenn in der vierten Phase die Scheidung ausgesprochen ist, stehen die Neuorientierung des Lebensstils und das Finden bzw. die Stabilisierung einer neuen Identität im Vordergrund. Die fünfte Phase schließt den Prozess ab. Die neue Situation wird akzeptiert, die Person ist mit der Vergangenheit ausgesöhnt und offen für die Zukunft.

Eine noch detailliertere Analyse der Emotionen im Scheidungsprozess gibt das Modell von Kessler (1975). Es wird von sieben emotionalen Phasen ausgegangen.

Wie Wiseman (1975) geht auch Kessler (1975) davon aus, dass die erste Phase, gekennzeichnet durch Desillusionierung und Enttäuschung, schon lange vor der eigentlichen Scheidung einsetzen kann; und dass in dem Fall, in dem die Partner nicht gewillt oder nicht in der Lage sind, über diese Gefühle zu kommunizieren, die Erosion der Ehe beginnt. Die Partner fühlen sich zwar noch zusammengehörig, machen aber ihrem Unmut und ihrer Enttäuschung in zunehmendem Streit Luft. Im dritten Stadium kommt es schließlich zur emotionalen Abgrenzung vom Partner, die gekennzeichnet ist durch qualvolle Stille, eingeschränkte verbale Kommunikation und Vermeidung von Intimität. Es folgt viertens die physische Trennung, die in dem emotionalen Prozess am traumatischsten erlebt wird. Im folgenden fünften Stadium muss das Verlusterlebnis durch Trauer aufgearbeitet werden. In diesem Stadium dominieren depressive Gefühle und Ärger. Dabei entsteht nach Kessler (1975) Depression aus einer Internalisierung von Schuldgefühlen und Ärger durch eine Externalisierung desselben Gefühls. Wenn die depressiven Gefühle schließlich in Trauer münden und der destruktive Ärger in konstruktiven übergeht, ist das sechste Stadium erreicht. Dieses wird auch als zweite Adoleszenz bezeichnet, weil es nun möglich ist, ohne Ärger zurückzublicken und die Zukunft – wie in der Jugend – als eine aufregende Herausforderung zu betrachten. In dieser Phase kann es leicht zu Überreaktionen kommen, indem das Gefühl der Freiheit zu stark betont und die Schwierigkeiten der Nachscheidungssituation geleugnet werden oder versucht wird, ihnen durch Fluchtreaktionen auszuweichen. Erst wenn sich die betroffene Person dieser Überreaktion bewusst wird, kann sie zu einer inneren Harmonie finden, die das letzte Stadium des Scheidungsprozesses kennzeichnet.

> Frau B. hat sich nach langem Zögern, nachdem ihr Mann sie immer wieder mit anderen Frauen betrogen hatte, zur Scheidung entschlossen. Nach heftigen Kämpfen der Exgatten, bei denen es vor allem um finanzielle Regelungen ging, zieht Frau B. mit ihrer 4-jährigen Tochter aus dem Eigenheim, das verkauft werden musste, in eine kleine Mietwohnung. Sie lebt mehr schlecht als recht von den Zahlungen des Exgatten, es kommt immer wieder zu Streitereien am Telefon und wenn der Vater alle 14 Tage die Tochter abholt (Frau B. wurde das Sorgerecht zugesprochen). In der Selbsthilfegruppe Alleinerziehender, die sie einmal die Woche besucht, wirkt sie depressiv verstimmt, erzählt einmal, dass sie ihren Exmann noch liebt, dann wieder, dass sie ihn hasst. Ein Jahr nach der legalen Scheidung nimmt Frau B. eine Halbtagsbeschäftigung in ihrem erlernten Beruf als Sekretärin auf. Ihre Tochter ist jetzt 5 Jahre alt, geht in den Kindergarten und wird mittags von einer Nachbarin abgeholt, die einen gleichaltrigen Sohn im Kindergarten hat. Frau B. wirkt allmählich gelöster, sie berichtet, dass ihr die Arbeit und die Kontakte am Arbeitsplatz gut tun. Im Laufe eines weiteren Jahres wirkt Frau B. immer euphorischer. Es gibt ihr sichtlich Auftrieb, dass andere Frauen in der Gruppe sie als Vorbild sehen. Frau B. erzählt von einem neu gewonnenen jungen Freund, der zwar noch studiert, von dem sie sich aber erhofft, dass er ihrem Leben die entscheidende positive Wende geben wird. Sie geht fest davon aus, dass sie, wenn ihr Freund sein Studium beendet hat, wieder finanziell abgesichert in Wohlstand leben

> wird und nicht mehr zu arbeiten braucht. Zu Ende des zweiten Jahres nach der Scheidung kommt Frau B. nicht mehr zu den Gruppensitzungen Alleinerziehender. Die Gruppe geht zunächst davon aus, dass sich ihre Wünsche erfüllt haben, und sie allein gut zurecht kommt. Zufällig trifft eine Alleinerziehende, Frau X., die ebenfalls die Selbsthilfegruppe besucht, Frau B in der Stadt. Da Frau X. in dem sich ergebenden Gespräch feststellt, dass Frau B. völlig desorientiert und verzweifelt wirkt, versucht sie, diese wieder zu einem Gruppenbesuch zu überreden. Die beiden Frauen vereinbaren, dass Frau B. von Frau X. zum nächsten Treffen abgeholt wird, was auch geschieht. Bei dem Gespräch in der Gruppe stellt sich heraus, dass Frau B's Exmann wieder geheiratet hat. Als Frau B. dies erfuhr, stürzte sie in ein absolutes Stimmungstief, in dem sie den überwunden geglaubten Trennungsschmerz nochmals durchlebte. Ihr neuer Freund zog sich darauf hin zurück, mit der Begründung, sie habe keine Lust mehr auf Unternehmungen und sei egozentrisch geworden. Frau B's Verzweiflung steigerte sich dadurch noch, zumal sie mehr und mehr den Eindruck gewann, dass ihre Hoffnung, bei ihrem Freund ein beschütztes zu Hause zu finden, eine Illusion war.
>
> Inzwischen sind 3 weitere Jahre vergangen. Frau B. hat sich wieder gefangen. Sie hat die Stelle gewechselt, arbeitet jetzt 35 Stunden pro Woche, was ihr finanziell gut tut. Vor allem aber hat sie an der neuen Stelle eine verantwortungsvollere Tätigkeit übernommen, wodurch ihr Selbstwertgefühl gestärkt und die Freude an der Arbeit erhöht wurde.
>
> Sie hat sich an ein Ehepaar mit einer gleichaltrigen Tochter und eine unverheiratete Kollegin angeschlossen, mit der sie regelmäßig Tennis spielt und kulturelle Veranstaltungen besucht. Frau B. macht jetzt einen zufriedenen Eindruck ohne euphorische Züge. Sie genießt das Leben den Umständen entsprechend und schaut hoffnungsvoll in die Zukunft.

An den Phasenmodellen wird von verschiedenen Autoren auch massive Kritik geübt. So kritisieren z. B. Ponzetti und Cate (1988) die mangelnde Generalisierbarkeit der Phasen, da die Daten fast ausschließlich aus klinischen Stichproben gewonnen wurden. Ebenso wird zu bedenken gegeben, dass Paare grundsätzlich sehr verschieden mit ihrer Beziehung umgehen (Hunt & Hunt, 1977; Kressel & Deutsch, 1977). Ricci (1982) betont in ihrer Analyse des Scheidungsprozesses, dass es nicht nur vorläufige, sondern auch rückläufige Prozesse (Rückfälle in bereits überwunden geglaubte Stadien) geben kann. In besonderer Weise kritisiert Rossiter (1991) das Phasenmodell von Wiseman (1975). Sie stellt in Frage, ob der Scheidungsprozess überhaupt als Trauerprozess aufgefasst werden kann; dies sei eine Annahme ohne empirischen Beleg. In ihrer Arbeit mit vom Partner verlassenen Frauen zeigte sich ein weniger linearer als zirkulärer Verlauf. Innerhalb einer Phase tauchten bestimmte emotionale Tendenzen auf, verschwanden wieder, um nach einiger Zeit erneut zu erscheinen. Rossiter (1991) schließt daraus, dass die meisten ihrer Klientinnen den Trauer- bzw. Erholungsprozess nicht direkt in Stadien erleben, obschon der Wunsch nach einer abschnittsweise verlaufenden Organisation besteht, da eine solchermaßen strukturierende Organisation ein größeres Gefühl mentaler Kontrolle verleiht.

Auch zwei aufeinander aufbauende Studien des Bewältigungsprozesses von Crosby und Mitarbeitern (Crosby, Gage & Croy Raymond, 1983; Crosby, Lybarger & Mason, 1987) weisen einen spiralförmigen Verlauf nach. Muster emotionaler Betroffenheit und der Bewältigung wechseln sich ab, wobei der Prozess insgesamt diesen Untersuchungen zufolge allerdings als lineare Progression gesehen werden kann.

Unabhängig von den genannten, aus der therapeutischen Praxis entstandenen Modellen, die relativ viele Phasen sehr differenziert beschreiben, wird in der Forschung gewöhnlich von einem dreiphasigen Konzept zur Klassifikation von Trennungs- und Scheidungsabläufen ausgegangen (vgl. Framo, 1980; Kressel, Jaffee, Tuchman, Watson & Deutsch, 1980; Paul, 1980). Als *Ambivalenzphase* wird im Allgemeinen das Stadium einer anhaltenden und/oder eskalierenden Ehekrise definiert, indem zumindest bei einem Partner feste Trennungsabsichten bestehen, die aber meist noch nicht konkret artikuliert werden. Die räumliche Trennung markiert die *Trennungs- und Scheidungsphase*. Ist die juristische Scheidung vollzogen, beginnt die *Nachscheidungsphase*, in der die psychische Gebundenheit jedoch sehr häufig weiter existiert. Vor allem die Nachscheidungsphase ist weiter untergliedert worden: Hetherington (1989, 1991) geht z. B. von einem zweiphasigen Verlaufsschema aus: Im ersten Jahr nach der Scheidung überwiegt die Desorganisation, und es besteht ein Ungleichgewicht des familialen Systems, gefolgt von einer Phase zunehmender Stabilisierung im zweiten Jahr.

Schmidt-Denter und Mitarbeiter zeigten in ihrer Längsschnittstudie (Beelmann & Schmidt-Denter, 1991; Schmidt-Denter, Beelmann & Trappen, 1991), dass für die unmittelbare Zeit nach der Trennung ein eigenständiges Erlebnis- und Reaktionsmuster existiert, man also von einem mindestens dreiphasigen Nachscheidungsmodell ausgehen muss. Die Autoren beschreiben den Verlauf insbesondere in den Reaktionen der Kinder. (Die Studie setzte zum Trennungszeitpunkt der Eltern ein; es waren 34 Kinder in die Untersuchungen einbezogen). Unmittelbar nach der Trennung banden sich die Kinder verstärkt an die Mutter und hegten feindselige Gefühle gegenüber dem Vater, der die Familie verlassen hat. Einige Zeit nach der juristischen Scheidung (ca. 30 Monate nach der Trennung) erfolgte eine Distanzierung innerhalb der Mutter-Kind-Beziehung und eine verstärkte Umstrukturierung der sozial-emotionalen Beziehungssysteme. Diese zweite Phase entspricht in etwa der ersten Phase, die von Hetherington beschrieben wird. Schließlich folgt im weiteren Verlauf eine Phase der Stabilisierung und Reorganisation des familiaren Systems (Beelmann & Schmidt-Denter, 1991, S. 187).

14.2.2 Folgerungen für Beratung und Forschung

Aus den beispielhaft beschriebenen Phasenmodellen und der dargestellten Kritik ist zunächst abzuleiten, dass diese kein verallgemeinerbares Verlaufsschema für den Bewältigungsprozess Ehescheidung sind. Andererseits stellen diese Modelle Strukturierungshilfen dar, die für die Beratung hilfreich sein können. So gestattet z. B. das Modell von Bohannan (1970), das ja selbst von der Konzeption her annimmt, dass die beschriebenen Phasen sich teilweise überlappen, jeweils gezielt die Bereiche (Phasen) zu bearbeiten, die aktuell dem Klienten die schwerwiegendsten Probleme bereiten und dabei den inneren Zusammenhang zwischen allen zu reorganisierenden Bereichen nicht aus dem Auge zu verlieren.

Die den emotionalen Verarbeitungsprozess fokussierenden Modelle (Kessler, 1975; Wisemann, 1975) geben dem Berater Anhaltspunkte für die Bearbeitung vorherrschender Gefühle und erleichtern das Verstehen der im Verlauf der Beratung wechselnden emotionalen Reaktionen. Gerade auf der Grundlage dieser Modelle ist es wichtig, sich als Berater auf mögliche Rückfälle in schon überwunden geglaubte Gefühlslagen einzustellen, aber auch den Klienten auf mögliche rückläufige Prozesse vorzubereiten. Auch sollte sich der Berater darauf einstellen, dass die gefühlsmäßigen Reaktionen der Klienten zwischen der räumlichen Trennung und der juristischen Scheidung sowie in der Zeit danach völlig unterschiedlich sein können.

In der Forschung liegen außer den Dokumentationen von klinischen Fallstudien kaum Untersuchungen zum Verlauf von Scheidungsberatung vor. Hier wäre vor allem zu klären, bei welchen Personen unter welchen Bedingungen mit Rückfällen bzw. Stagnationen im Beratungsprozess zu rechnen ist.

14.3 Die Bewältigung der Ehescheidung in Abhängigkeit vom sozioökologischen Kontext

In der Forschung können zum einen Studien ausgemacht werden, die Geschiedene oder Kinder aus geschiedenen Ehen als Einheit auffassen, indem Scheidungsfolgen allgemein thematisiert werden und meist eine Gruppe von Personen mit Scheidungserfahrung einer vergleichbaren Gruppe ohne diese gegenübergestellt wird. Zum anderen liegen inzwischen eine Vielzahl von stärker differenzierenden Arbeiten vor, welche den Einfluss kontextueller Bedingungen auf die Scheidungsbewältigung untersuchen.

Entsprechend werden in diesem Abschnitt zunächst allgemeine Ergebnisse zu psychischen Scheidungsfolgen dargestellt; im Anschluss daran Forschungsergebnisse, die einen Beitrag zu der Frage leisten, welche Faktoren des sozioökologischen Kontextes die Bewältigung der Lebenskrise Ehescheidung fördern oder hemmen.

14.3.1 Psychische Auswirkungen von Ehescheidung auf Eltern und Kinder

Die drastischen Veränderungen in der Lebenssituation von Personen, die sich in einer Lebenskrise befinden – z. B. eine Ehescheidung erleben – führen dazu, dass das Verhaltensrepertoire, mit dem man bislang sein Leben gemeistert hat, nicht mehr ausreicht. Die neue Situation erfordert eine Anpassungsleistung, die enorme Kräfte verlangt.

Lebenskrisen führen deshalb bei Erwachsenen meist zum Erleben von Trauer und Kontrollverlust, die Betroffenen meinen, ihr Leben nicht mehr unter Kontrolle zu haben und dem Schicksal hilflos ausgeliefert zu sein (Rotter, 1979). Im Zusammenhang damit treten auch Angstzustände und depressive Verstimmungen auf. So wird auch in vielen Studien von einer Verschlechterung der allgemeinen Befindlichkeit nach einer Scheidung berichtet, von Gefühlen der Depression, der Unkontrollierbarkeit und von negativen Veränderungen des Selbstbildes (vgl. Noack 1992; Schmidt-Denter & Beelmann 1995).

Geschiedene Partner müssen neben dem Verlusterlebnis selbst auch die Verantwortung für die Konsequenzen des Verlustes tragen. Neben Gefühlen der Einsamkeit müssen deshalb auch Gefühle des Zweifels, Schuld- und Hassgefühle und Gefühle des Versagens verarbeitet werden. Durch diese erhöhte Stresssituation kommt es zu einer Überproduktion der corticoiden Hormone, was wiederum zu einer Hemmung der Abwehrmechanismen bei Infektionen und Krankheiten führt (Frederick, 1971), so dass die Krankheits-, Sterbe- und Selbstmordrate bei Geschiedenen relativ hoch ist (vgl. auch die medizinpsychologischen Arbeiten von Kiecolt-Glaser et al., 1987).

Auch die Kinder erleben die Scheidung ihrer Eltern als schweren Einbruch; sie reagieren mit Ängsten, Schuldgefühlen und Verhaltensauffälligkeiten.

Im Folgenden sei auf einige, in ihrer Komplexität herausragende Längsschnittstudien verwiesen, die zu differenzierten Erkenntnissen über den Nachscheidungsverlauf bei Eltern und Kindern führten.

Hetherington, Cox und Cox (1978) untersuchten zu drei Messzeitpunkten, 2 Monate, 1 Jahr und 2 Jahre nach der Scheidung 72 geschiedene Eltern und deren Kinder (im Vorschulalter) sowie 72 Eltern und Kinder einer parallelisierten Kontrollgruppe mit zahlreichen Messinstrumenten. Kurdek, Blisk und Siesky (1981) führten eine umfangreiche Studie an 58 allein erziehenden Eltern, die ungefähr 4 Jahre geschieden waren, und jeweils einem Kind dieser Eltern durch. Eine follow up-Untersuchung mit den gleichen Messinstrumenten (Fragebogen, Ratingverfahren, standardisierte Tests) wurde zwei Jahre später bei 24 Eltern und deren Kindern durchgeführt. Wallerstein und Kelly (1975, 1976, 1977, 1980; Wallerstein, 1985, 1987) boten Familien ein kurzes Interventionsprogramm an, um im beratenden Kontakt die gewünschten Informationen zu sammeln. An dem Projekt nahmen 60 geschiedene Elternpaare und deren Kinder teil. Eine follow up-Untersuchung wurde 1 Jahr, 5 Jahre und 10 Jahre sowie 15 Jahre danach durchgeführt (vgl. auch Wallerstein & Blakeslee, 1989). Schließlich sei noch auf eine ebenfalls sehr komplex angelegte Längsschnittstudie aus neuester Zeit, die Virginia Longitudiual Study of Divorce and Remarriage, verwiesen (Hetherington, 1993). In dieser Studie wurden Kinder aus Einelternfamilien infolge Scheidung mit Kindern aus Zweielternfamilien über einen Zeitraum von 11 Jahren hinweg zu fünf verschiedenen Zeitpunkten untersucht. Dabei erfolgte ein Vergleich der Anpassungsleistungen und -schwierigkeiten der Scheidungskinder mit der Kontrollgruppe (vgl. auch Hetherington, 1999).

Zieht man als Kriterium für eine gelungene Anpassung an die Nachscheidungssituation die seelische und körperliche Befindlichkeit der Betroffenen heran, kann man aufgrund der genannten und anderer Studien davon ausgehen, dass dem Großteil geschiedener Erwachsener diese Anpassungsleistung im Laufe einiger Jahre gelingt (vgl. z. B. Guttman, 1993; Veevers, 1991; Wallerstein & Blakeslee, 1989; Wallerstein & Kelly 1980, 1985). Auch die meisten Kinder scheinen in den oben genannten Längsschnittstudien etwa 2 Jahre nach der Scheidung ihrer Eltern im Verhalten und Erleben unauffällig (vgl. auch die im Folgenden noch ausführlicher dargestellte deutsche Längsschnittstudie von Schmidt-Denter und Mitarbeitern (z. B. Schmidt-Denter & Beelmann, 1995).

Zur Frage des Wohlbefindens geschiedener Eltern (de facto wurden in allen Studien zu dieser Frage alleinerziehende Mütter untersucht) fallen die sehr heterogenen Forschungsbefunde ins Auge: So berichten einige Studien, dass das Wohlbefinden Alleinerziehender eingeschränkt ist (z. B. Berger-Schmitt et al., 1991; Compas & Williams, 1990; Cramer, 1993; Fong & Amatea, 1992; Garvin, Kalter & Hansell, 1993; Gringlas & Weinraub, 1995; Hall, Gurley, Sachs & Kryscio, 1991; Kitson & Morgan, 1990; Schamess, 1990a, 1990b; Stack, 1990; Wider, Bodenmann, Perrez & Plancherel, 1995), was sich beispielsweise in einem negativen Selbstbild, Depression, Ängsten, Suizidversuchen und psychosomatischen Erkrankungen niederschlägt. In anderen Studien hingegen geben Alleinerziehende an, mit ihrem Leben zufrieden zu sein (Gutschmidt, 1986; Hansen, 1984, 1986; Napp-Peters, 1985; Neubauer, 1988; Permien, 1988; Sev'er & Pirie, 1991).

Wenn man die Gesamtgruppe geschiedener Mütter (wie auch Väter) betrachtet, leiden diese im Vergleich zu Verheirateten verstärkt unter depressiven Verstimmungen (vgl. Chase-Lansdale & Hetherington, 1990). Längsschnittstudien zeigen, dass sich im Verlauf von zwei bis drei Jahren nach der räumlichen Trennung Verbesserungen im Ausmaß der Depressivität beobachten lassen. Allerdings geht es den Betroffenen am Ende dieser Phase immer noch schlechter als Verheirateten. Auch Querschnittstudien, die sich mit langfristigen Folgen von Scheidung befassen, sprechen für eine überdauernd höhere Depressivität der Geschiedenen (Chase-Landsdale & Hetherington, 1990). Es gibt allerdings auch Hinweise, dass unglückliche Partnerschaften einen vergleichbaren Stressor wie die Belastungen der Einelternfamilie darstellen, der zu erhöhter psychischer Belastung und in der Folge zur Beeinträchtigung der psychischen Befindlichkeit und zur Depression führt (Karney & Bradbury, 1995; Kurdek, 1993). Weiterhin gibt es Belege dafür, dass sich Paare in unbefriedigenden Ehebeziehungen von Geschiedenen hinsichtlich zentraler Befindlichkeitsvariablen wie der Depressivität nicht unterscheiden (Walper, Schneewind & Gotzler, 1994). Die Beurteilung des Wohlbefindens im Nachscheidungsverlauf hängt demnach auch von der gewählten Vergleichsgruppe ab.

Aus den dargestellten Befunden ist zu folgern, dass geschiedene Eltern nicht als homogene Gruppe aufzufassen sind. Es gibt offenbar interindividuell unterschiedliche Entwicklungen und Verläufe. Wie vor allem die Studien zum Wohlbefinden allein erziehender Mütter zeigen, spiegeln die widersprüchlichen Ergebnisse die Realität: Es gibt Alleinerziehende, denen es nicht nur aktuell gut geht, sondern sogar besser als während der Ehe. Es gibt Alleinerziehende, die sich durchschnittlich wohl fühlen und solche, die an ihrer Lebenssituation leiden (Niepel, 1994, S. 100). Eine entsprechende Dreiteilung bestätigen auch fünf Untersuchungen aus dem deutschsprachigen Raum, nämlich die Arbeiten von Faber, Mädje und Neusüß (1992a, 1992b), Sander, Berger und Isselstein-Mohr (1983), Sander (1993a), Schiedeck und Schiedeck (1993) sowie Schöningh, Aslanidis und Faubel-Diekmann (1991). Diese Arbeiten gelangen übereinstimmend zu dem Ergebnis, dass sich allein erziehende Mütter aufgrund ihrer Heterogenität hinsichtlich ihres Wohlbefindens in drei Gruppen, gut bis sehr gute, durchschnittliche und schlechte Befindlichkeit einordnen lassen.

Die Ergebnisse zum Nachscheidungsverlauf von Kindern, Jugendlichen und jungen Erwachsenen aus Scheidungsfamilien zeigen ein ähnliches Bild. Auf den ersten Blick erscheinen die Ergebnisse widersprüchlich:

Betrachtet man die Mittelwerte von Kindern, Jugendlichen und jungen Erwachsenen aus Scheidungsfamilien, die zu vergleichbaren Stichproben aus Zweielternfamilien in Beziehung gesetzt wurden, finden sich in allen untersuchten Merkmalen ungünstigere Werte für Personen aus Scheidungsfamilien. Dies gilt u. a. für den Ausbildungsstand junger Erwachsener (Krein, 1986), die Schulleistung von Kindern (z. B. Guidibaldi, Clemenshaw, Perry & Mc Claughin, 1983) oder für das soziale Verhalten (Demo & Acock, 1988, Steinberg, 1987). Auch die Ergebnisse von zwei Meta-Analysen weisen in diese Richtung: In der Meta-Analyse von Amato und Keith (1991a), in die 92 Studien eingingen, die die Entwicklung von Scheidungskindern zum Gegenstand hatten, zeigten sich negative Effekte von Ehescheidung auf das kindliche Wohlbefinden. Die Ergebnisse einer weiteren Meta-Analyse der gleichen Autoren (Amato & Keith, 1991b), in die 37 kontrollierte Untersuchungen eingingen, sprechen auch dafür, dass Erwachsene, deren Eltern geschieden waren oder dauerhaft getrennt lebten, geringere Werte bezüglich ihrer psychischen und körperlichen Gesundheit, ihrer Ehequalität und hinsichtlich sozioökonomischer Lebensbedingungen erreichen. Allerdings waren die Effektstärken in beiden Analysen sehr gering, was den Schluss nahelegt, dass im Durchschnitt die Scheidungsfamilie zwar eine ungünstigere Entwicklungsbedingung darstellt, die Unterschiede zwischen Personen aus geschiedenen und nicht geschiedenen Familien in den untersuchten Merkmalen aber sehr gering sind (vgl. auch Kurdek, 1989). Darüber hinaus ist auch ein epochaler Effekt festzustellen. Je häufiger das Ereignis Ehescheidung seit den 60er-Jahren im Verlauf der Jahrzehnte auftritt, und je weniger es dadurch zur Ausnahmeerscheinung wird, desto geringer werden die Unterschiede (Amato & Keith, 1991a; Kurdek, 1988; Reid & Crisafulli, 1990).

Wenn auch der Großteil der Untersuchungen auf im Durchschnitt ungünstige Effekte von Ehescheidung auf die Entwicklung der Betroffenen weist, liegen auch Untersuchungsergebnisse vor, die keinerlei Auffälligkeiten oder Störungen bei Kindern aus geschiedenen Ehen erkennen lassen (z. B. Compass & Williams, 1990; Tuzlak & Hillock, 1986), ebenso solche, die auch positive Effekte nachweisen. So zeigen manche Scheidungskinder sozial kompetenteres Verhalten und weniger Verhaltensauffälligkeiten als Kinder aus Zweielternfamilien (Camara & Resnick, 1988; Gutschmidt, 1986, 1993; Hess & Camara, 1979).

In der schon erwähnten Längsschnittstudie von Schmidt-Denter und Mitarbeitern (Schmidt-Denter & Beelmann, 1995, 1997) ließen sich kindliche Typen von Scheidungsbewältigung nachweisen. In dieser Kölner Längsschnittstudie wird die Entwicklung familiärer Beziehungen nun schon über 6 Jahre verfolgt.

Die Studie war zunächst als Längsschnittstudie bis zu einem Zeitpunkt von ca. 40 Monaten nach der elterlichen Trennung konzipiert worden. Sie ging im Rahmen eines systemtheoretischen Ansatzes davon aus, dass sich durch eine Trennung der Eltern die familiären Beziehungen umstrukturieren und neu balanciert werden müssen. Da erwartet wurde, dass der Veränderungs- und Bewältigungsprozess von den betroffenen Familienmitgliedern unterschiedlich erlebt wird, sollten deren Perspektiven getrennt erfasst und miteinander verglichen werden. Untersucht wurden zum ersten Messzeitpunkt 60 Familien, die sich in Trennung befanden, wobei die erste Erhebungswelle durchschnittlich 10 Monate nach der Trennung stattfand und die zweite bzw. dritte im Abstand von jeweils 15 Monaten folgten. Die Kinder waren bei der ersten Untersuchung zwischen 4 und 10 Jahre alt. Erwartungsgemäß zeigten sich erhebliche Veränderungen in den familiären Beziehungen betreffend die elterlichen Paarbeziehungen, die Kontakte der Kinder zum nicht sorgeberechtigten Vater, die Qualität der Mutter-Kind-Beziehung, das Familienklima und neue Partnerschaften. 30 Monate nach der Trennung hatte sich zwar die Symptombelastung bei den Kindern sukzessive vermindert, doch verlief die Entwicklung sehr unterschiedlich. Es wurde eine Gruppe „Hochbelasteter" identifiziert, die über den gesamten Untersuchungszeitraum starke Verhaltensauffälligkeiten zeigten, eine Gruppe „Belastungsbewältiger", bei denen eine starke Abnahme der Verhaltensauffälligkeiten zu beobachten war und eine dritte Gruppe „Geringbelasteter", die von Beginn an nur geringe Symptome aufwiesen und scheinbar unverwundbar erschienen. Auch die Nachscheidungssituation von Kindern verläuft demnach sehr unterschiedlich, von pathogen bis unauffällig.

Die dargestellten Ergebnisse bei Kindern und Eltern sowie die teilweise Widersprüchlichkeit der Befunde lassen erkennen, dass eine monokausale Betrachtung der Auswirkungen von Ehescheidung unangebracht ist. Das Ereignis Ehescheidung ist immer in ein Bedingungsgefüge anderer Faktoren – bzw. in einen sozioökologischen Kontext – eingebettet, deren Zusammenwirken, auch mit individuellen Persönlichkeitsfaktoren, entwicklungsbeeinflussend ist (Hetherington, 1993; Sander, 1988). Es liegen heute schon eine große Anzahl fundierter Studien vor, die erkennen lassen, welche Faktoren sich bei Eltern und Kindern bei der Bewältigung von Ehescheidung hemmend oder fördernd auswirken.

14.3.2 Förderliche und hemmende Faktoren der Bewältigung von Ehescheidung durch die Eltern

Bei der Diskussion von Einflussfaktoren des sozioökologischen Kontextes empfiehlt es sich, auf das Modell von Bronfenbrenner (1976) zurückzugreifen. Er unterscheidet vier Ebenen des sozioökologischen Umfeldes, wobei er als unterste Ebene die individuelle Persönlichkeit mit den jeweils gegebenen Schwächen und Kompetenzen benennt. Darüber setzt er die Ebene der Familie, die zum Einen durch die Qualität der sozialen Beziehungen, zum Anderen durch die materiellen Ressourcen beschrieben werden kann. Diese familiale Ebene sieht er eingebettet in die Ebene der Institutionen und sozialen Netzwerke (Verwandte, Freunde, Nachbarn). Die gesellschaftlichen Rahmenbedingungen stellen schließlich die höchste Ebene dar. Bronfenbrenner postuliert, dass die Gegebenheiten der höher gelegenen Ebene die jeweils darunter liegende Ebene direkt und die noch weiter unten liegenden Ebenen indirekt beeinflussen. Er nimmt darüber hinaus an, dass auf jeder Ebene Stütz- und Belastungsfaktoren wirksam werden, wobei zwischen den objektiven Gegebenheiten und der subjektiven Bewertung, die für die Bewältigung entscheidend ist, zu unterscheiden ist.

Geht man davon aus, dass Ehescheidung heute keine Ausnahmeerscheinung mehr ist und die Einstellung gegenüber Geschiedenen liberaler geworden ist, kann man annehmen, dass die gesellschaftlichen Rahmenbedingungen für geschiedene Eltern heute günstiger sind als noch vor wenigen Jahrzehnten (Kurdek 1981; Veevers 1991). Man muss aber davon ausgehen, dass zumindest in Teilen der Gesellschaft die Nachscheidungsfamilie immer noch sozial stigmatisiert wird, was für die Betroffenen erheblich belastend wirken kann.

Die liberaler gewordene Einstellung zur Teilfamilie wirkt sich auch günstig auf die Ebene der Institutionen und Netzwerke aus. So unterstützen z. B. Sozial- und Jugendämter die durch Scheidung entstandene Teilfamilie – in den meisten Fällen eine Mutter-Kind-Familie – durch juristische und finanzielle Beratung, es wurde die Unterhaltsvorschusskasse eingeführt usw. Allerdings kann die Abhängigkeit von Institutionen, z. B. von den Zahlungen des Sozialamtes, als erhebliche Belastung erlebt werden.

Auch die Ablehnung durch Personen des sozialen Umfeldes, in der die Teilfamilie eingebettet ist, ist heute deutlich geringer als in früheren Jahrzehnten. Soziale Netzwerke sind ein wichtiger Stützfaktor für Alleinerziehende, allerdings nur dann, wenn sie tatkräftige Hilfe, z. B. bei der Kinderbetreuung oder emotionale Unterstützung leisten. Als wichtige Stütze sind ein wohlgesonnener Freundeskreis oder Selbsthilfegruppen Alleinerziehender zu nennen (Niepel & Nestmann 1996; Pong 1997, 1998; Veevers 1991). Wenn allerdings bei geschiedenen Eltern das Netzwerk auf eine Verwandtschaft beschränkt ist, die der Scheidung negativ gegenüber steht, ist ein erheblicher Belastungsfaktor gegeben.

Die finanziellen und materiellen Ressourcen, die der Teilfamilie zur Verfügung stehen, beeinflussen den Bewältigungsprozess in bedeutsamer Weise. Ein niedriges Einkommen und eine insgesamt ungünstige soziale Lage sind ein schwerer Belastungsfaktor (zur sozialen Lage der Einelternfamilie vgl. z. B. Sander, 1999a).

Auch die Beziehungsmuster innerhalb der Teilfamilie werden durch die finanziellen und materiellen Ressourcen beeinflusst. Extreme finanzielle Not erhöht die Wahrscheinlichkeit eines inkompetenten elterlichen Erziehungsstils (Colleta, 1983). Andererseits können gute Beziehungen zwischen Mutter und Kind(ern) auch als Stützfaktor wirken, der die materiellen Schwierigkeiten leichter erträglich macht (Sander, Berger & Isselstein-Mohr 1983).

In einer Reihe von Untersuchungen konnten Persönlichkeitsmerkmale und individuelle Kompetenzen bzw. Gegebenheiten identifiziert werden, die sich günstig bzw. ungünstig auf die Krisenbewältigung und so auch auf die psychische Befindlichkeit Geschiedener auswirken. In einem Überblicksreferat nennt Veevers (1991) u. a. folgende Faktoren, die die Scheidungsbewältigung beeinflussen:

Personen, die grundsätzlich (im Sinne eines manifesten Persönlichkeitsmerkmals) schwierige Situationen positiv bewältigen, fällt die Scheidungsbewältigung leichter als Personen, bei denen dies nicht der Fall ist. Auch allgemeine Einstellungen spielen eine Rolle. Wer eine Scheidung grundsätzlich als persönliches Scheitern interpretiert, wird größere Schwierigkeiten mit der Bewältigung haben als jemand, der darin ein Ereignis sieht, mit dem man im „normalen" Lebenslauf rechnen muss. Auch das Alter spielt eine Rolle: So haben junge Frauen im Allgemeinen weniger Schwierigkeiten, sich an ihre Rolle als Alleinerziehende zu gewöhnen als ältere. In Bezug auf die Dauer der Ehe besteht eine nicht lineare Beziehung zur Bewältigung. Nach einer sehr kurzen oder sehr langen Ehe scheint eine Scheidung eine geringere Belastung darzustellen. Eine Erklärung dafür könnte sein, dass in einer sehr kurzen Ehe noch keine auf Dauer angelegte Beziehung aufgebaut wurde, in einer sehr langen Ehe wiederum sich extrem viel an Unzufriedenheit und Belastung aufstaute. Entscheidender als die Dauer der Ehe dürfte allerdings die Planungsperiode sein. Eine Person, die sich längere Zeit auf eine mögliche Scheidung eingestellt hat, kann das kritische Lebensereignis schneller bewältigen als jemand, der davon überrascht wurde. Das Gleiche gilt, wenn eine Person aktiv die Scheidung betrieb, so dass sie durch ihre Initiative Kontrolle über die Situation gewinnen konnte. Einen sehr hohen Stellenwert in Bezug auf die Bewältigung einer Scheidung hat der Bildungsstand. Ein höherer Bildungsstand garantiert eher das Verfügen über Kompetenzen und Strategien, sich in schwierigen Situationen zu helfen und bietet auch eher die Chance für eine befriedigende berufliche Tätigkeit und finanzielle Sicherheit – Faktoren, die die Bewältigung erheblich erleichtern (vgl. auch Guttman 1993; Sander 1993a). Die Bedeutung von Stressverarbeitungsstrategien für das Wohlbefinden allein erziehender Frauen konnte erst kürzlich bei einer deutschen Stichprobe nachgewiesen werden. Frauen mit unterschiedlichem Wohlbefinden zeigten unabhängig vom Familienstand (untersucht wurden allein erziehende Mütter, wiederverheiratete Alleinerziehende und in erster Ehe verheiratete Mütter) unterschiedliche Stressverarbeitungsstrategien. Mütter, deren Wohlbefinden größer war, griffen in stressreichen Situationen im Gegensatz zu den Frauen mit geringerem Wohlbefinden verstärkt zu Strategien wie Bagatellisierung, Herunterspielen der belastenden Situation sowie positiver Selbstinstruktion. Frauen mit geringerem Wohlbefinden verwendeten hingegen signifikant häufiger Strategien wie Vermeidung oder Fluchttendenz, soziale Abkapselung, gedankliche Weiterbeschäftigung mit dem stresserzeugenden Thema, Resignation, Selbstbemitleidung, Selbstbeschuldigung, Aggression und griffen auch häufiger in Stresssituationen auf Pharmaka zurück (Jesse & Sander, 1999).

Dieses Ergebnis steht in Einklang mit Ergebnissen anderer Untersuchungen, die sich mit dem Zusammenhang zwischen Copingstrategien und dem Wohlbefinden Alleinerziehender beschäftigten (vgl. z. B. Compass & William, 1990; D'Ercole 1988; Fong & Amatea 1992; Hall, Gurley, Sachs & Kryscio, 1991; Holloway & Machida 1992; Lindblad-Goldberg, Dukes & Lasley, 1988; Noack 1992; siehe auch Schlesinger, 1991).

Frau M., 35, ist seit 1½ Jahren geschieden und lebt mit ihren drei Kindern (11, 8 und 3 Jahre) in einer dörflichen Gemeinde in dem Einfamilienhaus, das ihre Eltern mit finanziert haben, und in dem sie auch während ihrer zwölf Jahre dauernden Ehe mit ihrem Mann und ihren Kindern gelebt hat.

Ihr Mann, Diplomingenieur, ist vor 3 Jahren – ohne Vorwarnung, wie Frau M. sagt – ausgezogen, weil er sich durch die Familie eingeengt fühlte. Inzwischen lebt er in einer weit entfernten Großstadt, ist an Kontakten mit den Kindern wenig interessiert, hält aber pünktlich die Unterhaltszahlungen ein. Frau M. fühlt sich einsam und überfordert. Die beiden älteren Kinder sind seit der Scheidung in den Schulleistungen stark abgesackt, es gibt regelmäßig Ärger und Streit, wenn sie ihre Hausaufgaben machen sollen. Dazu „nervt" sie der Jüngste, der noch keinen Kindergartenplatz hat und ein richtiges „Mammakind" ist, das ihr nicht vom Rockzipfel weicht. Die Möglichkeit, wieder in ihrem erlernten Beruf zu arbeiten – Frau M. ist gelernte Zahnarzthelferin – zieht Frau M. aufgrund ihrer häuslichen Belastung gar nicht in Betracht, zumal sie auch zu einem eventuellen Arbeitsplatz eine große Strecke fahren müsste.

Ihre Zeit verbringt Frau M. vorwiegend mit Haus- und Gartenarbeit. Zeitweise sieht sie fern, ohne sich konzentrieren zu können. Außer ihren Eltern und einer Schulfreundin hat sie im Dorf keine Kontakte. Sie fühlt sich als Geschiedene ausgegrenzt, auch ihre Eltern besucht sie wenig, da diese ihr indirekt Vorhaltungen machen, dass „es so weit kommen musste". Die Freundin kommt alle 14 Tage kurz auf einen Kaffeeplausch vorbei. Frau M. leidet unter Bluthochdruck und Kopfschmerzen. Ohne Schmerztabletten glaubt sie nicht existieren zu können. Da sie schlecht einschlafen kann, nimmt sie auch regelmäßig Schlaftabletten. Sie fühlt sich lustlos, müde, antriebsarm und hat Angst vor jedem neuen Tag.

Frau O., 40, ist ebenfalls seit 1½ Jahren geschieden. Sie lebt mit ihren zwei Kindern (8 und 6 Jahre) in einer kleinen Mietwohnung in einer Kleinstadt. Sie hat sich nach einer längeren Phase heftigen Streits, in der die Eheleute feststellen mussten, dass sie sich voll auseinander gelebt haben, von ihrem Mann getrennt, und ist aus der gemeinsamen Wohnung ausgezogen. Ihr Mann hat inzwischen eine neue Partnerin und ist an Kontakten mit den Kindern wenig interessiert; diese besuchen ihn allerdings ca. alle 3 Wochen.

Frau O. arbeitet seit der Scheidung in ihrem erlernten Beruf als Hebamme. Die Kinder machen ihr Sorge, der ältere Sohn hat in der Schule seit der Scheidung nachgelassen, der jüngere ist noch scheuer und unsicherer geworden als er vorher war, doch findet sie Halt in ihrer verantwortungsvollen Arbeit. Sie bemüht sich auch aktiv um Kontakte mit Berufskolleginnen, frischt Kontakte aus der Schulzeit wieder auf und hat seit einem Semester ein Studium (Diplompädagogik) aufgenommen, das sie ihrem Ziel, in der Mütter- und Schwangerenberatung zu arbeiten, näher bringt. Auch an der Universität hat sie befriedigende Kontakte zu Frauen in ähnlichen Lebenssituationen gefunden. Frau O. fühlt sich zwar an der Grenze ihrer Belastbarkeit, doch ist sie guten Mutes, dass sie ihr Leben meistern und die Zukunft ihre Situation verbessern wird.

Bei der Beurteilung der genannten Unterstützungs- und Belastungsfaktoren ist zu berücksichtigen, dass sich die Bedeutung sowohl von individuellen Kompetenzen als auch von Faktoren des soziökologischen Umfeldes im Laufe des Bewältigungsprozesses ändern kann. So kann z. B. die Wiederaufnahme einer beruflichen Tätigkeit von einer allein erziehenden Mutter unmittelbar nach der Scheidung als extrem belastend wahrgenommen werden, die neu gewonnene Kompetenz aber im Laufe des Prozesses ein wichtiger Stützfaktor werden. Oder die zunächst als unterstützend wahrgenommene Mutter einer Alleinerziehenden kann sich im Laufe der Zeit als Belastungsfaktor erweisen, wenn es beispielsweise zu Meinungsverschiedenheiten im Hinblick auf die Erziehung des Enkelkindes kommt, oder die Alleinerziehende von ihrer Mutter wie ein Kind behandelt wird.

14.3.3 Förderliche und hemmende Faktoren der Bewältigung von Ehescheidung durch Kinder

Auch in Hinblick auf die Bewältigung der elterlichen Scheidung durch Kinder konnten sowohl Persönlichkeitsfaktoren als auch Faktoren des Lebensumfeldes, also kontextuelle Faktoren, ausgemacht werden, die sich förderlich oder hemmend auswirken.

14.3.3.1 Persönlichkeitsfaktoren

So spielt das *Alter*, in dem die Eltern sich trennten, eine Rolle. Je jünger die Kinder bei der Trennung sind, desto weniger sind sie aufgrund ihres kognitiven Entwicklungsstandes in der Lage, die Motive und Gefühle der Eltern sowie die eigene Rolle bei der Scheidung zu verstehen und desto gefährdeter ist ihre Entwicklung (z. B. Hetherington, 1980; Wallerstein & Kelly, 1980). Auch die Reaktionsweise der *Geschlechter* ist unterschiedlich. Unmittelbar nach der Scheidung erwiesen sich die zu beobachtenden Störungen bei Jungen anhaltender als bei Mädchen. Letztere leiden nicht weniger als erstere, doch neigen sie dazu, ihr Konflikterleben eher zu internalisieren, während Jungen zumindest im vorpubertären Alter eher ausagieren und dadurch auffällig werden (z. B. Hetherington, 1980; Kurdek, Blisk & Siesky, 1981). Die geschlechtsspezifischen Unterschiede, die referiert werden, hängen auch vom Alter der Kinder bei der Untersuchung ab. So traten z. B. bei Mädchen aus Scheidungsfamilien im Alter von 15 Jahren wieder psychische Probleme auf, die zwischenzeitlich nicht zu beobachten waren (Hetherington, 1993). Ebenso zeigten sich bei Mädchen viele Jahre nach der elterlichen Scheidung Probleme bei der Partnerwahl und dem Aufbau dauerhafter Beziehungen (z. B. Kalter, Riemer, Brickman & Woo Chen, 1985; Wallerstein, 1985). Die geschlechtsspezifischen Anpassungsprobleme hängen auch davon ab, bei *welchem Elternteil ein Junge oder Mädchen aufwächst*. Kinder, die bei einem gleichgeschlechtlichen Elternteil aufwachsen, haben offenbar größere Chancen, eine psychisch ungestörte Entwicklung zu nehmen; möglicherweise weil ein Kind, das bei einem gegengeschlechtlichen Elternteil aufwächst, leichter in die für seine Entwicklung ungünstige Rolle eines Gattensubstituts gedrängt wird (vgl. z. B. Camara & Resnick, 1988; Hetherington, 1993; Santrock, Warshak & Elliott, 1982).

Die nach der Scheidung zu beobachtenden Verhaltensauffälligkeiten stehen aber auch mit *Persönlichkeitsmerkmalen und Verhaltensweisen* in Beziehung, die schon *vor der Scheidung* zu erkennen waren. Kinder, deren Temperament schon vor der Scheidung als „schwierig" beschrieben wird, reagieren auf die Stresssituation verletzlicher und weniger anpassungsfähig als Kinder, die als „unkompliziert" galten (Hetherington, Cox & Cox, 1978; Rutter, 1979).

> In einer der wenigen prospektiven Längsschnittstudien (Block, Block & Gjerde, 1986) wurden Kinder über 11 Jahre hinweg zu 6 Messzeitpunkten untersucht. Die Autoren gingen der Frage nach, ob die Persönlichkeitsentwicklung der Kinder durch die elterliche Scheidung oder durch den elterlichen Konflikt in der zerrütteten, aber formal noch nicht aufgelösten Familie beeinflusst wird. Die Ergebnisse zeigen, dass Kinder von sich später trennenden Eltern – vor allem Jungen – bereits viele Jahre vor der Scheidung stärkere Verhaltensauffälligkeiten aufweisen als Kinder, deren Eltern zusammen bleiben. Dies spricht für die Annahme, dass ein andauernder Konflikt der Eltern stärker Verhaltensauffälligkeiten bei Kindern auslöst als das Ereignis der Scheidung selbst.

Im Zusammenhang mit der Bewältigung des Scheidungserlebens stehen auch *sozialkognitive Fähigkeiten* der Kinder. Hier ist z. B. die Fähigkeit zum Perspektivenwechsel zu nennen. Ein Kind, das sich in die Situation einer anderen Person eindenken und einfühlen kann, kann auch die Motive seiner Eltern in Bezug auf den Scheidungsentschluss besser verstehen und ist damit in der Lage, sich von dem Geschehen zu distanzieren (Selman, 1984). Vorschulkinder und auch viele Schulkinder, deren sozial kognitive Fähigkeiten noch nicht voll entwickelt sind, nehmen aufgrund ihrer noch ich-zentrierten Sichtweise an, ihr eigenes Handeln (z. B. Ungehorsam) habe die Trennung der Eltern bewirkt. Daraus resultieren Schuldgefühle und das Verlangen nach Wiedergutmachung, was notwendigerweise zu einem Kreislauf von Frustration, neuerlichen Schuldgefühlen, weiterer Frustration, usw. führt (Fincham & Osborne, 1993; Grych & Fincham, 1990; Kurdek, Blisk & Siesky, 1981; Offe, 1992).

Da anzunehmen ist, dass Kinder die Scheidung der Eltern besser bewältigen, wenn sie über Bewältigungsstrategien verfügen, die ungünstige Auswirkungen von Scheidung/Trennung abpuffern können, wurden zur Untersuchung dieser Frage zunehmend Instrumente zur Erfassung kindlicher Bewältigung (Coping-Stile und -strategien) von Stress konstruiert und eingesetzt (Brodzinsky et al. 1992; Causey & Dubow, 1992; Ryan-Wenger, 1990, Sandler, Tein & West, 1994). Ein Vergleich der Häufigkeit und Effektivität eingesetzter Bewältigungsstrategien (Ryan-Wenger, 1990) erbrachte keine Unterschiede zwischen Kindern geschiedener und nicht geschiedener Eltern. Allerdings waren unterschiedliche Muster von Bewältigungsstrategien erkennbar (Kurtz, 1995). Ebenso konnten Beziehungen zwischen der Art der vorherrschenden Copingstrategien und kindlichen Symptomen nachgewiesen werden: So zeigte sich z. B. bei 12- bis 16-jährigen Mädchen ein Zusammenhang zwischen vermeidenden Bewältigungsstrategien, Depressionen, Ängstlichkeit, Verhaltensproblemen und körperlichen Symptomen (Armistead et al., 1990) Bei 7-

bis 13-Jährigen zeigte sich unabhängig vom Geschlecht ein Zusammenhang zwischen vermeidendem Coping, Depressionen, Ängstlichkeit und Verhaltensproblemen. In der gleichen Studie waren Kinder mit sehr aktiven Bewältigungsformen weniger depressiv (Sandler, Tein & West, 1994). Ähnlich stand auch „negativ externalisierende Bewältigung" („Dampf ablassen", passives Problemlösen wie Drogen-, Alkohol-, Nikotinmissbrauch sowie geringes Bemühen um Problemlösungen in der Familie) in signifikant positivem Zusammenhang mit schulischen Problemen und psychopathischen Indikatoren sowie in negativem mit Zielgerichtetheit bei Schülern aus 7. und 9. Klassen (Kurdek & Sinclair, 1988).

Kinder mit sehr aktiven Bewältigungsformen hatten weniger Depressionen, solche mit wenig aktiver Bewältigung mehr Verhaltensprobleme (Sandler, Thein & West, 1994).

In einer Studie bei 8- bis 12-jährigen Kindern ging selbstperzipierte (höhere) Wirksamkeit von Coping mit geringer Ängstlichkeit einher (Rotenberg, Kim & Hermann-Stahl, 1998).

Von Einfluss sind offenbar auch „negative kognitive Fehler" (Überbetonung negativer Situationsaspekte) und „positive Illusionen" (Überbetonung positiver Aspekte) als habituelle Beurteilungstendenzen. Negative kognitive Fehler verstärken ungünstige Auswirkungen von Scheidung auf Depression, Ängstlichkeit und Verhaltensprobleme bzw. auf internalisierende Probleme. Positive Illusionen können als Puffer negativer Auswirkungen von Scheidung auf Depression und Verhaltensprobleme sowie externalisierende Probleme dienen (Mazur, Wolchik, Virdin, Sandler & West, 1999).

14.3.3.2 Kontextuelle Faktoren

Neben den genannten Persönlichkeitsfaktoren wurden auch eine Reihe von Bedingungen ermittelt, die das Lebensumfeld von Scheidungskindern beschreiben, und in Beziehung mit deren Entwicklung stehen. So ist ein niedriger *sozioökonomischer Status* grundsätzlich ungünstig für die Entwicklung von Kindern. Exemplarisch sei auf die Studie von Acock und Kiecolt (1989) verwiesen, die in ihrer Analyse 7752 Frauen und 9674 Männer aus Zweielternfamilien, Mutter-Kind-Familien und Stieffamilien einbezogen. Es zeigte sich ein hoch signifikanter Langzeiteffekt des sozioökonomischen Status auf beinahe alle erfassten Anpassungseffekte im Erwachsenenalter. Das Aufwachsen in Mutter-Kind-Familien zeigte ebenfalls negative Effekte, die allerdings deutlich geringer waren. Da nach einer Scheidung die verbleibende Einelternfamilie – vor allem die Mutter-Kind-Familie – sich im Allgemeinen in einer deutlich verschlechterten materiellen Situation gegenüber der vorherigen Zweielternfamilie befindet, damit die gesamte Lebenssituation ungünstig verändert ist, häufig die Wohnung aufgegeben werden muss, was zu einem Verlust des gewohnten Umfeldes führt, ist davon auszugehen, dass der mit der Nachscheidungsfamilie verbundene ungünstige sozioökonomische Status ein wesentlicher Grund für die aufgeführte negative Befundlage bei Personen aus Scheidungsfamilien ist (vgl. Sander, 1999a, 1999b).

Auch der *Bildungsstand* der Mutter, der in Beziehung steht mit dem sozioökonomischen Status der Mutter-Kind-Familie, wurde als eine Moderatorvariable identifiziert. So zeigte sich z. B. in einer Studie bei Schwarzamerikanern (Daniels, 1986) eine positive Beziehung zwischen mütterlichem Bildungsstand und kindlichem Berufserfolg.

Sozialen Netzwerken wird im Allgemeinen eine stützende Funktion zugeschrieben (vgl. Kurdek, 1988; Lindblad-Goldberg, 1988).

Eine Reihe von Untersuchungen machen auch auf die Bedeutung des *Erzieherverhaltens* speziell für die kindliche Entwicklung nach einer Ehescheidung aufmerksam (Bartz & Witcher, 1978; Weiß, 1979). So konnte z. B. Huss (1995) zeigen, dass ein stabiles stützendes Familienklima in Zusammenhang mit aktivem Coping bei Kindern steht, ein belastendes Klima dagegen in Zusammenhang mit vermeidendem Coping.

Ebenso ist durch zahlreiche Untersuchungen belegt, dass *offen ausgetragene, feindselige Konflikte zwischen den Eltern* sowohl in Zweielternfamilien als auch in Scheidungsfamilien einen schädlichen Einfluss auf die psychische Gesundheit der Kinder haben (vgl. Amato & Keith, 1991a). In einem in Deutschland durchgeführten Forschungsprojekt (Walper, 1995, 1998; Walper & Gerhard, 1999) wurde die Individuationsentwicklung im Übergang von später Kindheit bis hin zum späten Jugendalter bei Kindern und Jugendlichen aus Kernfamilien und Familien mit getrennt lebenden Eltern untersucht. Es wurde je eine Stichprobe aus den Alten und Neuen Bundesländern herangezogen. Die Befunde lassen den Schluss zu, dass die Beziehung zwischen Eltern und ihren Kindern weniger durch die Trennung der Eltern verunsichert oder belastet wird, als gemeinhin unterstellt wird. Weitaus nachteiliger für den Individuationsprozess im Verlauf des Jugendalters dürfte eine konflikthafte Beziehung zwischen den Eltern in Kernfamilien sein, die sowohl zu einer vorzeitigen Ablösung der Kinder als auch zu einer gesteigerten Unsicherheit der Kinder in der Bindung an die Eltern beiträgt (Walper & Gerhard, 1999, S. 167).

Eine Reihe von Autoren explizieren, dass die ungünstige soziale Lage der Nachscheidungsfamilie ebenso wie das häufige Austragen feindseliger Konflikte der Eltern auch nach der Scheidung Bedingungen sind, die im unmittelbaren Zusammenhang mit einem ungünstigen Erzieherverhalten stehen. Der durch die genannten Bedingungen ausgelöste Stress resultiert in einer verringerten emotionalen Verfügbarkeit für das Kind und einem inkonsistenten Erziehungsstil, ein Verhalten, das unmittelbar nach der Scheidung fast bei allen Eltern zu beobachten ist (Bartz & Witcher, 1978; Kurdek, Blisk, Siesky, 1981; Weiß, 1979). Unter Stress werden erhöhte Anforderungen an die Kinder gestellt (z. B. Hilfe im Haushalt; emotionale Unterstützung), was zu einer Überforderung des Kindes führen kann. Bei weiter offen ausgetragenen Konflikten der Eltern nach der Scheidung gerät das Kind häufig in einen Loyalitätskonflikt, in dem es ebenfalls überfordert und belastet wird (Emery, Joyce & Fincham, 1987).

Interparentale Konflikte und materielle Not wirken sich also nicht nur direkt, sondern auch indirekt über das Erzieherverhalten negativ auf die kindliche Persönlichkeitsentwicklung aus.

Ebenfalls durch zahlreiche angloamerikanische Studien belegt ist, dass *Quantität und Qualität des Kontakts zum nicht sorgeberechtigten Vater* (bzw. zur Mutter) in Beziehung zur kindlichen Entwicklung stehen.

Einige Autoren sehen in dem Verlust eines Elternteils für das Kind den primären negativen Aspekt der elterlichen Scheidung (Kurdek & Berg, 1983; Wallerstein & Kelly, 1980; Warshask & Santrok, 1983). Allerdings belegen zahlreiche Befunde, dass nicht die Häufigkeit, sondern die Qualität des Kontaktes für die kindliche Entwicklung entscheidend ist (vgl. Fthenakis, 1992; Hess & Camara, 1979).

Im Zusammenhang mit Fragen des Umgangsrechts wird deshalb das gemeinsame elterliche Sorgerecht empfohlen. Beim gemeinsamen Sorgerecht zeigen Eltern über reine Besuchskontakte hinaus vermehrt gemeinsames Engagement und Verantwortung für die Erziehung der Kinder (z. B. Luepnitz, 1986). Unabhängig von der juristischen Form des Sorgerechts bieten jegliche Arrangements, die den Kindern fortgesetzte Beziehungen zu beiden Eltern ermöglichen, günstige Ausgangsbedingungen dafür, scheidungsbedingte nachteilige Folgen für die Entwicklung der Kinder zu reduzieren (z. B. Clark, Whitney & Beck, 1988; Johnston, Kline & Tucham, 1989).

Wenn allerdings die Nachscheidungssituation durch fortgesetzte intensive Konflikte der Eltern gekennzeichnet ist, führt häufiger Kontakt zu vermehrten psychischen Problemen der Kinder (Johnstone, Kline & Tucham, 1989). Die psychischen Folgen des Kontaktarrangements zum nicht sorgeberechtigten Elternteil hängen also von den Rahmenbedingungen ab.

So zeigen z. B. die Ergebnisse des Stanford Custody Project (Buchanan, Macoby & Dornbusch, 1991; Macoby & Muookin, 1992), dass Jugendliche, die nach der Scheidung in zwei Elternhäusern lebten, psychisch ebenso stabil oder stabiler waren als Jugendliche, die nur bei ihrer Mutter und deutlich stabiler als Jugendliche, die bei ihrem Vater lebten. Man muss bei der Interpretation dieser Ergebnisse berücksichtigen, dass die Eltern dieser Jugendlichen über ein höheres Einkommen und einen höheren Bildungsstand verfügten und durch ein geringeres Maß an gegenseitig ausgedrückter Feindseligkeit gekennzeichnet waren.

Auch die Ergebnisse der Kölner Längsschnittstudie fügen sich gut in das gewonnene Bild (Schmidt-Denter & Beelmann, 1995, 1997): Als bedeutsame Risikofaktoren erwiesen sich eine vom Kind als negativ erlebte Beziehung zum getrennt lebenden Vater, eine Verschlechterung des elterlichen Erziehungsstils sowie ungelöste Konflikte zwischen den Eltern (Schmidt-Denter, Beelmann & Hauschild, 1997). An der vierten Erhebung, 6 Jahre nach der Trennung, nahmen noch 46 Kinder, 46 Mütter und 37 Väter teil. Ziel dieser Studie war es, Typen von Nachscheidungsfamilien aufgrund ihrer Beziehungsstruktur zu identifizieren und im Hinblick auf das Kindeswohl zu bewerten. Es konnten vier Beziehungstypen identifiziert werden. Zwei der Typen scheinen trotz der Scheidungsbelastung günstige Entwicklungsbedingungen unter dem Gesichtspunkt von kindlicher Bindung und Autonomie zu gewährleisten, zwei nicht. Günstig sind Familienkonstellationen, in denen die Eltern in gemeinsamer elterlicher Sorge in der Kindererziehung kooperieren oder eine parallele Elternschaft ausüben, wobei sie untereinander zwar keinen oder nur geringen Kontakt haben, zum Kind aber geregelte elterliche Beziehungen unterhalten.

Ungünstig sind Einelternfamilien, in denen die Mutter die Trennung vom Expartner emotional noch nicht verarbeitet hat, sich ihm gegenüber hilflos fühlt und der Vater selbstsicher und autoritär in das Erziehungsgeschehen eingreift, ebenso ein Familientyp, bei dem noch ein hohes Konfliktniveau zwischen den Eltern und wechselseitige Ablehnung besteht und deshalb die Kontaktwünsche und -bedürfnisse der Kinder nicht erfüllt werden (Schmidt-Denter & Schmitz, 1999). Anders als die geschiedenen Eltern, die sich auf neue Partnerschaften hin orientieren, beziehen zwei Drittel der Kinder noch 6 Jahre nach der Scheidung auch ihre nicht sorgeberechtigten leiblichen Elternteile in ihr – binukleares – Familienkonzept ein (Schmitz & Schmidt-Denter, 1999).

> Herr und Frau S. haben sich getrennt, weil Frau S. einen neuen Partner gefunden hat, mit dem sie sich besser versteht. Herr S. (Hochschuldozent) ist zwar tief gekränkt, möchte aber nicht, dass der gemeinsame, fünfjährige Sohn unter der Trennung leidet. Außerdem ist es ihm ein zentrales Anliegen, seinem Sohn nahe zu sein und sich an seiner Erziehung zu beteiligen. Frau S. (Psychologin in freier Praxis) möchte ebenfalls dem Sohn nicht den Vater vorenthalten. Da die Expartner nicht weit voneinander wohnen, kommen sie überein, dem Sohn zwei gleichwertige Heime zu schaffen. Beide Eltern haben dem Kind ein Zimmer eingerichtet. Von Montag bis Donnerstag lebt der Sohn bei der Mutter, Freitag bis Sonntag beim Vater. Die Eltern haben dem Sohn die Situation kindgemäß erklärt und achten darauf, nicht negativ im Beisein des Sohnes über den anderen Elternteil zu sprechen. Erziehungsangelegenheiten, wie etwa die Frage der Einschulung, entscheiden sie gemeinsam.
>
> Nach anfänglicher Verwirrung, Einschlafstörungen, nächtlichem Aufwachen und einer Verstärkung der schon immer bestehenden Kontaktscheu, sind bei dem Kind etwa 1½ Jahre nach erfolgter Trennung keine Verhaltensauffälligkeiten mehr zu beobachten.
>
> Herr und Frau Z. möchten einander nach der Trennung (Auszug von Herrn Z. aus der gemeinsamen Wohnung) nie wieder sehen, sind beide vom anderen extrem enttäuscht und voll Bitterkeit. Da die Tochter, 13 Jahre, auf das Trennungserlebnis mit Schulversagen (keine Versetzung), Rückzug (Einschließen im Zimmer, apathisch liegend Musik hören) im Wechsel mit heftigen Wutausbrüchen reagiert, gelingt es der Mutter, bei der die Tochter lebt, und die mit Einverständnis des Vaters das Sorgerecht haben soll, auch den Vater zu einem gemeinsamen Gespräch in einer Familienberatungsstelle zu gewinnen. Den Eltern wird dort erklärt, dass die Tochter beide Elternteile liebt und die gegenseitigen Anfeindungen nicht ertragen kann.
>
> Herr und Frau Z. hängen beide sehr an der Tochter und sind deshalb bereit, eine Regelung zu finden, die helfen soll, der Tochter eine gesunde Persönlichkeitsentwicklung zu ermöglichen. Es wird vereinbart, dass die Eltern mit der Tochter möglichst wenig über den Vater bzw. die Mutter sprechen, ihr aber zu verstehen geben, dass sie die Liebe ihres Kindes zu Vater bzw. Mutter verstehen und akzeptieren.
>
> Diese Regelung wird von den Eltern im Großen und Ganzen eingehalten. Die Exgatten kommunizieren nicht miteinander, die Tochter besucht jedes zweite Wochenende den Vater. Beide Eltern zeigen Interesse an den Freuden und Sorgen ihrer Tochter und gehen verständnisvoll mit ihr um. 4 Jahre nach

> der Trennung der Eltern (3 Jahre nach der Scheidung) ist die Tochter ein fröhliches Mädchen, altergemäß entwickelt und unauffällig im Verhalten.

14.3.4 Folgerungen für Beratung und Forschung

Die referierten, unter der entwicklungspsychologischen Perspektive durchgeführten Studien machen deutlich, dass der Großteil Geschiedener sowie deren Kinder nicht psychisch krank ist und deshalb auch keiner Therapie im engeren Sinn bedarf.

Es geht vielmehr darum, Beratungsangebote und Interventionsprogramme bereit zu stellen, die die Betroffenen in die Lage versetzen, ihre Entwicklungspotentiale für die Bewältigung der Lebenskrise Ehescheidung optimal zu nutzen.

Bevor auf psychologische Beratungsansätze im engeren Sinn kurz eingegangen wird, sei an dieser Stelle das Verfahren der Mediation erwähnt, das einen neuen Weg zu außergerichtlichen Verhandlungen und Lösungen anbietet. Die in Scheidung befindlichen Expartner handeln eigenverantwortlich für alle aus der familiären Trennung oder Scheidung entstehenden Probleme eine faire Lösung aus. Dabei werden sie von einer neutralen Person, dem(r) Mediator(in) unterstützt. Ziel ist eine Lösung der Sachfragen, die beide Partner akzeptierten können, wobei im Unterschied zum gerichtlichen Verfahren beim Aushandeln dieser Lösung die innere Trennungsdynamik mit einbezogen wird. Dies führt zu einer höheren Akzeptanz des Ergebnisses und fördert die Kooperation der Partner auch in zukünftigen Situationen (z. B. Bastine, Link & Lörch, 1992). Ein wesentlicher Vorteil gegenüber einer gerichtlichen Regelung dürfte sein, dass einerseits die Eltern während der Mediation ihre psychischen Probleme bearbeiten können und eine Eskalation der Konflikte vermieden wird. Dadurch wird auch die psychische Bewältigung der Nachscheidungssituation erleichtert. Andererseits kann man davon ausgehen, dass Eltern, die ein Mediationsverfahren erfolgreich durchlaufen, es schaffen, die Kinder nicht in ihre Auseinandersetzung einzubeziehen und deshalb bei Kindern Loyalitätskonflikte vermieden werden. So wird es diesen erleichtert, positive Beziehungen zu beiden Eltern aufrecht zu erhalten, was für die kindliche Bewältigung der elterlichen Scheidung ebenfalls förderlich ist.

Auch für eine psychologische Beratung und Intervention im engeren Sinn ist die Reorganisation des Familiensystems ein zentrales Ziel. Im Vordergrund steht dabei die Trennung von Partner- und Elternrolle und damit eng verbunden die Reorganisation der Eltern-Kind-Beziehung (vgl. Fthenakis, Niesel & Griebel, 1993, S. 262 ff.).

Als Ansatzpunkte für eine psychologische Beratung und Intervention bieten sich in erster Linie die individuellen Kompetenzen der Betroffenen an. Wie bereits erwähnt, steht das Wohlbefinden von Eltern allgemein, also auch das Wohlbefinden Alleinerziehender, in engem Zusammenhang mit ihrer Fähigkeit, bei Problemen angemessene Copingstrategien einzusetzen.

Im Rahmen der Entwicklung von Präventionsansätzen für Paare hat z. B. Bodenmann (2001) ein Training entwickelt, das auf die Verbesserung individuellen und dyadischen Copings zielt und auch Kommunikations- und Problemlösefertigkeiten verbessern soll. Der Autor hält das Training nicht nur bei der Paarbildung, der Ehevorbereitung und späteren Phasen der Ehe für indiziert, sondern auch bei spezifischen Übergängen und Problemkonstellationen wie z. B. Ehekrisen. Dabei ist das Ziel nicht primär die Verhinderung der Scheidung, sondern auch die Verbesserung der seelischen Gesundheit sowie die allgemeine Leistungsfähigkeit und Lebenszufriedenheit. Ebenso können auch ungünstige Auswirkungen der Scheidung auf die Kinder eingedämmt werden, wenn sich die genannten Fähigkeiten bei geschiedenen Eltern, insbesondere dem sorgeberechtigten Elternteil verbessern (vgl. Fincham, 1994).

Zur Unterstützung der Reorganisation des Familiensystems und einer Verbesserung der Eltern-Kind-Beziehung eignen sich auch Interventionen, die auf eine Stützung der erzieherischen Kompetenz zielen. So haben z. B. Klinkner und Sander ein Erziehertraining für Alleinerziehende entwickelt und erprobt (Klinkner & Sander, 1999; Klinkner, 2000). Ausgehend von den in der Literatur beschriebenen Hauptproblemen im Erzieherverhalten Alleinerziehender wie Verhaltensinkonsistenz im Bereich der Disziplinierung, Mangel an Kontrolle über die Kinder und gestörte Kommunikation (z. B. Sander, 1989) zielt der Interventionsansatz einerseits auf die Verbesserung der Interaktionsmuster in der Eltern-Kind-Beziehung ab. Andererseits setzt das Training bei den Ursachen für die Beeinträchtigungen der Erziehungskompetenz Alleinerziehender an (wie eingeschränktes Selbstwertgefühl, Insuffizienz- und Schuldgefühle). Die Zielsetzungen des Interventionsansatzes entsprechen den drei übergeordneten Trainingszielen: (1) Abbau von Schuldgefühlen und Verbesserung der Selbstakzeptanz, (2) Verbesserung des erziehungsrelevanten Wissens und (3) Verbesserung der Kompetenz im Erzieherverhalten.

In einer Evaluationsstudie im Hinblick auf die angestrebten Zielstellungen konnte nachgewiesen werden, dass die Trainingsteilnehmerinnen im Vergleich zu einer Kontrollgruppe ihre Schuldgefühle signifikant abbauten und ihre Selbstakzeptanz erhöhten, und dass sie ihr erziehungsrelevantes Wissen und ihre erzieherische Kompetenz nachhaltig verbesserten.

Während bei den genannten Interventionsprogrammen bei den Eltern angesetzt wird und dabei – unter einer familiensystemischen Perspektive – davon ausgegangen wird, dass über eine Veränderung des Elternverhaltens auch die Eltern-Kind-Beziehung und damit indirekt auch die kindliche Entwicklung positiv beeinflusst werden kann, liegen auch Interventionsprogramme für Kinder aus Scheidungsfamilien vor.

Setzen Interventionen bei den kindlichen Kompetenzen an, so geht es in erster Linie darum, die sozial kognitiven Fähigkeiten der Kinder zu fördern, also ihre Fähigkeit, die Motive der Eltern zu verstehen, sich selbst von dem Geschehen abzugrenzen und zu distanzieren, aber auch die geeigneten Copingstrategien zu vermitteln (vgl. Abschnitt 3.3 in diesem Kapitel).

Schmidt-Denter und Schmitz (1997) geben einen Überblick über Gruppeninterventionen für Kinder aus Trennungs- und Scheidungsfamilien. Dabei führen sie folgende Hauptzielbereiche an:

- Aufbau einer unterstützenden Atmosphäre (Verminderung der Isolation der Kinder)

- Identifikation und Ausdruck scheidungsbezogener Gefühle mit dem Ziel der Verringerung von Depression und Ängstlichkeit
- Verstehen der Scheidung
- Vermittlung von Problemlösefertigkeiten
- Positive Wahrnehmung von sich selbst und der Familie

Bei der Gruppenzusammenstellung ist vor allem auf den Entwicklungsstand der Kinder zu achten sowie auf die Phase im Trennungs-/Scheidungsverarbeitungsprozess, in dem sich die Kinder jeweils befinden; ein weiteres Kriterium ist die Art der zu beobachtenden Verhaltensauffälligkeit(en), wobei Kinder mit schweren psychischen Störungen gewöhnlich ausgeschlossen werden. Im Allgemeinen wird versucht, auch die Eltern, zumindest den sorgeberechtigten Elternteil, in die Intervention mit einzubeziehen.

Betrachtet man den Forschungsstand, kann festgestellt werden, dass schon eine Vielzahl von Erkenntnissen über Bedingungen vorliegen, die die Scheidungsbewältigung von Eltern und Kindern beeinflussen. Wenig erforscht ist vergleichsweise die Situation allein erziehender Väter und die nicht sorgeberechtigter Eltern (vgl. die Angaben zu diesen Gruppen bei Sander, 1999a).

Ein wichtiges Ziel der Familienpsychologie – sofern man sie als angewandte Forschungsdisziplin versteht – sollte es sein, pathogene Entwicklungen in Familien (unabhängig von ihrer Form) vermeiden zu helfen. Um dies für Familien im Scheidungsprozess verwirklichen zu können, erscheint die Verbindung der bislang eher nebeneinander laufenden Forschungsstränge, der klinisch oder entwicklungspsychologisch orientierten Scheidungsforschung geboten. Der Fokus der klinischen Perspektive sollte allerdings weniger auf dem Nachweis pathogener Entwicklungen infolge Scheidung liegen als vielmehr in der Bereitstellung möglichst präventiv wirksamer Interventionen. Diese sollten sich in erster Linie auf die Fälle richten, die die entwicklungspsychologische Forschung als Risikobedingung ausgemacht hat.

Nun gibt es inzwischen – wie aufgezeigt – eine Reihe von Erfolg versprechenden Interventionsansätzen. Was bislang fehlt, ist deren Evaluation. Der Schwerpunkt der Scheidungsforschung im Rahmen einer klinischen Entwicklungspsychologie der Familie müsste demnach auf die Frage ausgerichtet sein, welche Maßnahmen bei welchen Personengruppen und kontextuellen Bedingungen optimal zu einer Bewältigung dieser Lebenskrise beitragen.

Literatur

Acock, A. C. & Kiecolt, K. S. (1989). Is it family structure or socioeconomic status? Family structure during adolescence and adult adjustment. *Social Forces, 68,* 553 - 571.

Amato, P. R. & Keith, B. (1991a). Parental divorce and the well-being of children: A meta-analysis. *Psychological Bulletin, 110,* 26-40.

Amato, P. R. & Keith, B. (1991b). Parental divorce and adult well-being: A meta-analysis. *Journal of Marriage and the Family, 53,* 43-58.

Armistead, L., McCombs, A., Forehand, R., Wierson, M., Long, N. & Fauber, R. (1990). Coping with divorce: A study of young adolescents. *Journal of Clinical Child Psychology, 19,* 79-84.
Bartz, K. W. & Witcher, V. C. (1978). When father gets custody. *Children Today, 7,* 2-6.
Bastine, R., Link, G. & Lörch, B. (1992). Scheidungsmediation: Möglichkeiten und Grenzen. *Familiendynamik, 17,* 379-394.
Beck-Gernsheim, E. (1989). *Die Kinderfragen. Frauen zwischen Kinderwunsch und Unabhängigkeit.* München: Beck.
Beelmann, W. & Schmidt-Denter, U. (1991). Kindliches Erleben sozial-emotionaler Beziehungen und Unterstützungssysteme in Ein-Elternteil-Familien. *Psychologie in Erziehung und Unterricht, 38,* 180-189.
Berger-Schmitt, R. K. et al. (1991). *Die Lebenssituation allein stehender Frauen. Schriftenreihe des Bundesministers für Frauen und Jugend, Bd. 1.* Stuttgart: Kohlhammer.
Block, J. H., Block, J. & Gjerde, P. F. (1986). The personality of children prior to divorce: A prospective study. *Child Development, 57,* 827-840.
Bodenmann, G. (2001). Psychologische Risikofaktoren für Scheidung: Ein Überblick. *Psychologische Rundschau, 52* (2) 85-95.
Bohannan, P. (1970). The six stations of divorce. In P. Bohannan (Ed.), *Divorce and after* (pp. 29-77). New York: Doubleday.
Brodzinsky, D. M., Elias, M. J., Steiger, C., Simon, J., Gill, M. & Hitt, J. C. (1992). Coping scale for children and youth: Scale development and validation. *Journal of Applied Developmental Psycholgy, 13,* 195-214.
Bronfenbrenner, U. (1976). Ökologische Sozialisationsforschung – ein Bezugsrahmen. In K. Lüscher & U. Bronfenbrenner (Hrsg.), *Ökologische Sozialisationsforschung* (S. 199-220). Stuttgart: Klett.
Buchanan, C. M., Maccoby, E. E. & Dornbusch, S. M. (1991). Caught between parents: Adolescents' experiment in divorced homes. *Child Development, 62,* 1008-1029.
Camara, K. A. & Resnick, G. (1988). Interparental conflict and cooperation: Factors moderating children's post-divorce adjustment. In E. M Hetherington & J. D. Arasteh (Eds.), *Impact of divorce, single parenting and stepparenting on children* (pp. 169-195). Hillsdale, NJ: Lawrence Erlbaum.
Carvin, V., Kalter, N. & Hansell, J. (1993). Divorced women: Individual differences in stressors, mediating factors, and adjustment outcome. *American Journal of Orthopsychiatry, 63* (2), 232-240.
Causey, D. L. & Dubow, E. F. (1992). Development of a self-report coping measure for elementary school children. *Journal of Clinical Child Psychology, 21,* 47-59.
Chase-Lansdale, P. L. & Hetherington, E. M. (1990). The impact of divorce on life-span development: Short and long term effects. In P. B. Baltes, D. L. Featherman, R. M. Lerner (Eds.), *Life-span development and behavior* (Vol. 10, pp. 105-150). Hillsdale, NJ: Lawrence Erlbaum.
Clark, S. C., Whitney, R. A. & Beck, J. C. (1988). Discrepancies between custodial awards and custodial practices: De jure and de facto custody. *Journal of Divorce, 11,* 219-229.
Colletta, N. D. (1983). Stressful lives: The situation of divorced mothers and their children. *Journal of Divorce, 6,* 19-31.
Compas, B. E. & Williams, R. A. (1990). Stress, coping, and adjustment in mothers and young adolescents in single- and two-parent families. *American Journal of Community Psychology, 18* (4), 525-545.
Cramer, D. (1993). Personality and marital dissolution. *Personality and Individual Differences, 14* (4), 605-607.

Crosby, J. F., Gage, B. A. & Croy Raymound, M. (1983). The grief resolution process in divorce. *Journal of Divorce, 7,* 3-18.
Crosby, J. F., Lybarger, S. K. & Mason, R. L. (1987). The grief resolution process in divorce Phase: II. *Journal of Divorce, 9,* 17-40.
D'Ercole, A. (1988). Single mothers: stress, coping and social support. *Journal of Community Psychology 16* (1), 41-54.
Dohrenwend, B. S. & Dohrenwend, B. P. (Eds.). (1974). *Stressful life events. Their nature and effects.* New York: Wiley.
Emery, R. E., Joyce, S. A. & Fincham, F. D. (1987). Assessment of child and marital problems. In K.D. O'Leary (Ed.), *Assessment of marital discord. An integration for research and clinical practice* (pp. 223-261). Hillsdale, NJ: Lawrence Erlbaum.
Erikson, E. H. (1976). *Identität und Lebenszyklus.* Frankfurt / Main: Suhrkamp.
Faber, C., Mädje, E. & Neusüß, C. (1992a). „Getrennt innerhalb einer Wohnung leben, das ist das Schlimmste, was es gibt." Wohnsituation und Wohnbedarf allein erziehender Sozialhilfeempfängerinnen. *Frauenforschung, 10* (1/2), 19-38.
Faber, C., Mädje, E. & Neusüß, C. (1992b). Armut und Bildung. *Social Management, 2,* 9-11.
Filipp, S.-H. (Hrsg.). (1981). *Kritische Lebensereignisse.* München: Urban & Schwarzenberg.
Fincham, F. D. & Osborne, L. N. (1993). Marital conflict and children. Retrospect and prospect. *Clinical Psychology Review, 13,* 75-88.
Fincham, F. D. (1994). Understanding the association between marital conflict and child adjustment: An overview. *Journal of Family Psychology, 8,* 123-127.
Fong, M. L. & Amatea, E. S. (1992). Stress and single professional women: an exploration of causal factors. *Journal of Mental Health Counseling, 14* (1), 20-29.
Fooken, I. & Lind, I. (1996). *Scheidung nach langjähriger Ehe im mittleren und höheren Erwachsenenalter.* Stuttgart: Kohlhammer.
Framo, J. L. (1980). Scheidung der Eltern – Zerreißprobe für Kinder. *Familiendynamik, 5,* 204-228.
Frederick, S. F. (1971). Physiological reactions induced by grief. *Omega, 2,* 71-75.
Fthenakis, W. E. (1992). Kindliche Reaktionen auf Trennung und Scheidung. In Joachim Jungins Gesellschaft der Wissenschaften (Hrsg.), *Scheidungsweisen.* Hamburg.
Fthenakis, W. E., Niesel, R. & Griebel, W. (1993). Scheidung als Reorganisationsprozeß. Interventionsansätze für Eltern und Kinder. In K. Menne, H. Schilling & M. Weber (Hrsg.), *Kinder im Scheidungskonflikt* (S. 261-289). Weinheim: Juventa.
Fthenakis, W. E., Niesel, R. & Kunze, H.-R. (1982). *Ehescheidung: Konsequenzen für Eltern und Kinder.* München: Urban und Schwarzenberg.
Garvin, V., Kalter, N. & Hansell, J. (1993). Divorced women: Individual differences in stressors, mediating factors, and adjustment outcome. *American Journal of Orthopsychiatry, 63* (2), 232-240.
Gringlas, M. & Weinraub, M. (1995). The more things change ...single-parenting revisited. *Journal of Family Issues, 16* (1), 29-52.
Grych, J. H. & Fincham, F. D. (1990). Marital conflicts and children's adjustment: A cognitive-contextual framework. *Psychological Bulletin, 108,* 267-290.
Guidibaldi, J., Clemenshaw, H. K., Perry, J. D. & Mc Claughin, C. S. (1983). The impact of parental divorce on children: Report of the Nationwide NASP Study. *School Psychology Review, 12,* 300-323.
Gutschmidt, G. (1986). *Kind und Beruf. Alltag allein erziehender Mütter.* Weinheim: Juventa.

Guttman, J. (1993). *Divorce in psychosocial perspective: theory and research.* Hillsdale, NJ: Lawrence Erlbaum.
Hall, L. A., Gurley, D. N., Sachs, B. & Kryscio, R. J. (1991). Psychosocial predictors of maternal depressive symptoms, parenting attitudes, and child behavior in single-parent families. *Nursing Research, 40* (4), 214-220.
Hansen, R. M. (1984). Zur psychosozialen Situation allein erziehender Frauen. In Hochschule für Wirtschaft und Politik Hamburg (Hrsg.), *Karriere ohne Kochtopf. Jahrbuch für Sozialökonomie und Gesellschaftstheorie* (S. 206-219). Opladen: Westdeutscher Verlag.
Hanson, S. M. (1986). Healthy single parent families. *Family Relations, 35*, 125-132.
Hess, R. D. & Camara, K. A. (1979). Post-divorce family relationships as mediating factors in the consequences of divorce for children. *Journal of Social Issues, 35*, 79-96.
Hetherington, E. M. (1978). The aftermath of divorce. In J. H. Stevens & M. Mathews (Eds.), *Mother-child, father-child relationships* (pp. 149-176). Washington, DC: National Association for the Education of Young Children.
Hetherington, E. M. (1980). Scheidung aus der Perspektive des Kindes. *Report Psychologie, 5,* 6-23.
Hetherington, E. M. (1989). Coping with family transition: winners, losers and survivors. *Child Development, 60,* 1-40.
Hetherington, E. M. (1991). The role of the individual differences and family relationships in children's coping with divorce and remarriage. In P.A. Cowan & E. M. Hetherington (Ed.), *Family Transitions* (pp. 165 – 194). Hillsdale, NJ: Lawrence Erlbaum.
Hetherington, E. M. (1993). An overview of the Virginia longitudinal study of divorce and remarriage with a focus on early adolescence. *Journal of Family Psychology, 7,* 39-56.
Hetherington, E. M. (1999). Social capital and the development of youth from nondivorced, divorced and remarried families. In W. Collins et al. (Eds.), *Relationship development contexts* (pp. 177-209). Hillsdale, NJ: Lawrence Erlbaum.
Hetherington, E. M., Cox, M. & Cox, R. (1978). *Family interaction and the social, emotional and cognitive development of children following divorce.* Paper presented at the Symposium of the Family: Setting Proirities. Washington, DC.
Hetherington, E. M., Cox, M. & Cox, R. (1979). Stress and coping in divorce: A focus on women. In J. E. Gullahorn (Ed.), *Psychology on women: In transition* (pp. 95-128). Washington, DC: Winston Halestead Press.
Holloway, S. D. & Machida, S. (1992). Maternal child-rearing beliefs and coping strategies: Consequences for divorced mothers and their children. In I. E. Sigle, A. V. McGillicuddy-DeLisi & J. J. Goodnow (Eds.), *Parental belief systems: The psychological consequences for children* (pp. 249-265). Hillsdale, NJ: Lawrence Erlbaum.
Hunt, M. W. & Hunt, B. (1977). *The divorce experience.* New York: McGraw Hill.
Huss, M. (1995). *Scheidungsbewältigung von Kindern und Jugendlichen im familiären Kontext.* Unveröffentlichte Diplomarbeit Psychologie, FU Berlin. [zitiert nach Lehmkuhl & Huss 1997]
Jesse, A. & Sander, E. (1999). Wohlbefinden und Streßverarbeitungsstrategien bei alleinerziehenden und nicht alleinerziehenden Frauen. In E. Sander (Hrsg.), *Trennung und Scheidung: Die Perspektive betroffener Eltern* (S. 54-74). Weinheim: Deutscher Studienverlag.
Johnston, J. R., Kline, M. & Tschann, J. (1989). Ongoing postdivorce conflict in families contesting custody: Do joint custody and frequent access help? *American Journal of Orthopsychiatry, 59,* 576-592.
Kalter, N., Riemer, B., Brickman, A. & Woo Chen, J. (1985). Implications of parental divorce for female development. *Journal of the American Academy of Child Psychiatry, 24* (5), 538-544.

Karney, B. R., & Bradbury, T. N. (1995). The longitudinal course of marital quality and stability: A review of theory, method, and research. *Psychological Bulletin, 118,* 3-34.

Kessler, S. (1975). *The American way of divorce: Prescription of change.* Chicago: Nelson Hall.

Kiecolt-Glaser, J. K., Fischer, L. D., Ogrocki, P., Stout, J. C., Speicher, C. E. & Glaser, R. (1987). Marital quality, marital disruption, and immune function. *Psychosomatic Medicine, 49,* 1, 13-34.

Kitson, G. C. & Morgan, L. A. (1990). The multiple consequences of divorce: a decade review. *Journal of Marriage and the Family, 52,* 913-924.

Klinkner, M. (2000). *Elternberatung für Alleinerziehende. Eine Evaluationsstudie.* Landau: Verlag für Empirische Pädagogik.

Klinkner, M. & Sander, E. (1999). Evaluation eines Erziehertrainings für Alleinerziehende: Aspekte subjektiver Erfolgsbewertung. In E. Sander (Hrsg.), *Trennung und Scheidung: Die Perspektive betroffener Eltern* (S. 126-151). Weinheim: Deutscher Studien Verlag.

Krein, S. (1986). Growing up in a single parent family: The effect on education and earnings of young men. *Journal of applied family and child studies, 35,* 161-168.

Kressel, K. & Deutsch, M. (1977). Divorce therapy: An in-depth survey of therapists' view. *Family Process, 16,* 413-240

Kressel, K., Jaffee, N., Tuchman, B., Watson, C. & Deutsch, M. (1980). A typology of divorcing couples. Implications for mediation and the divorce process. *Family Process, 19,* 101-116.

Kübler-Ross, E. (1969). *On death and dying.* London: Macmillan.

Kurdek, L. A. (1981). An integrative perspective on children's divorce adjustment. *American Psychologist 36,* 856-866.

Kurdek, L. A. (1988). Social support of divorced single mothers and their children. *Journal of Divorce, 11,* 167-188.

Kurdek, L. A. (1989). Children's adjustment. In M. R. Textor (Ed.), *The divorce and divorce therapy handbook* (pp. 77-102). Northvale: Aronson.

Kurdek, L. A. (1993). Predicting marital dissolution: A 5-year prospective longitudinal study on newlywed couples. *Journal of Personality and Social Psychology, 64,* 221-242.

Kurdek, L. A. & Berg, B. (1983). Correlates of children's long-term adjustment to their parents' divorce. In L. A. Kurdek (Ed.), *New directions for child development* (pp. 60-74). San Francisco: Jossey-Bass.

Kurdek, L. A., Blisk, D. & Siesky, A. E. (1981). Correlates of children's long-term adjustment to their parents' divorce. *Developmental Psychology, 17,* 565-579.

Kurdek, L. A. & Sinclair, R. J. (1988). Adjustment of young adolescents in two parent nuclear, stepfather, and mother-custody families. *Journal of Consulting and Clinical Psychology, 56,* 91-96.

Kurtz, L. (1995). Coping processes and behavioral outcomes in children of divorce. *Canadian Journal of School Psychology, 11,* 52-64.

Lindblad-Goldberg, M., Dukes, J. L. & Lasley, J. H. (1988). Stress in black, low-income, single parent families: normative and dysfunctional patterns. *American Journal of Orthopsychiatry, 58* (1), 104-120.

Luepnitz, D. A. (1986). A comparsion of maternal, paternal, and joint custody: Understanding the varieties of post-divorce family life. *Journal of Divorce, 9,* 1-12.

Maccoby, E. E. & Muookin, R. H. (1992). *Dividing the child: Social and legal dilemmas of custody.* Cambridge, MA: Harvard University Press.

Mähler, G. & Mähler, H.-G. (1992). Trennungs- und Scheidungsmediation in der Praxis. *Familiendynamik, 17,* 349-372.

Mazur, E., Wolchik, S. A., Virdin, L., Sandler, I. N. & West, S.G. (1999). Cognitive moderators of children's adjustment to stressful divorce events: The role of negative cognitive errors and positive illusions. *Child Development, 70,* 231-245.
Murray, A. & Sandquist, K. (1990). Father absence and children's achievement from age 13 to 21. *Scandinavian Journal of Educational Research, 34,* 3-28.
Napp-Peters, A. (1985). *Ein-Elternteil-Familien.* München: Juventa.
Neubauer, E. (1988). *Allein erziehende Mütter und Väter – Eine Analyse der Gesamtsituation. Schriftenreihe des Bundesministeriums für Jugend, Familie, Frauen und Gesundheit, Bd. 219.* Stuttgart: Kohlhammer.
Niepel, G. (1994). *Alleinerziehende. Abschied von einem Klischee.* Opladen: Leske & Budrich.
Niepel, G. & Nestmann, F. (1996). Soziale Netzwerke allein erziehender Frauen. *Gruppendynamik, 27* (1), 85-108.
Noack, P. (1992). Allein zu Zweit: Ein-Elternteil-Familien. In M. Hofer (Hrsg.), *Familienbeziehungen* (S. 289-310). Göttingen: Hogrefe.
Offe, H. (1992). Empirische Scheidungsfolgen-Forschung: Ein Überblick über neuere Ergebnisse. In J. Han, B. Lemberg & H. Offe (Hrsg.), *Scheidung und Kindeswohl* (S. 25-53). Heidelberg: Asanger.
Parsons, T. (1955). The American Family: Ist relation to Personality and the social structure. In T. Parsons & R. F. Bales (Eds.), *Family, socialisation and the interaction process* (pp. 3-34). Chicago: The Free Press.
Paul, N. L. (1980). Die Scheidung als innerer und äußerer Prozeß. *Familiendynamik, 5,* 229-241.
Permien, H. (1988). Zwischen Existenznöten und Emanzipation – Alleinerziehende Eltern. In Deutsches Jugendinstitut (Hrsg.), *Wie geht's der Familie? Ein Handbuch zur Situation der Familie heute* (S. 89-97). München: Deutsches Jugendinstitut Verlag.
Pong, S. L. (1997). Family structure, school context and eight-grade math and reading achivement. *Journal of Marriage and the Family, 59* (3), 734-746.
Pong, S. L. (1998). The school compositional effect of single parenthood on 10th-grade achievement. *Sociology of Education, 71* (1), 23-42.
Ponzetti, J. & Cate, R. M. (1988). The divorce process: Toward a typology of marital dissolution. *Journal of Divorce, 11,* 1-20.
Reid, W. J. & Crisafulli, A. (1990). Marital discord and child behavior problems: a meta-analysis. *Journal of Abnormal Child Psychology, 18,* 105-117.
Ricci, I. (1982). *Was tun für Scheidungskinder?* Zürich: Schweizer Verlagshaus.
Rossiter, A. B. (1991). Initiator status and separation adjustment. *Journal of Divorce and Remarriage, 15,* 141-155.
Rotenberg, K. J., Kim, L. S. & Herman-Stahl, M. (1998). The role of primary and secondary appraisals in the negative emotions and psychological maladjustment of children of divorce. *Journal of Divorce and Remarriage, 29,* 43-66.
Rotter, S. (1979). Individual differences and perceived control. In L. Perlmutter & R. A. Mony (Eds.), *Choice and perceived control* (pp. 263-270). Hillsdale, NJ: Lawrence Erlbaum.
Rutter, M. (1979). Maternal deprivation 1972-1978: New findings, new concepts, new approaches. *Child Development, 50,* 282-305.
Ryan-Wenger, N. M. (1990). Development and psychometric properties of the Schoolagers' Coping Strategies Inventory. *Nursing Research, 39,* 344-349.
Sander, E. (1988). Überlegungen zur Analyse fördernder und belastender Bedingungen in der Entwicklung von Scheidungskindern. *Zeitschrift für Entwicklungspsychologie und Pädagogische Psychologie, 20,* 77-95.

Sander, E. (1989). Alleinerziehende Eltern. In B. Paetzold & L. Fried (Hrsg.), *Einführung in die Familienpädagogik* (S. 69-86). Weinheim: Beltz.

Sander, E. (1993a). Kinder alleinerziehender Eltern. In B. Nauck & M. Markefka (Hrsg.), *Handbuch Kindheitsforschung* (S. 419-427). Neuwied: Luchterhand.

Sander, E. (1993b). Die Situation des Alleinerziehens aus der Sicht betroffener Mütter. *Psychologie in Erziehung und Unterricht, 40,* 241-248.

Sander, E. (1999a). Bewältigung von Scheidung und Einelternschaft: Eine Interviewstudie mit geschiedenen Müttern. In E. Sander (Hrsg.), *Trennung und Scheidung: Die Perspektive betroffener Eltern.* (S. 11-41). Weinheim: Deutscher Studienverlag.

Sander, E. (Hrsg.). (1999b). *Trennung und Scheidung: Die Perspektive betroffener Eltern.* Weinheim: Deutscher Studienverlag.

Sander, E., Berger, M. & Isselstein-Mohr, D. (1983). Die Wahrnehmung der eigenen Problemsituation durch allein erziehende Mütter. *Psychologie in Erziehung und Unterricht, 30,* 16-23.

Sandler, I. N., Tein, J.-Y. & West, S. G. (1994). Coping, stress, and the psychological symptoms of children of divorce: A cross-sectional and longitudinal study. *Child Development, 65,* 1744-1763.

Santrock, J. W., Warshak, R. A. & Elliott, G. L. (1982). Social development and parent-child interaction in father-custody and stepmother families. In M. E. Lamb (Ed.), *Nontraditional families: Parenting and child development* (pp. 289-314). Hillsdale, NJ: Lawrence Erlbaum.

Schamess, G. (1990a). Toward an understanding of the etiology and treatment of psychological dysfunktion among single teenage mothers: Part. I., a review of the literature. *Smith College Studies in Social Work, 60* (3), 153-168.

Schamess, G. (1990b). Toward an understanding of the etiology and treatment of psychological dysfunction among single teenage mothers.: Part. II. *Smith College Studies in Social Work, 60* (3), 244-262.

Schiedeck, G. & Schiedeck, J. (1993). Lebenswelt Alleinerziehender. Ergebnisse einer explorativen Interviewstudie. In K. Böllert & H.-U. Otto (Hrsg.), *Die neue Familie: Lebensformen und Familiengemeinschaften im Umbruch* (S. 52-72). Bielefeld: KT-Verlag.

Schlesinger, B. (1991). Jewish female headed one-parent families. *Journal of Divorce and Remarriage, 17* (1/2), 201-209.

Schmidt-Denter, U. & Beelmann, W. (1995). *Familiäre Beziehungen nach Trennung und Scheidung: Veränderungsprozesse bei Müttern, Vätern und Kindern.* Forschungsbericht. Band 1: Textteil. Universität zu Köln.

Schmidt-Denter, U. & Beelmann, W. (1997). Kindliche Symptombelastungen in der Zeit nach einer ehelichen Trennung – eine differentielle und längsschnittliche Betrachtung. *Zeitschrift für Entwicklungspsychologie und Pädagogische Psychologie, 29,* 26-42.

Schmidt-Denter, U., Beelmann, W. & Hauschild, S. (1997). Formen der Ehepartnerbeziehung und familiäre Anpassungsleistungen nach der Trennung. *Psychologie in Erziehung und Unterricht, 44,* 289-306.

Schmidt-Denter, U., Beelmann, W. & Trappen, I. (1991). Empirische Forschungsergebnisse als Grundlage für die Beratung von Scheidungsfamilien. Das Kölner Längsschnittprojekt. *Zeitschrift für Familienforschung, 3,* 40-51.

Schmidt-Denter, U. & Schmitz, H. (1997). Gruppeninterventionen für Kinder aus Trennungs- und Scheidungsfamilien – Ein Literaturüberblick. *Psychologie in Erziehung und Unterricht, 44,* 13-26.

Schmidt-Denter, U. & Schmitz, H. (1999). Familiäre Beziehungen und Strukturen sechs Jahre nach der elterlichen Trennung. In S. Walper & B. Schwarz (Hrsg.), *Was wird aus den*

Kindern. *Chancen und Risiken für die Entwicklung von Kindern aus Trennungs- und Stieffamilien* (S. 73-90). München: Juventa.

Schmitz, H. & Schmidt-Denter, U. (1999). Die Nachscheidungsfamilie sechs Jahre nach der elterlichen Trennung. In S. Walper & B. Schwarz (Hrsg.), *Was wird aus den Kindern? Chancen und Risiken für die Entwicklung von Kindern aus Trennungs- und Stieffamilien* (S. 28-55). München: Juventa.

Schöningh, I., Aslanidis, M. & Faubel-Diekmann, S. (1991). *Allein erziehende Frauen. Zwischen Lebenskrise und neuem Selbstverständnis.* Opladen: Leske und Budrich.

Selman, R. L. (1984). *Die Entwicklung des sozialen Verstehens.* Frankfurt / Main: Suhrkamp.

Sev'er, A. & Pirie, M. (1991). Factors that enhance or curtail the social functioning of female single parents. *Family and Conciliation Courts Review, 29* (3), 318-337.

Stack, S. (1990). New micro-level data on the impact of divorce on suicide, 1959-1980: a test of two theories. *Journal of Marriage and the Family, 52,* 119-127.

Steinberg, L. (1987). Single parents, stepparents, and the susceptibility of adolescents to antisocial peer pressure. *Child Development, 58,* 269-275.

Thomas, A. (1980). Untersuchungen zum Problem der vaterlosen Erziehung in ihrem Einfluss auf die psycho-soziale Entwicklung des Kindes. *Psychologische Beiträge, 22,* 27-48.

Toman, W. (1959). Family constellation as a character and marriage determinant. *Journal of Individual Psychology, 15,* 199-211.

Tuzlak, A. & Hillock, D. W. (1986). Single mothers and their children after divorce: A study of those „who make it". *Conciliation Courts Review, 24,* 79-89.

Veevers, J. (1991): Trauma versus Stress: A paradigm of positive versus negative divorce outcomes. *Journal of Divorce and Remarriage 15* (1-2), 99-126.

Wagner-Winterhager, L. (1988). Erziehung durch Alleinerziehende. *Zeitschrift für Pädagogik, 5,* 641-656.

Wallerstein, J. (1985). Children of divorce: Preliminary report of a ten-year follow-up of older children and adolescents. *Journal of the American Academy of Child Psychiatry, 24,* 545-553.

Wallerstein, J. (1987). Children of divorce: Report of a ten-year follow-up of early latency-age children. *American Journal of Orthopsychiatry, 57,* 199-211.

Wallerstein, J. S. & Blakeslee, S. (1989). *Gewinner und Verlierer. Frauen, Männer, Kinder nach der Scheidung.* München: Droemer Knaur.

Wallerstein, J. S. & Kelly, J. B. (1975). The effects of parental divorce: Experiences of the preschool child. *Journal of the American Academy of Child Psychiatry, 14,* 600-614.

Wallerstein, J. S. & Kelly, J. B. (1976). The effects of parental divorce: Experiences of the child in later latency. *American Journal of Orthopsychiatry, 46,* 256-269.

Wallerstein, J. S. & Kelly, J. B. (1977). Divorce counseling: A community service for families in the midst of divorce. *American Journal of Orthopsychiatry, 47,* 4-22.

Wallerstein, J. S. & Kelly, J. B. (1980). *Surviving the breakup.* New York: Basic Books Inc.

Walper, S. (1995). Familienbeziehungen und Sozialentwicklung Jugendlicher in Kern-, Eineltern- und Stieffamilien. *Zeitschrift für Entwicklungspsychologie und Pädagogische Psychologie, 27,* 93-121.

Walper, S. (1998). Die Individuation in Beziehung zu beiden Eltern bei Kindern und Jugendlichen aus konfliktbelasteten Kernfamilien und Trennungsfamilien. *Zeitschrift für Soziologie der Erziehung und Sozialisation, 18,* 134-151.

Walper, S. & Gerhard, A.-K. (1999). Konflikte der Eltern, Trennung und neue Partnerschaft: Einflüsse auf die Individuation von Kindern und Jugendlichen in Ostdeutschland. In S. Walper & B. Schwarz (Hrsg.), *Was wird aus den Kindern? Chancen und Risiken für die*

Entwicklung von Kindern aus Trennungs- und Stieffamilien (S. 143-170). München: Juventa.

Walper, S., Schneewind, K.A., & Gotzler, P. (1994). Prädiktoren der Ehequalität und Trennungsgründe bei jungen Paaren. *Zeitschrift für Familienforschung, 6,* 205-212.

Warshak, R.A. & Santrock, J.W. (1983). The impact of divorce in father-custody and mother-custody homes: The child's perspective. In I. A. Kurdek (Ed.), *Children and divorce.* San Francisco: Jossey-Bess.

Weiß, R. S. (1979). Growing up a little faster: The experience of growing up in a single parent household. *Journal of Social Issues, 35,* 81-111.

Wider, R., Bodenmann, G., Perrez, M. & Plancherel, B. (1995). Eine Vergleichsuntersuchung zwischen allein erziehenden und verheirateten Müttern bezüglich Zufriedenheit und Belastungen. In M. Perrez, J.-L. Lambert, C. Ermert & B. Plancherel (Hrsg.), *Familie im Wandel* (S. 113-122). Bern: Huber / Universitätsverlag Freiburg/Schweiz.

Wiseman, R. S. (1975). Crisis theory and the process of divorce. *Social Casework, 56* (4), 205-212.

15. Kapitel:
Entwicklungsorientierte Spieltherapie und Spielintervention unter familienpsychologischer Perspektive

Rolf Oerter

15.1 Einleitung

Spiel ist ein Verhalten, das in der frühen und vorschulischen Kindheit zunächst immer innerhalb der Familie, vorwiegend in der Mutter-Kind-Beziehung auftritt. Alle in diesem Kapitel dargestellten Aspekte sind daher auf die Familie bezogen und haben auch bei der späteren Entwicklung des Kindes familienpsychologische Bedeutung. Die folgende Darstellung der theoretischen Grundlagen des Spiels stellt diesen Bezug nicht jedes Mal neu her, sondern nur dann, wenn familienpsychologische Aspekte besonders wichtig erscheinen.

Nach einer Darstellung der Merkmale des Spiels werden verschiedene Spielformen und ihre Entwicklung beschrieben. Danach werden Spielhandlungen als das Zusammenwirken von drei Ebenen theoretisch verortet, die theoretische Analyse weiter auf den gemeinsamen Gegenstandsbezug und die Zone nächster Entwicklung ausgedehnt, was schließlich als Basis für familienbezogene Intervention und Therapie genutzt wird. Ein Überblick über wichtige Spieltherapien, unter denen familienbezogene Therapien besonders betont werden, beschließt die Darstellung.

15.2 Merkmale des Spiels

Scheuerl (1991) versucht, das Spiel phänomenologisch zu beschreiben und findet eine Vielzahl von Kriterien. Im Folgenden wollen wir uns aber mit einigen wenigen Merkmalen begnügen, da sie ausreichen, die Vielfalt des Spielverhaltens zu beschreiben.

Selbstzweck des Spiels (Handlung um der Handlung willen). Das Aufgehen in der Tätigkeit des Spiels wird durch tätigkeitszentrierte Motivation (Rheinberg, 1989) oder als Handeln nach dem Paratelic Model (Apter, 1982) erklärt. Dabei spielt das sogenannte Flusserleben (flow) nach Csikszentmihalyi (1985) eine wichtige Rolle. Es ist u. a. durch besondere Erfahrung bei der ausführenden Tätigkeit gekennzeichnet: Man fühlt sich optimal beansprucht, der Handlungsablauf geht glatt und flüssig vonstatten, die Konzentration erfolgt von selbst, das Zeiterleben wird weitgehend ausgeschaltet, und man selbst erlebt sich nicht mehr abgehoben von der Tätigkeit, sondern geht in ihr auf (Rheinberg, 1991, S. 2-3).

Wechsel des Realitätsbezuges. Im Spiel konstruiert das Kind eine andere Realität, die der „eingebildeten Situation" (Elkonin, 1980, S. 11). Spiel bildet also einen anderen Handlungsrahmen, innerhalb dessen Gegenstände, Handlungen und Personen etwas anderes bedeuten können als in der Realität außerhalb des Spiels. Solche Rahmen sind im sozialen Spiel auch vereinbart und reichen bis in die Phylogenese des Menschen zurück, da sie bereits im tierischen Spielverhalten auftreten, so etwa bei den Spielkämpfen von Jungtieren. Wenn Kinder einen Spielrahmen vereinbaren und damit eine eigene Realität konstruieren, müssen sie sich sprachlich oder nonverbal auf den Spielrahmen, d. h. die eingebildete Situation einigen.

Wiederholung und Ritual. In allen Spielformen zeigen sich Wiederholungen von Handlungen, oft in exzessiver Form. Weiterhin haben solche Handlungswiederholungen häufig Ritualcharakter, d. h. die Handlungen haben einen festgelegten Ablauf und sind in ihrer Gestalt stärker profiliert als normale Handlungen. Die Wiederholung hat verschiedene Quellen. Zum einen resultiert sie aus der Funktionslust des Spiels, die im ersten Lebensjahr im Vordergrund steht (Bühler, 1918; Mastery Play, siehe Piaget, 1969). Des weiteren rührt sie vom Aktivierungszirkel bei frühen (und späteren) Sozialspielen, in denen Spannung und Lösung einander abwechseln (Heckhausen, 1963/64). Schließlich können traumatische Erlebnisse durch wiederholte Verarbeitung in der Spielhandlung bewältigt werden.

15.3 Klassifikation und Entwicklung des Spiels

15.3.1 Sensumotorisches Spiel

Dieses taucht im ersten Lebensjahr auf, zunächst als primäre und sekundäre Kreisreaktion. Piaget legt den Übergang zum Spiel bei der Beherrschung einer motorischen Handlung fest, die dann lustvoll wiederholt wird (mastery play). Die explorative Haltung verändert sich zur Spielhaltung. Bald tritt zu den motorischen Reaktionen der Umgang mit Gegenständen hinzu. Die Beschäftigung mit einem Einzelgegenstand (z. B. Rassel) nimmt zwischen 7 und 30 Monaten allmählich ab, kulturell adäquater Umgang mit Gegenständen (z. B. Benutzen einer Tasse) wächst zwischen 9 und 13 Monaten an, während kompliziertere Handlungen mit Alltagsgegenständen (Einhalten einer Reihenfolge, Einbeziehung mehrerer Gegenstände) erst mit 18 bis 24 Monaten auftreten (Inhelder et al., 1972).

Die Familienmitglieder haben als soziale Partner eine wichtige Funktion. Sie führen neue Gegenstände ein, zeigen Möglichkeiten des Umgangs mit ihnen und interagieren von Anfang an in spielerischer Form mit dem Säugling. Die spielerische Haltung zeigt sich in der entspannten, lustvollen Wiederholung von Interaktionen (Protosozialspiel), in Spielen mit Aktivierungssteigerung und plötzlichem Abfall nach Erreichen des Höhepunktes und schließlich später in gemeinsamen Bewegungsspielen und Sport. In den zahlreichen Sportarten, die dem kulturellen Wandel unterliegen, bleibt das sensumotorische Spiel auch im Jugend- und Erwachsenenalter lebendig.

15.3.2 Symbolspiel (Als-ob-Spiel)

Es tritt mit 12 bis 13 Monaten erstmals auf, nimmt über die Jahre der Vorschulzeit zu und sinkt in seiner Häufigkeit dann wieder ab (umgekehrte U-förmige Beziehung: Fein, 1981). Bei sozial benachteiligten Kindern fand man den Höhepunkt des Symbol- und Rollenspiels in der ersten und zweiten Grundschulklasse und danach einen plötzlichen Abfall (Eifermann, 1971).

Als-ob-Spiele sind in mehrfacher Weise mit der familiären Interaktion vernetzt, Zunächst wirken sich frühe Symbolhandlungen im ersten Lebensjahr positiv auf das Auftreten und die Häufigkeit des kindlichen Als-ob-Spiels aus (Hoppe-Graff & Engel, 1996). Kinder, deren Mütter gegen Ende des ersten Lebensjahres ihren Kindern Symbolhandlungen (z. B. mit Puppen) vorführten, begannen früher mit dem Symbolspiel als andere Kinder. Die Eltern verhalten sich beim Als-ob-Spiel ihres Kindes anders als beim später einsetzenden Rollenspiel. Da das Als-ob-Spiel meist ein Solitärspiel ist, beobachten es die Eltern und kommentieren die einzelnen Handlungen, wobei sie häufig auch Anregungen geben, ohne dirigistisch einzugreifen. Die Geschwister oder Gleichaltrige regen ebenfalls Symbolspiele an, indem sie Modelle für Nachahmung darstellen. Hier ist auch das Parallelspiel anzusiedeln, bei dem sich Kinder wechselseitig beobachten, ohne in direkte Interaktion einzutreten (Howes & Matheson, 1992; Morrison & Kuhn, 1983).

15.3.3 Rollenspiel

Das Zusammenspiel zu zweit oder in einer größeren Gruppe erfordert die Fähigkeit der Beteiligten, sich auf einen gemeinsamen Gegenstand (ein Spielzeug), einen Spielrahmen, ein Spielthema) zu beziehen. Das kooperative Rollenspiel ist daher bei Dreijährigen noch kaum zu finden, während bereits alle Vierjährigen bei „normaler" Entwicklung Rollenspiele machen. Die Dauer solcher Spiele wächst zwischen dem Alter von vier bis fünf Jahren deutlich an (Iwanaga, 1973). Die Einigung auf ein gemeinsames Rollenspiel sowie dessen Aufrechterhaltung erfolgt über die Metakommunikation, die nicht nur die Reflexion und Planungsverhalten als Leistung voraussetzt, sondern auch beträchtliche Anforderungen an die Perspektivenübernahme stellt. Die Kenntnis und Einübung von Skripts sind dabei wichtige Hilfen.

Rollenspiele finden im Netzwerk der Familie und der Gleichaltrigen statt. Die Eltern beteiligen sich nun aktiv am Rollenspiel, indem sie eine Rolle übernehmen, die meist vom Kind zugewiesen wird. Aktives Rollenspiel und vor allem die praktizierte Metakommunikation scheinen sich positiv auf die kognitive Entwicklung bis hinein in schulische Leistungen, vor allem auf das Lesen, auszuwirken (Pellegrini & Galda, 1991). Ältere Geschwister fördern die Entwicklung des Rollenspiels, denn sie verlangen vom jüngeren Geschwister die aktive Teilnahme an Rollenspielen. Kinder mit älteren Geschwistern praktizieren daher gewöhnlich Rollenspiele früher als Einzelkinder (dies ist auch in Verbindung mit dem positiven Einfluss der Geschwister auf die „theory of mind" zu sehen, s. Perner, Ruffman & Leekman, 1994). Natürlich können auch ältere Kinder außerhalb der Familie diese lehrende Funktion übernehmen (Oerter, 1999).

15.3.4 Regelspiel

Das Regelspiel als letzte Form des Spiels in der Entwicklung ist noch relativ selten im Vorschulalter, tritt aber im Übergang zum Grundschulalter immer häufiger auf (Rubin et al., 1978) und wird im Erwachsenenalter zur häufigsten Spielform. Dort scheint es symbolisch-expressive Funktion bei der Abbildung und Verarbeitung gesellschaftlicher Konflikte inne zu haben (Sutton-Smith & Kelly-Byrne, 1984; Sutton-Smith, Roberts & Kozelka, 1963). Regeln gibt es in jeder Art von Spiel, also bereits im sensumotorischen Spiel, wo es sich als Wiederholung und Ritualisierung zeigt. Was beim Regelspiel sich qualitativ verändert hat, ist die Vorherrschaft der Regel über alle übrigen Spielelemente. Die Rollen werden relativ inhaltsleer und treten in den Hintergrund, die Gegenstände, wie Ball, Netz, Tor oder Figuren erhalten eine spezifische Funktion durch die Regel, die außerhalb nicht gegeben ist. Schließlich hat die Regel in den meisten Fällen den Zweck des sozialen Vergleichs nach objektivierbaren Kriterien. Fast jedes Regelspiel ist ein Wettkampf zwischen möglichst gleichstarken Partnern, die ihre Fähigkeiten messen. Dieser soziale Vergleich mündet in eine Selbstbewertung ein, die wiederum die grundlegende Motivation des Spiels als existenzsteigerndes und daseinsbewältigendes Medium erkennen lässt.

In der Familie können Regelspiele entlastende Funktion erhalten, indem symmetrische Kommunikation hergestellt wird, da jeder Spieler gleichberechtigt ist und (in den meisten Fällen) auch gleich Gewinnchancen hat. Regelspiele appellieren zudem an die Fairness und Gerechtigkeit. Sie ermöglichen innerhalb der Familie daher oft innerhalb des Spielrahmens die Verwirklichung dieser Werte, die außerhalb des Spiels oft nicht gewährleistet sind.

15.3.5 Exploration und Konstruktionsspiel

Für viele Spielforscher fallen Exploration und Konstruktion nicht unter Spielverhalten; nach der obengenannten Interpretation sollten sie jedoch als Spiel gelten, sofern sie die Merkmale des selbstgesetzten intrinsisch motivierten und des stellvertretenden bzw. unmittelbar wunscherfüllenden Umweltbezuges aufweisen. Die Exploration, die zu Beginn des zweiten Lebensjahres einsetzt, geht einher mit dem Gegenstandsbezug des Handelns. Die Qualitäten und Handlungsmöglichkeiten des Gegenstandes werden erkundet. Sobald das Kind auch symbolisch spielt, wechselt es oft nach der Exploration in das Als-ob-Spiel über (Hutt, 1966).

Das Konstruktionsspiel umfasst alle Tätigkeiten, die später als künstlerisch bezeichnet werden: Malen, Kneten und Formen, Bauen und Konstruieren, Singen und Improvisieren. Der Anregungsgehalt in der Familie ist hier von ausschlaggebender Bedeutung. Je nach Interessenrichtung in der Familie, aber auch je nach Interessenlage und Leistung des Kindes werden unterschiedliche Bereiche akzentuiert. So entwickelt sich das Konstruktionsspiel unterschiedlich rasch und erreicht unterschiedliche Niveaus. Im Bereich der Musik kann es dabei schon zu frühzeitigen Hochleistungen kommen (Wunderkinder).

Im Erwachsenenalter bleiben alle Spielformen in unveränderter oder transformierter Form bestehen. Das sensumotorische Spiel fächert sich in die Vielfalt kulturell geprägter sportlicher Aktivitäten aus. Das Symbolspiel finden wir als Tagträume, Phantasien, aber auch als Kunstform in Romanen, Erzählungen und Gedichten. Das Rollenspiel findet seine Hochform in Dramen und Opern. Das Regelspiel als häufigste Spielform im Erwachsenenalter wird sowohl privat in Gesellschaftsspielen und Strategiespielen (Schach, Dame) sowie sportlichen Wettkämpfen (Tennis), als auch öffentlich in Turnieren und Ligen, Welt-Cups und Olympiaden praktiziert. Eine eigene Spielform im Erwachsenenalter ist das *Glücksspiel*, das nicht selten pathologische Züge annimmt (Glücksspielsucht, s. Meyer & Bachmann, 1993; Petry, 1996).

In Abb. 1 sind die unterschiedlichen Spielformen und ihr Entwicklungsverlauf zusammengestellt. Im Erwachsenenalter mündet das Spiel neben der Beibehaltung einzelner Spielformen in die Kunst und in die berufliche Tätigkeit, die im Optimalfall Arbeit und Spiel integriert.

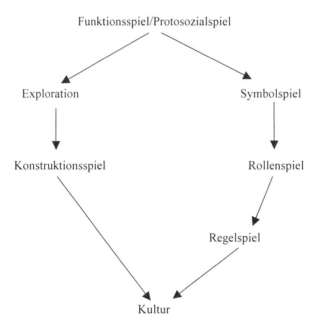

Abbildung 1: Entwicklung des Spiels und sein Übergang in Kulturschaffen.

15.4 Drei Ebenen der Spielhandlung

Leontjew (1977) führt den Tätigkeitsbegriff der russischen Schule (Wygotski, Luria) weiter und unterscheidet drei Ebenen der Handlung. Die unterste Ebene bilden die *Operationen*. Dies sind automatisierte Handlungen, die z. T. sehr rasch ablaufen, nicht mehr bewusst sind sowie wenig Speicherplatz im Arbeitsgedächtnis und wenig psychische Energie brauchen. Operationen sind nötig, um überhaupt Handlungen durchzuführen. Zu ihnen gehören Greifen, Gehen, Laufen, Sprechen, aber auch Lesen und Schreiben.

Die nächste Ebene bilden die *Handlungen*. Sie laufen bewusst ab und sind zielgerichtet. Während Operationen Mittel für Handlungen darstellen, gehört zu den Handlungen selbst konstitutiv das Ziel. Handlungen sind im Spiel wie generell hierarchisch geordnet. Einfache Handlungen, wie die Puppe kämmen, fügen sich in übergeordnete Handlungen, wie die Puppe pflegen, ein. Diese wiederum können in gemeinsames *Handeln*, wie ein Rollenspiel mit der Puppe, eingebettet sein. Spielhandlungen lassen sich sowohl nach Themen (Pflegen, Familie, Autofahren, Superman etc.) als auch nach der Spielform (Als-ob-Spiel, Rollenspiel, Konstruktionsspiel, Regelspiel) klassifizieren. Eine Systematisierung von solchen Handlungen ist für Interventionsaspekte wichtig, da sich altersspezifische Defizite ausmachen lassen, die im Spiel behoben werden können.

Die oberste Ebene ist die Tätigkeitsebene. Sie stellt den Rahmen für Handlungen dar und gibt das Motiv und den Sinn für die Handlungen ab. Die Tätigkeitsebene ist nicht oder nur teilweise bewusst, da sie aus der gesamten bisherigen Lebenserfahrung entspringt, die niemals simultan repräsentiert werden kann, weil unser Arbeitsspeicher dafür zu klein ist. Im Spiel bildet die Tätigkeitsebene zunächst die jeweilige Thematik, die das Kind beschäftigt, z. B. Geschwisterrivalität, Erwachsen-werden-Wollen, Auseinandersetzung mit Krankheit, Strafe, Unfall etc. Daneben gibt es noch eine allgemeine Auseinandersetzung des Selbst mit der Umwelt, die sich vor allem im Umgang mit Gestaltungsmaterialien zeigt, wie mit Wasser, Plastilin und Bausteinen. Beispiele für die Tätigkeitsebene im Spiel sind die Bearbeitung der Ablösung (relative Selbständigkeit) mit etwa 2 Jahren, die Wiederholung eines traumatischen Erlebnisses (z. B. sich verlaufen) und Konflikte zwischen den Eltern und Schulprobleme.

Die bisherigen Spieltherapien setzen fast ausnahmslos auf der Tätigkeitsebene an, weil sie vor allem bei psychischen Störungen angewandt wird, die mit solchen Thematiken, vor allem mit der Bearbeitung traumatischer Erlebnisse zu tun haben. Obwohl diese Sicht etwas einseitig ist, da die übrigen Ebenen nicht beachtet werden, ist die Tätigkeit als Thematik des Spiels doch von besonderer Bedeutung, weshalb eine vorläufige Systematisierung versucht werden soll.

Tätigkeit kann generell als die typische Form der Auseinandersetzung zwischen Umwelt und einem Organismus verstanden werden, der Selbstbewusstsein und die Fähigkeit besitzt, die Umwelt und sich selbst ein zweites Mal, unabhängig von der aktuellen Wahrnehmung zu repräsentieren. Diese Fähigkeit führt zu einem besonderen Verhältnis zwischen Selbst und Umwelt, das durch die beiden Begriffspaare Aneignung – Vergegenständlichung und Subjektivierung – Objektivierung gekennzeichnet werden kann. Das erste Begriffspaar beschreibt in quasi-räumlichen Termini die Auseinandersetzung mit der Umwelt. Bei der *Vergegenständlichung* wirkt der Akteur in die Umwelt hinein, verändert sie durch die Benutzung von Gegenständen oder durch die Herstellung neuer Gegenstände. Im Spiel zeigt sich Vergegenständlichung als Konstruieren (Bauen, Gestalten, Zeichnen, Improvisieren, Bewegungserfindung), durch handlungsmäßige Darstellung eines Spielthemas (Spieldrama), durch Erzählen oder Erfinden von Geschichten und schließlich durch Handeln in Regelspielen. Bei der Vergegenständlichung sind grob- und feinmotorische Leistungen, die Sprache und das Singen beteiligt. Aber immer spielen auch kognitive Leistungen, wie Denken und Planen eine wichtige Rolle.

Die *Aneignung* ist die gegenläufige Bewegung, sie nimmt Umweltereignisse auf, in dem sie in das bisherige Wissen eingeordnet werden oder indem das, was man an Bewegungen und Fertigkeiten beobachtet hat, durch Nachahmung und Übung gelernt wird. Bei der Aneignung sind also Prozesse der Wahrnehmung, der Nachahmung, der Übung und Wiederholung sowie des Gedächtnisses und der kognitiven Strukturierung beteiligt.

Eine typische Form des Zusammenspiels von Vergegenständlichung und Aneignung zeigt sich im folgenden Ablauf: Das Kind beobachtet ein Ereignis in einer bestimmten Situation und spielt das Ereignis nach, so etwa den Zirkusbesuch, den Besuch des Tiergartens oder die Beobachtung eines Verkehrsunfalls. Bezeichnenderweise wird aber die Szene nicht genau nachgespielt, sondern entsprechend der jeweiligen Thematik auf der Tätigkeitsebene umgeformt. Beim Zirkusspiel ist das Kind selbst der Akrobat, beim Verkehrsunfall der Polizist oder Arzt usw. Auch der Ausgang des Geschehens wird oft verändert.

Subjektivierung und Objektivierung beziehen sich auf die Erkenntnishaltung des Akteurs. Bei der *Subjektivierung* wird das Handlungsgeschehen den subjektiven Bedürfnissen und Wissensstrukturen angepasst. Bei der *Objektivierung* richtet sich der Akteur nach den physikalischen und sozialen Gegebenheiten. Tab. 1 veranschaulicht das Zusammenwirken der vier Handlungskomponenten an Beispielen aus dem Spiel. Subjektivierende Aneignung haben wir beim Anhören von Geschichten und Anschauen von Fernsehfilmen vor uns, denn dabei geht es schwerpunktmäßig um das Ansprechen der eigenen Bedürfnisse und Wünsche. Subjektivierende Vergegenständlichung zeigt sich im Als-ob-Spiel, da das Kind Szenarien aus der Umwelt übernimmt, sie aber gemäß der eigenen Bedürfnislage gestaltet.

Tabelle 1: Das Zusammenwirken von vier Handlungskomponenten im Spiel

	Subjektivierung	*Objektivierung*
Aneignung	Geschichten anhören; Eine Fernsehsendung ansehen	Buch anschauen und Bilder benennen
Vergegenständlichung	Als-ob-Spiel; Rollenspiel (je nach Genauigkeit der Imitation auch objektivierend)	Puzzle zusammenlegen; ein Gebäude mit Bausteinen errichten

Objektivierende Aneignung zeigt sich beim Buchanschauen, wenn das Kind Bilder und Szenen benennt und beschreibt. Handlungen, wie das Zusammenlegen eines Puzzles oder das Errichten eines Bauwerkes mit Bauklötzen, sind Beispiele für objektivierende Vergegenständlichung, denn nur wenn objektiv-physikalische bzw. geometrische Sachverhalte berücksichtigt werden, kann das Vorhaben gelingen. Das Rollenspiel ist je nach Realitätsnähe eher objektivierend oder eher subjektivierend.

Die vier Grundkomponenten von Handlung bilden den allgemeinen Rahmen menschlicher Tätigkeit. Sie gewährleisten emotionale Sicherheit, das Bewusstsein von Kontrolle und ein Realitätsverständnis, das auf dem jeweils erreichten Niveau angemessen zu handeln erlaubt. Damit dienen auch im Spiel die genannten Handlungskomponenten der mentalen Hygiene und gewährleisten eine gedeihliche Entwicklung. Infolge der wachsenden Lebenserfahrung, der anstehenden Entwicklungsaufgaben und der aktuellen Bedürfnisse entwickeln sich aus dem allgemeinen Person-Umwelt-Verhältnis Thematiken, die zur Bearbeitung anstehen. Solche Thematiken lassen sich in langfristige und kurzfristige Thematiken aufgliedern. Eine Möglichkeit der Systematisierung langfristiger Thematiken ist die Orientierung an Entwicklungsaufgaben. Sie stellen sich als kulturell normierte Ziele zu bestimmten Zeitpunkten ein und können im Spiel vorweggenommen und bearbeitet werden. In diesem Falle kann man von Entwicklungsthematiken sprechen. Sie reichen von dem allgemeinen Entwicklungsziel des Erwachsenwerdens bis zur Auseinandersetzung mit aktuell anstehenden Entwicklungsaufgaben, wie der Sauberkeitserziehung, dem Kindergartenbesuch und dem Schuleintritt. Eine zweite Gruppe von Thematiken hat mit der Entwicklung und Ausformung des Selbst zu tun, ohne dass die Kultur konkrete Aufgaben vorschreiben würde. Solche Thematiken sind Bindung und Bezogenheit auf der einen sowie Autonomie und Kontrolle auf der anderen Seite. Beide allgemein anthropologischen Anliegen verschränken sich dann mit kulturellen Normen. Kinder spielen diese Thematiken in vielfältiger Weise aus. Im Folgenden seien einige Beispiele zur Verdeutlichung angeführt.

Kinder zeigen im Spiel oft Allmachtsphantasien, so wenn sie Tiere oder menschliche Figuren fliegen lassen (Überwindung der Schwerkraft), zaubern, den Superman oder Pippi Langstrumpf spielen, oder wenn sie Spielfiguren tötet und wieder auferstehen lassen. Autonomie, Macht und Kontrolle ist ein Themenbereich, der mit zunehmendem Alter gleich bedeutsam bleibt, im Spiel aber inhaltlich modifiziert wird. Gewöhnlich nehmen nach unseren Beobachtungen Allmachtsphantasien ab und weichen konkreteren und realistischeren Bemühungen um Macht und Kontrolle (Oerter, 1999), so etwa als Sieg im Regelspiel, als Machtfigur im Rollenspiel und als Fertigstellung eines Bauwerkes oder eines Bildes im Konstruktionsspiel.

Beziehungsthematiken drücken sich besonders in zwei Feldern aus, der Geschwisterrivalität und den Beziehungen zu den Eltern:

> Als Beispiel für die Bearbeitung der Geschwisterrivalität sei ein Junge angeführt, der beim Spiel mit einem Eisenbahnzug nur männliche Figuren mitfahren lässt und bei der Auswahl von Puppen aus dem Szeno-Test alle weiblichen Puppen Boden wirft, wobei er ruft „die brauch' ich nicht!" Der Junge, der sich durch die Steuerungsversuche und das Herumkommandieren der älteren

Schwester drangsaliert fühlt, versucht dieses Geschwisterverhältnis zu bewältigen und verallgemeinert seine Ablehnung auf alle weiblichen Personen.

Ein zweites Beispiel bezieht sich auf die Verarbeitung des Verlustes des Vaters, der die Familie verlassen hat. Ein viereinhalbjähriges Mädchen verliebt sich in einen griechischen Jungen aus dem Kindergarten und lässt ihn im Spiel als fiktive Person erscheinen. Er liegt bei ihr im Bett, wird später gefangen genommen und wieder aus dem Gefängnis befreit. Schließlich stirbt er und erwacht wieder zum Leben. Thematisiert wird in dieser illusionären Beziehung vor allem die Kontrolle über den Partner. Das Mädchen, dessen Spiel wir über ein Jahr lang beobachtet haben, erfährt an sich die Unsicherheit von Beziehungen. Der geliebte Vater verschwindet aus ihrem Gesichtskreis. Die Mutter geht neue, aber nicht dauerhafte Beziehung ein und ist auch nicht immer verfügbar. Die Bewältigung dieser Situation geschieht illusionär durch ein Maximum an Kontrolle. Der geliebte Partner steht jederzeit zur Verfügung. Zudem drückt das Kind die extremste Form der Kontrolle über den Partner aus, es ist Herrin über Leben und Tod (Näheres s. Oerter, 1999, S. 242).

15.5 Der gemeinsame Gegenstandsbezug: Das Kernstück familiärer Interaktion

15.5.1 Arten von Gegenständen im Spiel

Wenn man das Spiel handlungstheoretisch erklärt und zudem empirisch untersuchen will, benötigt man eine weitere Konkretisierung. Menschliches Handeln bezieht sich immer auf Gegenstände. Solche Gegenstände lassen sich mit Popper (1973) in drei Klassen einteilen: materielle Objekte, Gegenstände des Wissens und psychologische Gegenstände (Begriffe für psychische Zustände und Prozesse). Für das Spiel des Kindes sind zunächst materielle Objekte wichtig. Zu ihnen gehören Personen und Sachen. Letztere stehen in unserer Kultur als Spielzeug zur Verfügung, wobei zwischen Replika (Nachbildungen, wie Puppen, Autos und Häuser), vieldeutigem Spielmaterial (Bauklötze) und Werkzeugen (wozu auch Sportgeräte gehören) unterschieden werden kann.

Eine weitere Gruppe von Gegenständen bilden die Spielthemen, die Sujets, die den Spielrahmen darstellen. Sprachlich äußern sie sich in der Wendung „jetzt spielen wir ..." Sujets müssen im Rollenspiel oder in anderen Formen des Sozialspiels vereinbart werden, weshalb sie hier auch explizit werden. Im Solitärspiel erschließt sich die Thematik als Spielgegenstand entweder aus dem Handlungszusammenhang oder aus den Kommentaren des Kindes. Das Sujet als Spielgegenstand ordnet und gruppiert die Einzelhandlung, bestimmt aber auch den merkwürdigen Gebrauch von materiellen Gegenständen bei Spielhandlungen. Dieser besteht in der Umdeutung des

Gegenstandes bzw. der auf den Gegenstand bezogenen Handlung. Sobald das Kind in der Lage ist, Vorstellungen über Gegenstände und Handlungen zu entwickeln, „missbraucht" es diese Vorstellungen, indem es reale Handlungen und Objekte umdeutet und sie so zu seiner Spielrealität macht. Auf diese Weise erreicht das Kind zweierlei: (a) Symbolische oder Als-ob-Handlungen dienen der Befriedigung eigener Wünsche, die außerhalb des Spiels nicht erfüllt werden können, und (b) diese Wünschen und Anliegen können sofort realisiert werden, wodurch das Kind den noch schwer zu kontrollierenden Bedürfnisaufschub vermeidet (Wygotski, 1966). Diese Handlungen sind überdies leicht realisierbar, weil sie nur rudimentär oder nur ungefähr die Realhandlung wiedergeben. Der Unterschied zwischen echtem Autofahren und symbolischem Autofahren beim Schieben eines Spielautos ist gewaltig, ebenso der Unterschied zwischen akrobatischen Leistungen im Zirkus und im Als-ob-Zirkusspiel. Symbolhandlungen haben daher auch eine Schlüsselfunktion bei der Intervention und Therapie, wie noch zu zeigen sein wird.

15.5.2 Der gemeinsame Gegenstandsbezug

Sowohl für Intervention als auch für alle Formen familiärer Interaktion im Spiel interessiert nun nicht nur der Gegenstandsbezug schlechthin, sondern mehr noch, wie sich zwei oder mehr Personen auf den Gegenstand richten und ihn so zu einem gemeinsamen Gegenstand machen. Theoretisch betrachtet ist jede reife soziale Interaktion eine gemeinsamer Gegenstandsbezug. Wenn zwei Personen in Kontakt treten, dann interagieren oder kommunizieren sie über einen gemeinsamen Gegenstand. Kooperatives Handeln beispielsweise bedeutet, dass zwei oder mehr Partner etwas Gemeinsames (das Gleiche oder komplementäre Aktionen) am Gegenstand ausführen. Kompetitives Handeln bedeutet Kampf um den gemeinsamen Gegenstand. Kommunikation beinhaltet immer Kommunikation über etwas, und Schwierigkeiten bei der Kommunikation beinhaltet, dass man sich über den Gegenstand nicht einig ist bzw. über unterschiedliche Gegenstände redet.

Im Spiel richtet sich der gemeinsame Gegenstandsbezug zunächst auf materielle Objekte (menschliche Partner, Spielsachen, Gebrauchsgegenstände). Diese Objekte erhalten im Spiel oft eine andere Bedeutung als in der sozialen und physikalischen Realität. Sodann ist der gemeinsame Gegenstand aber auch das Spielthema, das die Spielteilnehmer zusammenführt. Innerhalb des Spielthemas tragen Rollen und Rollenhandlungen zum gelingenden Gegenstandsbezug bei. Für die Regulierung eines koordinierten Handlungsablaufes sorgen Regeln, die entweder implizit als Skripts oder explizit als vereinbarte Regeln (Regelspiel) oder teilweise implizit und explizit als Rollenvorschriften existieren.

Der gemeinsame Gegenstandsbezug wird in der Spielintervention zur via regia, denn er stellt erst den Kontakt zwischen Kind und Therapeut her. An seiner Qualität lassen sich sodann Störungen und Defizite sowie deren Ursachen diagnostizieren.

15.5.3 Valenzen des Gegenstandes

Für den gemeinsamen Gegenstandsbezug ist eine Unterscheidung bedeutsam, die mit der Valenz des Gegenstands zu tun hat. Das Subjekt kann sich sehr eng an einen Gegenstand binden. Dieser ist dann ausschließlich für das Subjekt und für sein Handeln da. Der Gegenstand besitzt *subjektive Valenz*. In der Neo-Psychoanalyse sind Objekte mit subjektiver Valenz ausschließlich Personen, vor allem die Mutter (Kernberg, 1981; Mahler et al., 1980; Winnicott, 1973). Für das Kind besitzen aber auch andere Objekte subjektive Valenz: ein begehrtes Spielzeug, ein Fundstück auf dem Spaziergang etc. Ein besonderer Gegenstand mit subjektiver Valenz ist das Übergangsobjekt (Winnicott, 1973). Es ersetzt die Bezugsperson während Phasen der Trennung, insbesondere in den Schlafphasen. Das Übergangsobjekt kann nicht durch einen anderen Gegenstand ersetzt werden, was den Charakter der subjektiven Valenz besonders gut kennzeichnet. Solange ein Objekt (Person oder Sache) subjektive Valenz besitzt, kann das Subjekt nicht über dieses Objekt mit anderen in Kontakt treten. Das zeigt sich z. B. an den Konflikten zwischen Kindern, die beide den gleichen Gegenstand für sich allein haben wollen.

In der sozialen Interaktion muss das Kind dem Gegenstand eine andere Valenz zuweisen. Sie beinhaltet, dass das Objekt für mehrere oder alle Personen wertvoll ist. Die Bedeutung des Gegenstandes ist dann auf die Funktionen bezogen, die für alle gleich sind. Dies ist der Falle beim Gebrauchswert eines Gegenstandes, der von der Kultur bestimmt ist. Ein Gebrauchswert kann aber auch ad hoc vereinbart werden. So mögen Kinder den Tisch zu einem Haus erklären und darunter kriechen, um dort zu „wohnen". Die gemeinsame Valenz eines Gegenstandes bezeichnen wir als *objektive Valenz*, da sie außerhalb des individuellen Gegenstandsbezuges und meist über den aktuellen Zeitpunkt hinaus Gültigkeit besitzt. Ein Aspekt von Spielentwicklung besteht im Aufbau objektiver Valenz von Gegenständen. Sie beinhaltet einerseits Wissen darüber, wie man gemeinsame Bezüge zum Gegenstand herstellen kann, andererseits auch die Fähigkeit der emotionalen Kontrolle über das Bedürfnis, nicht allein über den Gegenstand verfügen zu wollen.

15.5.4 Der übergeordnete Gegenstand als gemeinsamer Bezug

Die Einführung der drei Ebenen von Handlung verweist noch auf einen besonderen Typus des Gegenstandes, der auf der Tätigkeitsebene anzusiedeln ist. Hier sind, wie bereits ausgeführt, allgemeine oder spezifische Lebensthematiken (Entwicklungs-, Beziehungs- und generell Daseinsthematiken) am Werk. Solche Thematiken und Inhalte können als übergeordnete Gegenstände und die Beziehungen zu ihnen als übergeordneter Gegenstandsbezug bezeichnet werden. Bei der Therapie kommt es sehr darauf an, auch einen gemeinsamen übergeordneten Gegenstandsbezug herzustellen. Wie dies Kindern gelingt, soll an einem Beispiel erläutert werden.

> Ein neunjähriges und ein fünfjähriges Mädchen spielen zusammen ein Verkaufsspiel mit Kaufladen, Kasse, Waren und Einkaufskorb. Das Spiel wird öfter mit wechselnden Rollen wiederholt. Die beiden spielen auch die Rollen von Lehrerin und Schülerin. Aus dem Spielverhalten lässt sich als gemeinsamer übergeordneter Gegenstandsbezug ein komplementäres Verhältnis folgern. Das ältere Mädchen hat Spaß daran, das jüngere zu lehren, es möchte, dass das Mädchen so wird wie sie selbst. Das jüngere Mädchen zeigt sich eifrig, zu lernen und so zu werden, wie das ältere Mädchen. Projektion und Identifikation bilden hier den gemeinsamen, komplementären übergeordneten Gegenstandsbezug.

Vielfach besteht die gemeinsame Thematik darin, die Besonderheit der Interaktion im Spiel aufrecht zu erhalten. Nicht selten ergänzen sich Thematiken beim gemeinsamen Spielhandeln. So kann die Machtthematik bei einem Kind mit der Retter-Thematik bei einem andern und der eines dritten Kindes, Normen als Bösewicht wenigstens illusionäre zu brechen, konvergieren.

15.6 Die Zone nächster Entwicklung

Am Ende der Einführung in die Begrifflichkeit und Struktur des Spiels aus handlungstheoretischer Sicht erhebt sich nun die Frage, wie Intervention konkretisiert werden kann. Im Gegensatz zur Mehrzahl spieltherapeutischer Ansätze, die eher non-direktiv sind (O'Conner und Braverman, 1997, s. Abschnitt 8 in diesem Beitrag) wird hier die Möglichkeit inhaltlich zielgerichteter Intervention eröffnet. Dies geschieht mit Hilfe des Konzeptes der Zone nächster Entwicklung (ZNE, Wygotski, 1987). Mit ihr ist die Entwicklungsregion gemeint, die sich das Kind mit sozialer Hilfe als nächstes erobert. Sie ist die Zone oberhalb des jetzigen Entwicklungsniveaus. Wygotski beschreibt sie als die Leistungsregion, die das Kind mit Hilfe kompetenter Partner bewältigt, dazu aber allein noch nicht in der Lage ist. Das Spiel wird von Wygotski ausdrücklich als Zone nächster Entwicklung genannt. Im Spiel zieht sich das Kind „am eigenen Schopfe höher". Damit wird dem Spiel für förderliche Entwicklung eine besonders wichtige Rolle zugeschrieben.

Intervention muss sich in jedem Falle bemühen, auf der Zone nächster Entwicklung zu operieren. Diese kann freilich inhaltlich recht unterschiedlich aussehen. Zielt man die *Tätigkeitsebene* an, so kann beispielsweise eine anstehende Entwicklungsaufgabe (Sauberkeitserziehung, Kindergarteneintritt, Schuleintritt) die Zone nächster Entwicklung darstellen. In jedem Falle geht es um die Bearbeitung einer Thematik. Sie wird oft vom Kind allein vorgenommen. Alles, was man in diesem Falle braucht, ist ein Freiraum für Spielaktivitäten, die eine solche Bearbeitung ermöglichen. Auf der *Handlungsebene* geht es um die Verbesserung des aktuellen Handlungskönnens, etwa um das Zusammenfügen mehrerer Handlungen oder um die Hierarchisierung von Handlungen nach Plänen. Auf der Ebene der *Operationen* können fehlende Fertigkeiten (Skills) aufgebaut werden, mit deren Hilfe dann das Handlungsniveau verbessert werden kann.

In einem Sektor scheint die ZNE nicht zu gelten: bei der Regression im Spiel. Hier wird ja nicht eine höhere Ebene angezielt, sondern sogar ein niedrigeres Entwicklungsniveau reaktiviert. Nun muss man sich aber den Zweck der Regression vor Augen halten. Er liegt einerseits in der Bearbeitung nicht bewältigter Aufgaben früherer Entwicklungsniveaus, andererseits in der Gewinnung von Sicherheit und Wohlbefinden durch Rückkehr in eine vertraute Entwicklungsphase. Ziel ist nicht, auf dieser früheren Ebene zu bleiben, sondern durch die Regression frühere Defizite zu beseitigen oder Kraft für anstehende Aufgaben zu schöpfen. Die Regression ist somit ein Mittel für den Aufbau der ZNE. Sofern die Defizite tatsächlich auf einer früheren Ebene liegen, bildet diese selbst die Zone nächster Entwicklung.

15.7 Schritte der Diagnose und Intervention

Nun sind wir in der Lage, das Vorgehen bei der Spieldiagnose und -intervention aus handlungstheoretischer Sicht zu entwerfen. Da dieser Ansatz der weitestreichende ist, wird er an den Anfang gestellt. Die gängigen Spieltherapien bedeuten unter diesem theoretischen Aspekt eine Eingrenzung auf bestimmte Problemlagen.

Geht man von dem Dreiebenen-Modell der Handlung aus, so setzt alle Beobachtung und Interaktion auf der Ebene der Handlung an, da nur diese bewusst ist und alle zielgerichtete Aktivität auf dieser Ebene stattfindet. Intervention geschieht über die Herstellung des gemeinsamen Gegenstandsbezuges. Alles, was Partner des Kindes unternehmen, geschieht in Form von Handlungen, die auf Gegenstände bezogen sind. Von dieser Ebene aus erfolgen nun sowohl Diagnose und Intervention entweder horizontal oder vertikal. Richtet sich das Interesse auf die bewussten und intentionalen Handlungen des Kindes selbst und die Qualität des gemeinsamen Bezugs der Handlung, handelt es sich um *horizontale* Diagnose und Intervention. *Vertikale* Diagnose und Intervention richten sich „nach oben", wenn sie an der Tätigkeit, d. h. an den Thematiken des Kindes und ihrer Verarbeitung interessiert sind. Sie richten sich „nach unten", wenn es um die Qualität und Defizite der Operationen geht. Abbildung 2 veranschaulicht die Schritte des Vorgehens. Bei der Diagnose wird aus dem gemeinsamen Gegenstandsbezug die Problematik erschlossen. Dabei ist die Diagnose relativ leicht auf der Handlungsebene möglich, weil sie der unmittelbaren Beobachtung zugänglich ist. Dennoch ist es auch hier erforderlich, Handlungseinheiten und -typen zu bestimmen.

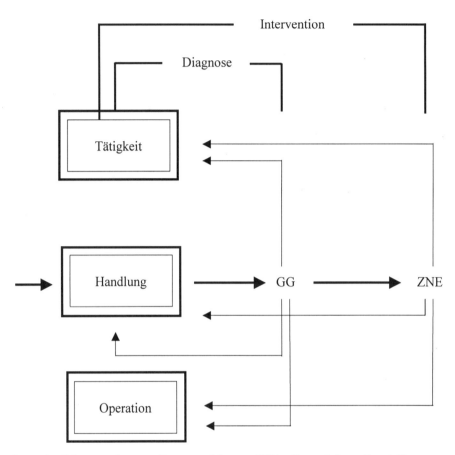

Legende: GG = gemeinsamer Gegenstandsbezug; ZNE = Zone nächster Entwicklung;

Abbildung 2: Schritte der Spieldiagnose und -intervention aus handlungstheoretischer Sicht.

Die beiden anderen Ebenen müssen gefolgert werden und sind nicht direkt zugänglich. Daher kann es sich bei diagnostischen Schlussfolgerungen nur um Hypothesen handeln, die erst durch andere Information, wie Auskunft der Eltern, Tests, ärztliche Gutachten und andere mehr bestätigt werden müssen.

Die Intervention bzw. Therapie setzt also beim gemeinsamen Gegenstandsbezug an, nutzt ihn nun aber auf der Zone nächster Entwicklung, die je nach Handlungsebene zu bestimmen ist. Diagnose und Intervention befinden sich in ständiger Wechselwirkung. Die Eingangsdiagnose ändert sich mit fortschreitender Intervention und letztere muss an den jeweils aktuellen Zustand angepasst werden.

15.7.1 Diagnose als Analyse des Gegenstandsbezuges

Die Diagnose im Spiel erfolgt, wie bereits dargelegt, am besten in Form der Analyse des gemeinsamen Gegenstandsbezuges (GG). Dieses Vorgehen wählen wir, weil der GG als einziges offen zu Tage liegt und beschrieben werden kann. Bei Meinungsverschiedenheiten ergibt sich die Möglichkeit, immer wieder zum Ausgangspunkt zurückzukehren und zum Ablauf des gemeinsamen Handelns zurückzukehren. Die heute verfügbare Technik der Dokumentation durch Video-Aufzeichnung ermöglicht die Herstellung einer optimalen Daten-Objektivität.

Die Analyse des GG kann unter drei Aspekten vorgenommen werden: (a) der Gegenstandsbezug ist unvollständig oder holistisch, (b) der GG ist nicht aufeinander abgestimmt und (c) der GG wird von den Partnern unterschiedlich definiert. Diese Einteilung ist zunächst rein pragmatisch, es sind durchaus auch andere Aspekte denkbar. Der Gegenstandsbezug ist unvollständig oder holistisch, wenn das Kind Handlungen am Gegenstand nicht zu vollenden vermag (wie bei Down-Syndrom-Kindern, s. Rauh, 1992) oder nur flüchtige Aktionen durchführt (hyperaktive Kinder). Der gemeinsame Gegenstandsbezug ist nicht aufeinander abgestimmt, wenn die Rollen im Rollenspiel nicht zueinander passen oder nicht vereinbare Funktionen eines Gegenstandes zugleich wahrgenommen werden, wie Bauen und Werfen mit Bausteinen. Damit in Verbindung steht die unterschiedliche Definition des GG, nämlich wenn ein und derselbe Gegenstand unterschiedliche Bedeutung erhält. Beispiel: Kinder spielen mit Polstern, wobei das jüngere sie als Turngegenstände benutzt und auf ihnen herumspringt, während das ältere Kind ein Haus aus ihnen errichten will, um darin zu „wohnen". Der gemeinsame Gegenstand wird unterschiedlich definiert.

15.7.2 Intervention auf der Zone nächster Entwicklung (ZNE)

Das Vorgehen bei der Intervention basiert ebenfalls auf dem GG. Er stellt die Methode dar, mit der man beim Kind interveniert oder therapiert. Herstellung, Konsolidierung, Veränderung und weiterer Ausbau sind Möglichkeiten, mit dem GG auf der Zone nächster Entwicklung zu arbeiten.

15.7.2.1 Sonderfall Autismus

Vielleicht wird dieses Vorgehen bei kindlichem Autismus am deutlichsten. Die direkte Kommunikation ist bekanntlich erschwert, wenn nicht unmöglich. Dennoch zeigt es sich, dass man mit einem autistischen Kind über einen gemeinsamen Gegenstand in Kommunikation treten kann. Natürlich kommt es dabei auf den Schweregrad der Störung an, wie weit Herstellung und Weiterentwicklung des GG gelingen können. Hierzu ein Beispiel:

> In einer Therapie mit einem leichteren Fall autistischer Beeinträchtigung nahm der Therapeut über einen Stoffhasen, den Bunny, Kontakt mit dem Kind auf. Es konnte sich ihm zuwenden, mit ihm sprechen und Tätigkeiten durchführen.

> Allmählich begann eine gemeinsame Kommunikation über das Objekt. Tätigkeiten am Objekt und Aktivitäten des Objektes selbst wurden besprochen. Später begann das Kind den Bunny sprechen zu lassen, und in einem weiteren Schritt unterhielt sich das Kind über Bunny mit dem Therapeuten. Schließlich brachte es das Kind fertig, sich direkt mit dem Therapeuten zu unterhalten.

Generell gelingt es auch in schweren Fällen, über Musik mit autistischen Kindern in (vorsprachliche) Kommunikation zu treten. Sie reagieren auf Melodie und vor allem Rhythmus, wiederholen oder antworten auf das Angebot der Musiktherapeutin, die ihrerseits wieder auf die Produktionen des Kindes reagiert. Eine genaue Analyse der Interaktion bei musiktherapeutischen Sitzungen findet sich bei Plahl (1999). Belege für den GG beim Rhythmus konnte vor allem Schumacher (1994) sammeln.

15.7.2.2 Interventionsschritte auf der ZNE

Das spieltherapeutische Vorgehen lässt sich in Handlungsschritte aufgliedern, die im Folgenden analytisch getrennt werden, in der Praxis aber ineinander übergehen bzw. miteinander integriert sind.

Etablierung eines Spielrahmens. Zunächst gilt es, mit dem Kind in die illusionäre Spielwelt einzutreten, d. h. einen Spielrahmen zu etablieren, innerhalb dessen Kind und Therapeutin agieren. Alle drei eingangs genannten Merkmale des Spiels können dann genutzt werden. Zunächst kann das Kind wegen des illusionären Charakters seines Tuns Aktionen ausführen, zu denen es sonst nicht in der Lage wäre. Es kann Menschen oder Tiere strafen, ja sogar töten, ohne mit Konsequenzen rechnen zu müssen. Sein Spiel hat keine nachteiligen Folgen. Da das Spiel intrinsisch motivierend ist, gibt es keine langweiligen oder anstrengenden Tätigkeiten. Solange der Spielrahmen aufrecht erhalten werden kann, sind Übung und Training ohne spürbare Belastung möglich. Dies führt uns zum Vorteil des dritten Spielmerkmals, Wiederholung und Ritual. Durch häufige Wiederholungen ergeben sich von selbst Trainingseffekte. Dient die Wiederholung der Bearbeitung traumatischer Erlebnisse, so ermöglicht Wiederholung die dem Kind nicht bewusste Bewältigung eines kritischen Lebensereignisses. Hierzu ein Beispiel:

> Ein fünfjähriger Junge unternimmt mit seiner kleineren Schwester im Spiel eine „Campingreise", wobei Reiseutensilien einschließlich Campingtisch und -stühlen ins „Auto" eingepackt werden. Unterwegs machen die Kinder Rast (alles findet im gleichen Zimmer statt) und bauen die Campingmöbel auf. Da werden sie überfallen und ausgeraubt. Ein Polizist verfolgt den Räuber und fängt ihn. Der Junge sing : „Juhu, der Räuber ist gefangen!" Die Mutter berichtet, dass der Überfall tatsächlich auf einer Campingreise stattgefunden habe, der Räuber aber nicht erwischt worden sei. Der Junge spiele die Szene immer wieder nach und gebe ihr einen guten Ausgang.

Ritualisierungen im Spiel schließlich wirken Ängsten entgegen, stabilisieren und vermitteln Sicherheit. Dies zeigt sich natürlich auch negativ bei stereotypen Handlungen des Kindes oder bei typischen Zeremonien, die das Kind durchführt. So schafft ein zweieinhalbjähriger Junge jeden Tag alle erreichbaren Legosteine herbei und gruppiert sie um das Töpfchen, bevor er sein Geschäft verrichtet.

Für die Therapie kommt es also darauf an, einen Spielrahmen herzustellen. Nicht immer, wenn es heißt „wir spielen", ist diese Bedingung erfüllt. In manchen Fällen ist nicht explizit vom Spiel die Rede, dennoch wird die Interaktion vom Kind als Spiel interpretiert. Die Sozialspiele der frühen Kindheit (Guck, guck!), motorisch-rhythmische Interaktionen, wie das abwechselnde Aufeinanderlegen der Hände, und Geschichten erzählen sind nach unserer Definition typische Spielhandlungen, ohne dass explizit von Spiel gesprochen wird. In der Mehrzahl der Fälle hilft allerdings die metasprachliche Kommunikation bei der Etablierung des Spielrahmens.

Diagnose des Entwicklungsstandes. Innerhalb des Spiels lässt sich, wie bereits ausgeführt, der Entwicklungsstand diagnostizieren. Dabei geht es immer um Bereiche, nämlich zum einen Inhaltsbereiche (Leistungsbereiche, Handlungsdefizite) und um die drei Handlungsebenen, auf denen diagnostiziert werden kann. Unter dem Blickwinkel der ZNE ist es bedeutsam, Entwicklungsniveaus festzustellen, an denen man anknüpfen kann. Im Falle mentaler Retardation helfen beispielsweise nach wie vor die Entwicklungsstufen von Piaget (1936, 1973). Dies gilt besonders für die Stufen der sensumotorischen Intelligenz in den ersten beiden Lebensjahren. Bei Störungen des Selbst (Kegan, 1986; Loevinger, 1976; Noam, 1986) lassen sich ebenfalls Entwicklungsstufen ausmachen. Kegan und seine Mitarbeiter (Lahey, Soevaine, Kegan et al., 1988) haben übrigens den Gegenstandsbezug zum Mittelpunkt ihres Diagnoseverfahrens des Subjekt-Objekt-Interviews gemacht. In der Spieltherapie geht es um Kinder und daher um frühe Formen der Selbstausprägung, die sich besser aus dem GG im Spiel als aus einem Interview erschließen lassen. Der „Entwicklungsstand" kann aber unabhängig von Stufenkonzepten anhand anstehender Entwicklungsaufgaben und bezogen auf kritische bzw. traumatische Lebensereignisse bestimmt werden. Der therapeutische Erfolg bemisst sich dann an der Auseinandersetzung und Bewältigung der anstehenden Thematik.

Konzeption der Aufgabe in der ZNE. Nun können Ziele festgelegt werden, die man auf der Zone nächster Entwicklung bearbeiten kann. Diese Sichtweise unterscheidet sich insofern von den meisten spieltherapeutischen Ansätzen, als dort nicht klare Zielvorstellungen herrschen und man sich auf die heilenden Kräfte des Spiels allein verlässt. Die Festlegung des Zieles richtet sich unter der Perspektive der ZNE danach, was das Kind mit Hilfe der Therapeutin erreichen kann und welches Aufgabenniveau gemeinsam gelöst werden kann. Hier ist auch der systematische Ort für Regression. Zeigt sich nämlich, dass ein Kind dem für seine Altersstufe zu erwartenden Handlungsniveau nicht entspricht, so gilt es, auf ein früheres Entwicklungsniveau zurück zu kehren. In den meisten Spieltherapien geht es dabei um die Rückkehr auf eine frühere Stufe des Selbst oder des Ich (im Sinne der Psychoanalyse). Regression gilt aber generell für alle Aufgabenbereiche, also auch für Leistungsdefizite im sozialen oder kognitiven Bereich. Oft sorgen solche Teildefizite für Störungen, die relativ leicht zu beheben sind und gar nicht an der Gesamtpersönlichkeit ansetzen müssen. Förderung auf der ZNE heißt in diesem Falle, auf dem niedrigeren Niveau beginnen, aber sich dann von dort nach oben bewegen. Die Regression ist also unter dieser Perspektive nicht Selbstzweck und „heilt" auch nicht.

Über den GG lässt sich eine Klassifizierung von Aufgaben vornehmen, sofern man die drei Handlungsebenen miteinbezieht. Beispiele des GG auf den drei Ebenen wurden schon genannt. Generell handelt es sich auf der Tätigkeitsebene (Ebene des übergeordneten Gegenstandsbezuges) um die erfolgreiche Bewältigung einer allgemeinen oder speziellen Thematik. Je weiter die unbewältigte Thematik zurückliegt, desto länger wird man zu ihrer Bearbeitung brauchen und desto mehr Teilschritte werden nötig sein. Auf der Handlungsebene geht es um die erfolgreiche Durchführung einer Handlung mit Gegenstandsbezug unter Berücksichtigung der Phasen der Planung, der Durchführung, des Abschlusses und der Bewertung. Auf der Ebene der Operationen handelt es sich um Fertigkeiten, die bislang nicht erworben wurden, aber zum Repertoire des Kindes in einer bestimmten Altersstufe gehören. Man denke an Defizite bei Legasthenikern, an Aufmerksamkeitsdefizite, an fehlende Rechenfertigkeiten und dergleichen Basaler anzusetzen wäre bei Sprachstörungen. Vielfach erweisen sich Zielsetzungen der Automatisierung bei retardierten Kindern als besonders wichtig, da sie über weniger Routinen verfügen. Zudem ist ihr Arbeitsgedächtnis von seiner Kapazität her beeinträchtigt, so dass manche Prozesse, die bei normal entwickelten Kindern im Arbeitsspeicher stattfinden, auf die Ebene automatisierter Prozesse gebracht werden müssen.

Gemeinsames Lösen von Aufgaben. Bezüglich der Planung und Bewertung des Fortschrittes ergibt sich gewöhnlich eine Abfolge in drei Phasen. Zunächst wird die angestrebte Aufgabe nicht bewältigt, sodann gelingt sie als GG, d. h. sie wird mit Hilfe des Partners gelöst, und schließlich kann das Kind die Aufgabe allein bewältigen. Hier gilt es zwei Aspekte zu berücksichtigen und damit zugleich zwei typische Fehler zu vermeiden. Der erste Fehler besteht in dem permanenten Eingreifen in die Spielhandlungen des Kindes. Alle spieltherapeutischen Ansätze heben das indirekte, non-direktive Vorgehen hervor, gerade weil Spiel sich nicht von außen bestimmen lässt. Das bedeutet aber nicht, das non-direktive Moment ad absurdum zu führen und überhaupt nicht einzugreifen. Ein erstes Eingreifen ergibt sich schon durch die Bereitstellung des Spielangebotes. Je nach dem Verhalten des Kindes lässt sich dieses ändern und seinen Bedürfnissen anpassen. Andere Formen des „Eingreifens" sind Fragen, begleitende Kommentare, Anregung, Mitmachen und Lehren. Sie richten sich nach der Spielsituation und nach der aktuellen Bedürfnislage des Kindes.

Andererseits wäre es falsch, eine Systematisierung der Schritte und ihre Festlegung in eine starre didaktische Abfolge vorzunehmen. Dies würde den Spielcharakter relativ rasch zerstören. Einerseits muss man den jeweiligen diagnostischen Stand des Kindes und die möglichen Ziele (Aufgabenstellungen) repräsentiert haben, andererseits sollte man die Gelegenheiten abwarten, bei denen sich diagnostische Hinweise ergeben und therapeutisches Handeln möglich ist. Auch die Art des Spiels bestimmt das therapeutische Handeln mit. Beim solitären Als-ob-Spiel eignet sich eine zurückhaltende Form des Fragens oder des handlungsbegleitenden Kommentars, denn dies ist die „natürliche" Interaktionsform, wie wir sie im Alltag zwischen Bezugsperson und Kind vorfinden. Beim Rollenspiel sind dagegen gemeinsame Festlegungen erforderlich. Selbst wenn die Therapeutin nur zum Schein Rollenfestlegungen trifft, in Wahrheit aber auf die Vorschläge des Kindes eingeht, so nimmt das Kind die gemeinsame Einigung auf den Gegenstand (das Spielthema) wahr. Beim Regelspiel schließlich halten sich die Partner an die Regeln. Das Kind hat nicht den Eindruck, von der Therapeutin dirigiert zu werden und lässt sich oft widerspruchslos auf die Bearbeitung von Aufgaben ein, die es sonst ablehnen würde. Hierzu ein Beispiel:

> Wildegger-Lack (1987) benutzte Gesellschaftsspiele zum Training sprachbehinderter Kinder. Während die Versuche mit Rollenspielen fehlschlugen, weil sich die Kinder vor sprachlichen Äußerungen drückten, lösten sie bereitwillig Aufgaben im Regelspiel, wenn sie durch Würfeln auf einen Platz gerieten, der solche Aufgaben zum Weiterrücken verlangte. Dieses erstaunliche Phänomen hängt mit dem Spielrahmen zusammen, dessen Regeln gewissermaßen absolut gelten und befolgt werden müssen.

Die große Flexibilität im Spiel, das Springen von einer Handlung zu einer ganz anderen erfordert von der Therapeutin eine permanente Anpassung an die jeweilige Situation, ohne dass sie aber die Ziele und Aufgabenstellungen aus dem Auge verlieren darf.

Die bisherigen allgemeinen spieltherapeutischen Überlegungen führen von selbst zu der Notwendigkeit, Spieltherapie vorzugsweise im häuslichen Rahmen der Familie und mit den Familienmitgliedern als „Therapeuten" zu gestalten. Wenn sie gemeinsam spielen lernen und sich im Spiel ausdrücken können, sind sie bestens in der Lage, sich selbst zu helfen. Dabei darf man allerdings nicht unterschätzen, dass es ein langer Weg bis hin zu dieser Kompetenz sein kann. Die Nutzung dieser systemischen Perspektive beinhaltet auch, dass das auffällige Kind, auf das sich die Therapie zunächst richtet, selbst zum „Therapeuten" werden kann, indem es seine Probleme ausdrückt und im Spiel Lösungswege zu ihrer Bewältigung aufzeigt. Dieser Aspekt findet sich in den bisher bekannten Spieltherapien allerdings nicht, wohl aber in den meisten systemischen Familientherapien (s. z. B. Petzold, in diesem Band).

15.7.3 Nutzung verfügbare Kompetenzen bei der Spieltherapie

Eine weitverbreitete Ansicht bei der Spieltherapie bezieht sich auf die Unentbehrlichkeit des Therapeuten. Spielbeobachtungen zeigen jedoch, dass Kinder ohne fremde Hilfe die „heilenden Kräfte" im Spiel nutzen. Zulliger, der diesen Ausdruck in seinem gleichnamigen Buch verwendet, zeigt an einer Fülle von Beispielen die therapeutische Wirkung des Spiels, ohne dass Erwachsene beteiligt wären (Zulliger, 1970). Die eigentlich spieltherapeutische Kompetenz liegt beim Kind selbst. Dies ist auch der Grund, weshalb die non-direktive Methode so stark propagiert wird. Man muss sich allerdings vor Augen führen, dass Spiel im natürlichen Kontext in Interaktion mit Partnern stattfindet. Zulligers Beobachtungen und unsere eigenen Aufnahmen mit Kindern belegen die wechselseitige Förderung auf der ZNE (Oerter, 1999). Im Solitärspiel werden latent Interaktionen aufgearbeitet, denn das Kind hat ja fiktive Partner, mit denen es agiert. Die entwicklungsfördernde Funktion des Spiels hat Wygotski in den Rahmen seines Konzeptes der Zone nächster Entwicklung gestellt.

Neben und vor der Therapeutin gibt es zwei Gruppen von Partnern, die Spielintervention und -therapie begünstigen. Es sind dies die Kinder gleichen Alters bzw. mit einem Altersvorsprung und die Eltern oder andere Erwachsenenpersonen aus dem Umfeld des Kindes. Kinder als Partner haben eine Reihe von Vorzügen: sie sind gleichberechtigt, haben ähnliche Anliegen und können wegen der gleichen Entwicklungslage auch bessere Lehrer sein. Sie fördern, wie die Spielforschung zeigt, ihre Geschwister stärker bezüglich des Einbeziehens in Rollenspiele und bewirken ein früheres Auftreten des Verständnisses vom falschen Glauben (Griffin, 1984; Perner, 1991). Zudem besitzen Interaktionen zwischen ungefähr Gleichaltrigen größere ökologische Validität. Letzteres gilt auch für Eltern und andere Bezugspersonen als Interaktionspartner im Spiel. Eltern besitzen eine naive Didaktik (Papousek & Papousek, 1987), die unter anderem auch eine optimale Förderung auf der Zone nächster Entwicklung gewährleistet. Immer dann allerdings, wenn Eltern aus welchen Gründen auch immer diese natürliche Geschicklichkeit verloren haben, bedarf es einer interventiven Unterstützung. Als Regel gilt, wie schon gesagt, dass man Spieltherapie und -intervention nach Möglichkeit außerhalb des Therapeutenzimmers im natürlichen Umfeld, vor allem im Rahmen der Familie betreiben sollte.

Wann aber sollte der Therapeut tätig werden? Allgemein immer dann, wenn der GG im natürlichen Umfeld nicht mehr herstellbar ist. Eltern kommen ja erst dann zum Therapeuten, wenn sie sich keinen Rat mehr wissen, d. h. wenn ihr Kind so auffällig geworden ist, dass den Eltern zusätzliche Hilfe geboten scheint. Aber auch hier gilt die Regel: Hilfe zur Selbsthilfe. Spieltherapie kann dabei im Kontext familientherapeutischer Maßnahmen einen wichtigen Baustein darstellen. Wenn Eltern (wieder) lernen, mit ihrem Kind zu spielen und sie dann selbst eine Art Therapie durchführen können, ist dies viel besser als die von ihnen getrennte Spieltherapie durch den Fachmann/die Fachfrau.

Bei schwereren Beeinträchtigungen allerdings ist die Herauslösung des Kindes aus dem Familienverband auch ökologisch eine Notwendigkeit. Denn erst in einem anderen Setting mit einem neuen Interaktionsfeld kann das Kind seine Probleme ausdrücken. Sobald aber diagnostisch und interventiv Fortschritte erzielt worden sind, sollten andere Spielpartner miteinbezogen werden.

15.8 Spieltherapien im Überblick

Die meisten Spieltherapien diagnostizieren und intervenieren auf der Tätigkeitsebene bzw. der Ebene des übergeordneten Gegenstandsbezugs. Ein wichtiger Vorläufer für diese Formen der Spieltherapie ist die non-direktive Methode von Axline (1947). Ihre spieltherapeutischen Prinzipien lauten in der von Landreth (1991) revidierten Fassung:

1) Die Therapeutin ist authentisch in ihrem Interesse am Kind und entwickelt eine warme, fürsorglich Beziehung zu ihm.
2) Die Therapeutin übt sich in bewertungsfreier Akzeptanz des Kind und möchte nicht, dass das Kind in irgendeiner Weise anders als andere Kinder ist.

3) Die Therapeutin erzeugt ein Gefühl der Sicherheit und Permissivität in ihrer Beziehung, so dass sich das Kind frei fühlt, zu explorieren und sich auszudrücken.
4) Die Therapeutin ist immer sensitiv gegenüber den Gefühlen des Kindes und spiegelt wohlwollend diese Gefühle in eine Weise wider, dass das Kind ein Verständnis seiner selbst entwickelt.
5) Die Therapeutin glaubt felsenfest an das Vermögen des Kindes, verantwortlich zu handeln, erkennt uneingeschränkt die Fähigkeit des Kindes an, persönliche Probleme zu lösen und ermöglicht dem Kind, entsprechend zu handeln.
6) Die Therapeutin vertraut auf die innere Führung des Kindes, erlaubt dem Kind, in alle Bereiche der Beziehung zu leiten und widersteht jedem Drang, das Spiel oder Gespräch des Kindes zu dirigieren.
7) Die Therapeutin ist sich der graduellen Natur des therapeutischen Prozesses bewusst und versucht nicht, diesen Prozess zu beschleunigen.
8) Die Therapeutin setzt nur solche therapeutischen Grenzen, die dem Kind helfen, persönliche und angemessene Verantwortung in der Beziehung aufzunehmen.

Kernstück der Axlineschen Spieltherapie ist die non-direktive, permissive, vorurteilsfreie und warme fürsorgliche Beziehung zwischen Therapeutin und Kind. Zusammen mit dem personzentrierten non-direktiven Therapie-Ansatz von Rogers (1951), dessen Schülerin Axline war, bilden diese Gedanken den Ausgangspunkt für viele spieltherapeutische Bemühungen in der Praxis. In Deutschland wird dieser Ansatz unter anderem von Schmidtchen (1999) vertreten.

Obwohl Spieltherapie in der Praxis meist nicht einem einzigen therapeutischen Ansatz folgt, sondern viele Ansätze zu vereinigen sucht, und obwohl eine theoretische Basis oft nicht vorliegt, existieren gegenwärtig eine Reihe von Spieltherapien, die ihre Theorie und ihre Vorgehensweise explizit und systematisch ausgewiesen haben. Im Folgenden sollen die wichtigsten Spieltherapien, die diesem Anspruch genügen, aufgezählt werden.

- Kindzentrierte Spieltherapie: Axline (1947), Landreth (1991), Landreth und Sweeney (1997);
- Psychoanalytische Spieltherapie: Anna Freud (1965), Lee (1997);
- Kognitive-behaviorale Spieltherapie: Knell (1997), Beck (1979), Beck und Emery (1985);
- Jungsche Spieltherapie: Jung (1947), Allan (1997);
- Filiale Therapie: Rogers (1951), Andronico et al., 1967), Guerney (1997);
- Entwicklungsorientierte Spieltherapie: Des Lauriers (1962), Brody (1997);
- Gestalt-Spieltherapie: Perls, Hefferline und Goodman (1951), Wheeler (1994), Carroll und Oaklander (1997);
- Theraplay (therapeutisches Spiel): Des Lauriers (1962), Jernberg (1993), Koller und Booth (1997);
- Ökosystemische Spieltherapie: O'Conner und Schaefer (1994), O'Conner (1997);
- Ericksonsche Spieltherapie: Erickson & Rossi (1976/1980), Marvasti (1997);
- Adlersche Spieltherapie: Adler (1974, original erschienen 1913), Kottman (1995, 1997);
- Dynamische Familien-Spieltherapie: Harvey (1990, 1997);
- Strategische Familien-Spieltherapie: Ariel (1994, 1997).

Fünf dieser Spieltherapien, nämlich diejenigen, die planvoll und systemisch die Familie in die Therapie miteinbeziehen, sollen im Folgenden etwas genauer dargestellt werden.

15.9 Familienbezogene Spieltherapien

15.9.1 Filiale Therapie

Wie viele anderen Spieltherapien, beruft sich die filiale (von den Eltern auf die Kinder bezogene) Therapie auf Rogers (1951) und Axline (1947). Guerney (1997) sieht die Hauptaufgabe der filialen Therapie (FT) darin, die non-direktive klientenzentrierte Spieltherapie den Eltern zu vermitteln und diese selbst als Therapeuten bzw. Agenten den eigenen Kindern gegenüber tätig werden zu lassen. Sie nennt sieben Trainingsanweisungen, die die Eltern schrittweise zu kompetenten Spielpartnern im Sinne der non-direktiven klientenzentrierten Methode machen sollen. Daher nennt sie die FT auch einen psycho-pädagogischen Ansatz.

15.9.2 Theraplay (therapeutisches Spiel)

Diese von Jernberg (1993) sowie Koller und Booth (1997) entwickelte Spieltherapie zielt vor allem auf die Behandlung von Störungen im Bindungsverhalten (sowohl attachment als auch bonding). Dimensionen des Theraplay-Verfahrens sind Struktur (die im Bindungsverhalten vom Erwachsenen durch die Gewähr von Sicherheit vermittelt wird), Herausforderung (Anregung zur Bewältigung altersangemessener Aufgaben), Störung/Engagement (Einführung unerwarteter, lustvoller Interaktionsspiele) und Hegen und Pflegen (beruhigen, Unsicherheit abbauen, emotionale Bedürfnisse stillen).

Theraplay versucht, den Zyklus der für ein sicheres Bindungsverhalten nötigen Interaktionen erneut durchlaufen zu lassen und in Form der Regression die einzelnen Stufen der Entwicklung des Bindungsverhaltens zu wiederholen.

15.9.3 Dynamische Familien-Spieltherapie

Diese Therapie versucht, die kreativen expressiven Kräfte bei allen Familienmitgliedern durch gestaltendes Spiel anzuregen (Harvey, 1997). Daher handelt es sich um einen kunsttherapeutischen Ansatz im weiteren Sinne des Wortes. Die Therapeutin regt die Familienmitglieder zu verschiedenen kreativen Spielformen an, wie Malen und Zeichnen, Theaterspiel, Bewegungsspiele und die Herstellung von Videos.

Die Therapie will den Familien helfen, einen wechselseitigen, kreativen und spielerischen Ausdruck zu entwickeln und Episoden einzuführen und sukzessive zu verlängern, in denen auf natürliche Weise gespielt wird. Die Beteiligten sollen dabei allmählich in die Lage versetzt werden, bewusst Symbole zu kreieren, die ihre emotionalen Belastungen ausdrücken. Je mehr sich die Beteiligten spontan im Spiel engagieren können, desto mehr erhält es kathartische Funktion. Dabei können belastende Szenen aus der Vergangenheit in ritualisierter Form nachgespielt und einer Lösung zugeführt werden, wie etwa der Abschied von der „alten Familie" nach der Scheidung der Eltern.

15.9.4 Strategische Familien-Spieltherapie (SFT)

Auch hier werden alle Familienmitglieder einschließlich des Therapeuten in eine freies Spiel geführt, das aber vorwiegend ein Phantasiespiel, ein Als-ob-Spiel ist. SFT fußt auf der Familiensystemtheorie und -therapie im Allgemeinen und auf eine strukturelle, strategische, symbolisch erfahrbare und narrative Familientherapie im besonderen (Ariel, 1997, S. 368). Das Als-ob-Spiel dieser Therapie wird definiert durch die Merkmale „Realifikation" (eine eingebildete Situation so behandeln, als sei sie wirklich), „Identication" (die „verwirklichte" Situation verbal beschreiben oder ein Element der Wirklichkeit außerhalb des Spiels in die Spielrealität transformieren) und „Playfulness" (Zurücknahme der Ernsthaftigkeit von Realification und Identication in dem Bewusstsein, das alles sei Spaß und Spiel).

An den Spielsitzungen können und sollen Familienmitglieder in unterschiedlicher Zusammensetzung teilnehmen. Die Spieltherapie entführt sie in eine fremde Welt, die zugleich wegen ihrer Parallelen zur Wirklichkeit vertraut ist. Die Strategie der Gesamttherapie richtet sich nach den Zielen, die wiederum in Teilziele aufgeschlüsselt werden und die Hauptziele auf dem Weg kleiner Veränderungen erreichbar machen. Für die Erreichung der Teilziele werden „Taktiken" eingesetzt.

15.9.5 Ökosystemische Spieltherapie

Diese von O'Conner und Schaefer (1994) formulierte Spieltheorie greift auf biologische, kinderpsychotherapeutische und entwicklungspsychologische Konzepte zurück. O'Conner (1997) definiert Ökosystem als einen „Komplex von Lebensgemeinschaft und Umwelt, die in der Natur ein funktionales Ganzes bilden" (S. 235). Abbildung 3 präsentiert Aspekte des ökosystemischen Modells. Je nach Situation kommen unterschiedliche Teile des Systems zum Tragen. Der Vorteil dieses Ansatzes liegt darin, dass er über die individuelle psychologische Befindlichkeit und Problematik hinausgeht und die Wirkung höhere Systemeinheiten berücksichtigt. Damit trägt er der bereits von Bronfenbrenner (1979) entwickelten ökologischen Theorie Rechnung.

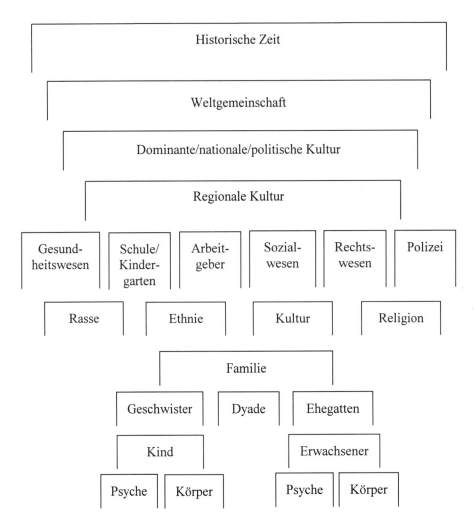

Abbildung 3: Ein ökosystemisches Modell (nach O'Conner, 1997, p. 236).

Neben der „ökosystemischen Weltsicht" nutzt der Ansatz das Konzept der basalen Triebe als biologische Basis, den Begriff der Psychopathologie als Unfähigkeit, die eigenen Bedürfnis und Wünsche angemessen zu erfüllen, und das Konzept der Heilung im Sinne der Erreichung normaler Entwicklungsfortschritte und Interventionsstrategien, die sich nicht auf eine bestimmte Interventionsform beschränken, sondern eine Vielfalt von Interventionsmöglichkeiten nutzen.

Infolge des hohen Anspruches und der Berücksichtigung hoher Komplexität werden Werkblätter für die einzelnen Komponenten eines Ökosystems erarbeitet. Das Spiel als therapeutischer Weg hat dabei vier Hauptfunktionen (O'Conner, 1997, p. 243):

1) Biologische Funktion: Spiel schafft ein Medium, durch welches Kinder basale Fertigkeiten lernen, kinästhetisch stimuliert werden und sich entspannen können.
2) Intrapersonale Funktion: Spiel gewährt Befriedigung der Funktionslust und fördert die Fähigkeit, Situationen und Konflikte zu meistern.
3) Interpersonale Funktion: Spiel dient als Medium für das Training von Trennung/Individuation und zum Erwerb sozialer Fertigkeiten.
4) Soziokulturelle Funktion: Spiel ermöglicht den Kindern, attraktive Erwachsenenrollen zu imitieren.

Obwohl der Ansatz sehr umfassend ist und im Grunde genommen alle bisherigen Vorschläge zur Spieltherapie integriert, scheint er doch vorwiegend auf die Autonomie und Individuation der Betroffenen und weniger auf Bezogenheit und soziale Einbettung gerichtet zu sein.

15.10 Schlussbemerkung

Unsere Überlegungen, die sich aus einem handlungstheoretischen Rahmen, aber auch einer Reihe familienzentrierter Spieltherapien herleiten, führen zu Umakzentuierungen in der Spieltherapie. Die Therapeutin als kompetente Partnerin sollte, wann immer möglich, durch Gleichaltrige und Eltern bzw. andere Erwachsene im Umfeld des Kindes ersetzt werden. Erst wenn Intervention im natürlich Umfeld, und das heißt in erster Linie innerhalb der Familie, versagt oder nicht möglich ist, sollte Therapie räumlich und personell getrennt von den natürlichen Interaktionspartnern erfolgen.

Spieltherapie und -interventionen kann als Baustein und als Prinzip genutzt werden. Als *Baustein* fügt sie sich in andere Maßnahmen stützend ein, z. B. in die Familientherapie, in Maßnahmen zur Beseitigung von Schulproblemen oder bei der Bewältigung von kritischen Lebenssituationen, wie Operation und Krankenhausaufenthalt. Als *Prinzip* dient Spiel der allgemeinen mentalen Hygiene. Kinder, die Gelegenheit zum Spiel haben, können ihre Schwierigkeiten oft allein oder in der normalen Spielaktivität mit andern meistern. Hier geht es darum, Kindern, die unter besonders ungünstigen Bedingungen leben, Spielhandlungen regelmäßig zu ermöglichen.

Schließlich ist das Als-ob-Spiel therapeutische insofern besonders wirksam, als es Alternativen angesichts einer ausweglosen Situation zu entwickeln erlaubt, Wünschen und Bedürfnisse unmittelbar, wenn auch illusionär, befriedigt und tabuisierte Handlungen risikofrei ermöglicht.

Spiel kann allerdings auch Realitätsflucht bedeuten, vor allen Dingen dann, wenn der Wechsel vom Spiel in die soziale Realität nicht mehr gelingt und wenn die Unterscheidung von Spiel und Ernst nicht klar getroffen werden kann. Dies gilt auch im System Familie, die das Spiel als illusionären Ausweg aus realen Problemen wählen kann. Daher ist eine wichtige Aufgabe des Therapeuten bzw. der kompetenten Spielpartner, den Wechsel zwischen den Realitäten zu üben oder zumindest sicher zu stellen. Dies ist angesichts des hohen Fernsehkonsums und der wachsenden Beliebtheit des Umgangs mit Computerspielen wichtiger als jemals zuvor.

Literatur

Adler, A. (1974). *Praxis und Theorie der Individualpsychologie.* Frankfurt / Main: Fischer Taschenbuch.

Allan J. (1997). Jungian play therapy. In K. J. O'Connor & L. M. Braverman (Eds.), *Play therapy. Theory and practice. A comparative presentation* (2nd ed., pp. 100-130). New York: Wiley.

Andronico, M. P., Fidler, J., Guerney, B. C., & Guerney, L. (1967). The combination of didactic and dynamic elements in Filial therapy. International *Journal of Group Psychotherapy, 17,* 10-17.

Apter, M. J. (1982). *The experience of motivation: The theory of psychological reversals.* New York: Academic Press.

Ariel, S. (1997). Strategic family play therapy. In K. J. O'Connor & L. M. Braverman (Eds.), *Play therapy. Theory and practice. A comparative presentation* (2nd ed., pp. 368-396) New York: Wiley.

Axline, V. M. (1947). *Play therapy.* Boston: Ballentine Books.

Bateson, G. (1955). A theory of play and fantasy. *Psychiatric Research Reports, 2,* 39-51.

Beck, A. (1979). *Kognitive Therapie der Depression.* Weinheim: Psychologie Verlags Union.

Beck, A. T. & Emery, G. (1985). *Anxiety disorders and phobias: A cognitive perspective.* New York: Basic Books.

Brody, V. A. (1997). Developmental play therapy. In K. J. O'Connor & L. M. Braverman (Eds.), *Play therapy. Theory and practice. A comparative presentation* (2nd ed., pp. 160-183) New York: Wiley.

Bühler, K. (1918). *Die geistige Entwicklung des Kindes.* Jena: Fischer.

Carroll, F. & Oaklander, V. (1997). Gestalt play therapy. In K. J. O'Connor & L. M. Braverman (Eds.), *Play therapy. Theory and practice. A comparative presentation* (2nd ed., pp. 184-203). New York: Wiley.

Csikszentmihalyi, M. (1985). *Das Flow-Erlebnis.* Stuttgart: Klett-Cotta.

De Lauriers, A. (1962). *The experience of reality in childhood schizophrenia.* Madison, CT: International Universities Press.

Eifermann, R. R. (1971). Social play in childhood. In R. E. Herron & B. Sutton-Smith (Eds.), *Child's play* (pp. 270-297). New York: Wiley.

Elkonin, D. (1980). *Psychologie des Spiels.* Köln: Pahl-Rugenstein.

Erickson, M. H. & Rossi, E. (1976/1980). Two-level communication and the microdynamics of trance and suggestion. In E. Rossi (Ed.), *The collected papers of Milton H. Erickson on hypnosis. Vol.1. The nature of hypnosis and suggestion* (pp. 430-451). New York: Irvington.

Fein, G. G. (1981). Pretend play in childhood: An integrative review. *Child Development, 52,* 1095-1118.

Freud, A. (1965). *Normality and pathology in childhood: Assessment of development.* New York: International Universities Press.

Griffin, H. (1984). The coordination of meaning in the creation of a shared make-believe reality. In I. Bretherton (Ed.), *Symbolic play* (pp. 73-100). London: Academic Press.

Guerney, L. (1997). Filial therapy. In K. J. O'Connor & L. M. Braverman (Eds.), *Play therapy. Theory and practice. A comparative presentation* (2nd ed., pp. 131-159). New York: Wiley.

Harvey, S. (1997). Dynamic family play therapy: A creative arts approach. In K. J. O'Connor & L. M. Braverman (Eds.), *Play therapy. Theory and practice. A comparative presentation* (2nd ed., pp. 341-367). New York: Wiley.

Harvey, S. A. (1990). Dynamic play therapy: An integrated expressive arts approach to the family therapy of young children. *The Arts in Psychotherapy, 17*, 239-246.
Heckhausen, H. (1963/1964). Entwurf einer Psychologie des Spielens. *Psychologische Forschung, 27,* 225-243.
Hoppe-Graff, S. & Engel, I. (1996). Eine Forschungsstrategie zur empirischen Prüfung der sozialen Konstruktionsannahme in der Entwicklungspsychologie. In J. Lompscher (Hrsg.), *Entwicklung und Lernen aus kulturhistorischer Sicht – Was sagt uns Wygotski heute, Internationale Studien zur Tätigkeitstheorie Band 4/2* (S. 286-306). Marburg: BdWi-Verlag.
Howes, C. & Matheson, C. C. (1992). Sequences in the development of competent play with peers: Social and social pretend play. *Developmental Psychology, 28*, 961-974.
Hutt, C. (1966). Exploration and play in children. In P. A. Jewell & C. Loizos (Eds.), *Play, exploration, and territory in mannals* (pp. 61-79). London.
Inhelder, B., Lezine, I., Sinclair, H. & Stambak, M. (1972). Les debouts de la fonction symbolique. *Archives de Psychologie, 41,* 187-243.
Jernberg, A. (1993). Attachment formation. In C. E. Schaefer (Ed.), *The therapeutic powers of play* (pp. 241-265). Northvale, NJ: Jason Aronson Inc.
Jung, C. G. (1947). *Über psychische Energetik und das Wesen der Träume.* Zürich: Rascher.
Kegan, R. (1986). *Die Entwicklungsstufen des Selbst.* München: Kindt.
Kernberg, O. F. (1981). *Objektbeziehungen und Praxis der Psychoanalyse.* Stuttgart: Klett-Cotta.
Knell, S. M. (1997). Cognitive behavioral play therapy. In K. J. O'Connor & L. M. Braverman (Eds.), *Play therapy. Theory and practice. A comparative presentation* (2nd ed., pp. 79-99). New York: Wiley.
Koller, T. J. and Booth, P. (1997). Fostering attachment through theraplay. In K. J. O'Connor & L. M. Braverman (Eds.), *Play therapy. Theory and practice. A comparative presentation* (2nd ed., pp. 204-233). New York: Wiley.
Kottman, T. (1995). *Partners in play: An Adlerian approach to play therapy.* Alexandria, VA: American Counseling Association.
Kottman, T. (1997). Adlerian play therapy. In K. J. O'Connor & L. M. Braverman (Eds.), *Play therapy. Theory and practice. A comparative presentation* (2nd ed., pp. 310-340). New York: Wiley.
Lahey, L., Souvaine, E., Kegan, R. et al. (1988). *A Guide to the Subject-Object-Interview.* Cambridge, MA.: Harvard Graduate School of Education, Laboratory of Human Development.
Landreth, G. (1991). *Play therapy: The art of relationship.* Muncie: Accelerated Development Press.
Landreth, G. L. & Sweeney, D. S. (1997). Child-centered play therapy. In K. J. O'Connor & L. M. Braverman (Eds.), *Play therapy. Theory and practice. A comparative presentation* (2nd ed., pp. 17-45). New York: Wiley.
Lee, A. C. (1997). Psychoanalytic play therapy. In K. J. O'Connor & L. M. Braverman (Eds.), *Play therapy. Theory and practice. A comparative presentation* (2nd ed., pp. 46-78). New York: Wiley.
Leontjew, A. N. (1977). *Tätigkeit, Bewußtsein, Persönlichkeit.* Stuttgart: Klett-Cotta.
Loevinger, J. (1976). *Ego development: Conceptions and theories.* San Francisco: Jossey-Bass.
Mahler, M., Pine, F. & Bergman, A. (1978). *Die psychische Geburt des Menschen.* Frankfurt / Main: Fischer.

Marvasti, J. A. (1997). Ericksonian play therapy. In K. J. O'Connor & L. M. Braverman (Eds.), *Play therapy. Theory and practice. A comparative presentation* (2nd ed., pp. 285-309). New York: Wiley.
Meyer, G. & Bachmann, M. (1993). Glücks*spiel. Wenn der Traum vom Glück zum Alptraum wird*. Berlin: Springer.
Morrison, H. & Kuhn, D. (1983). Cognitive aspects of preschoolers' peer imitation in a play situation. *Child Development, 54*, 1054-1063.
Nelson, K. & Seidman, S. (1984). Playing with scripts. In I. Bretherton (Ed.), *Symbolic play* (pp. 45-71). London: Academic Press, Inc.
Noam, G. (1986). Stufe, Phase und Stil: Die Entwicklungsdynamik des Selbst. In F. Oser, R. Fatke & O. Höffe (Hrsg.), *Transformation und Entwicklung* (S. 151-191). Frankfurt / Main: Suhrkamp.
O'Conner, K. J. (1997). Ecosystemic play therapy. In O'Connor, K. J. & Braverman, L. M. (Hrsg.), *Play therapy. Theory and practice. A comparative presentation* (pp. 234-284). New York: John Wiley and Sons, Inc.
O'Connor, K. J. & Braverman, L. M. (Eds.). (1997). *Play therapy. Theory and practice. A comparative presentation*. New York: Wiley.
O'Conner, K. J. & Schaefer, C. (1994). *The handbook of play therapy Vol. II: Advances and innovations*. New York: Wiley.
Oerter, R. (1999). *Psychologie des Spiels*. Weinheim: Beltz.
Papoušek, H. & Papoušek, M. (1987). Intuitive parenting: A dialectic counterpart to the infant's integrative competence. In J. D. Osofsky (Ed.), *Handbook of infant development* (pp. 669-720). New York: Wiley.
Papousek, M. (1991). *Vorsprachliche Kommunikation zwischen Mutter und Kind als Wegbereiter der Sprachenwicklung*. Habilitationsschrift, Universität München.
Pellegrini, A. D. & Galda, L. (1991). Spiel, Sprache und frühe Kompetenz im Lesen und Schreiben. *Unterrichtswissenschaft, 3* (18), 269-281.
Perls, F., Hefferline, R. & Goodman, P. (1951). *Gestalt therapy*. New York: The Gestalt Journal Press.
Perner, J. (1991). *Understanding the representation of mind*. Harvard, Mass.: MIT Press.
Perner, J., Ruffman, T. & Leekman, S. (1994). Theory of mind is contagious: You catch it from your sibs. *Child Development, 65*, 1228-1238.
Petry, J. (1996). *Psychotherapie der Glückspielsucht*. Weinheim: Psychologie Verlags Union.
Piaget, J. (1936). *La naissance de l'intelligence chez l'enfant*. Neuchatel: Delachaux et Nestlé.
Piaget, J. (1969). *Nachahmung, Spiel und Traum*. Stuttgart: Klett.
Piaget, J. (1973). *Einführung in die genetische Erkenntnistheorie*. Frankfurt: Suhrkamp.
Plahl, C. (2000). *Entwicklung fördern durch Musik. Evaluation musiktherapeutischer Behandlung*. Münster: Waxmann.
Popper, K. R. (1973). *Objektive Erkenntnis. Ein evolutionärer Entwurf*. Hamburg: Hoffmann & Campe.
Rauh, H. (1992). Entwicklungsverläufe bei Kleinkindern mit Down-Syndrom. In J. W. Dudenhausen (Hrsg.), *Down-Syndrom: Früherkennung und therapeutische Hilfen* (S. 93-108). Frankfurt / Main: Umwelt & Medizin Verlagsgesellschaft.
Rheinberg, F. (1989). *Zweck und Tätigkeit. Motivationspsychologische Analysen zur Handlungsveranlassung*. Göttingen: Hogrefe.
Rheinberg, F. (1991). Flow-Erleben beim Motorradfahren: Eine Erkundungsstudie zu einem besonderen Funktionszustand. Deutsche Fassung von: Flow-experience when motorcycling: A study of a special human condition. In R. Brendicke (Ed.), *Proceedings of the*

1991 International Motorcycle Conference (pp. 349-362). Bochum: Institut für Zweiradsicherheit.

Rogers, C. R. (1951). *Client centered therapy.* Boston: Houghton Mifflin Company.

Rubin, K. H., Watson, K. S. & Jambor, T. W. (1978). Free-play behaviors in preschool and kindergarten children. *Child Development, 49,* 534-536.

Schaefer, C. E. (1993). *The therapeutic power of play.* New Jersey: Jason Aronson.

Schmidtchen, S. (1999). *Klientenzentrierte Spiel- und Familientherapie.* Weinheim: Beltz Taschenbuch.

Schumacher, K. (1994). *Musiktherapie mit autistischen Kindern. Musik-, Bewegungs- und Sprachspiele zur Integration gestörter Sinneswahrnehmung.* Stuttgart: Gustav Fischer.

Sutton-Smith, B. & Kelly-Byrne, D. (1984). The phenomenon of bipolarity in play theories. In T. D. Yawkey & Pellegrini, A. D. (Eds.), *Child's play: Developmental and applied* (pp. 29-48). Hillsdale, New Jersey: Lawrence Erlbaum.

Sutton-Smith, B., Roberts, J. M. & Kozelka, R. M. (1963). Game involvement in adults. The *Journal of Social Psychology, 60,* 15-30.

Wälder, R. (1933). The psychoanalytic theory of play. Psychoanalytic *Quarterly, 2,* 208-224.

Wheeler, G. (1994). Compulsion and curiosity – A Gestalt approach to OCD. *Gestalt Review, 4,* 1-8.

Wildegger-Lack, E. (1991). *Schriftsprachtherapie.* Germering: Wildegger.

Winnicott, D. W. (1973). *Vom Spiel zur Kreativität.* Stuttgart: Klett.

Wygotski, L. S. (1987). *Ausgewählte Schriften. Arbeiten zur psychologischen Entwicklung der Persönlichkeit* (Bd. 2). Berlin: Vok und Wissen.

Wygotski, L. S. (1966). Play and its role in the psychological development of the child. *Voprosy psikhologii, 12,* 62-76.

Zulliger, H. (1970). *Heilende Kräfte im kindlichen Spiel.* Frankfurt / Main: Fischer.

16. Kapitel:
Kommunikationskompetenz in Partnerschaft und Familie

Joachim Engl und Franz Thurmaier

16.1 Einführung

In allen Umfragen zur Lebenszufriedenheit treten sowohl Liebe und Partnerschaft als auch Familie als zentrale Faktoren des Wohlbefindens der Bevölkerung hervor (Köcher, 1993; Schneewind 1993) und stellen somit eine der wichtigsten Quellen für Lebensfreude und psychische Stabilität dar.

Allerdings enden die Hoffnungen auf ewige Liebe und ein dauerhaft tragfähiges Miteinander nur allzu oft in Unzufriedenheit mit der Zweierbeziehung, wenn die Diskrepanz zwischen den Erwartungen an eine glückliche Partnerschaft und deren tatsächlicher Verwirklichung den Betroffenen gravierend erscheint.

Hinzu kommt, dass Paare in mehrjähriger Beziehung mit vielen, teils krisenhaft erlebten Schwellensituationen konfrontiert werden, wie der Geburt des ersten Kindes, beruflicher und finanzieller Absicherung, Veränderungen bezüglich der Partner- und Elternrollen und weitreichenden Anforderungen an Erziehung und Familiengestaltung. Stehen für diese vielfältigen Aufgaben keine angemessenen Bewältigungs- und Problemlösefertigkeiten zur Verfügung, kann dies zu schweren gegenseitigen Enttäuschungen und Verletzungen und in Folge zu einem Motivationsverlust gegenüber der Partnerschaft bis hin zu ihrer Zerrüttung führen (Schneewind, 1991).

Mittlerweile wird in Deutschland jede dritte Ehe geschieden. Die Scheidungsraten steigen dabei fast jährlich an, besonders in den Großstädten und deren Umgebung. Das führt dann dazu, dass die Ehe nur allzu schnell tot geschrieben wird. „Ehe lebenslang – ein Auslaufmodell" (Münchner Abendzeitung, 27.5.2001) so oder ähnlich titelt die Presse immer wieder, wenn die neuesten Scheidungsstatistiken veröffentlicht werden. Trotz aller Unkenrufe und der Propagierung der seriellen Monogamie als Modell der Zukunft: Noch gibt es deutlich mehr Ehen, die halten, als Scheidungen.

16.2 Problembereiche und Prädiktoren familiärer Zufriedenheit

Familiäre Konflikte, Trennungen und Scheidungen haben Besorgnis erregende Konsequenzen für die psychische und physische Gesundheit der Partner und deren Kinder und gehen mit einer langen Reihe von gesellschaftlich sehr ernst zu nehmenden Begleiterscheinungen und Störungen einher. Einige wenige Beispiele sollen dies demonstrieren:

- In unzufriedenen Beziehungen weisen Frauen und Männer ein höheres Risiko für psychiatrische Störungen auf (Halford & Bouma, 1997).
- Beziehungsstörungen erhöhen das Risiko für Angststörungen: Phobie, Panikstörung, generalisierte Angststörung (McLeod, 1994); Agoraphobie, generalisierte Angststörung (Halford & Bouma, 1997).
- Geschiedene und getrennt lebende Partner[10] weisen in epidemiologischen Studien eine schlechtere körperliche Gesundheit auf als vergleichbare verheiratete, verwitwete oder unverheiratete Personen (Schmaling & Sher, 1997).
- Unzufriedenere Partner verfügen über eine schlechtere Immunfunktion (Burman & Margolin, 1992; Schmaling & Sher, 1997).
- Niedrige Ehequalität der Eltern ist mit bedeutsamen gegenwärtigen und zukünftigen Anpassungsproblemen der Kinder verbunden (Sanders, Nicholson & Floyd, 1997).
- Kinder unglücklich verheirateter Eltern zeigen eine größere physiologische Reaktivität ihrer Herzrate und produzieren größere Mengen an Stresshormonen (Gottman, 1994).
- Kinder aus Scheidungsfamilien zeigen höhere Raten an Verhaltensstörungen wie schulischen Problemen, Disziplin-Problemen, Beziehungsproblemen mit Gleichaltrigen und eine schlechtere physiologische Gesundheit (Bossong, 1995; Sanders, Nicholson & Floyd, 1997; van Widenfelt, 1995).

Hahlweg (1995) und Kaiser (1998) geben einen guten Überblick zu dieser Thematik.

In zahlreichen wissenschaftlichen Studien wurde seit Jahrzehnten der Frage nachgegangen, welche Faktoren am ehesten eine hohe eheliche Qualität und Stabilität bewirken können. Drei wesentliche Aspekte standen dabei immer wieder im Vordergrund:

1) Sozioökonomische Verhältnisse wie Arbeits- und Wohnungssituation, Beruf und Einkommen;
2) Persönlichkeitsvariablen wie Temperament, Gewohnheiten, Interessen;
3) Beziehungsfaktoren, wie z. B. Gesprächsverhalten, Problemlösungsfertigkeiten, Austausch von Zärtlichkeit, gegenseitige Wertschätzung.

Insgesamt zeigte sich, dass alle drei Aspekte wichtige Einflussgrößen sind. Die Studien, in denen gezielt die Kommunikation der Ehepartner untersucht wurde, ergaben jedoch die klarsten Ergebnisse. Aus den Befunden wird deutlich, dass den Beziehungsvariablen – und hier wiederum dem Kommunikations- und Problemlöseverhalten der Partner – als Prädiktoren von Ehezufriedenheit die größte Bedeutung zukommt (Gottman, 1994; Gottman & Krokoff, 1989; Gottman & Levenson, 1999, Markman & Hahlweg, 1993).

---

[10] Zugunsten der Lesbarkeit wurde im Text für Personenbezeichnungen wie z. B. „Partner" oder „Trainer" größtenteils nur die herkömmliche männliche Sprachform verwendet. Selbstverständlich sind damit Personen beiderlei Geschlechts gemeint.

Große, gegenseitige Attraktion und Zuneigung zu Beginn einer Beziehung reichen folglich nicht aus. Das für die Gegenwart charakteristische Ideal der gleichberechtigten, partnerschaftlichen Liebe erfordert in einer sich schneller verändernden und komplexer werdenden Welt Flexibilität und Kompromissbereitschaft, um immer wieder einen Konsens zu finden und eine tragfähige Beziehungsrealität auszuhandeln. Dies schließt emotionale Involviertheit, Autonomie und Nähe ein (Jacobson & Addis; 1993; Weber & Stierlin, 1989). Gleichzeitig werden die Anforderungen an Kommunikationskompetenzen in Partnerschaft und Familie größer. Günstige oder ungünstige dyadische Copingstrategien bestimmen zum Teil den Verlauf der Ehezufriedenheit (Bodenmann, 1995).

Da Partnerschaft heute in erster Linie auf der Gleichwertigkeit der beiden Eheleute basiert, kann der eine Partner nicht über den anderen verfügen. Entscheidungen, die die Beziehung betreffen, müssen gemeinsam ausgehandelt, persönliche Wünsche aufeinander abgestimmt und die Übernahme von Verpflichtungen immer wieder aufs Neue vereinbart werden.

Es ist nicht zu übersehen, dass solch eine Beziehung Gesprächsfertigkeiten und Gesprächsbereitschaft bei beiden Partnern voraussetzt. Nicht selten kann es beim oben beschriebenen „Aushandeln", „Abstimmen" und „Vereinbaren" zu Konflikten und Streitigkeiten kommen. Doch nur Probleme, die offen zu Tage treten, bergen die Chance in sich, auch gelöst werden zu können. Dabei ist „Lösung" hier oft als Erleichterung zu verstehen. Meist geht es darum, dass Paare es schaffen, ihren immer wieder gleichen und wiederkehrenden Problemen die Spitze zu nehmen, so dass z. B. unterschiedliche Bedürfnisse nicht in der Kränkung des Partners münden.

Partnerschaft zu verwirklichen ist also nicht immer ganz leicht. Allerdings scheint sie die einzige Möglichkeit zu sein, in der sich beide auf Dauer zufrieden fühlen können. Leider scheitern viel zu viele Paare an ihren mangelnden Interaktionsfertigkeiten.

Eine Vorbereitung auf diese neuen Anforderungen, etwa durch Erlernen wichtiger partnerschaftlicher Verhaltensweisen durch Erziehung und Sozialisation, fand und findet nur selten statt, weil diese Verhaltensweisen von den früheren familialen Strukturen her nicht nötig schienen und deshalb den meisten aus der Elterngeneration heutiger Paare kaum präsent sind.

Wir alle verwenden in unserem Alltagsleben die Formen des Gespräches, die uns im Laufe unserer (Lern-) Geschichte modellhaft begegnet sind und für uns unhinterfragt zur Normalität gehören. Leider sind diese Modelle für eine gute interaktive Verständigung oft wenig förderlich. Es ist eher ein Glücksfall, wenn jemand in seinem Elternhaus lernen konnte, wie Streitgespräche auf konstruktive Art und Weise geführt werden.

Auch in Schule, Berufsausbildung und Arbeitswelt mit der dort üblichen meist einseitigen Leistungsorientierung wird aufbauendes Gesprächsverhalten zu wenig vermittelt.

Wie wichtig dies für jede Art von zwischenmenschlichem Kontakt wäre, im öffentlichen Leben oder privat, zwischen Partnern oder Freunden, Eltern und Kindern, zeigen Forschungsansätze zu den Auswirkungen unterschiedlicher Kommunikationsmuster.

16.3 Unterschiedliche Kommunikationsformen

In diversen Langzeituntersuchungen (Übersicht bei Engl, 1997) wurde deutlich, dass die Partner in erfolglosen Beziehungen vor allem Defizite im Bereich der Kommunikation und des Problemlösens aufweisen. Betrachtet man das Kommunikationsverhalten von Ehepaaren mit hoher oder niedriger Ehequalität, so ergeben sich charakteristische Auffälligkeiten.

16.3.1 Eheliche Unzufriedenheit und Streiteskalation

Partner in Beziehungen mit hoher Ehequalität verhalten sich bei Problemgesprächen in ihrer Ehe wesentlich positiver, sprechen häufiger über ihre eigenen Gedanken, Gefühle und Bedürfnisse und vermitteln dem Partner immer wieder, dass sie ihn und seine Äußerungen akzeptieren. Personen in Beziehungen mit niedriger Ehequalität drücken sich verbal und nonverbal wesentlich negativer aus, kritisieren ihre Partner häufiger, werten ab, stimmen den Äußerungen des anderen seltener zu und rechtfertigen sich öfter als die Paare, die in ihrer Beziehung glücklich sind.

Deutlich unterscheiden sich zufriedene und unzufriedene Paare auch bei negativen Eskalationen, also in Gesprächsabschnitten, in denen sich die Partner gegenseitig kritisieren, beschuldigen, Vorwürfe machen oder Vorschlägen des anderen Partners nicht zustimmen.

Paaren mit hoher Beziehungsqualität gelingt es, solche Eskalationen nach kurzer Zeit abzubrechen. Hervorstechendes Merkmal der Paare mit niedriger Ehequalität ist dagegen deren Unfähigkeit, sich aus einem negativen Zirkel zu lösen. Es zeigt sich, dass diese Paare die affektive Qualität der Gesprächssituation nur äußerst schwer ändern können: Ist die Atmosphäre einmal negativ, so bleibt sie es auch mit sehr großer Wahrscheinlichkeit über einen langen Zeitraum (Hahlweg, 1986).

Ungünstige sozioökonomische und Persönlichkeitsfaktoren alleine können, müssen jedoch nicht zwangsläufig eine Beziehung misslingen lassen – dauerhaft destruktive Kommunikationsformen dagegen schon! Zusammenfassend lässt sich also festhalten: Für den Verlauf einer Partnerschaft sind weniger die auftretenden Probleme entscheidend als die Art und Weise, wie die Partner dabei miteinander umgehen.

16.3.2 Belohnung und Bestrafung

Für einen gleichgewichtigen Austausch der Partner spielt Reziprozität im Sinne einer Balance zwischen Kosten und Nutzen eine wichtige Rolle. Wer viel in eine Beziehung investiert, wird dafür einen Gewinn erwarten und diesen gegebenenfalls einfordern. Ein positiver Austausch, wie er meist am Anfang einer Partnerschaft stattfindet, hängt auch von der jeweiligen Bewertung ab. Stark konflikthafte oder unzufriedene Paare vermuten sogar hinter einem vorerst angenehmen Verhalten des Partners einen negativen Hintergrund. Hier ist bereits das Grundvertrauen gestört und einem Muster aus Abwertung und negativer Attribution gewichen.

Um den jeweiligen Partner nach den eigenen Vorstellungen zu beeinflussen, setzen Paare mehr oder weniger bewusst Belohnungen und Bestrafungen, meist in sprachlicher Form, ein. Unter Belohnung lassen sich alle diejenigen Rückmeldungen zusammenfassen, die angenehm sind und dazu ermuntern, das bekräftigte Verhalten auch weiterhin zu tun, und dies wenn möglich sogar öfter oder intensiver oder beides. Bestrafung dagegen sind alle diejenigen Rückmeldungen, die unangenehme Empfindungen im Adressaten hervorrufen, was dieser in Zukunft zu vermeiden versuchen wird. Das „bestrafte" Verhalten wird er folglich seltener oder gar nicht mehr tun oder zumindest darauf achten, dabei nicht mehr erwischt zu werden.

Die Wahrscheinlichkeit, dass z. B. auf ein belohnend wirkendes Lob eine positive Reaktion erfolgt, ist enorm hoch. Umgekehrt löst ein bestrafend wirkender Vorwurf mit hoher Wahrscheinlichkeit einen Gegenvorwurf oder eine andere negative Reaktion aus. Das verhängnisvolle an diesen Bestrafungen ist, dass sie schnell zur Gewohnheit werden können, bis kein Platz mehr für belohnende Äußerungen vorhanden ist. In solch einem Klima der gegenseitigen Bestrafungen hat die Partnerschaft auf Dauer keine Chance. Zwar gibt ein Partner dem Druck aus Kritik und Bestrafung durch den anderen vorerst in der Regel nach, wodurch die Kritik des ersten eine aufrechterhaltende Verstärkung erfährt. Dies wird nun wieder vom anderen via Modell-Lernen übernommen. So gerät das Paar in eine gegenseitige aversive Kontrolle, die sich auf immer mehr Bereiche ausdehnt und schließlich in einen Zwangsprozess mündet.

Es ist nur zu verständlich, dass wir unsere Familienangehörigen – unseren Partner wie auch unsere Kinder – in die Richtung zu lenken versuchen, die uns am genehmsten ist. Ihre Vorzüge und guten Eigenschaften möchten wir natürlich auch in Zukunft genießen können. Die negativen Eigenschaften und Gewohnheiten, die uns stören, möchten wir am liebsten abschalten. Die Frage ist nur, wie wir das bewirken können. Idealerweise wäre eine Veränderung durch positive Verstärkung des adäquaten Verhaltens und durch Löschen (nicht durch Bestrafen!) des inadäquaten Verhaltens zu erreichen. Leider wird in vielen Partnerschaften und Familien vergessen, die Anderen ab und zu zu belohnen. „Nicht geschimpft ist genug gelobt" lautet die Devise. Kleine Aufmerksamkeiten, ein liebes Wort, z. B. nicht nur stillschweigend und quasi „automatisch" zu lieben, sondern es auch zu sagen, sind wenig aufwendige, dafür aber um so wichtigere Möglichkeiten der gegenseitigen Belohnung. Aber alles, was uns gefällt, alles, was wir einander Gutes tun, ist in Gefahr, schnell zur Selbstverständlichkeit zu werden, über die wir kein Wort des Lobes oder Dankes zu verlieren brauchen. Allerdings verliert dabei jede Art von Beziehung, denn sie lebt ja vom gegenseitigen, lebendigen Austausch. Ohne Belohnungen dagegen bleiben in der Kommunikation nach einiger Zeit nur noch die Bestrafungsmuster übrig, die sich auf vielfältige Weise einschleichen können.

So eine Bestrafung kann z. B. schon ein langes Gesicht sein, das aufgesetzt wird, wenn der Partner zu spät kommt, ein Wegschauen, wenn er sich eigentlich ein Lächeln oder einen Begrüßungskuss erwartet hätte und so weiter. Alle diese nichtsprachlichen Zeichen können sehr beredt sein und bewusst oder unbewusst als Bestrafung eingesetzt werden.

16.3.3 Die Bedeutung verbaler und nonverbaler Signale

Für das Wie einer Mitteilung sind daher die nonverbalen Signale in hohem Maße bedeutend, also Gestik, Gebärden, Mimik, Körperhaltung, Blickkontakt, Tonfall, Lautstärke usw. Sie spiegeln zu einem Teil die eigene Persönlichkeit, zu einem anderen Teil die momentane Gefühlslage wider. Nonverbale Signale werden mehr oder weniger direkt wahrgenommen und interpretiert und bestimmen mit, wie Botschaften ankommen und welche Gefühle sie wiederum auslösen. Noch eindeutiger sind allerdings die sprachlichen Bestrafungsmöglichkeiten, über die wir nahezu unbegrenzt verfügen.

Im Zuge der ständig geforderten Aushandlungsprozesse schleichen sich bei den beteiligten Partnern häufig typische Kommunikationsfehler ein, die eine Verständigung erschweren oder gar verhindern. Zu nennen ist hier z. B. ein Rückzugsverhalten in Verallgemeinerungen („In einer modernen Ehe ist das nun mal so; da brauchst du gar nicht daran zu rütteln ..."), mit dem der Partner „mundtot" gemacht wird. Ebenso destruktiv wirken sich Vorwürfe aus („du bist Schuld daran, dass ..."), die meist in Rechtfertigungen und Gegenargumente bis hin zum heftigen Schlagabtausch münden.

Ein oft zitiertes Beispiel für einen solchen „Aufschaukelungsprozess" ist die Frau, die ihren Mann als zu wortkarg erlebt und ihn aus ihrer Frustration heraus mit anhaltendem Nörgeln bestraft. Der Mann dagegen bestraft seine nörgelnde Frau, indem er sich umso mehr zurückzieht, was bei der Frau wiederum noch heftigeres Nörgeln auslöst. Hier ist der Teufelskreis der gegenseitigen Bestrafungen bereits perfekt. Kein Wunder, dass in einer Beziehung, in der solche Mechanismen vorherrschen, auch eine anfänglich große gegenseitige Liebe und Zuneigung der beiden Partner langsam aber sicher erlischt.

Bei einer offenen, förderlichen Kommunikation gibt es nicht nur ein Gleichgewicht bezüglich Belohnung und Bestrafung, sondern ganz eindeutig überwiegen die belohnenden Aussageelemente. Des Weiteren stimmen Inhalt und nonverbale Signale überein, was für eine gesunde Beziehung ungemein wichtig ist. Ein mit mürrischer Miene lau dahingesagtes „Ich liebe dich" wirkt zurecht unglaubhaft und lässt beim Gegenüber alles andere als Freude aufkommen. Wahrgenommene Widersprüche zwischen Inhalt und nonverbaler Begleitung einer Aussage, sollten möglichst gleich aufgegriffen werden („Du sagst das so mürrisch, was ist denn los?"), um einem offenen und echten Austausch wieder eine Chance zu geben.

Dass diese positiven oder negativen Mechanismen im Umgang miteinander nicht nur auf eine Paarbeziehung in der beschriebenen Weise einwirken, sondern genauso bedeutsam sind für den Austausch und das Zusammenleben zwischen Eltern und Kindern, sei hier auch ausdrücklich betont.

16.4 Paarkommunikation im Übergang zur Elternschaft

Der Übergang zur Elternschaft stellt an die Paare ganz besondere Anforderungen und bringt erhebliche Umstellungsschwierigkeiten mit sich. Mit der Geburt des ersten

Kindes sind in der Regel erhebliche Veränderungen des Lebensstiles, der partnerschaftlichen Rollenverteilung und der Organisation der Familie verbunden. In der wissenschaftlichen Literatur wird der Übergang von der Partnerschaft zur Elternschaft als kritisches Lebensereignis gewertet. Die Geburt eines Kindes kann Partnerschaften gefährden, da sie häufig ein deutliches Absinken der ehelichen Zufriedenheit bewirkt (Belsky & Pensky 1988; Cowan & Cowan, 1988, 1999).

So kühlt nach einer ersten Phase der Freude und des Stolzes über die Geburt des Kindes besonders bei den Frauen die Ehezufriedenheit deutlich ab. Auch Väter zeigen eine geringere partnerschaftliche Zufriedenheit, sie tritt aber erst später ein als bei den Müttern. Diese Befunde wurden in deutschen Studien bestätigt, so z. B. in der LBS-Familien-Studie (Kalicki, Peitz, Fthenakis & Engfer, 1999), bei der die differentiellen Auswirkungen der Geburt eines Kindes auf die Eltern in verschiedenen Bereichen untersucht wurde. Dabei zeigte sich, dass die partnerschaftliche Zufriedenheit nicht nur wegen der erhöhten Belastung auf Grund der Lebensumstellung absinkt, sondern die Vorstellungen und Erwartungen der Eltern insgesamt deutlich enttäuscht werden.

Die Tatsache sinkender Ehezufriedenheit nach der Geburt des ersten Kindes ist an sich schon alarmierend genug, ihre ganze Tragweite wird jedoch erst klar, wenn der starke Einfluss gesehen wird, den die subjektiv empfundene Zufriedenheit mit der Ehe/Partnerschaft auf die Entwicklung der jungen Familie und speziell auch des Kindes hat. Bereits während der späten Schwangerschaft wirkt sie sich positiv auf den allgemeinen Gesundheitszustand der Schwangeren aus, und es kommt seltener zu medizinischen Komplikationen (Snowden, Schott, Awalt & Gillis-Knox, 1988). Ebenso beeinflusst das Allgemeinbefinden der Partner die Qualität der Ehe, was dann wiederum die Anpassung an die Elternschaft und die Eltern-Kind-Beziehung erheblich erleichtert. Je zufriedener die Eltern sind, desto besser entwickelt sich das Kind (Schneewind & Vaskovics, 1992).

In einer großen deutschen psychologisch-soziologischen Längsschnittstudie (Schneewind, 1998) wurde im Zeitraum von 1989 bis 1994 die Veränderungsdynamik in der frühen Phase der Ehe und Familienentwicklung analysiert. Dabei zeigte sich, dass es nicht die Kinder per se sind, die zum Stressor für die Partnerschaft werden. Eine positive Kommunikation des Paares vor Geburt der Kinder lässt sich grundsätzlich auch nach der Geburt eines Kindes aufrechterhalten. Wenn allerdings vor der Geburt des Kindes schon eine negative Kommunikation bestand, sank die partnerschaftliche Zufriedenheit massiv ab. Es besteht also ein Zusammenhang zwischen dem beobachteten Kommunikationsverhalten vor der Geburt eines Kindes und der Abnahme der Ehezufriedenheit bei Mann und Frau. Als besonders ungünstig erweist sich *Rückzugsverhalten* seitens der Partner. Zusammenfassend lässt sich sagen, dass im Übergang zur Elternschaft die Beziehung stark auf die Probe gestellt wird. Partnerschaftliche Probleme werden sicherlich nicht leichter, wenn Kinder da sind, Kinder lösen erst recht keine Eheprobleme. Das Gegenteil ist der Fall, sie belasten Ehen. Letzten Endes ist es aber das Paar selbst mit seinen individuellen Beziehungsfertigkeiten und kommunikativen Kompetenzen, die ausschlaggebend dafür sind, wie Übergänge im Lebenszyklus bewältigt werden. Die Untersuchung zeigt eindrücklich, wie sehr die neue Situation des Übergangs von der Partnerschaft zur Elternschaft vom Paar die Bereitschaft und die Fähigkeit zum partnerschaftlichen Gespräch verlangt. Nur wenn beide mit ihren Schwierigkeiten und Enttäuschungen aber auch mit ihren positiven Erlebnissen und Gefühlen miteinander im Dialog bleiben, kann die Zufriedenheit in der Beziehung aufrechterhalten werden.

Von Bedeutung in diesem Zusammenhang ist auch, dass junge Paare heute immer noch unrealistische Vorstellungen darüber haben, was sie erwartet, wenn sie Eltern werden. Es ist überraschend, wie schlecht sie im Grunde auf die Elternschaft vorbereitet sind. Für junge Eltern würde es daher oftmals schon eine erste kleine Hilfe darstellen, zu erfahren, dass die Überforderung, die sie erleben, zunächst ein ganz normaler Vorgang ist. Dies könnte dann ein erster Schritt sein, die negativen Konsequenzen der Elternschaft nicht schuldhaft als persönliches Versagen zu verarbeiten, sondern aktiv nach Perspektiven für sich und die Partnerschaft zu suchen und Lösungsansätze zu entwickeln.

Zu unterstreichen ist die Notwendigkeit präventiver Hilfen, die Paare unterstützen sollen, die Zufriedenheit mit ihrer Ehe/Partnerschaft über die schwierige Zeit nach der Geburt des ersten Kindes zu stabilisieren oder sogar zu verbessern. Eine positive Veränderung im Hinblick auf psychische Störungen oder somatische Parameter wie immunologische oder psychophysiologische Variablen könnte zusätzlich damit einhergehen.

Eine Schlüsselposition für die Prävention nimmt, wie mehrfach gezeigt wurde, das Gesprächsverhalten ein. Ein konstruktiver Umgang miteinander in den unterschiedlichen Partnerschafts- und Familienphasen setzt Gesprächsfertigkeiten voraus, die in vielen Ehen jedoch nicht oder in völlig unzureichendem Maß vorhanden sind.

16.5 Kommunikationstraining für Paare – Prinzipien der Programme

Paaren und Familien präventive und nachgewiesen effektive psychosoziale Hilfen anzubieten, ist eine vordringliche Aufgabe des Instituts für Forschung und Ausbildung in Kommunikationstherapie[11], das außerdem Aus- und Fortbildungen anbietet und angewandte Forschung vornehmlich zur Prävention und Behandlung von Paar- und Familienstörungen betreibt. Die Forschungsprojekte orientieren sich direkt am Bedarf aus der Praxis. Den Familien sollen möglichst früh Bewältigungsstrategien an

---

[11] Das Institut für Forschung und Ausbildung in Kommunikationstherapie e.V. ist eine Einrichtung des Erzbischöflichen Ordinariates München. Die Schwerpunkte unserer Arbeit sind: Angewandte Forschung mit ihren im gesamten deutschsprachigen Raum verbreiteten Paarprogrammen, fundierte Ausbildung sowie qualifizierte Fortbildung der Ehe-, Familien- und Lebensberater bzw. -beraterinnen und damit verbunden die Erhaltung einer umfangreichen Fachbibliothek sowie die Erstellung einer Zeitschriftenlese, von der Berater bundesweit profitieren können. Für interessierte Fachleute aus der Psychotherapieszene werden Workshop-Reihen zu verhaltenstherapeutisch orientiertem Paarkommunikationstraining angeboten, die den Teilnehmern ausreichend Sicherheit in der Anwendung dieser spezifischen Interventionsmethodik gewährleisten. Für die Verbreitung all dieser Angebote sorgt eine umfangreiche Öffentlichkeitsarbeit bis hin zum institutseigenen Verlag, in dem Arbeiten von Institutsmitarbeitern oder von Autoren mit institutsnahen Themen veröffentlicht werden.

die Hand gegeben werden, mittels derer sie auftauchende Schwierigkeiten besser meistern und ihre Ressourcen besser ausschöpfen können. Beispiele für solche am Institut entwickelten und evaluierten Programme sind das fast im gesamten deutschsprachigem Raum verbreitete „EPL" („Ehevorbereitung – Ein Partnerschaftliches Lernprogramm"), das daran anknüpfende „APL" („Auffrischungskurs zum Partnerschaftlichen Lernprogramm"), das ehebegleitende Programm „KEK" („Konstruktive Ehe und Kommunikation") und neuerdings das „KOMKOM" (KOMmunikations-KOMpetenz – Training in der Paarberatung). Prinzipien der Programme sind:

- *Gesicherte Grundlagen:* Da wir keine Grundlagenforschung betreiben, sind wir auf bereits vorliegende fundierte Ergebnisse angewiesen, die sicherstellen, dass unsere Projekte keine Experimente darstellen, sondern schon vom Ansatz her erfolgversprechend sind.
- *Erlernbarkeit:* Unsere Angebote beziehen sich auf veränderbare – sprich hier erlernbare Variablen. Wir können weder die Persönlichkeit der Partner noch deren soziales Umfeld verändern, aber wir können zum Erwerb und Ausbau förderlicher Fertigkeiten im Miteinander-Umgehen beitragen. Denn nicht nur fehlerhaftes Gesprächsverhalten ist erlernbar, sondern tröstlicherweise auch echte partnerschaftliche Kommunikation (siehe Engl & Thurmaier, 1992; Markman, Duncan, Storaasli, & Howes, 1987; Thurmaier, 1997).
- *Früher Ansatz:* Den Paaren sollen Fertigkeiten für die Bewältigung psychischer Probleme und zwischenmenschlicher Konflikte vermittelt werden - möglichst noch ehe sich negative Interaktionsmuster verfestigt haben und ein Umlernen immer schwieriger wird.
- *Unmittelbarer Lernerfolg:* Partner müssen nicht nur einsehen, was sinnvoll ist und gut tut, sie müssen es auch spüren können. Effektive Prophylaxe bedeutet Methoden einzusetzen, die es den Paaren ermöglichen, durch intensive Erfahrung und echtes Einüben einen unmittelbaren Nutzen zu erleben. Nur so kann man davon ausgehen, dass die vermittelten Inhalte auch dauerhaft gelernt werden und im Alltag Anwendung finden. Vorträge, gutgemeinte Anregungen und Denkanstöße, auch wenn sie noch so eingängig vermittelt werden, reichen für einen Lerntransfer nicht aus, da sie den Gewinn einer unmittelbaren Lernerfahrung nicht ersetzen können.
EPL, KEK und auch KOMKOM fokussieren auf Paararbeit und nicht auf Gruppenarbeit. In der Gruppe finden nur die Hinführung zu den Paarübungen und deren Auswertung statt. Durch die kontingente Begleitung der Kursleiter wird unmittelbar, also auch während den Gesprächen mit dem eigenen Partner gelernt und nicht nur vorher oder nachher. Die Reduktion von komplexen Prozessen auf einfache Gesprächsregeln wie im EPL oder im KEK sorgt für eine schnell einsetzende Selbstkontrolle der Partner. Diese ist wiederum entscheidend für die lang anhaltende Transferwirkung.
- *Ökonomie:* Grundprinzip unserer Kurse ist eine hohe Lernintensität und eine geringe Zeitextensität. Zeitlich überschaubare Angebote werden von den Paaren viel eher angenommen. Ein systematischer Aufbau und die Intensität der Maßnahmen sollen in relativ kurzer Zeit relativ große Lernerfolge für relativ lange Zeit ermög-

lichen. So können die Kosten der konzipierten Maßnahmen im Verhältnis zum nachweisbaren Nutzen sehr gering gehalten werden.
- *Überprüfung und Qualitätssicherung:* Der Nutzen des Angebotes soll nachweisbar sein. Bei unseren Programmen bedeutet dies eine Überprüfung auf die Zielvariablen hin. Im wesentlichen sind dies Kommunikationsqualität, Ehequalität und Ehestabilität. Die Kursleiter durchlaufen eine sorgfältige (Zusatz-) Ausbildung und sind zur Teilnahme an eigenen Supervisionsveranstaltungen verpflichtet.
- *Verbreitung:* Ein weiteres Markenzeichen unserer Forschung besteht darin, dass wir von Anfang an auf eine möglichst große Verbreitung unserer Programme achten und deshalb die Organisationsstrukturen potentieller Anbieter schon bei der Konzeption berücksichtigen.

16.6 EPL – Ein Partnerschaftliches Lernprogramm

Für die Ehevorbereitung liegt mit dem Programm EPL („Ein Partnerschaftliches Lernprogramm", Thurmaier, Engl & Hahlweg, 1995) ein ausgezeichnetes Instrument vor, dessen Wirksamkeit z. B. in Bezug auf den Erhalt der Ehezufriedenheit über fünf Jahre empirisch belegt werden konnte (Hahlweg, Markman, Thurmaier, Engl & Eckert, 1998; Thurmaier, 1997; Thurmaier, Engl & Hahlweg, 1999) und das bei der Zielgruppe sehr gut ankommt.

Das verhaltenstherapeutisch orientierte, präventive Programm EPL arbeitet auf die Verbesserung von Kommunikations- und Problemlösefertigkeiten hin, damit die teilnehmenden Partner sich besser verständigen und ihre Konflikte, die im Verlauf einer Ehe unweigerlich auftreten werden, erfolgreicher lösen und so ihre Beziehung befriedigender gestalten können. In sechs aufeinander aufbauenden, jeweils 2½-stündigen übungsintensiven Kurseinheiten werden jeweils vier Paare abwechselnd von zwei speziell ausgebildeten Kursleitern betreut (meist eine Frau und ein Mann).

Die ersten drei EPL-Einheiten sind schwerpunktmäßig dem Erlernen von Kommunikations-, Konflikt- und Problemlösefertigkeiten gewidmet, während die nachfolgenden drei Einheiten der Anwendung des Gelernten auf die Themenbereiche „Erwartungen an die Ehe", „Sexualität" und „Christliche Ehe bzw. Werte der Beziehung" dienen.

In zahlreichen, nach Schwierigkeitsgrad abgestuften Paarübungen werden die zentralen Gesprächsfertigkeiten erst spielerisch vermittelt, dann in Rollenspielen und echten Paargesprächen unter Begleitung der Trainer eingeübt. Diese intervenieren mit kontingenter Verstärkung beim gelungenen Einsatz von Gesprächsfertigkeiten, Coaching, Soufflieren, Anhalten des Gesprächsablaufs und detaillierter Rückmeldung am Ende jedes Paargesprächs. Die Paarübungen erfolgen mit dem eigenen Partner und nehmen den größten Teil des Kurses ein. Jedes Paar hat für seine Gespräche einen eigenen Raum, in dem es ungestört ist. In der Großgruppe werden nur die im Paargespräch gesammelten Erfahrungen ausgetauscht und neue Informationen über die nächste Übung vermittelt.

Eine für interessierte Paare verfasste Einführung über Inhalte, Verlauf und Methodik des Programms findet sich in Engl und Thurmaier (1992).

Mittlerweile verfügt das EPL über mehr als 1200 ausgebildete Kursleiter in Deutschland, Österreich, Südtirol, Schweiz, Liechtenstein und Luxemburg. Mit dem EPL-Projekt wurde zum ersten Mal im deutschsprachigen Raum ein Ehevorbereitungsprogramm auf seine kurz- und langfristige Effektivität empirisch überprüft.

16.6.1 Wesentliche Ergebnisse der EPL-Studie

Von den teilnehmenden Paaren sowie von einer Kontrollgruppe konnten über 5 Jahre hinweg an fünf Messzeitpunkten Daten zur Entwicklung von Kommunikations- und Ehequalität erhoben werden. Die nachfolgend berichteten Ergebnisse beziehen sich auf diejenigen Paare, für die an allen Messzeitpunkten vollständige Daten vorlagen, die vor dem Kurs mit ihrer Beziehung als „glücklich" eingestuft wurden (Werte im Marital Adjustment-Test beider Partner ≥ 100) und die über den Untersuchungszeitraum hinweg zusammenblieben. Ingesamt waren dies 57 Paare, davon entfielen 44 Paare auf die EPL-Gruppe und 13 auf die Kontrollgruppe.

16.6.1.1 Entwicklung der Ehequalität

Die anhand von Fragebögen[12] erfasste Ehequalität blieb in der EPL-Gruppe über alle Messzeitpunkte annähernd stabil – mit deutlich im zufriedenen Bereich angesiedelten Werten. Bei den Paaren der Kontrollgruppe trat im Vergleich zum ersten Messzeitpunkt eine signifikante Verschlechterung zur 3- und 5-Jahreserhebung ein. So scheint die erhoffte Stabilisierung der hohen Ehequalität vielfach noch sehr verliebter Paare bei den EPL-Teilnehmern gut geglückt – obwohl diese in der Zwischenzeit häufiger Eltern wurden als Kontrollpaare.

16.6.1.2 Entwicklung der Kommunikationsqualität

Die Kommunikationsqualität wurde mit Hilfe von Verhaltensbeobachtung erfasst, dabei wurden 10-minütige Konfliktgespräche nach dem „Kategoriensystem für partnerschaftliche Kommunikation" (KPI; Hahlweg, Feinstein & Müller, 1987; Hahlweg, Reisner, Kohli, Vollmer, Schindler & Revenstorf, 1984) auf zahlreiche Kommunikationsmerkmale hin ausgewertet. Vor den Kursen zeigten beide Gruppen heiratswilliger Paare vergleichbar gute KPI-Ausgangswerte. Kurz danach wiesen EPL-Paare hochsignifikante Verbesserungen in allen verbalen und nonverbalen KPI-Gesamtkategorien auf, sie verhielten sich also im Gespräch sehr viel konstruktiver und zugewandter. Die Paare der Kontrollgruppe verbesserten sich nicht, obwohl auch in anderen Ehevorbereitungskursen mit Paargesprächen gearbeitet wurde, allerdings ohne formale Veränderung. Eine Stabilisierung des hohen Ausgangsniveaus der Kommunikationsqualität zeigte sich zur 5-Jahreserhebung bei EPL-Paaren, die auch über die Zeit hinweg ihre gelernten Gesprächsfertigkeiten behalten konnten. Sie waren den Kontrollpaaren in allen KPI-Gesamtkategorien deutlich überlegen, die sich

---

[12] u. a. Marital Adjustment-Test (MAT; Locke & Wallace, 1959; deutsche Fassung in Scholz, 1978), Partnerschaftsfragebogen (PFB; Hahlweg, 1996), Problemliste zum Umgang mit Konfliktbereichen im Zusammenleben (PL; Hahlweg, 1996).

signifikant verschlechtert hatten. Damit liegen langfristige Effekte des EPL-Trainings auf das konstruktive Gesprächsverhalten in Problemlösegesprächen vor.

Die Lernerfolge der EPL-Paare stellten sich unabhängig von Alter, Geschlecht und Schulbildung ein. Stadtpaare profitierten genauso wie Landpaare von dem Programm. Nahezu 100 % der EPL-Teilnehmer gaben bei den Nacherhebungen an, in ihren Gesprächen noch spezifische EPL-Lerninhalte wie z. B. Ich-Botschaften statt Du-Botschaften zu berücksichtigen. Darüber hinaus betonten sie die Nützlichkeit des Gelernten, was immer wieder zu mehr gegenseitigem Verständnis und konstruktiveren Problemlösungen geführt hätte.

16.6.1.3 Ausfall-, Trennungs- und Scheidungsraten

Durchwegs höhere Ausfall-, Trennungs- und Scheidungsraten der Kontrollpaare bei allen Katamnesen legen die Vermutung nahe, dass die berichteten Unterschiede in der Entwicklung von Kommunikations- und Ehequalität zwischen den beiden untersuchten Gruppen eher unterschätzt wurden. Anteilsmäßig dürften wesentlich mehr Paare der Kontrollgruppe mit diesbezüglich ungünstigen Werten aus der Stichprobe gefallen sein als EPL-Paare.

Besonders beeindruckend erscheint die unterschiedliche Entwicklung von Scheidungsraten im Nacherhebungszeitraum: EPL-Paare ließen sich bis zur 1½-Jahreserhebung überhaupt nicht, bis zur 3-Jahreserhebung zu 1.6 % und bis zur 5-Jahreserhebung zu 3.9 % scheiden, gegenüber 6.9 %, 16.7 % und 23.8 % der Kontrollpaare. Dieses Ergebnis ist selbst bei geringen Fallzahlen noch statistisch signifikant.

Die Ergebnisse der EPL-Studie finden sich detailliert u. a. in Thurmaier, 1997 sowie in Thurmaier et al., 1999.

16.7 KEK „Konstruktive Ehe und Kommunikation"

Die wichtigsten Wirkfaktoren des EPL wurden in das Nachfolgeprogramm zur Ehebegleitung KEK „Konstruktive Ehe und Kommunikation" (Engl & Thurmaier, 1998) übernommen, das zusätzliche Möglichkeiten bietet, eingeschliffene Interaktionsmuster bei länger verheirateten Paaren anzugehen. Es richtet sich an Paare ohne Therapieindikation ab 2 Jahren Ehe oder entsprechendem Zusammenleben bei Nichtverheirateten und findet in sieben aufeinander aufbauenden Kurseinheiten statt. Wie beim EPL werden jeweils vier Paare von zwei speziell ausgebildeten Kursleitern betreut. Ebenso werden im KEK in den ersten vier Einheiten schwerpunktmäßig grundlegende Kommunikations-, Konflikt- und Problemlösefertigkeiten vermittelt, die darauffolgenden drei Einheiten thematisieren „Die eigene Gesprächskultur", „Veränderung und Neuorientierung in der Partnerschaft" und „Stärken der Beziehung".

Im Unterschied zum EPL arbeitet KEK zusätzlich mit kognitiven Techniken. Es beinhaltet Selbstreflexionsübungen z. B. als Reflexion über eigenes Streitverhalten oder eigene Anteile an einem Problemthema, und Wahrnehmungsübungen z. B. um nonverbale Stresszeichen am Partner richtig interpretieren zu lernen. Ebenso werden Coping-Strategien vermittelt, z. B. als Veränderung des inneren Dialoges, und mehr Erklärungen über psychologische Mechanismen in der Paarinteraktion gegeben wie z. B. „kommunikative Teufelskreise". Analog zu EPL, dessen Wirksamkeit an der speziellen Zielgruppe heiratswilliger oder sehr jung verheirateter Paare nachgewiesen werden konnte, wird auch das Nachfolgeprogramm für Paare in mehrjähriger Ehe empirisch überprüft. Derzeit liegen die ausgesprochen ermutigenden Ergebnisse über die kurz- und mittelfristigen (1½ Jahre) des Programms vor (Engl, Thurmaier & Black, 1998, 1999).

16.7.1 Bisherige Ergebnisse der KEK- Studie

Im Rahmen einer kontrollierten Langzeitstudie werden 48 KEK-Paare verglichen mit 25 Paaren, die an anderen Angeboten der kirchlichen Ehebegleitung teilnahmen[13]. An vier Messzeitpunkten, nämlich bis 14 Tage vor und nach dem jeweiligen Kurs, 1½ und 3 Jahre nach dem Kurs werden umfangreiche Daten in Bezug auf Eheverlauf, Ehezufriedenheit und kommunikative Fertigkeiten erhoben. Wie bei der EPL-Studie werden die subjektiven Daten anhand eines Fragebogeninventars[14] erfasst und die objektiven Daten mittels Verhaltensbeobachtung in Form von Videoaufnahmen gewonnen, die nach dem „Kategoriensystem für partnerschaftliche Kommunikation" (KPI; Hahlweg, Feinstein et al., 1987; Hahlweg, Reisner et al., 1984) auf zahlreiche Kommunikationsmerkmale hin ausgewertet werden.

Insgesamt handelte es sich bei den Paaren der untersuchten Stichprobe überwiegend um Personen aus der gehobenen Mittelschicht. Zur Eingangserhebung waren die Frauen im Mittel 39 Jahre und die Männer 42 Jahre alt, die Partner kannten sich im Mittel 16 Jahre, Ehepaare waren 12 Jahre lang verheiratet. 92.5 % hatten Kinder. Da sich bei KEK-Paaren zunächst größere Unzufriedenheit mit der Partnerschaft abzeichnete als bei Kontrollpaaren, wurde die Stichprobe zur besseren Vergleichbarkeit in Gruppen zufriedener und unzufriedener Paare unterteilt. Als Kriterium für Zufriedenheit diente wieder der Grenzwert von 100 Punkten im MAT („zufrieden" = beide Partner MAT ≥ 100, „unzufrieden" = ein oder beide MAT < 100).

---

[13] Von den ursprünglich 73 Paaren, die an der Vorher-nachher-Untersuchung teilnahmen, konnten zum Zeitpunkt der 1½-Jahreskatamnese noch 62 Paare untersucht werden. Dabei entfielen 40 Paare auf die Experimentalgruppe und 22 Paare auf die Kontrollgruppe. Von den 10 Paaren der KEK-Gruppe, die nicht mehr weiter untersucht werden konnten, fielen 3 wegen Krankheit aus, 5 konnten nicht mehr für die weitere Teilnahme an den diagnostischen Untersuchungen motiviert werden und 2 Paare hatten sich getrennt. Ebenfalls aufgrund von Trennung fiel 1 weiteres Paar in der Kontrollgruppe aus.

[14] u. a. Marital Adjustment-Test (MAT; Locke & Wallace, 1959; deutsche Fassung in Scholz, 1978), Partnerschaftsfragebogen (PFB; Hahlweg, 1996), Problemliste zum Umgang mit Konfliktbereichen im Zusammenleben (PL; Hahlweg, 1996)), Beschwerdenliste zur Belastung mit körperlichen und psychischen Allgemeinbeschwerden (BL, v. Zerssen, 1976).

16.7.1.1 Entwicklung der Ehequalität

In den subjektiven Maßen zur Ehezufriedenheit zeigte sich nach dem Training ein signifikanter bis hochsignifikanter Anstieg der Ehequalität in der KEK-Gruppe, dies vor allem bei den unzufriedenen Paaren. Im Zuge dessen sank die Belastung der KEK-Teilnehmer mit Problembereichen in der Partnerschaft um mehr als die Hälfte ab. Die erzielten Verbesserungen blieben bei den KEK-Paaren über die nächsten eineinhalb Jahre recht stabil. Ebenso erzielten die Paare der Kontrollgruppe günstige Effekte bei der Entwicklung von Ehezufriedenheit und Problembelastung, wenn auch nur in der Gruppe der eingangs zufriedenen Paare und dies in signifikant geringerem Ausmaß und mit geringerer Stabilität.

16.7.1.2 Entwicklung der Kommunikationsqualität

Auch die Kommunikationsqualität verbesserte sich bei den *KEK*-Paaren meist hochsignifikant. Auf verbaler Ebene zeigte sich dies im deutlichen Anstieg positiver und Absinken negativer Gesprächsanteile. Im Detail vermittelten sich die Paare während des Gesprächs z. B. mehr Akzeptanz und gegenseitiges Interesse, sie kritisierten und verletzten sich weniger. Als geschlechtsspezifische Tendenz zeichnete sich ab, dass Frauen nach dem Kurs weniger vorwurfsvolle Äußerungen einsetzten und Männer besser zuhören lernten. Eine ähnliche Entwicklung fand sich im nonverbalen Bereich: KEK-Paare signalisierten einander nach dem Kurs auch in Mimik, Gestik und Tonfall deutlich mehr Gesprächsbereitschaft als vorher. Diese Lerneffekte blieben über eineinhalb Jahre stabil. Bei den Kontrollpaaren gab es im Gesprächsverhalten über die Zeit hinweg wenig Veränderung, vor allem bei unzufriedenen Kontrollpaaren begannen gesprächsfördernde Verhaltensweisen nachzulassen.

16.7.1.3 Entwicklung der physischen und psychischen Befindlichkeit

Nach allen ehebegleitenden Maßnahmen nahmen psychische und psychosomatische Beschwerden nach den Kursen signifikant ab, bei den KEK-Paaren blieb dieser angenehme Effekt über eineinhalb Jahre stabiler als bei den Kontrollpaaren.

16.7.1.4 Wirksamkeit bei belasteten Paaren

Es kann so von einer guten bis hervorragenden Wirksamkeit des KEK-Training ausgegangen werden. Dies zeigen auch die ermittelten Effektstärken (0.5 - 1.8) über eineinhalb Jahre für das KEK gegenüber weniger intensiven Ehebegleitungsangeboten bezogen auf die oben genannten Variablen.

Bei anfangs unzufriedenen Paaren sind die Effektstärken des KEK-Trainings noch größer als bei den eingangs zufriedenen Paaren. Das heißt einerseits, dass unzufriedene Paare in den erhobenen Variablen im KEK mehr „zulegen" konnten und andererseits, dass der Gewinn bei weniger intensiven Ehebegleitungsangeboten für belastete Paarbeziehungen eher gering ist.

16.8 KOMKOM „Kommunikationskompetenz – Training in der Paarberatung"

Gerade der Umstand, dass auch stark belastete Paare, die eigentlich gar nicht die Zielgruppe der Ehebegleitung darstellen, von einem solchen Vorgehen profitieren, ermutigte uns, ein eigenes Kommunikationstraining für die Eheberatung zu konzipieren. Als ein neues Angebot in der Ehe-, Partnerschafts- und Familienberatung richtet sich das KOMKOM („Kommunikationskompetenz-Training in der Paarberatung") an Paare in mehrjähriger Beziehung, die aufgrund von Partnerschaftsproblemen eine unserer Beratungsstellen aufsuchen. Das zeitlich begrenzte und strukturierte Programm ist eine Ergänzung und Bereicherung des Beratungsangebotes vor allem für Paare, bei denen Kommunikationsstörungen im Vordergrund stehen.

16.8.1 Ablauf des KOMKOM

Die Paare werden über das Klientel der Ehe-, Partnerschafts- und Familienberatung München e.V. rekrutiert. Während der Kurszeitspanne, die sich je nach Kurs über 3 bis 8 Wochen erstreckt, sollte kein Teilnehmer anderweitig in psychologischer Behandlung sein, um diesbezügliche Interventionseffekte auf die Post-Erhebung auszuschließen.

Das *KOMKOM* wird ebenfalls in Kleingruppenform für jeweils drei Beratungspaare von zwei ausgebildeten und supervidierten Trainern pro Kurs durchgeführt. Die Kursinhalte werden in acht Arbeitseinheiten zu je 2½ Stunden vermittelt. Jedes Paar bespricht persönliche Themen im Zweiergespräch, räumlich getrennt von den anderen Paaren, und wird dabei abwechselnd von beiden Beratern unterstützt.

16.8.2 Kursinhalte

Die acht Einheiten des *KOMKOM* laufen unter den Titeln: Fehler und Möglichkeiten im Paargespräch, Unangenehme Gefühle äußern, Probleme lösen, Angenehme Gefühle äußern, Notfallstrategien, Gemeinsame Gesprächskultur, Veränderungen und Neuorientierungen, Stärken der Beziehung. In den jeweiligen Einheiten werden mit den Paaren grundlegende Fertigkeiten der konstruktiven Paarkommunikation, des Problemlösens, des Krisenmanagements und der Etablierung einer beziehungsförderlichen Gesprächskultur erarbeitet und eingeübt. Durch die Betonung der ebenso vorhandenen Stärken der Beziehung im Sinne von Ressourcenarbeit werden die vorhandenen Problembereiche in eine realistische Relation gesetzt und positive Reziprozitätsprozesse gefördert.

Mit Hilfe von Impulsreferaten wird den Paaren Hintergrundwissen über funktionale Zusammenhänge ihrer Beziehung vermittelt. Dabei werden ihnen allgemeinverständliche Erklärungsmodelle, sogenannte Plausibilitätsmodelle wie z. B. über Teufelskreise, Zwangsprozesse etc. angeboten, die ihnen helfen, die eigene Paarsituation auf der konkreten Verhaltensebene zu analysieren und gezielt zu verbessern. Dazu kommen Übungen zur Selbstreflexion (z. B. über eigenes Streitverhalten oder eigene Anteile an einem Problemthema), zur Wahrnehmung eigene Anteile an einem Problemthema), zur Wahrnehmung (z. B. nonverbale Stresszeichen am Partner richtig interpretieren lernen) und zum internen Stresscoping (z. B. als Veränderung des inneren Dialoges bei der Vorbereitung und Durchführung eines konflikthaften Gespräches). Diese Übungen mit dem eigenen Partner dienen der Einstellungsveränderung, weg von einer unreflektierten Beschuldigung des Partners, hin zu einer differenzierten Sichtweise auch der eigenen Anteile. *Entscheidend* dabei ist die Begleitung der Gespräche durch die Trainer mit einem spezifischen Methodeninventar (Thurmaier, 1997; Engl & Thurmaier, 1998). Zusammen mit den positiven Erfahrungen, die während der Arbeitseinheiten mit der verbesserten Paarkommunikation gemacht werden können, gewähren auch die Einstellungsveränderungen eine andauernde Verbesserung der Beziehung.

16.8.3 Die Wirkvariablen des KOMKOM

Die dem KOMKOM zugrundeliegenden lerntheoretisch-verhaltenstherapeutischen Ansätze sind auch innerhalb der Paartherapie die besterforschten und zeigen eine vergleichsweise hohe Wirksamkeit (Hahlweg & Markman, 1988). Schulenübergreifend beschrieb der Therapieforscher Klaus Grawe vier Wirkfaktoren, die er in seinen umfangreichen Metaanalysen von Therapieeffekten isolieren konnte (Grawe, 1995; Grawe, Donati & Bernauer, 1994). Diese kommen im KOMKOM konsequent zur Anwendung:

- Ressourcenaktivierung
- Problemaktualisierung
- Aktive Hilfe zur Problembewältigung
- Klärungsperspektive

16.8.4 Wissenschaftliche Begleitung

KOMKOM startete in Form einer kontrollierten Langzeitstudie mit einer Interventionsgruppe von 36 Paaren. Auf ein Kontrollgruppendesign wurde diesmal aus ökonomischen Überlegungen verzichtet, die Messinstrumente jedoch so gewählt, dass Vergleiche mit bereits vorliegenden Befunden angestellt werden können. An insgesamt vier Messzeitpunkten, nämlich kurz vor und kurz nach den Kursen, sowie 1½ und 3 Jahre später, sollen umfangreiche Daten in Bezug auf Eheverlauf, Ehezufriedenheit und kommunikative Fertigkeiten erhoben werden (s. hierzu KEK-Studie).

Die ersten Erfahrungen mit dem Kurskonzept sind recht ermutigend. Die bisherigen Teilnehmer geben in den Rückmeldungsbögen zum Kurs ausnahmslos an, hoch zufrieden zu sein.

16.9 Gesprächsregeln und deren Umsetzung

Unsere Programme sollen in relativ kurzer Zeit relativ lang anhaltende Verbesserungen der kommunikativen Kompetenzen der Paare bewirken. Die Teilnehmer müssen anhand der sie bewegenden Themen spüren können, dass schon allein die Art und Weise, wie ein Konflikt zur Sprache kommt, wie Gefühle und Bedürfnisse mitgeteilt werden oder auch wie zugehört wird, das Erleben und Bewerten des Partners und der Beziehung mitbestimmen. Wenn im Kurs die Erfahrung gemacht wird, dass das gegenseitige Verständnis im gemeinsamen Austausch wächst, wächst auch der Mut und die Lust, diese Erfahrungen in den Alltag zu übertragen. Die Partner sollen ihre individuellen Kommunikationsfehler, die ihnen natürlich auch nach dem Kurs immer wieder unterlaufen werden, rasch bemerken und sich für konstruktive Alternativen entscheiden können. Misslingende Gespräche aufgrund von eingeschliffenen ungünstigen Verhaltensmustern müssen nicht sein, sie machen jedes Problem nur doppelt so schwer und nicht mehr ansprechbar. Doch gerade die Angst vor dem Scheitern eines Gesprächs, z. B. durch eine Kränkung, die man sich einhandelt, forciert oft vielfältige Kommunikationsfehler, die im Dienste eines vermeintlichen Selbstschutzes stehen.

Schutz und Sicherheit werden im Training durch ein ebenso einfaches wie verbindliches Gerüst an Gesprächsregeln gegeben, für deren gelungene Anwendung die Trainer die bestmögliche Unterstützung geben müssen.

Die im Folgenden aufgeführten Gesprächsregeln sind Grundlage aller im Training stattfindenden Paargespräche:

16.9.1 Fertigkeiten der Sprecherrolle

- *Ich-Gebrauch:* Sprechen Sie von Ihren eigenen Gedanken und Gefühlen. Kennzeichen dafür ist der Ich-Gebrauch. Alle Aussagen werden dadurch persönlicher. Äußerungen, die nur auf andere gerichtet sind (Du-Sätze), sind meist Vorwürfe oder Anklagen, die als Auslöser für Gegenangriffe oder Rechtfertigungen wirken.
- *Konkrete Situation ansprechen:* Sprechen Sie konkrete Situationen oder Anlässe an, so dass Verallgemeinerungen (z. B. „immer", „nie") vermieden werden. Verallgemeinerungen rufen meist sofortigen Widerspruch hervor und lenken vom eigentlichen Inhalt der konkreten Situation völlig ab. Durch die Einhaltung dieser Regel werden Ihre Aussagen anschaulicher.
- *Konkretes Verhalten ansprechen:* Sprechen Sie von konkretem Verhalten in bestimmten Situationen. Das macht Ihre Aussagen nachvollziehbarer und Sie vermeiden dadurch Ihren Partner zu bewerten. Eine Unterstellung negativer Eigenschaften (z. B. „typisch", „unfähig", „langweilig", „nie aktiv") ruft nur Widerspruch hervor. Trennen Sie in Ihren Aussagen das Verhalten, das Sie wahrnehmen, von den Gefühlen und Gedanken, das es bei Ihnen auslöst.
- *Beim Thema bleiben:* Achten Sie darauf, nur auf solche Inhalte einzugehen, die für das von Ihnen gewählte Thema von Belang sind und Ihrem Partner klarer ma-

chen, was Ihr Anliegen ist. Sonst läuft das Gespräch Gefahr, völlig vom eigentlichen Thema abzukommen.
- *Sich öffnen:* Öffnen Sie sich und beschreiben Sie, was in Ihnen vorgeht. Wenn Sie Ihre Gefühle und Bedürfnisse direkt äußern, lassen sich Anklagen und Vorwürfe vermeiden und Sie können sich viel leichter verständlich machen. Auch kann dadurch „negatives Gedankenlesen" vermieden werden. Hierunter versteht man Äußerungen, die die Reaktionen des Partners vorwegnehmen, z. B. „Auf andere Art kann man ja nicht mit Dir reden" oder „Ich würde was unternehmen, aber Du machst ja doch nicht mit". Der Sprecher sichert sich damit schon im voraus gegen eine mögliche Reaktion ab und riskiert damit eine selbsterfüllende Prophezeiung.

16.9.2 Fertigkeiten der Zuhörerrolle

- *Aufnehmendes Zuhören:* Zeigen Sie Ihrem Partner nonverbal (nicht-sprachlich), dass Sie ihm zuhören und Interesse an seinen Äußerungen haben. Dies kann z. B. durch unterstützende Gesten wie Nicken oder kurze Einwürfe wie „hm", „aha" geschehen. Wichtig ist neben dem Blickkontakt auch eine dem Partner zugewandte Körperhaltung. Ermutigungen, doch weiterzusprechen: „Ich würde gern mehr darüber hören", verstärken den Partner für sein Erzählen.
- *Zusammenfassen:* Melden Sie die wesentlichen Äußerungen des Sprechers möglichst in eigenen Worten zurück, um deutlich zu machen, dass Sie ihn verstanden haben. Fällt es Ihnen schwer, die Äußerungen in eigene Worte zu kleiden, sollten Sie vor wörtlichen Wiederholungen nicht zurückschrecken. Diese Regel unterstützt Sie beim Verstehen des Partners, deckt Missverständnisse auf und strukturiert das Gespräch.
- *Offene Fragen:* Was Ihnen zum besseren Verständnis der Aussagen des Sprechers hilft, sollten Sie mit offenen Fragen in Erfahrung bringen, z. B. „Wie ging es dir dabei?", „Woran hast du das gemerkt?" – nicht: „aber das musst du doch gemerkt haben, oder?". Offene Fragen ersparen Ihnen unnötige Interpretationen, vermitteln Ihrem Partner Interesse, nötigen ihn nicht zu Rechtfertigungen, sondern ermutigen ihn, sich tiefer das gewählte Thema einzulassen.
- *Lob für das Gesprächsverhalten:* Faires Gesprächsverhalten ist nicht selbstverständlich. Loben Sie den Sprecher für offene und verständliche Äußerungen, damit dieser sich ermutigt fühlt (z. B.: „Ich verstehe es jetzt viel besser, weil Du mir das so klar und offen gesagt hast."). Natürlich kann auch der Sprecher gutes Zuhören des Partners loben.
- *Rückmeldung des ausgelösten Gefühls:* Es gibt Situationen, in denen es Ihnen nicht möglich sein wird, mit Verständnis auf den Sprecher zu reagieren, etwa weil dessen Äußerungen Sie sehr aufgebracht haben. In einem solchen Fall sollten indirekte Aussagen vermieden werden, z. B.: „Aber das stimmt doch gar nicht!" Statt dessen melden Sie besser Ihre eigenen Gefühle direkt zurück, z. B.: „Ich bin völlig überrascht dass Du das so siehst." Genauso wichtig ist es, auch aufkommende positive Gefühle zurückzumelden, z. B.: „Mich freut es, dass Du dies mit mir gemeinsam machen willst."

Diese Gesprächsregeln sind auf dem Papier leicht einzusehen, aber im Gespräch oft schwer umzusetzen. Die Fehlermöglichkeiten sind nur allzu zahlreich. Hier helfen die Trainer mit einem spezifischen Methodeninventar (Engl & Thurmaier, 1992; Thurmaier, 1997), das wir in unseren Aus- und Fortbildungen vermitteln. Damit lassen sich die kommunikativen Verhaltensgewohnheiten der Klienten modellieren.

Destruktive Formulierungen wie Du-Anklagen, Übertreibungen, Etikettierungen, Schuldzuschreibungen, negative Interpretationen, Rechtfertigungen verletzende Andeutungen, sarkastische Bemerkungen etc., aber auch indirekte, verallgemeinernde und unverständliche Ausdrucksformen werden durch konstruktive Alternativen im Sinne der oben genannten Regeln ersetzt.

Anhand des folgenden Fallbeispiels, das bereits in der Anfangsphase einige typische Kommunikationsfehler enthält, lässt sich gut zeigen, wie schnell sich dadurch bei einem Paar die Positionen verhärten und eine konstruktive Lösung verhindert wird, obwohl beide Partner anfänglich durchaus guten Willens zu einem förderlichen Austausch sein können.

16.9.3 Beispiel eines „Problemlösegespräches"

Partnerdiskurs	Gesprächsfehler
Er: „Also was ist das Problem? - Mein Weggehen?"	Geschlossene Eingangsfrage und einengende Vorwegnahme des Problems der Partnerin.
Sie: „Ja, das Problem ist die Vorrangigkeit deiner Freunde und..."	Interpretation statt persönlicher Bezug.
Er: (unterbricht) „Ist es, dass ich überhaupt weggehe – oder dass ich zu viel weggehe..."	Unterbrechen, Wort-Abschneiden; kein Eingehen auf ihre Worte. Geschlossene Frage, die ihr schon das Problem diktiert.
Sie: „Du gehst zuviel weg und deine Freunde sind dir wichtiger als ich."	Du-Satz und erneute Interpretation statt persönlicher Gefühlsäußerung.
Er: „Ja, wie soll ich es machen, soll ich nicht mehr weggehen oder soll ich weniger als einmal in der Woche weggehen?"	Kein Eingehen auf ihre Äußerungen, geschlossene Fragen, die schon eine Lösung vorgeben - für ein Problem, das noch gar nicht verstanden wurde.
Sie: „Na ja, also den Montag hast du ja sowieso und den sollst du ja auch behalten".	Zu schnelles Einlenken, statt Benennung eigener Bedürfnisse.

Er: „Ja, gut."	Zustimmung zur „scheinbaren" und einfachen Lösung eines ihm nicht bekannten Problems, statt Bemühen um Verständnis.
Sie: „Aber sonst eben – dich braucht doch tagsüber nur jemand im Büro anrufen und schon schmeißt du die Arbeit hin und bist weg ..."	Massive Vorwürfe, um sich Gehör zu verschaffen.
Ab hier neuer Gesprächsabschnitt unter noch schlechteren Bedingungen: (Kampf mit härteren Bandagen) → wachsender Ärger auf beiden Seiten → Streiteskalation	

Wie reagieren Trainer auf so einen Gesprächsverlauf?
- Bereits beim ersten Satz des Mannes würde der Trainer einhaken und ihn zu einer offenen Frage ermuntern und dafür Möglichkeiten anbieten, z. B. „ich merke, dich bedrückt etwas. Was ist es denn?" So bekommt die Frau Raum, ihr Anliegen zu schildern.
- Sie wird ermutigt, offen zu sagen, wie es ihr in einer konkreten Situation mit ihrem Mann geht, also vorrangig ihre Gefühle und Bedürfnisse auszudrücken.
- Auf diese Weise würde sich von Beginn an ein ganz anderes Gespräch entwickeln, bei dem die Partner einander verstehen lernen könnten, um dann gemeinsam nach für beide passenden Lösungen zu suchen.
- Eine ganze Reihe von individuell auf die Gesprächssituation abgestimmten Interventionen würde diesen Prozess begleiten.
- Voraussetzung ist, dass jedes Paar erst einmal sorgfältig mit den Gesprächsregeln vertraut gemacht wird und einige Rollenspielübungen hinter sich bringt, ehe der Austausch über eigene Themen erfolgt.

16.10 Abschließende Betrachtungen

„Präventivmaßnahmen sind eine Investition, deren Gewinn nur schwer zu kalkulieren ist. Daher erscheinen sie weniger förderungswürdig als Maßnahmen zur Betreuung leidender Menschen, deren Probleme unmittelbar und mit gewisser Erfolgsaussicht angegangen werden können" (Danish & D'Augelli, 1990, S. 157). Doch gerade in einer Zeit knapper werdender Finanzen sind Ausgaben für evaluierte präventive Programme wie EPL und KEK gut angelegt, helfen sie doch, durch das bessere Gelingen von Partnerschaften die immensen materiellen und psychischen Folgekosten unzufriedener Beziehungen, Trennungen und Scheidungen zumindest ein wenig zu verringern (Stanley, Markman, Peters & Leber, 1995).

Prävention kann sich jedoch nur langfristig auszahlen. Der Nutzen für das partnerschaftliche Zusammenleben, dessen Qualität gesellschaftlich immer mehr Bedeutung zukommt, ist nach den vorliegenden Ergebnissen nicht zu übersehen. Die einmal erlernte und immer wieder in ihren positiven Konsequenzen erlebte Anwendung fundamentaler Gesprächsregeln bildet ein zentrales Element gelingender Partnerschaft, die Voraussetzung für eine Entwicklung zu zweit. Sie ist das Fundament der von Willi (1985) beschworenen „Koevolution", des gemeinsamen Wachsens in der Partnerschaft.

Leider herrscht in Deutschland immer noch Skepsis von Teilen der Psychotherapieszene gegen präventive Paarprogramme (Riehl-Emde & Willi, 1993). So sieht z. B. Hildenbrand (1996) in der präventiven Paararbeit gar „die Gefahr einer Deautonomisierung von Lebenspraxis durch deren Verwissenschaftlichung" (S. 81).

In unseren Programmen wird unserer Ansicht nach durch den Ausbau bereits vorhandener bzw. durch den Aufbau fehlender kommunikativer Fertigkeiten die Autonomie der Teilnehmer gestärkt. Denn diese lässt sich nur dann leben, wenn die Partner über die nötigen Kompetenzen verfügen, ihre eigenen Vorstellungen wahrzunehmen und in die Beziehung einzubringen. Präventive Maßnahmen für die Partnerschaft können Beziehungskrisen nicht verhindern und sollen dies auch gar nicht. Ziel kann nur sein, Paare auf solche Krisen flexibler einzustellen und ihnen Werkzeuge zur partnerschaftlichen Konfliktbewältigung an die Hand zu geben.

Bewältigungskompetenzen für eine Vielzahl von stressinduzierenden Lebenssituationen in einer Partnerschaft zu verbessern heißt, sich nicht nur auf die Vermittlung von Kommunikationsfertigkeiten zu beschränken, sondern auch auf innere Vorgänge zu achten, die einen wohltuenden Austausch der Partner erschweren oder erleichtern können. Dies sind z. B. die Qualität des inneren Dialogs (wie ich mit mir selbst rede, so sage ich's auch dem Partner), Attributionsmuster (wer ist schuld, wenn etwas Unliebsames passiert?), emotionale Reaktionsmuster (da muss einem ja der Kragen platzen) oder das Erkennen und Aktivieren können von Ressourcen (ich weiß um meine und deine Stärken, auch wenn mal etwas schief geht). Diese und weitere Einflussfaktoren auf die Paarinteraktion versuchen KEK und besonders auch KOMKOM im Programmablauf und in der Interventionsmethodik mit zu berücksichtigen.

Die Qualität der Paargespräche wirkt sich auf das individuelle Befinden aus – und umgekehrt. Emotion, Kognition und Kommunikation stehen in komplexer Wechselwirkung. Wenn Paare nun durch ein Training neue Kommunikationsfertigkeiten lernen, sind diese noch nicht automatisch verinnerlicht, auch wenn sie durch den unmittelbaren Erfolg spürbar werden und kognitive Restrukturierungen stattfinden. Gerade in Stresssituationen wird man oder frau dann geneigt sein, auf früher gelerntes (oft ungünstiges) Interaktionsverhalten zurückzugreifen, dies umso eher, je länger sich die alten Muster schon einschleifen konnten. Auch darauf müssen Kommunikationsprogramme achten und gerade bei Paaren in länger bestehenden Beziehungen für noch mehr Übungs- und Transfermöglichkeiten sorgen. Dies wird in KEK und KOMKOM soweit wie möglich berücksichtigt.

Diese Form von qualifizierter Hilfe sollte für unterschiedlichste familiäre Schwellensituationen angeboten werden. Dabei müssen Aufbau, Inhalte, Vorgehensweisen und Qualifikationen der Trainer auf die Bedürfnisse der jeweiligen Zielgruppe abgestimmt werden. Unter diesen Voraussetzungen ist z. B. gezieltes Kommunikationstraining auch für werdende Eltern (Engl & Thurmaier, 1999) ein vielversprechendes Mittel, den als krisenhaft beschriebenen Übergang zur Elternschaft (Cowan & Cowan, 1999) besser zu bewältigen. Und auch bereits belastete Paare können wie beim KOMKOM von diesem Ansatz profitieren.

Nachweislich effektive Hilfen zum Erhalt oder zur Verbesserung der Ehezufriedenheit zu konzipieren ist heute ein geringeres Problem als die Finanzierung eines breiteren Angebotes solcher Maßnahmen. Vielleicht ändert sich dies mit der Zeit, wenn auch einmal die langfristigen „Gewinnaussichten" hochgerechnet werden, die damit verbunden sind. Insgesamt sollten einfühlsame, die eigene und die Autonomie des anderen beachtende Kommunikation und die Fähigkeit zur kompromisshaften Problemlösung zu entwickeln und zu fördern, zu einem bewussten gesellschaftlichen Auftrag werden.

Literatur

Belsky, J. & Pensky, E. (1988). Marital change across the transition to parenthood. In R. Palkovitz & M. B. Sussman (Eds.), *Transitions to Parenthood* (pp. 133-156). New York: Haworth press.

Bodenmann, G. (1995). *Bewältigung von Stress in Partnerschaften.* Freiburg/Schweiz: Universitätsverlag.

Bossong, B., (1995). Lehrerurteile über Scheidungskinder in der Grundschule: Defizite und Reaktionen. *Psychologie in Unterricht und Erziehung, 42,* 270-277.

Burman, B. & Margolin, G. (1992). Analysis of the association between marital relationships and health problems: An interactional analysis. *Psychological Bulletin, 112,* 39-63.

Cowan, P. A. & Cowan, C. P. (1988). Changes in marriage during the transition to parenthood: must we blame the baby? In G. Y. Michaels, W. A. Goldberg (Eds.), *The transition to parenthood* (pp. 114-154). Cambridge: University Press.

Cowan, P. A. & Cowan, C. P. (1999). Eltern werden: Was geschah mit mir? In Deutscher Familienverband (Hrsg.), *Handbuch Elternbildung Band 1: Wenn aus Partnern Eltern werden* (S. 287-298). Opladen, Leske + Budrich.

Danish, S. J. & D'Augelli, A. R. (1990). Kompetenzerhöhung als Ziel der Intervention in Entwicklungsverläufe über die Lebensspanne. In S.-H. Filipp (Hrsg.), *Kritische Lebensereignisse* (S. 156-173). München: Psychologie Verlags Union.

Engl, J. (1997). *Determinanten der Ehequalität und Ehestabilität. Eine fünfjährige Längsschnittstudie an heiratswilligen und jungverheirateten Paaren.* München: Institut für Forschung und Ausbildung in Kommunikationstherapie.

Engl, J. & Thurmaier, F. (2001). *Wie redest du mit mir? Fehler und Möglichkeiten in der Paarkommunikation* (10. Aufl.). Freiburg: Herder.

Engl, J. & Thurmaier, F. (1998). *Konstruktive Ehe und Kommunikation (KEK) – Ein Programm zur Weiterentwicklung von Partnerschaft. Handbuch für ausgebildete Kursleiter.* München: Institut für Forschung und Ausbildung in Kommunikationstherapie.

Engl, J. & Thurmaier, F. (1999). Bedeutung der Kommunikation für Partnerschaft und Familie. In Deutscher Familienverband (Hrsg.), *Handbuch Elternbildung Band 1: Wenn aus Partnern Eltern werden* (S. 145-173). Opladen, Leske + Budrich.

Engl, J., Thurmaier, F. & Black, C. (1998). *Konstruktive Ehe und Kommunikation (KEK). Ein Kurs zur Weiterentwicklung von Partnerschaft. Vorher-nachher-Ergebnisse: Entwicklung von Kommunikationsqualität, Ehequalität und individuellen Allgemeinbeschwerden.* München: Institut für Forschung und Ausbildung in Kommunikationstherapie.

Engl, J., Thurmaier, F. & Black, C. (1999). *Konstruktive Ehe und Kommunikation (KEK). Ein Kurs zur Weiterentwicklung von Partnerschaft. 1½ Jahres-Ergebnisse: Entwicklung von Kommunikationsqualität, Ehequalität und individuellen Allgemeinbeschwerden.* München: Institut für Forschung und Ausbildung in Kommunikationstherapie

Gottman J. M. (1994): *What predicts divorce? The relationship between marital processes and marital outcome.* Hillsdale, NJ: Lawrence Erlbaum.

Gottman, J. M. & Krokoff, L. J. (1989). Marital interaction and satisfaction. A longitudinal view. *Journal of Consulting and Clinical Psychology, 57,* 47-52.

Gottmann, J. M. & Levenson, R. W. (1999). Wie stabil sind Ehebeziehungen über längere Zeit ? *Familiendynamik, 24,* 4-13.

Grawe, K. (1995). Grundriß einer allgemeinen Psychotherapie. *Psychotherapeut. 40,* 130-145.

Grawe, K., Donati, R. & Bernauer, F. (1994). *Psychotherapie im Wandel. Von der Konfession zur Profession.* Göttingen: Hogrefe.

Grych, J. H. & Fincham, F. D. (1990). Marital conflict and children's adjustment: A cognitive contextual framework. *Psychological Bulletin, 108,* 267-290.

Hahlweg, K. (1986). *Partnerschaftliche Interaktion. Empirische Untersuchungen zur Analyse und Modifikation von Beziehungsstörungen.* München: Röttger.

Hahlweg, K. (1995). Einfluss interpersoneller Faktoren auf Verlauf und Therapie psychischer und somatischer Erkrankungen. *Verhaltenstherapie, 5 (Suppl.),* 1-8.

Hahlweg, K. (1996). *Fragebogen zur Partnerschaftsdiagnostik. FPD.* Göttingen: Hogrefe.

Hahlweg, K., Feinstein, E. & Müller, U. (1987). Analyse familiärer und partnerschaftlicher Kommunikation. In M. Cierpka (Hrsg.), *Familiendiagnostik* (S. 153-169). Heidelberg: Springer.

Hahlweg, K. & Markman, H. J. (1988). Effectiveness of behavioral marital therapy: Empirical status of behavioral techniques in preventing and alleviating marital distress. *Journal of Consulting and Clinical Psychology, 56,* 440-447.

Hahlweg, K., Markman, J. H., Thurmaier, F., Engl, J. & Eckert, V. (1998). Prevention of Marital Distress: Results of a German Prospective Longitudinal Study. *Journal of Family Psychology, 12,* 543-556.

Hahlweg, K., Reisner, L., Kohli, G., Vollmer, M., Schindler, L. & Revenstorf, D. (1984). Development and validity of a new system to analyse interpersonal communication: Kategoriensystem für partnerschaftliche Interaktion. In K. Hahlweg & N. Jacobson (Eds.), *Marital interaction: Analysis and modification* (pp. 182-198). New York: Guilford Press.

Hahlweg K., Thurmaier, F., Engl, J., Eckert, V. & Markman, H. J. (1998). Prävention von Beziehungsstörungen in der Bundesrepublik Deutschland. In Bundesministerium für Familie, Senioren, Frauen und Jugend (Hrsg.), *Prävention von Trennung und Scheidung - Internationale Ansätze zur Prädiktion und Prävention von Beziehungsstörungen* (Bd. 151, S. 191-216). Stuttgart: Kohlhammer.

Halford, W. K. & Bouma R., (1997). Individual psychopathology and marital distress. In W. K. Halford & H. J. Markman (Eds.), *Clinical handbook of marriage and couples Interventions* (pp. 291-321). Chichester: John Wiley & Sons.

Hildenbrand, B. (1996). Kommentar zum Beitrag von G. Bodenmann: Prävention bei Paaren: Ein bewältigungsorientierter Zugang. *System Familie, 9,* 80-81.

Jacobson, N. S., Addis, M. E. (1993). Research on couples and couple therapy. What do we know? Where are we going? *Journal of Consulting and Clinical Psychology, 61,* 85-93.

Kaiser, A. (1998). *Indizierte Prävention von Beziehungsstörungen – Effektivität eines Gruppenprogramms für Ehepaare mit längerer Beziehungsdauer zur Verbesserung der partnerschaftlichen Kommunikation und Beziehungsqualität*. München: Institut für Forschung und Ausbildung in Kommunikationstherapie.

Kalicki, B., Peitz, G., Fthenakis, W. & Engfer, A. (1999). Der Übergang zur Vaterschaft, Erkenntnisse aus der LBS-Familien-Studie. In W. Fthenakis (Hrsg.), *Engagierte Vaterschaft*. Opladen: Leske und Budrich.

Köcher, R. (1993). Lebenszentrum Familie. In Bundesministerium für Familie und Senioren (Hrsg.), *40 Jahre Familienpolitik in der Bundesrepublik Deutschland* (S. 37-51). Neuwied: Luchterhand Verlag.

Locke, H. J. & Wallace, K. M. (1959). Short-term marital adjustment and prediction tests: Their reliability and validity. *Marriage and Family Living, 21*, 251-255.

Markman, H. J., Duncan, S. W., Storaasli, R. D. & Howes, P. W. (1987). The prediction and prevention of marital distress: A longitudinal investigation. In K. Hahlweg. & M. J. Goldstein (Eds.), *Understanding major mental disorder: The contribution of family interaction research* (pp. 266-289). New York: Family Process Press.

Markman H. J. & Hahlweg K. (1993). The prediction and prevention of marital distress: An international perspective. *Clinical Psychology Review, 13*, 29-43.

McLeod, J. D., (1994). Anxiety disorders and marital quality. *Journal of Abnormal Psychology, 103*, 767-776.

Riehl-Emde, A. & Willi, J. (1993). Ambivalenz von Paartherapeuten gegenüber der Prävention von Ehekonflikten. *System Familie, 6*, 79-88.

Sanders, M. R., Nicholson, J. M. & Floyd, F. J., (1997). Couples relationship and children. In W. K. Halford & H. J. Markman (Eds.), *Clinical handbook of marriage and couples Interventions* (pp. 291-321). Chichester: John Wiley & Sons.

Schneewind, K. A. (1991). *Familienpsychologie*. Stuttgart: Kohlhammer.

Schneewind, K. A. (1993). Paarklima – die „Persönlichkeit" von Partnerschaften. In Bundesministerium für Familie, Senioren, Frauen und Jugend (1992). *Optionen junger Ehen und Kinderwunsch* (Bd. 9). Stuttgart: Kohlhammer.

Schneewind, K. (1998). Kinderwunsch und Konsequenzen der Elternschaft: Eine fünfjährige Längsschnittstudie. In Bundesministerium für Familie, Senioren, Frauen und Jugend (Hrsg.), *Prävention von Trennung und Scheidung - Internationale Ansätze zur Prädiktion und Prävention von Beziehungsstörungen* (Bd. 151, S. 105-132). Stuttgart: Kohlhammer.

Schmaling, K. B. & Sher, T. G., (1997). Physical health and relationships. In W. K. Halford & H. J. Markman (Eds.), *Clinical handbook of marriage and couples Interventions* (pp. 291-321). Chichester: John Wiley & Sons.

Scholz, O. B. (1978). *Diagnostik in Ehe- und Partnerschaftskrisen*. München: Urban und Schwarzenberg.

Snowden L. R., Schott T. L., Awalt S. J. & Gillis-Knox J. (1988): Marital satisfaction in pregnancy: Stability and change. *Journal of marriage and the family, 50*, 325-333.

Stanley, S. M., Markman, H. J., Peters, M. S. & Leber, B. D. (1995). Strengthening marriages and preventing divorce. New directions in prevention research. *Family Relations, 44*, 392-401.

Thurmaier, F. (1997). *Ehevorbereitung – ein Partnerschaftliches Lernprogramm (EPL). Methodik, Inhalte und Effektivität eines präventiven Paarkommunikationstrainings*. München: Institut für Forschung und Ausbildung in Kommunikationstherapie.

Thurmaier, F., Engl, J., Eckert, V. & Hahlweg, K. (1992). Prävention von Ehe- und Partnerschaftsstörungen EPL. *Verhaltenstherapie, 2*, 116-124.

Thurmaier, F., Engl, J. & Hahlweg, K. (1995). *Ehevorbereitung – Ein Partnerschaftliches Lernprogramm (EPL). Handbuch für ausgebildete Kursleiter.* München: Institut für Forschung und Ausbildung in Kommunikationstherapie.

Thurmaier, F., Engl, J. & Hahlweg, K. (1999). Eheglück auf Dauer? Methodik, Inhalte und Effektivität eines präventiven Paarkommunikationstrainings – Ergebnisse nach fünf Jahren. *Zeitschrift für Klinische Psychologie, 1,* 54-62.

Weber, G. & Stierlin, H. (1989). *In Liebe entzweit.* Reinbek: Rowohlt.

Widenfelt, B.M. van, (1995). *The prediction and prevention of relationship distress and divorce.* Den Haag: CIP-Gegevens Koninklijke Bibliotheek.

Willi, J. (1985). *Koevolution. Die Kunst gemeinsamen Wachsens.* Reinbek: Rowohlt.

Zerssen, v. D. (1976). *Klinische Selbstbeurteilungs-Skalen (KSb-S) aus dem Münchener Psychiatrischen Informationssystem (PSYCHIS München). Die Beschwerdenliste. Parallelformen B-L, B-L' und Ergänzungsbogen B-L°. Manual.* Weinheim: Beltz Test Gesellschaft.

17. Kapitel:
Entwicklungsberatung für Familien in Übergangsphasen

Barbara Reichle

Dass Menschen sich nach der Erfahrung einschneidender Lebensveränderungen entwickeln, zum Positiven wie zum Negativen, gehört zu unserem Alltagswissen und ist in der Entwicklungspsychologie und in der Psychiatrie gut belegt. Solche einschneidenden Lebensveränderungen betreffen meistens auch Familien – entweder indirekt als Auswirkungen eines Ereignisses, welches unmittelbar nur ein Familienmitglied trifft (z. B. Arbeitslosigkeit, Einschulung, beruflicher Aufstieg) oder aber direkt als ein Familienlebensereignis mit unmittelbaren Effekten auf jedes Familienmitglied (z. B. Geburt eines Kindes, Auszug des letzten Kindes aus dem Elternhaus). Also verändern sich auch Familien und ihre einzelnen Mitglieder infolge von einschneidenden Veränderungen, zum Positiven und zum Negativen. Hier setzt die Familienbildung und Beratung ein bzw. könnte sie einsetzen mit Interventionen, die an vermeintlichen Risikofaktoren ansetzen und negative Entwicklungen nach Übergängen zu verhindern suchen.

Was hat die Psychologie der Familienbildung und Beratung zu einem solchen Einsatz anzubieten? Zuerst einmal eine Bestimmung des Ansatzpunktes: Was sind eigentlich Übergänge im Familienalltag, Brüche, Krisen, was sind das für Ereignisse, mit denen die potentielle Klientel zu tun hat, an denen sie wachsen und scheitern kann? Danach stellt sich die Frage, wie Übergänge bewältigt werden und was die Bewältigung von Übergängen erleichtert beziehungsweise erschwert. Gibt es Konzepte, die man zur Unterstützung einer Übergangsbewältigung heranziehen kann? wäre eine weitere Frage, und schließlich: Gibt es bereits konkrete Angebote und Erfahrungen mit solchen? Dies sind die Fragen, die im Folgenden zumindest überblicksartig beantwortet werden sollen.

17.1 Übergänge im Familienentwicklungsprozess und kritische Lebensereignisse

Familiensoziologen haben die Familienentwicklung als eine Abfolge verschiedener Stadien beschrieben. Ein neues Stadium zeichnet sich ab, wenn sich die Positionen und Rollen der Familienmitglieder verändern. Solche Rollen- und Positionsveränderungen können durch das Hinzukommen eines neuen Familienmitglieds verursacht werden, etwa die Geburt eines Kindes, durch das Ausscheiden eines Mitglieds aus der Familie durch Trennung, Scheidung oder Tod. Aber auch Veränderungen im Entwicklungsstand der einzelnen Familienmitglieder können Rollen- und Positionsveränderungen verursachen, beispielsweise das Erreichen der Kindergarten-, Schul- und Hochschulreife oder des Rentenalters.

Da zu Rollen und Positionen auch spezifische Aufgaben gehören, gehen Veränderungen in Rollen und Positionen auch regelmäßig mit Veränderungen in den Aufgaben der Rolleninhaber einher. Wenn man sich die verschiedenen Stadien im Familienzyklus betrachtet, wird man unterschiedliche Entwicklungsaufgaben entdecken: Zum Beispiel stellen sich für die Stufe „Familien mit Kindern, frühes Stadium" die Aufgaben „Kinder haben und sich auf sie einstellen; Ermutigung der Entwicklung von Kleinkindern; Einrichtung eines Heims, das für Eltern und Kleinkinder gleichermaßen zufriedenstellend ist". Zur Stufe „Familien im Ablösungsstadium" gehören hingegen die Aufgaben „Entlassung der jungen Erwachsenen ins Berufsleben, Militärdienst, Studium, Ehe usw. mit entsprechenden Ritualen und Unterstützung; Aufrechterhalten eines unterstützenden Elternhauses" (Duvall, 1977, zitiert nach Schneewind, 1991, S. 112; s. dort auch einen Überblick).

Neben derartigen „normativen" Stadien, die „normal" sind, weil sie mehr oder weniger alle Familien durchlaufen, gibt es Stadien, von denen nur einige Familien betroffen sind, die weniger normativ festgelegt sind. Noch vor einem halben Jahrhundert hätte man die Trennung und Scheidung zu den nicht normativen Stadien gezählt – heute sind Trennung, Scheidung und ihre Folgen in den Bereich der Normalität gerückt. Wenn man den Fokus über die eher normativen Ereignisse und Stadien im Familienzyklus hinaus auf die weniger normativen erweitert, kommen Ereignisse wie etwa die Teenagerschwangerschaft, die Geburt eines behinderten Kindes, Schwangerschaftsabbruch und die entsprechenden Übergänge in den Blick. In der weitesten Fassung fokussiert man schließlich einfach Übergänge im Lebenslauf infolge kritischer Lebensereignisse, bei denen kein ursächlicher Zusammenhang mit der Familienentwicklung mehr bestehen muss, die jedoch meistens auch eine oder mehrere Familien tangieren und somit auch von ihnen zu bewältigen sind. Beispiele wären der Verlust des Arbeitsplatzes und Übergang zur Arbeitslosigkeit, Umzug der Familie und Schulwechsel der Kinder, Krankheit und Hospitalisierung. Für kritische Lebensereignisse wie für Übergänge im Familienzyklus gilt, dass die Betroffenen bis zur vollzogenen Bewältigung nicht sicher sein können, ob sie den Übergang erfolgreich bewerkstelligen werden – was im Terminus des kritischen Lebensereignisses enthalten ist, denn Krise meint einen Wendepunkt zum Positiven oder Negativen (vgl. z. B. Reese & Smyer, 1983). Da man das Normale besser kennt als das Nicht-Normale, sind in der Regel Rollen- und Aufgabenbeschreibungen für die normativen Ereignisse eher bekannt und fallen entsprechende Vorbereitungen leichter als für die nicht-normativen.

Worin nun ein Übergang zwischen zwei Stadien besteht, wird vielleicht deutlicher, wenn man sich ein Fallbeispiel vor Augen führt, etwa die Einschulung eines Kindes: *Verursacht* wird dieses Ereignis durch das *vermutete Erreichen eines neuen Entwicklungsstandes*, der sogenannten Schulreife, die man (vermutlich aus Gründen der Ökonomie) auf ein bestimmtes Lebensalter datiert. Im *Rollenbündel des Kindes* wird die Rolle des Kindergartenkindes *aufgegeben*, die Rolle des Schulkindes *kommt neu hinzu*. Zum *Aufgeben* soll hier nur der Hinweis genügen, dass das Aufgeben von etwas Gewohntem fast immer mir negativen Gefühlen verbunden ist, selbst dann, wenn es sich nicht um eine liebgewordene Gewohnheit handelt. Während das Kindergartenkind nach dem Kindergarten Freizeit hatte, gehört nun zu den vielen *neuen Aufgaben* die Erledigung von Hausaufgaben. Im Gegensatz zur Zeitvariabilität im Kindergarten wird nun Pünktlichkeit gefordert, man muss um eine bestimmte Zeit kommen und bis zum Ende der Unterrichtszeit bleiben. Während sich das Kindergartenkind bei Bedarf zurückziehen und ausruhen konnte, ist vom Schulkind Teilnahme und Konzentration gefragt. An die Stelle der Gemeinschaft der Kindergartenkinder tritt nun die der Schulkinder, in die sich das Kind integrieren soll; und so weiter.

Auch im *Rollenbündel der Eltern* gibt es Veränderungen: Als Schulkind-Eltern haben sie nun die *Aufgabe*, die schulische Entwicklung ihres Kindes zu unterstützen, also kompatibel zu den Aufgaben des Kindes Hilfe bei Hausaufgaben zu leisten, Pünktlichkeit zu ermöglichen (z. B. indem man morgens rechtzeitig aufsteht, das Kind zur Schule schickt oder bringt, es abholt, zu Hause ist, wenn das Kind nach Hause kommt oder dafür sorgt, dass jemand zu Hause ist, wenn es kommt, oder aber dafür, dass das Kind bei seiner Rückkehr in die Wohnung kann), seine Konzentration zu fördern (z. B. indem man für genügend Nachtschlaf sorgt) und so weiter. Möglicherweise sind nun Entwicklungen neuer Bekanntschaften zu unterstützen, Besuche von und bei neuen Kameradinnen und Kameraden zu arrangieren. Anstelle der Gemeinschaft der Kindergarteneltern tritt nun die der Schuleltern, in die sich die Eltern zu integrieren haben.

Schon bei dieser kleinen Auswahl aus den Rollen- und Aufgabenbündeln wird deutlich, dass diese Veränderungen nicht von einem auf den anderen Tag zu bewerkstelligen sind. Was im Kindergarten eingespielte Routine war, muss für die Schule neu erarbeitet werden: Zuerst sind einmal Bedingungen für die Erledigung von Hausaufgaben zu schaffen: Ein Arbeitsplatz wird gebraucht. Ein Zeitpunkt für die Erledigung der Hausaufgaben ist zu bestimmen – gleich nach dem Essen, nach dem Spielen, oder am Abend. Ein potentieller und kompetenter Ansprechpartner wäre hilfreich – es sollte also dafür gesorgt werden, dass jemand in der Nähe ist. Störungen sollten minimiert werden – das Nachbarskind, das wie gewohnt am Nachmittag zum Spielen kommt, muss also weggeschickt werden. Das möglicherweise damit unzufriedene Schulkind sollte in eine Verfassung versetzt werden, in der es mit seinen Hausaufgaben anfangen kann, und so weiter. Konkret kann dies bedeuten, dass ein Tisch besorgt werden muss, das Kinderzimmer umgeräumt wird, Mutter oder Vater die Erwerbsarbeitszeiten neu regelt und nun abends arbeitet statt nachmittags, dass mit den Spielkameraden neue Spielzeiten vereinbart werden. Wenn diese dann etwa an Samstagen statt an Wochentagen sein sollen, kann dies wieder Veränderungen der Samstagsroutinen bedeuten. Zur Ermöglichung von Pünktlichkeit sind neue Wege zu lernen, kann es notwendig werden, das Kind früher zu Bett zu schicken und früher aufzustehen als bisher, die Erwerbsarbeitszeiten zu verändern, für Betreuung durch Institutionen oder Privatpersonen zu sorgen und anderes mehr.

Wir haben es also mit *qualitativen Veränderungen eher äußerlicher Art* zu tun (das sind Rollenveränderungen, Restrukturierungen der persönlichen Kompetenz zur Lösung der neuen Aufgaben und drittens Reorganisationen von Beziehungen), aber auch mit *qualitativen Veränderungen im Selbst- und Weltbild des betroffenen Individuums* (Cowan, 1991; eine umfangreiche deutschsprachige Darstellung hat Wicki, 1997, vorgelegt): Der Stolz unseres Beispielschulkinds (und seiner Eltern) und die Trauer beim Abschied aus dem Kindergarten mag etwas über derartige Selbstbildveränderungen anzeigen, die gelungene Hausaufgabenhilfe kann zu einer positiven Selbstbildveränderung führen, wiederholtes Zuspätkommen zu einer negativen. Kinder, die sich Schule wie Kindergarten vorstellen, werden ihr Schul-Welt-Bild modifizieren müssen, und Eltern, die sich Schule als heile Welt vorstellen, ebenso. Wenn dann neue Routinen eingespielt sind, man sich sicher fühlt in der neuen Umgebung und mit den neuen Rollen, man nicht mehr jeden Schritt überlegen und planen muss, dann ist der Übergang vollzogen.

17.2 Bewältigung von Übergängen

Wie wird ein solcher Übergang bewältigt? Die psychologische Seite dieses Prozesses beginnt mit Konflikt, Verlust und Unsicherheit. Es folgt dann eine Phase des Testens neuer Alternativen. Die Bewältigung endet, wenn die gestörte Person-Umwelt-Passung wieder im alten oder einem neuen „Äquilibrium" ist – einem Zustand der eingespielten Routinen, mit dem man einigermaßen zufrieden ist (vgl. z. B. Parkes, 1971). Im Detail:

Konflikt, Verlust und Unsicherheit: Nicht nur bei Übergängen, die wir vorhersehen, kommt es zu Konflikten – man denke etwa an die Überlegung, ein Kind vom Schulbesuch zurückzustellen, den gewohnten und bequemen Zustand noch ein Jahr zu verlängern. Diese Konflikte lassen sich auch bei unvorhergesehenen Übergängen beobachten – etwa im Leugnen einer Beziehungszerrüttung bei drohender Trennung oder dem Nicht-wahrhaben-Wollen des Verlustes einer geliebten Person.

Ist die Veränderung realisiert, erscheint das vorherige Stadium und mit ihm Verbundenes als Verlust, denn meist können neue Aufgaben nur auf Kosten alter erfüllt werden. Solche Einschränkungen und Verluste gilt es zu bewältigen, kognitiv und emotional (vgl. z. B. Reichle, 1994). Im dargelegten Schuleingangsbeispiel könnten das die Trauer über das Verlassen des Kindergartens sein, über den Verlust von Freunden und von gewohnten Ritualen.

Was die neue Rolle betrifft, hat man noch Grund zur Unsicherheit – wird man sie ausfüllen können? Wird man die Aufgaben meistern, ist man ihnen gewachsen, weiß man überhaupt, was auf einen zukommt? Werden die Anderen mitspielen, wird man Unterstützung bekommen?

Das Testen neuer Alternativen stellt eine Experimentierphase dar, die je nach Ereignis und je nach der „Ausstattung" der betroffenen Person ganz verschieden lange dauern kann. Im Schulkindbeispiel könnte etwa mit verschiedenen Arrangements bei der Erledigung der Hausaufgaben experimentiert werden, mit verschiedenen Transportalternativen zur Schule, Aufsteh- und Zubettgehzeiten, Erwerbszeitverteilungen, Betreuungsarrangements. Da die einzelnen Veränderungen in der Regel nicht gleichzeitig ablaufen, kommt es in dieser Phase regelmäßig zu *Asynchronizität* (Cowan, 1991) – in einem Bereich ist die Veränderung vollzogen, im anderen Bereich noch nicht, was eine zusätzliche Belastung bedeuten kann. Wenn etwa ein junger Vater einige Pflege- und Versorgungsaufgaben erlernt hat und auch routinemäßig erfüllt (womit er im Sinne Cowans seine zur Erfüllung der neuen Aufgaben erforderlichen Kompetenzen restrukturiert hat), andererseits aber noch keine Vateridentität (als qualitative Veränderung des Selbstbildes) entwickelt hat, kann man eine *Asynchronizität* diagnostizieren: Hinsichtlich seiner Verantwortlichkeitsgefühle für das Kind steht der junge Vater auf einer Stufe mit einem Babysitter. Dies könnte indes für ihn weniger belastend sein als für seine Partnerin, so diese ihre Mutteridentität schon weiter entwickelt hat und von ihrem Partner ein tiefgründigeres Engagement erwartet.

Die Bemühungen, die entstandenen Belastungen zu *bewältigen*, können an zwei verschiedenen Stellen ansetzen: Einmal *am Problem* selbst, zum zweiten *an den Emotionen*, die erlebt werden. Man kann also versuchen, das Problem oder die Probleme zu lösen und / oder die unangenehmen Emotionen loszuwerden. In der Literatur findet man eine Vielzahl anderer und weiterer Differenzierungsmerkmale (vgl. z. B. Filipp, 1990; Reese & Smyer, 1983); im Folgenden wird eine Klassifikation von Laux und Weber (1990) vorgestellt:

Unter *emotionsfokussierten Bewältigungsbemühungen* findet man etwa die innerpsychische Emotionsbewältigung mit defensiven Formen wie Verneinung, Affektisolation, Verkehrung ins Gegenteil, Vermeidung, Intellektualisierung, Bagatellisierung, wirklichkeitsfliehende Phantasien. Positiv bewertete Formen sind das sogenannte positive Denken, die positive Selbstinstruktion, Hoffen, Sinngebung.

Ebenfalls emotionsfokussiert, aber eher aktional sind folgende Bewältigungsversuche: Konfrontatives Bewältigen durch aggressive Handlung, Vermeidung etwa durch Flucht, Suche nach Ersatzbefriedigung z. B. durch Pharmaka oder Kompensation, Entspannung.

Expressive emotionsfokussierte Bewältigungsversuche sind z. B. Emotionsausdruck oder aktive Emotionsunterdrückung.

Zu den *problemfokussierten Bewältigungsversuchen* lassen sich die Planung und Durchführung lösungsorientierter Handlungen zählen, der verstärkte Einsatz, die aktive Anpassung an die Situation, die positive Neubewertung der Situation (im temporalen wie sozialen Vergleich, die Interpretation der Situation als Herausforderung, der Einsatz von Humor, der Rückgriff auf einen spirituellen Glauben und anderes mehr).

Eine etwas andere Systematisierung (Wicki, 1997) ist die folgende: Im Zuge von Bewältigungsbemühungen werden neben den bereits thematisierten *personalen Ressourcen* (z. B. Persönlichkeit, Selbstwert, Selbstwirksamkeit, Sinn für Humor, Erziehungskompetenzen) auch *familiale Ressourcen* (z. B. Einkommen, Wohnen, Kohäsion, Offenheit und Konfliktneigung, Partnerschaftsqualität, gegenseitige Unterstützung) und *außerfamiliale Ressourcen* (z. B. soziale Netzwerke und soziale Unterstützung, familienexterne Kinderbetreuung; vgl. Wicki, 1997) herangezogen.

Schließlich gibt es *Bewältigungsstile* – gewohnheitsmäßig verfestigte Arten mit Problemen umzugehen, zum Beispiel der sogenannte depressive Stil oder auch Attributionsstile, das sind Gewohnheiten der Ursachen- und Verantwortungszuschreibung (etwa die Gewohnheit, bei negativen Ereignissen anderen die Schuld zuzuschreiben und bei positiven sich selbst). Ärgerventilation versus Ärgerunterdrückung, Repression versus Sensitisierung sind weitere Stile des Umgangs mit belastenden Situationen. Das Gegenteil solcher Stile sind situativ flexible Bemühungen der Krisenbewältigung – reflektierter und mitunter etwas umständlicher als die verfestigten Stile, deren Vorteile unter anderem in ihrer Automatisierung und damit das kognitive System entlastenden Effizienz liegen.

Im Effekt sind die problemzentrierten Bemühungen eher zielführend als die emotionszentrierten. Die emotionszentrierten mögen aber indizieren, dass jemand Schwierigkeiten mit der Bewältigung seines Übergangs hat und eher Unterstützung braucht als jemand, der problemzentrierte Bewältigung zeigt. Zum Beispiel: Der Vater, der seinen kleinen Erstklässler auf dem Schulweg ärgerlich antreibt, braucht vermutlich eher Unterstützung als der Vater, der zur gleichen Zeit, nämlich ebenfalls drei vor acht, sein Kind gut gelaunt zu einem Wettrennen zur Schultür bewegen kann – nachdem er das Problem des drohenden Zuspätkommens konstatiert hat und nun strategisch überlegt ein Spiel einsetzt, von dem er weiß, dass sein Kind es mag, gerne mitspielen und damit noch pünktlich ankommen wird.

Was ist nun der *Effekt* von besseren oder schlechteren Bewältigungsbemühungen? Eingangs war von einem *Äquilibrium* die Rede, einem Zustand eingespielter Routinen. Dies ist ein Merkmal einer vollzogenen Bewältigung. Es sagt allerdings noch nicht viel aus über die Qualität der Bewältigung, denn die Routinen können gut oder schlecht sein, belastend oder entlastend. Die Beurteilung der *Qualität von Bewältigung* wird in der Forschung meist mit *globalen Qualitätsindikatoren* vorgenommen: Man fragt etwa nach der Partnerschaftszufriedenheit vor und nach einem Übergang, nach der Lebenszufriedenheit, der seelischen Gesundheit, psychosomatischen Beschwerden, dem kindlichen Entwicklungsstand, der Qualität der Eltern-Kind-Beziehung. Häufig zeigt sich im Durchschnitt ein mehr oder weniger flacher u-förmiger Verlauf: Die Qualität nimmt im Kontext des Übergangs ab, bleibt eine Weile auf einem tiefen Niveau und steigt dann wieder an. Dieser durchschnittliche Verlauf darf aber nicht darüber hinwegtäuschen, dass es viele verschiedene Verlaufsformen gibt – sogar Qualitätsanstiege und gleichbleibende Qualität werden beobachtet, daneben eben Qualitätsabfall bis zu hoch problematischen Verläufen wie körperliche Gewaltanwendung, Trennungen, Scheidungen.

In einigen Fällen kann die Forschung den Anteil von Personen, die nach einem bestimmten Übergang einen kritischen Verlauf zum Negativen aufweisen, bereits quantifizieren, mitunter sind auch Prädiktoren eines kritischen Verlaufs bekannt. Anhand dieser Merkmale kann man also Zielgruppen von Interventionen eingrenzen. Die Veränderung dieser oder auch anderer Merkmale kann man dann als Interventionsziel setzen. Als Zielgruppe solcher Interventionen kommen grundsätzlich alle Betroffenen in Frage – die hoch Gefährdeten, oder auch die weniger oder gar nicht Gefährdeten. Hier möge der Hinweis genügen, dass unter dem Gesichtspunkt des Modelllernens eine Mischung für alle Beteiligten bereichernd sein kann.

Zur Illustration einige Befunde aus dem Forschungsbereich des Übergangs zur Elternschaft (vgl. Reichle & Werneck, 1999):

> Nach dem Übergang zur Elternschaft verschlechtert sich die durchschnittliche Partnerschaftszufriedenheit. Hinter der durchschnittlichen Kurve verbergen sich aber die verschiedensten Verläufe – sogar Verbesserungen, vor allem bei besonders traditionell eingestellten Paaren mit einstellungskonsistenter Rollenverteilung. Wer hingegen mit den erlittenen Einschränkungen zu kämpfen hat (und dies sind einige und teilweise gravierende), hat ein gewisses Risiko, je nachdem, wie er oder sie die Einschränkungen erklärt und bewertet: Wer die

> Verantwortung für erlittene Einschränkungen sich selbst zuschreibt und wenig
> Chancen sieht, den Status Quo zu ändern, hat ein Depressionsrisiko. Wer dem
> Partner oder der Partnerin Verantwortung zuschreibt und darüber hinaus die
> Einschränkungen noch ungerecht findet oder auch nur unvorhergesehen, wird
> Ärger, Enttäuschung, Empörung über den Partner oder die Partnerin empfinden. Dies zieht Vorwürfe, Streit oder auch Rückzug vom anderen nach sich,
> und diese Verhaltensweisen tragen ganz erheblich zu der sogenannten Erosion
> der Partnerschaft bei. Das psychologische Risiko lässt sich bereits 3 Monate
> nach der Geburt des ersten Kindes ausmachen: Wer dann verstärkt den Partner
> oder die Partnerin der Verantwortung für ungerechte oder unvorhergesehene
> Einschränkungen zeiht, Ärger, Enttäuschung, Empörung berichtet, hat ein ü-
> berzufällig höheres Risiko, spätestens nach vier Jahren getrennt oder geschieden zu sein (Reichle, 1996).

17.3 Entwicklungsberatung zur Bewältigung von Übergängen

In Zusammenfassung des bisher Gesagten lassen sich also Übergänge im Familienentwicklungsprozess anhand von Rollen- und Aufgabenveränderungen ausmachen, die erforderlich werden durch Veränderungen in der Zahl der Familienmitglieder, durch Veränderungen im Entwicklungsstand einzelner Familienmitglieder oder allgemein durch ein kritisches Lebensereignis. Solche Übergänge verlangen von den Betroffenen qualitative Anpassungsleistungen äußerlicher Art (Rollenveränderungen vollziehen, persönliche Kompetenz zur Lösung der neuen Aufgaben erwerben, Beziehungen organisieren) und qualitative Veränderungen im Selbst- und Weltbild. Diese Anpassungsleistungen beginnen in der Regel mit Konflikten, Verlusten und Unsicherheiten. Danach werden neue Alternativen getestet, schließlich ist der Übergang vollzogen, wenn ein Äquilibrium erreicht ist. Die vielfältigen Bewältigungsbemühungen lassen sich zusammenfassen zu problemzentrierten versus emotionszentrierten, zu konstruktiven versus destruktiven, zu Bewältigungsstilen versus situativ flexiblen Bewältigungsaktionen, zum Einsatz personaler, familialer und außerfamilialer Ressourcen.

Die psychologische Forschung hat in den letzten Jahrzehnten eine Fülle von Untersuchungen zur Bewältigung der verschiedensten Lebensereignisse zusammengetragen. Einige Familienlebensereignisse sind inzwischen recht gut untersucht, beispielsweise der Übergang zur Elternschaft und die Ehescheidung. Aus derartigen Studien wissen wir, dass es potente Risikofaktoren gibt. Die offensichtlichsten sind Armut, ungünstige Wohnverhältnisse und damit einhergehende Benachteiligungen (vgl. zum allgemeinen Überblick Schneewind, 1991; Reichle & Werneck, 1999; Wicki, 1997). Ein größeres soziales Netz sowie die Inanspruchnahme eines solchen hat eher günstige Effekte (vgl. z. B. Aymanns, 1995). Dass ein depressiver Bewältigungsstil ungünstig sein kann, liegt auf der Hand, wie er sich als Stil der Mutter sogar auf die Entwicklung von Kleinkindern auswirkt, hat Mechthild Papoušek dargelegt (vgl. z. B. Papoušek, 1995). Andere ungünstige Umgangsweisen sind fortgesetzte Vorwürfe und Kritik, Verachtung, Rückzug, Defensivität (vgl. dazu für Partnerschaften allgemein Gottman, 1994; zur Bewältigung des Übergangs zur Elternschaft Reichle, 1996). An einigen dieser Risikofaktoren lässt sich ansetzen.

Wenn man es systematisch betrachtet, kommen für eine Intervention zuerst einmal alle genannten Variablen als Ansatzpunkte in Frage. Derartige Interventionen sind nicht neu – bereits 1966 hat Blocher in den U.S.A. das Konzept des „Developmental counseling" als Beratung bei der Bewältigung von Entwicklungsaufgaben eingeführt. Eine wissenschaftliche und praktische Elaboration von Entwicklungsförderung und -optimierung wurde in den späten siebziger und frühen achtziger Jahren vor allem am College of Human Development an der Pennsylvania State University unter den Begriffen „Developmental intervention" und „Enhancement" vorangetrieben und besonders für den Bereich der Familienentwicklung konkretisiert (Danish & D'Augelli, 1983; Danish, Symer & Nowak, 1980; Guerney, 1977; Laquatra, Danish & D'Augelli, 1983), andernorts z. B. von L'Abate (1978) als „Enrichment". Im deutschen Sprachraum hat Brandtstädter (1985) das Konzept der Entwicklungsberatung eingeführt, eine Gruppe an der Universität Trier hat das Konzept auf verschiedene Anwendungsfelder übertragen (z. B. Gräser, 1985, auf Eltern-Kind-Beziehungen; Heil, 1985, auf heterosexuelle Partnerschaften).

Brandtstädter definiert *Entwicklungsberatung* als „methodisch fundierte Hilfe bei der Vorbereitung entwicklungsbezogener Entscheidungen und beim Aufbau von personalen Entwicklungsorientierungen. Grundanliegen von Entwicklungsberatung ist die Verhinderung und Bewältigung von Entwicklungsproblemen auf verschiedenen Stufen der Lebensspanne." *Entwicklungsprobleme* liegen vor, „wenn bestimmte Entwicklungsstandards – etwa altersspezifische, funktions- oder bereichsspezifische Entwicklungsnormen, Entwicklungsziele und Entwicklungsaufgaben ... nicht bzw. nicht innerhalb bestimmter Zeitabschnitte erreicht werden" oder „das Erreichen eines Entwicklungsstandards mit unerwünschten Aus- und Nebenwirkungen verbunden ist" (Brandtstädter, 1985, S. 1-2). Sie entstehen durch Diskrepanzen zwischen individuellen Entwicklungszielen, individuellen Entwicklungspotentialen, äußeren Entwicklungsforderungen und äußeren Entwicklungsangeboten.

Entwicklungsberaterische Hilfe ist folglich *indiziert* bei „manifesten oder vorherzusehenden Orientierungsproblemen, in Situationen also, wo neue Entwicklungsorientierungen (entwicklungsbezogene Ziele, Überzeugungen usw.) aufgebaut oder schon aufgebaute Orientierungen revidiert werden müssen, weil sie sich z. B. als ineffizient oder konfliktrelevant erwiesen haben" (Brandtstädter, 1985, S. 8). Entwicklungskrisen und kritische Entwicklungsübergänge zählen somit zu den prominentesten Anlässen für den Einsatz entwicklungsberaterischer Interventionen.

Wenn man dieses Konzept verknüpft mit den zuvor versammelten Anforderungen von Übergängen im Familienzyklus, dem Wissen über hilfreiche und riskante Bewältigungsbemühungen, über die Phasen von Bewältigungsprozessen, über Ressourcen, eröffnet sich ein breites Interventionsspektrum: Qualitative Anpassungsleistungen äußerlicher Art lassen sich durch Bildung und Vorbereitung erleichtern (z. B. Vorbereitung auf die Elternschaft, Vorbereitung auf den Kindergarten, Scheidungsbegleitung), qualitative Veränderungen im Selbst- und Weltbild sucht man manchmal in Gesprächsgruppen oder Selbsthilfegruppen zu unterstützen (z. B. für gewaltbelastete

Familien). Problemzentrierte und konstruktive emotionszentrierte Bewältigungstechniken könnten in Trainings, in Beratungen und anhand von Modellen vermittelbar sein, ungünstige Bewältigungsstile könnte man versuchen durch günstige oder, noch besser, durch situationsangemessen flexible Bewältigungsaktionen zu ersetzen. Damit wären einige personale Ressourcen abgedeckt. Die Optimierung familialer und außerfamilialer Ressourcen kann zum einen in der Verfügbarmachung möglicher äußerer Ressourcen bestehen – dazu gehörten beispielsweise Beratungen über materielle Hilfen für Familien, über Betreuungsmöglichkeiten, unterstützende Institutionen. Die Entwicklung der eher psychologischen familialen Ressourcen könnte in Trainings- und Beratungskontexten versucht werden, nicht zuletzt auch durch die Bereitstellung von Modellen.

Angesetzt werden kann schließlich an spezifischen Ereignissen, zu denen dann spezifische Rollen- und Aufgabenvorbereitung gehörten sowie die Erschließung spezifischer Ressourcen. Man kann andererseits auch einen unspezifischen Ansatz wählen, mittels dessen man versucht, Schlüsselqualifikationen zu vermitteln, die sich bei der Bewältigung unterschiedlicher Übergänge als förderlich erwiesen haben. Dazu gehörte nicht zuletzt das Metawissen über den Verlauf von Bewältigungsprozessen, welches geeignet sein dürfte, belastende Unsicherheiten zu reduzieren und damit zumindest etwas Erleichterung und Souveränität zu induzieren.

Die konkrete Entwicklung einer spezifischen Intervention mag schließlich einem allgemeinen *Prozessmodell des psychologischen Handelns* folgen, etwa dem von Montada (1995) für die entwicklungspsychologische Anwendungspraxis. In Anwendung dieses Modells beginnt die entwicklungsberaterische Praxis für Familien in Übergangsphasen mit der *Fokussierung einer praktischen Aufgabe*. Diese Aufgabe kann entweder vom Berater selbst gestellt sein oder von einem Auftraggeber. Sie kann von praktischer Erfahrung oder wissenschaftlicher Forschung ausgehen. Möglich sind optimierende, präventive, korrektive oder rehabilitative Handlungen. Präventive Interventionen sind in der Regel eher selten von den Betroffenen selbst initiiert, da die Betroffenen vor Eintritt des Problems meist kein Problembewusstsein haben – woraus sich ein Grundproblem präventiver Interventionen ergibt, welches sich im Kontext von Familienbildung verschärft bei Männern stellt, da diese sich qua traditioneller Geschlechtsrolle eher wenig für Familienprobleme zuständig fühlen: Man erreicht deshalb die Klientel entweder nur über Umwege, oder diese ist bereits problematisch und erfordert somit möglicherweise ein anderes (korrektives) Vorgehen als noch unbelastete Zielpersonen.

In einem zweiten Schritt wäre eine *Problem- und Bedingungsanalyse* zu leisten. Man hätte ein Entwicklungsproblem im oben dargelegten Sinn zu konstatieren, nämlich *Diskrepanzen zwischen Entwicklungszielen, Anforderungen, Potentialen, Ressourcen*. Anforderungen im Kontext von Übergängen haben wir bei Cowan (1991) gefunden: Rollenveränderungen sind vorzunehmen, Rollenerwartungen sind zu erfüllen, Veränderungen der persönlichen Wertigkeit von Rollen sind aufgabengerecht vorzunehmen, persönliche Kompetenzen zur Lösung der neuen Aufgaben sind zu erwerben, Beziehungen sind aufgabenkonform zu reorganisieren, das Selbst- und Weltbild ist dem neuen Stadium anzupassen. Die Aufgabe einer vorbereitenden Entwicklungsberatung bestünde nun darin, spezifische Ausgestaltungsmöglichkeiten von Rollen und Kompetenzen je nach spezifischer Aufgabe, je nach spezifischem Stadium im Familienentwicklungsprozess zu eruieren. Eine Bewertung wäre hilfreich, man sollte wissen oder wenigstens abschätzen können, welche Ausgestaltung sich als günstig erwiesen hat und welche nicht.

Potentiale sind in förderlichen Bewältigungsstilen zu sehen (vgl. Filipp, 1990), also beispielsweise in einem problemorientierten Bewältigungsstil, einer Fähigkeit zum konstruktiven Umgang mit Einschränkungen und Inkonsistenzen (vgl. Reichle, 1994, 1996). *Ressourcen* hat Wicki zusammengetragen: an personalen Ressourcen z. B. Persönlichkeit, Selbstwert, Selbstwirksamkeit, Sinn für Humor, Erziehungskompetenzen, an familialen Ressourcen z. B. Einkommen, Kinderkosten, Wohnen, Kohäsion, Offenheit und Konfliktneigung, Partnerschaftsqualität, gegenseitige Unterstützung, an außerfamilialen Ressourcen z. B. soziale Netzwerke und soziale Unterstützung, Hilfen bei der Kinderbetreuung.

Sodann wären *Personen zu identifizieren, bei denen Diskrepanzen zu erwarten stehen*, sei es zwischen ihren Zielen und Anforderungen, oder Potentialen, oder Ressourcen. Wenn man beispielsweise der Literatur entnimmt, dass Ehen von Personen mit einem eher emotionszentrierten Bewältigungsstil scheidungsanfälliger sind als Ehen von Personen mit einem eher problemorientierten Bewältigungsstil, könnte man bei Personen, die sich eine dauerhafte Partnerschaft wünschen, eine Diskrepanz zwischen Entwicklungszielen und Potentialen konstatieren. Diese Diskrepanz könnte man zum Anliegen einer präventiven Intervention machen wollen.

Im nächsten Schritt wären *Entstehungs- und Aufrechterhaltungsbedingungen* zu analysieren. Was hat zur Entstehung des Problems beigetragen, was trägt bzw. was könnte zu seiner Aufrechterhaltung beitragen? Hier könnte man etwa feststellen, dass ein emotionszentrierter Bewältigungsstil mit Ärgerausbrüchen aus einem Mangel an Strategiewissen bei der Bewältigung vergangener Lebensereignisse entstanden ist, und dass er aufrecht erhalten wird durch Bekräftigungen der Partnerin, die auf Ärgerausbrüche ihres Gatten mit entlastenden Hilfsaktionen reagiert.

Im vierten Schritt geht es um *Entwicklungs- und Störungsprognosen:* Man hat, bestenfalls literaturgestützt, Verlaufsprognosen zu stellen, um im fünften Schritt zu *Begründungen von Entwicklungs- und Interventionszielen* zu kommen. Man könnte etwa anhand partnerschaftspsychologischer Längsschnittuntersuchungen prognostizieren, dass emotionszentrierte Bewältiger vier Jahre nach dem Übergang zur Elternschaft signifikant häufiger geschieden sind als problemzentrierte Bewältiger (Reichle, 1996), dass ihre Kinder signifikant häufiger durch unangepasstes Verhalten im Kindergarten auffallen (Gottman, 1994) usw. Im sechsten Schritt könnte man abwägen, ob man sich die Probleme verschärfen lässt und später eine korrektive Maßnahme nach einer Trennung oder nach einer Präsentation der Kinder bei einer Frühförderstelle ins Auge fasst oder aber eine präventive Maßnahme (bei der man beträchtliche Kosten in Rechnung stellen müsste durch einen erheblichen Rekrutierungsaufwand mangels Problembewusstsein sowie den Einschluss nicht gefährdeter Personen in die Maßnahme). Man könnte sich für den Ansatzpunkt an den Entstehungsbedingungen und damit „Strategiewissen" entscheiden oder für den Ansatzpunkt an der Aufrechterhaltungsbedingung „Konflikteskalierendes Interaktionsverhalten".

Schließlich wäre zu überlegen, wie die gewählten Maßnahmen evaluiert werden könnten, um zu einem Urteil über ihre Effizienz und mögliche unerwünschte und erwünschte Nebenwirkungen zu kommen. Diese *Evaluation* wäre vorab zu planen, vor allem, um sich eventuell gewünschte Baselines und Längsschnittdaten zu sichern, und nach Durchführung der Maßnahme dann auch durchzuführen.

17.4 Realisierte Praxis

Angebote, die Familien und Einzelpersonen die Bewältigung von Übergängen im Familienalltag erleichtern sollten, sind theoretisch denkbar in zeitlicher Nachbarschaft von Übergangsphasen, was beispielsweise in Form von Elternbriefen realisiert wird, die entwicklungsbegleitend an die Eltern verschickt werden (vgl. z. B. El-Giamal, 1999). Sie sind aber gleichfalls denkbar in weitem zeitlichem Abstand zu Übergangsphasen. Institutionalisierte Beispiele für diese Variante sind indes rar, man könnte an den brandenburgischen Versuch der Lebenserziehung denken, an Projekte, die zu einer bewussten Lebensplanung anleiten, wie es bei einigen Formen des Coaching betrieben wird. Informelle Angebote der zweiten Art findet man in Gestalt von miterlebten Übergangsphasen in Familie und Freundeskreis sowie in literarischen, religiösen, filmischen und anderen künstlerischen Darstellungen, wo die Vorbereitungen und Folgen einer Heirat beschrieben werden, einer Kindsgeburt, einer Verwitwung, Verwaisung und so weiter.

Spezifische Angebote für einen bestimmten Übergang sind beispielsweise das Berliner Infans-Projekt zur Vorbereitung der Einkrippung von Kindern (Laewen, Andres & Hedervari, 1998), Vorbereitungsprogramme auf die Elternschaft (Cowan & Cowan, 1987; Eckert & Fthenakis, 1997; Reichle, 1999; Wicki, 1998). Daneben sind auch unspezifische Angebote denkbar, in dem Schlüsselqualifikationen zum erfolgreichen Bewältigen der verschiedensten Übergänge zu vermitteln versucht werden. Beispiele für die letztgenannte Variante sind das EPL-Training für Paare (Thurmaier, Engl, Eckert & Hahlweg, 1992), das die katholische Kirche mancherorts heiratswilligen Paaren anbietet, sowie das Freiburger Stresspräventionsprogramm für Paare (Bodenmann, 2000).

Einschlägiger Bedarf an solchen Interventionen scheint zu bestehen: Beobachtungen zeitgenössischer Familienforscher belegen, dass moderne Familien mit einer Vielzahl von Anforderungen und Problemen zu kämpfen haben, auf die sie nicht gut vorbereitet und für deren Lösung sie mitunter nur bedingt begabt und mit Ressourcen ausgestattet sind (vgl. z. B. Fthenakis & Eckert, 1997; Kaufmann, 1995; Schneewind et al., 1996; Wicki, 1997). Erfahrungen der Überforderung und des Scheiterns können die Folge sein – beispielsweise von Trennung und Scheidung infolge einer problematischen Bewältigung des Übergangs zur Elternschaft, der Entwicklung problematischer Eltern-Kind-Beziehungen (Schneewind et al., 1996) und anderem mehr. Pädagogisch-psychologische Interventionen könnten solchen Verläufen vorbauen oder wenigstens das Ausmaß problematischer Entwicklungen reduzieren. Sie befänden sich dabei in Übereinstimmung mit den normativen Regelungen, die nach dem derzeit gültigen Kinder- und Jugendhilfegesetz in Deutschland gelten. Dort heißt es: „Müttern, Vätern, anderen Erziehungsberechtigten und jungen Menschen sollen Leistungen der allgemeinen Förderung der Erziehung in der Familie angeboten werden. Sie sollen dazu beitragen, dass Mütter, Väter und andere Erziehungsberechtigte ihre Erziehungsverantwortung besser wahrnehmen können" (§ 16 KJHG, zitiert nach Bundesministerium für Familie, Senioren, Frauen und Jugend, 1996, S. 5).

17.5 Zusammenfassung und Ausblick

Der momentane Stand der Vorbereitung von Familien und Einzelpersonen für die Bewältigung kritischer Übergänge im Lebenszyklus ist nicht optimal. Die aus einer misslungenen Bewältigung resultierenden Kosten sind hoch. Entsprechende übergangszentrierte Interventionen könnten Familien dabei unterstützen, Übergänge (normative, nicht normative; solche, die im Zusammenhang mit dem Familienzyklus stehen und solche, die unverbunden sind mit dem Familienzyklus) ohne größeren Schaden zu bewältigen, vielleicht sogar an ihnen zu wachsen. Dazu könnten als Schlüsselqualifikationen gehören: ein konstruktiver, problemorientierter Umgang mit der neuen, noch nicht eingespielten Situation, Toleranz für Inkonsistenzen, der Einsatz nützlicher bzw. die Vermeidung destruktiver Ressourcen personaler, familialer und außerfamilialer Art bei der Ausübung neuer Rollen. Eine spezifische Entwicklungsberatung sollte spezifische Anforderungen kritischer Übergänge identifizieren und sich präventiv, optimierend, korrektiv oder rehabilitativ an Personen wenden, bei denen anforderungsdiskrepante Ziele, Potentiale und Ressourcen zu vermuten oder bereits identifiziert sind. Diese Personen könnten dann bei der Lösung von Realisations- bzw. Ausführungsproblemen, bei der Umsetzung oder Beurteilung ihrer Entwicklungsziele sowie der Klärung von Entwicklungszielen und Lebensplänen beraten werden sowie in der Entwicklung der genannten Schlüsselqualifikationen unterstützt werden.

Letzteres, die Klärung von Entwicklungszielen und Lebensplänen entsprechend der eigenen Potentiale, der äußeren Forderungen und Angebote sowie die Entwicklung von Schlüsselqualifikationen könnte auch ohne eine Bindung an spezifische Übergänge zu vermitteln sein, möglicherweise im Schulunterricht oder in ereignisunspezifischen Trainings. Spezifische Angebote wären hingegen an den aktuell zu bewältigenden Übergang zu koppeln, wobei besonderes Geschick und Ausdauer erforderlich sind, um die angezielte Klientel schließlich zu erreichen.

Vielleicht sollte man überlegen, ob man zu diesem Ziel nicht auch unkonventionelle Wege beschreiten könnte. Ein solcher Weg findet sich in der von Minsel (1993) beschriebenen „Väterwerkstatt" als Angebot einer Familienbildungsstätte. Ein anderer Weg könnte die Ankoppelung an solche Angebote sein, die von der Zielgruppe gemeinhin genutzt werden. So könnte eine Entwicklungsberatung für die frühe Kindheit an ärztliche Vorsorgeuntersuchungen gekoppelt werden, oder mit Angeboten von Krippen und Kindergärten verzahnt werden. Später könnte eine Anbindung an die Schule versucht werden, beispielsweise in Form einer Elternschule oder in Form einer Lebenserziehung für die Schülerinnen und Schüler. Vorbereitung auf die Elternschaft könnte man mit Geburtsvorbereitungskursen koppeln, Lebensplanung mit betrieblichen Coachingmaßnahmen. Die wissenschaftlichen und handwerklichen

Grundlagen sind vorhanden und hier dargelegt, nun sind Mut, Phantasie und Ausdauer bei der Anwendung gefragt.

Literatur

Aymanns, P. (1995). Soziale Netzwerke und kritische Lebensereignisse. In R. Ningel & W. Funke (Hrsg.), *Soziale Netze in der Praxis* (S. 24-39). Göttingen: Verlag für Angewandte Psychologie.

Bodenmann, G. (2000). *Kompetenzen für die Partnerschaft. Freiburger Stresspräventionstraining für Paare*. Weinheim: Juventa.

Brandtstädter, J. (1985). Entwicklungsberatung unter dem Aspekt der Lebensspanne: Zum Aufbau eines entwicklungspsychologischen Anwendungskonzeptes. In J. Brandtstädter & H. Gräser (Hrsg.), *Entwicklungsberatung unter dem Aspekt der Lebensspanne* (S. 1-15). Göttingen: Hogrefe.

Bundesministerium für Familie, Senioren, Frauen und Jugend. (Hrsg.). (1996). *Familienbildung als Angebot der Jugendhilfe. Aufgaben und Perspektiven nach dem Kinder- und Jugendhilfegesetz (Sozialgesetzbuch VIII)* (Schriftenreihe des Bundesministeriums für Familie, Senioren, Frauen und Jugend, Bd. 120). Stuttgart: Kohlhammer.

Cowan, C. P. & Cowan, P. A. (1987). A preventive intervention for couples becoming parents. In C. F. Z. Boukidis (Ed.), *Research on support for parents and infants in the postnatal period* (pp. 225-251). Norwood, NJ: Ablex.

Cowan, P. A. (1991). Individual and family life transitions: A proposal for a new definition. In P. A. Cowan & E. M. Hetherington (Eds.), *Family transitions* (pp. 3-30). Hillsdale, NJ: Lawrence Erlbaum.

Danish, S. J. & D'Augelli, A. R. (1983). *Helping skills II: Life development intervention. Trainee's workbook*. New York: Human Sciences Press.

Danish, S. J., Symer, M. A. & Nowak, C. A.. (1980). Developmental intervention: Enhancing life-event processes. In P. B. Baltes & O. G. Brim, Jr. (Eds.), *Life-span development and behavior* (Vol. 3, pp. 340-366). New York: Academic Press.

Eckert, M. & Fthenakis, W. E. (1997). *Präventive Intervention beim Übergang zur Elternschaft und ihre Evaluation*. Unveröffentlichtes Manuskript.

El-Giamal, M. (1999). *Wenn ein Paar zur Familie wird. Alltag, Belastungen und Belastungsbewältigung beim ersten Kind*. Freiburg / Bern: Universitätsverlag / Hans Huber.

Filipp, S. H. (Hrsg.). (1990). *Kritische Lebensereignisse* (2. überarb. Aufl.). München: PsychologieVerlagsUnion.

Fthenakis, W. E. & Eckert, M. (1997). Präventive Hilfen für Familien in Familienbildung und Beratung. In H. Macha & L. Mauermann (Hrsg.), *Brennpunkte der Familienerziehung* (S. 219-239). Weinheim: Deutscher Studien Verlag.

Gräser, H. (1985). Ansatzpunkte für Entwicklungsberatung in Eltern-Kind-Beziehungen. In J. Brandtstädter & H. Gräser (Hrsg.), *Entwicklungsberatung unter dem Aspekt der Lebensspanne* (S. 118-132). Göttingen: Hogrefe.

Gottman, J. M. (1994). *What predicts divorce? The relationship between marital processes and marital outcomes*. Hillsdale, NJ: Lawrence Erlbaum.

Guerney, B. G., Jr. (Ed.). (1977). *Relationship enhancement*. San Francisco: Jossey-Bass.

Heil, F. E. (1985). Partnerschaftsberatung unter Entwicklungsaspekten. In J. Brandtstädter & H. Gräser (Hrsg.), *Entwicklungsberatung unter dem Aspekt der Lebensspanne* (S. 103-117). Göttingen: Hogrefe.

Kaufmann, F. X. (1995). *Zukunft der Familie im vereinten Deutschland: gesellschaftliche und politische Bedingungen.* München: Beck.

L'Abate, L. (1978). *Enrichment: Structured interventions with couples, families, and groups.* Washington, DC: University Press of America.

Laewen, H.-J. et al. (1998). *Das Berliner Eingewöhnungsmodell für Kinder in Krippen.* Berlin: Unveröffentlichtes Manuskript.

Laquatra, I., Danish, S. J. & D'Augelli, A. R. (1983). *Helping skills II: Life development intervention. Leader's manual.* New York: Human Sciences Press.

Laux, L. & Weber, H. (1990). Bewältigung von Emotionen. In K. Scherer (Hrsg.), *Psychologie der Emotionen, Enzyklopädie der Psychologie, Themenbereich C, Theorie und Forschung, Serie IV, Motivation und Emotion, Bd. 3* (S. 560-629). Göttingen: Hogrefe.

Minsel, B. (1993). Modellversuch Familie leben lernen. Abschlussbericht. München: *Staatsinstitut für Frühpädagogik und Familienforschung, 10.*

Montada, L. (1995). Entwicklungspsychologie und Anwendungspraxis. In R. Oerter & L. Montada (Hrsg.), *Entwicklungspsychologie* (3., vollst. überarb. und erw. Aufl., Kap. 19, S. 895-914). Weinheim: PsychologieVerlagsUnion.

Papoušek, M. (1995). Frühe Störungen der Eltern-Kind-Beziehungen im Säuglingsalter: Ein präventiver Ansatz zur Früherkennung und Behandlung. In H. Schneider (Hrsg.), *Die frühe Kindheit* (S. 1-21). Heidelberg: Mattes.

Parkes, C. M. (1971). Psycho-social transitions: a field for study. *Social Science and Medicine, 5,* 101-115.

Reese, H. W. & Smyer, M. A. (1983). The dimensionalization of life events. In E. J. Callahan & K.A. McCluskey (Eds.), *Life span developmental psychology. Non-normative life events* (pp. 1-33). New York: Academic Press.

Reichle, B. (1994). *Die Geburt des ersten Kindes – eine Herausforderung für die Partnerschaft. Verarbeitung und Folgen einer einschneidenden Lebensveränderung.* Bielefeld: Kleine.

Reichle, B. (1996). From is to ought and the kitchen sink: On the justice of distributions in close relationships. In L. Montada & M. J. Lerner (Eds.), *Current societal concerns about justice* (pp. 103-135). New York: Plenum.

Reichle, B. (1999). *Wir werden Familie. Ein Kurs zur Vorbereitung auf die erste Elternschaft.* Weinheim: Juventa.

Reichle, B. & Werneck, H. (Hrsg.). (1999). *Übergang zur Elternschaft. Aktuelle Studien zur Bewältigung eines unterschätzten Lebensereignisses.* Stuttgart: Enke.

Schneewind, K. A. (1991). *Familienpsychologie.* Stuttgart: Kohlhammer.

Schneewind, K. A., Vaskovics, L. A., Gotzler, P., Hofmann, B., Rost, H., Schlehlein, B., Sierwald, W. & Weiß, J. (1996). *Optionen der Lebensgestaltung junger Ehen und Kinderwunsch. Verbundstudie-Endbericht* (Schriftenreihe des Bundesministeriums für Familie, Senioren, Frauen und Jugend, Band 128. 1). Stuttgart: Kohlhammer.

Thurmaier, F., Engl, J., Eckert, V. & Hahlweg, K. (1992). Prävention von Ehe- und Partnerschaftsstörungen EPL (Ehevorbereitung – Ein Partnerschaftliches Lernprogramm). *Verhaltenstherapie, 2,* 116-124.

Wicki, W. (1997). *Übergänge im Leben der Familie. Veränderungen bewältigen.* Bern: Huber.

Wicki, W. (1998). Gesprächsgruppen für Ersteltern. In Marie Meierhofer Institut für das Kind (Hrsg.), *Startbedingungen für Familien* (S. 233-247). Zürich: Pro Juventute.

Sachverzeichnis

Ablösung 5, 14, 18, 19, 135, 170, 182, 185, 186, 190, 191, 192, 193, 200, 202, 204, 206, 207, 210, 211, 213, 214, 215, 216, 217, 218, 283, 302
  Ablösungsmodi 198, 199
  Ablösungsproblematik 191, 207
  Ablösungstabus 200
Adoleszenz 33, 35, 36, 60, 82, 88, 89, 126, 131, 169, 170, 171, 172, 173, 174, 191, 192, 216, 223, 227, 228, 232, 236, 269, 283
  Postadoleszenz 169, 170
Adult Attachment Interview (AAI) 122, 123, 126, 127, 130, 131, 132, 135, 136, 137, 209
Aggression 49, 52, 58, 64, 82, 125, 126, 255, 278
  Aggressionsforschung 168
  Aggressive Kinder 60
  Agressionsverhalten 35
Aggressivität 35, 63, 64
Alkoholmissbrauch 227
Angst
  Separationsangst 173
  Trennungsangst 125, 201, 202, 210
Ängstlichkeit 35, 126, 209, 255, 281, 282, 288
Anstrengungsvermeidungstest 108
Asynchronizität 354
Attraktor 146, 163
Autismus 311
Bayley Scales of Infant Mental Development 233
Befindlichkeit 55, 56, 71, 88, 155, 171, 272, 273, 274, 277, 319, 339
Bewältigung
  Bewältigungsstile 355, 359
  emotionsfokussierte Bewältigungsversuche 355
  problemfokussierte Bewältigungsversuche 355
Beziehung
  Beziehungsqualität 35, 198, 199, 200, 208, 253, 329
  intergenerationale Beziehung 25, 36
Bindung 25, 60, 85, 118, 119, 120, 121, 122, 123, 124, 125, 126, 129, 130, 131, 132, 133, 134, 135, 137, 151, 169, 172, 173, 174, 198, 207, 210, 216, 236, 283, 284, 304, 362
  Bindungsforschung 216
  Bindungsmodelle 120, 136
  Bindungsqualität 25, 58, 137, 172, 173, 174, 209
  Bindungsrepräsentation 126, 127, 131, 132
  Bindungsstörung 118, 135, 136
  Bindungstheorie 4, 119, 120, 122, 127, 128, 131, 133, 134, 135, 136, 137, 138, 139, 140, 209
  Bindungstherapie 137
  Bindungsverhalten 55, 70, 84, 120, 122, 123, 130, 136, 235, 318
Borderlinestörung 136
Chaostheorie 8
Defizite
  Entwicklungsdefizite 175
  kognitive Defizite 74, 175
  motorische Defizite 175
Depression 6, 55, 56, 62, 72, 77, 82, 122, 126, 136, 210, 212, 220, 221, 222, 223, 224, 225, 226, 227, 228, 229, 230, 231, 232, 233, 234, 235, 236, 237, 238, 239, 254, 255, 259, 260, 268, 269, 273, 274, 281, 282, 288, 322
  Depressionsneigung 171
  depressive Störung 171, 220, 222
  depressive Verstimmung 269, 274

Major Depression 221, 227, 233, 235
Minor Depression 221, 233, 235
Postnatale Depression 221, 222, 223, 233, 234, 236
Developmental stake 208
Diabetes 47, 178
effortful control 111
Eltern-Kind-Beziehung 63, 87, 90, 119, 191, 206, 208, 209, 213, 216, 243, 286, 287, 332, 356
Eltern-Kind-Interaktion 54, 55, 62, 70, 78, 90
Elternschaft 25, 29, 30, 55, 211, 284, 332, 333, 358, 361, 362
Empty nest 212
Entwicklung
   Entwicklungsabweichungen 46, 47, 72
   Entwicklungsaufgaben 36, 41, 64, 75, 77, 78, 79, 90, 126, 130, 131, 146, 167, 172, 192, 196, 207, 243, 244, 245, 246, 251, 260, 304, 313, 352, 358
   Entwicklungsberatung 7, 351, 357, 358, 359, 362, 363
   Entwicklungsförderung 40, 203, 204, 358
   Entwicklungsmodelle 47, 54
   Entwicklungsphasen 35, 41, 43, 153
   Entwicklungspsychopathologie 2, 3, 33, 34, 44, 46, 47, 58, 64, 66, 67, 69, 92, 93, 94, 95, 96, 97, 117
   Entwicklungsrisiken 52, 58, 70
   Entwicklungsstörungen 41, 74, 80, 118, 132, 233
   kognitive Entwicklung 56, 74, 184, 225, 232, 233, 234, 235, 236, 237, 299
Erziehung 27, 60, 62, 80, 134, 165, 197, 255, 256, 280, 284, 285, 289, 326, 328, 361
   Erziehungsstil 55, 61, 70, 252, 255, 283

Erziehungsverhalten 4, 6, 54, 55, 58, 61, 63, 64, 70, 77, 81, 100, 103, 104, 249, 253, 254, 257
Essstörungen 35, 136
Externalisierende Verhaltensauffälligkeiten 55, 63, 255
Familie
   Familienentwicklung 1, 2, 3, 4, 5, 6, 7, 9, 10, 12, 13, 14, 20, 32, 33, 39, 41, 42, 98, 103, 104, 107, 116, 139, 145, 167, 217, 243, 244, 248, 251, 255, 256, 258, 260, 332, 351, 352, 358
   Familienentwicklung im Lebenslauf (FIL) 104
   Familienentwicklungsaufgaben 41
   Familienformen 23, 26, 28, 29, 118
   Familiengeheimnisse 146, 188, 189
   Familienmanagement 61
   Familienmythen 185, 187, 188, 244
   Familiensoziologie 25
   Familienstruktur 85, 88
   Familiensystemische Ansätze 85
   Familientabu 185, 186
   Familientherapie 198
   Familienzyklus 118, 128, 130, 133, 135, 190, 207, 209, 243, 245, 352, 358, 362
   Kernfamilie 22, 23, 26, 27, 30, 145, 207, 244
Familienfragebögen
   Familien-Beziehungs-Skalen (FBS) 169
   Family Assessment Measure (FAM) 169
Fremdunterbringung 134, 135
Frühgeborene Kinder 74
Frühgeburt 55, 70, 73, 74, 135, 223
Full nest syndrom 213
Gastrointestinale Störungen 47
Genealogischer Ansatz 24, 26
Geschlechtsspezifische Unterschiede 82, 168, 172, 192, 255, 280, 327
Goodness of fit-model 101, 168
Hyperaktivität 49, 64, 74, 79, 80

Impulsivität 58, 64, 82
Individuation 208, 210, 283
Kardiovaskuläre Erkrankungen 47
Kinderverhaltenstherapie 79, 80
Klinische Psychologie 1
Kommunikationsformen 32, 35, 39, 329
Kommunikationstherapie 333
Kontinuität
 interaktionale Kontinuität 78
 kumulative Kontinuität 78
Krisenbewältigung 39, 277, 355
Kritische Lebensereignisse 55, 56, 124, 133, 222, 244, 246, 260, 351, 352
Kultur 34, 103, 144, 145, 301, 304, 305, 307, 320
Launching phase 207
Leben
 Lebensform 23, 26, 27, 28, 29, 30
 Lebenskrise 267, 268, 272, 286, 288
 Lebensstil 26, 171, 268
Living-apart-together 23, 28
longitudinale Umkehrung 101
Mediation 286
Mehrgenerationenperspektive 34
Metapher 146, 149, 161, 191
Middlescence 211
Missbrauch 188, 189
Misshandlung 55, 122, 132, 135, 188
Modelle
 Biopsychosoziales Modell 47, 49, 64, 87
 Fünf-Domänen-Familien-Modell 88
 Kumulatives Modell 72
 Prozessmodell des psychologischen Handelns 359
 Transaktionsmodelle 46, 47, 48
Monitoring 209
Mutter-Kind
 Mutter-Kind Interaktion 54, 72, 78, 130, 132, 225, 226, 232, 234, 237
 Mutter-Kind-Beziehung 30, 83, 85, 271, 276, 297

Mutter-Kind-Bindung 78, 124, 225
Mutter-Kind-Dyaden 169, 174
Neun-Felder-Schemas nach Ross 51
Normative Phasen 36
Ökopsychologie
 ökopsychologische Merkmale 28, 29
 Ökopsychologisches Modell 27, 48, 276
Passung 84, 150, 168, 246, 260, 354
Passungs-Modell 101
Phobien 227
Positive Parenting Program (Triple P) 62
Pränatale Belastungen 175
Prävention 118, 132, 261, 333, 345
Psychotherapie 22, 135, 137, 206, 214, 215
Puffer-Hypothese 173
Resilienz (Widerstandsfähigkeit) 77
Ressourcen 79, 90, 198, 207, 244, 246, 251, 256, 258, 276, 277, 334, 346, 355, 357, 358, 359, 360, 361, 362
Risiko
 biopsychosoziale Risikofaktoren 52, 58
 familiäre Risiken 59
 Hoch-Risiko-Kind 82
 psychosoziale Risiken 75, 175
 Risikofaktoren 46, 51, 52, 53, 54, 55, 58, 61, 69, 70, 71, 72, 73, 74, 75, 77, 78, 82, 83, 85, 86, 88, 90, 91, 118, 124, 175, 176, 284, 351, 357
Risikokinderstudien 176, 177
Scheidung 3, 6, 70, 71, 82, 85, 122, 133, 134, 244, 260, 262, 266, 267, 268, 269, 271, 272, 273, 274, 275, 276, 277, 279, 280, 281, 282, 283, 284, 285, 286, 287, 288, 289, 290, 291, 292, 293, 294, 295, 319, 326, 345, 348, 349, 351, 352, 356, 357, 361
Phasenmodelle des Scheidungsprozesses 267, 268

Scheidungsfamilie 56, 267, 275, 280, 282, 283, 287, 327
Scheidungsfolgen 133, 267, 272
Scheidungsforschung 266, 267, 288
Scheidungsprozess 269, 270
Schlafstörungen 210
Schutzfaktoren 51, 52, 54, 60, 69, 71, 72, 77, 79, 82, 83, 87, 88, 124
Selbst
  Selbstbild 120, 127, 170, 274
  Selbstkontrolle 81, 334
  Selbstkonzept 34, 124, 125, 173, 232
  Selbstregulation 192, 232
  Selbstwertgefühl 77, 125, 151, 170, 209, 210, 270, 287
  Selbstwirksamkeit 52, 54, 78, 79, 81, 124, 355, 360
Sozialisation
  kindliche Sozialisation 86
Spiel
  Handlungskomponenten im Spiel 303
  Konstruktionsspiel 300, 301, 302, 304
  Regelspiel 300, 301, 302, 304, 306, 314, 315
  Rollenspiel 299, 301, 302, 303, 304, 305, 311, 314
  sensumotorisches Spiel 298
  Spieldiagnose 309, 310
  Spielformen 297, 298, 301, 318
  Spielforschung 316
  Spielhandlung 298, 302
  Spieltherapie 297, 302, 309, 313, 315, 316, 317, 318, 319, 321
  Symbolspiel 299, 301
Spill-over 249, 256
  Spill-over-Prozesse 173, 174
Stress 254
  Familienstresstheorien 207, 246
  Stressbelastung 245
  Stressbewältigung 52, 243, 256, 261
  Stressfaktoren 222, 224
  Stresskumulation 258

Stressquelle 244, 248, 249, 250, 253
Stresssituation 273, 281
Stressmodell
  ABCX-Modell 246, 247
  Modell der familiären Anpassung und Adaptation (FAAR) 247
Stressoren 49, 50, 51, 207, 244, 245, 248, 251, 252, 253, 254, 257, 260, 261
  familienexterne Stressoren 251, 253
  familieninterne Stressoren 253
  Umweltstressoren 49, 70
Substanzmissbrauch 255
System
  biopsychosoziales System 49
  mehrgenerationales Familiensystem 145
  Münchner Modell der systemischen Familienrekonstruktion 142, 143, 145, 146, 147, 149, 150, 152, 154, 161, 162
  systemische Familientherapie 16
  systemisch-ökopsychologische Sichtweise 27
Systemtheorie 27
Temperament 3, 49, 52, 53, 55, 58, 60, 61, 67, 74, 77, 84, 85, 97, 98, 99, 100, 101, 102, 103, 104, 105, 106, 108, 111, 112, 114, 115, 116, 117, 226, 255, 260, 281, 327
Temperamententwicklung 98
Temperamentsprofile 84
Therapeutischer Prozess 144, 151, 203
Transaktionen 46
  biopsychosoziale Transaktionen 46
Transition
  Transitionskompetenz 32, 33
  Transitionsproblematik 33
Triangulierung 147, 162, 163
Übergang 32, 54, 128, 130, 135, 153, 191, 243, 332, 351, 352, 357, 359, 361, 362
  Empty nest-Übergang 213

Entwicklungsübergang 32, 40, 50, 88, 90, 358
Normativer Übergang 133, 171
Übergang in den Erwachsenenstatus 193, 194, 195, 196, 197, 210
Übergang zur Elternschaft 3, 8, 13, 20, 98, 112, 116, 130, 254, 331, 332, 346, 356, 357, 358, 360, 361, 363, 364
Übergang zur Nach-Elternschaft 212
Valenz
 objektive Valenz 307
 subjektive Valenz 307
Vernachlässigung 87, 122, 132, 135, 200
Video 61, 63, 311
 Videoeinsatz 133
 Videofeedback 130, 131, 132
 Videotechnik 43, 44
Vulnerabilität 51, 70, 75, 83, 88, 224, 247, 256
Wiener Entwicklungsstudien (WES) 176, 177, 178
Zone nächster Entwicklung (ZNE) 308, 309, 310, 311, 312, 313, 315

Angaben zu den Autorinnen und Autoren

Bodenmann, Guy; Prof. Dr.; Institut für Familienforschung und -beratung der Universität Fribourg (CH); Avenue de la Gare 1, CH-1700 Fribourg; joseguy.bodenmann@unifr.ch

Dreher, Eva; Apl.-Prof. Dr.; Ludwig-Maximilians-Universität München, Institut für Pädagogische Psychologie und Empirische Pädagogik, Leopoldstr. 13, D-80802 München; e.dreher@rz.uni-sb.de

Dreher, Michael; AOR Dr.; Ludwig-Maximilians-Universität München, Institut für Pädagogische Psychologie und Empirische Pädagogik, Leopoldstr. 13, D-80802 München; dreherm@edupsy.uni-muenchen.de

Engl, Joachim; Dr.; Institut für Forschung und Ausbildung in Kommunikationstherapie, Rückertstr. 9, D-80336 München; j.engl@t-online.de

Gloger-Tippelt, Gabriele; Prof. Dr.; Heinrich-Heine-Universität Düsseldorf, Erziehungswissenschaftliches Institut, Universitätsstr. 1, Geb. 23.03 Eb. 01 R. 25, D-40225 Düsseldorf; gloger-tippelt@phil-fak.uni-duesseldorf.de

Kreppner, Kurt; PD Dr.; Max-Planck-Institut für Bildungsforschung, Lentzeallee 94, D-14195 Berlin; kreppner@mpib-berlin.mpg.de

Kurstjens, Sophie; Dr.; University of Hertfordshire, Department of Psychology, College Lane, GB-Hatfield, Herts AL 10 9AB; kurstjens@evivo.de

Niebank, Kay; Dipl.-Psych.; Universität Bremen, Lehrstuhl Klinische Psychologie, Grazer Straße 6, 28359 Bremen; kniebank@reha.uni-bremen.de

Oerter, Rolf; Prof. Dr.; Ludwig-Maximilians-Universität München, Institut für Pädagogische Psychologie und Empirische Pädagogik, Leopoldstr. 13, D-80802 München; oerter@edupsy.uni-muenchen.de

Papastefanou, Christiane; PD Dr., Universität Mannheim, Lehrstuhl für Erziehungswissenschaft II, Schloß Ehrenhof Ost, D-68131 Mannheim; papastef@phil.uni-mannheim.de

Petermann, Franz; Prof. Dr.; Universität Bremen, Zentrum für Rehabilitationsforschung, Grazer Straße 2,4,6,8, D-28359 Bremen; fpeterm@uni-bremen.de

Petermann, Ulrike; Prof. Dr.; Universität Dortmund, Fachbereich 13: Psychologie in Sondererziehung und Rehabilitation, Lehrstuhl für Verhaltensgestörtenpädagogik, Emil-Figge-Str. 50, D-44221 Dortmund; Petermann@nvl1.FB13.uni-dortmund.de

Petzold, Matthias; Apl.-Prof. Dr.; Universität zu Köln, Erziehungswissenschaftliche Fakultät, Institut für Psychologie, Gronewaldstr. 2, D-50931 Köln; M.Petzold@uni-koeln.de

Reichle, Barbara; PD Dr.; Universität Trier, Fachbereich I - Psychologie; DM 1, Fach 13; D-54286 Trier; reichle@pcmail.uni-trier.de

Resch, Gabriele; Mag.; Absolventin der Karl-Franzens-Universität Graz, Institut für Psychologie; gabriele.resch@kfunigraz.ac.at

Rollett, Brigitte; Prof. Dr.; Universität Wien, Institut für Psychologie, Liebigg. 5/1, A-1010 Wien; brigitte.rollett@univie.ac.at

Sampl, Barbara; Mag.; Absolventin der Karl-Franzens-Universität Graz, Institut für Psychologie;

Sander, Elisabeth; Prof. Dr.; Universität Koblenz-Landau, Institut für Psychologie, Fachbereich Erziehungswissenschaft, Rheinau 1, D-56075 Koblenz; sander@uni-koblenz.de

Scheithauer, Herbert; Dipl.-Psych.; Universität Bremen, Lehrstuhl Klinische Psychologie, Grazer Straße 6, 28359 Bremen; hsch@uni-bremen.de

Schmid, Ursula; Dr.; Ludwig-Maximilians-Universität München, Institut für Psychologie, Leopoldstr. 13, D-80802 München; uschmid@psy.uni-muenchen.de

Schmidt, Martin; AOR Dr.; Ludwig-Maximilians-Universität München, Institut für Psychologie, Leopoldstr. 13, D-80802 München; mschmidt@psy.uni-muenchen.de

Spiel, Christiane; Prof. DDr.; Universität Wien, Institut für Psychologie, Universitätsstr. 7, A-1010 Wien; christiane.spiel@univie.ac.at

Spiel, Georg; Prim. Univ.-Doz. Dr.; Landeskrankenhaus Klagenfurt, Abteilung für Neuropsychiatrie des Kindes- und Jugendalters und Heilpädagogik, St. Veiter Straße 47, A-9026 Klagenfurt; georg.spiel@lkh-klu.at

Thurmaier, Franz; Dr.; Institut für Forschung und Ausbildung in Kommunikationstherapie, Rückertstr. 9, D-80336 München;

Von Eye, Alexander; Prof. Dr.; Michigan State University, Department of Psychology, 119 Snyder Hall, East Lansing, USA-Michigan, MI 48824; voneye@pilot.msu.edu

Werneck, Harald; Ass.-Prof. Dr.; Universität Wien, Institut für Psychologie, Liebigg. 5/1, A-1010 Wien; harald.werneck@univie.ac.at

Wolke, Dieter F. H.; Prof. Dr.; University of Bristol, Division of Child Health (ALSPAC), 24 Tyndall Avenue, GB-Bristol BS8 1TQ; dieter.wolke@bristol.ac.uk

Herbert Goetze

Handbuch der personenzentrierten Spieltherapie

2002, XIV/587 Seiten, geb.,
€ 59,95 / sFr. 98,–
ISBN 3-8017-1334-2

Das Buch bietet einen umfassenden und praxisorientierten Überblick über die personenzentrierte Spieltherapie. Die theoretische Fundierung, das Konzept sowie das methodische, diagnostische und therapeutische Vorgehen werden umfassend beschrieben.

Manfred Hofer
Elke Wild / Peter Noack

Lehrbuch Familienbeziehungen

Eltern und Kinder in der Entwicklung

2., vollständig überarbeitete und erweiterte Auflage 2002,
495 Seiten,
€ 39,95 / sFr. 68,–
ISBN 3-8017-1619-8

Der Band beschäftigt sich mit der Bedeutung familiärer Beziehungen, der Entwicklung der Beziehungen in den verschiedenen Lebensabschnitten sowie den unterschiedlichen Einflussfaktoren auf diese Beziehungen.

Klaus A. Schneewind (Hrsg.)

Familienpsychologie im Aufwind

Brückenschläge zwischen Forschung und Praxis

2000, 297 Seiten,
€ 36,95 / sFr. 60,–
ISBN 3-8017-1243-5

Der Band informiert ausführlich über Familientheorien, die Methodik der Familienpsychologie sowie der Familiensoziologie und Verhaltensgenetik, über die Familienentwicklung sowie familiäre Interventionen.

Hartmut Kasten

Die Geschwisterbeziehung

Band 2: Spezielle Geschwisterbeziehungen

1993, 240 Seiten,
€ 26,95 / sFr. 48,–
ISBN 3-8017-0653-2

Das Buch bietet einen Überblick über die speziellen Geschwisterbeziehungen von Zwillingen, Mehrlingen, Behinderten, Stief- und Halbgeschwistern sowie Adoptiv- und Pflegegeschwistern.

Besuchen Sie uns im Internet:
http://www.hogrefe.de

Hogrefe

Hogrefe-Verlag
Rohnsweg 25 • 37085 Göttingen
Tel.: 05 51 - 4 96 09-0 • Fax: -88
E-Mail: verlag@hogrefe.de
Internet: www.hogrefe.de

Hogrefe

Hogrefe-Verlag
Rohnsweg 25 • 37085 Göttingen
Tel.: 05 51 - 4 96 09-0 • Fax: -88
E-Mail: verlag@hogrefe.de

Sabine Walper
Reinhard Pekrun
(Hrsg.)

Familie und Entwicklung

Aktuelle Perspektiven
der Familienpsychologie

2001, 480 Seiten,
€ 39,95 / sFr. 68,–
ISBN 3-8017-1420-9

Franz Petermann
Kay Niebank
Herbert Scheithauer
(Hrsg.)

Risiken in der frühkindlichen Entwicklung

Entwicklungspsychopathologie
der ersten Lebensjahre

2000, 384 Seiten,
€ 39,95 / sFr. 69,–
ISBN 3-8017-1351-2

Martin Zobel

Kinder aus alkoholbelasteten Familien

Entwicklungsrisiken
und -chancen
(Reihe: Klinische Kinderpsychologie, Band 2)

2000, 262 Seiten,
€ 32,95 / sFr. 51,–
ISBN 3-8017-1211-7

Besuchen Sie uns im Internet:
http://www.hogrefe.de

Hogrefe-Verlag
Rohnsweg 25 • 37085 Göttingen
Tel.: 05 51 - 4 96 09-0 • Fax: -88
E-Mail: verlag@hogrefe.de

Claudia Boeck-Singelmann
et al. (Hrsg.)

Personzentrierte Psychotherapie mit Kindern und Jugendlichen

Band 1:
Grundlagen und Konzepte

2., überarbeitete und erweiterte
Auflage 2002, VI/404 Seiten,
€ 34,95 / sFr. 59,–
ISBN 3-8017-1407-1

Der Band stellt die Konzepte und Grundlagen der personzentrierten Psychotherapie dar und beschreibt die theoretische Weiterentwicklung des Verfahrens. Für die Neuauflage wurden die Beiträge aktualisiert und um ein Kapitel zur klientenzentrierten Störungslehre ergänzt.

Claudia Boeck-Singelmann
et al. (Hrsg.)

Personzentrierte Psychotherapie mit Kindern und Jugendlichen

Band 2:
Anwendung und Praxis

2., überarbeitete und erweiterte
Auflage 2002, VI/382 Seiten,
€ 32,95 / sFr. 55,–
ISBN 3-8017-1455-1

Der Band befasst sich mit verschiedenen Anwendungsfeldern und Settings der personzentrierten Psychotherapie bei Kindern und Jugendlichen. Die Neuauflage wurde mit einem Kapitel zu unterschiedlichen Formen der Elternarbeit ergänzt.

Besuchen Sie uns im Internet:
http://www.hogrefe.de

Hogrefe-Verlag
Rohnsweg 25 • 37085 Göttingen
Tel.: 05 51 - 4 96 09-0 • Fax: -88
E-Mail: verlag@hogrefe.de